本书的出版得到

国家重点文物保护专项补助经费

资   助

北京大学震旦古代文明研究中心规划研究项目
北京大学震旦古代文明研究中心学术丛书特刊

新密新砦

——1999~2000年田野考古发掘报告

北京大学震旦古代文明研究中心
郑州市文物考古研究院 编著

文物出版社
北京·2008

封面设计：周小玮
责任印制：陈　杰
责任编辑：黄　曲

图书在版编目（CIP）数据

新密新砦：1999~2000 年田野考古发掘报告/北京大学震旦古代文明研究中心，郑州市文物考古研究院编.—北京：文物出版社，2008.1

ISBN 978 - 7 - 5010 - 2272 - 4

Ⅰ. 新…　Ⅱ.①北…②郑…　Ⅲ. 文物 - 考古 - 发掘报告 - 新密市 - 1999~2000　Ⅳ. K872.611

中国版本图书馆 CIP 数据核字（2007）第 109331 号

新密新砦
——1999~2000 年田野考古发掘报告

北京大学震旦古代文明研究中心
郑 州 市 文 物 考 古 研 究 院 　编著

*

文 物 出 版 社 出 版 发 行
（北京市东直门内北小街 2 号楼）
http://www.wenwu.com
E-mail：web@wenwu.com
北 京 美 通 印 刷 有 限 公 司 印刷
北京市达利天成印装有限责任公司印刷
新 华 书 店 经 销
787×1092　1/16　印张：50.25　插页：3
2008 年 1 月第 1 版　2008 年 1 月第 1 次印刷
ISBN 978 - 7 - 5010 - 2272 - 4　定价：420.00 元

Planned Research Project of Aurora Centre for the study of Ancient Civilizations, Peking University

Aurora Centre for the study of Ancient Civilizations, Peking University, Extra Issue of Publication Series

Xinzhai Site in Xinmi

Report on Archaeological Excavations in 1999 and 2000

(with an English Abstract)

by

Aurora Centre for the study of Ancient Civilizations, Peking University

Zhengzhou Municipal Institute of Archaeology and Cultural Relics

Cultural Relics Press

Beijing · 2008

前　言

1999 年 9 月开始的对新密新砦遗址的发掘，是 1999 年 5 月 28 日北京大学古代文明研究中心成立时设立的"新密新砦遗址的分期与年代研究"课题的工作内容，目的是探索早期夏文化，为"夏商周断代工程"拟定夏代年代学基本框架提供支撑，并为行将开展的"中华文明探源工程"积累资料。发掘工作由北京大学考古文博学院和郑州市文物考古研究所联合组成的考古队承担，以"夏商周断代工程"名义招收的硕士研究生武家璧参加了 1999 年的发掘，博士后研究人员赵春青作为骨干力量自始至终参与了从发掘、整理到编写报告的全过程。

新密新砦遗址，1964 年由当时的县文化馆馆长魏殿臣先生调查发现。1979 年中国社会科学院考古研究所赵芝荃先生首次对其进行了试掘，认为该遗址有早于二里头文化一期、又晚于河南龙山文化晚期的过渡性遗存，并提出了"二里头文化新砦期"的命名。惜因当时试掘面积过小，出土材料有限，"新砦期"是否真的存在，长期未能得到确认。

1996 年，国家"九五"重大科技攻关项目"夏商周断代工程"启动。当时，为慎重起见，在"夏代年代学的研究"课题所列"早期夏文化研究"专题中，只列了登封王城岗和禹县瓦店两处遗址的发掘，新密新砦未列其中。1999 年底，对新密新砦遗址第一期发掘结束之后，证实赵芝荃先生提出的"新砦期"遗存的确存在。因此，还是将"新砦遗址的分期与研究"列为"夏商周断代工程"新增补的一个课题，2000 年上半年对新密新砦遗址的继续发掘遂成为课题组的中心任务。现在，摆在大家面前的这部报告，即是北京大学古代文明研究中心和郑州市文物考古研究所 1999～2000 年对新密新砦遗址发掘所获资料的汇集和初步认识。也许在某些方面学术界还会有不同的看法，但它填补了河南龙山文化与二里头文化之间的缺环、拓展了夏文化研究的领域，则是不争的事实。

从考古学上探索夏文化，自 1931 年徐中舒先生发表《再论小屯与仰韶》一文提出仰韶文化是夏文化以来，至今已有七十多年的历史。七十多年来，随着相关考古遗存的不断发现，围绕何种考古学遗存是夏文化的讨论日益深入。

1947 年，继徐中舒先生之后，范文澜先生在其所著《中国通史简编》第一册中，以文献中有"夏人尚黑"的记载，将以蛋壳黑陶为特征的山东龙山文化视为夏文化。

20 世纪 50 年代，考古工作者在河南登封玉村、郑州洛达庙等地相继发现了早于以郑州二里岗为代表的早商文化、又晚于河南龙山文化的洛达庙类型遗存。李学勤先生率先提出洛达庙类型遗存最有可能是夏代遗迹的观点。

1959 年，中国科学院考古研究所（现中国社会科学院考古研究所）研究员徐旭生先生以七十多岁的高龄率队赴豫西、晋南作"夏墟"调查，于河南省偃师县（今偃师市）发现二里头遗址，并于当年组织发掘，揭开了以二里头遗址和以二里头遗址为代表的二里头文化为研究夏文化主要对象的序幕。

1977 年，安金槐先生开始主持登封告成王城岗龙山文化城址的发掘，第一次夏文化讨论会以"登封告成遗址发掘现场会"的名义在登封召开。会上中国科学院考古研究所所长夏鼐先生提出了考古学上夏文化的定义，认为只有"夏王朝时期夏族人民创造和使用的文化"才能称为夏文化；考古研究所二里头工作队和东下冯工作队分别介绍了两地发掘的收获和他们的观点，二里头文化可分为连续发展的四期，有二里头和东下冯两个类型的观点得到确认；安金槐先生认为正在发掘的王城岗龙山文化城址有可能是文献上所讲的"禹居阳城"的阳城；邹衡先生提出郑州商城亳都说，认为二里头文化一至四期均属夏文化。

1983 年，西南距二里头遗址仅 6 千米的偃师商城被发现，原来主张二里头遗址为西亳，二里头文化一、二期或二、三期是夏、商文化分界的学者，转而认为偃师商城为西亳，二里头文化主体是夏文化，二里头四期时实现了夏商王朝的更替，二里头文化四期已是商灭夏后的夏文化。

1986 年，田昌五、李伯谦分别根据对有关文献记载和考古材料的研究，先后提出了二里头文化可能是"后羿代夏"、"少康中兴"以后的夏文化的观点。

1996 年，国家"九五"重大科技攻关项目"夏商周断代工程"启动，在 1997 年工程召开的"夏代、商前期考古年代学讨论会"上，经过热烈讨论，逐步形成了"郑州商城、偃师商城的始建年代基本同时或略有先后，都是划分夏、商文化的界标，二里头文化一、二、三、四期是夏文化，但二里头文化一期不是最早的夏文化，早期夏文化要在嵩山南北的河南龙山文化晚期遗存中去寻找"的主流认识。

从 1996 年"断代工程"开始至 2000 年启动的"中华文明探源工程预研究"继续进行的对登封王城岗遗址的再发掘，发现了一座打破小城、面积达 30 多万平方米的大城，经 ^{14}C 测定，年代约为公元前 2000 年前后，证实此地确为文献记载的"禹都阳城"的所在地，以其为代表的河南龙山文化晚期遗存才是早期夏文化。

1999 年至 2000 年新密新砦遗址的发掘，除填补了河南龙山文化与二里头文化之间的缺环，其中有相当数量的来自东方文化因素的存在，还证明了文献记载的夏朝初年发生的"后羿代夏"事件确有其事，"新砦期"遗存是"后羿代夏"时期形成的即以河南龙山文化系统因素为主又融合有东方山东龙山文化因素的"夏文化"，晚于它的二里头文化确为"少康中兴"以后的"夏文化"。

回顾这一过程，使我们看到夏文化的发展历程曲折而又漫长。大体来说，以王城岗大城为代表的河南龙山文化晚期遗存——"新砦期"遗存（或曰新砦文化）——二里头文化是夏文化经历的三个大的阶段，约从公元前21世纪至公元前16世纪，贯穿了其起始至消亡的始终。新砦遗址的发掘，正像以上提到的其他遗址的发掘一样，也对夏文化的确认和对夏文化发展道路的深入认识提供了重要的佐证。

该报告正文共分十章，插图348幅，图版570幅，插表74个，附表40个；另有附录4个。第一章为概论，分五节分别介绍了遗址所在地区的自然地理环境、历史沿革、古文化遗址分布概况、新砦遗址概况、工作经过和工作方法；第二章为地层堆积，分别介绍了探方分布和南部、北部、东部三个发掘区的地层堆积概况与典型文化层；第三、四、五章分别介绍了第一、二、三期遗存，一期为河南龙山文化或曰王湾三期文化晚期，二期为"新砦期"，是此次发掘的主要收获，三期为二里头文化一期；第六、七章分别是对动物遗骸和植物大遗骸的研究；第八、九章分别是对当时人类食谱和生存环境的专题研究；第十章结语，分三节分别概括、分析和阐述了各期文化特征、考古材料反映的环境状况和社会生活，以及"新砦期"遗存发现的意义。四个附录分别是对出土铜器、人骨和1999、2000年出土石器种类及岩性的检验与鉴定报告。

报告编写的指导思想是科学的尽可能多的发表材料，以供读者研究之用；同时，作为发掘者和第一手资料的掌握者，我们也力求对某些问题作出自己的分析，提出自己的见解，为今后更深入的研究抛砖引玉，作个开头。

该报告的提出，是参加发掘的同仁和获邀参与相关工作的各方朋友共同努力的结果。虽然我们尽力了，但肯定还有这样那样的不足，这是要特别恳请读者、研究者提出批评、不吝赐教的。

李伯谦

2007 年 10 月 5 日

目　录

附　录 …………………………………………………………………（608）

后　记 …………………………………………………………………（641）

英文提要 ………………………………………………………………（643）

插图说明

插表目录

彩版目录

图版目录

第一章 概 述

第一节 自然环境[①]

一 地理位置

新砦遗址所在的新砦村，行政上隶属于河南省新密市（县级市，原密县）刘寨乡。西北距新密市市区22.5千米，西偏北距刘寨乡政府所在地6千米（图一、二）。地理坐标为北纬34°26.5′，东经113°32.5′，海拔高度125～140米左右。这里为河南中心腹地，地处黄淮大平原之西，遗址所在地区为现代区划的暖温带亚湿润大区的鲁淮区西部。遗址西眺嵩岳，南临淮河上游支流双洎河，东为黄淮平原，北临丘陵区向平原区的过渡地带。

二 地理特征

（一）地貌

根据地貌类型的区域分布规律可以把河南省地貌划分为七个地貌区。即（1）河南省西北部边境的太行山地区，（2）河南省西中部的伏牛—熊耳山区，（3）河南省南部边缘的桐柏—大别山地区，（4）南阳盆地区，（5）洛阳—三门峡黄土丘陵区，（6）淮河冲积湖积平原区，（7）黄河洪积冲积平原区。新砦遗址所在的豫中地区基本地势由西向东倾斜，呈阶梯状降低。其地貌条件复杂，类型多样，结构区域性差异显著，矿产资源、耕作用地及水资源较好。从地貌划分，该地区可划分为西部山地丘陵区和东部平原区（图三）。

1. 西部山地丘陵区

包括登封市全境和偃师、巩义市（原巩县）、荥阳市（原荥阳县）、新密市（原密

[①] 此小节内容多转引自河南省地方史志编纂委员会编纂：《河南省志》第三卷第四篇《地貌山河志》，河南人民出版社，1994年。

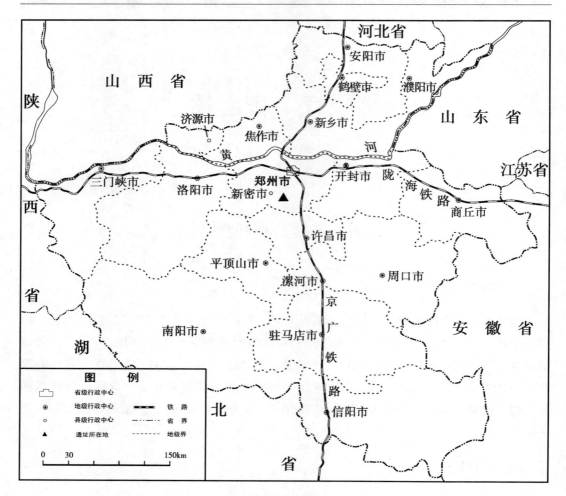

图一　新砦遗址在河南省的位置图

县）、禹州市（原禹县）、新郑市（原新郑县）及周围部分地区，属豫西山地。豫西山
地是黄河水系和淮河水系的分水岭。该山地主要山脉是嵩山，它西起洛阳龙门，东止新
密市以北。山体海拔多在 1000 米以上，最高峰为少室山，主峰海拔 1512.4 米。其他地
区山势低缓，低山丘陵广泛分布。

　　豫中地区广泛分布着黄土地貌，但厚度只有数米至数十米，发育程度不及黄土高原
典型，而且沟壑密布，地形破碎，多分布于宽缓的河流谷地，近代多辟为梯田。

　　2. 东部平原区

　　东部平原是黄淮平原的一部分，地势为西高东低，海拔高程在 75～200 米之间。包
括中牟县全境、郑州市郊区及荥阳市、新密、新郑市、长葛市、禹州市的一部分。因
黄淮地壳不断下降而冲积形成的冲积扇平原是东部平原区的主体。冲积扇平原以黄河冲
积扇为主，由于黄河大量泥沙沉积，河床逐年抬高，河漕游荡性强，一般高出堤外平地

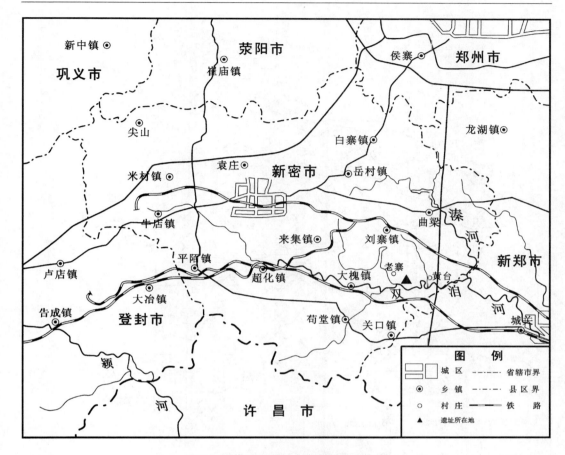

图二 新砦遗址在新密市的位置示意图

3~5 米，成为一条悬河。历史上由于黄河河漕不断改道，且早期黄泛遗迹往往被后期黄泛沉积所掩盖，所以地表分布有大面积的沙地、洼地及微倾斜平地等。

（二）水系

河南省是中国河流众多的省份之一，分属于黄河、淮河、长江和海河四大水系。其中流经豫中地区的水系有黄河水系与淮河水系。

1. 黄河水系

黄河水系除黄河干流外，主要河流有伊洛河、汜水河和枯水河等。

黄河干流流经巩义市、荥阳市、郑州市郊区和中牟县，东西长 160 千米。黄河于孟津以西，河道较窄，水流湍急；孟津以东进入平原，河道骤宽，水流变缓，泥沙大量沉积，河床逐年淤高；郑州花园口以下，河床高出两岸地面 3~5 米，形成悬河。

伊河源于栾川县熊耳山，洛河源于陕西秦岭，两河在偃师市杨村汇合，称为伊洛河，从巩义市境内注入黄河。

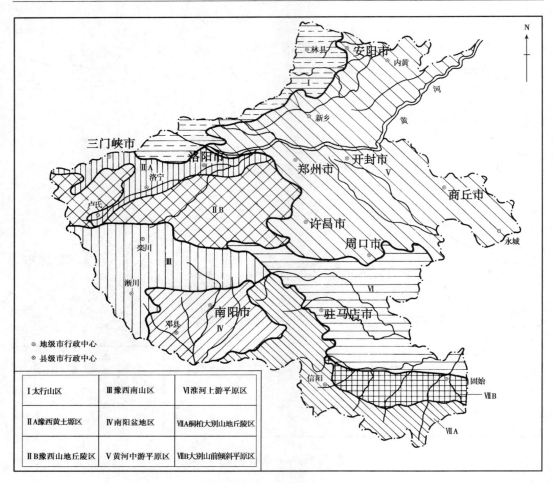

图三　河南省地貌分区示意图

（据《河南省志》第三卷第四篇《地貌山河志》，河南人民出版社，1994 年）

汜水河源于荥阳市庙子，北流经巩义市米河，在荥阳市注入黄河，干流长 42 千米，流域面积 373 平方千米。

枯水河源于郑州市上街区，东北流经高村、广武、古荥，在郑州市北郊保合寨注入黄河，干流长 41 千米，流域面积 267 平方千米。

2. 淮河水系

淮河水系河流众多，大多发源于西部山区，东南流入淮河，流域面积在 100 平方千米以上的有 12 条。主要河流有贾鲁河、双洎河、颍河和索须河等。

贾鲁河发源于新密市北部圣水峪，向北流经郑州市郊区侯寨、老鸦陈，折向东流，经中牟县流入尉氏县，干流长 137 千米，流域面积 2750 平方千米，主要支流有索须河、东风渠等。

新砦遗址所在的双洎河源于登封市东北部塔水磨，东南流经新密市、新郑市，在新郑市南部流入长葛市，干流长 84 千米，流域面积 1357 平方千米。双洎河为溱、洧二水的合称。明代以后始有此名，因河水混浊，又称小黄河。宋代以前，《水经注》载，分为南北两段：南支为主流，从长葛县老城北出（土城 6.5 千米），大体沿今大浪沟南流，下入西华西 10 千米，注入颍水；北支又名蔡泽陂水，自长葛老城东南，注入沙水（蔡河）。宋代以后，南支逐渐干枯。元明以后，黄河南泛，贾鲁河逐渐向西移动，境内的双洎河段也日渐缩短。1938 年，花园口黄河决口，双洎河与贾鲁河在扶沟西北的摆渡口汇合，形成今道①。

颍河源于登封市西部李家沟，东流横贯登封市，注入白沙水库，在坝下流入禹州市，干流长 59 千米，流域面积 928 平方千米。

索河源于荥阳市南部崔庙，北流经荥阳城后折向东北，至沟赵以北，纳入须水河后，称为索须河，经花园口折向东南，在周庄以东注入贾鲁河，干流长 70 千米，流域面积 623 平方千米。

（三）土壤

土地资源数量偏少，类型复杂，地域性分布不均，开发历史悠久。从土地资源看，山地丘陵多，平原少，西部山地丘陵占总面积 62% 以上，东部平原占 37% 左右。土壤类型以褐土、潮土为主，次为棕壤土、风沙土、盐碱土等。

（四）气候

豫中地区属暖温带大陆性气候，四季分明。春季干燥雨多，冷暖多变，常遇春旱和大风；夏季比较炎热，降水高度集中；秋季气候凉爽，时间短促；冬季漫长而干冷，雨雪稀少。由于四季气温高低和降水多寡不均，易发生洪涝灾害。

1. 气温

年平均气温在 14.2℃ ~ 14.6℃，以 1 月最低，7 月最高，具有明显的大陆性气候特征。豫中地区平均初霜期在 10 月 29 日 ~ 11 月 8 日，平均终霜期在 3 月 18 日 ~ 4 月 5 日，无霜期大致在 205 ~ 235 天之间。除嵩山外，尚能满足一般非农作物对热量条件的要求，适合种植多种作物。

2. 降水

年降水量平原地区多于丘陵地区。由于受大陆性季风气候的影响，具有明显的季节性，夏季由于强盛的夏季风控制，高温，高湿，雨量集中，降水量为 290 ~ 390 毫米，占全年总雨量的 50% ~ 56%。而冬季受干冷的大陆性气团控制，空气干燥，雨雪稀少，降水量只有 20 ~ 33 毫米，占全年雨量的 4% ~ 5%。

---

① 河南省地方史志编纂委员会编纂：《河南省志》第三卷第四篇《地貌山河志》第 120 ~ 121 页，河南人民出版社，1994 年。

每年的降雪日数平均在 10～12 天，新密市历年来最早开始的降雪时间为 10 月 28 日，历年最大积雪深度为 16～17 厘米。

3. 风

各地风速累计年平均在 2.8～3.2 米/秒之间。一般 4 月份最大，8、9 月份最小。根据郑州市现有记录统计，最大平均风速在 18～22 米/秒。冬季大陆上蒙古冷高压强盛，冷空气主力从太行山以东的华北平原南下，盛行偏北风；夏季太平洋高压势力最强，盛行偏南风；春季和秋季处于冬季风和夏季风的过渡阶段，两季风势均力敌，互有进退。

4. 日照

郑州市（含新密市）年日照百分率在 52%～54%。日照数为 2385 小时（新密市实际日照时数为 2241.3 小时），从年内季节变化来看，以夏季为最长，冬季为最短。全年日照时数最长为 6 月份，平均 236～258 小时；最短为 2 月份，平均 147～158 小时。

5. 灾害性天气

根据有关资料记载，主要的灾害性天气有旱灾、涝灾、冰雹、大风、干热风、雨淞等。其中，最常见的是旱灾和涝灾。

（1）旱灾

以郑州市为例，仅新中国成立以来全市不同程度的旱灾达 20 次以上。一般每次在 30～60 天，最长可达 100 天以上或全年干旱及连年干旱，不仅影响农业生产，严重时甚至造成部分山区人畜吃水困难。

（2）涝灾

按照雨量的大小和降雨程度，可分为暴雨型（日雨量≥50 毫米以上）和连阴雨型。暴雨，严重者可冲毁耕地、房屋和淤淹各种作物。秋季连阴雨，又常使农作物大面积腐烂或减产。

三　植被与动物群

（一）植物

1. 农作物

粮食作物有小麦、大麦、荞麦、玉米、谷子、水稻、红薯、高粱、大豆、绿豆、红豆、豌豆、黑豆等。油料作物有芝麻、油菜、花生、蓖麻等。经济作物有烟叶、棉花、药材、麻类、瓜类等。蔬菜有白菜、萝卜、黄瓜、南瓜、茼瓜、冬瓜、茄子、番茄、豆角、包菜、韭菜、大葱、大蒜、辣椒、菠菜、芹菜、芫菜、苋菜、花菜、生菜、莲菜等。

2. 草本植物

（1）药用类

主要有金银花、山茱萸、荆芥、防风、甘草、桔梗、山药、血参、生地、天麻、薄荷、白芍、红花、麦冬、菊花、地骨草等。

（2）野草类

主要有龙须草、满草、茅草、斑茅、莠草、稗子草、莎草、苜蓿、狗尾蒿、黄蒿、兔丝、蓼子、星星草、抓地皮草、紫云英、浮萍、闸草、旱莲等。

（3）花卉类

主要有仙人掌、凤尾花、鸡冠花、凤仙花、万年青、含羞草、牵牛花、吊兰、一品红、九月菊、荷花、牡丹花、月季、刺玫瑰等。

3．树木

（1）灌木

主要有荆条、白蜡条、紫穗槐、酸枣树、柽柳、黄露紫等。

（2）乔木

主要有泡桐、毛白杨、小叶杨、青杨、榆、楸、中国黑槐、刺槐、柳、侧柏、桑、杉、橡、柞、椿、松、柏等。

（3）果木

主要有桃、李、梨、柿、枣、山楂、石榴、苹果、板栗、葡萄、杏、核桃、无花果、樱桃、梅、沙梨等。油料树木为核桃、文冠果、花椒等。

（二）动物群

1．家畜家禽类

主要有牛、马、驴、骡、猪、羊、家兔、犬、猫、鸡、鸭、鹅、画眉、八哥、百灵、鹦鹉等。

2．野生兽类

主要有豹、狼、狐、獾、獐、刺猬、松鼠、野兔、貂、家鼠、田鼠等。

3．野禽类

主要有莺、燕、鹃、杜鹃、野鸡、斑鸠、啄木鸟、猫头鹰、白鹤、麻雀、鹌鹑等。

4．两栖爬行类

主要有龟、鳖、蛙、蛇、蟹等。

5．水生动物类

主要有鲤鱼、青鱼、鲢鱼、鲇鱼、鳝鱼、蚌、蛤、螺等。

第二节 历史沿革

豫中地区包括郑州市、新乡市、洛阳市以南、洛阳东部及许昌等地区，这里上古属

"豫州"之域。《尚书·禹贡》："荆河惟豫州。"荆指今湖北省南漳西之荆山，河即指黄河。该地区历代行政变化较大。据史籍记载，传说中的中华民族的始祖黄帝及其部族即曾在此居住。今本《竹书纪年》载黄帝"居有熊"。《史记·五帝本纪》集解引皇甫谧曰："有熊，今河南新郑是也。"另《庄子》、《水经注》等书记载，黄帝曾在今新密、新郑一带活动。

夏王朝时期，豫中地区为夏王朝统治的中心地区。据史书记载，夏禹率民在伊河、洛河、黄河、济水一带治水。至今在这里到处流传着大禹治水的传说。

郑州商城和小双桥遗址的发现，说明郑州地区（含新砦遗址所在的新密市）是商王朝时期都邑所在地。

西周灭殷后，今郑州一带，属管国。除管国外，周初还在郑州地区封有郐（今新密市东北）、东虢（今荥阳北）、祭（今郑州东北）、密（今新密市）、阙巩（今巩义市）等封国。

春秋战国时期，前770年，郑武公自郑（今陕西华县）东迁，春秋初年的郑国位于郐、东虢之间，之后灭两国而有其地，正式建都于新郑。待郑国渐趋衰落，新郑遂成为各国逐鹿与争夺之地。前375年，韩国灭郑，将国都自阳翟迁至新郑，新郑又为韩国国都。直到前230年，韩灭于秦，新郑作为郑、韩国都长达五百多年。

秦庄王元年（前249年），秦军攻入韩国，始置三川郡。三川郡辖今郑州和豫西的黄河沿岸地区。到前221年秦始皇建立秦朝后，三川郡正式成为地方行政单位，郡治荥阳，郡下置有荥阳、巩（今巩义市）、京（今荥阳县东南）等县。另置新郑、苑陵（今新郑市东北）、阳城（今登封市告成镇）等县，属颍川郡。

西汉时，改三川郡为河南郡，于郡内新置密县、成皋（今荥阳汜水镇）、故市（今郑州市北15千米）、中牟县等，并将新郑、苑陵两县划入河南郡。前110年，汉武帝到嵩山封禅，划地置嵩高县，"以奉太室山"，不久，又置纶氏县，皆属颍川郡。

东汉改河南郡为河南尹，废故市，省嵩高入阳城县。

魏晋南北朝时期，由于王朝更迭频繁，郑州地区的行政建置也变化频繁。晋泰始二年（266年），分河南郡而置荥阳郡，辖荥阳、京、密、苑陵、中牟等县。北魏统一北方后，将荥阳县城迁至大索，新置阳城郡，下辖阳城、颍阳、康城，三县皆在今登封市。东魏天平元年（534年），在北豫州下置广武、荥阳、成皋三郡，三郡共辖荥阳、成皋、密、巩、中牟等11县，管城属广武郡中牟县。北齐以后，又废荥阳郡，其属县并入成皋郡。北周灭北齐后，将北豫州改为荥州，州治成皋（今荥阳汜水镇）。

隋朝时，将荥阳改名为郑州，下辖荥阳、成皋、密、内牟（即中牟）、苑陵等县，州治成皋。自此，郑州一名开始用于今郑州地区。开皇十六年（596年），管城从中牟划出单独为县，郑州改称管州，州治自成皋移至管城，下辖管城、成皋、荥阳、新郑、苑陵、广武、中牟等 12 县。大业二年（606 年），管州又复名郑州。

唐朝时，郑州行政建置时有变化。武德四年（621 年），郑州被一分为二：密县、汜水、荥阳、荥泽、成皋 5 县属郑州，州治武牢；新置须水（今属郑州市）、清池（今属新郑市）两县与管城、圃田等属管州，州治管城。贞观元年（627 年），又废管州及须水、清池县，复入郑州。贞观七年（633 年），自武牢移郑州治管城，此后一直到明初，郑州治所均设于管城县。696 年，武则天封禅神岳（嵩山），诏令将嵩阳县改为登封市，将阳城县改为告成县，以取"登嵩岳大事告成"之意。742～758 年，唐在全国改州为郡，郑州亦一度改称荥阳郡。

北宋王朝建立后，郑州地近京师，属京畿路，后一度废郑州建制，改隶开封府。元丰八年（1085 年），郑州辖管城、新郑、荥阳、荥泽、原武 5 县。崇宁四年（1105 年），郑州"建为西辅"，成为宋代四辅郡之一。

明朝管城县省入郑州，郑州划归于开封府。

清朝至民国时期，郑州曾两次升为直隶州。第一次是在雍正二年（1724 年）至雍正十二年（1734 年），第二次是在光绪十九年（1903 年）至"民国"初年。郑州直隶州下辖荥阳、荥泽、河阴、汜水 4 县。时中牟县属开封府，密县、新郑先后属开封府、许州府，巩县、登封两县则属河南府。

1949 年，中华人民共和国成立后，豫中地区以郑州市为中心，边沿区县分属洛阳市、许昌市等。新砦遗址所在的新砦村属郑州市密县刘寨乡新砦村。1994 年密县改为新密市。

第三节　豫中地区古文化遗址分布状况

豫中地区是我国古文化遗存分布最丰富的地区之一（图四）。其中旧石器时代遗址有荥阳织机洞[1]、巩义洪沟[2]等遗址。中石器时代遗址有许昌灵井遗址[3]。

新石器时代遗址众多，其中已发现裴李岗文化遗址数十处[4]，经过大面积发掘的有

---

[1] 张松林、刘彦锋：《织机洞旧石器时代遗址发掘报告》，张松林主编：《郑州文物与考古研究》（一），科学出版社，2003 年。

[2] 席彦昭、刘洪淼、廖永民：《河南巩义市洪沟旧石器遗址试掘简报》，《中原文物》1988 年第 1 期。

[3] 周国兴：《河南许昌灵井的石器时代遗存》，《考古》1974 年第 2 期。晓平：《河南许昌灵井地区发现细石器材料》，《古脊椎动物与古人类》1966 年第 10 卷第 1 期。

[4] 开封地区文管会、新郑县文管会：《河南新郑裴李岗新石器时代遗址》，《考古》1978 年第 2 期。开封地区文物管理委员会、新郑县文物管理委员会、郑州大学历史系考古专业：《裴李岗遗址一九七八年发掘简报》，《考古》1979 年第 3 期。中国社会科学院考古所河南一队：《1979 年裴李岗遗址发掘报告》，《考古学报》1984 年第 1 期。

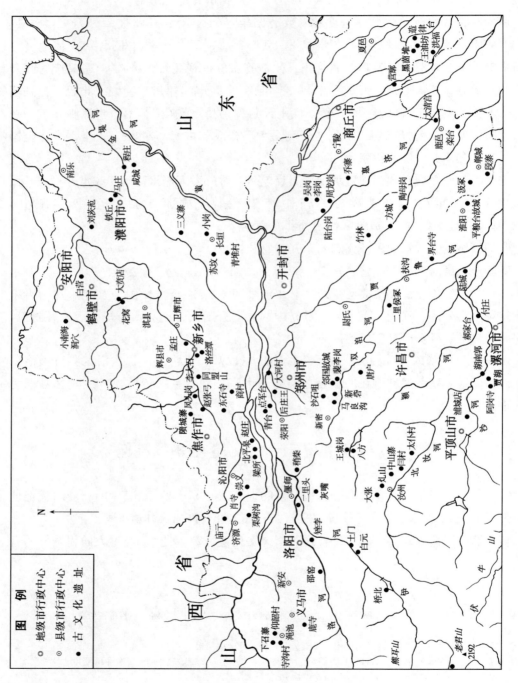

图四　豫中地区古文化遗址分布示意图

新郑裴李岗[①]、沙窝李[②]，长葛石固[③]，新密莪沟[④]，汝州（原临汝）中山寨[⑤]等，是我国新石器时代中期遗址分布较为密集的地区之一。

仰韶文化遗址发现 100 余处，其中经过大规模发掘的遗址有郑州大河村[⑥]、林山寨[⑦]、后庄王[⑧]、西山[⑨]，荥阳点军台[⑩]、青台[⑪]、方莪寨[⑫]，巩义水地河[⑬]、滩小关[⑭]，汝州阎村[⑮]，登封颍阳[⑯]，新郑唐户[⑰]等。

龙山遗址也已发现 100 多处，其中重要的有郑州站马屯[⑱]、马庄[⑲]、牛砦[⑳]，荥阳竖河[㉑]、登封程窑[㉒]、王城岗[㉓]，禹州（原禹县）瓦店[㉔]，偃师灰嘴[㉕]等遗址。

---

① 中国社会科学院考古所河南一队：《1979 年裴李岗遗址发掘报告》，《考古学报》1984 年第 1 期。

② 中国社会科学院考古研究所河南一队：《河南新郑沙窝李新石器时代遗址》，《考古》1983 年第 12 期。

③ 河南省文物研究所：《长葛石固遗址发掘报告》，《华夏考古》1987 年第 1 期。

④ 河南省博物馆、密县文化馆：《河南密县莪沟北岗新石器时代遗址》，《考古学集刊》第 1 集，中国社会科学出版社，1981 年。

⑤ 中国社会科学院考古研究所河南一队：《河南汝州中山寨遗址》，《考古学报》1991 年第 1 期。

⑥ 郑州市文物考古研究所：《郑州大河村》，科学出版社，2001 年。

⑦ 河南省文化局文物工作队第一队：《郑州西郊仰韶文化遗址发掘简报》，《考古通讯》1958 年第 2 期。

⑧ 河南省文物研究所：《郑州后庄王遗址的发掘》，《华夏考古》1988 年第 1 期。

⑨ 刘东亚：《郑州市西山村新石器时代遗址调查简报》，《中原文物》1986 年第 2 期。国家文物局考古领队培训班：《郑州西山仰韶时代城址的发掘》，《文物》1999 年第 7 期。

⑩ 郑州市博物馆：《荥阳点军台遗址 1980 年发掘报告》，《中原文物》1982 年第 4 期。

⑪ 郑州市文物工作队：《青台仰韶文化遗址 1981 年上半年发掘简报》，《中原文物》1987 年第 1 期。

⑫ 郑州市文物考古研究所、荥阳市文物保护管理所：《荥阳方莪寨新石器时代遗址发掘简报》，《中原文物》1997 年第 3 期。

⑬ 廖永民、王保仁：《河南巩县水地河新石器遗址调查》，《考古》1990 年第 11 期。

⑭ 河南省社科院河洛文化研究所、河南省巩义市文物保护管理处：《河南巩义市洛汭地带古代遗址调查》，《考古学集刊》第 9 集，科学出版社，1995 年。

⑮ 临汝县文化馆：《临汝阎村新石器时代遗址调查》，《中原文物》1981 年第 1 期。

⑯ 郑州市文物工作队：《河南登封县几处新石器时代遗址的调查》，《考古》1995 年第 6 期。

⑰ 中国社会科学院考古研究所河南一队：《河南新郑唐户新石器时代遗址试掘简报》，《考古》1984 年第 3 期。

⑱ 河南省文物研究所、文化部文物局郑州培训中心：《郑州市站马屯遗址发掘报告》，《华夏考古》1987 年第 2 期。

⑲ 郑州市博物馆：《郑州马庄龙山文化遗址发掘简报》，《中原文物》1982 年第 4 期。

⑳ 河南省文化局文物工作队：《郑州牛砦龙山文化遗址发掘报告》，《考古学报》1958 年第 4 期。

㉑ 河南省文物研究所：《河南荥阳竖河遗址发掘报告》，《考古学集刊》第 10 集，地质出版社，1996 年。

㉒ 赵会军、曾晓敏：《河南登封程窑遗址试掘简报》，《中原文物》1982 年第 2 期。

㉓ 河南省文物研究所、中国历史博物馆考古部：《登封王城岗与阳城》，文物出版社，1992 年。

㉔ 河南省文物研究所、郑州大学历史系考古专业：《禹县瓦店遗址发掘简报》，《文物》1983 年第 3 期。河南省文物考古研究所：《河南禹州市瓦店龙山文化遗址 1997 年的发掘》，《考古》2000 年第 2 期。

㉕ 河南省文物局文物工作队：《河南偃师灰嘴遗址发掘简报》，《文物》1959 年第 12 期。河南省文物研究所：《河南偃师灰嘴遗址发掘报告》，《华夏考古》1990 年第 1 期。

二里头文化遗址也相当丰富，重要的有偃师二里头①，巩义稍柴②，郑州旭旮王③、洛达庙④，洛阳皂角树⑤等。

新密市古文化遗址分布也相当丰富，既有裴李岗文化遗址，也有仰韶文化、龙山文化和"新砦期"遗址。

第四节　新砦遗址概况

新砦遗址所在地主要包括新砦大队（今叫新砦村）的四个自然村（现在叫"组"）（图五）。其间以一条东西向、名为苏沟的黄土冲沟为界，冲沟以南的自然村当地人叫梁家台村（该村位于双洎河北岸的台地上，居民以梁姓人家较多而得名。有关的地图测绘人员，可能根据当地人的口音，将村名讹传为"染洞"），苏沟以北的村中居民以苏姓人家居多，在20世纪70年代以前，世代以沟边的黄土断崖为依托，家家户户开凿窑洞，面沟而居，因名苏沟。位于苏沟村东北的另外一条自然冲沟名为煤土沟。煤土沟大体呈西北—东南走向，越向南走，冲沟越深，现今沟里长满了杂草、荆棘和树木。

据了解，历史上的苏沟比现在所见的沟底要深得多，而且沟底有水。一直到20世纪60年代开展农业学大寨运动时，才把村南边的苏沟填平、垫高，后辟为农田。村民们也逐渐从低洼的沟边窑洞内搬迁到沟岸之上的台地平地上。如今，煤土沟和苏沟岸边断崖上的窑洞除个别用于老人居住和储藏牲畜饲料外，绝大多数已破旧坍塌，只留下门前的残井、树木、碾盘等物，依稀可见当年农家院落的旧痕。

梁家台村的南边为双洎河，河岸高出河床约20多米。据当地老乡介绍，在20世纪70年代以前，双洎河的水量相当大，鱼虾也非常多。近年来随着沿河小型造纸厂的增多，各厂家向双洎河大量倾泻污水，致使河流遭到严重污染，水量也急剧下降。吃河水长大的梁家台人，近些年不得不改吃井水了。

梁家台村的东边为大体呈环状分布的双洎河旧河道，从梁家台东南缘出发，顺着故河道向北走，抵达苏沟村以东的煤土沟南端，推测煤土沟的水流原应由此注入双洎河故河道，故河道汇聚煤土沟水流之后折向东南方向。在故河道中央地带有一大体呈椭圆形的小台地，其四面被故河道环绕，是为东湾村，当地人也叫做新砦村。调查发现，在这个孤岛似的台地上，也分布有新砦遗址常见的史前时期的地层和陶片，只是不及苏沟村和梁家台村普遍，这也说明至迟从那时起这里已经有人居住。至今，还能够看出环绕这

---

①　中国社会科学院考古研究所编著：《偃师二里头》，中国大百科全书出版社，1999年。

②　河南省文物研究所：《河南巩县稍柴遗址发掘报告》，《华夏考古》1993年第2期。

③　河南省文化局文物工作队第一队：《郑州旭旮王村遗址发掘报告》，《考古学报》1958年第3期。

④　河南省文化局文物工作队第一队：《郑州洛达庙商代遗址试掘简报》，《文物参考资料》1957年第10期。

⑤　洛阳市文物工作队：《洛阳皂角树》，科学出版社，2002年。

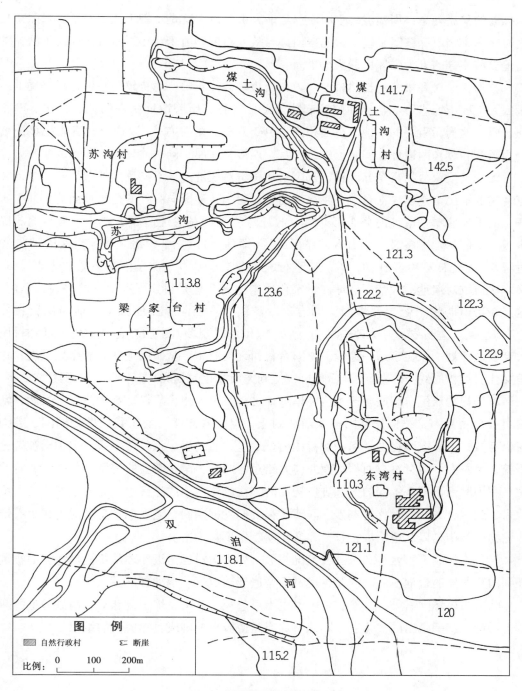

图五　新砦遗址地形地貌图

（图内数字表示等高线，单位米）

个孤岛的最高处是一周残破的土墙。据当地人讲，过去这是抵御土匪的寨子，当匪来犯之时，大家临时躲在寨子里，关起寨门，与敌人对抗。由于经年累月有人在此生活，对这里史前遗存的人为破坏也最为严重。

苏沟自然村和梁家台自然村的北边和西边是大片农田，地势较为平坦，只是局部地段因人工取土、修田等活动而略有起伏。总体来看，新砦遗址所在的地势为东、南临河，西、北为无阻隔的平地。总面积约为 100 万平方米左右[①]。以往，曾有人把该遗址分为新砦和苏沟两遗址，实际上，二者互相连接，应属于同一遗址。

无论是梁家台村还是苏沟村，都因修建民房对遗址造成不同程度的破坏。其中，梁家台村的居民本是居住在台地东南缘临河处，后来，逐渐向高处的台地顶面的平地上搬迁，而平地原本是遗址的分布区，这一搬迁过程无疑对遗址造成了破坏。据当地居民讲，在他们修建房屋时，见到不少"瓦片"（即陶片）。除了建房之外，当地居民在 20世纪 60 年代末至 70 年代初，大规模进行农田改造，基本方法是削高垫低，建造梯田，又一次造成对遗址的大范围破坏。梁家台村东的高台地是目前保存最好的一块。据说，这是新密市博物馆老干部魏殿臣同志争取的结果。当年，在他获悉当地居民要在此"削高垫低"进行农田基本改造的消息后，立即赶赴现场，说服教育当地村干部和村民放弃改造计划才保住了这一地段。梁家台村西现为农田，从田间地埂和断崖处发现，这里文化层堆积厚约 1～2 米，地面也可以捡到龙山文化时期和"新砦期"的陶片。

苏沟村的居民自沟底搬迁到沟北岸平地之后，也开始大规模地修房建屋。虽然，新密市（原密县）文物保护部门多次前往制止，但收效甚微。就在我们发掘期间，苏沟村仍有数户人家继续在遗址保护区范围内挖地基、盖新房。该村西半部，据说已被普遍下挖 2 米左右。在穿过村西部的南北向大路东西两旁，全是新盖的房屋。其中一家院墙便是利用原已下挖 2 米深的方坑坑壁构成的。在修建房屋的过程中，原密县博物馆人员曾采集到完整的龙山时代的夹砂灰陶罐。在我们发掘期间，老乡们挖房基时仍掘出石铲等遗物。苏沟村以北地层堆积较薄，文化遗物也不甚丰富。

与苏沟村、梁家台村和东湾村情况相似，煤土沟村也是近年才从煤土沟沟旁的窑洞迁到沟东北侧的台地上的。因此，也对新砦遗址造成了一定的破坏。

除人为破坏因素外，自然破坏因素也不可忽视。苏沟、煤土沟和双洎河故河道的断壁上均能见到暴露出的文化层和陶片。这当是遭流水冲刷或自然脱落的结果。

---

① 　有人认为新砦遗址面积为 70 万平方米，见国家文物局主编：《中国文物地图集·河南分册》第 146 页，中国地图出版社，1991 年。

第五节　发现发掘经过、资料整理与报告编写

一　发现发掘经过

新砦遗址是 1964 年河南省密县文化馆馆长魏殿臣先生调查时发现的。1979 年 3、4 月份，中国社会科学院考古研究所赵芝荃先生等根据密县文化馆提供的线索，复查了新砦遗址，并在梁家台村东的高台地上进行试掘，取得了重要收获①。赵芝荃先生根据试掘结果和相关调查，提出新砦遗址主体遗存晚于河南龙山文化晚期又早于二里头文化一期，属龙山文化与二里头文化之间的过渡性遗存，后命名为二里头文化新砦期②。"二里头文化新砦期"提出后，在考古学界引起较大反响："新砦期"是否真的存在？如果真的存在，其文化性质究竟如何？遂成为众多学者共同关注的焦点。不过，由于试掘面积很小，试掘之后 20 多年又未再做田野工作，"新砦期"长期未能得到确认。

1999 年 5 月 28 日，北京大学成立古代文明研究中心。为了探索早期夏文化，在向国家文物局提出发掘申请并领取发掘证照（中华人民共和国考古发掘证照　考执字 [1999] 第 205 号）后，于 1999 年 9 ～ 12 月与郑州市文物考古研究所合作对新砦遗址进行了第一次正式发掘。项目负责人李伯谦（北京大学古代文明研究中心），田野考古领队刘绪（北京大学考古学系），副领队王文华（郑州市文物考古研究所），主要发掘人员有赵春青（北京大学考古学系博士后）、顾万发（郑州市文物考古研究所）、武家璧（北京大学考古学系硕士研究生）等。

此次发掘地点分南北两区。南部发掘区选在梁家台村东的双洎河北岸台地上，与 1979 年试掘区相邻，布探沟 2 条（T1、T2），探方 2 个（T4、T5）；北部发掘区位于苏沟村西部，在此处发掘探沟 2 条（T3、T6）、探方 1 个（T7）（图六）。两区试掘面积（含扩方）合计 161.61 平方米，共清理各类窖穴、灰坑 200 多个，墓葬 9 座（其中 1 座为乱葬坑）。

2000 年，新砦遗址发掘被列为"夏商周断代工程"夏文化研究课题子课题，再次获取国家文物局颁发的发掘执照（中华人民共和国考古发掘证照　考执字 [2000] 第 028 号）。田野发掘工作从 4 月开始，至 7 月结束。项目负责人及田野考古领队李伯谦，副领队张松林（郑州市文物考古研究所），发掘人员有赵春青、顾万发、曹大志（北京大学考古学系本科应届毕业生）、王鹏（北京大学考古学系本科应届毕业生）、王建华（河南省社会科学院考古研究所）、李龙（河南省社会科学院考古研究所）（彩版一，

---

① 中国社会科学院考古研究所河南二队：《河南密县新砦遗址的试掘》，《考古》1981 年第 5 期。
② 赵芝荃：《略论新砦期二里头文化》，《中国考古学会第四次年会论文集》，文物出版社，1985 年。

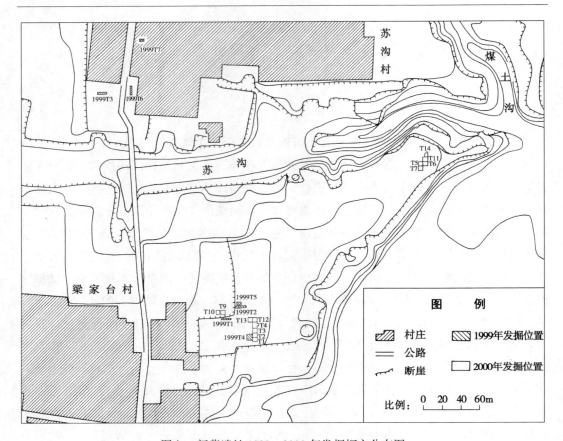

图六　新砦遗址 1999、2000 年发掘探方分布图

1）以及技工马秋霞、邵会珍、汪松枝等。

　　2000 年发掘区均位于梁家台村东的台地上。本次发掘亦分南北两个发掘区，其中南部发掘区位于 1979 年试掘区附近，共布探方 8 个（T1 ~ T4、T9、T10、T12、T13），加上扩方，实际发掘 209 平方米（彩版一，2；彩版二，1、2）。北部发掘区位于梁家台台地的东北角，双洎河故河道西侧的台地上。该处共布探方 4 个（T5 ~ T7、T11），探沟 1 条（T14），加上扩方，实际发掘面积为 115.7 平方米。南北两区合计发掘面积为 324.7 平方米，清理出窖穴、灰坑 100 多个，灰坑葬 3 座，古河道 1 段。

　　2000 年发掘的 T5 因故未能发掘到生土，T12 和 T13 因发现有房基居住面没有发掘到生土。

　　新砦遗址发掘中，除注重对出土的测年样品进行收集外，还注重对环境信息的提取。其间，北京大学城市与环境学系夏正楷教授亲赴发掘现场对遗址周围环境进行了详细调查和研究，并系统采集了沉积物样品。赵春青设计、监制了浮选设备，对一些重要文化层堆积和相关单位出土土样进行了浮选，浮选出一些植物大遗核标本。

二 资料整理

室内整理工作从 2000 年 7 月开始，2001 年 3 月结束。参加整理工作的有：

项目负责人：李伯谦；领队：刘绪；副领队：张松林、王文华。

工作人员：赵春青、顾万发、王建华、李龙、曹大志、郭献军、冯福庆、李恩圆、王相锋、焦建涛、李扬、陈萍、祁庆国、梁刚、谷中秀、刘彦锋等。

其中赵春青、顾万发等负责全部资料的审阅、标本选择与统计、卡片制作与器物标本排队与分期等；王建华、李龙承担遗址出土石器、骨器等小件的描述和统计工作。曹大志也曾参加部分整理工作。陶器修复主要由中国社会科学院考古研究所二里头工作队技工郭献军和郑州市文物考古研究所修复室冯福庆、李恩圆承担。线图清绘由中国社会科学院考古研究所偃师商城工作队技工王相锋、焦建涛与郑州市文物考古研究所绘图室李扬、陈萍等承担。工地摄影主要由赵春青承担，器物摄影由首都博物馆祁庆国、梁刚、谷中秀与郑州市文物考古研究所刘彦锋承担。

在室内整理期间，北京大学李仰松、张江凯、刘绪教授等曾亲临指导。

遗址出土的人类骨骼与动物骨骼鉴定和研究工作由北京大学考古文博学院吕遵谔、黄蕴平教授承担。出土的铜器残片的鉴定和研究工作由北京大学考古文博学院张晓梅博士和原思训教授承担。北京大学城市与环境学系高级工程师马军博士鉴定了石器的石料。浮选出的植物大遗核的鉴定和研究由北京大学地球与空间科学学院郝守刚教授、王琪博士承担。北京大学城市与环境学系夏正楷教授对采集的沉积物样品进行了孢粉分析和氧碳同位素分析。

三 报告编写

2001 年 3 月 10 日全部整理工作结束后，经严文明和李伯谦两位先生主持，由赵春青、张松林同志拟订报告写作提纲，后夏正楷对提纲提出重要修改意见。提纲拟定后，各章节初稿的撰写工作，暂作以下分工：

主编：李伯谦；第一章由张松林执笔；第二章，第三章第四节，第四章第一节、第二节、第四节，第五章第三节，第十章由赵春青执笔；第三章第一节、第二节由顾万发执笔；第五章第一节由王文华执笔；第六章由黄蕴平执笔；第七章由郝守刚、王琪执笔；第八章由吴小红、魏彩云、潘岩、Nives Ogrinc（北京大学考古文博学院）、J. Stefan 共同执笔；第九章由夏正楷执笔。此外，第三章第三节、第四章第三节、第五章第二节中的动物遗骸由黄蕴平执笔，植物遗存由郝守刚、王琪执笔。王建华、李龙承担遗址出土各期石器、骨器等小件的初步编写工作。附表由赵春青、顾万发编制。附录部分各项工作由李伯谦协调组织并由各项目参加者撰写鉴定报告。各章节初稿基本完成后，由赵春青对各章节进行了初步的整合和修改，并作为赵春青在北京大学考古学系完成的博士后出站报告，于2001年6月底提交北京大学考古学系博士后流动站，由该站组成的报告评审委员会于2001年6月30日对报告初稿进行了评审。评审委员由北京大学考古学系李仰松（评审会主席）、严文明、李伯谦、赵辉、徐天进和北京大学城市与环境学系夏正楷六人组成，评审委员对报告初稿予以肯定的同时提出了若干重要修改意见。后由李伯谦仔细通阅初稿全文，并提出了诸多细致具体的修改意见，再交由赵春青反复修改。修改稿于2006年11月写就，最后由李伯谦审查定稿。

另需说明的是，本报告中各探方编号前的"1999"和"2000"代表发掘年度，灰坑按年度分别编坑号，即同一年度内的灰坑统一编号，同一年度个别重号的灰坑，为了便于将来查阅原始资料，也不再另行更改坑号，只是冠以探方号予以区别。其他遗迹单位亦按年度分别予以编号。

第二章　地层堆积

第一节　探方分布

继 1979 年中国社会科学院考古研究所赵芝荃先生对新砦遗址进行首次试掘之后，1999 年秋，北京大学古代文明研究中心和郑州市文物考古研究所联合对遗址进行了第一次正式发掘。

在发掘之前，我们设想新砦遗址发掘的首要目标是确认有无"新砦期"。出于这一考虑，确定在梁家台村布方的原则有两条：一是紧挨当年考古所发掘地点布方，以保证重新找到与当年发掘相当的地层关系和遗物；二是开展调查，在发现有二里头文化典型器物的地段布方，以尽可能找到龙山文化、"新砦期"和二里头文化"三叠层"的地层关系。调查时发现在保存较好的梁家台村东南一块台地上，因取土形成一大致呈直角的断崖（由东西向断崖和南北向断崖所组成，断崖垂直高度近 2 米），在断面上可以看到厚 2 米以上的文化层堆积和大型灰坑。这一断崖所在的台地紧邻赵芝荃先生当年布方处，且又比那里地势高出 1.5～2 米，推测这里遗迹遗物丰富，很有可能发掘到二里头文化时期的遗存，遂确定这里为一重要发掘区（后编为南部发掘区）。调查时在南断崖上采集到二里头文化典型器物——圆腹罐（花边罐），便在发现处以南布下东西长 10、南北宽 2 米的探沟 1999T1。相应的在东断面以东布下东西长 11、南北宽 2 米的探沟 1999T2（后外扩 1×6 米）。在紧邻当年赵芝荃先生发掘地点的台地南沿布下探方 1999T4，发掘面积 5×5 米（后扩为 7.6×6.1 米）。

1999T2 开始发掘不久，在其西半部发现 7 座墓葬，怀疑这里为一墓葬区，便在它的北侧布下 1999T5（3×5 米）。结果一直发掘到超过 T2 内墓葬所在层位深度时也未能再发现一座墓葬。后因当地居民反对继续下挖，遂终止 1999T5 的发掘。

寻找龙山文化至"新砦期"墓地也是这次发掘的目的之一。这一工作主要是在据说发现了龙山时代墓葬的苏沟村西部进行的。我们首先根据当地老乡提供的线索，在苏沟村西部展开调查。村中西部有一条贯穿村子的南北向大路，这条大路南抵梁家台，北与从老寨向东伸展的大路相交，道路两侧全是新盖的民房。据说建造这些民房时曾发掘出龙山时期的墓葬，新密市博物馆的工作人员也曾在这里采集到一个完整的龙山文化陶罐，很像是出自墓葬的随葬品。当地居民们也讲在这里曾发现人骨架和不少古物。民房下面已不可能找到古墓葬了，我们只好先在苏沟村西部若干居民院落里进行钻探，后在村西因取土而形成的断面上寻找，结果除在村西一条南北向的断面上发现一具可能为古代人骨之外，始终未能找到清楚可靠的墓地线索。看来，仅仅采用调查的方法不能达到预期目的，我们便计划在村西南大路两边平坦的庄稼地里各开一条探沟，如有发现，再着手扩方，以最终找到墓地。于是在苏沟村西部村中大路的路西布下 1999T3（东西长10、南北宽 2 米）；在路东布下 1999T6（东西宽 2、南北长 10 米）。此外，还在苏沟村据说出土人骨最多的居民张耀东家院内，开了一个 4.3 ×2.5 米的小探方 1999T7（后外扩 3 ×0.5 米）。

这样，1999 年在新砦遗址一共布下 4 条探沟和 3 个探方，发掘面积共计 161.61 平方米。其中，分布于梁家台发掘区的是 1999T1、1999T2、1999T4、1999T5，因位于整个遗址的偏南部，又称为南部发掘区。分布于苏沟发掘区的是 1999T3、1999T6 和 1999T7，因位于整个遗址的偏北部，又称为北部发掘区。位于北部发掘区的 1999T7 揭开耕土层后即暴露出一座现代双人合葬墓，遂立即停止了对该探方的发掘。

通过对 1999 年发掘材料的初步整理，我们认为"新砦期"有可能确实存在；但是，因发掘工作属试掘性质，发掘面积太小，可复原的器物不多，整体文化面貌仍不够清楚。项目负责人李伯谦先生主张 2000 年继续在新砦遗址做些工作，扩大发掘面积，丰富器物种类，搞准文化分期，如果能够发掘出诸如大型建筑遗迹、甚至城墙和大片墓地更好。

2000 年春，继续发掘新砦遗址。因 1999 年发掘的北部发掘区未能找到龙山至"新砦期"墓地，遂将整个发掘工作集中到南部发掘区。首先在出土遗物丰富的 1999T4 的东侧布下 2000T1 ～ T4，后将 2000T4 北扩 2 米，并向北、向西续开 2 个探方，即 2000T12、2000T13，以确保丰富"新砦期"器物群。其中 T12、T13 在发掘到龙山文化房基面时，为了保护房基的完整而暂停发掘。由于 1999 年未能发掘到二里头文化时期的地层和遗迹，遂决定在 1999T1 以北、亦即 1999 调查时曾采集到二里头文化花边罐的断面之下一块田地，再布下 2 个探方——2000T9、2000T10。2000 年调查时发现，在新砦遗址东部地表散布有较多的二里头文化时期的花边罐口沿，遂在遗址东部布下 4 个探方，即 2000T5 ～ T8，发掘工作开始不久，不仅发掘出二里头文化时期的地层，而且意外地发掘出一条"新砦期"的大水沟（或河道），内出大量可以复原的陶器。为了进一步增加可复原器物的数量并搞清河道的边沿情况，又在 2000T6 以北先后续开了 2000T11 和 2000T14。这些探方只有 2000T8 未予发掘，这样，在新砦遗址东部，实际发掘了 2000T5、T6、T7、T11、T14 共计 5 个探方，称为东部发掘区。2000 年南、东两区合计发掘面积 324.7 平方米，加上 1999 年发掘面积，两年合计发掘 486.31 平方米。

因发掘地点散布在遗址的不同区域，下面择取南部、北部和东部发掘区当中的代表性剖面分别介绍各发掘区地层堆积状况。除此之外，每一发掘区的各个探方的地层关系均以图表形式全部予以介绍（附表一、二）。

第二节　南部发掘区地层概说与典型文化层

南部发掘区地层堆积较厚，遗迹现象复杂。现以 1999T1、2000T1 和 2000T9 为例，介绍其地层堆积情况。

一　1999T1 北壁剖面（图七）

第①层，耕土层。厚 0.15～0.20 米。在探沟南部，开口于①层下有 1 条近代扰沟，而 H42 即开口于扰沟下。

第②层，扰土层。厚 0.12～0.15 米。开口于②层下的单位有 H7、H8、H15、H21、H22、H26、H34、H36 等。

第③层，黄灰色黏土层，实为分布于探沟东北部范围较大的灰坑。分③A 和③B 两小层：

第③A 层，土色较浅，土质松软。厚约 0.15～0.23 米。

第③B 层，土色稍深，土质松软。厚约 0.10～0.30 米。开口于③B 层下的有 H24、H25 等。

第④层，黑灰土层，土质较松疏。分两小层：

第④A 层，分布于整个探沟。厚约 0.20～0.40 米。开口于此层下的单位有 H28、

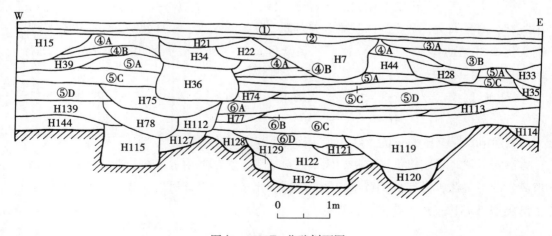

图七　1999T1 北壁剖面图

H29、H33、H40、H44、H47 等。

第④B 层，分布于探沟西半部北侧。厚约 0.10～0.20 米。开口于此层下的单位有 H39。

第⑤层，黄褐土层，土质一般。分四小层：

第⑤A 层，分布于整个探沟。黄褐色黏土。厚约 0.10～0.32 米。开口于此层下的单位有 G1 和 H35。

第⑤B 层，分布于探沟西部南侧。灰沙层，是⑤A 与⑤C 层之间的分界面。厚约 0.10～0.30 米。

第③、④层和第⑤A、⑤B 层及诸层叠压的灰坑当中出土陶器器形有尖圆唇折沿罐、菌状纽折壁器盖、梭形孔甑、饰附加堆纹的折肩尊等。

第⑤C 层，分布于整个探沟。黄褐土，土色较深。厚约 0.12～0.50 米。开口于此层下的单位有 H71、H74、H75 等。

第⑤D 层，分布于整个探沟。褐土层，色泛黄。厚约 0.12～0.38 米。开口于此层下的单位有 H72、H78、H139 等。

第⑥层，灰褐土层，主要分布于探沟北部。分四小层：

第⑥A 层，灰褐土，色泛红，夹黄斑。南高北低呈坡状分布，厚约 0.10～0.40 米。开口于此层下的灰坑有 H77、H115。

第⑥B 层，分布于探沟中部大部。灰褐土，色泛红，土质较纯。厚约 0.10～0.25 米。开口于此层下的灰坑有 H113。

第⑤C、⑤D、⑥A、⑥B 层及诸层叠压的灰坑和水沟当中出土陶器器形有尖圆唇折沿罐、折壁器盖、平底盆、方格纹直腹刻槽盆、鸡冠鋬器耳、三角形侧扁鼎足、敛口钵等。

第⑥C 层，分布于整个探沟。灰褐土，沙性较重。厚约 0.13～0.43 米。出土陶器中既有王湾三期文化常见的深腹罐、碗、钵、甗、圈足盘、双耳盆等器物，也有王湾三期文化不常见的器盖、子母口瓮、三足盘等。开口于此层下的单位有 H114、H119、H125、H144、H145 等。

第⑥D 层，仅分布于探沟中部。灰褐土，土色较深。厚约 0.15～0.20 米。开口于此层下的单位有 H121、H128。

被第⑥C 层叠压的灰坑、第⑥D 层及被第⑥D 层叠压的灰坑当中不见折壁器盖，出土方唇折沿罐、平底出边平口碗、大平底刻槽盆、腰部饰附加堆纹的甗、圆唇外撇的小口高领罐等陶器，另有少量石器和骨、蚌器，出土遗物总体风格属常见的中原龙山文化王湾类型（亦称王湾三期文化）遗存。

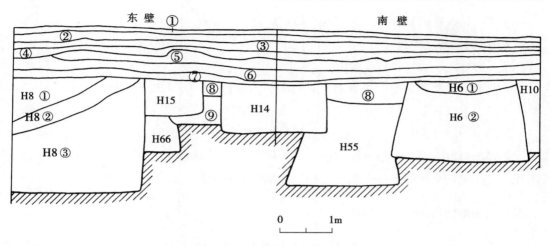

图八　2000T1 东壁、南壁剖面图

二　2000T1 东壁、南壁剖面（图八）

第①层，灰色粉沙土，比较疏松。厚 0.15 米，为地表层。

第②层，遍布整个探方。较致密的粉沙土，黄褐色。深 0.10～0.15、厚 0.15 米，耕土层。出有陶片、瓷片、铁丝等。

第③层，遍布整个探方。疏松粉沙土，黄褐色，夹斑块状黑灰。深 0.15～0.30、厚 0.20 米。出土陶器有折肩瓮、圈足盘、器盖、深腹罐，另有唐宋时期的瓷片。

第④层，遍布整个探方。疏松粉沙土，黑褐色，局部夹灰土。深 0.45～0.50、厚 0.05～0.11 米。出土遗物与第③层相近。

第⑤层，分布普遍，仅探方北部不见。褐黄色粉沙土，较致密，比较纯净。深 0.38～0.60、厚 0～0.30 米。出土遗物除有陶片、动物骨骼之外，还包含唐宋瓷片。

第⑥层，遍布整个探方。致密粉沙土，黄色，较纯净。深 0.60～0.73、厚 0.05～0.23 米。出土遗物与第⑤层相近。

第⑦层，遍布整个探方。疏松粉沙土，黄色，夹斑块状黑灰。深 0.65～1.00、厚 0.05～0.15 米。该层出土遗物与第⑥层相近。本层叠压有 H6、H8、H14、H15。灰坑内出土遗物中不见瓷片，所出器物不出下述 2000T6 第⑧层的范围。

第⑧层，遍布整个探方，但因被第⑦层下的众多灰坑打破，呈局部分布。较致密粉沙土，灰色。深 0.75～1.10、厚 0.20～0.30 米。出土陶器有平顶盖纽、深腹罐、小口高领罐、平底盆、鼎足。另有龙山时期的双腹陶盆，或许为早期地层所遗留。本层叠压 H55。

第⑨层，局部分布。较致密粉沙土，灰黄色。深 0.95～1.30 米。出土陶器有小口平肩高领罐、夹砂褐陶碗、口沿唇面带凹槽的折沿深腹罐、鬶足、大平底刻槽盆、粗柄豆等。本层下开口有 H66。

以下为生土层。

以上第①～⑦层皆为历史时期形成的堆积，直到第⑦层仍出土有瓷片。在发掘过程中，该探方上部地层分层较细。实际上，如果把以上第①～⑦层合并为几大层也无不可：即①、②层合为耕土层；第③、④层合为褐色土层，为明、清时期堆积。第⑤、⑥、⑦层合为黄土层，为唐宋时期的堆积。第⑧层和第⑨层可分别编为第四、第五层。这里，为保持资料的原始性，仍按发掘时原地层编号叙述。

三　2000T9 南壁、西壁剖面（图九）

南部发掘区偏西北处，在 20 世纪 70 年代农民进行农田改造时，普遍下挖 0.5～2 米，使得原有文化层上部遭到破坏，现存文化堆积较薄。现以 2000T9 南壁、西壁剖面为例介绍如下。

第①层，耕土层，土质疏松，深灰色。厚 0.12～0.27 米。

第②层，局部分布。土质疏松，土色浅灰。深 0.05～0.30、厚 0～0.15 米。所出陶片时代不一，有河南龙山文化晚期、"新砦期"及少量二里头文化时期陶片，另有一些石器及现代砖瓦片等。应为近代扰土层。

第③层，遍布整个探方。土质较硬，浅黄色。深约 0.10～0.25、厚 0.10～0.40 米。所出陶片主要是"新砦期"的，但是有一些唐宋瓷片同出，应为唐宋时期文化层。

第④层，分布普遍。土质疏松，浅黄色，似有水锈土。深 0.25～0.65、厚 0～0.15 米。内含陶片稀少且较碎。本层叠压 H34 和 H44。

第⑤A 层，仅在探方南侧及西侧有分布，面积很小。土质疏松，浅黄色，为水浸土。深 0.75、厚 0～0.15 米。出土物甚少，可辨陶器器形有罐、豆、折壁器盖。开口于该层下的单位有 H37。

第⑤B 层，仅在探方南部有少许分布。土质疏松，灰色。深 0.35～0.55、厚 0～

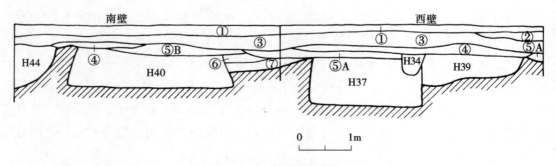

图九　2000T9 南壁、西壁剖面图

0.25 米。未见陶片。开口于该层下的单位有 H40。

第⑥层，仅在探方西南角有极少分布。土质致密，深黄色。深 0.60~0.70、厚 0~0.15 米。未见陶片，只出 1 件石刀。

第⑦层，仅分布在探方西南角。土质致密，较硬，浅黄色。深 0.65~0.72、厚 0.20 厘米。未见陶片。

第三节　北部发掘区地层概说与典型文化层

北部发掘区以村中西部的一条南北向大路分成东西两部分。其地层堆积东部较厚，西部较薄。现以 1999T6 西壁剖面、1999T3 南壁剖面为例，介绍如下。

一　1999T6 西壁剖面（图一〇）

第①层，耕土层。厚 0.20 米左右。

第②层，近代扰土层。深 0.20~0.25、厚 0.30~0.40 米。该层下探方东部叠压一唐代灰坑 H211。

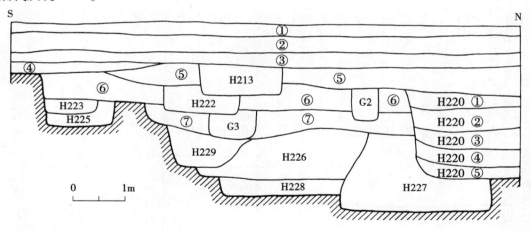

图一〇　1999T6 西壁剖面图

第③层，遍布整个探方。土质较松，黄色。深 0.55~0.60、厚 0.20~0.35 米。包含物有素面筒瓦、白瓷片等，属唐代文化层。本层叠压 H212~H216 共 5 个灰坑。

第④层，分布在探方大部。土质稍松，深灰色。深 0.80、厚 0~0.50 米。出土陶器有深腹罐、乳状鼎足、平底盆、尊形瓮、折肩罐、卷沿深腹盆、浅盘圈足盘、钵等。

第⑤层，分布在探方北部。土质较硬，浅灰色。深 0.80~0.95、厚 0~0.60 米。本层叠压 H220、H222 和 G2。出土陶器有平底盆、唇沿未加厚但口沿沿面较平的深腹罐、双腹豆、小口高领罐、覆钵形器盖等。另有残石器若干和黄牛角残块。

第⑥层，分布普遍。土质稍硬，灰黄色。深 1.00～1.30、厚 0.35～0.55 米。本层叠压 H223～H225 和 G3。出土陶器有折沿方唇夹砂罐、敞口小底钵、圈足盘、粗柄豆等。另有石凿、石斧、石镰等。

第⑦层，仅分布于探方中部，范围较小。黄灰土层，土质稍硬。深 1.75～1.80、厚 0～0.60 米。开口于该层下的灰坑有 H226～H229。出土有折沿方唇夹砂罐、斜壁碗、敞口钵、敛口钵、鬶等陶器碎片。另有牛、小猪、鹿和羊的遗骸。

以下为生土层。

第⑥、第⑦层以及被这两层叠压的遗迹当中出土的陶器，均属王湾三期文化晚期常见器形。

二　1999T3 南壁剖面（图一一）

第①层，耕土层。厚 0.07～0.25 米。

第②层，遍布整个探方。土质疏松，浅黄色。深 0.07～0.25、厚 0.25～0.48 米。出唐宋瓷片等，属唐宋文化层。本层叠压 H3 和 H53 等。

第③A 层，仅分布在探方东南角，范围狭窄。土质稍硬，黄色。深 0.50～0.57、厚 0～0.12 米。出土物甚少，可辨陶器器形有唇沿加厚的夹砂深腹罐口沿等。本层叠压 H17。

第③B 层，仅分布在探方东南角，范围比上一层稍微有所扩大。黄褐色，土质较硬。深 0.55～0.70、厚 0.27～0.35 厘米。出土陶器有小口高领罐、高足鼎、豆盘、折壁器盖等。本层叠压 H19。

该探方大部分范围内第②层下即为生土，东南角第③B 层叠压生土。

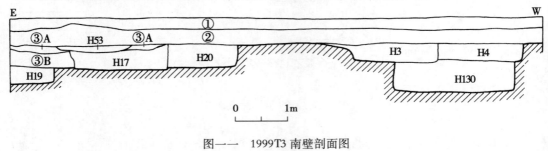

图一一　1999T3 南壁剖面图

第四节　东部发掘区地层概说与典型文化层

东部发掘区地层与其他两个发掘区相比，主要有两点不同：一是在这里发现了二里头文化早期的地层直接叠压在"新砦期"地层之上的地层关系，从而提供了"新砦期"遗存早于二里头文化早期的地层证据；二是在这里意外地发现了一条河道（自然大冲沟）。发掘工作进行到一定阶段时才判定东部发掘区的 2000T5、T6、T7 和 T11 全部布在河道当中。为了搞清河道边缘情况，在河道的北边布下 T14，T14 南半部依旧在河道当中，北边抵达河道岸边。现选择典型剖面，将东部发掘区的地层堆积介绍如下。

一　2000T5 西壁（图一二）、东壁（图一三）剖面

第①层，耕土层。厚 0.05～0.20 米。

第②层，土质异常坚硬，土色发青。深 0.05～0.15、厚约 0.05～0.15 米。出有晚近遗物，属近代扰土层。

第③层，遍布整个探方。土质坚硬，土色红中带黑。深 0.15～0.23、厚约 0.08～0.60 米。出土陶器多见夹砂陶，纹饰以绳纹和篮纹为主，方格纹基本不见。器类有口沿外起窄边的深腹罐、折壁器盖、细柄豆、四足瓮、敛口罐、盆、鼎、花边罐以及数量很少的小口高领罐等。

第④层，遍布整个探方。土质较硬，土色与第③层相似，只是颜色稍浅。深 0.42～0.70、厚 0.12～0.55 米。出土陶器纹饰以绳纹为主，篮纹和方格纹均不多见。在本层中出土有花边罐等典型的二里头文化遗物。

第⑤A 层，分布于探方东南大部。土质较硬，红褐色，内含有一定量的水锈颗粒。深 0.75～1.05、厚 0～0.57 米。其中出土陶片甚碎，可辨器形有菌状盖纽、花边罐等典型的二里头文化早期遗物。

第⑤B 层，分布于探方东南部。土质较软，土色发黄，含有较少的胶质。深 0.66～1.00、厚 0～0.37 米。出土物甚少。

第⑤C 层，分布于探方东南部。土质较软，灰绿色夹杂黑色。深 1.13～1.30、厚 0～0.50 米。出土陶器有尊形瓮、折沿深腹罐、平底盆、折壁器盖、子母口瓮、折肩

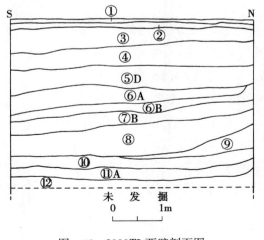

图一二　2000T5 西壁剖面图

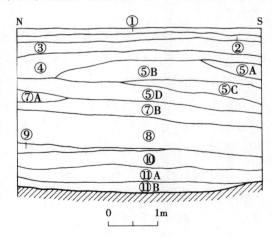

图一三　2000T5 东壁剖面图

罐、刻槽盆等。

第⑤D 层，分布于探方大部。土质较硬，土色发黄并带有大块的水锈颗粒。深 1.05～1.60、厚 0～0.60 米。出土器物较少，有盖纽、厚胎碗等。

第⑥A 层，分布于探方西部。土质较硬，土色较深，有较清晰的分层水作用痕迹。深 1.30～1.60、厚 0～0.40 米。出土物甚少。

第⑥B 层，分布于探方西半部。土质坚硬，黄色，水锈颗粒极多。深 1.30～2.00、厚 0.15～0.55 米。出土物甚少。

第⑦A 层，分布于探方东北角。土质较硬，土色黄黑相间，有非常明显的分层水作用痕迹。深 1.25～1.50、厚 0～0.25 米。出土陶器有近圜底刻槽盆、唇沿加厚的深腹罐、尊形瓮、细柄豆、折壁器盖、四足瓮、子母口瓮和鬶形盉等。

第⑦B 层，遍布整个探方。土质、土色与第⑦A 层基本相同，但其间仍有明显的分界，似为两次不同的水流作用所致。深 1.50～2.15、厚 0.08～0.35 米。出土陶器与第⑦A层基本相同。

第⑧层，遍布整个探方。土质稍硬，为分层堆积的淤土，也是流水作用下的堆积，呈浅黄色。深 1.56～2.10、厚 0.35～0.80 米。出土遗物丰富。陶器纹饰以篮纹和方格纹为主，次为附加堆纹。器类有篦形豆、折肩罐、折壁外侈的器盖、圆圈底刻槽盆、近底周壁和底部饰梭形孔的甑、尊形瓮、子母口瓮、四足瓮、唇沿加厚的深腹罐等。

第⑨层，分布于探方北部。粉沙质土，土质较软，黄白色。深 2.18～2.85、厚 0～0.60 米。出土陶片甚少，可辨器形有子母口缸、子母口鼎等。

第⑩层，遍布整个探方。仍为水作用后的淤土，分层较明显，近似深棕色。深 2.50～2.85、厚约 0.12～0.35 米。出土遗物较丰富，有深腹罐、镂孔鼎足、乳状鼎足、折肩罐、平底盆、篦形豆、盉、三足盘、四足瓮、圆肩罐、尊形瓮、子母口钵、小口高领罐等陶器。

第⑪A 层，遍布整个探方。胶质黏性土，黏度极强，分层已不明显，土色发黑。深 2.85～3.00、厚 0.15～0.35 米。出土陶器纹饰以篮纹占绝大多数，方格纹较少。器类有喇叭形纽的器盖、鼎、豆、子母口瓮、双腹豆、口沿外侈的平底盆等。

第⑪B 层，分布于探方东部。土仍有较强的黏性，土色发黄。深 3.06～3.25、厚 0～0.30 米。出土陶器纹饰以方格纹较多，器类有钵、直口瓮、折肩罐、小口高领罐、近圜底刻槽盆、子母口瓮、厚胎碗、口沿加厚的深腹罐等。

第⑫层，遍布整个探方。黏土，黏性不如第⑪B 层强，黄色。深 3.10～3.50 米。因本探方到此未向下清理，厚度未知。出土陶器有"V"形鼎足、尖唇且口沿加厚的深腹罐、平顶盖纽、细柄豆等。

二　2000T6 西壁（彩版三，1）、南壁（彩版三，2）、北壁剖面（图一四）

第①层，现代耕土层，疏松粉沙土，灰黄色。厚约 0.15 米。

第②层，扰土层，遍布全方。致密粉沙土，黄色。深 0.10～0.20、厚 0.15～0.30 米，南薄北厚。含瓷片、陶片等。

第③层由三小层组成：

第③A 层，分布普遍。黏土，红褐色。深 0.30～0.50、厚 0.18～0.35 米。出土陶器纹饰以篮纹和方格纹为主，附加堆纹次之，另有绳纹。器类有唇沿加厚的深腹罐、扁三角形鼎足、小口高领罐等，另有陶纺轮。

第③B 层，贴近探方北壁东半部，呈窄条状分布。夹灰黑黏土，红褐色。深 0.35～0.50、厚 0～0.65 米。仅出几块夹砂陶片。

第③C 层，仅分布于探方东部。夹灰黑黏土，红褐色。深 0.45～0.52、厚 0～0.40 米。出土遗物甚少。

第③层出土的动物骨骼有牛、鹿、羊、猪骨等及蚌壳。

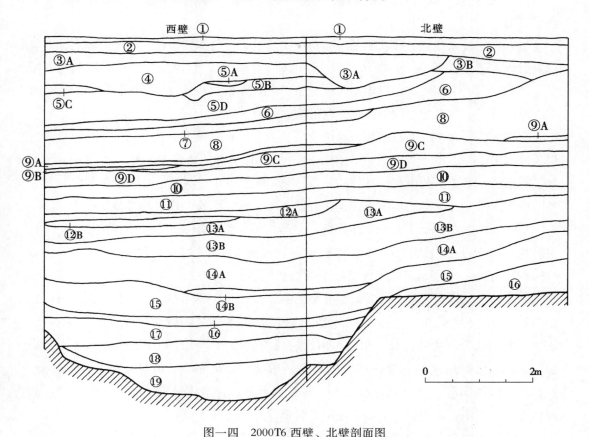

图一四　2000T6 西壁、北壁剖面图

第④层，分布于探方西南部。黏土，红褐色，含有白沙。该层填土应是文化堆积土，而非河道冲积土。深 0.50～0.65、厚 0～0.58 米。出土陶片甚碎，可辨器类有唇沿加厚的深腹罐、折壁外敞的器盖、子母口鼎、(陶爵?)足、两侧饰刻划纹的扁鼎足、细豆把等。另有石凿、残石器和陶纺轮。动物骨骼有猪、鹿、羊骨及蚌壳。

第⑤层由四小层组成：

第⑤A 层，仅有一小窄条贴近探方西壁附近分布。硬结沙土，黄绿色。深 0.85～0.91、厚 0～0.08 米。没有出土文化遗物。动物骨骼有猪、牛骨及蚌壳等。

第⑤B 层，分布于探方西北角。沙土，黄绿色。深 0.85～0.91、厚 0～0.15 米。出土遗物甚少。

第⑤C 层，分布于探方西南角。炭土层，灰黑色，较薄。深 1.00～1.07、厚 0～0.15 米。出土陶片少且碎。陶器纹饰以篮纹为主，次为附加堆纹，另有方格纹、绳纹等。器类有折壁器盖、菌状盖纽等。还出有石凿等残石器。动物骨骼有猪骨。

第⑤D 层，分布普遍。黄绿色沙土，土色发白。深 0.70～1.35、厚 0～0.74 米。出土陶器有花边罐、菌状盖纽、折肩瓮、三角形扁鼎足、唇沿加厚的深腹罐等。另有石斧、石刀等。

第⑥层，分布普遍。含胶质黏土的粉沙土，呈黄绿色和红褐色。其中，靠近探方北壁附近含灰黑土较多。深 0.70～1.25、厚 0.10～0.50 米。自此层直到第⑱层均为古河道内冲积土。出土陶器纹饰以附加堆纹为主，另有方格纹和篮纹，绳纹很少。器类有折壁外敞的器盖、唇沿加厚的深腹罐、卷沿高领鼓腹罐等。

第⑦层，分布在探方西南部，呈细薄层状分布。胶质黏土，含水锈，呈黄绿色和红褐色。深 1.15～1.77、厚 0～0.20 米。出土陶器有小杯、钵、盂、鼎、刻槽盆、平底盆、尊形瓮、器盖、两侧饰按窝纹的三角形鼎足等。其中 2 件鼎、1 件盂和 1 件钵与另外一些陶片散布在第⑦层层面上。动物骨骼有牛、黄牛、鹿、猪、羊骨及蚌壳等。

第⑧层，遍布整个探方，东高西低，呈均匀的倾斜状堆积。其中，东部灰黑土层，夹白色、绿色土带土块，西部水作用明显，呈细薄层状堆积。深 1.15～2.05、厚 0.50～1.50 米。本层是新砦遗址发掘中的重要收获。在本层层面上散布着深腹罐、平底盆、器盖、刻槽盆等完整或者近乎完整的陶器。此外，还在本层中拼对出大量可以复原的器物，其种类之全、数量之多（近 70 件）足以涵盖"新砦期"遗存的主要器类，成为"新砦期"晚段的代表性单位。出土陶器有唇沿加厚的深腹罐、折壁器盖、折肩瓮、平底盆、侧扁足鼎、细柄豆、近圜底刻槽盆、矮足鼎、子母口缸、甑、双腹豆、盂、小口高领罐等。另有石镞、石刀、石铲、石斧、骨簪、骨锥、卜骨、陶刀等。此外，还出土了牛、猪、羊、鹿等大量动物骨骼及蚌壳。

第⑨层由四个小层组成：

　　第⑨A 层，较为稳定的层状细密的水作用层，淤泥层和沙层交叠，土色基调为黄色，唯探方东部和南部均有一层灰层。深 1.81～2.45、厚 0.05～0.30 米。出土陶器有折壁豆、平顶器盖、细柄豆等。另有石刀、骨锥和斑鹿、猪、鹿、牛、羊、蚌等动物遗骸。

　　第⑨B 层，为贴近探方南壁的一窄条白沙层。深 2.00～2.10、厚 0～0.08 米。出土物甚少。

　　第⑨C 层，黄沙层，北壁附近较厚，向东、向南渐变薄、延伸，直至消失。地理学上称之为沙波层，系洪水携带大量沙子沉积所致。深 2.20～2.57、厚 0～0.25 米。出土陶器与第⑨A 层相近。

　　第⑨D 层，遍布整个探方，东高西低，倾斜分布。为水锈层与胶质黏土层。深 2.16～2.65、厚 0.20～0.32 米。出土物与第⑨A 层和第⑨C 层相近。

　　第⑩层，遍布整个探方，自东向西倾斜分布。为水作用之沙层，无明显层理堆积，黄绿色发白。深 2.50～2.95、厚 0.15～0.45 米。出土陶器有厚壁钵、甑、细柄豆等。另有石铲等。动物骨骼有牛 、羊、猪、鹿骨等及蚌壳。

　　第⑪层，遍布整个探方，仍为东高西低的倾斜状堆积，但坡度趋缓。系水作用黏土层，红褐色。深 2.95～3.15、厚 0.18～0.34 米。出土陶器有平顶微隆的盖纽、唇沿加厚的深腹罐、子母口缸、饰刻划纹的三角形鼎足等。另有锄、镰等石器以及斑鹿、鹿、猪、牛、羊等动物骨骼。

　　第⑫层由三个小层组成：

　　第⑫A 层，仅在探方西壁附近呈窄条状分布。为水作用层，含绿色水锈较多，黄绿色。深 3.25～3.40、厚 0～0.25 米。

　　第⑫B 层，分布于探方西南部。水作用层，层面上见漩涡状的水波纹平面，含沙较多，黄绿色。深 3.50～3.65、厚 0～0.15 米。

　　第⑫C 层，分布于探方东南部。水作用层，含水锈较多，黄绿色。深 3.15～3.55、厚 0～0.30 米。

　　第⑫层出土陶器有子母口鼎、单耳杯、平底盆、折壁器盖、双腹豆、子母口缸、近圜底刻槽盆、带按窝纹的鼎足、尖圆唇深腹罐等。另有石刀、石镰、石铲、陶纺轮、圆陶片等。此外，还出土几块成年人骨骼以及牛、鹿、猪骨和蚌壳等动物遗骸。

　　第⑬层由三个小层组成：

　　第⑬A 层，分布普遍，东部稍高于西部。水作用层，含沙较多，无层理结构，黄绿色，发白。深 3.45～3.60、厚 0.20～0.40 米。

　　第⑬B 层，分布普遍。水作用层，有层理结构，白绿色。深 3.82～4.02、厚0.10～0.55 米。

第⑬C 层，仅分布于探方东南部，呈窄条状贴近探方南壁，东厚西薄。水作用层，黄白色，含有水锈。深 3.85～4.08、厚 0～0.27 米。出土物甚少。该层叠压 H127。

至第⑬C 层下，探方东部绝大部分已经出露生土，只在靠近探方北壁和西壁的狭窄地段仍有水作用层继续向下分布，但水作用层的范围越来越狭窄。

第⑭层由两个小层组成：

第⑭A 层，分布较普遍。沙层，绿色水锈较多，黄色。深 4.05～4.45、厚 0～0.70 米。出土陶器有方格纹夹砂罐、厚壁碗、薄壁壶、圈足盘和厚胎小口罐。另有残石器和丽蚌。

第⑭B 层，分布于探方西北部。沙层，黄色。深 3.95～5.00、厚 0～0.15 米。出土陶器甚少。另有羊的骨骼。

第⑮层，分布于探方西北部，范围狭小。黏土，夹沙层，浅黄褐色。深 3.75～4.75、厚 0～0.45 米。出土物甚少。

第⑯层，分布于探方西北部，范围狭窄。淤土，灰白色。深 4.30～5.10、厚 0.25～0.65 米。陶片极少、甚碎，有绳纹和篮纹陶片，可辨器形有钵、碗、罐等。另有残石器和蚌壳等。

第⑰层，分布范围局限于探方西部贴近西壁的地段。淤土，较硬，黄白色。深 5.15～5.35、厚 0.15～0.45 米。只出土一片平折沿方格纹陶罐口沿。

第⑱层，分布位置与第⑰层相同，只是范围更小。黏土，土质较硬，黄色。无出土物。本层叠压生土。生土极硬，且含有料礓石。故第⑱层应是河道最底层土。

第⑲层，实际为生土层。黄色，质硬，无文化遗物。为了解生土状况及便于土样编号，在第⑱层之下的生土中继续下挖，把挖出的生土层暂编为第⑲层。

从出土遗物来看，本探方第⑫层及其以上至第⑤层基本器物为新砦晚期；第⑬层较为纯净，包含物极少；第⑭层下部陶片口沿特征已呈现龙山文化风格。所以本探方地层堆积可以⑭层为界，分为三大期：即第③层至第⑤层为二里头文化时期的地层堆积；第⑥层至第⑭层为"新砦期"河道冲积层；第⑮层至第⑱层为龙山文化时期河道冲积土。第⑲层及其以下为生土层。

除各发掘区地层堆积上部的唐宋文化层和零星的西周时期遗存外，根据 1999 年度和 2000 年度发掘的各探方地层和遗迹间的地层关系及其文化内涵的差别，可将新砦遗址文化遗存分为三大期（附表三）。各期选择一些单位作为其典型单位。其中，第一期以 1999T6H227、1999T6H223 和 2000T1H84 等单位为代表，为王湾三期文化晚期；第二期以 1999T6H220 和 2000T6 第 ⑧ 层为代表，与之相近的还有 2000T2H147、2000T4H59、2000T4H53 以及 2000T4H19 等，为介于王湾三期文化与二里头文化之间的"新砦期"；第三期以 2000T7 第⑦层为代表，与之相近的还有 2000T5 第⑤A 层等地层堆积，为二里头文化一期遗存。

第三章　第一期遗存

第一期遗存属王湾三期文化即河南龙山文化遗存，是新砦遗址的主要文化遗存之一。兹按文化遗迹、文化遗物与动植物遗存分别予以介绍，然后讨论该期遗存的分期与年代。

第一节　文化遗迹

第一期的主要遗迹为灰坑，集中分布在 1999T4、T6 及 2000T1～T4、T12 共 7 个探方内，尤其以南部发掘区分布得最为密集，北部发掘区灰坑密集程度较南部稍显稀疏，东部发掘区最少（图一五；附表四、五）。未发现龙山文化单独的墓地或集中墓区，仅发现 1 座长方形竖穴土坑墓和 2 座灰坑乱葬坑墓（附表六）。在遗址北部发掘区发现 1 段水沟（附表七）。

一　灰坑

1999 年试掘时即选择堆积深厚的地段进行发掘，2000 年第二次发掘时仍然以分期研究为主要目的，发掘地点仍然注重堆积较厚的地段。前后两次发掘面积，虽然只有400 余平方米，但却发掘出各类灰坑 286 个。就遗址东、南、北三个发掘区而言，灰坑主要集中在南、北两个发掘区，东部发掘区很少发现灰坑。由于 1999 年的 T1、T2、T3和 T6 都是 2×10 米的探沟，探沟内地层堆积丰厚，遗迹众多，其中，绝大多数遗迹为灰坑，而且许多灰坑被上层灰坑或周邻遗迹破坏得十分严重，以至于有一定数量的灰坑很难判断其形状和结构。

所谓"灰坑"至少可分为以下几类：

1. 窖穴

通常形制规整，以袋状壁为多，坑底平整。窖穴又深又大，坑壁往往留有工具加工痕迹。这些窖穴废弃之后，变成垃圾坑。此类灰坑数量最多。

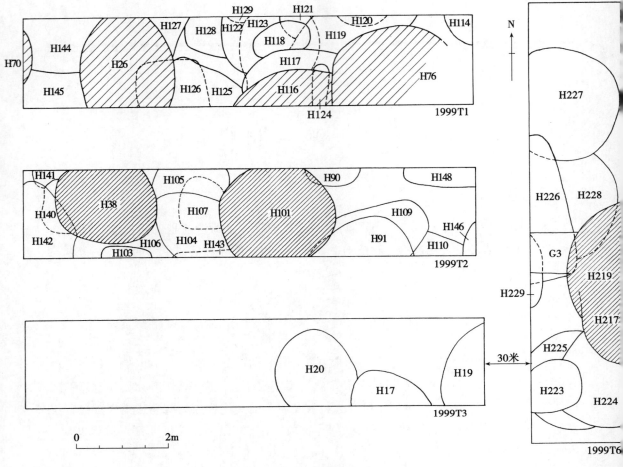

图一五 A　第一期遗迹分布图
（画斜线的灰坑为第二期灰坑）

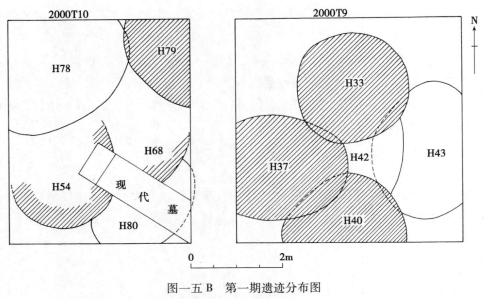

图一五 B　第一期遗迹分布图
（画斜线的灰坑为第二期灰坑）

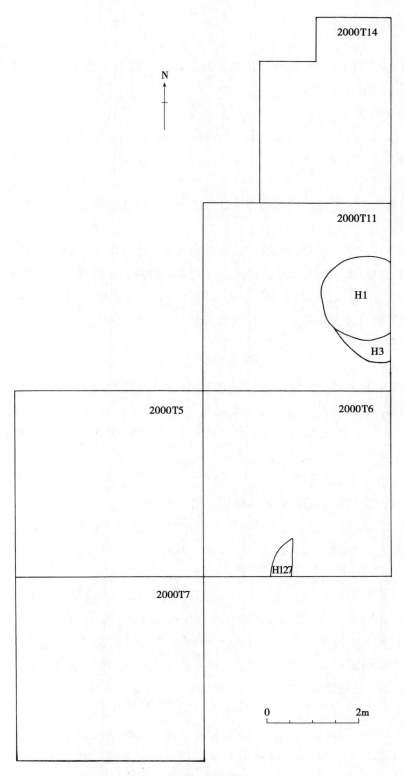

N

2000T14

2000T11

H1

H3

2000T5

2000T6

H127

2000T7

0   2m

图一五 D 第一期遗迹分布图

2. 取土坑

这些灰坑往往缺乏明显的坑口边缘，底部不平，坑壁无加工痕迹。应是取土造成的。此类取土坑也有相当数量。

3. 与房基有关

个别灰坑坑内有柱洞，坑底出土有与日常生活相关的遗物，但不见墙基、烧灶之类的房基设施，也暂时列入灰坑。

4. 用途不明坑

有些遗迹被上层遗迹及同层周邻遗迹打破严重，往往只剩下范围不大的一块，也暂作灰坑处理。

无论哪一种灰坑，通常都由坑口、坑壁和坑底三部分构成。最能呈现灰坑形制特征的是灰坑的坑口形状和坑壁形状，因此，我们首先按照坑口的平面形状将灰坑分为圆形（A）、椭圆形（B）、近长方形（C）、不规则形（D）和坑口不明（E）共五型。每型当中再按坑壁形状分为直壁（a）、坡壁或弧壁（b）、袋状壁（c）三个亚型。上述类型亦可表述为如下模式（图一六）。

（一）型式划分

共发现第一期灰坑 120 个。其中能够进行分型的共 67 个，占第一期灰坑总数的 55.83%（附表八）。此外，还有或因发掘范围甚为狭窄、或遭受后期毁坏严重导致坑口和坑壁都看不全的灰坑，无法分型，这类灰坑共有 53 个，占第一期灰坑总数的 44.17%（附表九）。

（二）典型灰坑分类介绍

现将能够分型的第一期各型灰坑择要介绍如下。

1. A 型　共 20 个。坑口形状为圆形，以坑壁形状分为三亚型。

（1）Aa 型　坑壁较直，坑底较平。2 个，现举 1 例。

2000T2－T3H101

位于 T2 北部和 T3 南部。开口于第④层下，打破 H110，被第二期灰坑 H62、H100 叠压或打破。坑口呈圆形，口径 1.60、深 0.40 米。坑壁发现有工具加工修整坑壁时所留的凹槽，凹槽宽 3 厘米左右。坑内堆积为含有红烧土块的灰褐土。包含物除石刀、石铲、刮削器外，可辨陶器主要有深腹罐、小口高领罐、碗、甗、钵等（图一七）。

（2）Ab 型　坡壁或弧壁。2 个，现举 1 例。

2000T4H121

位于 T4 东部，有部分坑口位于探方东壁之外。开口于第⑧层下，打破 H122，被 H120、H63 和第二期灰坑 H19 叠压或打破。坑口略呈圆形，锅底状。口径 2.60、深 1.26 米。坑内堆积为灰黑土。包含物除残石器外，可辨陶器有小口高领罐、深腹罐、

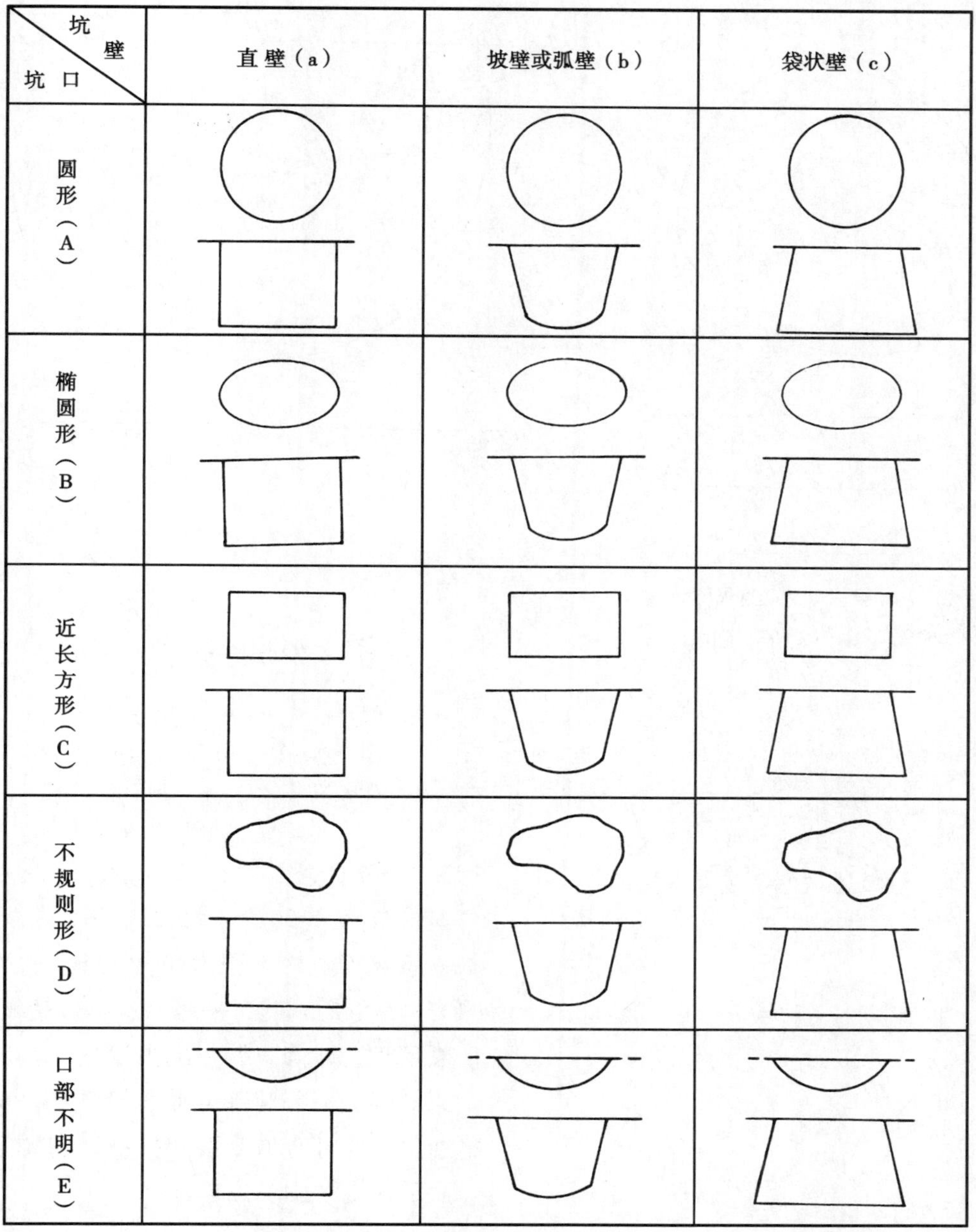

坑壁 坑口	直壁（a）	坡壁或弧壁（b）	袋状壁（c）
圆形（A）			
椭圆形（B）			
近长方形（C）			
不规则形（D）			
口部不明（E）			

图一六 灰坑类型模式图

碗、圈足盘、钵、甑、双腹盆等（图一八）。

（3）Ac 型 袋状壁。16 个，现举 12 例。

1999T4H132

位于 T4 中部。开口于第③C 层下，打破 H161、H135、H81，被 M9 和第二期灰坑

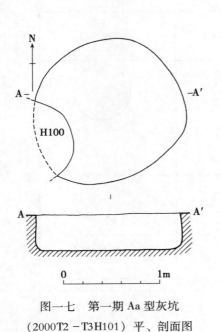

图一七　第一期 Aa 型灰坑
（2000T2－T3H101）平、剖面图

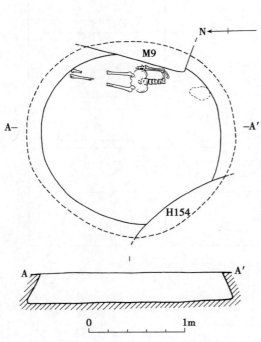

图一九　第一期 Ac 型灰坑
（1999T4H132）平、剖面图

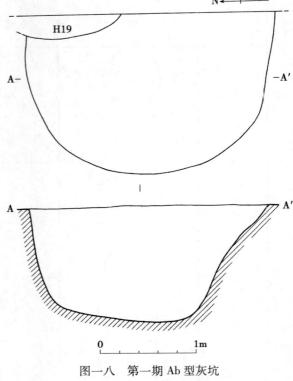

图一八　第一期 Ab 型灰坑
（2000T4H121）平、剖面图

H154 等打破。坑口呈圆形，袋状较明显。口径 1.90、底径 2.16～2.20、深 0.35 米。坑内堆积为浅黄色土。包含物有陶深腹罐、碗、平底盆、小口高领罐、圈足盘、钵等。另在坑内发现一具儿童人骨架，头部与部分肢骨已残朽。头向西南，仰身直肢，两腿并拢，右臂放在腰部一侧（图一九）。

1999T6H227

位于 T6 北部。开口于第⑦层下，打破 H228，被 H226 打破。坑口呈圆形，口径 2.50、底径 3.45、深 1.60 米。坑内堆积浅黄土，土质疏松。包含物中陶器少，主要器类有深腹罐、泥质黑衣陶器

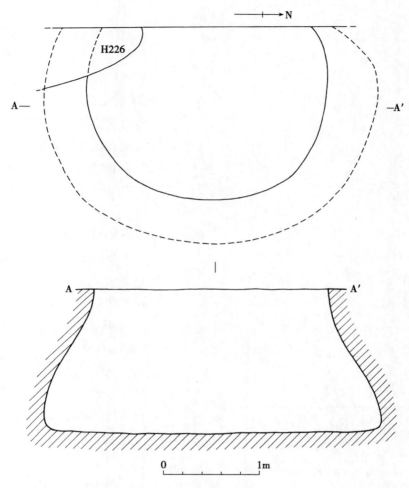

图二〇　第一期 Ac 型灰坑（1999T6H227）平、剖面图

盖、圈足盘、单耳杯、碗等（图二〇）。

2000T1H30

位于 T1 中部。开口于第⑨层下，打破生土，被第二期灰坑 H28 打破。坑口呈圆形，袋状明显。口径 1.80、底径 2.60、深 1.70 米。坑内堆积黑灰色土。包含物较丰富，除骨、石器之外，可辨陶器有小口高领罐、深腹罐、鼓腹罐、双耳罐、鬶、甑、单耳杯、钵、圈足盘、高足鼎足、碗等（图二一；彩版四，1）。

2000T1H55

位于 T1 东南部，部分坑口位于探方南壁之外。开口于第⑧层下，打破 H65 及生土，被第二期灰坑 H14 打破。坑口呈圆形，袋状明显。口径 1.60、底径 2.20、深 1.60 米。坑内堆积灰黄土。坑内壁光滑，在坑底东北部有 4 个灰土圆形小坑，从南向北依次

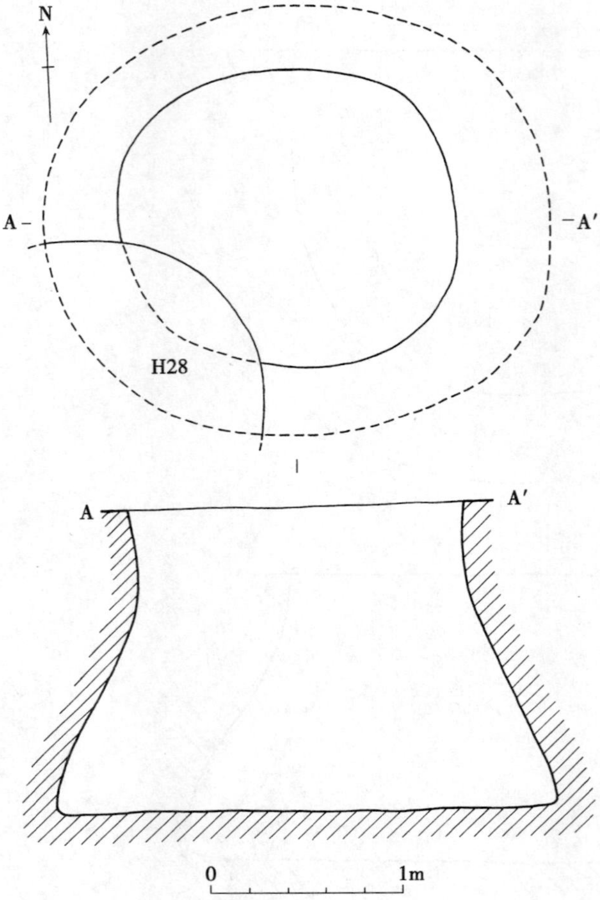

图二一　第一期 Ac 型灰坑（2000T1H30）平、剖面图

编号为 D1、D2、D3、D4。D1 口径 36、底径 14、深 15 厘米；D2 口径 28、底径 16、深 13 厘米；D3 口径 30、底径 20、深 14 厘米；D4 口径 24、底径 16、深 13 厘米。包含物较丰富，除骨、石器之外，可辨陶器有深腹罐、小口高领罐、夹砂灰陶斝足、圈足盘、单耳杯、平底盆、矮领瓮、钵等（图二二）。

2000T2H84

位于 T2 东南部。开口于第⑨层下，打破生土，又被 H76、H77 和第二期灰坑 H93 等打破。坑口呈圆形，袋状明显。口径 1.85～2.00、底径 2.95、深 1.50 米。坑内堆积夹杂红烧土块的灰黑土。包含物除骨、石器之外，可辨陶器有小口高领罐、深腹罐、平流鬶、甗、钵、圈足盘、碗等（图二三）。

2000T2－T3H113

位于 T2 东北部和 T3 东南部。开口于第⑨层下，打破 H124 及生土，又被 H83、H101 和第二期灰坑 H50、H73、H74 打破。部分坑口位于探方北壁之外。坑口呈圆形，略呈袋状。口径 1.90、底径 2.10、深 0.90 米。在坑壁上发现有一道道竖形凹槽，可能是工具加工坑壁时所留的痕迹。坑内堆积分三层：上层为黄土，中层为含炭灰褐土，下层为灰褐色疏松土。包含物除少量石器、蚌器外，可辨陶器有深腹罐、小口高领罐、夹砂黑灰陶甗、曲腹盆、双腹盆、碗、圈足盘、平底器等（图二四）。

2000T3H58

位于 T3 中部。开口于第④层下，打破 H69、H70、H81、H98、H110 及生土。坑口呈圆形，略呈袋状。口径 2.10、底径 2.20、深 1.10 米。坑内堆积灰褐色疏松土。包含物除石器、兽骨等之外，可辨陶器主要有小口高领罐、深腹罐、碗、圈足盘等（图二

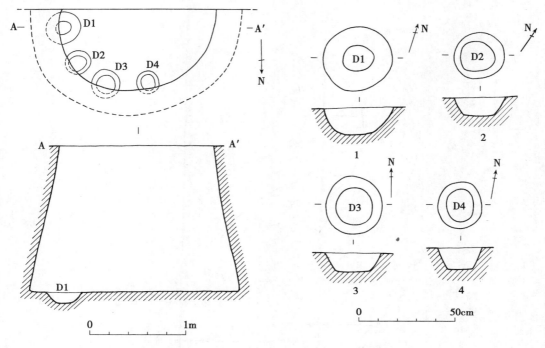

图二二　第一期 Ac 型灰坑（2000T1H55）平、剖面图

五；彩版四，2）。

2000T3－T4H99

位于 T3 西北部和 T4 西南部，部分坑口位于探方北壁之外。开口于第⑧层下，打破 H98 及生土，又被第二期灰坑 H25、H94 打破。坑口呈圆形，袋状。口径 2.10、底径 2.28、深 2.00 米。坑壁上有一道道竖行凹槽，应是使用工具加工修整的痕迹。另外，坑壁钻有孔，可能用作插装支撑支架用。坑内堆积灰褐土。包含物除骨器、残石器、兽骨等之外，可辨陶器主要有小口高领罐、深腹罐、豆座、碗、钵、单耳杯、圈足盘等（图二六）。

2000T3－T4H88

主要位于 T4 西南部，部分坑口位于探方南壁之外。开口于第⑤B 层下，打破 H99 及生土，被第二期灰坑 H25、H26、H60 打破。坑口略呈圆形，袋状。口径 1.90、底径 2.16、深 0.90～1.10 米。坑内堆积青灰土。包含物除残石器等外，可辨陶器为小口高领罐、深腹罐、碗、钵、圈足盘等（图二七）。

2000T11H1

位于 T11 东部，部分坑口位于探方东壁之外。开口于第⑰G 层下，打破 H3 及生土。坑口呈圆形，袋状。口径 2.36、底径 2.40、深 0.54 米。坑内堆积分为三层：第①层为沙土，第②层与第①层相似，第③层为水浸土。包含物较少，除少量骨碎片之外，

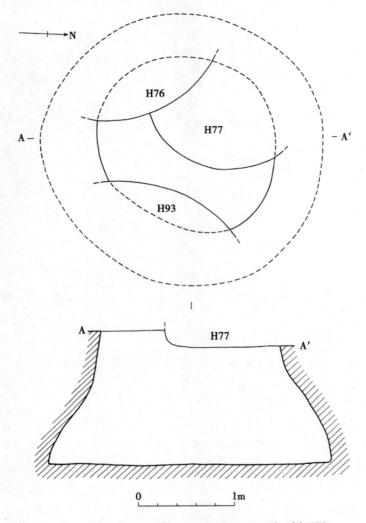

图二三　第一期 Ac 型灰坑（2000T2H84）平、剖面图

可辨陶器有小口高领罐、深腹罐等（图二八）。

　　2000T12H96

　　位于 T12 中部偏东处。开口于 T12G5 第②层下，被第二期单位 T12Z1 和 H64 打破，打破 H111。口径 2.00、距地表深 1.40 米。坑壁规整，上有圆棍之类工具的加工痕迹，棍痕明显，每个痕迹之间间距为 2～3 厘米，长 50 厘米。底部平整，底径 2.20、自深 1.20 米，底距地表深 2.60 米。灰坑上部置一完整人骨架（图二九；彩版六，1）。

　　2000T12H111

　　位于 T12 西北部。开口于 T12G5 第③层下，打破生土层，被 H92、H96、H104 打破。坑口呈圆形，袋状明显。口径 2.55、底径 3.46、深 1.50 米。坑壁上面发现的工具

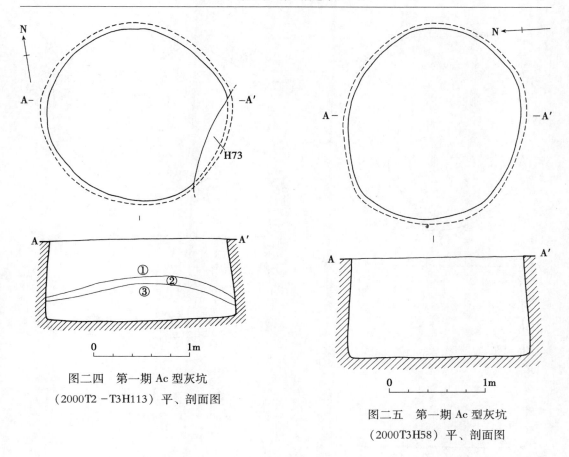

图二四　第一期 Ac 型灰坑

（2000T2－T3H113）平、剖面图

图二五　第一期 Ac 型灰坑

（2000T3H58）平、剖面图

修整痕迹与 H92 类似。坑内堆积灰色的疏松土。包含物较多，除骨器、石器、兽骨外，可辨陶器主要有高足鼎足、小口高领罐、深腹罐、碗、钵、刻槽盆、圈足盘、平底盆等（图三〇；彩版五，1、2）。

2. B 型　共 12 个。坑口形状为椭圆形，分三个亚型。

（1）Ba 型　直壁。5 个，现举 2 例。

1999T3H20

位于 T3 东南部，部分坑口位于探方南壁之外。开口于第②层下，打破生土，被第二期灰坑 H10、H17 打破。坑口近圆形，整体近直筒状。口径长 1.75、宽 1.74、深 0.52 米。坑内堆积黄褐色硬土。包含物有陶鼎、小口高领罐、深腹罐、器盖、碗等（图三一）。

1999T6H223

位于 T6 西南部，部分坑口位于探方西壁之外。开口于第⑥层下，打破 H224、H225。口径 1.10×1.20、深 0.32 米。坑内堆积灰黑土。包含物较少，可辨陶器主要有深腹罐、碗、钵等（图三二）。

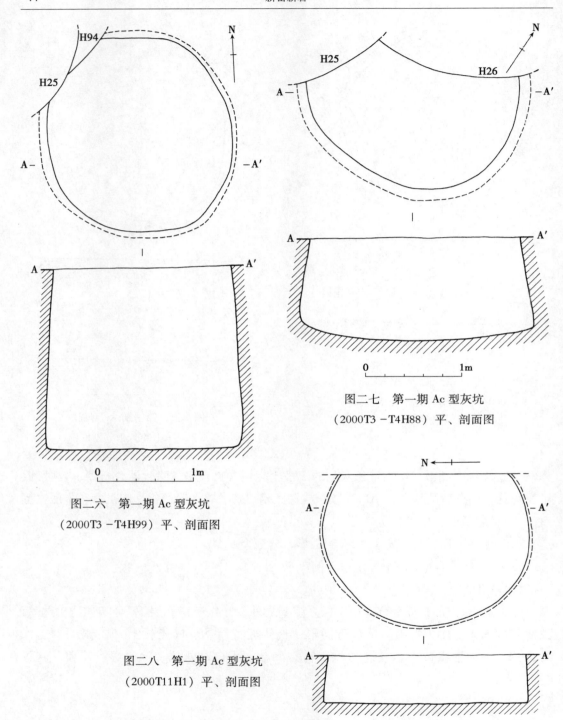

图二六　第一期 Ac 型灰坑
（2000T3－T4H99）平、剖面图

图二七　第一期 Ac 型灰坑
（2000T3－T4H88）平、剖面图

图二八　第一期 Ac 型灰坑
（2000T11H1）平、剖面图

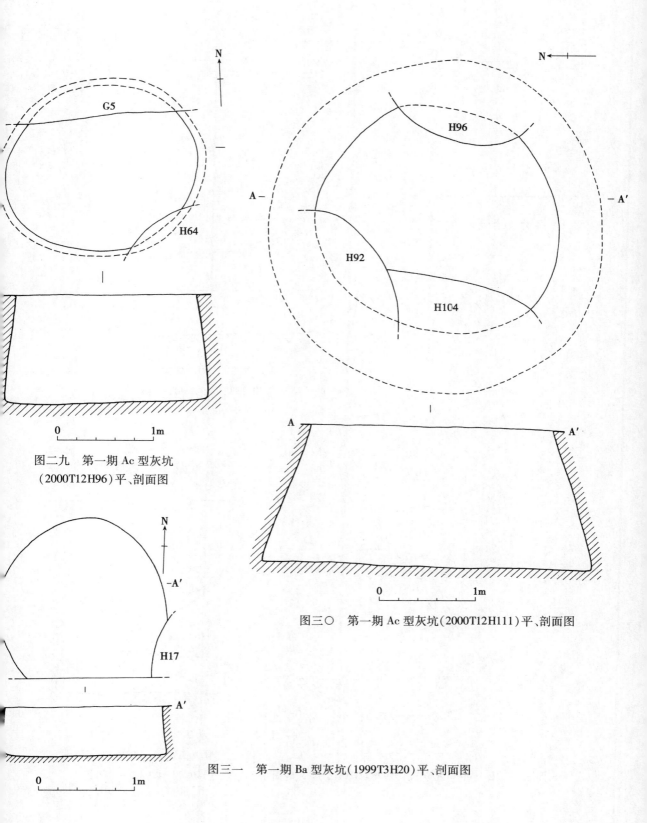

图二九　第一期 Ac 型灰坑
（2000T12H96）平、剖面图

图三〇　第一期 Ac 型灰坑（2000T12H111）平、剖面图

图三一　第一期 Ba 型灰坑（1999T3H20）平、剖面图

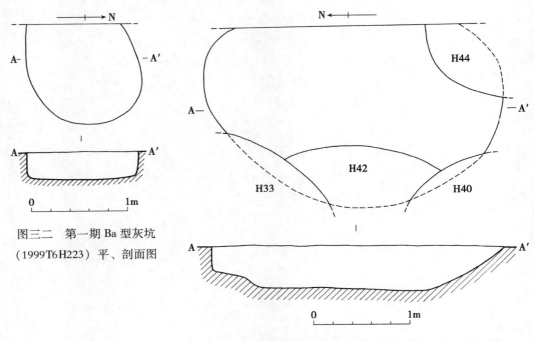

图三二　第一期 Ba 型灰坑
（1999T6H223）平、剖面图

图三四　第一期 Bb 型灰坑（2000T9H43）平、剖面图

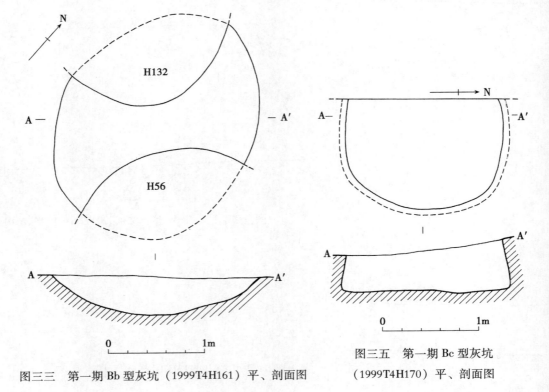

图三三　第一期 Bb 型灰坑（1999T4H161）平、剖面图

图三五　第一期 Bc 型灰坑
（1999T4H170）平、剖面图

（2）Bb 型　坡壁或弧壁。4 个，现举 2 例。

1999T4H161

位于 T4 中部偏东。开口于第③A 层下，打破生土，被 M9、H132、H135、H160 和第二期灰坑 H56 等打破。坑口呈椭圆形，锅底状。口径长 2.55 ×2.00、深 0.45 米。坑内堆积浅黄土。包含物较少，除残石器、兽骨之外，可辨陶器有小口高领罐、深腹罐、碗、深腹盆、鬶、豆、圈足盘圈足、双腹盆等（图三三）。

2000T9H43

位于 T9 东部，部分坑口位于探方东壁之外。开口于第⑤B 层下，被 H42 和第二期灰坑 H33、H40、H44 打破。坑口略呈椭圆形，锅底状。口径长 3.10 ×2.00、深 0.45 米。坑壁不太规整。坑内堆积分三层：第①层为黄灰土，第②层为黑灰色土，第③层为水浸土。包含物较少，除少量残骨、石器之外，可辨陶器主要有小口高领罐、深腹罐、甗、钵、高足鼎足等（图三四）。

（3）Bc 型　袋状壁。3 个，现举 1 例。

1999T4H170

位于 T4 西北部，部分坑口位于探方西壁之外。开口于第④B 层下，打破⑤A 层。坑口呈椭圆形，袋状壁较明显。口径 1.65、底径 1.80、深 0.50 米 。坑内堆积浅黄土。包含物除陶器外还有残石器、兽骨等。陶器可辨器类有小口高领罐、深腹罐、甗、豆、器盖、泥质褐陶杯、碗、钵、矮领瓮等（图三五）。

3. C 型　共 3 个。分两个亚型。

（1）Ca 型　直壁。2 个，现举 1 例。

1999T1H124

位于 T1 东南部，南部伸出探方南壁约 8 厘米，发掘时向南掏挖至坑南壁。开口于第⑥C 层下，打破生土，被第二期灰坑 H116 打破。坑口南北长 1.05、东西宽 0.3 ~ 0.37、深 0.32 米。壁较直。坑底北高南低，略呈坡状。填土为灰褐土，土质较紧密。出土陶器有折沿罐、钵、杯、斜壁器盖等（图三六）。

（2）Cb 型　坡壁。1 个。

1999T6H226

位于 T6 中部偏西，西部伸出探沟外。开口于第⑦层下，打破 H227、H228，被 H229、G3 和第二期灰坑 H219 打破。探沟内暴露的平面形状呈长方形，南北长 3.40、东西宽 0.20 ~ 1.00、深 0.95 米。东、北壁均为坡壁，南壁被 H229 打破严重，坑底较平。坑内填黄土，土质一般。包含物有深腹罐、碗、小口高领罐、圈足盘、单耳杯、碗、器盖等（图三七）。

4. D 型　共 5 个。分两个亚型。

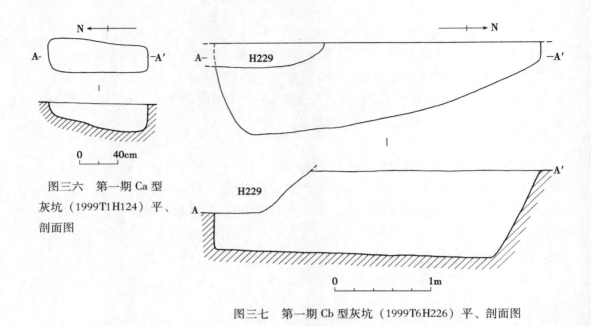

图三六　第一期 Ca 型
灰坑（1999T1H124）平、
剖面图

图三七　第一期 Cb 型灰坑（1999T6H226）平、剖面图

（1）Da 型　直壁。4 个，现举 2 例。

1999T1H123

位于 T1 中南部，部分坑口位于探方北壁之外。打破 H129，又被 H117、H122 打破压。坑口呈不规则形，整个灰坑近直筒状。长 1.80、宽 1.50、深 0.40 米。坑内堆积灰黑土。包含物有矮鼎足、小口高领罐、觚形杯、碗、粗柄豆等（图三八）。

2000T3H110

位于 T3 西南部，部分坑口位于探方西、南壁之外。开口于第⑨层下，被 H98、H114、H101 打破。坑口略呈圆形，直筒状。径长 2.76、深 0.80 米。坑内堆积为含炭灰黄土。包含物除蚌、石器之外，陶器可辨器形有小口高领罐、深腹罐、碗、刻槽盆、圈足盘等（图三九；彩版六，2）。

（2）Db 型　坡壁。1 个。

2000T2H76

位于 T2 西南部。开口于第⑨层下，打破 H77，被第二期灰坑 H11 打破。坑口平面呈不规则形。南北长径约 2.30、口距地表深 1.80、底距地表深 2.32 米，自深 0.52 米。坡壁，底径较之于口径内缩 10 厘米左右。填灰黄色粉沙土，土质较密。出土陶器有深腹罐、小口高领罐、钵、碗、圈足盘等（图四〇）。

5. E 型　共 27 个。口部形状不明。分三个亚型。

（1）Ea 型　直壁。7 个，现举 1 例。

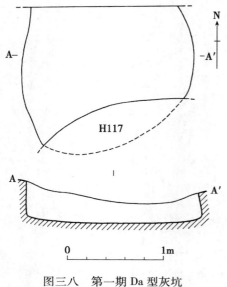

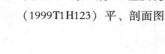

图三八　第一期 Da 型灰坑
（1999T1H123）平、剖面图

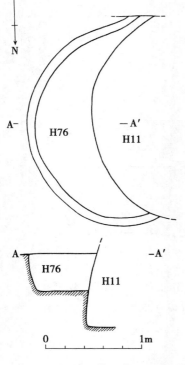

图四〇　第一期 Db 型灰坑
（2000T2H76）平、剖面图

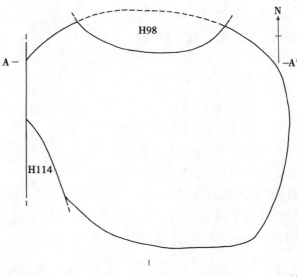

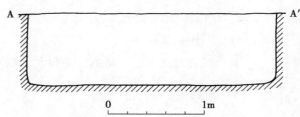

图三九　第一期 Da 型灰坑（2000T3H110）平、剖面图

2000T3H112

位于 T3 东南部，部分位于探方南壁之外。开口于第⑦层下，打破 H113 及生土，被 H101 和第二期灰坑 H73 打破。现存坑口平面呈不规则形，直壁，平底。现存东西长 2.65、南北宽 1.15、深 0.65 米。坑内堆积为含炭及红烧土块的青灰土。包含物除蚌、石器之外，可辨陶器有小口高领罐、深腹罐、甗足、碗、钵等（图四一）。

（2）Eb 型　坡壁或弧壁。14 个，现举 2 例。

1999T1H122

位于 T1 中南部，部分坑口位于探方北壁之外。开口于第 ⑥ D 层下，打破 H128，被 H117、H119、H121 打破。坑口略呈圆形，锅底状。口径残长 2.50、残宽 1.28、深 0.60 米。坑内堆积灰黑土。包含物较多，可辨陶器有深腹罐、甗、圈足盘、深腹盆、碗、附加堆纹瓮、镂孔豆柄等（图四二）。

1999T2H109

位于 T2 东南部，部分坑口位于探方北壁之外。坑口呈不规则形，壁不直，坑底不平。坑口被 H108 等一系列灰坑所打破，已失去原来地层开口层位，打破生土。口距地表深 2～2.15、底距地表深 2.85 米，口径长 1.80、宽 1.20、深 0.70 米。坑内堆积灰黑土。包含物有小口高领罐、深腹罐、豆、粗柄豆、泥质黑衣陶豆座、三足器、深腹盆、双腹盆、钵等（图四三）。

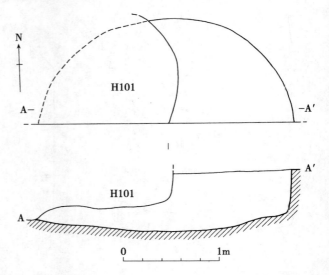

图四一　第一期 Ea 型灰坑（2000T3H112）平、剖面图

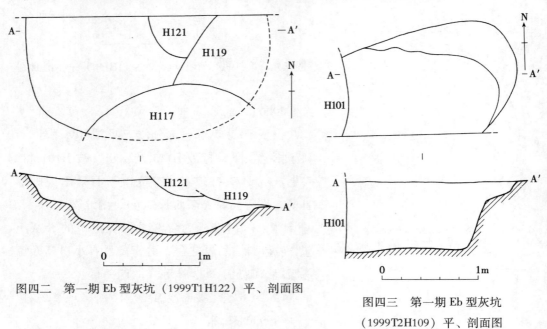

图四二　第一期 Eb 型灰坑（1999T1H122）平、剖面图

图四三　第一期 Eb 型灰坑（1999T2H109）平、剖面图

（3）Ec 型　袋状壁。6 个，现举 5 例。

1999T4H79

位于 T4 西南部，部分坑口位于探方西壁之外。开口于第⑤B 层下，打破 H80、H82，被第二期灰坑 H49、H78 打破。坑口呈圆形，口部稍大，下壁稍直。口径 2.40、底径2.50、深1.50米。坑内堆积黑灰土。包含物有小口高领罐、深腹罐、圈足盘、碗、刻槽盆等（图四四）。

1999T6H228

位于T6中部。开口于第⑦层下，被H226、H227打破。坑口呈圆形，袋状。现存南北长2.32、东西宽1.14、深0.76米。坑内堆积浅黄色疏松土。包含物除一些残石器、石块及骨器外，可辨陶器有深腹罐、筒形器、钵等（图四五）。

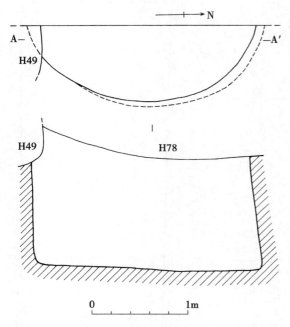

图四四 第一期 Ec 型灰坑（1999T4H79）平、剖面图

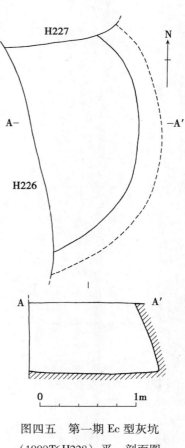

图四五 第一期 Ec 型灰坑（1999T6H228）平、剖面图

2000T1H105

位于T1西北部，部分坑口位于探方北壁、西壁之外。开口于第⑨层下，打破H106、H107及生土，被第二期灰坑H11打破。坑口应呈圆形，袋状较为明显。口径残长1.40、宽1.10、底径1.52、深1.50米。坑内堆积绿色质密土。包含物除骨、石器之外，可辨陶器有高足鼎足、小口高领罐、深腹罐、素面罐、单耳杯、壶、矮领罐、钵、碗等（图四六）。

2000T10H78

位于 T10 西北部，部分坑口位于探方北壁、西壁之外。开口于第④A 层下，打破第⑤A 层和生土层，被第二期灰坑 H54、H68、H79 打破。坑口呈圆形，袋状。口径2.64、底径2.84、深1.64~1.94 米。坑内堆积为夹红烧土的黄灰土。包含物较丰富，可辨陶器有小口高领罐、深腹罐、鬶、圈足盘、甗、刻槽盆、深腹盆等（图四七）。

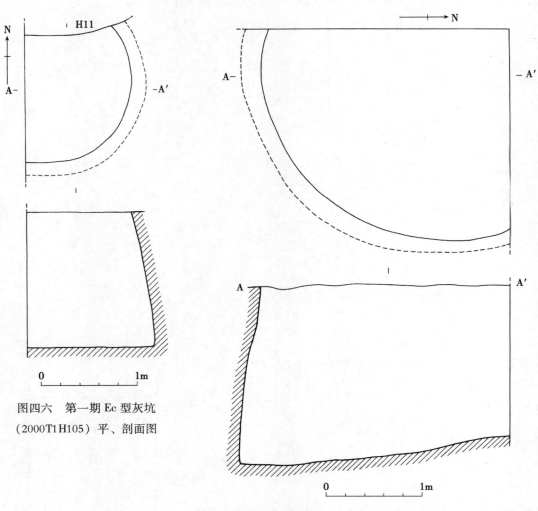

图四六　第一期 Ec 型灰坑
（2000T1H105）平、剖面图

图四七　第一期 Ec 型灰坑（2000T10H78）平、剖面图

2000T12 - T13H92

主要位于 T12 西北部，部分位于 T13 东北部，部分位于探方北壁、西壁之外。开口于G2 第③层下，打破 H104、H111 及生土层，被第二期灰坑 H90、H91 打破。坑口呈圆形，袋状。口径1.76、底径1.84、深1.30 米。坑壁上发现有一道道竖行凹槽（宽2~3 厘

米），应是工具修整痕迹。坑内堆积深灰色土。包含物较丰富，除骨、石器之外，可辨的陶器主要有高足鼎足、小口高领罐、深腹罐、粗圈足、钵、罐形甑等（图四八）。

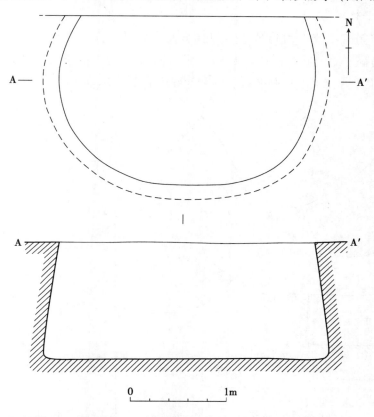

图四八　第一期 Ec 型灰坑（2000T12－T13H92）平、剖面图

另外，不便划分形制的灰坑共有 53 个，现举 4 例。

1999T4H68

位于 T4 东南部，部分坑口位于探方南壁之外。打破 H69、H160、H191，被 H67 和第二期灰坑 H61 打破。现存坑口为椭圆形，略呈袋状壁。口径 1.30、宽 0.80 米，底径 1.40、宽 1.00 米，自深 0.55 米。坑内堆积浅黄色硬土。包含物有小口高领罐、深腹罐、豆、器盖、拍、碗、钵、圈足盘、双腹盆等（图四九）。

1999T4H135

位于 T4 中部。开口于第③C 层下，打破 H8，被 H132 打破。坑口呈圆形，壁略呈袋状。口径 1.25、底径 1.35、深 0.25 米。坑内堆积黑灰土。包含物除陶器外还有残石器、兽骨等。陶器多饰篮纹，可辨器类有小口高领罐、深腹罐、碗、钵等。

1999T6H224

位于 T6 东南部，部分坑口位于探方东壁之外。开口于第⑥层下，打破 H225，被

H223 和第二期灰坑 H217 打破。坑口近圆形，直筒状。东西长 1.44、深 1.00 米。坑内堆积灰褐色疏松土。包含物除残石器、兽骨之外，可辨陶器主要有深腹罐（图五〇）。

2000T11H3

位于 T11 东部，部分坑口位于坑口探方东壁之外。开口于第⑰G 层下，打破生土层，被 H1 打破。直筒状。残径长 1.50、深 0.54 米。坑内堆积夹杂红烧土颗粒的灰黄土。包含物很少，仅见小口高领罐、碗和深腹罐底部残片等（图五一）。

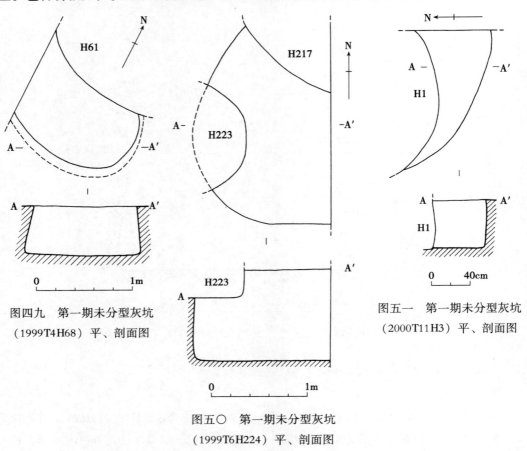

图四九　第一期未分型灰坑（1999T4H68）平、剖面图

图五一　第一期未分型灰坑（2000T11H3）平、剖面图

图五〇　第一期未分型灰坑（1999T6H224）平、剖面图

二　灰沟

仅发现一段，编号为 1999T6G3。位于 T6 中部，开口于第⑥层下，打破第⑦层，被第二期灰坑 H219 打破。平面呈长条形，西出探方外。坡壁，平底。宽 0.60～1.00、底宽 0.65～0.85、深 1.40 米。填土为灰花土。包含物甚少而且十分破碎。

三　墓葬

第一期墓葬共发现 3 座，一座为长方形竖穴土坑墓，另两座为灰坑中的乱葬坑墓

（见附表六）。此外，还有散见于灰坑和地层中的零星碎骨。

1. 长方形竖穴土坑墓

1999T4M9

位于 T4 东部。开口于第③C 层下，打破 H132。方向 200°。近长方形土坑竖穴墓，一端略宽。墓口长 1.70、宽 0.50～0.58、墓深 0.20 米。清理此墓时其四界不太明显。坑内填土为质密的黄褐色土。内葬一人，仰身直肢，头向东南，两臂伸直，放在腰侧。除小腿骨已朽外，骨架基本保存完整，部分肋骨陷落到被其叠压的 H132 内。无随葬品，填土中包含有少量的第一期残陶片（图五二）。

2. 灰坑葬

如 1999T4H132 中出土的人骨，编号为 M8，详见前文对 H132 的介绍和附表六。

3. 零星碎骨

这些碎骨无规律地抛掷在灰坑或地层中，当为随意丢弃的人骨碎片。经过鉴定的人骨碎片有：

1999T1H144，成人：掌骨。

1999T4H132，成人：尺骨。

1999T4H160，成人：胸椎。

2000T1H30，成人：右侧肱骨；右侧髋骨残块；右侧锁骨；肋骨。

2000T2H57，小孩：肋骨。

2000T3H81，成人：顶骨片；碎骨。

2000T4⑦，小孩：左右侧股骨；左侧胫骨；尺骨；桡骨。经鉴定为一岁的婴儿。

2000T4H63，成人：胫骨。

2000T4H72，成人：髋骨。

2000T4H103，成人：腓骨；胫骨。

2000T10⑤A，成人：髋骨；胫骨；顶骨。

2000T12H96，成人：股骨。

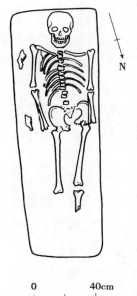

0   40cm

图五二 第一期墓葬
1999T4M9 平面图

第二节 文化遗物

第一期文化遗物绝大多数是陶器，另有石器和少量的骨器、蚌器等，现按质料分类介绍。

一　石器

新砦第一期遗存中出土大量的石制品，共计 239 件（块）。我们把所有的石制品分为两类：

残石器，指极其残缺、难于看出原器形的破碎的石制品，共 116 块（件）。

石器，能够看出器形的石制品，如铲、刀、斧、锛、凿、镞等，共 123 件。在这 123 件石器当中，大部分虽然能够看出器形，但保存不够完整，只具有统计种类的意义，无法进行分型定式，共 93 件；其余的不仅能够看出器形，而且保存完整或较完整，我们将之选为石器标本，共 30 件。

（一）原料

为了解新砦第一期出土石器的岩性，我们从可以看出器形的石制品当中挑选出 89 件石器进行了岩性鉴定（表一）。经鉴定，第一期石器的石料有泥灰岩、灰岩、钙质片岩、硅质千梅岩、变酸性火山凝灰岩、基性岩类以及燧石等，均为当地岩石种类。

表一　　　　　　　　　　第一期遗存出土部分石器岩性统计表　　　　　　（单位：件）

岩性＼器类	铲	斧	锛	刀	凿	镞	数量	百分比（%）
燧石	4						4	4.49
变酸性火山凝灰岩	8			1			9	10.11
砂岩	5						5	5.62
白云质灰岩	17						17	19.10
泥灰岩或灰岩	20			7	2		29	32.58
火山凝灰岩	3						3	3.37
泥质板岩	3			2			5	5.62
石英云母片岩	2			1			3	3.37
泥岩	3					1	4	4.49
细砂岩				1			1	1.12
基性岩类（辉长/辉绿岩）		3	1				4	4.49
硅质片岩				1			1	1.12
钙质千梅岩				2			2	2.25
石英岩	1			1			2	2.25
数量	66	3	1	16	2	1	89	99.98
百分比（%）	74.16	3.37	1.12	17.98	2.25	1.12	100	

从表一中可以看出，经过鉴定的石器当中，石铲、石刀、石镞等皆以泥灰岩和灰岩为主，石斧则以基性岩类为主。

（二）制作工艺

以磨制为主，另有少量的打制和琢制品。钻孔技术已被普遍运用，石刀、石铲上普遍有穿孔。石铲上部常见绳索捆绑痕迹。

（三）器类及型式

石器种类有铲、斧、锛、凿、刀、镞、砍砸器、圭形器等，以铲的数量最多。

铲　共 73 件。根据刃部形状分为两型。

A 型　双面刃。共 40 件。标本 4 件。分为两个亚型。

Aa 型　整体呈梯形。标本 2 件。

标本 2000T3H99：2，器体较薄，单面钻孔。残长 14.2、宽 10、厚 0.9 厘米（图五三，1；图版一，1）。

标本 2000T1H30：6，灰白色。器体较薄，单面钻孔，顶部较窄，中部较宽。残长

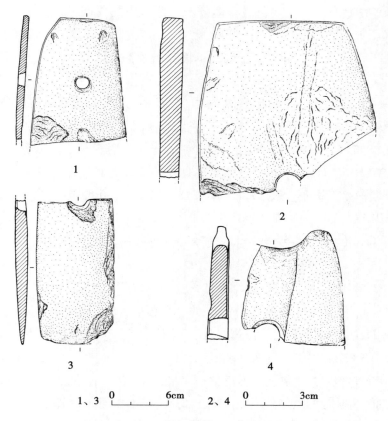

图五三　第一期出土 A 型石铲

1. Aa 型铲（2000T3H99：2）　2. Aa 型铲（2000T1H30：6）　3. Ab 型铲
（2000T1H30：5）　4. Ab 型铲（2000T3H101：3）

9.6、宽9.1、厚1.3厘米（图五三，2；图版一，2）。

Ab型 整体呈长方形。标本2件。

标本2000T1H30∶5，灰白色。器体扁平，刃部有一定弧度，钻孔附近有凹槽。残长16、宽8.2、厚1.5厘米（图五三，3；图版一，3）。

标本2000T3H101∶3，浅灰色。已残，扁平。残长6.2、残宽5.4、厚0.8厘米（图五三，4）。

无法分亚型者若干件。

标本2000T4H103∶4，青灰色。残长7.6、宽8.1、厚1.2厘米（图五四，1）。

标本2000T4⑧∶2，浅灰色。器体较薄。残长7.3、宽10.9、厚0.9厘米（图五四，2）。

标本2000T12H111∶6，青灰色。双面刃有一定弧度。残长7.1、宽6.9、厚1.1厘米（图五四，3）。

标本2000T3H112∶3，浅灰色。器体较薄，器体中间有凹槽。残长5.9、宽6.8、厚0.9厘米（图五四，4）。

标本2000T4⑧∶1，浅灰色。已残，单面钻孔。残长5.3、宽8.6、厚1.1厘米（图五四，5）。

B型 单面刃。共33件。标本7件。大部分有钻孔和使用痕迹，器体磨光。

标本2000T4H103∶3，青灰色。通体扁平且较长，单面钻孔，刃部弧度较大，断面呈长方形。残长17.2、宽9.5、厚1.4、孔径1.6厘米（图五五，1；图版一，4）。

标本1999T3H17∶1，青灰色。器体扁平且较长，两面对钻，刃部弧度较小，背面有小凹槽，断面呈长方形。长19.1、宽9.25、厚1.4、孔径1.6厘米（图五五，2；彩版七，1；图版一，5）。

标本1999T4H69∶2，青黑色。器体较厚，断面呈长方形。长15.1、上宽7.3、下宽10.5、厚1.5厘米（图五五，3；彩版七，2；图版一，6）。

标本2000T12H104∶1，青灰色。单面钻孔，刃部有一定弧度。长19.5、上宽9.1、下宽9.8、厚1.6、孔径1.6厘米（图五五，4；彩版七，3；图版二，1）。

标本1999T1H125∶1，灰色。器体较厚，崩痕较多，刃部弧度不大，断面呈长方形。残长7.8、宽8.8、厚1.5厘米（图五六，1）。

标本2000T2H83∶1，浅灰色。不规整长方形，单面钻孔，刃部弧度较大，孔下近刃部有一小凹槽。残长7.2、宽10.2、厚0.7、孔径1.2厘米（图五六，2；图版二，2）。

标本2000T2H83∶3，灰白色。呈梯形，单面钻孔，断面为长方形。残长7.9、宽9.25、厚1.1、孔径1.5厘米（图五六，3）。

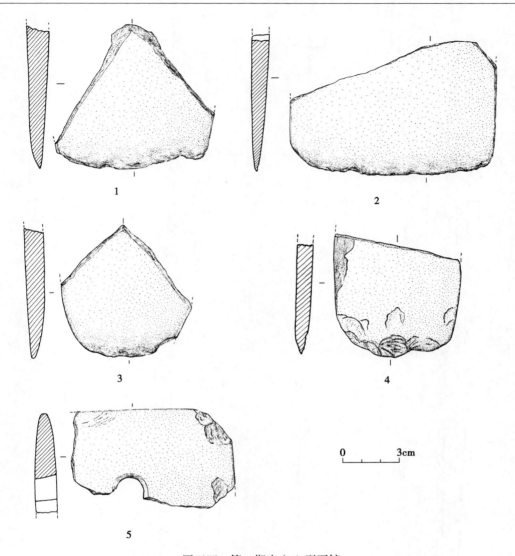

图五四　第一期出土 A 型石铲

1. 2000T4H103∶4　2. 2000T4⑧∶2　3. 2000T12H111∶6　4. 2000T3H112∶3　5. 2000T4⑧∶1

斧　共8件。标本1件。

标本1999T2H105∶1，青灰色。器体较小，略呈梯形，双面刃。长9、宽5、厚3.5厘米（图版二，3）。

凿　8件。均为长条形。其中2件保存完整。

标本1999T2H104∶2，灰白色。长方形，扁平，单面刃，断面为长方形。残长4.2、宽2、厚0.5厘米（图五七，1；图版二，4）。

标本1999T4⑤B∶2，灰白色。单面刃，形体较厚。残长3.1、宽2.8、厚1.1厘米

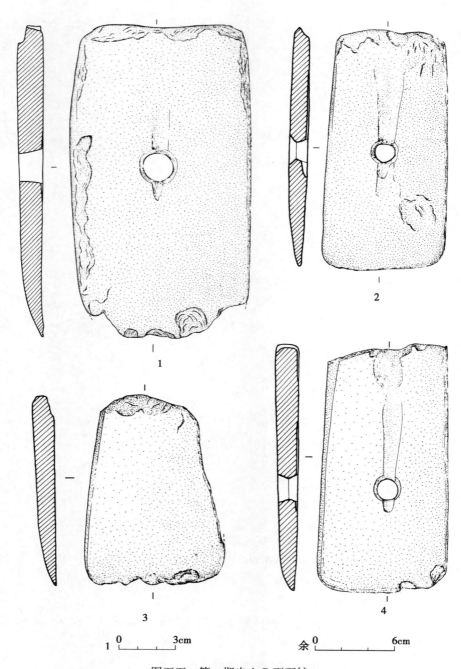

图五五　第一期出土 B 型石铲

1. 2000T4H103：3　2. 1999T3H17：1　3. 1999T4H69：2　4. 2000T12H104：1

（图五七，2）。

刀　共 20 件。标本 5 件。均有穿孔，磨光。标本以形状分三型。

A 型　器体呈梯形。标本 1 件。

标本 2000T3H114：1，灰白色。弧背，单面直刃，居中有一两面对钻孔。长 9、宽 4、厚 0.7、孔径 0.75 厘米（图五七，3；图版二，5）。

B 型　长条形或长方形。标本 3 件，现介绍其中 2 件。

标本 2000T3H101：2，青灰色。长条状，弧背，单面刃，单面钻孔。残长 5.2、宽 4.7、厚 0.8、孔径 1.6 厘米（图五七，4）。

标本 2000T1H30：8，青灰色。已残，可见部分为长方形，直背直刃，两面对钻孔，单面刃。残长 7、宽 4.6、厚 0.5、孔径 0.4 厘米（图五七，5）。

C 型　三角形。标本 1 件。

标本 2000T3H101：4，浅灰色。一角磨平，中部锋利（图五七，6；图版二，6）。

镰　共 3 件。标本 1 件。

标本 2000T3⑥B：1，青灰色。弧背，直刃，单面刃，两面对钻孔，整体近似月牙形。残长 5.5、宽 3.7、厚 0.6、孔径 0.8 厘米。

镞　共 4 件。一般通体磨光。

标本 2000T3H58：1，青灰色。镞身呈三棱形，铤短粗呈圆棒状。长 7.1 厘米（图五七，7；图版三，1）。

标本 2000T3H58：5，青灰色。锋尖残失。长 6.5 厘米（图五七，8；图版三，2）。

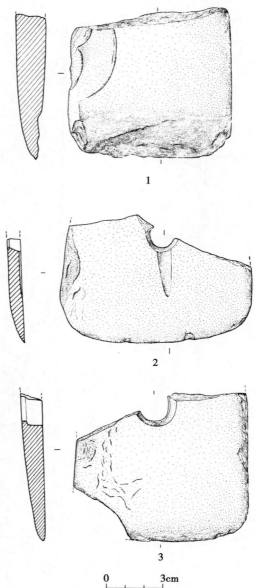

图五六　第一期出土 B 型石铲
1. 1999T1H125：1　2. 2000T2H83：1　3. 2000T2H83：3

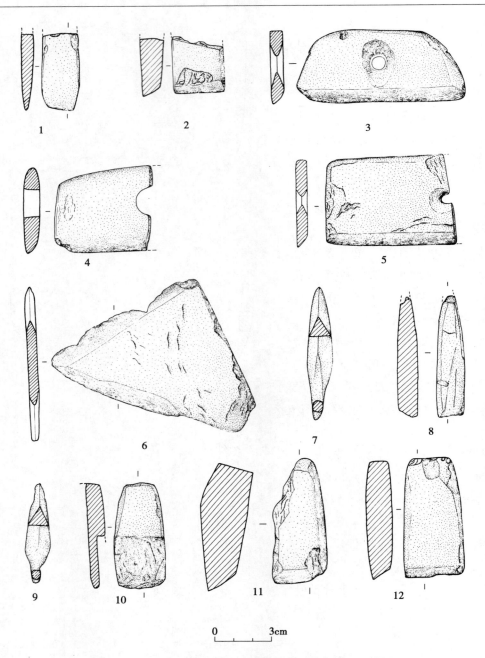

图五七　第一期出土石凿、刀、镟、锛

1. 凿（1999T2H104∶2）　　2. 凿（1999T4⑤B∶2）　　3. A 型刀（2000T3H114∶1）　　4. B 型刀（2000T3H101∶2）　　5. B 型刀（2000T1H30∶8）　　6. C 型刀（2000T3H101∶4）　　7. 镟（2000T3H58∶1）　　8. 镟（2000T3H58∶5）　　9. 镟（2000T1⑨C∶1）　　10. A 型锛（1999T6⑥∶1）　　11. A 型锛（2000T3H70∶1）　　12. B 型锛（2000T3⑨∶1）

标本2000T1⑨C：1，青灰色。镞身呈三棱形，锋尖稍残，铤尖细，两侧有凹槽。长5.4厘米（图五七，9）。

标本2000T12H92：3，青灰色。无铤，平面呈三角形。两边缘磨成侧刃，柄残失，器体薄。长4.8厘米（图版三，3）。

锛 共4件。标本3件。大多磨制而成。以形状分两型。

A型 长条形。标本2件。

标本1999T6⑥：1，青黑色。器体较厚。长5.7、宽2.7、厚1厘米（图五七，10；图版三，4）。

标本2000T3H70：1，器体较厚，单面刃。长6.4、宽3.0、厚1.6～2.6厘米（图五七，11；图版三，5）。

B形 梯形。标本1件。

标本2000T3⑨：1，青黑色。器体较厚，单面刃。长6.7、宽3.1、厚1.3厘米（图五七，12）。

圭形器 标本1件。

标本2000T12H111：11，青灰色。长条状，断面为椭圆形。长7.8、宽1.5、厚0.6厘米（图五八，1）。

石饰品 标本1件。

标本1999T4H8：2，灰色。椭圆形，扁平，中有一单面钻孔。长6.9、宽4.2、厚1.6厘米（图五八，2；彩版七，4；图版三，6）。

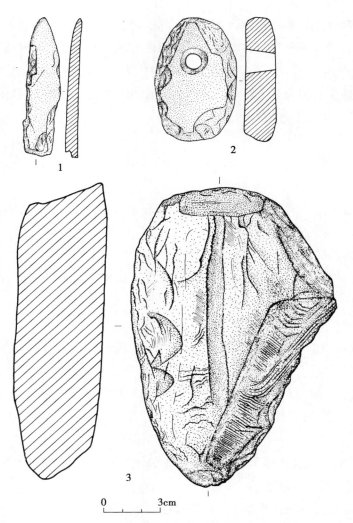

0   3cm

图五八 第一期出土石圭形器、石饰品、砍砸器

1. 圭形器（2000T12H111：11） 2. 石饰品（1999T4H8：2）

3. 砍砸器（2000T3H69：1）

砍砸器　标本 1 件。

标本 2000T3H69：1，灰色。打制，有刃部，器表有大量砸痕。长 16.6、宽 10.6、厚 4.6 厘米（图五八，3）。

二　骨器

（一）原料

制作骨器的原料主要以鹿、牛的骨骼为主，亦有以猪和羊的骨骼为原料者。

（二）加工方法

大多先将动物骨骼切割刮磨成长条或圆片状，再将刃部、柄部进行磨制。骨器的柄部或多或少保留部分骨臼，有的将骨臼磨制加工成柄，有的则不做加工，直接以粗糙骨臼为柄。如 2000T4H63 出土的牛肢骨片制作的箭镞；2000T2H57 出土的用鹿的掌骨做的骨锥；1999T4H48 出土的鹿的肩胛骨料；2000T3⑨出土的鹿的距骨和牛桡骨为原料的骨废料；2000T4H121 出土的牛距骨上遗留有切痕的骨废料。

（三）器类及型式

共 23 件。器类有锥、簪、镞、匕、刀等，其中锥出土数量最多，其次是簪。标本 11 件。

锥　共 8 件。先将动物骨骼切割为片状，柄端保留动物关节臼。标本 4 件。依形状分为三型。

A 型　标本 1 件。锥干为圆柱状。

标本 1999T4H69：4，锥柄残缺，锥干呈圆形，锥尖微弯。长 8.5 厘米（图五九，1；图版四，1）。

B 型　标本 1 件。锥干为扁圆形。

标本 2000T3H58：2，柄端扁平，磨光，锥尖扁平。长 10.3 厘米（图五九，2；图版四，2）。

C 型　标本 2 件。以动物骨骼原形稍作加工而成，较粗大，制作粗糙。

标本 2000T12H111：1，柄端保留骨臼下端部分，下端切割成锥尖。长 9.8 厘米（图五九，3；图版四，3）。

标本 2000T2H57：1，利用猪尺骨加工而成，锥尖光滑锋利，柄端保留骨骼关节。长 9.7 厘米（图五九，4；图版四，4）。

簪　共 5 件。将动物骨骼刮削成细长圆棒状，柄端较粗，末端较细。标本 3 件。

标本 2000T1H30：1，柄端上部有一圈凹槽，另一端为细圆锥状，剖面圆形。长 6.5 厘米（图五九，5）。

标本 1999T4H79：4，柄端较粗有凹槽，末端残。残长 8.1 厘米（图五九，6）。

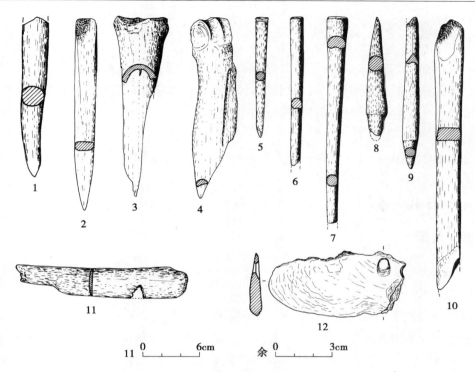

图五九　第一期出土骨锥、簪、镞、匕、刀，蚌刀

1. A 型骨锥（1999T4H69∶4）　2. B 型骨锥（2000T3H58∶2）　3. C 型骨锥（2000T12H111∶
1）　4. C 型骨锥（2000T2H57∶1）　5. 骨簪（2000T1H30∶1）　6. 骨簪（1999T4H79∶4）

7. 骨簪（2000T12 H111∶5）　8. 骨镞（2000T12H96∶5）　9. 骨镞（2000T12H111∶4）

10. 骨匕（2000T4H103∶5）　11. 骨刀（2000T12H92∶1）　12. 蚌刀（2000T3H99∶3）

标本 2000T12H111∶5，细长尖锥，一端磨制为圆锥状，另一端在关节部位切割作柄，柄端有一凹槽。残长 11 厘米（图五九，7）。

镞　4 件。标本 2 件。

标本 2000T12H96∶5，以动物骨骼切割磨制。铤部呈短圆锥状，锥尖残失，镞身为细圆柱状。长 6.4 厘米（图五九，8；图版四，5）。

标本 2000T12H111∶4，铤呈圆锥状，镞身剖面呈三棱形。残长 8.1 厘米（图五九，9；图版四，6）。

匕　共 5 件。标本 1 件。

标本 2000T4H103∶5，表面有刮削的痕迹。长条形，刃部呈三角形，两面磨制，扁平状，柄残。长 14.8、宽 1.0～1.2、厚 0.3 厘米（图五九，10）。

刀　标本 1 件。

标本 2000T12H92∶1，先将动物骨骼切割为扁平状，再磨制加工。长条形，刃部残缺。长 18 厘米（图五九，11；图版四，7）。

三 蚌器

5 件。用蚌壳做成，器类有刀、镰和镞。此外，还出土有大量蚌壳，有的相当破碎，已经无法判断是否当作工具使用过。加工蚌器的方法非常简单，只是把蚌壳略加打磨或直接使用。这里只介绍保存较完整的 2 件标本。

镞　标本 1 件。

标本 1999T4H69：1，残存部分为三角形，有一边经磨制，近似刃部。长 8.2 厘米。

刀　标本 1 件。

标本 2000T3H99：3，残。残长 7.2、宽 3.6 厘米（图五九，12）。

四 陶器

（一）概述

1. 陶系

陶质分为泥质、夹砂两大类。在个别夹砂陶当中，有少部分夹蚌末。据第一期重要灰坑出土陶片的陶系统计（表二），夹砂陶占 55.89%，泥质陶占 44.11%。夹蚌陶只发现于少数薄胎甗上，并且蚌末分布不均匀，颗粒大小不匀。除少部分陶甑所含砂粒较大外，绝大多数夹砂陶所含砂粒较细而均匀。夹砂陶主要用来制作鼎、深腹罐、甗等炊器和小口高领罐等盛储器以及鬶、斝等水器，个别陶豆含有较明显的细砂。泥质陶多用于制作盆、双腹盆、部分小口高领罐和矮领瓮等盛储器，也常用于制作钵、碗、豆、盘、杯等饮食器，极少数器盖也为泥质陶。在部分泥质陶器中如小口高领罐、豆、钵和圈足盘等使用细泥陶，其陶土似经过淘洗，质地十分细腻。

表二　　　　　　　　第一期重要单位出土陶片陶系统计表　　　　　（单位：片）

陶系　　单位	泥　质					夹　砂						合计
	黑	深灰	浅灰	褐	红	黑	深灰	浅灰	褐	红	白	
1999T6H227	10	28	55	8			67	37	15			220
2000T4H99	35	107	117	128	59	29	153	450	98	105		1281
2000T4H103	22	91	14	21	4	40	109	105	12	1		419
2000T4H113	21	34	61	19	4	25	167	98	126	20		575
2000T12H92	30	235	219	52	7	15	115	158	76	13		920
2000T12H96	13	51	183	21		17	93	88	49	14	1	530
2000T12H111	158	273	147	111	4		272	329	66			1364
合计	289	819	796	360	78	130	976	1265	442	153	1	5309
百分比（%）	5.44	15.43	14.99	6.78	1.47	2.45	18.38	23.83	8.33	2.88	0.02	100
	44.11					55.89						

总体来看，第一期的陶器陶胎较薄，火候较高，敲打器壁会发出清脆之音，与后文所述的第二期陶器发出的闷响声有别。

2. 陶色

陶色分黑、灰、褐、红、白等5种。其中，灰色可以细分出深灰和浅灰两种，深灰与黑色几近难辨。褐色有深褐与浅褐之别，深褐与红色难于区别。据表二，各种陶色所占比例，灰陶最高，达72.63%；褐色次之，占15.11%；黑色占7.89%，红色占4.35%；最少的为白色，仅占0.02%。白陶通常用于制作夹砂鬶、盉等精美的酒器（水器）。第一期陶器常见在同一件器物的腹壁上出现两种或两种以上不同陶色的现象，其中以灰色与褐色最常见，这种斑驳的陶色或许是陶器破碎之后掩没于地下，受到不同的埋藏条件影响而产生的局部变化，与烧制工艺无关。在一些深腹罐的腹部，常见有涂抹一层厚约3~5毫米的黏土，上有烟熏火烧的痕迹。

3. 制法

陶器制法以轮制为主，许多陶器造型规整，器壁厚度均匀而较薄，底部有线割而形成的同心圆形的轮旋纹。

深腹罐大多为轮制，口沿附近常见轮制修整线，器底有轮旋纹，少数器内壁可见陶垫承托拍打的浅凹窝。不少罐类的内壁可见手纹抹痕。如标本2000T12H111：23（图版五，1）。

小口高领罐及大口矮领瓮基本为轮制。少数形制较大者为分段制成，即器肩上、下两部分分别轮制，再接成一器。

少数素面罐为手工制作，外表可见泥条盘筑的接茬痕迹，内壁的泥条痕迹也相当明显。

碗、钵轮制而成，器内壁多见因轮制而形成的明显瓦棱，器表有快轮修整线，如标本2000T3H112：25、2000T3H112：26（图版五，2、3）；器底也常见线切割纹，如标本2000T1H30：26（图版五，4）。

豆类器物采取将豆柄与豆盘分别轮制再粘合在一起的制作方法，豆盘与豆柄相接处有明显的粘接痕迹。

甗上部（甑部）多为轮制，下部（袋足）模制。中间接合处施以附加堆纹，使之加固。

刻槽盆多为轮制，形制较大者器底为手工制成。内壁刻划凹槽纹。

平底盆多为轮制，少数器底为手工制作。器表很少见轮制修整痕迹。

双腹盆多是折腹处上下两部分分别轮制，再接成一器。

陶容器的附件如器耳、鼎足、把手、圈足等，是另加的，即先把器物及其附件分制而成，然后贴敷、粘接在一起。

鼎足全为手工制作，部分可能在工作平台上拍打过，边棱平整。有三角形、高足和矮足三种，全是单独做成之后，另外附加在鼎的下腹部和底部。

双耳陶器的器纽以竖状为多，也是附加于器壁的。

个别圈足器是将圈足套接在容器的底部。如圈足盘的制法即为盘、足分别轮制，再粘接在一起，圈足内壁瓦棱大多十分明显。然后又在接合处刻划细槽使之粘接得更为牢固。

4. 纹饰

第一期出土陶器除素面外，器表纹饰有篮纹、方格纹、绳纹、弦纹、附加堆纹等，另还有图案和刻划符号。各类常见纹饰所占比例见表三。第一期出土陶片总体来说素面及表面磨光者居多，占 34.99%；篮纹次之，占 27.19%；往下依次为绳纹占 16.93%，方格纹占 15.53%，弦纹占 2.75%，附加堆纹占 1.24%，指甲纹占 1.08%，其他如按窝纹、压印纹、鸡冠耳、轮旋纹等合计仅占 0.3%。各类纹饰在每个单位中所占比例的具体情况将在下述重要灰坑举例中列表介绍，兹不赘述。这里将常见纹饰、图案和刻划符号选取标本分类介绍如下。

表三　　　　　　　第一期重要单位出土陶片纹饰统计表　　　　（单位：片）

单位＼纹饰	方格纹	篮纹	素面	绳纹	弦纹	附加堆纹	指甲纹	其他	合计
200T12H111	252	323	686	28	57	3	10	5	1364
2000T4H103	109	128	116	40	16	6	4		419
2000T12H92	163	392	293	25	18	12	15		918
2000T12H96	79	193	151	18	39	30	15	5	530
2000T4H99	24	293	405	531	10	11	6	1	1281
2000T2H113	163	54	129	219		1	5	4	575
合计	790	1383	1780	861	140	63	55	15	5087
百分比（%）	15.53	27.19	34.99	16.93	2.75	1.24	1.08	0.3	100.01

（1）纹饰

篮纹　以纹饰布列方向分为两型。

A 型　纵篮纹。标本 2000T3H119：18（图六〇，1）。

B 型　斜篮纹。标本 2000T1H55：205（图六〇，2）。

方格纹　以方格形状分三型。

A 型　横方格纹。标本 2000T1H30：43（图六〇，3），标本 1999T6⑥：42（图六〇，4），标本 2000T1H30：44（图六〇，5），标本 2000T2H84：98（图六〇，7）。

B 型　纵方格纹。标本 2000T4⑨：2（图六〇，8）。

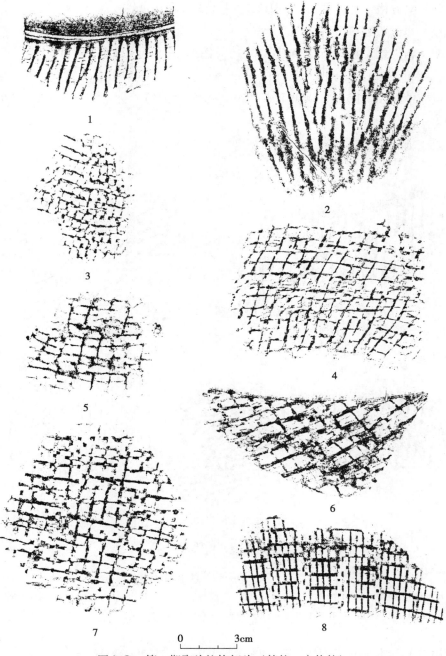

图六〇 第一期陶片纹饰拓片（篮纹、方格纹）

1. A 型篮纹（2000T3H119：18） 2. B 型篮纹（2000T1H55：205） 3. A 型横方格纹
（2000T1H30：43） 4. A 型横方格纹（1999T6⑥：42） 5. A 型横方格纹（2000T1H30：
44） 6. C 型斜方格纹（1999T6H227：4） 7. A 型横方格纹（2000T2H84：98） 8. B 型纵
方格（2000T4⑨：2）

C 型 斜方格纹。标本 1999T6H227：4（图六〇，6）。

绳纹 以绳纹粗细分为三型。

A 型 粗绳纹。标本 2000T4H117：20（图六一，1），标本 2000T2H84：97（图六一，2）。

B 型 中绳纹。标本 2000T1H55：20（图六一，3），标本 2000T2H84：96（图六一，4）。

C 型 细绳纹。标本 2000T4H69①：20（图六一，5）。

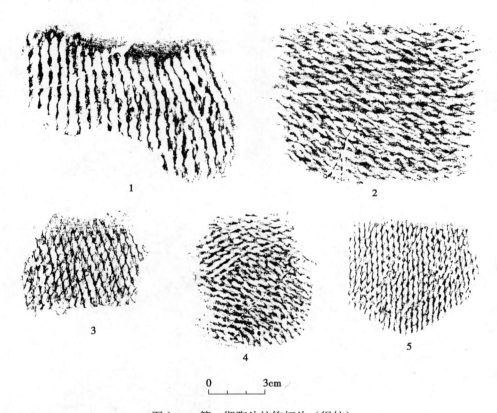

0 ⊢——⊣ 3cm

图六一 第一期陶片纹饰拓片（绳纹）

1. A 型粗绳纹（2000T4H117：20） 2. A 型粗绳纹（2000T2H84：97） 3. B 型中绳纹
（2000T1H55：20） 4. B 型中绳纹（2000T2H84：96） 5. C 型细绳纹（2000T4H69①：20）

指甲纹 标本 1999T4H69：71（图六二，1），标本 2000T1H105：5（图六二，2）。

戳印纹 标本 2000T1H30：71（图六二，3），标本 2000T1H30：78（图六二，4）。

同心圆纹 标本 1999T6H226：1（图六二，5），标本 2000T1H55：32（图六二，6）。

在各类纹饰当中，绳纹、篮纹和方格纹多饰于深腹罐、鼎和深腹盆之上。指甲纹、

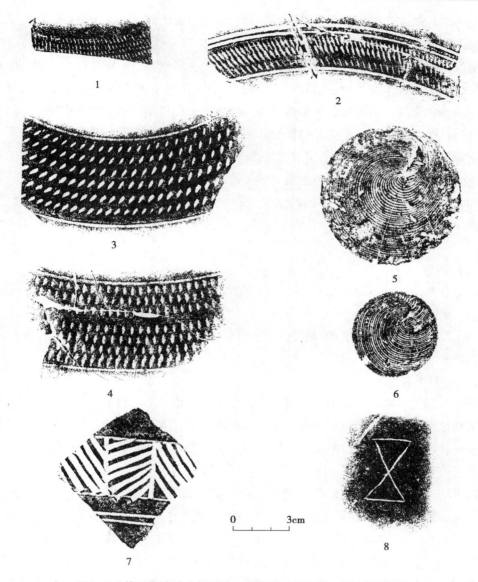

图六二　第一期陶片纹饰拓片（指甲纹、戳印纹、同心圆纹等）

1. 指甲纹（1999T4H69：71）　　2. 指甲纹（2000T1H105：5）　　3. 戳印纹（2000T1H30：71）　　4. 戳印纹（2000T1H30：78）　　5. 同心圆纹（1999T6H226：1）　　6. 同心圆纹（2000T1H55：32）　　7. 叶脉状刻纹（2000T10H78：11）　　8. 刻划符号（2000T3H99：87）

弦纹多饰在泥质陶器上，少数弦纹施于夹砂陶器。鸡冠鋬数量相当少，多为泥饼式。按窝纹只在甗腰上存在。镂孔多饰于豆、圈足盘、甗和筒形器之上，豆柄上所饰镂孔一般为圆形；圈足盘足上镂孔除部分为圆形外，少数为其他形制，如"L"形；甗上所饰镂孔为圆形和梭形。另外，偏早的少数单位，绳纹所占比例较大，一般均超过其他各类纹饰；相对晚的单位，篮纹、方格纹渐多，虽然篮纹所占比例一般大于方格纹，但是方格纹增加的速率大于篮纹。

篮纹，多数有明显的边棱，印痕不是很深，多单独成片，少部分在其两端有弦纹或附加堆纹（加附加堆纹之器一般存在于偏晚单位）；施纹方向以倾斜者居多，竖直者次之，倾斜者中常见上部较整齐下部渐乱者。绳纹，一般较细（含极少特细者），间距多疏密适当，粗细较均匀；施纹方向以竖直者居多，次为向右下倾斜者（含少数下端变得竖直者），自左上向右下倾斜施纹者相当少，这些绳纹基本上为连续式，其中少数上半部被弦纹切断。方格纹，多为近正方形及菱形，次为近长方形，印痕有深有浅。指甲纹主要饰于高领罐的肩部，一般为 2～4 周，少数可达 6 周，常位于两条凹弦纹之间。这些指甲纹以单指甲印为主，少数呈"人"字形，其加工顺序为先施指甲纹再稍加磨光。

（2）图案

叶脉状刻纹　标本 2000T10H78：11（图六二，7）。

（3）刻划符号

在圈足盘的内壁近底部刻划一个类似汉代五铢钱上所印"五"字。标本 2000T3H99：87（图六二，8）。

（二）器类及型式

新砦一期的陶器经过仔细的拼对和修复，可见完整器形者约 100 余件，大部分出土于灰坑和地层当中。器形以深腹罐、小口高领罐、碗、钵最为常见，豆、圈足盘、刻槽盆、平底盆、深腹盆、甑、鬲其次，器盖、鼎、斝数量较少，斝尤其少（表四）。另发现极少量陶鏊的碎片。

据表四，占 5% 以上的器类只有罐、碗（钵）和小口高领罐三类。其中，罐类占 64%，碗、钵类占 16%，小口高领罐占 5.33%。其余的均不超过 5%，如豆、杯和圈足盘均占 2.67%，鼎和鬹（盉）均占 1.60%，器盖仅占 1.07%，其他器类如平底盆和子母口缸（瓮）占 0.8%，刻槽盆、双腹盆和斝均占 0.27%。在上述各器类中，罐类占一半以上，加上碗、钵这三种器类达到整个常见器物群的 80%，属于典型的罐文化区的特征。该文化区的炊器为罐，盛储器为小口高领罐，饮食器为钵和碗。鼎的数量没有豆、杯和圈足盘的数量多，属于不常使用的器类。至于平底盆、子母口缸（瓮）、刻槽盆、双腹盆和斝，更是不足 1%，显然只是整个器物群的点缀。

这里我们把第一期常见的以及能够看出型式变化的若干器类划分出如下不同的型式。

表四						第一期重要单位主要陶器器类统计表									（单位：件）
器类　单位	罐类	碗（钵）	小口高领罐	豆	杯	圈足盘	鬶（盉）	鼎	器盖	平底盆	子母口缸（瓮）	刻槽盆	双腹盆	斝	合计
1999T6H227	4	4	4	3				2	2						19
2000T1H84	23	11		1		3	4								42
2000T4H113	21	3	1			2							1		28
2000T1H30	66	16			5	4	1	1	1						94
2000T4H99	32	11	4	5	1			3	1		2				59
2000T12H111	32	8	8				1			2	1	1		1	54
2000T12H96	25	1	2		3					1					32
2000T12H92	13	4	1												18
2000T1H105	24	2		1	1	1									29
合计	240	60	20	10	10	10	6	6	4	3	3	1	1	1	375
百分比（%）	64.00	16.00	5.33	2.67	2.67	2.67	1.60	1.60	1.07	0.8	0.8	0.27	0.27	0.27	100.02

（1）深腹罐　依口沿有无凹槽分为两型。

A 型　凹沿，无凹槽。依其唇部变化分为 2 式：

Ⅰ式　方唇，并且其方唇多凹。如标本 2000T2H84：16（图六三，1）。

Ⅱ式　尖圆唇。如标本 2000T3H99：62（图六三，2）。

B 型　凹沿，沿面上端施一凹槽。依内折棱变化分为两亚型。

Ba 型　内折棱明显。依唇部特征分为 2 式：

Ⅰ式　方唇。如标本 1999T6H227：3（图六三，3）。

Ⅱ式　圆唇。如标本 2000T1H105：17（图六三，4）。

Bb 型　软折沿。如标本 2000T1H30：63（图六三，7）。

上述 A 型深腹罐，凹沿大多数十分明显，例如 2000T2H84 当中，共有 39 件 A 型深腹罐标本，其中凹沿十分明显者 26 件。B 型深腹罐，其折面上端的凹槽，有的比较明显，有的底弧，槽浅，向下沿过渡自然，不是十分凸出。上述深腹罐中的方唇者，方唇多较正，少部分略斜，斜方唇者又以偏早的单位多一些。

（2）小口高领罐　依其领部特征分为 2 式：

Ⅰ式　直领，领端外侧多加厚，少数形制稍小者领端外侧虽未加厚，但是一般有凹弦线。如标本 2000T2H84：69（图六三，5）。

Ⅱ式　领整体较直，但是领端多外侈，领内侧微曲。如标本 2000T1H105：5（图六三，6）。

（3）圈足盘　因多数圈足残损，所以主要以盘的形制将其分为两型。

A 型　敞口，弧腹。以腹深浅分为 2 式：

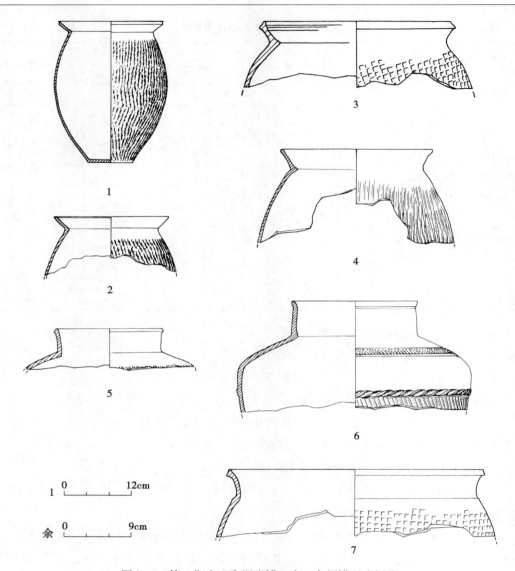

图六三　第一期出土陶深腹罐、小口高领罐型式划分

1. A 型 I 式深腹罐（2000T2H84：16）　　2. A 型 II 式深腹罐（2000T3H99：62）　　3. Ba 型 I 式深腹罐
（1999T6H227：3）　　4. Ba 型 II 式深腹罐（2000T1H105：17）　　5. I 式小口高领罐（2000T2H84：69）
6. II 式小口高领罐（2000T1H105：5）　　7. Bb 型深腹罐（2000T1H30：63）

　　I 式　　浅盘。如标本 2000T2H84：81（图六四，1）。

　　II 式　　盘较深。如标本 2000T4H121：28（图六四，2）。

　　B 型　　敞口，斜壁，折腹。如标本 2000T3H99：83（图六四，3）。

　　圈足盘圈足　多为轮制，其内壁瓦棱大多十分明显。依其底端形态分为 2 式：

　　I 式　　底端外侈，底边微突。如标本 2000T2H113：34（图六四，4）。

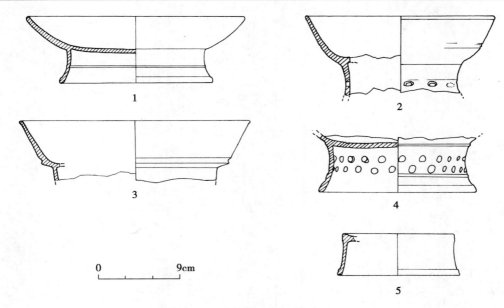

图六四　第一期出土陶圈足盘型式划分

1. A 型 Ⅰ 式圈足盘（2000T2H84：81）　　2. A 型 Ⅱ 式圈足盘（2000T4H121：28）　　3. B 型圈足盘
（2000T3H99：83）　4. Ⅰ 式圈足盘圈足（2000T2H113：34）　5. Ⅱ 式圈足盘圈足（2000T3H99：85）

Ⅱ式　底端外侈，底边突鼓。如标本 2000T3H99：85（图六四，5）。

（4）豆类　器形完整者甚少，豆盘有深有浅，多残，暂不分型式。以豆的下半部即柄部和豆座较为常见，现将豆柄（含底座）以粗细分为两型。

A 型　粗柄豆。以底部变化分为 2 式：

Ⅰ式　底部较直。如标本 2000T12H111：6（图六五，1）。

Ⅱ式　底部外撇。标本 1999T6⑥：3（图六五，2）。

B 型　细柄豆。以底部变化分为 3 式：

Ⅰ式　底端外侈。如标本 1999T2H109：19（图六五，3）。

Ⅱ式　底端外凸。如标本 2000T4H121：15（图六五，4）。

Ⅲ式　底端外撇凸出。如标本 2000T4H121：13（图六五，5）。

（5）鼎足　分高鼎足及矮鼎足两类。

高鼎足　以其整体形态分为三型。

A 型　呈三角形。依正内面不同分两亚型。

Aa 型　正面为正方形，对面为方圆形或尖圆形。据纹饰特征分为 2 式：

Ⅰ式　正面为素面。如标本 2000T2H84：87（图六六，1）。

Ⅱ式　正面压印横槽。如标本 2000T12⑥：2（图六六，3）。

Ab 型　正面和内面均为方形素面。如标本 1999T6⑥：16（图六六，5）。

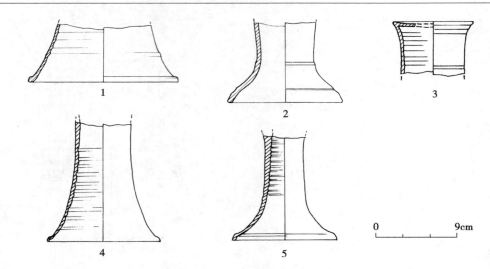

图六五　第一期出土陶豆柄型式划分

1. A 型 I 式豆柄（2000T12H111：6）　　2. A 型 II 式豆柄（1999T6⑥：3）　　3. B 型 I 式豆柄（1999 T2H109：19）

4. B 型 II 式豆柄（2000T4H121：15）　　5. B 型 III 式豆柄（2000T4H121：13）

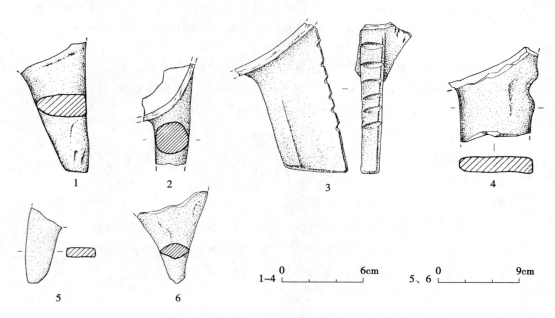

图六六　第一期出土陶鼎足型式划分

1. Aa 型 I 式高鼎足（2000T2H84：87）　　2. C 型高鼎足（2000T9H43：11）　　3. Aa 型 II 式高鼎足（2000T12
⑥：2）　　4. B 型高鼎足（2000T9H43：12）　　5. Ab 型高鼎足（1999T6⑥：16）　　6. 矮鼎足（2000T3H99：90）

　　B 型　　整体及剖面似长方形。如标本 2000T9H43：12（图六六，4）。

　　C 型　　圆柱形。如标本 2000T9H43：11（图六六，2）。

矮鼎足　数量少。如标本2000T3H99：90，扁小三角形（图六六，6）。

（6）甗足　以有无纹饰分为两型。

A型　实足根，饰绳纹。以其形态及纹饰再分为2式：

Ⅰ式　绳纹较清晰。如标本2000T2H84：8（图六七，1）。

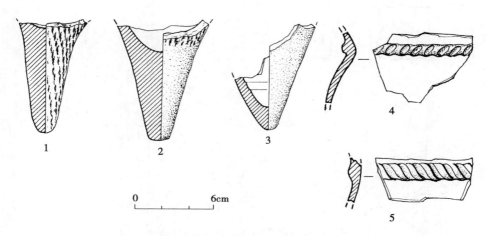

图六七　第一期出土陶甗（足）型式划分

1. A型Ⅰ式甗足（2000T2H84：8）　　2. A型Ⅱ式甗足（2000T3⑧：16）　　3. B型甗足
（2000T3H112：22）　4. Ⅰ式甗（2000T2H110：16）　5. Ⅱ式甗（2000T10H78：12）

Ⅱ式　实足根绳纹不甚清楚，应是在进一步修整时抹掉的。如标本2000T3⑧：16
（图六七，2）。

B型　空足，素面。如标本2000T3H112：22（图六七，3）。

（7）甗　依腰部纹饰变化分为2式：

Ⅰ式　附加堆纹较窄，较深。如标本2000T2H110：16（图六七，4）。

Ⅱ式　附加堆纹较宽，较浅。如标本2000T10H78：12（图六七，5）。

（8）刻槽盆　以口部特征分为2式：

Ⅰ式　敛口。如标本2000T2H110：13（图六八，1）。

Ⅱ式　直口。如标本2000T10H78：2（图六八，2）。

（9）单耳杯　依其整体形制分为两型。

A型　斜腹，口较大，底较小。依耳的位置分为两亚型。

Aa型　耳端位于口沿上。依腹部特征分为2式：

Ⅰ式　宽带耳，折腹。如标本2000T3H99：91（图六八，3）。

Ⅱ式　宽带耳，微鼓腹或弧腹。微鼓腹如标本2000T1H30：28（图六八，4）；弧腹
如标本2000T1H30：4（图六八，5）。

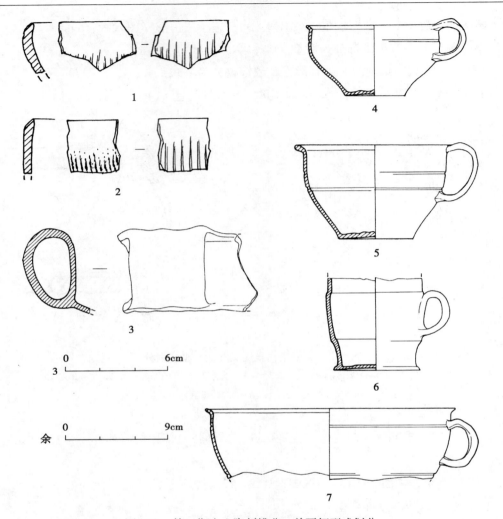

图六八　第一期出土陶刻槽盆、单耳杯型式划分

1. Ⅰ式刻槽盆（2000T2H110∶13）　2. Ⅱ式刻槽盆（2000T10H78∶2）　3. Aa 型 Ⅰ式单耳杯（2000T3 H99∶91）　4. Aa 型Ⅱ式单耳杯（2000T1H30∶28）　5. Aa 型Ⅱ式单耳杯（2000T1H30∶4）　6. B 型单耳杯（2000T1H105∶27）　7. Ab 型单耳杯（2000T1H30∶79）

Ab 型　耳端位于器身。如标本 2000T1H30∶79（图六八，7）。

B 型　筒状腹，近底处内曲，器底边外凸。如标本 2000T1H105∶27（图六八，6）。

（10）平底盆　以口沿特征分为 2 式：

Ⅰ式　口沿外侈。如标本 2000T1H55∶2（图六九，1）。

Ⅱ式　口沿外侈明显或外卷。如标本 2000T12H96∶4（图六九，2）。

（11）深腹盆　以其口部特征分为两型。

A 型　折沿。依沿面特征分 2 式：

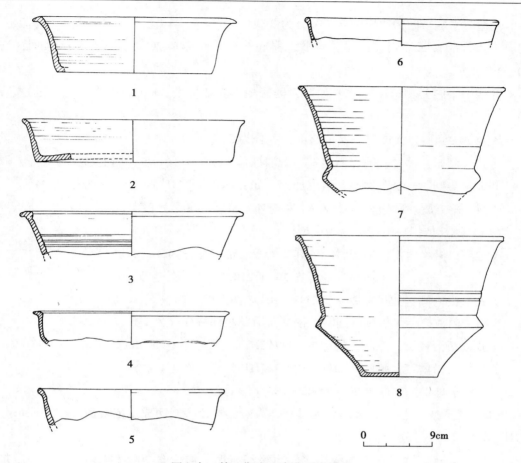

图六九　第一期出土陶盆型式划分

1. Ⅰ式平底盆（2000T1H55：2）　2. Ⅱ式平底盆（2000T12H96：4）　3. A 型Ⅰ式深腹盆（1999T2H109：14）
4. A 型Ⅱ式深腹盆（2000T11H1：1）　5. B 型Ⅰ式深腹盆（2000T3⑧：13）　6. B 型Ⅱ式深腹盆（2000T3⑦：
12）　7. Ⅰ式双腹盆（1999T2H109：1）　8. Ⅱ式双腹盆（2000T2H113：55）

　　Ⅰ式　沿面近平。如标本 1999T2H109：14（图六九，3）。

　　Ⅱ式　沿面外侈。如标本 2000T11H1：1（图六九，4）。

　　B 型　卷沿。依沿面特征分 2 式：

　　Ⅰ式　沿很短，圆唇。如标本 2000T3⑧：13（图六九，5）。

　　Ⅱ式　卷沿外侈。如标本 2000T3⑦：12（图六九，6）。

　　（12）双腹盆　依折腹角度分为 2 式：

　　Ⅰ式　折腹角度较大，呈钝角。如标本 1999T2H109：1（图六九，7）。

　　Ⅱ式　折腹角度较小，呈锐角。如标本 2000T2H113：55（图六九，8）。

　　（13）碗　依其口部特征分为三型。

A 型　平唇带凹槽。依唇部特征分为 2 式：

Ⅰ式　平唇凹槽明显，器壁较薄，器底较小。如标本 2000T2H84：75（图七○，1）。

Ⅱ式　平唇凹槽近平，器壁加厚，器底加大。如标本 2000T3H101：17（图七○，2）。

B 型　尖圆唇，无凹槽。又依唇部特点分为 2 式：

Ⅰ式　圆唇，器壁较薄，器底较小。如标本 2000T2H84：95（图七○，3）。

Ⅱ式　尖圆唇，器壁加厚，器底加大。如标本 2000T1H105：109（图七○，4）。

C 型　斜方唇。器壁和器底较厚。如标本 2000T1H30：3（图七○，5）。

（14）钵　依据口沿特征分为三型。

A 型　口沿略内折，尖圆唇。依其口沿及腹部特征分为 2 式：

Ⅰ式　沿竖直，折棱明显。如标本 2000T2H84：77（图七○，6）。

Ⅱ式　沿内倾。如标本 2000T3H99：101（图七○，7）。

B 型　内敛口，无折棱，圆唇。依其口沿及腹部特征分为 2 式：

Ⅰ式　折沿较窄，曲腹。如标本 2000T2H84：76（图七○，8）。

Ⅱ式　折沿增宽，弧腹。如标本 1999T4H135：1（图七○，9）。

C 型　子母口。如标本 2000T1H30：83（图七○，10）。

（15）圆陶片　圆形，大多为泥质陶，为残破陶片磨制而成。依表面纹饰特征可分四型。

A 型　素面无纹，直边圆缘居多，边缘经打磨。如标本 2000T4H103：2，泥质灰陶。直径 3.8、厚 0.6 厘米。

B 型　表面饰篮纹，圆缘。如标本 2000T3H58：3，泥质灰陶。直径 4.2、厚 0.5 厘米。

C 型　表面饰绳纹。如标本 2000T2H85：2，夹砂黄褐陶。打制边缘有崩痕。直径 4.7、厚 0.4 厘米。

D 型　表面有一道弦纹。如标本 2000T10H78：1，泥质灰陶。切割磨制，表面有一道弦纹，斜边，不规则圆饼状，一面稍凹，另一面稍凸。直径 4.7、厚 0.4 厘米。

（三）典型单位出土陶器

新砦遗址 1999～2000 年度的发掘区可分为南部、北部和东部三部分。为了较详细地公布原始资料，便于读者研读，我们这里把各区出土器物丰富且较为完整、田野工作当中层位关系清晰的单位，暂称作"典型单位"，首先予以较详细的介绍。其他被后期破坏严重或只发掘很小一部分，且出土器物不够丰富的单位称作"非典型单位"，按照发掘年度、探方（沟）序号及各单位在探方内的编号顺序逐一进行介绍。需要说明的

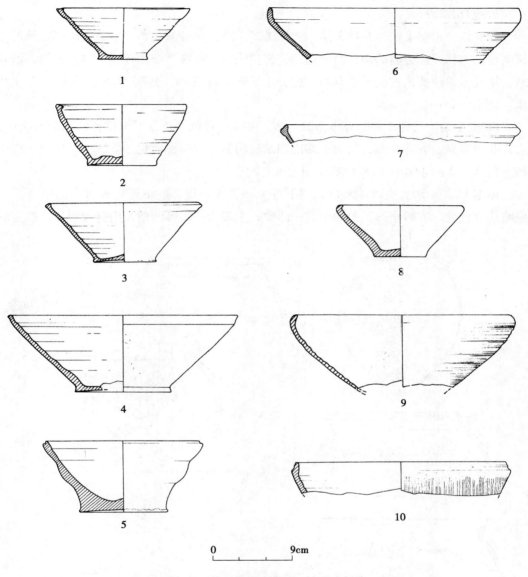

图七〇　第一期出土陶碗、钵型式划分

1. A 型 I 式碗（2000T2H84：75）　　2. A 型 II 式碗（2000T2H101：17）　　3. B 型 I 式碗（2000T2H84：95）

4. B 型 II 式碗（2000T1H105：109）　5. C 型碗（2000T1H30：3）　　6. A 型 I 式钵（2000T2H84：77）

7. A 型 II 式钵（2000T3H99：101）　　8. B 型 I 式钵（2000T2H84：76）　　9. B 型 II 式钵（1999T4H135：1）

10. C 型钵（2000T1H30：83）

是这里列举的"典型单位"与"非典型单位"，并不等同于考古学研究普通意义上的"典型单位"与"非典型单位"，在很大程度上这只是我们为了行文的方便而采取的权宜之计。

1999T6H227

深腹罐　A 型 I 式　共计 3 件。标本 H227：31，夹砂深灰色。沿下饰印痕较深、边棱明显的方格纹。方唇略圆，沿面内凹，折棱明显，鼓腹，最大径位于器腹上部，器底残，从其他单位所出的同类器判断，应为小平底。口径 18、残高 21.5、厚 0.6～0.8 厘米（图七一，1）。

Ba 型 I 式　共计 4 件。标本 H227：3，夹砂灰褐色。颈以下饰整齐清晰的方格纹，边棱凸出明显。方唇略凹，沿面上端浅凹槽较明显，内折棱锐利，器腹上端较鼓。口径 26、残高 9.2、厚 0.6～0.8 厘米（图七一，2）。

标本 H227：33，夹砂深灰色。颈下可见凹弦纹一周，往下饰近长方形的整齐、印痕略浅方格纹。方唇略薄，沿面中有一凸脊，上端为一底弧凹槽，内折较明显，腹上端

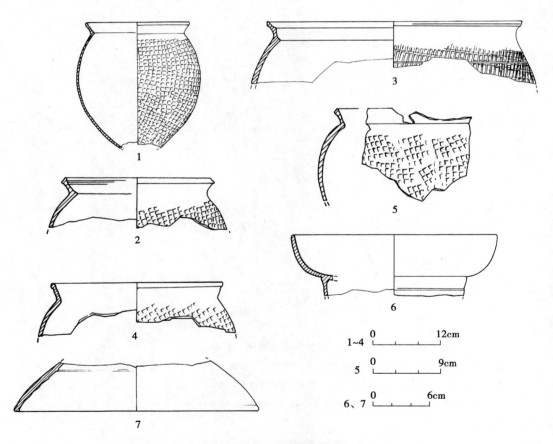

图七一　1999T6H227 出土陶深腹罐、圈足盘、器盖

1. A 型 I 式深腹罐（H227：31）　2. Ba 型 I 式深腹罐（H227：3）　3. Ba 型 I 式深腹罐（H227：33）　4. Ba 型 II 式深腹罐（H227：5）　5. Bb 型深腹罐（H227：8）　6. A 型 II 式圈足盘（H227：10）　7. 器盖（H227：13）

较鼓。口径44、残高11.2、厚0.6~0.8厘米（图七一，3）。

Ba型Ⅱ式 共计3件。标本H227：5，夹砂深灰色。颈下所饰方格纹，较浅较齐。方唇略圆，沿面上端底弧凹槽已不太明显，软折沿，腹上部较鼓。口径30、残高9.2、厚0.6~0.8厘米（图七一，4）。

Bb型 标本H227：8，夹砂深灰色。腹饰方格纹。方唇，唇部有凹槽，折沿，沿面微凹，圆腹。残高12.6厘米（图七一，5）。

圈足盘 A型Ⅱ式 1件。标本H227：10，泥质磨光黑皮陶。直口，深弧腹，粗圈足，其上端略起一窄台。口径22、残高6.6、厚0.3~0.4厘米（图七一，6）。

器盖 1件。标本H227：13，泥质磨光陶，表面深黑、浅黄不一。盖壁底端外侧加厚，内壁上端有一凸出明显的瓦棱。口径25.6、残高5.2厘米（图七一，7）。

2000T1H30

深腹罐 A型Ⅰ式 共计7件。标本H30：34，夹砂浅灰色。所饰方格纹形制小，较浅、整齐。方唇内凹，沿面亦内凹，折沿明显，腹较鼓。口径25、残高20、厚0.3~0.6厘米（图七二，1）。

A型Ⅱ式 共计12件。标本H30：40，夹砂浅灰色。所饰方格纹较浅较规整。方唇，沿面内凹，内折较明显，腹略鼓，器内壁抹光。口径16、残高7.5、厚0.3~0.6厘米（图七二，2）。

标本H30：65，泥质浅灰色。腹上端有凹弦纹，其他为素面。圆唇，折棱明显，腹外鼓明显。口径24、残高7.5、厚0.3~0.5厘米（图七二，3）。

Ba型Ⅰ式 共计14件。标本H30：48，夹砂深灰色。方格纹略近长方形，较深较齐。整个口沿制作不太规整，内折棱不太明显，略束颈，鼓腹。口径15、残高14、厚0.3~0.5厘米（图七二，4）。

标本H30：49，夹砂浅灰色。所饰绳纹为麻状，纹内有丝状印痕。小方唇，沿面上端有一一面坡的浅凹槽，内折棱较锐利，腹略鼓。口径17、残高8、厚0.4~0.6厘米（图七二，5）。

标本H30：77，夹砂深灰色。器身及下部方格纹深浅不一，腹上端拍印清楚。方唇，沿面内侧下端略凹，上端亦类似，最大腹径位于腹中部偏上，向下急收为小平底，底缘棱角不明显。口径26.5、高36.8、底径7、厚0.3~0.5厘米（图七二，7）。

Bb型 共计6件。标本H30：63，夹砂黑灰色。方格纹深齐，规整。方唇内凹、厚度远大于沿面，近似卷沿，略显臃颈。口径34.8、残高9.2、厚0.4~0.6厘米（图七二，6）。

甑 1件。标本H30：24，夹砂深灰色，褐红陶胎较厚。腹饰左倾篮纹，上端较整齐，在整个纹饰上又饰有零乱的断续篮纹，近底器壁有一周近圆形镂孔，这样的镂孔器

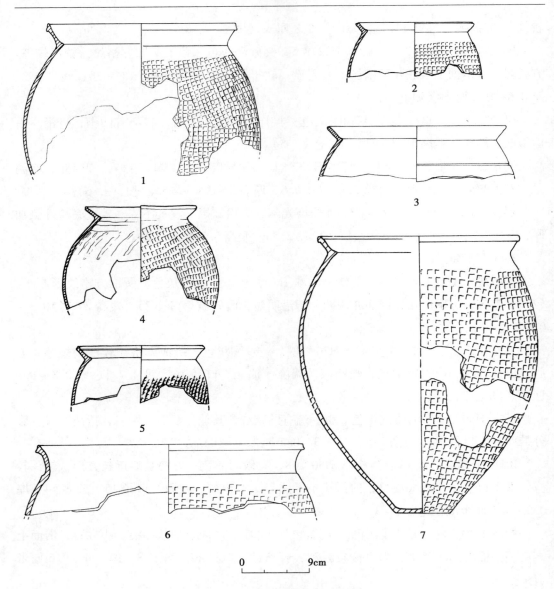

0 ——————— 9cm

图七二　　2000T1H30 出土陶深腹罐

1. A 型 I 式（H30：34）　　2. A 型 II 式（H30：40）　　3. A 型 II 式（H30：65）　　4. Ba 型 I 式（H30：48）

5. Ba 型 I 式（H30：49）　　6. Bb 型（H30：63）　　7. Ba 型 I 式（H30：77）

底亦有三个，但不太规整。方圆唇，立沿较折，鼓腹较短，小平底略内凹，底缘棱角不显。口径 21.3 、高 23.2 、底径 7.5、厚 0.4～0.6 厘米（图七三，1；图版六，1、2）。

　　双耳罐　1 件。标本 H30：25，泥质浅灰色。腹中部偏上有对称的宽带状半圆形耳，在耳两端位置各有一周凹弦纹，弦纹附近的竖篮纹较深较齐，边棱不圆，下腹部篮纹较为凌乱，并深浅不一；器内壁抹光。方唇略圆，沿面略平，立沿明显，内折棱锐

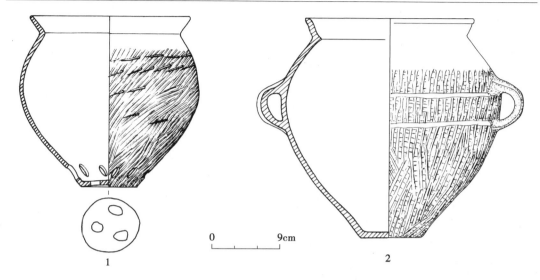

图七三　2000T1H30 出土陶甑、双耳罐

1. 甑（H30∶24）　　2. 双耳罐（H30∶25）

利，最大腹径位于两耳所在位置，往下内收明显，底缘凸棱不明显，小平底。口径22.5、高29.7、底径8.1、厚0.6~0.8厘米（图七三，2；图版六，3）。

小口高领罐　Ⅰ式　共计11件。标本 H30∶69，泥质灰色，褐黄胎。素面磨光。扁方唇，直颈，领内折不明显，斜肩稍鼓。口径14.7、残高5、厚0.5厘米（图七四，1）。

标本 H30∶72，泥质浅灰色。领内及其表面磨光，肩饰七周指甲纹，其上下又有一周凹弦纹。方圆唇，直领，内折棱不太明显，溜肩，腹内收早。口径15、残高11.5、厚0.3~0.6厘米（图七四，2）。

标本 H30∶101，泥质浅灰色。素面。领端较薄，内折较明显。口径14、残高4.5、厚0.4~0.6厘米（图七四，3）。

标本 H30∶73，泥质灰黄色。肩部两周凹弦纹之间饰两周指甲纹。方圆唇，凹端稍外侈，直领，领内下端略凹，内折棱锐利。口径13.5、残高6、厚0.4~1.0厘米（图七四，4）。

标本 H30∶74，泥质浅灰色。素面。方唇，领端稍外侈，直领，内折棱明显，残肩略鼓。口径35.7、残高4.5、厚0.5~0.7厘米（图七四，5）。

Ⅱ式　共计6件。标本 H30∶76，泥质浅灰色。肩饰三周凹弦纹和数周指甲纹。尖圆唇，上端外鼓明显，领微侈、软折，肩部较平。口径14.4、残高9、厚0.3~0.5厘米（图七四，6）。

标本 H30∶68，泥质磨光浅黄陶。残肩下端有凹弦纹一周，以下饰右斜深齐篮纹。

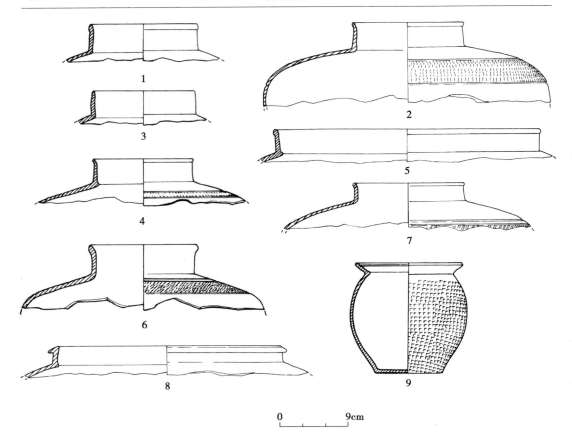

0　　　　　9cm

图七四　2000T1H30 出土陶小口高领罐、矮领瓮、鼓腹罐

1. Ⅰ式小口高领罐（H30：69）　2. Ⅰ式小口高领罐（H30：72）　3. Ⅰ式小口高领罐（H30：101）　4. Ⅰ式小口高领罐（H30：73）　5. Ⅰ式小口高领罐（H30：74）　6. Ⅱ式小口高领罐（H30：76）　7. Ⅱ式小口高领罐（H30：68）　8. 矮领瓮（H30：75）　9. 鼓腹罐（H30：31）

圆唇，领端外侈明显，直领软折，斜平肩。口径 15、残高 5.7、厚 0.3～0.5 厘米（图七四，7）。

矮领瓮　共计 2 件。标本 H30：75，泥质磨光黑皮陶。尖圆唇面有一凹线，略出沿，沿端下倾，直领内凹，折棱明显，圆肩。口径 32.4、残高 4、厚 0.6～0.7 厘米（图七四，8）。

鼓腹罐　共计 2 件。标本 H30：31，夹砂灰褐色。腹部所饰方格纹浅齐，拍印清晰。方唇略圆，沿面较平，上端有一不太明显的单面坡凹槽，略类 Ba 型Ⅰ式深腹罐。口沿内折棱不明显，鼓腹较短，底较大，底缘棱角分明。口径 14.1、高 15、底径 9、厚 0.4～0.6 厘米（图七四，9；图版六，4）。

钵　C 型　共计 2 件。标本 H30：83，泥质浅黄陶。口沿下饰竖行篮纹，篮纹较齐较细，边棱较圆。略呈子母口，斜直腹。口径 23.6、残高 3.9、厚 0.4～0.8 厘米（图七五，1）。

碗 A型I式 共计8件。标本H30：2，泥质浅灰色。器腹中部有两周凹棱，底有绳切纹。平唇略凹，斜腹，小平底外缘棱较明显。口径10.1、高4.4、底径4.3、厚0.3~0.4厘米（图七五，2，图版六，5）。

标本H30：26，泥质灰黑色。斜弧腹，小平底。口径15.9、高6.1、底径6.15、厚0.4~0.6厘米（图七五，3；图版六，6）。

A型II式 共计2件。标本H30：27，泥质陶，磨光，器表灰、黄不一。器底有不明显的绳切纹。平唇，腹壁倾斜度较小，小平底略成假圈足。口径21.3、高8.6、底径9.6、厚0.4~0.6（图七五，4；图版七，1）。

标本H30：30，泥质灰色。略显窄沿，口稍内敛，斜直腹，底缘外凸，制作不太规整。口径20.8、高9.2、底径8.8、厚0.3~0.5厘米（图七五，5；图版七，2）。

B型II式 1件。标本H30：88，泥质浅灰色。器腹有多条弦纹。小方唇略圆，斜直腹。口径24.7、残高5.8、厚0.3~0.5厘米（图七五，6）。

C型 共计2件。标本H30：3，泥质陶，器表深灰、浅黄不一。腹中部有两条弦纹。斜方唇略凹，腹中部弧突，小平底内凹，近似于假圈足，底外缘制作不规整。口径8.7、高4.2、底径5、厚0.3~0.6厘米（图七五，7；图版七，3）。

单耳杯 Aa型II式 共计4件。标本H30：28，泥质磨光黑皮陶，胎稍薄。器表可见轮制修整线。腹上部有一周凹弦纹。宽带桥形单耳，水平高于器口平面，尖圆唇，立沿，内折棱明显，杯腹上端直，从中部开始急收为内凹平底。口径11.4、高6.4、底径5.2、厚0.2~0.3厘米（图七五，8；彩版八，1；图版七，4）。

标本H30：29，泥质磨光陶，器表黑、深灰不一。单耳残，尖圆唇，卷沿，腹中上部外鼓，下内收为小平底，底缘棱角分明。口径10.5、高7.6、底径5.1、厚约0.4厘米（图七五，9；图版七，5）。

标本H30：4，泥质磨光黑皮陶，胎甚薄。底有绳切纹。圆唇，窄折沿，腹上部较直，中部外鼓，再内收为小平底，底缘棱角明显。口径13.5、高8.5、底径6.3、厚0.2~0.3厘米（图七五，10）。

Ab型 1件。标本H30：79，泥质磨光橙黄陶。在单耳附近有细弦纹。圆唇，较折窄沿，弧内收。口径21.6、残高6.4、厚0.2~0.3厘米（图七五，11；图版七，6）。

鬶足 共计2件。标本H30：5，泥质灰色。器表略作磨光处理，轮制而成，火候稍低，内壁有白色水垢。残高7.5、厚0.4厘米（图七五，12）。

标本H30：21，泥质深灰色。素面略作磨光处理，轮制而成。残高7.8、厚0.4厘米。

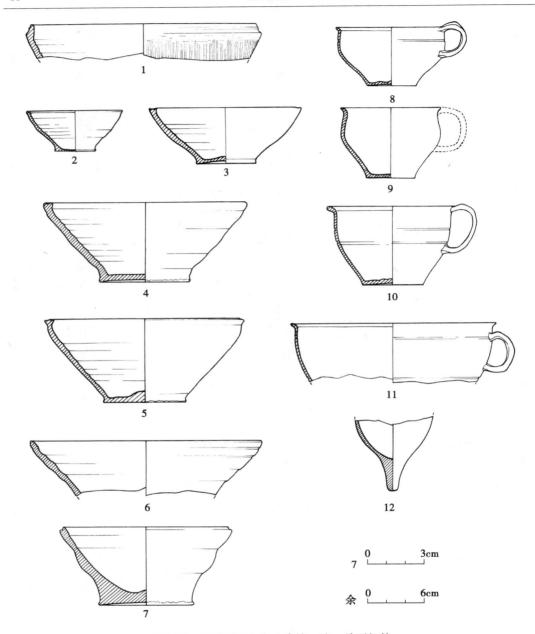

图七五　2000T1H30 出土陶钵、碗、单耳杯等

1. C 型钵（H30：83）　　2. A 型 I 式碗（H30：2）　　3. A 型 I 式碗（H30：26）　　4. A 型 II 式碗（H30：27）　　5. A 型 II 式碗（H30：30）　　6. B 型 II 式碗（H30：88）　　7. C 型碗（H30：3）　　8. Aa 型 II 式单耳杯（H30：28）　　9. Aa 型 II 式单耳杯（H30：29）　　10. Aa 型 II 式单耳杯（H30：4）　　11. Ab 型单耳杯（H30：79）　　12. 鬶足（H30：5）

2000T1H105

深腹罐　A 型Ⅰ式　共计4件。标本 H105：9，夹砂灰色。颈下饰深齐方格纹，拍纹方向不一。方唇，凹沿，内折棱不明显，鼓腹。口径18、残高9.9、厚0.3～0.5厘米（图七六，1）。

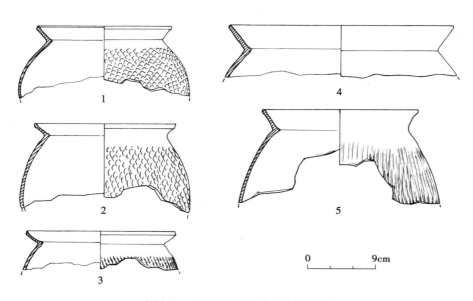

图七六　2000T1H105 出土陶深腹罐

1. A 型Ⅰ式（H105：9）　2. A 型Ⅰ式（H105：20）　3. A 型Ⅰ式（H105：19）　4. A 型Ⅱ式（H105：44）　5. Bb 型（H105：17）

标本 H105：20，夹砂浅灰色。颈下饰略呈菱形的模糊方格纹。方圆唇，略凹沿，腹略鼓。口径18.8、残高11.7、厚0.3～0.5厘米（图七六，2）。

标本 H105：19，夹砂浅灰色。所饰绳纹呈麻状，右倾。方唇内凹，沿下角较小。口径20、残高5.4、厚0.3～0.4厘米（图七六，3）。

A 型Ⅱ式　共计3件。标本 H105：44，泥质褐色。器表略作磨光处理。圆唇，沿较宽，内折棱不明显，鼓腹。口径29.7、残高7、厚0.4～0.7厘米（图七六，4）。

Bb 型　1件。标本 H105：17，夹砂浅灰色。外饰竖行、边棱凸出的篮纹，内壁抹光。圆唇，沿面上饰底弧浅凹槽，内折棱明显，腹较长。口径20.8、残高12.8、厚0.3～0.5厘米（图七六，5）。

高鼎足　Aa 型Ⅰ式　共计3件。标本 H105：12，夹砂褐色，火候较高。素面。内侧较圆，外侧近方，厚薄均匀。残高7.3、厚约1.5厘米（图七七，6）。

小口高领罐　Ⅰ式　共计7件。标本 H105：23，泥质浅灰色。领内外及肩上端磨光。肩下端及其以下饰宽窄不一的浅篮纹。方圆唇，直领，溜肩。口径23.7、残高

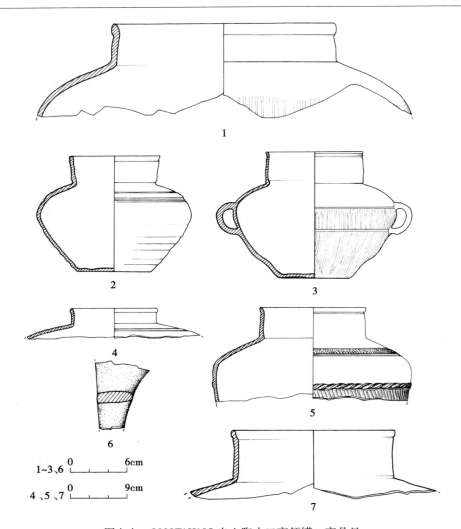

图七七　2000T1H105 出土陶小口高领罐、高鼎足

1. I 式小口高领罐（H105∶23）　　2. I 式小口高领罐（H105∶26）　　3. I 式小口高领罐（H105∶1）　　4. I 式
小口高领罐（H105∶28）　　5. II 式小口高领罐（H105∶5）　　6. Aa 型 I 式高鼎足（H105∶12）　　7. II 式小口
高领罐（H105∶22）

9.9、厚约 0.4 ~ 0.6 厘米（图七七，1）。

标本 H105∶26，泥质磨光浅灰黑衣陶。肩上及腹部饰有凹弦纹。直领微侈，领内
不平，圆肩，斜腹内收，平底较大。口径 9.6、高 12.5、底径 8、厚约 0.4 厘米（图七
七，2；图版八，1）。

标本 H105∶1，泥质浅灰色。领内外及肩磨光。领端外侧有一周凹弦纹，肩以下有
两周凹弦纹，另饰有数道清晰的竖行篮纹。直领，溜肩，肩上饰对称桥形宽带耳，短
腹，近底处腹内凹，再收为平底，底缘棱角不明显。口径 10.2、高 13.6、底径 7.2、厚

0.2～0.3厘米（图七七，3；彩版八，2；图版八，2）。

标本 H105：28，泥质磨光浅灰黑皮陶。肩上有凹弦纹。直领，溜肩。口径14、残高4.8、厚0.5～0.6厘米（图七七，4）。

Ⅱ式 共计3件。标本 H105：5，泥质磨光浅灰黑皮陶。肩上饰凹弦纹及指甲纹，肩下不远处有索状附加堆纹一周，以下为右倾深齐的篮纹。直领，尖圆唇，溜肩。口径16.8、残高15、厚0.3～0.5厘米（图七七，5）。

标本 H105：22，泥质磨光浅灰黑皮陶。直领，尖圆唇，唇面内凹。口径26、残高11.2、厚0.3～0.5厘米（图七七，7）。

素面手制罐 1件。标本 H105：15，夹砂灰黄色。系用宽扁泥条盘筑而成，外部特别明显，器内外可见泥条之间接痕及手工修整痕，内壁抹光。方唇，软折沿，器腹较直，上宽下窄，小平底。口径21、高24、底径7.2、厚0.5～1.0厘米（图七八，1；彩版八，3；图版八，3）。

矮领瓮 共计2件。标本 H105：6，泥质浅灰色。肩部磨光并有凹弦纹，腹上端近肩处有附加堆纹一周，另外腹又饰左倾篮纹，开始较为整齐，向下方向渐乱。敛口，矮领，肩圆折，腹收较缓。口径22、残高25.3、厚0.4～0.6厘米（图七八，2）。

标本 H105：47，夹细砂浅灰色。领肩磨光，腹饰篮纹。矮领外卷，广肩，收腹，

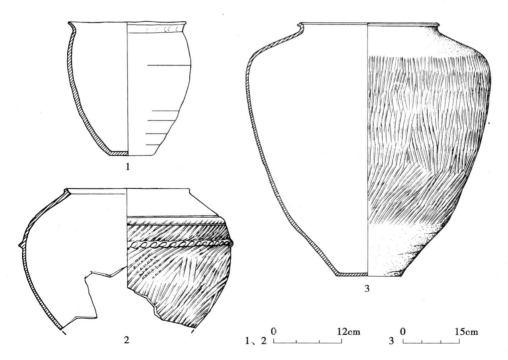

图七八 2000T1H105 出土陶素面手制罐、矮领瓮
1. 素面手制罐（H105：15） 2. 矮领瓮（H105：6） 3. 矮领瓮（H105：47）

腹较长，小平底。口径38、高68.5、底径17、厚0.6～0.8厘米（图七八，3；图版八，4）。

壶　1件。标本H105：46，泥质浅黑陶。素面，略作磨光处理，领内有轮制形成的瓦棱。领端较薄，高直领，弧折肩，腹内凹，内收为略凹平底。口径9.3、高12、底径7、厚0.3～0.5厘米（图七九，1；彩版八，4；图版八，5）。

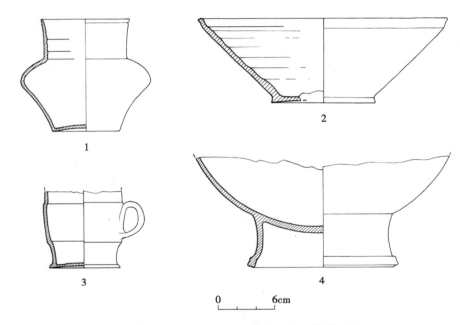

图七九　2000T1H105 出土陶壶、碗、单耳杯等

1. 壶（H105：46）　2. B型Ⅱ式碗（H105：109）　3. B型单耳杯（H105：27）　4. 圈足器（H105：4）

碗　B型Ⅱ式　共计3件。标本H105：109，泥质浅灰色。敞口，斜直腹，底缘外凸明显。口径25.8、高9、底径10.8、厚0.4～0.7厘米（图七九，2，图版八，6）。

单耳杯　B型　1件。标本H105：27，泥质磨光深灰色。单耳为宽带桥形，器腹中间较粗，近底处内凹，小平底，底缘外凸明显。残高8.4、底径7.4、厚0.3～0.4厘米（图七九，3）。

圈足器　1件。标本H105：4，泥质磨光浅黑陶。底端外侈，底缘外端较厚。从上面的器体看类似圜底小口高领罐类。残高12.4、底径14.7、厚0.3～0.5厘米（图七九，4）。

2000T2H84

深腹罐　A型Ⅰ式　共计55件。标本H84：15，夹砂灰色。器表饰竖行绳纹，器底也有同样的纹饰。方唇，沿下角较大，内折棱明显，略束颈，鼓腹，小平底。口径

20.4、高 29、底径 9、厚 0.4 ~ 0.7 厘米（图八〇，1；图版九，1）。

　　标本 H84：24，夹砂褐色。沿下饰竖行绳纹，内壁抹光。斜方唇，略鼓腹。口径 19.2、残高 23.5、厚 0.3 ~ 0.6 厘米（图八〇，2；图版九，2）。

　　标本 H84：16，夹砂浅灰色。沿下饰竖绳纹。斜方唇，沿下角较小，腹略鼓。口径 18.8、高 26、底径 8、厚 0.3 ~ 0.6 厘米（图八〇，3；图版九，3）。

　　标本 H84：17，夹砂深灰色。腹饰方格纹较小且深、齐。斜方唇，腹上端外鼓明显，小平底。口径 18.2、高 21.9、底径 7.8、厚 0.4 ~ 0.6 厘米（图八〇，4；图版九，4）。

　　标本 H84：20，夹砂浅灰色。器腹及底均饰有整齐的小方格纹，器内壁抹光。方唇，折沿，最大腹径位于中部，器底较大。口径 17.4、高 21.9、底径 8、厚 0.4 ~ 0.6 厘米（图八〇，5；图版一〇，1）。

　　标本 H84：23，夹砂灰色。腹饰粗绳纹。小方唇，内折棱明显，束颈，最大腹径位于中部，小平底。口径 19.5、高 25.4、底径 8、厚 0.4 厘米（图八〇，6；彩版八，5；图版一〇，2）。

　　标本 H84：22，夹砂浅灰色。器腹及底均饰绳纹。斜方唇，略凹折沿，束颈，鼓腹明显，小平底。口径 19.5、高 25.2、底径 7.4、厚 0.3 ~ 0.6 厘米（图八〇，7；图版一〇，3）。

　　标本 H84：18，夹砂深灰色。器腹及底均饰竖行绳纹。方唇，沿面略平，腹中部外鼓明显，小平底。口径 15.3、高 19.8、底径 6.8、厚 0.3 ~ 0.6 厘米（图八〇，8；图版一〇，4）。

　　标本 H84：28，夹砂浅灰色。沿下饰弦纹间断左倾绳纹。方唇，略立折沿，最大腹径位于中部。口径 25、残高 29.3、厚 0.4 ~ 0.6 厘米（图八〇，9）。

　　标本 H84：19，夹砂黑灰色。器腹及底均饰绳纹。方唇略圆，内折棱不明显，最大腹径位于中部，小平底。口径 15.3、高 19.8、底径 6.8、厚 0.4 厘米（图八一，1；图版一一，1）。

　　标本 H84：26，夹砂灰色。沿下饰右倾中绳纹。方唇略凹，折沿略平，腹略鼓。口径 20、残高 10、厚 0.3 ~ 0.5 厘米（图八一，2）。

　　标本 H84：55，夹砂灰色。腹饰中粗绳纹。凹方唇，斜折沿。口径 22、残高 5.5、厚 0.4 ~ 0.6 厘米（图八一，3）。

　　标本 H84：62，夹砂浅灰色。腹饰较细竖绳纹。斜方唇，沿面略凹，鼓腹，小平底。口径 14.7、高 21.3、底径 6.7、厚 0.2 ~ 0.4 厘米（图八一，4）。

　　标本 H84：21，夹砂深灰色。器腹及底均饰规整的绳纹。方唇，凹沿较宽，腹短，底较大。口径 14.3、高 18.1、底径 6.5、厚 0.3 ~ 0.6 厘米（图八一，5）。

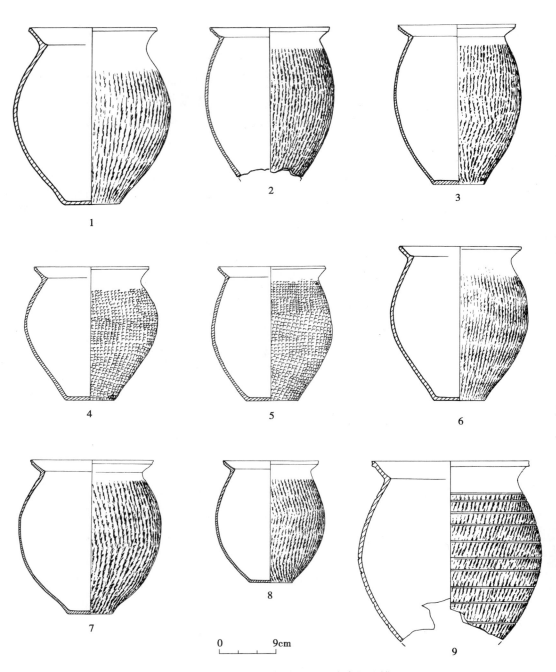

0 ⊢―――⊣ 9cm

图八〇　2000T2H84 出土 A 型 I 式陶深腹罐

1. H84：15　2. H84：24　3. H84：16　4. H84：17　5. H84：20　6. H84：23　7. H84：22　8. H84：18　9. H84：28

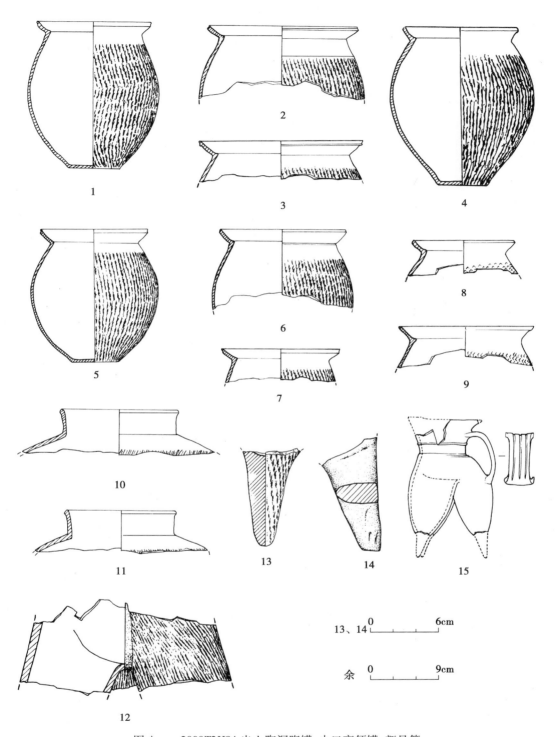

图八一　2000T2H84 出土陶深腹罐、小口高领罐、甗足等

1. A 型 I 式深腹罐（H84：19）　2. A 型 I 式深腹罐（H84：26）　3. A 型 I 式深腹罐（H84：55）　4. A 型 I 式深腹罐（H84：62）　5. A 型 I 式深腹罐（H84：21）　6. A 型 I 式深腹罐（H84：34）　7. A 型 I 式深腹罐（H84：65）　8. A 型 II 式深腹罐（H84：6）　9. A 型 II 式深腹罐（H84：66）　10. I 式小口高领罐（H84：68）　11. I 式小口高领罐（H84：69）　12. I 式甗足（84：86）　13. A 型 I 式甗足（H84：88）　14. Aa 型 I 式高鼎足（H84：87）　15. 鬶（H84：2）

标本 H84：34，夹砂浅灰色。沿下饰规整的右倾中绳纹。方唇，略凹沿，略鼓腹。口径 17、残高 11、厚 0.4～0.5 厘米（图八一，6）。

标本 H84：65，夹砂灰色。腹部饰绳纹。方唇，略立沿，略鼓腹。口径 16、残高 4.2、厚 0.4～0.5 厘米（图八一，7）。

标本 H84：104，夹砂灰色。沿下饰竖行粗绳纹，内壁抹光。方唇，沿面略凹，最大腹径位于中部，小平底。口径 6.8、高 21.1、厚 0.4～0.5 厘米（图版一一，2）。

A 型 II 式　共计 2 件。标本 H84：67，夹砂灰色。腹饰深齐的小方格纹。方圆唇，斜折沿，沿面凹，略束颈，腹略鼓。口径 14、残高 4.4、厚 0.3～0.5 厘米（图八一，8）。

标本 H84：66，夹砂浅灰色。腹饰深齐斜方格纹。尖圆唇，沿内折明显，鼓腹。口径 18、残高 5.7、厚 0.3～0.5 厘米（图八一，9）。

小口高领罐　I 式　共计 6 件。标本 H84：68，泥质浅灰色，胎薄。领内外及肩部磨光，肩饰左倾细篮纹。直领，溜肩。口径 15.6、残高 6、厚约 0.4～0.6 厘米（图八一，10）。

标本 H84：69，泥质浅灰色。肩饰篮纹。领端略外侈，下端较直，溜肩。口径 15、残高 5.5、厚 0.4～0.6 厘米（图八一，11）。

甗足　A 型 I 式　共计 2 件。标本 H84：86，夹砂深灰色，褐红胎。所饰绳纹右倾，较为规整。残高 13、厚 1.1 厘米（图八一，12）。

标本 H84：88，夹砂浅灰色，浅灰胎较厚。绳纹右倾，较稀。残高 8.5、厚 0.5 厘米（图八一，13）。

高鼎足　Aa 型 I 式　1 件。标本 H84：87，夹砂褐灰色。外侧近方，内侧扁圆，整体为侧扁三角形。残高 10、厚约 1.8 厘米（图八一，14）。

鬶　1 件。标本 H84：2，泥质磨光浅灰色。模制袋足，与上端捏接。平流，束颈，单耳，三袋足较高。口径 9.6、高 19.2、厚 0.3～0.4 厘米（图八一，15；彩版八，6；图版一一，3）。

圈足盘　A 型 I 式　共计 3 件。标本 H84：81，泥质浅灰色。圈足中部有一凸棱。盘与圈足分别轮制而成，再粘接成器。敞口，无沿，浅盘，矮粗圈足，足底外缘加厚。口径 24.6、高 7.8、底径 17.2、厚 0.4～0.6 厘米（图八二，1；彩版九，1；图版一一，4）。

钵　A 型 I 式　共计 3 件。标本 H84：77，泥质黑灰色。器表有很浅的弦纹。敛口，斜直腹。口径 27.9、残高 5.6、厚 0.5～0.6 厘米（图八二，2）。

B 型 I 式　1 件。标本 H84：76，泥质黑灰色。素面，器底有篮纹。尖圆唇，口内敛，斜直腹，小平底。口径 13.2、高 6、底径 5.8、厚 0.6～1.0 厘米（图八二，3；图版——，5）。

碗　A 型 I 式　共计 5 件。标本 H84：75，泥质浅灰色。素面。斜直腹，近底处略内凹，平底外缘凸出，棱角分明。口径 15.3、高 6、底径 5.7、厚 0.3～0.4 厘米（图八二，4）。

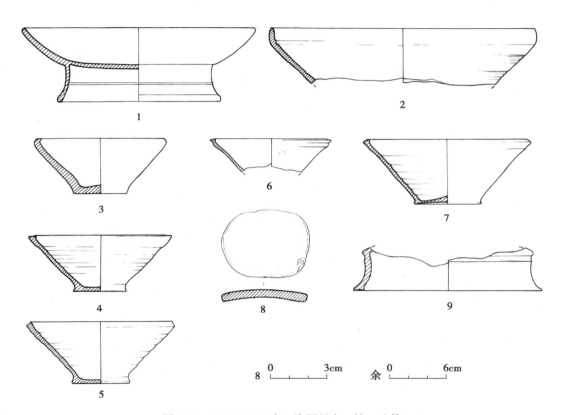

图八二　2000T2H84 出土陶圈足盘、钵、碗等

1. A 型 I 式圈足盘（H84：81）　2. A 型 I 式钵（H84：77）　3. B 型 I 式钵（H84：76）　4. A 型 I 式碗（H84：75）　5. A 型 I 式碗（H84：83）　6. A 型 I 式碗（H84：33）　7. B 型 I 式碗（H84：95）　8. A 型圆陶片（H84：1）　9. 器盖（H84：13）

标本 H84：83，泥质深灰色。器内有泥条盘筑形成的瓦棱，底有绳切纹。斜方唇内凹，斜直腹，底缘外凸，棱角不分明。口径 15、高 6.6、底径 6.2、厚 0.3～0.5 厘米（图八二，5）。

标本 H84：33，泥质浅灰色。素面。平唇略凹，斜腹略曲。口径 13、残高 3.4、厚 0.2～0.3 厘米（图八二，6）。

B 型 I 式　1 件。标本 H84：95，泥质浅灰色。素面。器口微敛，斜直腹，底略内凹。口径 17.7、高 6.9、底径 7.1、厚 0.3～0.6 厘米（图八二，7；彩版九，2；图版一二，1）。

器盖　1件。标本 H84：13，夹砂深灰色，褐胎。素面磨光。盖壁凹腰上端有一凸棱，底端内凹。底径20、残高4.7、厚0.4～0.6厘米（图八二，9）。

圆陶片　A型　1件。标本 H84：1，泥质灰色。直径4.6、厚0.4厘米（图八二，8；图版一二，2左）。

2000T2H113

深腹罐　A型Ⅰ式　共计19件。标本 H113：57，夹砂深灰色。腹饰近菱形方格纹，印痕较深，拍痕清楚。方唇，凹沿，鼓腹。口径15.6、残高10.7、厚0.3～0.4厘米（图八三，1）。

曲腹盆　1件。标本 H113：2，泥质浅黄色，褐灰胎较薄。器表磨光。尖圆唇，侈口，腹中部外鼓，下内收。口径21.6、残高14.4、厚0.3～0.4厘米（图八三，5）。

双腹盆　Ⅱ式　1件。标本 H113：55，泥质黑皮陶。上腹饰两周凹旋纹，器表磨光。折腹上端有一周凹槽，上下两端分别轮制成形，在第一转折处接成。方唇，侈缘，锐折腹，平底。口径27.2、高19.1、底径10、厚0.4～0.7厘米（图八三，4；图版一二，3）。

平底器　1件。标本 H113：3，泥质磨光陶，陶色黑、灰不一。器表有凸棱。圆唇，较折窄沿，近直腹，底缘外侧加厚。口径13.1、高5、底径11.1、厚0.4～0.7厘米（图八三，2）。

圈足盘足　1件。标本 H113：34，夹砂浅灰色。近底处有凸棱一周，底缘外侧加厚，圈足上有两排错位布列的圆形镂孔。残高6.7、底径18、厚0.4～0.6厘米（图八三，6）。

甗　1件。标本 H113：23，夹砂黑灰色，胎较厚，含粗砂粒。三袋足为轮制再接成，甑部亦为轮制，再与鬲部相接。甑部饰弦断左倾粗绳纹，腰饰捺窝附加堆纹一周，鬲部素面，外壁有烟炱。甑部近深腹罐形，凹方唇，宽折沿，面有脊，鬲部袋足较高，足尖较圆。口径30.4、高60.3、厚0.4～0.8厘米（图八三，3；图版一二，4）。

2000T3H99

深腹罐　A型Ⅰ式　共计53件。标本 H99：123，夹砂深灰色。所饰粗绳纹呈稻粒状。方唇，沿面略凹。口径18.5、残高5.4、厚0.3～0.7厘米（图八四，1）。

标本 H99：48，夹砂浅灰色。饰浅菱形方格纹。方唇，凹沿，鼓腹。口径20、残高6、厚0.4～0.6厘米（图八四，2）。

标本 H99：18，夹砂浅灰色。内壁口沿下可见数周轮制修整线，以下抹光，外腹饰中绳纹。方唇，沿面上端略弧，束颈明显，鼓腹最大径在上腹。口径17.5、残高18.9、厚0.4～0.6厘米（图八四，3）。

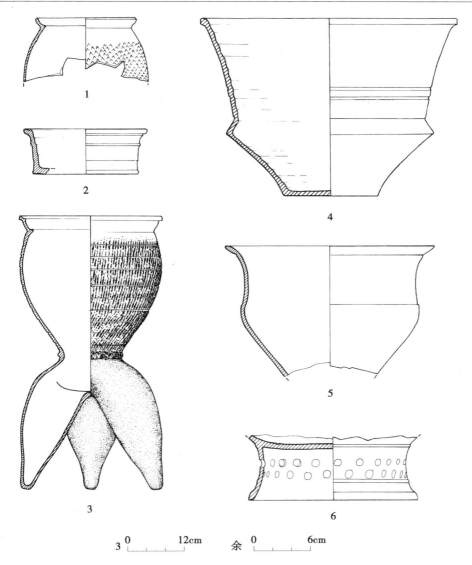

图八三　2000T2H113 出土陶深腹罐、平底器、甑等

1. A 型 I 式深腹罐（H113：57）　2. 平底器（H113：3）　3. 甑（H113：23）　4. II 式双
腹盆（H113：55）　5. 曲腹盆（H113：2）　6. 圈足盘足（H113：34）

　　标本 H99：19，夹砂灰色。饰麻状粗绳纹。方唇，略平窄折沿，沿面上端微弧，鼓
腹。口径 15、残高 10.2、厚 0.3～0.6（图八四，4）。

　　标本 H99：95，夹砂灰色。饰竖行中绳纹。方唇，宽折沿，沿下部稍内凹，腹外
鼓，最大径近中腹，小平底微内凹。口径 13.8、高 19.2、底径 6.5、厚 0.4～0.6 厘米
（图八四，5；图版一三，1）。

　　标本 H99：43，夹砂红褐色。饰竖粗绳纹。斜方唇，宽折沿，沿面下端内凹，鼓

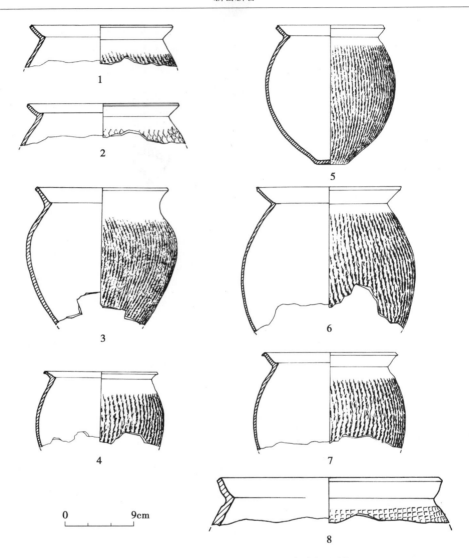

图八四　2000T3H99 出土 A 型 I 式陶深腹罐

1. H99：123　2. H99：48　3. H99：18　4. H99：19　5. H99：95　6. H99：43　7. H99：61　8. H99：60

腹。口径 18.9、残高 19.83、厚 0.4～0.6 厘米（图八四，6）。

　　标本 H99：61，夹砂灰色。饰中绳纹，右倾。方唇，宽折沿，腹外鼓。口径 17.4、残高 13.8、厚 0.3～0.5 厘米（图八四，7）。

　　标本 H99：60，夹砂褐色。饰浅方格纹。斜方唇，内沿微凹。口径 28.8、残高 6.5、厚 0.5～0.7 厘米（图八四，8）。

　　A 型 II 式　共计 12 件。标本 H99：49，夹细砂褐色。饰粗绳纹。折沿，腹略鼓。口径 12、残高 4.5、厚 0.3～0.4 厘米（图八五，1）。

标本 H99：67，夹砂浅灰色。饰粗绳纹。圆唇，沿面略凹，内折棱不明显，器腹外鼓。口径23、残 高10、厚0.3～0.5厘米（图八五，2）。

标本 H99：71，泥质深灰陶。圆唇，沿端外鼓，内折棱凸出但不锐利，鼓腹。口径22、残 高5、厚0.4～0.6厘米（图八五，3）。

标本 H99：62，夹砂浅灰色。所饰粗绳纹右倾。尖唇，折沿，略鼓腹。口径15.5、残高8.1、厚0.3～0.5厘米（图八五，4）。

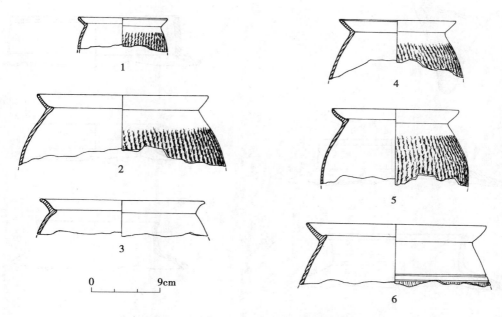

图八五　2000T3H99 出土 A 型Ⅱ式陶深腹罐

1. H99：49　2. H99：67　3. H99：71　4. H99：62　5. H99：63　6. H99：68

标本 H99：63，夹砂深灰色。饰竖直中粗绳纹。尖唇，沿面略凹，内折棱锐利，鼓腹明显。口径17、残高10.5、厚0.3～0.5厘米（图八五，5）。

标本 H99：68，泥质深灰色。上腹有凹弦纹两周，往下饰整齐的细篮纹。圆唇稍方，内折棱锐利。口径24、残 高8.4、厚0.3～0.5厘米（图八五，6）。

子母口式鼎　1件。标本 H99：97，夹砂褐胎深灰陶。饰粗绳纹。敛口，腹较深。残高6、厚0.7～0.9厘米（图八六，1）。

矮鼎足　Ⅰ式　1件。标本 H99：90，夹砂黑灰色。素面。剖面略呈菱形，内侧较薄，外侧略厚，上端宽。足高7、厚0.8～1.2厘米（图八六，2）。

小口高领罐　Ⅰ式　共计11件。标本 H99：79，泥质薄胎磨光灰陶。直领，内凹明显，内折棱凸出，肩略平。口径15.3、残高4.8、厚0.4～1.0厘米（图八六，3）。

标本 H99：80，泥质磨光黑衣陶，胎稍薄。领略外侈，中部有一周凸棱。圆唇，内

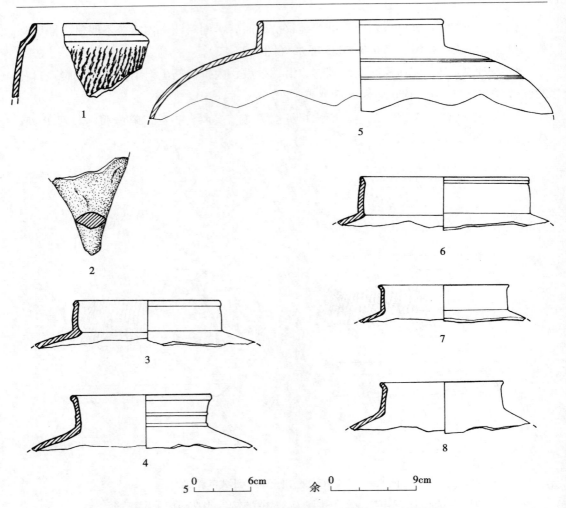

图八六　2000T3H99 出土陶子母口式鼎、矮鼎足、小口高领罐

1. 子母口式鼎（H99：97）　2. I 式矮鼎足（H99：90）　3. I 式小口高领罐（H99：79）　4. I 式小口高领罐
（H99：80）　5. I 式小口高领罐（H99：96）　6. II 式小口高领罐（H99：77）　7. II 式小口高领罐（H99：82）
8. II 式小口高领罐（H99：118）

折棱不明显，斜肩。口径 15、残高 6、厚 0.5 ~ 0.7 厘米（图八六，4）。

标本 H99：96，夹细砂深灰色，器表磨光。肩有两周不太清楚的弦线。圆唇，直领微内凹，内折棱明显，圆肩。口径 19.2、残高 9.6、厚 0.6 厘米（图八六，5）。

II 式　共计 6 件。标本 H99：77，泥质磨光浅灰色。顶端外侧有凹弦纹。直领，向内斜削，内折棱不明显。口径 18、残高 6、厚约 0.5 ~ 0.6 厘米（图八六，6）。

标本 H99：82，泥质黑灰色。领内及器表磨光。圆唇，领端外侈明显，斜肩。口径 13.8、残高 4.2、厚约 0.5 ~ 0.8 厘米（图八六，7）。

标本 H99：118，泥质橙黄色。领内及器表磨光。圆唇，领略内斜。口径 12.9、残高 5.7、厚约 0.4~0.6 厘米（图八六，8）。

碗 A 型 Ⅰ 式 共计 16 件。标本 H99：81，泥质陶，表面深灰、浅黄不一。素面磨光。敞口，斜壁，近底处内收明显，小平底，底缘略外侈。口径 19.6、高 7.8、底径 8.4、厚 0.2~0.5 厘米（图八七，1；图版一三，2）。

标本 H99：105，泥质灰色。素面。方唇，唇内侧有浅凹槽，大口，斜壁，小平底，底边外凸。口径 18.6、高 8、底径 7.6、厚 0.4~0.8 厘米（图八七，2）。

标本 H99：106，泥质灰色。外壁有数周瓦棱纹。方唇，唇内侧有浅凹槽，大口，斜壁微曲，小平底。口径 17.2、高 7.4、底径 6.4 厘米（图八七，3）。

A 型 Ⅱ 式 共计 2 件。标本 H99：86，泥质浅灰色。素面。敞口，底内侧略凹，斜壁，小平底，外缘凸出不明显，制作也不规整。口径 18.8、高 7.8、底径 6.9、厚 0.3~0.8 厘米（图八七，4；图版一三，3）。

标本 H99：102，泥质浅灰色。素面。斜直壁，小平底。口径 17.1、高 7.5、底径 6、厚 0.3~0.4 厘米（图八七，5；图版一三，4）。

觚形杯 1 件。标本 H99：94，泥质磨光褐陶。残器近底端有一凸棱。整体呈上细下粗的喇叭状，底缘外侧加厚，器底内凹明显。残高 2.4、底径 14、厚 0.2~0.4 厘米（图八七，6）。

圈足盘 A 型 Ⅰ 式 共计 2 件。标本 H99：87，泥质磨光黑皮陶。盘内刻有类似汉代五铢钱的“五”字。大口，尖圆唇，浅弧腹，盘底较平，粗圈足下部略收，底端外鼓。口径 27.6、高 7.8、底径 22.2、厚 0.3~0.6 厘米（图八七，7；图版一三，5、6）。

B 型 共计 2 件。标本 H99：83，泥质黄色。器内外磨光。盘腹下端有一圈底凹槽。圆唇，斜直腹，盘底较平，圈足内收。口径 25.5、高 7、厚 0.4~0.6 厘米（图八七，8）。

标本 H99：98，泥质磨光深灰色。方唇，略出沿，沿面微收，斜腹及底。口径 32.4、残高 3.6、厚 0.8~1.1 厘米（图八七，9）。

圈足盘足 Ⅱ 式 共计 3 件。标本 H99：85，泥质陶，表面浅灰不一，胎为浅黄色。其中部有一凸棱，圈足上端残存之盘为圜底，足为束腰，底缘外侧加厚形成一宽边。底径 17.7、残高 6.6、厚 0.4~0.6 厘米（图八七，11）。

标本 H99：89，泥质磨光黑皮陶。上端残存之盘为圜底，足微侈，底缘外侧加厚，棱角分明。残高 4.8、底径 14、厚 0.3~0.6 厘米（图八七，10）。

圈足 标本 H99：119，泥质灰色。素面。底边外侈，方圆唇，内沿上端微凹。底径 37.2、残高 3.7、厚约 0.4~0.7 厘米（图八七，12）。

钵 A 型 Ⅱ 式 1 件。标本 H99：101，泥质浅灰色。素面磨光。器口略内敛，斜

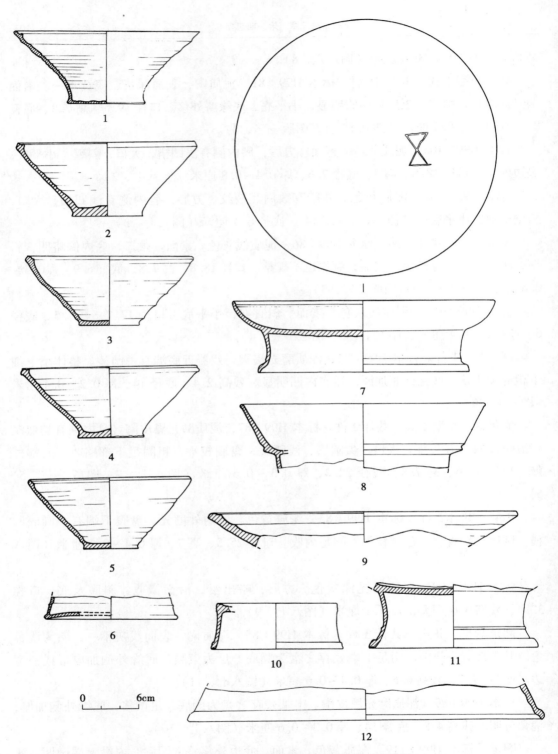

图八七　2000T3H99 出土陶碗、瓠形杯、圈足盘（足）

1. A 型 I 式碗（H99：81）　2. A 型 I 式碗（H99：105）　3. A 型 I 式碗（H99：106）　4. A 型 II 式碗（H99：86）
5. A 型 II 式碗（H99：102）　6. 瓠形杯（H99：94）　7. A 型 I 式圈足盘（H99：87）　8. B 型圈足盘（H99：83）
9. B 型圈足盘（H99：98）　10. II 式圈足盘足（H99：89）　11. II 式圈足盘足（H99：85）　12. 圈足（H99：119）

直腹。口径 26.6、残高 2.4、厚 0.4 ~ 0.8 厘米（图八八，1）。

单耳杯　Aa 型 I 式　1 件。标本 H99：91，泥质深灰色。耳下磨光。圆唇，卷沿，腹从耳以下内折。残高 5、厚 0.5 ~ 0.6 厘米（图八八，2）。

器盖纽　1 件。标本 H99：45，泥质磨光浅黄陶。残器中部有一凸棱。盖纽中空，呈略扁的蒜头形。残长 7.2 厘米（图八八，3）。

器盖　1 件。标本 H99：78，泥质磨光浅黄陶，浅灰胎很薄。整体形似喇叭状。残高 18.6、底径 29.4、厚 0.3 ~ 0.6 厘米（图八八，4）。

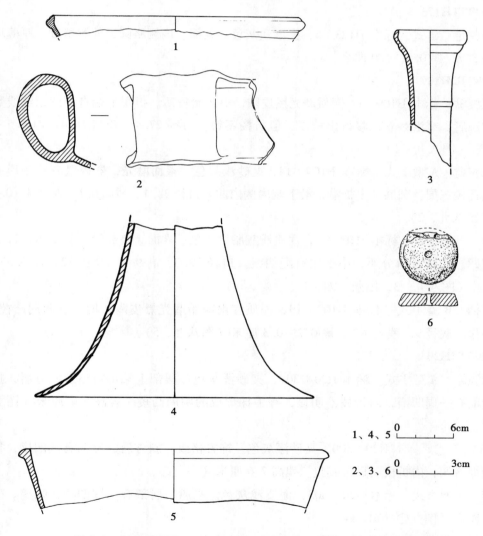

图八八　2000T3H99、1999T1H120、H122 出土陶钵、单耳杯、器盖等

1. A 型 II 式钵（H99：101）　2. Aa 型 I 式单耳杯（H99：91）　3. 器盖纽（H99：45）　4. 器盖（H99：78）

5. A 型 I 式深腹盆（H122：11）　6. 纺轮（H120：1）

（四）非典型单位出土陶器

1999T1H120

纺轮　标本 H120：1，泥质浅灰色。扁圆饼状，一面比另一面稍大，轮侧缘有刮痕。直径 3.2、厚 0.7 厘米（图八八，6）。

1999T1H122

深腹盆　A 型 I 式　标本 H122：11，泥质深灰色。素面，略作磨光处理。尖圆唇，窄折沿，器腹斜收，较深。口径 32.7、残高 6.3、厚 0.4～0.7 厘米（图八八，5）。

1999T1H123

矮鼎足　I 式　标本 H123：5，夹砂浅灰色。素面。内侧略圆，外侧稍方，厚薄均匀。高 3.7、厚 0.8～1.0 厘米。

1999T2H109

双腹盆　标本 H109：1，泥质磨光黑皮陶，褐灰胎较薄。折腹上端有断续弦纹线数周。方圆唇，窄沿略卷，腹折出较多，但折棱不锐。口径 27.4、残高 14.4、厚 0.5～0.7 厘米（图八九，1）。

深腹盆　A 型 I 式　标本 H109：14，夹砂浅灰色。素面磨光，器内壁有轮制形成的明显瓦棱三周。圆唇，窄折沿，沿下端内侧内凹。口径 28.4、残高 6.1、厚 0.4～0.7 厘米（图八九，2）。

钵　A 型 I 式　标本 H109：3，泥质浅灰胎黑灰色。素面。略起沿，斜直腹，近底处略内凹，底缘棱角分明，小平底有绳切线。口径 29.6、高 9.8、底径 12、厚 0.6～0.8 厘米（图八九，3；图版一四，1）。

豆柄　B 型 I 式　标本 H109：19，泥质红褐陶胎磨光黑皮陶。柄上有两周凸棱，底端外侈。底径 9、残高 7.5、厚 0.2～0.3 厘米（图八九，5）。

1999T3H20

深腹罐　A 型 I 式　标本 H20：301，夹砂浅灰色。腹部上端饰方格纹。方唇，折沿，沿面有一周凹槽，内折棱不明显，有手抹形成的两周凸棱。残高 5.7 厘米（图九〇，1）。

Ba 型 I 式　标本 H20：300，夹砂深灰色。饰方格纹。斜方唇，唇部有浅凹槽，折沿，沿面微凹，内折棱明显，鼓腹。残高 7.6 厘米（图九〇，2）。

碗　A 型 I 式　标本 H20：303，泥质浅灰色。平唇，唇部有一周凹槽，弧壁。残高 3.6 厘米（图九〇，7）。

1999T4H67

豆　A 型 I 式　标本 H67：4，泥质浅灰色。轮制，器表磨光。圈足较高、较粗。底径 12、高 13、厚 0.3～0.6 厘米（图版一四，2）。

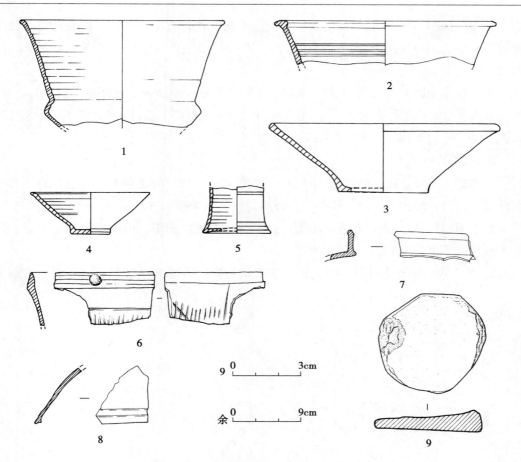

图八九　1999T2H109、1999T4H68、H79 出土陶盆、钵、碗等

1. 双腹盆（H109：1）　2. A 型Ⅰ式深腹盆（H109：14）　3. A 型Ⅰ式钵（H109：3）　4. A 型Ⅰ式碗
（H68：7）　5. B 型Ⅰ式豆柄（H109：19）　6. Ⅰ式刻槽盆（H79：11）　7. Ⅰ式小口高领罐（H79：302）
8. 器盖（H79：303）　9. A 型圆陶片（H79：3）

1999T4H68

碗　A 型Ⅰ式　标本 H68：7，泥质浅灰色。素面。敛口，略起沿，沿上端有一底弧凹槽，斜直腹，底缘凸出明显，平底略凹。口径 15.6、高 5.9、底径 5.1、厚 0.4 ~ 0.5 厘米（图八九，4；图版一四，3）。

1999T4H79

刻槽盆　Ⅰ式　标本 H79：11，泥质浅灰色。器流两侧转弯处有圆形泥饼饰，口沿下有凹弦纹一周，其下饰较深、边棱凸出的竖篮纹。无沿，口外侧加厚，腹较深，器内有刻槽。残高 7.5、厚 0.6 ~ 1.0 厘米（图八九，6）。

小口高领罐　Ⅰ式　标本 H79：302，泥质浅灰色。轮制，口及肩部外壁磨光。圆唇加厚，外鼓，直领不太高，肩微溜。残高 4.1 厘米（图八九，7）。

器盖　标本 H79：303，泥质褐色。器内外均磨光，有轮制痕迹，器表近口沿处饰两道凹弦纹。尖圆唇，敛口，内部近唇部处有一道凸棱，斜壁残。残高 7.8 厘米（图八九，8）。

盅　标本 H79：7，泥质灰色。圆唇，曲腹，平底。形体较小（图版一四，4）。

圆陶片　A 型　标本 H79：3，泥质灰色。边缘经打磨。直径 4.5、厚 0.9 厘米（图八九，9）。

1999T4H135

深腹罐　A 型 I 式　标本 H135：301，夹砂灰色。腹部饰方格纹。方唇，唇部有一周凹槽，折沿，沿内凹，内折棱凸出，鼓腹。残高 6.4 厘米（图九〇，3）。

标本 H135：20，夹砂灰色褐胎陶。腹上部饰篮纹。凹沿，内折棱凸出，方唇。残高 5 厘米（图九〇，4）。

Ba 型 I 式　标本 H135：300，夹砂灰皮褐胎陶。腹部外壁饰篮纹。方唇，唇面上

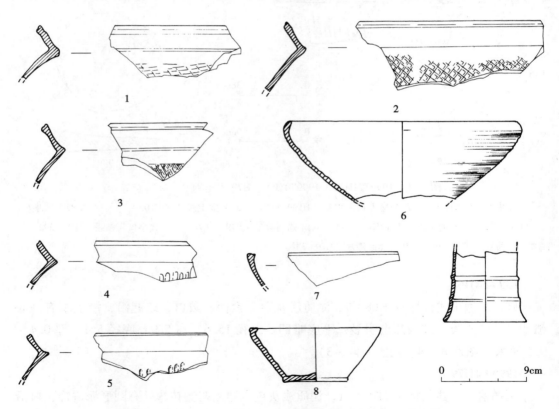

图九〇　1999T3H20、1999T4H135 出土陶深腹罐、钵、碗等

1. A 型 I 式深腹罐（H20：301）　2. Ba 型 I 式深腹罐（H20：300）　3. A 型 I 式深腹罐（H135：301）　4. A 型 I 式深腹罐（H135：20）　5. B 型 I 式深腹罐（H135：300）　6. B 型 II 式钵（H135：1）　7. A 型 I 式碗（H20：303）　8. A 型 I 式碗（H135：6）　9. 筒形器（H135：5）

有一周凹槽，沿面内凹，斜折沿，内折棱凸出。残高5厘米（图九〇，5）。

钵　B型Ⅱ式　标本H135：1，泥质深灰色。器表磨光处理，仍可见轮制修整线，器内可见轮制形成的瓦棱。尖圆唇，器口内敛，斜腹。口径24.7、残高7.2、厚0.2～0.5厘米（图九〇，6）。

碗　A型Ⅰ式　标本H135：6，泥质浅灰色。素面。平沿，上端有底弧凹槽，斜直腹，小平底，底缘凸出，棱角不太分明，底略凹。口径14、高5.8、厚约0.6厘米（图九〇，8）。

筒形器　标本H135：5，泥质灰色。素面，残存部分上有两周宽扁凸棱。器壁上端较直，下端外侈，底缘凸出。底径9、残高7.58、厚0.3～0.5厘米（图九〇，9）。

1999T4H161

双腹盆　Ⅰ式　标本H161：2，夹砂浅灰色。素面，略作磨光处理，上腹中部有一凸棱。圆唇，窄卷沿。口径15.2、残高6.8、厚约0.4厘米（图九一，1）。

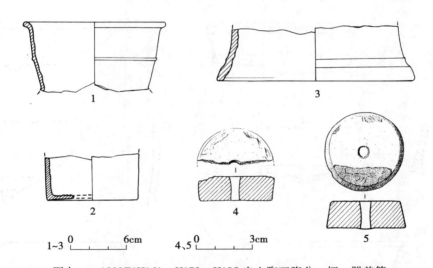

图九一　1999T4H161、H170、H195 出土陶双腹盆、杯、器盖等

1. Ⅰ式双腹盆（H161：2）　2. 杯（H170：12）　3. 器盖（H170：3）　4. 纺轮（H195：1）

　5. 纺轮（H170：1）

1999T4H170

杯　标本H170：12，泥质褐灰色。素面磨光。器壁较直，底缘锐利，底略凹。底径10、残高5、厚0.4～0.6厘米（图九一，2）。

器盖　标本H170：3，泥质陶，表面深黑、浅黄不一。器表磨光处理。盖内可见轮制形成的瓦棱。盖壁斜直，底端外缘加厚。底径21、残高6、厚0.4～0.9厘米（图九一，3）。

纺轮　标本 H170：1，泥质灰色。圆饼状。直径 4.2、厚 1.5 厘米（图九一，5；图版一四，5）。

1999T4H172

深腹罐　A 型 I 式　标本 H172：300，夹砂灰色。轮制。折沿，方唇，唇部有一周凹槽，口沿内外部均较平整，口沿内折棱明显。残高 4.6 厘米（图九二，1）。

Ba 型 I 式　标本 H172：301，夹砂浅灰色。方唇，唇部有凹槽，折沿，沿面微凹，内折棱凸出，鼓腹。残高 4 厘米（图九二，2）。

小口高领罐　I 式　标本 H172：303，泥质浅灰色。口沿有轮制痕迹，口沿和肩部磨光。圆唇外鼓，直领较高，微敛，内折棱较明显。残高 6.6 厘米（图九二，3）。

深腹盆　B 型 II 式　标本 H172：305，泥质深灰色。口沿有轮制痕迹，残腹部外壁磨光。圆唇，沿外折近平，软折棱，腹壁近斜直内收。残高 6.4 厘米（图九二，4）。

平底盆　II 式　标本 H172：306，泥质黑皮陶。圆唇，折沿，沿较窄，近直壁，器

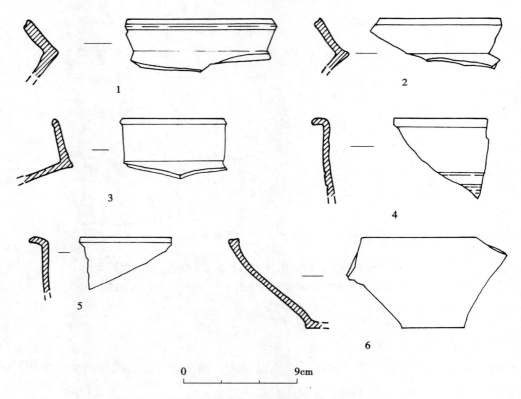

0　　　　　　　　9cm

图九二　1999T4H172 出土陶深腹罐、小口高领罐、盆等

1. A 型 I 式深腹罐（H172：300）　2. Ba 型 I 式深腹罐（H172：301）　3. I 式小口高领罐（H172：303）　4. B 型 II 式深腹盆（H172：305）　5. II 式平底盆（H172：306）　6. A 型 I 式碗（H172：302）

壁较薄。残高 4.4 厘米（图九二，5）。

碗　A 型 I 式　标本 H172：302，泥质灰色。有轮制痕迹，器表磨光。平顶微出尖边，斜壁，底边略起凸棱。器残，仅存三分之一。残高 7.2 厘米（图九二，6）。

1999T4H195

纺轮　标本 H195：1，泥质灰色。圆饼状，残破，边缘磨制。直径 3.8、厚 1.3 厘米（图九一，4）。

1999T6H223

深腹罐　A 型 I 式　标本 H223：1，夹砂灰色。颈以下饰深齐的方格纹。方唇，凹沿，内折棱锐利，最大径在腹上部，从腹中部以下内收较急，小平底。口径 27、高 36.8、底径 8.8、厚 0.4~0.8 厘米（图九三，1；图版一五，1）。

钵　B 型 I 式　标本 H223：10，泥质磨光黑皮陶。沿下有凹弦纹。敛口，方唇略凹，内折沿较宽，斜直腹。口径 22.3、残高 4.8、厚 0.5~0.6 厘米（图九三，3）。

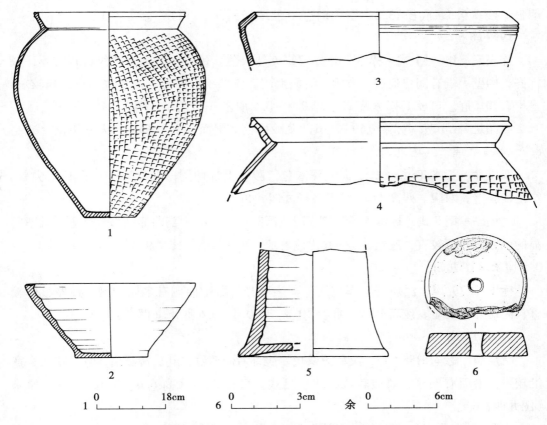

图九三　1999T6H223、H224、H225、H228 出土陶深腹罐、碗、钵等

1. A 型 I 式深腹罐（H223：1）　　2. A 型 II 式碗（H223：14）　　3. B 型 I 式钵（H223：10）　　4. Ba 型 I 式深腹罐（H224：19）　　5. 筒形器（H228：1）　　6. 纺轮（H225：1）

碗　A型Ⅱ式　标本 H223：14，泥质浅灰色，薄胎。器内壁有轮制形成的明显瓦棱。略起沿，口内敛，斜直壁，小平底，底缘外凸，棱角不明显。口径 15、高 6.5、底径 6.4、厚 0.4～0.7 厘米（图九三，2；图版一五，2）。

1999T6H224

深腹罐　Ba型Ⅰ式　标本 H224：19，夹砂浅灰色。颈以下饰近长方形的深齐方格纹。方唇内凹，沿面中间起脊，上端为底弧凹槽，内折棱较明显，器腹外鼓。口径 23、残高 7、厚 0.4～0.6 厘米（图九三，4）。

1999T6H225

纺轮　标本 H225：1，泥质深灰色。扁圆饼状，边缘磨制。直径 4.5、厚 1 厘米（图九三，6）。

1999T6H228

筒形器　标本 H228：1，夹砂浅灰色。素面。残器上端较直，向下渐外侈，底内凹明显。残高 9.5、底径 13.2、厚 0.8～1.0 厘米（图九三，5）。

1999T6⑥

深腹罐　Ba型Ⅰ式　标本 T6⑥：2，夹砂灰色。颈以下所饰方格纹近正方形，较深齐，内壁上端有陶垫痕迹。方唇，沿面上端底弧凹槽较明显，内折棱凸出，腹较短，显得有些矮胖。口径 17、残高 23、厚 0.4～0.6 厘米（图九四，1）。

高鼎足　Ab型　标本 T6⑥：16，夹砂褐色。素面，手工制成。火候不高。残高 8.7、厚 1.2 厘米（图九四，2）。

双腹盆　标本 T6⑥：12，泥质深灰色。腹壁上饰两周凹弦纹和一周凸棱。尖唇，窄沿，斜壁，双腹。残高 11.7 厘米（图九四，4）。

豆柄　A型Ⅱ式　标本 T6⑥：3，泥质深灰色。豆柄中部略显凸棱，豆座上有不明显的倒台阶。柄较直，座略鼓，底端内侧着地，外侧悬空。残高 9.2、底径 13、厚 0.3～0.5 厘米（图九四，3）。

标本 T6⑥：4，泥质磨光黑皮陶。器表磨光，器壁内侧有多周凹槽。残器整体较直，底端外侈明显。残高 10.2、底径 19.8、厚 0.4～0.6 厘米（图九四，5）。

2000T1H55

高足鼎　标本 H55：14，夹砂黑灰色。腹饰右倾篮纹，其边棱凸出。方唇略凹，宽沿较平，沿面有凹棱，弧腹较浅，侧扁足残。口径 26、残高 6.6、厚 0.4～0.6 厘米（图九四，6）。

鬶足残片　标本 H55：19，夹砂深灰色，褐红胎较薄。足外满饰不规则的稀疏指甲纹。高约 6.3、厚约 0.6 厘米（图九四，7）。

矮领瓮　标本 H55：13，泥质黑色。领内及器表经过磨光处理。方圆唇，领端外

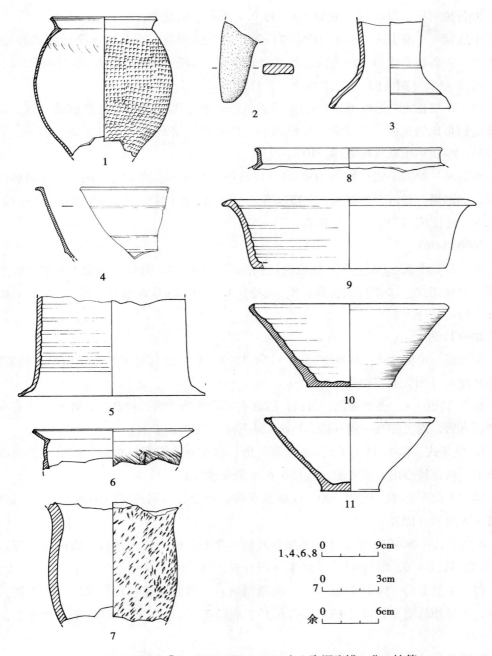

图九四　1999T6⑥、2000T1H55 、H67 出土陶深腹罐、盆、钵等

1. Ba 型 I 式深腹罐（T6⑥：2）　2. Ab 型高鼎足（T6⑥：16）　3. A 型 II 式豆柄（T6⑥：3）　4. 双腹盆（T6⑥：12）　5. A 型 II 式豆柄（T6⑥：4）　6. 高足鼎（H55：14）　7. 鬶足（H55：19）　8. 矮领瓮（H55：13）　9. A 型 I 式平底盆（H55：2）　10. B 型 II 式钵（H55：9）　11. A 型 I 式碗（H67：44）

侈，内折棱明显。口径 30、残高 3.6、厚 0.7 厘米（图九四，8）。

平底盆　A 型 I 式　标本 H55：2，泥质磨光黑皮陶。器内壁有轮制形成的瓦棱。斜折沿，尖圆唇，侈口，斜直腹，底缘外凸明显。口径 26.7、高 7.2、底径 20.2、厚 0.6～0.8 厘米（图九四，9；图版一五，3）。

钵　B 型 II 式　标本 H55：9，泥质磨光深灰色。器表可见轮制修整的弦线，器内壁有轮制形成的瓦棱。尖圆唇，窄沿内敛，斜直腹，平底较大。口径 21、高 9、底径 9、厚 0.4～0.9 厘米（图九四，10）。

单耳杯　A 型 I 式　标本 H55：1，泥质磨光黑皮陶。腹上部有两条不太明显的凹弦纹。尖圆唇，卷沿，单耳残，上腹较直，中腹处开始内收，平底略内凹。口径 12.4、高 8.8、底径 6、厚 0.2～0.5 厘米。

2000T1H67

碗　A 型 I 式　H67：44，泥质浅灰色，浅灰胎较薄。敞口，斜腹上端略鼓，器底较厚，有绳切纹。口径 17.9、高 7.8、底径 6.1、厚 0.3～0.5 厘米（图九四，11；图版一五，4）。

2000T1⑨

深腹罐　A 型 I 式　标本 T1⑨：1，夹砂深灰色。腹部饰方格纹。折沿，斜方唇。残高 9 厘米（图九五，1）。

标本 T1⑨：4，夹砂褐色。折沿，沿面有两周凹槽，内折棱凸出，外侧唇下有一周凹槽，方唇，唇上亦有一周凹槽。残高 4.4 厘米（图九五，2）。

Ba 型 II 式　标本 T1⑨：5，夹砂深灰色。器表外壁有明显痕迹。折沿，沿面有一周凹槽，内折棱凸出，斜方唇。残高 3.6 厘米（图九五，3）。

钵　A 型　标本 T1⑨：300，泥质黑皮陶。外壁有一周凸棱。尖唇，敛口，斜壁。残高 4.4 厘米（图九五，4）。

B 型 II 式　标本 T1⑨：15，夹细砂灰色。素面。圆唇，内敛口，腹内收较缓。口径 22.2、残高 4.8、厚 0.4～0.6 厘米（图九五，5）。

碗　A 型 I 式　标本 T1⑨：16，泥质黑灰色。器底有绳切纹。敞口，斜直腹，小平底，底缘外凸明显。口径 15.5、高 6.35、底径 7.5、厚 0.4～0.6 厘米（图九五，6；图版一五，5）。

2000T1⑩

碗　A 型 I 式　标本 T1⑩：1，泥质黑灰色。器底有不明显的绳切纹。敞口，斜直腹，小平底，底缘凸出。口径 16.2、高 6.9、底径 6.6、厚 0.4～0.6 厘米（图九五，7；图版一五，6）。

2000T2H101

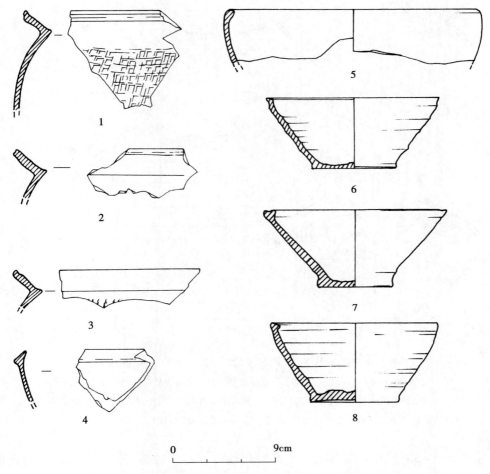

图九五　2000T1⑨、T1⑩、2000T2H101 出土陶深腹罐、钵、碗

1. A 型 I 式深腹罐（T1⑨：1）　2. A 型 I 式深腹罐（T1⑨：4）　3. Ba 型 II 式深腹罐（T1⑨：5）
4. A 型钵（T1⑨：300）　5. B 型 II 式钵（T1⑨：15）　6. A 型 I 式碗（T1⑨：16）　7. A 型 I
式碗（T1⑩：1）　8. A 型 II 式碗（H101：17）

碗　A 型 II 式　标本 H101：17，夹细砂浅灰色。器内壁有轮制形成的明显瓦棱，素面。器口微敛，斜腹稍直，平底微凹，底缘外凸。口径 15、高 7.2、底径 7.8、厚 0.4~1.0 厘米（图九五，8）。

2000T3H58

深腹罐　A 型 I 式　标本 H58：303，夹砂深灰色。腹饰方格纹。斜方唇，折沿，沿面微凹，内折棱明显，鼓腹。残高 4.1 厘米（图九六，1）。

Ba 型 I 式　标本 H58：300，夹砂深灰色。方唇，唇部有凹槽，折沿，内折棱明显，鼓腹。残高 3.2 厘米（图九六，2）。

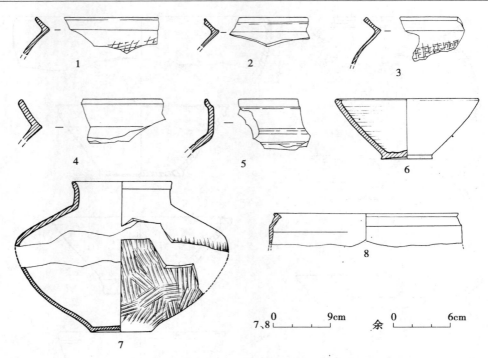

图九六　2000T3H58、H69 出土陶深腹罐、小口高领罐、碗等

1. A 型 I 式深腹罐（H58：303）　2. Ba 型 I 式深腹罐（H58：300）　3. Ba 型 I 式深腹罐（H58：
301）　4. Ba 型 II 式深腹罐（H58：302）　5. II 式小口高领罐（H58：304）　6. A 型 I 式碗
（H69：40）　7. II 式小口高领罐（H58：19）　8. 敛口器（H58：18）

标本 H58：301，夹砂深灰色。腹饰方格纹。方唇，唇部有凹槽，折沿，沿内凹，内折棱明显，鼓腹。残高 5 厘米（图九六，3）。

Ba 型 II 式　标本 H58：302，夹砂浅灰色。器表有明显轮制痕迹。折沿，内折棱明显，斜方唇。残高 5.1 厘米（图九六，4）。

小口高领罐　II 式　标本 H58：304，泥质褐色。轮制，口肩部有明显轮制痕迹，肩部有一周凹槽。尖圆唇外折，折棱明显，唇部加厚外鼓，直领，溜肩。残高 5.8 厘米（图九六，5）。

标本 H58：19，泥质深灰色。肩以上磨光，腹饰深齐篮纹，开始较为整齐，向下渐乱。方唇略凹，领端外侈，较折，广肩，腹急收为小平底，底微凹。口径 16、残高 24.6、底径 9.9、厚 0.4～0.6 厘米（图九六，7）。

敛口器　标本 H58：18，泥质磨光黑皮陶。尖圆唇，口内敛并微折，腹较直。口径 29.4、残高 5.4、厚 0.4～0.6 厘米（图九六，8）。

圆陶片　D 型　1 件。标本 H58：4，泥质灰色。打磨兼制，边缘磨制粗糙。直径 4、厚 0.5 厘米。

2000T3H69

碗　A 型 I 式　标本 H69：40，泥质黑灰色。素面。敞口，斜腹微外鼓，小平底微凹，底缘微外侈。口径 16.4、高 7.1、底径 6、厚 0.5~0.6 厘米（图九六，6；图版一六，1）。

2000T3H98

深腹罐　A 型 I 式　标本 H98：303，夹砂深灰色，褐胎。腹部外壁饰中绳纹。方唇，唇面有一周凹槽，斜折沿，沿面不平，略内凹，内折棱凸出且在沿面上形成一周凹槽，腹圆鼓。残高 6.6 厘米（图九七，1）。

Bb 型　标本 H98：300，夹砂深灰色。轮制。缓折沿，沿面有一周凹槽，尖唇。残高 6.3 厘米（图九七，2）。

小罐　标本 H98：302，夹砂深灰色。斜领，圆唇，折沿，沿面不平，鼓腹。残高 4.1 厘米（图九七，3）。

矮领罐　标本 H98：301，泥质浅灰色。器表磨光。方唇，唇面上有一周凹槽，直领较矮，在接近口沿处内外均有一周凹槽。残高 3.3 厘米（图九七，4）。

2000T3H110

甗腰　I 式　标本 H110：16，夹砂浅灰色，褐灰胎较薄。腰饰附加堆纹一周。从残片看鬲、甑系各自先制成后再粘接在一起。残高 5.4、厚 0.4~0.6 厘米（图九七，6）。

刻槽盆　I 式　标本 H110：13，泥质浅灰色。所饰竖篮纹较深。敛口，斜腹，器内刻槽较深较细。残高 4.7、厚 0.6~0.8 厘米（图九七，7）。

2000T3H112

甗足　B 型　标本 H112：22，夹砂黑灰色，胎略薄，并呈褐红色、浅灰混合色，砂粒较小。素面，轮制而成。甗足整体呈圆锥形，足尖较平。残高 7.2、厚 0.6~1.0 厘米（图九七，5）。

甑箅　标本 H112：24，泥质深灰色。素面磨光，近底处有一周凹弦纹。底与器壁系分制后再接成，箅孔掏割而成。圆唇，直壁，平底。口径 27、高 4、底径 26.8、厚 0.4~0.8 厘米（图九七，8；图版一六，2、3）。

2000T3⑥B

刀　1 件。标本 T3⑥B：3，泥质红色。通体磨制。平面呈长方形，有两面对钻的孔眼。残长 4.9、宽 3.2、厚 0.9 厘米（图九七，13）。

2000T3⑦

深腹盆　B 型 II 式　标本 T3⑦：12，泥质深灰色。素面，轮制而成。圆唇，侈口，鼓腹。口径 25、残高 5、厚 0.5~0.7 厘米（图九七，9）。

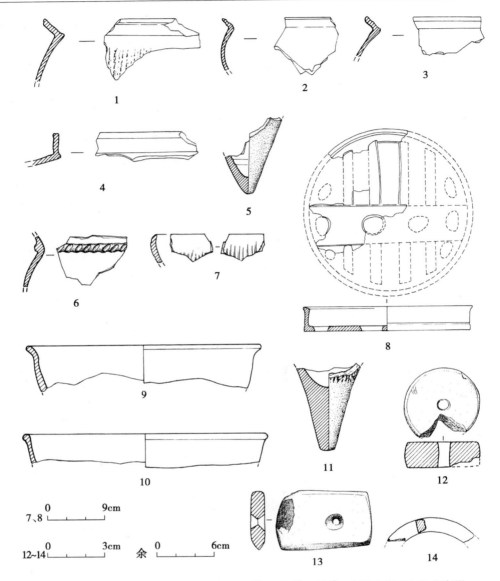

图九七　2000T3H98、H110、H112、T3⑥B、T3⑦、T3⑧、2000T4H103 出土陶器

1. A 型 I 式深腹罐（H98：303）　2. Bb 型深腹罐（H98：300）　3. 小罐（H98：302）　4. 矮领罐（H98：301）　5. B 型甗足（H112：22）　6. I 式甗腰（H110：16）　7. I 式刻槽盆（H110：13）　8. 甑箅（H112：24）　9. B 型 II 式深腹盆（T3⑦：12）　10. B 型 I 式深腹盆（T3⑧：13）　11. A 型 II 式甗足（T3⑧：16）　12. 纺轮（H103：11）　13. 刀（T3⑥B：3）　14. 环（H103：1）

2000T3⑧

甗足　A 型 II 式　标本 T3⑧：16，夹砂深灰色，浅灰胎，砂颗粒小。饰竖行绳纹，实足尖所饰绳纹模糊不清。轮制而成。足尖较平。残高 9、厚 0.9 厘米（图九七，11）。

深腹盆　B 型 I 式　标本 T3⑧：13，泥质深灰色。素面磨光。圆唇，略出沿，斜腹似较深。口径 26、残高 3.8、厚 0.4 ~ 0.5 厘米（图九七，10）。

2000T4H103

纺轮　标本 H103：11，泥质灰色。扁圆饼状，边缘磨制。直径 4.2、厚 1.5 厘米（图九七，12）。

环　标本 H103：1，泥质灰褐色。残存半环形，剖面略呈长方形（图九七，14）。

2000T4H121

深腹罐　Ba 型 I 式　标本 H121：17，夹砂深灰色。素面。方唇，沿面上端略凹，中间略鼓，内折明显。口径 20、残高 5.2、厚 0.3 ~ 0.8 厘米（图九八，1）。

甑箅　标本 H121：14，泥质深灰色。素面。直口无沿，底残。口径 29.8、残高 3.8、底径 30、厚 0.6 ~ 1.0 厘米（图九八，2）。

小口高领罐　II 式　标本 H121：22，泥质浅黑皮陶。领内及肩以上磨光，肩中部以下饰整齐的绳纹。斜领，方圆唇，领端外折，斜肩。口径 17.9、残高 5.8、厚 0.6 ~ 0.8 厘米（图九八，3）。

钵　A 型 I 式　标本 H121：25，泥质深黑色。素面，略磨光。直口，斜领，斜直腹。口径 29.7、残高 8.4、厚 0.3 ~ 0.5 厘米（图九八，4）。

碗　A 型 I 式　标本 H121：29，泥质浅灰色。素面。敞口，口端内凹，斜直腹。口径 16、高 6、厚 0.3 ~ 0.4 厘米（图九八，5）。

标本 H121：23，泥质浅灰色。素面。敞口，方唇，斜壁，底残。口径 20、残高 5.1、厚 0.4 ~ 0.6 厘米（图九八，6）。

B 型 I 式　标本 H121：40，泥质灰黄色。素面。敞口，斜直腹，小平底。口径 17.2、残高 6.6、底径 5.2、厚 0.2 ~ 0.5 厘米（图九八，7；图版一六，4）。

豆柄　B 型 I 式　标本 H121：21，泥质磨光黑皮陶，褐灰胎薄。轮制而成。近底端有两周凹弦纹。整体形似喇叭状，底端外侧加厚。残高 14.4、底径 17.7、厚 0.3 ~ 0.5 厘米（图九八，8）。

B 型 II 式　标本 H121：13，泥质磨光橙黄色。整体形似喇叭状，底端外侧外鼓明显。残高 12.2、底径 12、厚 0.3 ~ 0.9 厘米（图九八，9）。

标本 H121：15，泥质磨光黑皮陶。素面。残高 14、底径 13、厚 0.2 ~ 0.4 厘米（图九八，10）。

圈足盘　A 型 II 式　标本 H121：28，泥质磨光浅黑皮陶。盘上有弦纹，圈足上有近圆形镂孔一周。敞口，盘腹略直，盘底略平，圈足束腰。残高 9.3、口径 22、厚 0.4 ~ 0.7 厘米（图九八，11）。

豆盘　标本 H121：12，泥质黑皮陶。素面，器内外磨光。敞口，平底。口径

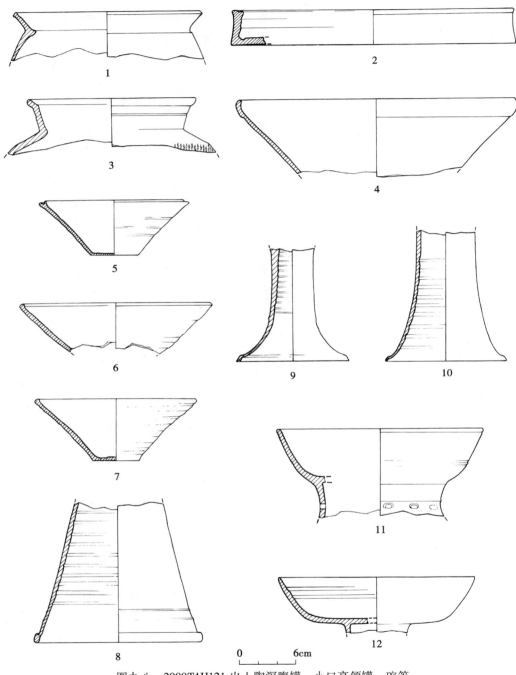

图九八　2000T4H121 出土陶深腹罐、小口高领罐、碗等

1. Ba 型Ⅰ式深腹罐（H121：17）　　2. 甑箅（H121：14）　　3. Ⅱ式小口高领罐（H121：22）　　4. A 型Ⅰ式钵（H121：25）　　5. A 型Ⅰ式碗（H121：29）　　6. A 型Ⅰ式碗（H121：23）　　7. B 型Ⅰ式碗（H121：40）　　8. B 型Ⅰ式豆柄（H121：21）　　9. B 型Ⅱ式豆柄（H121：13）　　10. B 型Ⅱ式豆柄（H121：15）　　11. A 型Ⅱ式圈足盘（H121：28）　　12. 豆盘（H121：12）

20.7、残高 6、厚 0.4 厘米（图九八，12）。

2000T4⑥A

圆陶片　B 型　标本 T4⑥A：1，泥质深灰色。打磨兼制。直径 3.1、厚 0.5 厘米（图九九，2）。

2000T4⑥B

双鋬深腹盆　标本 T4⑥B：18，泥质深灰色，胎薄。腹中部有两周凹弦纹，竖篮纹深齐，篮纹之间有细丝，腹有对称半圆形双鋬。方唇，略窄折沿，圆鼓腹。口径 20、残高 20、厚 0.4~0.6 厘米（图九九，1）。

纺轮　标本 T4⑥B：1，泥质灰色。圆饼状，残破，边缘磨制。直径 4.2、厚 1.4 厘米（图九九，3）。

圆陶片　B 型　标本 T4⑥B：2，泥质灰色。边缘有打制痕迹。直径 4.3、厚 0.4 厘米（图九九，4；图版一二，2 右）。

2000T9H43

高鼎足　B 型　标本 H43：12，夹砂深灰色。残。素面，上有按窝。残高 7、厚 1~1.2 厘米（图九九，5）。

C 型　标本 H43：11，夹砂褐色。圆柱形。残高 8.1 厘米（图九九，6）。

甑　标本 H43：14，泥质黑灰色。腹部所饰竖篮纹深齐，器壁近底处有梭形孔一周，底有梭形孔三个。方圆唇，折沿不明显，最大腹径位于腹中部以上，小平底。口径 16、高 16、底径 6.9、厚 0.6~0.8 厘米（图九九，7；图版一六，5）。

2000T10H78

甗腰　Ⅱ式　标本 H78：12，夹蚌末灰陶，胎薄。腰有扭丝状附加堆纹一周。无腰隔。残高 3.6、厚 0.4~0.5 厘米（图九九，8）。

小口高领罐　Ⅱ式　标本 H78：14，泥质褐黄色，胎薄。肩饰指甲纹和旋放，腹饰带细丝的篮纹。直领，领端外侈，肩宽较平，腹内收明显。口径 13.8、残高 14.4、厚 0.4~0.6 厘米（图九九，9）。

深腹盆　A 型Ⅱ式　标本 H78：6，泥质浅灰色。素面略作磨光处理。窄折沿，斜腹急收。口径 35.1、残高 2.7、厚 0.5~0.6 厘米（图九九，12）。

刻槽盆　Ⅱ式　标本 H78：2，夹砂深灰色。饰较细竖绳纹，刻槽细深齐。直口，端略薄，腹较直，斜腹。残高 5.1、厚 0.8 厘米（图九九，11）。

碗　A 型Ⅰ式　标本 H78：13，泥质浅灰色。素面。敞口，斜直腹，小平底，外缘微显。口径 17.7、残高 7.6、厚 0.4~0.7 厘米（图九九，10；图版一六，6）。

豆柄　B 型Ⅱ式　标本 H78：1，泥质褐灰色，胎薄。素面磨光。整体形似喇叭状，底外侧略鼓。残高 3.8、底径 12、厚 0.3~0.5 厘米（图九九，13）。

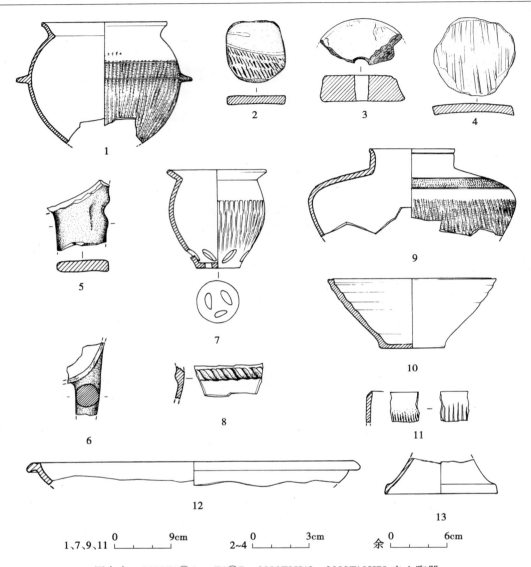

图九九　2000T4⑥A、T4⑥B、2000T9H43、2000T10H78 出土陶器

1. 双錾深腹盆（T4⑥B：18）　2. B 型圆陶片（T4⑥A：1）　3. 纺轮（T4⑥B：1）　4. B 型圆陶片（T4
⑥B：2）　5. B 型高鼎足（H43：12）　6. C 型高鼎足（H43：11）　7. 甑（H43：14）　8. Ⅱ式甗腰
（H78：12）　9. Ⅱ式小口高领罐（H78：14）　10. A 型Ⅰ式碗（H78：13）　11. Ⅱ式刻槽盆（H78：2）
12. A 型Ⅱ式深腹盆（H78：6）　13. B 型Ⅱ式豆柄（H78：1）

2000T11H1

深腹罐　A 型Ⅰ式　标本 H1：2，夹砂深灰色，褐胎。方唇，凹沿略折。口径 20、
残高 4、厚 0.4～0.6 厘米（图一○○，1）。

A 型Ⅱ式　标本 H1：4，夹砂浅灰色。沿下饰粗绳纹。方圆唇，圆折沿。残高 3、

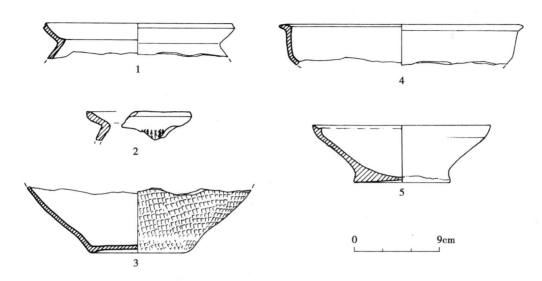

图一〇〇 2000T11H1、H3 出土陶深腹罐、盆、碗

1. A型 I 式深腹罐（H1：2） 2. A型 II 式深腹罐（H1：4） 3. 深腹罐罐底（H3：2） 4. A型 II 式深腹盆（H1：1） 5. A型 I 式碗（H3：1）

厚0.6～0.7厘米（图一〇〇，2）。

深腹盆 A型 II 式 标本 H1：1，泥质磨光浅灰色。尖圆唇，窄折沿面略鼓，腹开始较直，继而急收。口径26、残高4.8、厚0.6～0.7厘米（图一〇〇，4）。

2000T11H3

深腹罐罐底 标本 H3：2，夹砂深褐色。所饰方格纹近正长方形，印痕较深，器表有烟炱。器底微凹，底缘不凸出。残高7、底径10.5、厚0.5～0.6厘米（图一〇〇，3）。

碗 A型 I 式 标本 H3：1，泥质浅灰色。素面略磨光，外表有烟炱。敛口，斜直腹，小平底内凹，略呈假圈足，底缘制作不规整。口径19、高6.4、底径10.4、厚0.3～0.7厘米（图一〇〇，5）。

2000T12H92

高鼎足 Ab型 标本 H92：14，夹砂褐色。手工制成，火候一般。内侧方圆，外侧近方，足尖较平，整体呈侧扁三角形。残高13.1、厚1.5厘米（图一〇一，6）。

甑 标本 H92：26，泥质黑灰色。器表未饰纹饰处经过简单磨光处理，以下饰有凹弦纹及不整齐的浅篮纹，近底处有两周错位布列的圆形镂孔，器底也有圆形镂孔及篮纹。圆唇，宽折沿略凹，鼓腹明显，器底略凹。口径21.6、高23.1、底径9、厚约0.6厘米（图一〇一，1；图版一七，1、2）。

小口高领罐 I 式 标本 H92：22，泥质灰色。肩部饰指甲纹四周，腹、底饰有方

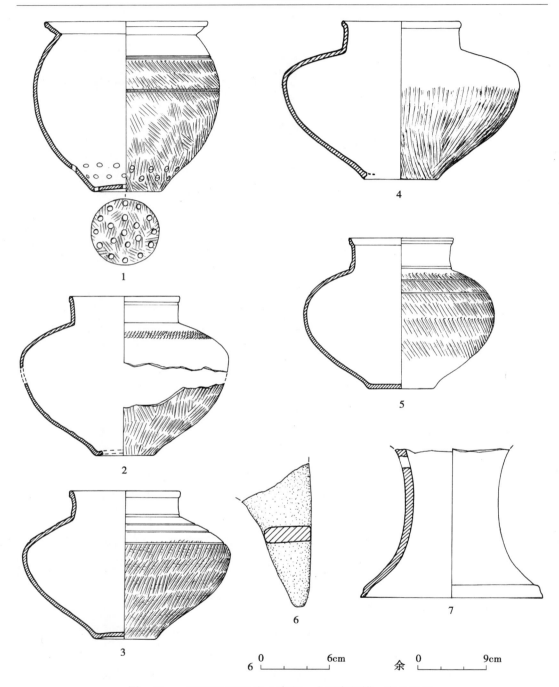

图一〇一 2000T12H92 出土陶甑、小口高领罐、高鼎足等

1. 甑（H92：26）　　2. Ⅰ式小口高领罐（H92：22）　　3. Ⅱ式小口高领罐（H92：18）　　4. Ⅱ式小口高领罐
（H92：25）　5. Ⅱ式小口高领罐（H92：27）　6. Ab 型高鼎足（H92：14）　7. B 型Ⅱ式豆柄（H92：13）

向不一的篮纹，篮纹较细，有的一侧有细丝。显方圆唇，领微侈，溜肩较宽，肩下略外鼓，再内敛为略凹小平底，底缘外凸不明显。口径14.7、高21.7、底径7.8、厚0.4～0.6厘米（图一〇一，2）。

Ⅱ式　标本H92：18，泥质深灰色。领内外及肩部磨光。肩饰三周凹弦纹，其下饰左倾断续篮纹。直领软折，领端外侈，外侧加厚，溜肩，小平底微凹，底缘棱角不明显。口径14.5、高20、底径8.4、厚0.5～0.9厘米（图一〇一，3；图版一七，3）。

标本H92：25，泥质深灰色。领内外及肩磨光。肩以下饰断续篮纹，印痕较浅，边棱较圆。圆唇，领端外侈，以下较直，斜肩略平，从肩以下始收，至中部急收为小平底，底缘外凸不明显。口径16、高21.3、底径9.5、厚0.4～0.6厘米（图一〇一，4；图版一七，4）。

标本H92：27，泥质浅灰色。领外有轮修线，肩腹饰有弦纹及右倾篮纹，篮纹较深齐，边棱凸出，领肩之间有不太明显的凸棱一周。领端外侈，鼓腹，小平底，底缘棱角分明。口径14、高20.5、底径9、厚0.6～0.8厘米（图一〇一，5；图版一七，5）。

豆柄　B型Ⅱ式　标本H92：13，夹细砂深灰色。素面磨光。豆柄上端有圆形镂孔一对。整体观之为束腰，底端外侧略鼓。残高19.9、底径24.3、厚0.6～1.2厘米（图一〇一，7）。

2000T12H96

深腹罐　A型Ⅰ式　标本H96：2，夹砂褐色。腹饰近正方形深齐方格纹。凹方唇，折沿，鼓腹。口径28、残高9、厚0.4～0.8厘米（图一〇二，1）。

平底盆　Ⅱ式　标本H96：4，夹细砂浅灰色。器内壁轮制形成的瓦棱明显。尖圆唇，侈口，底凹明显。口径29.8、高5.7、底径26.2、厚0.4～0.9厘米（图一〇二，2）。

碗　A型Ⅱ式　标本H96：6，夹砂褐色。素面。口略敛，斜直腹。口径14、残高3、厚0.4～0.6厘米（图一〇二，3）。

2000T12H104

圆陶片　A型　标本H104：4，泥质褐色。直径4.5、厚0.7厘米（图一〇二，4）。

2000T12H111

深腹罐　A型Ⅰ式　标本H111：22，夹砂深灰色。所饰方格纹深齐，器内壁有陶垫衬托拍打的痕迹。凹方唇，宽折沿，折棱不明显，最大腹径靠上部，往下急收为小平底。口径24、高31.2、底径6.9、厚0.5～0.6厘米（图一〇三，1；图版一八，1）。

标本H111：17，夹砂深灰色。饰竖行细绳纹。凹方唇，折沿微凹，内折棱锐利，鼓腹。口径16、残高5.5、厚0.3～0.5厘米（图一〇三，2）。

素面罐　标本H111：20，夹砂浅灰色。轮制成器，器表略磨光。尖圆唇，沿面有棱，软折沿，鼓腹明显，平底内凹，底缘棱角分明。口径 12.5、高 12、底径 7.5、厚 0.4～0.6 厘米（图一〇三，3）。

斝残片　标本 H111：9，折腹以上为夹砂磨光黑皮陶，以下为夹砂褐红胎素面陶。从残存情况看，袋足剖面应为圆形。残高 4.6、厚 0.7～0.8 厘米（图一〇三，5）。

小口高领罐　Ⅰ式　标本 H111：13，泥质深灰色，胎薄。肩饰弦断篮纹，领内及器表磨光。圆唇，微侈领，内折棱不明显，溜肩。口径 12、残高 7、厚 0.4～0.6 厘米（图一〇三，4）。

平底盆　Ⅰ式　标本 H111：10，泥质浅灰色。器内壁有轮制形成的瓦棱数周，

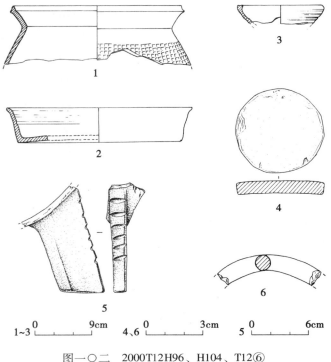

图一〇二　2000T12H96、H104、T12⑥
出土陶深腹罐、平底盆、碗等
1. A 型Ⅰ式深腹罐（H96：2）　2. Ⅱ式平底盆（H96：4）　3. A 型Ⅱ式碗（H96：6）　4. A 型圆陶片（H104：4）　5. Aa 型Ⅱ式高鼎足（T12⑥：2）　6. 环（T12⑥：1）

器表磨光。方圆唇，略起窄沿稍折，斜直腹，底内凹明显。口径 24、高 8.5、底径 16.2、厚 0.5～0.8 厘米（图一〇三，6）。

平底盆底　标本 H111：301，泥质褐色。口沿残，弧壁，平底，内壁轮制痕迹明显。残高 6 厘米（图一〇三，8）。

刻槽盆　标本 H111：7，泥质浅灰色，灰胎较厚。器底与器身分制再接成。器表表面磨光，器内壁上刻槽较直较深齐，器底则刻划数周波折纹。残高 4.5、底径 26、厚 0.9～1.2 厘米（图一〇三，9）。

钵　B 型Ⅱ式　标本 H111：302，泥质灰色。器内口沿内有轮制痕迹，器表磨光。口沿外饰一周较宽的凹弦纹，器表口沿下饰篮纹。圆唇，唇上有一周凹槽，口沿内敛，器壁斜。残高 5 厘米（图一〇三，7）。

碗　A 型Ⅰ式　标本 H111：19，泥质浅灰色。表面略磨光，器内壁有瓦棱。斜直腹，平底，底缘外凸明显。口径 23.2、高 8.6、底径 8.8、厚 0.2～0.7 厘米（图一〇

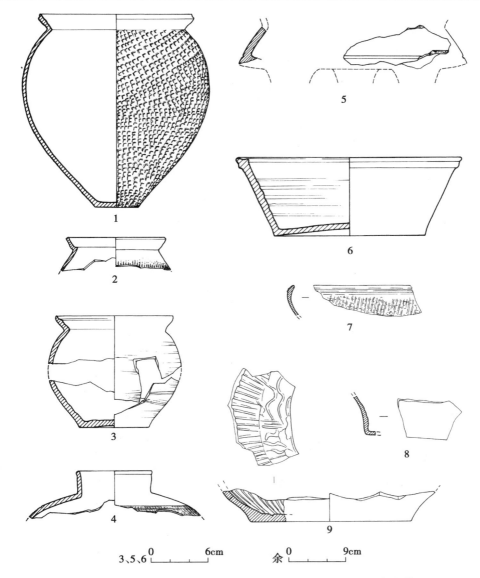

图一〇三 2000T12H111 出土陶深腹罐、小口高领罐、平底盆等

1. A 型 I 式深腹罐（H111：22） 2. A 型 I 式深腹罐（H111：17） 3. 素面罐（H111：20） 4. I 式小口高领罐（H111：13） 5. 斝（H111：9） 6. I 式平底盆（H111：10） 7. B 型 II 式钵（H111：302）

8. 平底盆底（H111：301） 9. 刻槽盆（H111：7）

四，1；图版一八，2）。

标本 H111：21，泥质浅灰色。素面。火候高，器表稍变形。高 10.4、厚 0.4～0.7厘米。

A 型 II 式 标本 H111：18，泥质深灰色。素面。敛口，斜直腹，小平底微凹。口

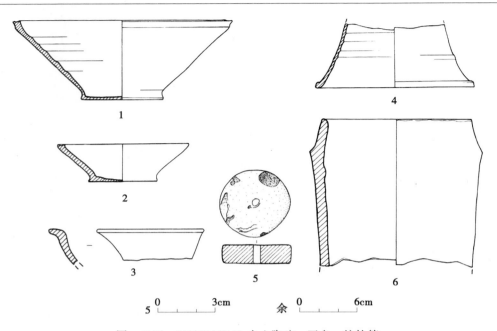

图一〇四 2000T12H111 出土陶碗、豆盘、纺轮等

1. A 型 I 式碗（H111：19） 2. A 型 II 式碗（H111：15） 3. 豆盘（H111：11） 4. A 型 I 式豆柄（H111：6） 5. 纺轮（H111：3） 6. 异形器（H111：12）

径18、高5.6、底径8、厚0.3～0.7厘米。

标本 H111：15，泥质浅灰色。素面。敞口，斜直腹，平底外缘凸出明显。口径14、高4、底径7.2、厚0.1～0.6厘米（图一〇四，2）。

豆盘 标本 H111：11，泥质深灰色。圆唇，圆折沿，沿较窄。残高3.6厘米（图一〇四，3）。

豆柄 A 型 I 式 标本 H111：6，泥质磨光浅黑皮陶。外有不太明显的凸棱一周，器内可见轮制形成的瓦棱。整体近喇叭状，底端外侈，外侧略加厚，棱角分明。残高6.8、底径17、厚0.3～0.4厘米（图一〇四，4）。

异形器 标本 H111：12，夹砂深灰色。厚重，素面。口微敛，腹较直。残高16、口径15.9、厚0.9～1.2厘米（图一〇四，6）。

纺轮 标本 H111：3，泥质浅灰色。圆饼状，边缘磨制。直径3.7、厚1.1厘米（图一〇四，5；图版一八，3）。

2000T12⑥

高鼎足 Aa 型 II 式 标本 T12⑥：2，夹砂褐色。外侧有平行压印纹。内侧略凹，底斜平。高约12、厚约1.6厘米（图一〇二，5）。

环 标本 T12⑥：1，泥质浅灰色。手工制成，素面磨光，火候较高（图一〇二，6）。

第三节　动、植物遗存

一　动物遗骸

（一）收集与鉴定方法

1. 田野收集方法

在发掘过程当中，将骨骼与陶器、石器等遗物一样，全部收集，边发掘边收集，将发掘出来的骨骼与其他物品暂时存放于一个编织袋中。为使骨骼不至于遭到陶片和石器的磨损，遇到量大或质地脆弱的骨骼，往往单独收集。回到室内整理时，将清洗后的骨骼从其他遗物中单独挑选出来，然后将同一单位当中量少的骨骼放入密封袋当中，量大的放入编织袋当中，重新写好标签，放入室内存放。

2. 室内鉴定方法

对全部动物遗骸逐一进行了鉴定和观察，观察内容包括动物种属、动物死亡年龄、骨骼保存部位、骨骼表面的各种痕迹等。动物种属的鉴定主要是参照北京大学考古文博学院旧石器时代考古教学标本室保存的现生动物骨骼和中国科学院动物研究所标本室保存的动物标本确定的。动物的死亡年龄是根据上、下颌骨上牙齿萌出状况和磨蚀程度来估计的。牙齿位置记录采用英文的缩写字母：门齿、犬齿、前臼齿和臼齿分别记为 I、C、P 和 M，后面的数字则代表具体的牙齿，如 M3 代表第 3 臼齿，乳臼齿记为 DM。可鉴定标本数（NISP）是指鉴定标本的数量，最小个体数（MNI）是按时代统计的。

（二）出土状况

1999T1H144

猪：头骨残块 7 件；左侧上颌 2 件，其中一件出 M1，M2、M3 未出；左侧下颌 1 件，出 DM3 – M1，M2 未出，年龄为 7~8 个月；髋骨 1 件；左侧股骨 1 件；小乳猪右侧胫骨 1 件。

牛：小牛左侧胫骨 1 件，上端未愈。

鹿：右下 M3 臼齿 1 颗；左、右侧肩胛骨各 1 件；脊椎 2 节；左侧尺骨 2 件；左侧胫骨 1 件。

1999T3H17

猪：右侧尺骨 1 件；小猪左侧下颌，带 DM3 乳臼齿 1 颗，年龄为 4 个月左右。

1999T3H20

猪：左侧下颌 1 件，出 DM3 – M2，M2 刚出未磨，1 岁左右；右侧下颌 1 件，出 M1 – M2；右下 DM3 乳臼齿 1 颗；脊椎 1 节；右侧肱骨下端 1 块；右侧髋骨 1 件。

小猪：头骨 1 个。

蚌片 2 件。

1999T4⑤A

猪：左侧下颌 1 件，M2 未出；右侧上颌 1 件；右侧下颌 1 件，出 DM2 – M3。

牛：肩胛骨 1 件。

1999T4⑥

Ⅱ型蚌 2 件；杜蚌 2 件。

1999T4H48

牛：肩胛骨 1 件。

鹿：肩胛骨料 1 件。

Ⅱ型蚌 1 件。

1999T4H67

猪：肋骨 1 件。

河蚌 1 件。

1999T4H79

猪：右下 P2 前臼齿 1 件。

Ⅱ型蚌 2 件。

1999T4H80

猪：左侧下颌 1 件，出 M1 – M2，未出 M3。

1999T4H135

猪：下颌骨 1 件，保存右侧 DM1 – M1，M2 正出。

1999T4H161

小猪：头骨残片 1 件。

牛：肢骨片 1 件。

1999T4H174

牛：肢骨片 1 件。

1999T6⑦

牛：右下 M3 牙齿 1 颗，已残。

小猪：右侧胫骨 1 件，上下未愈。

鹿：左侧桡骨下端 1 件；左侧股骨 1 件，下端未愈；右侧距骨 1 件。

羊：左上臼齿 2 颗；左侧尺骨 1 件；左侧股骨 1 件，上关节未愈；右侧胫骨上端 1 件。

1999T6H227

黄牛角心 1 件。

2000T1⑨

残肋骨 2 片；残肢骨 3 片；残骨 4 块。

2000T1H30

猪：左侧下颌骨带 P4－M2，估计 M3 萌出；犬齿（雄性猪）残块 1 件；环椎 1 件；左侧肩胛骨 1；右侧肱骨 2 件，其中 1 件只存下端；掌骨 1 件，下端未愈；右侧髋骨残块 1 件；右侧桡骨 1 件；左侧股骨残块 1 件。

小猪：右侧上颌骨残块 1 件，带 DM1'－DM3；右侧股骨 1 件，下端未愈。

狗：左侧上颌骨 1 件，带 P4－M2；左侧下颌骨 1 件；右侧上颌骨（前部）1 件，带 I1－P2；颈椎 3 节；腰椎 1 节；骶椎 1 节；左侧肩胛骨关节端 1 件；左肱骨 1 件；右侧肱骨 2 件，其中 1 件的上端未愈；左侧尺骨 1 件；右侧尺骨 1 件；左侧桡骨 1 件，下端未愈；右侧桡骨 1 件；左右髋骨各 1 件；掌骨 6 节；左侧股骨 1 件；左侧胫骨 1 件，上端未愈。

牛：左侧下臼齿 2 颗；肋骨残块 5 块；右侧尺骨 1 件；桡骨上端残块 2 件，其中 1 件的结节未愈合，另 1 件上端骨体被砸断；股骨片 1 片；右侧胫骨 1 件，下端已残；跟骨残块 1 块。

羊：左侧下颌骨残块 1 件，保存 M3 段，未愈合。

鸡：肱骨 1 件；肢骨片 1 件。

河蚌、鱼骨各 1 块。

河蚌残块 9 块。

碎骨 10 块。

2000T1H55

猪：残头骨 2 块。

狗：左侧桡骨上端 1 件。

牛：肋骨 1 件。

鹿：左侧桡骨（残）1 块。

2000T1H65

猪：左侧尺骨 1 件；左侧桡骨上端 1 件；肢骨片 1 件；髋骨片 1 件。

河蚌 1 件。

2000T1H67

羊：右侧跖骨下段 1 件。

鹿：近端指骨 1 件。

2000T2H57

牛：肢骨 2 件；左侧跟骨 1 件。

鹿：右侧肩胛骨 1 件；桡骨片 1 件；肢骨片 3 件；掌骨下端废骨料 1 件，有切锯痕；掌骨做的骨椎 1 件；掌骨下端残块 1 件；右侧跟骨 1 件；右侧距骨 1 件。

另有残贝壳 1 个、残骨 5 块、废骨料 1 件。

2000T2H76

牛：下颌骨残块。

2000T2H77

猪：左侧下颌骨 1 件，有齿槽，带有 P4 – M2，估计 M3 未出；右侧尺骨 1 件。

牛：肢骨片 1 件。

2000T2H84

猪：左侧下颌骨 1 件，存有 P2 – P4 段；右侧上颌骨 1 件，带 M2；右侧下颌骨 2 件，1 件牙全残，另 1 件带 DM2，M3 未出，10 个月龄左右；另有下颌骨残块 2 件，1 件仅存前部，另 1 件带 M1；肋骨 2 件。

牛：脊突残块 1 件；残胸椎 1 节；右侧髋骨 1 件，上有砍痕。

鹿：左侧距骨 1 件；左侧跟骨 1 件。

豪猪：左上门齿 1 颗；残骨 2 块。

2000T2H113

猪：右侧下颌骨 1 件，带 P4，未出 M3。

2000T3⑦

河蚌 4 件。

2000T3⑨

猪：左侧尺骨 1 件。

牛：桡骨（废料）1 件。

鹿：右侧上颌骨 1 件，带 M1 – M2；跖骨（废骨料）1 件。

河蚌 1 件。

2000T3H82

猪：下颌角残块。

2000T3H98

猪：残头骨 1 块；下颌角 1 件。

鹿：肢骨片 1 件。

2000T3H99

猪：右侧上颌骨带 DM1 – DM2 者 1 件。左侧下颌骨共有 11 件，其中带 M2，未出 M3 者 6 件；带 M1 – M3 者 2 件，其中 1 件 M3 稍磨；带 P4 – M2，未出 M3 者 1 件；带

DM1 者 1 件；另有未出 M3 者 1 件。左侧下颌枝骨片 1 件。右侧下颌骨当中带有 M1、M2 者 2 件，带有 P4 – M2 者 6 件，只带有 M2 者 1 件，只带有 M3 者 1 件。另有下颌骨的前部 5 件、残部 1 件。左侧肩胛骨 1 件；肋骨 1 件；右侧肱骨下端残块 1 件；左侧尺骨 2 件，其中 1 件结节未愈；右侧尺骨 1 件；左侧桡骨 1 件，上下未愈；髋骨残块 2 片；左侧股骨 1 件；右侧股骨下端未愈 1 件；左侧胫骨 1 件，下端未愈；右侧胫骨上端未愈 2 件。

小猪：头骨残块 2 块。

牛：残角尖 1 段；残脊椎 1 节；肢骨片 1 片；中间指骨 1 节；膑骨残块 1；胫骨上端 1 件，残块未愈。

羊：右上臼齿 1 颗。

鹿：右侧肱骨上端 1 件。

小鹿：右侧肩胛骨关节端 1 件。

鸡：腕掌骨 1 件。

河蚌 1 件。

残骨 28 块。

2000T3H110

猪：左侧肱骨 1 件，下端未愈；肢骨片 1 件。

狗：左侧下颌骨 1 件，保存 M2 和下颌枝；右侧胫骨残块 1 块。

2000T3H112

猪：左侧下颌骨 1 件，M3 正出。

2000T3H113

河蚌残块 1 块。

2000T4⑥A

猪：头骨残块；右侧下颌骨带 M1 – M2，未出 M3 者 2 件；右侧下颌骨带 P4 – M2，未出 M3 者 2 件；右侧下颌骨带 P4 – M2，未出 M3 者 1 件；肋骨 3 件；第 1 节指骨 1 件；右侧肱骨 1 件，下端愈合；左侧肱骨 1 件，下端未愈；左侧尺骨 1 件。

小猪：左侧上颌骨 1 件，带 DM3 – M1，M2 未出；右侧股骨 1 件，上下未愈。

狗：右侧胫骨 1 件。

小狗：头骨 1 件；下颌骨 1 件；肢骨片 3 件；髋骨残块 1 件。

牛：肋骨片 1 件。

羊：左侧下颌骨 1 件，带 M2 – M3，残；右侧下颌骨 1 件，齿隙段。

河蚌 2 件。

2000T4⑥B

猪：头骨残块 1 件；左侧上颌骨带 M2，M2 未出；左侧下颌骨出 DM2 – M1，M2 未出，9～10 个月左右。

牛：头骨残块 1 件；肱骨残块 1 件；右侧跖骨残块 1 件。

羊：股骨残块。

河蚌 3 件。

2000T4⑦

小猪：左、右侧肩胛骨各 1 件。

鹿：残头骨 1 件，带左右角，角枝在角柄上砍断；掌骨下段 1 件。

2000T4H63

猪：左侧下颌骨（前部）1 件，牙残；左侧肩胛骨 1 件；左侧肱骨下端 1 件；左侧跟骨 1 件，结节未愈。

牛：下颌角残块 1 件；肢骨片做的箭镞 1 件。

羊：左、右侧掌骨各 1 件。

鹿：左侧桡骨上端 1 件；肢骨片 7 件。

丽蚌 1 件。

2000T4H88

猪：腰椎 1 节；右侧髋骨 1 件；右侧肱骨下端 1 件；右侧胫骨 1 件，上端未愈。

Ⅱ型蚌 1 件。

2000T4H103

猪：左侧上颌骨带 M1 和 M2，M2 正出，未磨；脊椎残块 1 件，髋骨残块 1 件。

牛：肩胛骨残块 1 件；右侧胫骨下端 1 件。

羊：肢骨片 1 件。

鹿角片 1 件。

Ⅱ型蚌 4 件。

2000T4H119

小猪：右侧下颌骨，约 3 个月左右；肋骨条 1 个。

2000T4H121

猪：下颌角 1 件；肋骨 5 件；左侧胫骨 1 件，下端未愈。

牛：右侧下颌齿隙段 1 件；前颌骨残块 1 件；左侧尺骨残块 1 件，未愈；左侧桡骨 1 件，下端未愈；肋骨条 1 件；肢骨片 1 件；跖骨 1 件，上有切痕，为工具废料。

鹿：炮骨片 1 件。

2000T6⑯

Ⅱ型蚌 1 件。

2000T9H43

猪：左侧下颌（雄性）1 件；右侧肩胛骨 1 件；右侧肱骨 1 件。

2000T10H78

猪：左侧上颌骨 1 件，带 P4 – M2，M2 未磨蚀；脊椎 1 节。

狗：头骨 1 件；右侧下颌 1 件；肋骨 5 件；左侧股骨 1 件，上关节未愈。

牛：右侧胫骨上端 1 件，人工砍断。

鹿：右侧肩胛骨残块 1 件。

2000T10H80

斑鹿：右侧胫骨下端 1 件；左侧跟骨 1 件。

2000T10⑤A

猪：左下 M3，磨出梅花状。

小猪：左侧肩胛骨；右侧胫骨上端。

鸡：胫骨残块。

2000T12H96

猪：右侧下颌 1 件，带 M1，M2 未出；左侧下颌 1 件，存有从犬齿到 M1；左侧下颌 1 件，带 M1 – M3；右侧下颌 1 件，带 M3。

狗：右侧胫骨 1 件。

牛：角 1 件；右侧肱骨 1 件；右侧尺骨 1 件；右侧桡骨上端 1 件；右侧股骨下端 2 件。

鹿：左侧肩胛骨 1 件。

龟板 4 件。

Ⅱ型蚌 4 件。

2000T14④

羊：近端指骨 1 件。

Ⅱ型蚌 1 件。

2000T14⑤

猪：下颌前部 1 件。

牛：下颌骨残块 1 件。

鹿：左侧跗骨上端残块 1 件。

斑鹿：残角 1 件。

Ⅱ型蚌 5 件。

杜蚌 7 件。

田螺 1 件。

（三）初步分析

上述鉴定结果表明，家畜在各种哺乳动物中的总量已占主导地位，家畜已经成为人们肉食的主要来源。其中，家猪已经达到各种哺乳动物总数的一半以上，黄牛占第二位，占 13.74%。

野生动物中以斑鹿的数量最多，是人们猎取的主要野生动物，占 10.71%，其余均不足 1%。

在软体、爬行动物、鱼和鸟类等动物中，以蚌类的数量最多，其中丽蚌占 49.15%，圆头楔蚌占 27.12%，圆顶珠蚌和多瘤丽蚌各占 5.09%，合占总数的 86.45%。鲤科鱼类占 8.48%，也是人们捕捞的主要对象之一。鸟的数量较少。可见，各种蚌类和鱼才是当时人们重点捕捞的对象。

二 植物遗存

（一）植物大遗骸

1. 浮选工具

①铁桶 一个。铁桶直径为 50、深 70 厘米，底部做成漏斗状，可用木塞（用布缠裹）塞住漏斗底孔。

②铁架 置于漏斗之下。以三根废旧的钢筋作支撑，顶部承接旧自行车钢圈，以承托铁桶。铁架中间焊接两层隔离架，以承托筛网。

③筛网 可以互相叠加，网眼规格不同，上层较大，下层较小，上层隔出体积较大的遗物，下层隔离出体积较小的遗物。

④其他 托盘、镊子、舀勺（用面箩网制作）、玻璃管、纸张等。

2. 田野浮选方法与过程

①采集土样

在工地选择浮选土样时，按照随机抽样的原则进行。其中，在 2000 年南部发掘区选择土色发暗灰的灰坑内填土，在东部发掘区选择纯净的土色发黄的沉积土作为浮选土样。选取的土样先装入编织袋内，运到浮选现场。在初步整理工作结束后，集中一天时间对所有土样按单位逐一浮选。

②浮选

在具体操作时，先把木塞塞进铁桶底部的漏斗孔内，以便在铁桶内注入清水。以土样多少决定水量大小。注入清水后，将土样倒进铁桶内，用细棍或直接用手搅拌土样，使之散开。这时，重量轻的浮选物就会飘浮起来，用舀勺把浮选物轻轻舀出即可。重量较重的遗物沉到铁桶底部，拔调木塞，使之泄入筛网当中，上层筛网隔离出体积较大的遗物，而下层筛网隔离出体积较小的遗物。舀出的浮选物和筛出的遗物分别放置在首先铺好的纸张上晾干。

③挑拣样本

待浮选物、筛选物晾干之后，放入托盘内，用镊子扒拉翻查并将植物遗骸挑拣出来，并按单位分别装入若干玻璃管中，每支玻璃管上均贴上标签，注明出土单位，以待送交鉴定人员做室内鉴定。以既往工作经验而言，除浮选出的样本外，在用筛网隔离出的遗物当中，往往也会拣到不少植物遗骸，因此，挑拣样本时不可忽视筛选物。

3. 鉴定方法与结果

挑选后的样本，交由北京大学地球与空间科学学院郝守刚教授和王琪博士鉴定。有关鉴定方法详见本书第七章。经鉴定，在浮选的第一期 18 个单位当中，浮选出的植物遗骸有（1）炭化的栽培农作物，计有粳稻、粟、黍等；（2）采集的野大豆；（3）果实类有酸枣、杏、李（未定种）等。

（二）孢粉组合

1. 田野采集方法

为尽可能准确反映当时自然环境状况，力争选择人为因素较少的地层剖面采集孢粉样品。2000 年发掘的 T6 整个探方陷入一条古河道当中，是采集孢粉样品的理想剖面。故而选择该探方西壁进行采样。样品按照 2 厘米一个土样，自下而上等距离依次采集。采集时先用手铲刮去浮土，再在预选位置掏挖出深约 10 厘米的凹槽，在槽中取土，保证土样不受当代环境的影响。取出的土样放入密封袋中密封起来，然后在其外表用记号笔写好样本编号。

2. 孢粉组合状况

新砦遗址第一期孢粉样品采自相当于原始记录 2000T6 的第⑮～⑳层（第⑳层为生土层），被编为新砦遗址孢粉带Ⅲ（406～586 厘米）。该孢粉带代表着该时期处于温和较干燥气候条件下，生长有稀疏松树和落叶阔叶树的暖温带草原植被，其具体内容详见本书第八章。

第四节 小 结

一 分段与年代

（一）典型地层关系与分段

新砦遗址 1999 年与 2000 年度发掘出的大量地层关系可以作进一步分期的依据。其中地层与地层之间、地层与遗迹之间、遗迹与遗迹之间等都存在着许多叠压、打破关系，为分期提供了不少地层证据。结合典型单位和个别非典型单位出土的陶器器物组合关系及形制特征，可以对新砦第一期遗存进行分段。

首先考察几例地层关系（箭头表示叠压或打破）。

1. 2000T2：

H100（"新砦期"灰坑）→H101→⑨→H76→H77→H83→H84→生土

各单位出土典型陶器的型式见下表。

表五　　　　　　　　　　　2000T2 各单位出土典型陶器型式组合表

年代组	器物型式／单位	深腹罐			小口高领罐	碗	钵		圈足盘		豆	鼎
		A	Ba	Bb		A	A	B	A	C		
2	2000T2H101	Ⅰ Ⅱ	Ⅰ Ⅱ		Ⅰ	Ⅰ Ⅱ Ⅲ	Ⅱ					
2	2000T2⑨	Ⅰ Ⅱ	Ⅰ		Ⅰ Ⅱ	Ⅰ	Ⅱ	Ⅰ		Ⅱ		
2	2000T2H76	Ⅰ Ⅱ	Ⅰ Ⅱ	Ⅰ	Ⅰ Ⅱ	Ⅰ	Ⅰ		Ⅰ			Aa Ⅰ 足
1	2000T2H77	Ⅰ			Ⅱ	Ⅰ	Ⅰ					
1	2000T2H83	Ⅰ Ⅱ			Ⅰ Ⅱ				Ⅰ			
1	2000T2H84	Ⅰ Ⅱ			Ⅰ	Ⅰ	Ⅰ	Ⅰ	Ⅰ		A Ⅰ	Aa Ⅰ 足

从表五中可以看到：

1）H84 处于最底层，直接打破了生土。出土器物除深腹罐 A 型有Ⅱ式与Ⅰ式共存外，其余都是Ⅰ式，可以归为第 1 年代组。

2）打破 H84 的 H83 与 H84 相比，器物型式最显著的变化是小口高领罐开始出现Ⅱ式，其余没有超出 H84 的器物型式范围，可归入第 1 年代组。

3）打破 H83 的 H77 没有超出 H83 的型式，也可以归入与 H83 相同的年代组即第 1 年代组。

4）打破 H77 的 H76 开始出现了 Ba 型Ⅰ式和Ⅱ式深腹罐，这是来自东方的口沿带凹槽的深腹罐，不仅有Ⅰ式，还有Ⅱ式。可以归入第 2 年代组。至于第⑨层，既出现了 Ba 型Ⅱ式深腹罐和Ⅱ式小口高领罐，也出现了 A 型Ⅱ式钵和 C 型Ⅱ式圈足盘，可归入第 2 年代组。打破第⑨层的 H101 新出现了 A 型Ⅱ、Ⅲ式碗，其余器类未超出第⑨层所出范围，也可以归入第 2 年代组。

依据器物组合状况，我们把上述单位划分为两组：

第 1 组：H84、H83、H77。出土 A 型Ⅰ、Ⅱ式深腹罐，Ⅰ、Ⅱ式小口高领罐，A 型Ⅰ式碗，A 型Ⅰ式钵，A 型Ⅰ式圈足盘和 Aa 型Ⅰ式鼎足。

第 2 组：H76、T2⑨和 H101。新出现了 Ba 型Ⅰ、Ⅱ式和 Bb 型深腹罐，A 型Ⅱ、Ⅲ

式碗，A 型Ⅱ式钵。

这组地层关系表明，从 H84 顺次到 H101 器物群的型式组合是渐变的，不存在整体器物群突变的现象。从器物组合渐变过程中选取发生变化的临界点是很困难的。

2. 1999T6：

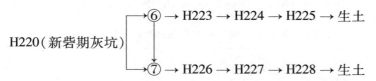

表六　　　　　　　　　　　　1999T6 各单位出土典型陶器型式组合表

年代组	器物型式 单位	深腹罐		小口 高领罐	碗	钵		圈足盘		豆	单耳杯	鼎	器盖
		A	Ba		A	A	B	A	C		Aa		
2	1999T6⑥	Ⅰ Ⅱ	Ⅰ		Ⅰ Ⅱ			Ⅰ		粗柄		AaⅠ AaⅡ	
2	1999T6H223	Ⅰ	Ⅰ Ⅱ		Ⅱ	Ⅱ	Ⅰ			√			
2	1999T6⑦	Ⅰ Ⅱ	Ⅰ	Ⅰ	√				√				
2	1999T6H226	Ⅰ Ⅱ	Ⅰ Ⅱ						Ⅱ	粗柄 AⅠ		Ⅱ	弧形1个
1	1999T6H227	Ⅰ	Ⅰ Ⅱ						Ⅱ	AⅠ		Ⅱ	
1	1999T6H228	Ⅰ	Ⅰ			Ⅰ	Ⅰ					√	

这组地层关系中的 H228 与前述第一例地层关系中的第 1 年代组出土陶器型式相同，可归入第 1 例第 1 组代表的时间段。

叠压 H228 的 H227，深腹罐开始出现 Ba 型Ⅱ式，但其他陶器形制基本与 H228 相似，表明其年代较早，因此，可列为第 1 组。

打破 H227 的 H226 及第⑦层，从层位关系上看，其相对年代无疑晚于 H227，出土器物形制亦与第一例地层关系中的第 2 组接近，故定为第 2 组。

被 T6⑥层叠压的 H223 出有 Ba 型Ⅱ式深腹罐和 A 型Ⅲ式钵，亦归入与第 1 例关系中第 2 组代表的时间段。

被 H223 打破的 H224 出土 Ba 型Ⅰ、Ⅱ式深腹罐，因此，也可归入第 2 组。

T6⑥鼎足除了 Aa 型Ⅰ式外，还出土了 Aa 型Ⅱ式，因此，也列入第 2 组。

H225 出土遗物只有 1 件深腹罐和 1 件陶纺轮，年代不便确定。

这样，除 H225 年代未定外，我们把该组关系涉及的单位划分为两个年代组：

第 1 组：H227、H228。

第 2 组：H226、T6⑦、H223 和 T6⑥。

3. 2000T3：

$$\begin{array}{l} \quad\qquad\qquad\quad\nearrow ⑧ \rightarrow ⑨ \rightarrow H110 \rightarrow H114 \rightarrow 生土 \\ ④(扰土) \rightarrow H58 \rightarrow H69 \rightarrow H70 \rightarrow ⑦ \rightarrow H88 \rightarrow H98 \rightarrow H99 \rightarrow 生土 \end{array}$$

表七　　　　　　　　　　2000T3 各单位出土典型陶器型式组合表

年代组	器物型式　　　　单位	深腹罐			小口高领罐	碗	钵		圈足盘		单耳杯	其他
		A	Ba	Bb		A	A	B	A	B	Aa	
2	2000T3H58	I II	I II		I II	I				II		
2	2000T3H69	I				I						
2	2000T3H70		I II		I II					II		
2	2000T3⑦	I II	I II		I II							
2	2000T3H88	I II	I		I II	I	I II		I			
2	2000T3H98	I II	I II	∨	I II	I	I II		II		II	甗腰
1	2000T3⑧	I II	I		II			I				甗足
1	2000T3H99	I II			I II	I II	II		I	2	I	
1	2000T3H110	I II	I	I	I	I II						

在这组关系当中，H114 出土陶片甚碎，无法分型定式。

H99、H110 与第 2 例当中的 H228 出土器物型式及组合基本相同，故可以归入第1 组。

叠压第⑨层的第⑧层出土器物型式与 H110 基本相同，只是多出 II 式小口高领罐，因此 H110 和第⑧层均可归入第 1 年代组。

第⑨层介于第⑧层与 H110 之间，也应归入第 1 年代组。

叠压第⑧层的第⑦层出土器物形制符合第 2 组特征，故其年代为第 2 组。

被第⑦层叠压的 H88 和 H98 两个灰坑，出土器物形制符合第 2 组特征，故其年代为第 2 组。

打破第⑦层的 H58 和 H70 出土器物型式当中均有 Aa 型 II 式深腹罐，亦符合第 2 组的特征，也可以归入第 2 组。H69 介于 H58 和 H70 之间，虽然出土遗物只有 A 型 I 式碗，其年代也应该归入第 2 组。

这样，我们把这组关系涉及的单位划分为下列两组：

第1组：H114、H110、H99、T3⑧、T3⑨。

第2组：H58、H69、H70、T3⑦、H88、H98。

上述三例典型地层关系涉及的21个单位，可以划分为两个年代组。检查各探方第一期遗迹单位，分别与这两个年代组出土器物型式相似，综合这些单位，可得表八。

表八　　　　　　　　　　第一期重要单位出土陶器型式组合表

年代组	单位	深腹罐			小口高领罐	碗		钵			圈足盘		豆		单耳杯		鼎	深腹盆	平底盆
		A	Ba	Bb		A	B	A	B	C	A	B	A	B	Aa	B			
1	1999T2H109	I			I						I							A I	
1	1999T4H160	I			I			I	I										
1	2000T4H117	I II	I		I II	I		I											
1	2000T12H111	I II	I		I	I II		I	II	√	I		I				Aa I		A I
1	2000T3H99	I II	I		I II	I II			II		I		I		I				
1	2000T1H77	I			II														
2	1999T1H122	I II	II			I												A I	
2	2000T9H43	I II			I II			I	I								B C		
2	1999T4H39	I II			I II				II								Ab		A I
2	2000T2H76	I II	I II	√	I II	I		I			I		II				I	A II	
2	2000T1H105	I II	I II	√			II	I II								√	Aa I Ab		
2	2000T3H98	I II	I II	√	I II				II					II					
2	2000T10H78	I II	I		II	I			II		I II		II					A II	
2	2000T1⑨	I II	I II		I II	I		II	I										
2	2000T12H92	I II			I II								II				Ab 足		
2	2000T1H55	I II	I II		II				II						I				A I
2	1999T4H8	I II	I II		I II			I									Aa II	√	
2	2000T1H30	I II	I	√	I II	I II	II	II III		√	I II		II				II	√	

续表八

年代组	器物型式/单位	深腹罐			小口高领罐	碗		钵			圈足盘		豆		单耳杯		鼎	深腹盆	平底盆
		A	Ba	Bb		A	B	A	B	C	A	B	A	B	Aa	B			
2	1999T4H132	I II	I II			I II		I III			I II								A I
2	2000T4H121	I II	I II		I II	I	I	I II			II		I II	I II					

表九　　　　　　　　　　　　　　第一期主要陶器型式对照表

型式/年代组	深腹罐			小口高领罐	碗		钵		圈足盘		豆（柄）		深腹盆		双腹盆	高鼎足	
	A	Ba	Bb		A	B	A	B	A	B	A	B	A	B		Aa	Ab
1	I II	I		I	I	I	I	I	I		I	I	I		I	I	
2	I II	I II	√	I II	I II	II	I II III	I II	I II	√	II	I II	II	I II	II	I II	√

在表八的基础上，在每组加减一些出有相同器类的灰坑，使每种器类的型式排列都得以贯穿，每段的器类组合也都齐全，这就构成了新砦遗址第一期文化主要器类的分期标尺，即表九。此表基本覆盖了新砦遗址第一期文化常见陶器群。

其中，第 1 组主要出土大量的 A 型 I 式深腹罐和少量的 A 型 II 式及 Ba 型 I 式深腹罐、I 式小口高领罐、A 型 I 式和 B 型 I 式碗、A 型 I 式和 B 型 I 式钵、A 型 I 式圈足盘、A 型 I 式和 B 型 I 式豆（柄）、A 型 I 式深腹盆、I 式双腹盆、Aa 型 I 式高鼎足等。

第 2 组出土陶器的型式与第 1 组区别明显。除了与第 1 组所出相同者外，还出土有 Ba 型 II 式和 Bb 型深腹罐、II 式小口高领罐、A 型 II 式和 B 型 II 式碗、A 型 II 式、A 型 III 式和 B 型 II 式钵、A 型 II 式和 B 型圈足盘、A 型 II 式和 B 型 II 式豆（柄）、A 型 II 式和 B 型 I 式、B 型 II 式深腹盆、II 式双腹盆、Aa 型 II 式、Ab 型高鼎足等。

需要说明的是，第 1 组偏晚的一些单位和第 2 组的某些单位往往共存深腹罐、小口高领罐 I 、 II 式的器物，但是数量却是呈现 I 式逐渐减少， II 式逐渐增多的现象。碗、钵和圈足盘也有相同的趋势。如表一〇。

第一期主要器物的演变规律可归纳如下：

1，深腹罐，口沿唇部由方唇转变为尖圆唇。

2，Aa 型高鼎足，鼎足的正面由素面转变为压印横槽。

3，小口高领罐，由直领外侈到直领微内曲。

4，碗，由器壁较薄到器壁较厚，碗底由小到大。

表一〇　　　　　　　　　　第一期典型单位典型陶器型式数量比较表

年代	型式 / 单位	深腹罐		小口高领罐	碗	钵		圈足盘
		A	Ba		A	A	C	A
第1组偏早	2000T2H84	I_{55} II_2		I_6	I_6	I_3	I_1	I_3
第1组偏晚	2000T3H99	I_{53} II_{12}	I_2	I_{11} II_6	I_{16} II_3	II_1		I_2
第2组	2000T1H30	I_7 II_{12}	I_{14}	I_{11} II_8	I_8 II_2	II_1 III_2	II_2	I_3 II_1

注：表中型式下所标数字为件数。

5，A 型钵，由口沿竖直到口沿内折；B 型钵由曲腹到弧腹。

6，A 型圈足盘，由圈足底边较直到圈足底边外侈。

7，豆，无论是粗柄豆还是细柄豆，其圈足部分均由底边较直转变为底边外撇。

8，双腹盆，折腹部由夹角较大转变为夹角变小。

9，深腹盆，由折沿到卷沿，腹部由斜直到弧腹。

其代表性器物形制演变序列如图一〇五，即第一期典型陶器形制演变图。

这样，我们拿这一标准，结合地层关系可以对第一期绝大多数遗迹单位进行再分段。个别遗迹单位因缺乏典型器物和可资判断的地层关系，暂时不予分段。按照这一分段原则，暂将新砦遗址第一期遗存进一步分段如下：

早段：

99T4H48、99T4H69、99T4H76、99T4H80、99T4H81、99T2H104、99T2H105、99T2H106、99T2H107、99T2H109、99T2H110、99T1H114、99T1H118、99T1H123、99T1H125、99T1H126、99T1H128、99T1H129、99T4H137、99T2H140、99T2H141、99T2H142、99T2H143、99T1H145、99T2H148、99T4H160、99T4H161、99T4H172、99T4H173、99T4H174、99T4H184、99T6H227、99T6H228、00T1H65、00T1H66、00T1H67、00T2H77、00T2H83、00T2H84、00T2H85、00T12H96、00T3－T4H99、00T3H110、00T12H111、00T2H113、00T3H114、00T2H124、00T6H127、99T2⑥、00T1⑨、00T2⑨。

晚段：

99T4H8、99T3H17、99T3H20、99T4H39、99T4H62、99T4H67、99T4H68、99T4H79、99T2H91、99T1H117、99T1H119、99T1H120、99T1H121、99T1H122、99T1H124、99T4H132、99T4H135、99T4H170、99T4H183、99T4H191、99T4H195、99T6H224、99T6H226、99T6H229、99T1⑥D、99T2⑤A、99T2⑤B、99T3③B、99T4⑤A、99T4⑤B、99T6G3、99T6⑦、99T6H223、00T1H30、00T1H55、00T2H57、00T3H58、00T4H63、00T3H69、00T3H70、00T4H72、00T2H76、00T3H81、00T3H82、

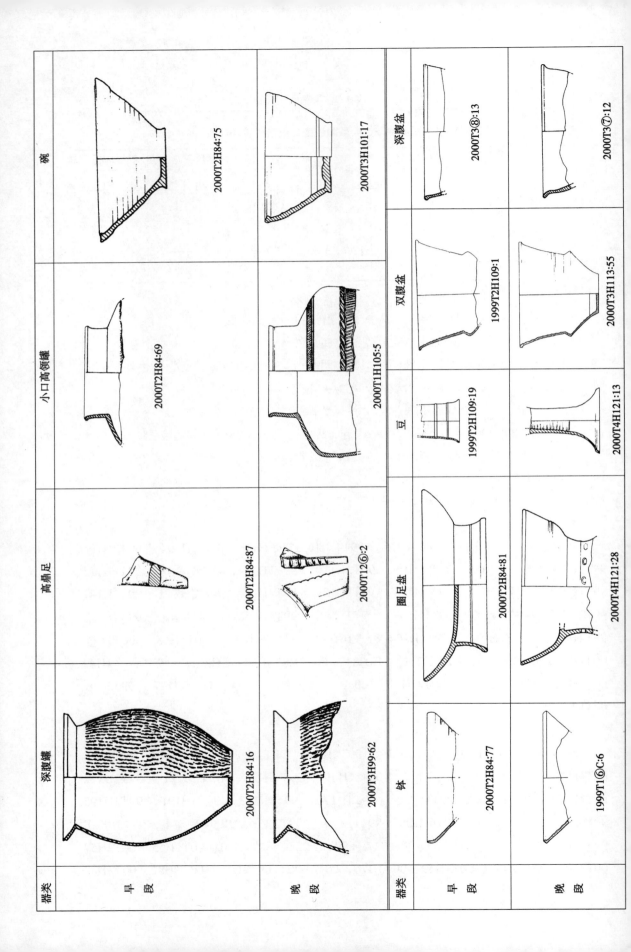

器类	深腹罐	高鼎足	小口高领罐	碗
早段	2000T2H84:16	2000T2H84:87	2000T2H84:69	2000T2H84:75
晚段	2000T3H99:62	2000T2⑥:2	2000T1H105:5	2000T3H101:17

器类	钵	圈足盘	豆	双腹盆	深腹盆
早段	2000T2H84:77	2000T2H84:81	1999T2H109:19	1999T2H109:1	2000T3⑧:13
晚段	1999T1⑥C:6	2000T4H121:28	2000T4H121:13	2000T3H113:55	2000T3⑦:12

00T3H88、00T12H92、00T3H98、00T2 – T3H101、00T4H103、00T12H104、00T1H105、00T3H112、00T4H115、00T4H117、00T4H118、00T3H119、00T4H120、00T4H121、00T4H122、00T3H123、00T3⑥B、00T3⑦、00T3⑧、00T3⑨、00T4⑥A、00T4⑥B、00T4⑦、00T6⑮~⑲、00T9H42、00T9H43、00T9⑥、00T9⑦、00T10H78、00T10H80、00T10⑤A、00T10⑤B、00T11H1、00T11H3、00T11⑱A、00T11⑱B、00T11⑱C、00T11⑲A、00T11⑲B、T0011⑲C、00T11⑳、00T12H92、00T12⑥、00T12⑦、00T14④、00T14⑤。

未能分段的单位：

99T1H127、99T1H144、99T2H90、99T2H103、99T2H146、99T3H19、99T4H82、99T4H136、99T6H225、00T1H95、00T1H106、00T1H107、00T3H125、00T4H116。

（二）各段文化内涵与特征

1. 早段

遗迹只有灰坑一种。灰坑的坑口平面形状以圆形为主，次为椭圆形和不规则形，另有一座近长方形。坑壁以袋状壁为主，占灰坑总数的三分之一强，次为坡壁或弧壁，再次为直壁。坑底绝大部分为平底。

生产工具以石器最为常见，主要有铲、斧等。骨器有凿、锥等，蚌器主要为镰。

陶器第一期早段以1999T6H227、2000T3 – T4H99、2000T2 – T3H113、2000T12H96和2000T12H111统计为例，夹砂陶为多，近60%；泥质陶较少，约占40%；陶色以灰陶为主，可细分为浅灰陶与深灰陶两种，合计约占总数的70.78%；其次为褐陶，约占15%左右，黑陶（含黑皮陶，黑皮陶一般为黑皮褐红胎）占7.86%，另有少量的红陶，白陶极少（表一一）。

表一一　　　　　　　　　　第一期早段重要单位陶系统计表　　　　　　　（单位：片）

陶系 单位	泥质					夹砂						合计
	黑	深灰	浅灰	褐	红	黑	深灰	浅灰	褐	红	白	
1999T6H227	10	28	55	8			67	37	15			220
2000T4H99	35	107	117	128	59	29	153	450	98	105		1281
2000T2H113	21	34	61	19	4	25	167	98	126	20		575
2000T12H96	13	51	183	21		17	93	88	49	14	1	530
2000T12H111	158	273	147	111	4	4	272	329	66			1364
合计	237	493	563	287	67	75	752	1002	354	139	1	3970
百分比（%）	5.97	12.42	14.18	7.23	1.69	1.89	18.94	25.24	8.92	3.50	0.03	
	41.49					58.52						

第一期早段陶器纹饰，除素面和素面磨光外，一般以篮纹最多，次为方格纹，弦纹

占第三位，绳纹排在第四位，其他纹饰均较少（表一二）。方格纹、篮纹和绳纹多印痕清晰，排列也较为规整。有的方格纹为横长方格，内印有横丝；有的绳纹呈麦粒状；弦纹多为凹弦纹，常施于泥质陶罐、盆、豆上；指甲纹多施于小口高领罐（瓮）肩部。

表一二　　　　　　　　第一期早段 2000T12H96 陶系纹饰统计表　　　　　（单位：片）

纹饰 ＼ 陶系	泥　质				夹　砂						合计	百分比（%）
	黑	深灰	浅灰	褐	黑	深灰	浅灰	褐	红	白		
方格纹			5			21	30	11	12		79	14.91
篮纹		51	110	9		7	14	2			193	36.42
素面						27	14	35		1	77	14.53
素面磨光			64	10							74	13.96
绳纹						10	8				18	3.40
附加堆纹 + 篮纹			2			10	3				15	2.83
附加堆纹						6	9				15	2.83
弦纹	7		2		15	9	5	1			39	7.36
戳印纹					2	3					5	0.94
指甲纹	6			2			5		2		15	2.83
合计	13	51	183	21	17	93	88	49	14	1	530	
百分比（%）	2.45	9.62	34.53	3.96	3.21	17.55	16.6	9.25	2.64	0.19		100

第一期早段陶器器类以深腹罐、碗、小口高领罐为主，圈足盘、鬶（盉）、豆次之，杯、平底盆、鼎和器盖又次之，偶见子母口缸、刻槽盆、双腹盆、甗、单耳杯、矮领瓮、壶和斝。其中，深腹罐最多，占器类总数的 60%（表一三）。深腹罐器壁较薄，火候较高；方格纹和绳纹的印痕十分清晰；口沿较宽，沿下角较小，沿面较平，内折棱凸出；多方唇，有的方唇唇沿施一周凹槽；器身多为瘦长形，最大腹径多位于中腹以上，下腹内收明显，通体施纹。碗（钵）多大口、斜壁较薄、小底微内凹，尖圆唇、唇面有凹槽，内壁多有明显的凹痕，底多印有同心圆纹。小口高领罐多侈口，圆唇外凸，圆肩或鼓肩。圈足盘浅腹，弧壁，高圈足。鬶为平流，束颈，宽把。豆盘较深，豆柄有粗细两类，其中，粗柄豆底部较直，细柄豆之豆柄底端外侈，豆盘弧腹较浅。单耳杯，宽带耳，折腹。鼎足分高鼎足及矮鼎足两小类。高鼎足多为素面，矮鼎足，数量少，为扁小三角形。刻槽盆多为敛口。双腹盆，折腹角度较大，呈钝角。

2. 晚段

晚段遗迹亦主要为灰坑，另有 2 座墓葬和 1 段壕沟。

第一期晚段灰坑平面形状仍以圆形为主，次为椭圆形，另有少量近长方形和不规则形。坑壁以袋状壁最多，次为直壁，再次为坡壁或弧壁。

石器和骨、蚌器略同于早段。

表一三　　　　　　　　第一期早段重要单位主要陶器器类统计表　　　　（单位：件）

器类 单位	罐类	碗（钵）	小口高领罐	豆	杯	圈足盘	鬶（盉）	鼎	器盖	平底盆	子母口缸（瓮）	刻槽盆	双腹盆	斝	合计
1999T6H227	4	4	4	3				2	2						19
2000T1H84	23	11		1		3	4								42
2000T4H113	21	3	1		2								1		28
2000T12H96	25	1	2		3					1					32
2000T12H111	32	8	8			1			2		1	1		1	54
合计	105	27	15	4	3	5	5	2	2	1	1	1	1	1	175
百分比（%）	60	15.43	8.57	2.29	1.71	2.86	2.86	1.14	1.14	1.71	0.57	0.57	0.57	0.57	

第一期晚段陶器的陶系以 2000T12H92 和 2000T4H103 为例，泥质陶较多，约占 52%，而夹砂陶下降为 48%。陶色仍以灰陶为主，占总数的近 80%，褐陶下降到 12%，另有少量的黑陶（含黑皮陶），约占 7.99%，红陶较少，几乎不见白陶（表一四）。

表一四　　　　　　　　第一期晚段重要单位陶系统计表　　　　（单位：片）

陶系 单位	泥质					夹砂					合计
	黑	深灰	浅灰	褐	红	黑	深灰	浅灰	褐	红	
2000T12H92	30	235	219	52	7	15	115	158	76	13	920
2000T4H103	22	91	14	21	4	40	109	105	12	1	419
合计	52	326	233	73	11	55	224	263	88	14	1339
百分比（%）	3.88	24.35	17.40	5.45	0.82	4.11	16.73	19.64	6.57	1.05	
	51.9					48.1					

第一期晚段陶器的纹饰，除素面（含磨光）外，仍以篮纹占第一位，次为方格纹，绳纹超过了弦纹位居第三位，弦纹降至第四位（表一五）。

表一五　　　　　　　第一期晚段 2000T12H92 陶系纹饰统计表　　　　（单位：片）

陶系 纹饰	泥质					夹砂					合计	百分比（%）
	黑	深灰	浅灰	褐	红	黑	深灰	浅灰	褐	红		
方格纹		2	7				27	81	46		163	17.76
篮纹		209	143	10			11	12	7		392	42.7
素面		24	70	7			58	43	7	12	221	24.07
素面磨光	30			35	7						72	7.84
绳纹							9	15	1		25	2.72
附加堆纹＋篮纹							4	2	2		8	0.87

续表一五

陶系 纹饰	泥质					夹砂					合计	百分比（%）
	黑	深灰	浅灰	褐	红	黑	深灰	浅灰	褐	红		
附加堆纹									3	1	4	0.44
弦纹						7	4	2			13	1.42
弦纹＋篮纹						5					5	0.54
指甲纹							2	3	10		15	1.63
合计	30	235	220	52	7	12	115	158	76	13	918	99.99
百分比（%）	3.27	25.6	23.97	5.66	0.76	1.31	12.53	17.21	8.28	1.42	100.01	

第一期晚段陶器器类以深腹罐、碗为主，杯、豆、小口高领罐和圈足盘次之，鼎和器盖又次之，偶见子母口缸和鬶（盉）等。较之于早段，该段陶器器类的凸出特点在于深腹罐的数量比早段更多，占器类总数的65%以上（表一六）。双腹盆的数量大大下降，几乎不见斝。甑为罐形，底部及近底腹壁施梭形或圆形镂孔。小口高领罐多直领微内曲，圆唇，广肩。圈足盘深腹，近折壁，高圈足。晚段粗柄豆底部外撇，细柄豆之豆盘弧腹较深，豆柄较高，底端外凸。单耳杯，宽带耳，微鼓腹或弧腹。高鼎足多为正面压印横槽，矮鼎足多为乳状足。刻槽盆多为直口。双耳盆，折腹角度较小，呈锐角。

表一六　　　　　　　　第一期晚段重要单位主要陶器器类统计表　　　　　　（单位：件）

器类 单位	罐类	碗（钵）	小口高领罐	豆	杯	圈足盘	鬶（盉）	鼎	器盖	子母口缸（瓮）	合计
2000T1H30	66	16			5	4	1	1	1		94
2000T4H99	32	11	4	5	1			3	1	2	59
2000T12H92	13	4	1								18
2000T1H105	24	2		1	1	1					29
合计	135	33	5	6	7	5	1	4	2	2	200
百分比(%)	67.5	16.5	2.5	3	3.5	2.5	0.5	2	1	1	

（三）年代

新砦遗址第一期出土的深腹罐、钵、碗、小口高领罐、豆、圈足盘、鼎等，常见于临汝煤山、登封王城岗、禹县瓦店、新密古城寨等王湾三期文化（河南龙山文化）晚期遗址，年代应与之基本相当。

经过新砦遗址第一期出土木炭标本进行的^{14}C年代测定，得出如下数据（表一七）。

表一七 第一期 ^{14}C 测年数据表

期 段	实验室编号	样本所在单位	^{14}C 年代（原始数据）	拟合后日历年代（BC）	备 注
晚段	SA001	1999T1H119	3485±30	1880~1846（68.2）	1900 以上
	SA007	1999T1H120	3590±30	1960~1885（62.6） 1980~1965（5.6）	
	SA008	1999T1H122	3570±35	1960~1880（66.4） 2010~2000（1.8）	
早段	SA0014	1999T1H126	3675±35	2070~2035（63.6） 1990~1980（4.6）	2000 以上
	SA002	1999T1H123	3700±65	2070~1950	

需要说明的是这些数据所给出的样品拟合后日历年代，均是用 OxCal 程序和 1998 年树轮校正曲线计算的 68% 置信区间的日历年代范围。由于树轮曲线的扭摆，在有些情况下，该区间会分裂为 2~3 个子区间，子区间后括号中的数字为该子区间所占的百分比。^{14}C 年代则为下距 1950 年的年数。

从测年结果看，新砦遗址第一期的绝对年代当在公元前 2050~前 1900 年之间。其中，早段约为公元前 2050~前 2000 年左右，晚段约为公元前 2000~前 1900 年之间。

二 文化因素与文化性质

从出土器物特征分析，新砦遗址第一期遗存所包含的文化因素可以分为五组：

A 组，属于王湾三期文化，又可细分为两个亚组。

Aa 组，属于王湾三期文化煤山类型，主要有乳状鼎足、高足鼎、Aa 型深腹罐、圈足盘、钵、碗等，常见于临汝煤山、登封王城岗、禹县瓦店等遗址。

Ab 组，属于王湾三期文化王湾类型，除与 Aa 组相同器形外，最大的差别是出有斝（斝常见于王湾三期文化的王湾类型）。

B 组，造律台类型，如唇沿带凹槽的深腹罐、甗、曲腹盆、素面罐、壶、侧装三角形鼎足、高足带镂孔的圈足盘等。

C 组，后岗二期文化，如柱状鼎足、瘦长形素面深腹罐、覆钵形带纽器盖等。

D 组，渊源于鲁中南龙山文化，如折壁器盖、粗柄豆等。

E 组，渊源于石家河文化，如宽扁状鼎足等。

依各组所占比重，Aa 组为第一期主要器类，Ab 组次之。B 组占第三位，其余各组所占比重较少。故其文化性质为王湾三期文化煤山类型。

三 环境与经济形态

1. 本期气候特征总体上处于温和较干燥气候条件下，生长有稀疏松属和落叶阔叶树的暖温带蒿属草原植被。

2. 动物

家畜在各种哺乳动物中的总量已占主导地位，成为人们肉食的主要来源。野生动物中以斑鹿的数量最多，是人们猎取的主要野生动物。在软体、爬行动物、鱼和鸟类等动物中，各种蚌类和鲤科鱼类是人们捕捞的主要对象，鸟的数量较少。

3. 经济形态

稻作农业为主，兼及旱作农业，采集经济仍占一定地位。农业技术较为发达，重视中耕技术，农作物种类有水稻、粟、黍等，另外还采集一定数量的野大豆。

除了从事农业生产之外，人们还从事狩猎和渔猎活动。斑鹿是重点狩猎对象，各种蚌类和鱼类是人们常吃的美味。此外，杏、李、酸枣等也是人们喜爱的水果。可以说，当时的食物种类相当丰富。

第四章 第二期遗存

1999 年和 2000 年在新砦遗址发现的第二期遗存有房基、灰坑、灰沟和墓葬等（图一〇六）。其中共发现房基 8 座，灰坑 166 个，灰沟 6 条；墓葬共 9 座，其中长方形竖穴土坑墓 7 座，灰坑葬墓 2 座；另在一些单位中发现有许多零星的人骨碎片。

第一节　文化遗迹

一　房基

1999 年和 2000 年对新砦遗址发掘的主要目的在于弄清遗址分期，对于聚落形态的研究当时想放在分期工作之后进行，因此，在发掘过程中对于房基的揭露不够完整。1999 年主要在 1999T2 这一条宽 2、长 10 米的探沟中发掘出 6 座房基，这 6 座房基除了开口层位最高、年代最晚的 F1 尚能看出一些眉目之外，其余的 5 座房基均属相互叠压的房基之下的房基垫土，受发掘面积狭窄的局限，加上与其他遗迹亦发生复杂的叠压或打破关系，故而其具体面貌不清。2000 年，在 T12 和 T13 中又发掘出 2 座房基（2000F1、F2），这两座房基保存有居住面和柱洞，遗憾的是未能将其完全揭露。

就目前工作而言，现仅查明今梁家台自然村的东部，亦即 1999、2000 年度发掘的南部发掘区，当是新砦遗址的居住区所在。至于居住区内的聚落布局、房屋结构等，尚需做进一步的工作。

现以 1999T2F1 和 2000T12F1 为例，介绍 1999、2000 年度在新砦遗址发掘出的房基状况。

1999T2F1

位于 T2 东南部。开口于第②层下，被 H17 和 M1 打破，叠压 H80 及 F2。受发掘面积的限制，未发掘完。在探方内的部分，F1 平面呈不规则形，东西最长 4.75、南北最宽 2.30、厚 0.25～0.55 米，距地表深 0.40 米，平面略大于 F1 的居住面。系地面建筑，由西墙、北墙及两墙围建的地面组成。北墙现仅存西半部，东部被 H17 及 H1 打破；西墙在 T2 内仅暴露出西北角，绝大部分伸出探方外（图一〇七）。现存墙基是开挖基槽

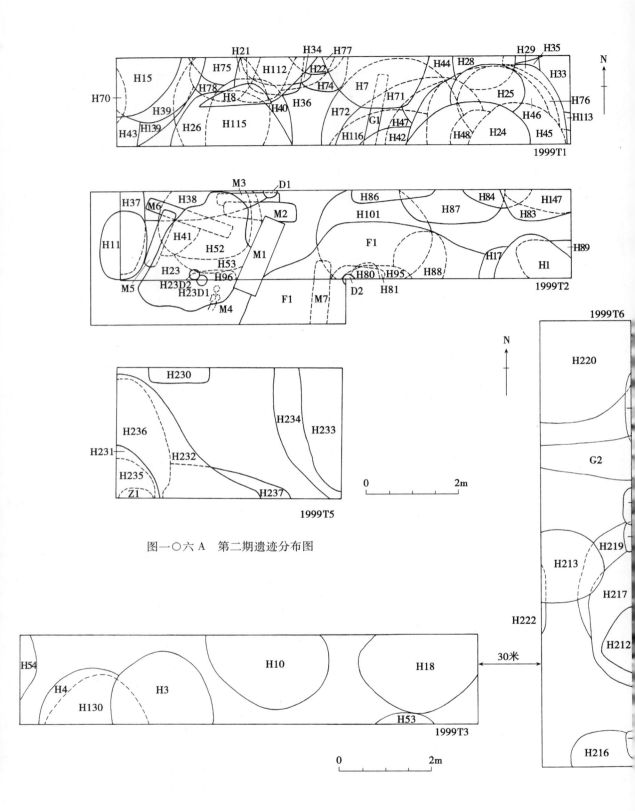

图一〇六 A　第二期遗迹分布图

图一〇六 B　第二期遗迹分布图

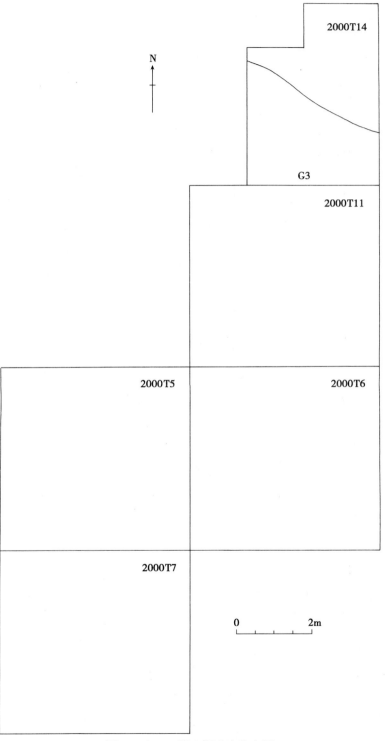

图一〇六 D　第二期遗迹分布图

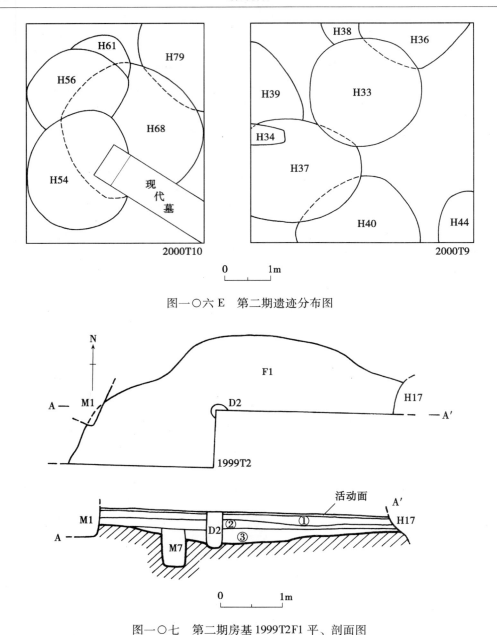

图一〇六 E　第二期遗迹分布图

图一〇七　第二期房基 1999T2F1 平、剖面图

后再栽埋木柱建成的，墙基宽度不一，西北角处较宽，约 36 厘米，北墙东部略窄，宽约 30 厘米。墙基槽上距地表 0.80 米，残深 4～10 厘米不等。基槽内现存 5 个柱洞。柱洞大小、深浅不一（表一八）。墙基槽以内的地面较平整、坚硬，系长期活动、践踏所致。属于 F1 的堆积有三层：最上面的为一红烧土层，直接叠压在 T2 第②层下，当是 F1 废弃后的堆积；第二层为 F1 居住面，被叠压在红烧土层即废弃层的下面，在 T2 中

暴露的部分当是 F1 的西北部,平面略呈拐把状,由细碎的红烧土粒掺和灰花土构成;居动面之下为 F1 第三层土,系白膏泥层,厚 0 ~ 25 厘米不等。推测在建墙之前,建房者先平整地面,然后普遍铺垫一层白膏泥,使房基下的基础面基本平整,然后在此白膏泥层之上再建墙基和活动面。值得注意的是在 F1 第二层之下有一墓葬(1999M7),或属奠基性质。在 F1 及其垫土层中出土器物有器盖、小口高领罐、折肩罐、残豆座、刻槽盆等。另外,还发现有动物骨骼。

表一八 　　　　　　第二期 1999T2F1 柱洞登记表

编号	形状与结构			尺度(厘米)			填土
	口	壁	底	长	宽	残深	
1	不规则		较平	26	13	3	灰土
2	圆形	周壁较硬	自北向南倾斜	20		5	灰土
3	长条形		较平	25	12	4	黑灰土
4	圆形	周壁较硬	较硬	24		7	灰土
5	圆形	周壁较硬	较硬	23		13	黄土

2000T12F1

位于 T12 西南部、T13 东南部和 T4 的西北角。开口于第⑤A 层下,东部被 H89 打破,北部和西部北端被 G2 打破,南部出探方外未发掘。西部叠压 F2,东部叠压 H97。现存平面呈长方形,东西向,南北残长 3.90、东西最宽 2.85、距地表 0.60 ~ 0.65 米。为一硬土面,当为房基居住面下的一层垫土层,厚 10 ~ 15 厘米。至于居住面以上的建筑设施如墙基等,均已被破坏。现存垫土层局部有经火烧烤过的痕迹,当是原上层居住面烧烤面或灶坑之类用火烧烤影响下面垫土层的遗留。在现存垫土层的中间部位存有一经过加工的柱洞。该柱洞洞口为圆形,斜弧壁,圜底,直径 22、深 50 厘米,内填黄土,周壁及底部经过加工,应是 F1 的柱洞。F1 垫土层出土遗物较少且碎。可辨器形有一期常见的深腹罐、豆、碗、圈足盘残片,也有二期偏早阶段即新砦早段的折壁器盖和口沿较平、内折棱不明显的深腹罐等。

除房基之外,还发现有孤立的灶坑共 5 座(表一九),多为椭圆形,多直壁、平底。与其他遗迹之间均缺乏直接联系,其中,有的受发掘面积的限制,有的可能原本就是临时使用的露天设施。

现举 2000T12 中的 Z1 和 Z2 为例说明如下:

2000T12Z1

位于 T12 西南部。开口于第③层下,西半部被 H89 打破。由灶坑、烟道和烟囱三部分组成。灶坑平面与一般的小型灰坑相类,平面为椭圆形,直壁,平底,灶坑现存东西长 70、南北宽 58、自深 18 厘米。烟道位于灶坑东偏北侧,设在灶坑东壁下,烟道门正视为半圆形，东西长 7、南北宽 10、高 9 厘米。烟道东与烟囱相通。烟囱底部与烟道和灶坑底部相连在一个平面上，平面略呈半圆形，南北长径 42、东西最宽 22、残高 14 厘米。灶坑、烟道和烟囱的底部及周壁均经火烧而坚硬。灶坑内填土深灰色，土质疏松，无遗物（图一〇八，1；彩版九，3）。

表一九　　　　　　　　　　　　第二期灶坑登记表

年度	编号	所在探方	开口层位	形　状		尺度（厘米）			分期	备注
				口	壁、底	长径	短径	残深		
1999	Z1	T5	③下	圆形	直壁、平底	75	25	50	晚段	南部未发掘
2000	Z1	T12	③下	椭圆形	直壁、平底	70	58	18	晚段	灶坑西部被 H89 打破
	Z2	T12	③下	椭圆形	斜壁、平底	80	36	30	晚段	灶坑西半部被 H89 打破
	Z1	T13	②A 下	椭圆形	直壁、平底	68	60	20	早段	灶坑东部已残缺
	Z2	T13	②A 下	椭圆形	直壁、平底	70	62	15	早段	东南部被 Z1 打破

2000T12Z2

位于 T12 西南部。开口于第③层下，西部被 H89 打破。灶坑平面略呈椭圆形，斜壁，平底。灶坑现存长径 80、短径 36、残深 30 厘米。坑内填土疏松，土色深灰，无遗物（图一〇八，2）。

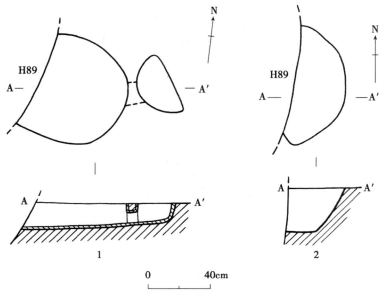

图一〇八　第二期灶坑 2000T12Z1、Z2 平、剖面图

1. 2000T12Z1　2. 2000T12Z2

与建筑有关的遗迹还有若干柱洞，层位上不与其他任何房基发生关系，或许原属房基已被破坏，或者原本为某种遗迹的残留。现举两例予以说明：

2000T12 柱洞（D1 ~ D3）

位于 T12 西南部。开口于第⑤A 层下，打破 2000T12F1。平面呈圆形，洞壁上部较直，下部向下内收为尖圜底。柱洞周壁坚硬，填黄土（图一〇九，1 ~ 3）。

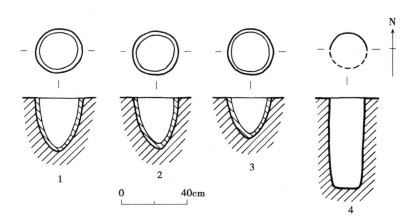

图一〇九　第二期 2000T12、1999T2 探方内柱洞平、剖面图

1. 2000T12 柱洞 D1　2. 2000T12 柱洞 D2　3. 2000T12 柱洞 D3　4. 1999T2 柱洞 D2

1999T2 柱洞 2（D2）

位于 T2 中部探沟南壁。开口于第②层下，打破 1999T2F1 第 1 层。平面呈圆形，探方内只发掘出 D2 北边的一半，另一半出探方外，未曾发掘。柱洞直径 22、深 60 厘米。壁较直，底部较平、坚硬。内填黄土和碎陶片（图一〇九，4）。

二　灰坑

（一）型式划分

第二期灰坑共 166 个，其中 107 个灰坑（占第二期灰坑总数的 64.46%）可以依据其形制特征进行分型。分型结果见附表一〇。其余 59 个灰坑（占第二期灰坑总数的 35.54%）因范围越出发掘区范围或被后期遗迹破坏严重不便分型（附表一一）。

（二）典型灰坑分类介绍

新砦遗址第二期灰坑种类繁多，下面按型式择其要者分别介绍。

1. A 型　共 23 个。坑口形状为圆形，以坑壁特征再分为三个亚型。

（1）Aa 型　直壁。8 个。该型灰坑大部分为平底。以 1999T1H72、2000T4H19、2000T4H26、2000T2H93 和 2000T1 – T2H8 为例。

1999T1H72

位于 T1 中部偏东处。开口于第⑤D 层下，打破第⑥A 层和第一期灰坑 H76，被 H47、H48 和 H71 打破。坑口不全，尚有一部分伸出探沟南壁，由探沟内坑口现状推测其平面原应为圆形。东西长 3.12、南北现宽 1.95、上距地表深 1.20 米。坑壁陡直，底距地表深 2.14 米，自深 0.94 米。底面平整光滑，东侧发现小块烧土面。坑内填土残存上下两层：第①层（上层）为黄斑土，较纯净；第②层（下层）为灰土，东边土质较杂，含草木灰、红烧土等。第②层层面靠近灰坑西壁，掩埋一具无头的狗骨架。出土器物有平底盆、折壁器盖、深腹罐、小口高领罐、卷沿敛口罐、高把平顶折壁器盖、肩部饰附加堆纹的折肩罐、圈足碗等。该坑底部残留烧土面。可能原为储藏窖穴或房屋，后废弃。待坑中已堆积下层填土时，把一只无头狗（或用狗头祭祀）弃置于坑内，再用较纯净的黄土掩埋狗骨架（图一一〇）。

2000T4H19

位于 T4 东北角，大部分伸出探方外，经扩方将其全部发掘。开口于第④层（原第⑦层）下，打破 H20。坑口直径 1.92、上距地表深 0.65 米。坑壁规整，略外斜，底部平整，有 5 个环状分布的柱洞。其中，靠近东边的两个靠近东壁，另外三个距坑壁稍远。这些柱洞可能是支撑柱子的遗留。灰坑上部可能有顶棚之类的设施。坑底径 1.98、上距地表深 3.30 米。自深 2.65 米。坑内填土分六层：第①层为黄土，质极松；第②层为较薄的夹炭黑土，质一般；第③层为厚 20 多厘米的黄土层，质极松软；第④层厚 10 余厘米，为夹炭黑土层；第

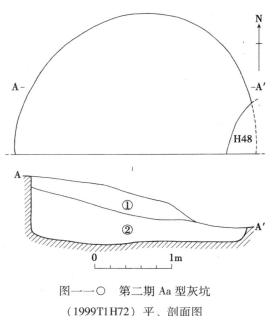

图一一〇　第二期 Aa 型灰坑
（1999T1H72）平、剖面图

⑤层堆积最厚，达 140 厘米以上，黄土，质极疏松；第⑥层厚 22 厘米，深黄土，夹水锈和细砂。出土遗物丰富，各层出土陶器情况如下：第①层出土陶片较少；第②层出土遗物极少；第③层出有较多碎陶片与蚌壳；第④层出土物极少；第⑤层出土大量陶片，其陶器纹饰以篮纹和方格纹为主，附加堆纹也相当多见；主要器形包括能够复原的四足瓮、深腹罐等，另有折壁器盖、唇沿加厚的深腹罐、小口高领罐、两侧对捏按窝纹的鼎足、乳状鼎足、平底盆、倒喇叭状器盖纽等；第⑥层也出土不少陶片，出土陶器特征与第⑤层相同。各层所出陶器并无分期分段意义，均属新砦遗址第二期晚段（图一一一；

彩版一〇，1）。

2000T4H26

位于 T4 西南部，坑口部分西出探方外。开口于第⑤B 层下，西南部被 H25 打破，西北部被 H59 打破，打破 H94 和第一期灰坑 H88。坑口直径 3.30、口距地表深 0.65 米。坑壁较直，底部平坦。底距地表深 3.15 米。坑内填土分四层。第①层为黑灰土，质极松，厚 20～36 厘米，北薄南厚。出土大量陶片，另有兽骨和蚌壳。第②层为灰黄土，主要分布于灰坑西半部，厚 44～60 厘米。出土遗物较少。第③层为灰黑土，质松极，厚 90～116 厘米。出有大量陶片和兽骨、兽牙等。第④层为灰白土，夹大量红烧土，质疏松，厚 45～78 厘米。出有大量陶片和兽骨。各层出土陶片除第①层有个别陶片年代稍晚外，其余均属新砦遗址第二期早段（图一一二）。

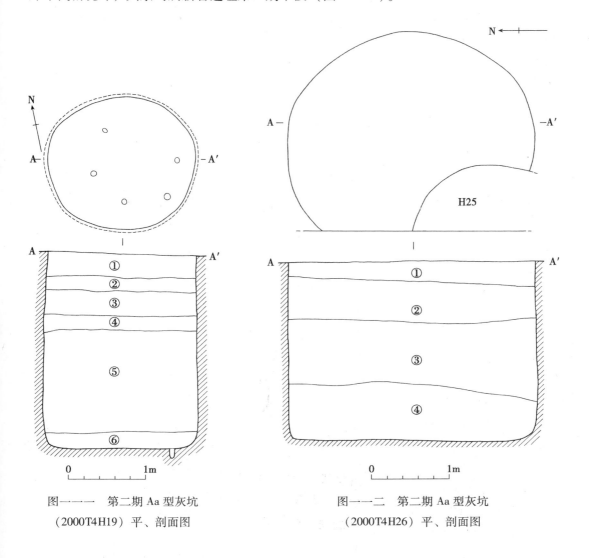

图一一一　第二期 Aa 型灰坑
（2000T4H19）平、剖面图

图一一二　第二期 Aa 型灰坑
（2000T4H26）平、剖面图

2000T2H93

位于 T2 东南部，部分坑口位于探方东壁之外。开口于第⑧层下，打破 H75，被 H48、H8 打破。坑口呈圆形，略呈袋状。口径 1.70、底径 1.80、深 1.30 米。除出土少量骨、石器之外，可辨陶器有高足鼎足、小口高领罐、深腹罐、钵、豆盘等（图一一三）。

2000T1 – T2H8

位于 T1 东北角和 T2 东南角，该坑东部伸出探方外，未能发掘完全。开口于第⑦层下，打破 H15 和第⑧层，被 H7 打破。坑口上距地表深 0.95 米，南北长径 2.95、东西径现有 1.70、深 2.25 米。坑壁规整，较直，用石铲之类的工具挖成。壁贴敷泥皮，用棍夯打，夯痕清晰。坑底平整。坑内填土分三层：第①层，较厚，为灰绿色致密粉沙土，自南向北倾斜堆积；第②层，较薄，堆积方向与第①层平行，遍布整个灰坑；第③层，最厚，占整个灰坑容积的一半多，堆积方向与第②层平行，遍布整个灰坑，为灰色较致密的粉沙土。出土陶器以夹砂灰陶和泥质灰陶为主，纹饰有绳纹、粗篮纹、方格纹、附加堆纹和弦纹等，可辨器形有折壁器盖、细柄豆、尊形瓮、口沿较平的深腹罐、小口高领罐、刻槽盆、高足鼎、平底盆等（图一一四）。

该型另有一些灰坑的底部，为台阶状。如：

1999T1H76

位于 T1 东南角，南部伸出探方外未掘。打破 H116 和第⑥A 层，被 H45 和 H72 打破。坑口东西长 2.90、南北宽 1.75、上距地表深 1.36 米。坑壁陡直，局部内收，壁上留有工具加工痕迹。坑底基本平整，上距地表深 3.26 米。东部留有一级生土台阶，台阶曾用次生土修整。坑内填土分三层：第①层自东向西倾斜，为极松疏的草木灰层；第②层堆积方向与第①层相平行，唯普遍向西推移，浅灰色土，夹杂黄斑；第③层填满全坑，东高西低，为草木灰层，极其松软，含有灰烬。陶器可辨器形有尖圆唇和圆唇折沿罐、卷沿高领罐、菌状高把折壁器盖、敛口钵、带凸弦纹豆柄、鸡冠鋬器耳、折肩罐、平底盆、鬲足、圆孔甑，另有近圜底刻槽盆、鼎足、筒形器等。还残留一期典型的折沿方唇深腹罐残片。原为储藏物品的窖穴，废弃后填满垃圾（图一一五）。

（2）Ab 型　坡壁或弧壁。4 个。

2000T3 – T4H60

位于 T4 西南部和 T3 西北部。开口于第④层下，打破第⑤B 层和 H26。坑口直径 1.42 ~ 1.60、距地表深 0.55 米。坑壁稍斜，底部较平整。底径 1.14 ~ 1.30、距地表深 1.60 米。填土为灰黄土，质较硬，夹少量炭灰。出土陶片较少（图一一六）。

1999T1H28

位于 T1 东北部，部分伸出探方北壁外。开口于第④A 层下，被 H25 打破，打破

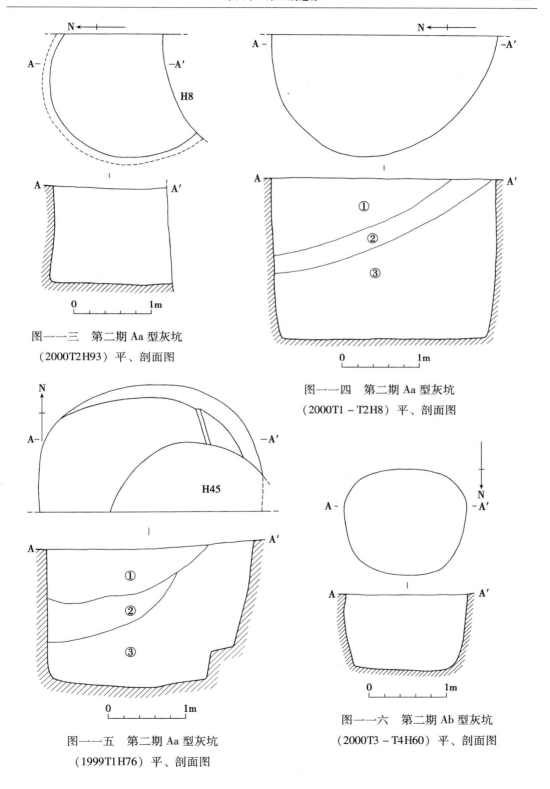

图——三 第二期 Aa 型灰坑
（2000T2H93）平、剖面图

图——四 第二期 Aa 型灰坑
（2000T1－T2H8）平、剖面图

图——五 第二期 Aa 型灰坑
（1999T1H76）平、剖面图

图——六 第二期 Ab 型灰坑
（2000T3－T4H60）平、剖面图

H29。坑口长 1.37、探方内宽 0.77、上距地表深 0.50 米，坑底距地表深 0.98 米。底部不平整，偏东处低凹。填土为灰黄色黏土，土质较紧。出土陶器有深腹罐、尊形瓮、折肩罐、器盖壁、刻槽盆等（图一一七）。

（3）Ac 型　袋状壁。共 11 个。

1999T2H52

位于 T2 西北部，坑口不全，尚有一部分伸出北壁之外。被 H23 叠压，打破 H53。从探沟内已经发掘的大部分坑口看，坑口为圆形。口径 2.06、距地表深 0.90 米。坑壁涂抹三层用黄胶泥做成的泥皮，每层泥皮厚 3 ~ 4 厘米。坑壁的做法是在坑大体挖成之后，先用木棍夯打周壁，使坑壁凸凹不平，再把泥皮涂上，然后再行夯打，棍痕清晰，常见的棍痕单条长 20 ~ 30、宽 2 ~ 3、深 2 厘米。经过棍夯可以使坑壁与泥皮更紧密地粘连在一起。靠近坑口的上部坑壁因向内倾斜明显，致使上部坑壁所敷涂泥层容易脱落，坑口也随之塌陷。因此，坑口边沿往往不如坑中下部整齐。在 H52 西北角贴近探沟北壁有一排脚窝，从坑底向上数，共有三个比较清楚。其中第 1、第 2 个高均为 20厘米左右，深 5 ~ 8 厘米；第 3 个高 34、深 9 厘米。坑底平整、坚硬，底径 2.48、距地表深 3.60 米。自深 2.70 米。坑内填土分五层：第①层为浅黄土层，较厚，质稍松；第②层为灰土层，较薄，质稍紧密；第③层为黄白土层，质较硬；第④层为浅灰土层，质一般；第⑤层为黄白土层，质硬，呈层状。出土遗物丰富，可辨陶器器形有唇沿加厚的深腹罐、细柄折壁豆、平底盆、两侧饰按窝纹的鼎足、子母口鼎、小口高领罐、双腹豆、镂孔鼎足、大量折壁器盖、平顶或呈倒喇叭形的器盖盖纽、饰附加堆纹的尊形瓮等（图一一八）。

1999T2H101

位于 T2 中部偏东。被 F6、H87、H95 打破，打破第一期灰坑 H90、H105。坑口南北均越出探沟范围，不过据探沟内暴露部分，可判断坑口形状为圆形。口径东西长2.55、距地表深 2.05 米。坑壁修建方法与 H52 相同，也是在挖好坑壁之后，再敷泥皮。坑底不平，有些不规则的极小凹槽或凹坑。底径 3.30、距地表深 4.18 米。自深2.13 米。坑内填土为灰土，含红烧土块。出土器物丰富，其中陶器可辨器形有尖圆唇折沿深腹罐、顶部微隆的器盖纽、周壁较直的器盖、子母口鼎、小口高领罐、子母口鼎、深腹盆、刻槽盆、折肩罐等（图一一九）。

1999T3H18

位于 T3 东部。开口于第②层下，打破第一期灰坑 H17、H19 和生土。灰坑东北部出探沟外，从现存坑口平面上，可以判断它为圆形。现坑口东西长径 2.66、南北短径1.75、距地表深 0.60 米。坑壁外扩，现存坑底东西长径 2.80、南北短径 1.90、距地表深 1.00 米。填土为浅黄土，质较硬。出有零碎陶片，纹饰以篮纹为主，方格纹较少，

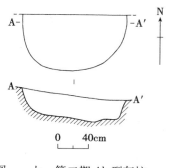

图一一七　第二期 Ab 型灰坑

（1999T1H28）平、剖面图

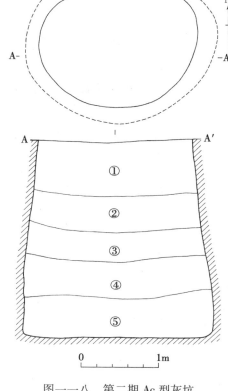

图一一八　第二期 Ac 型灰坑

（1999T2H52）平、剖面图

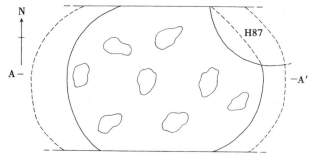

图一一九　第二期 Ac 型灰坑

（1999T2H101）平、剖面图

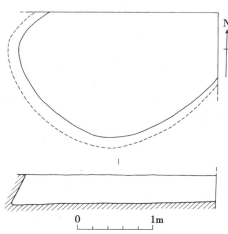

图一二○　第二期 Ac 型灰坑

（1999T3H18）平、剖面图

素面器较多；可辨器形有方唇深腹罐、鸡冠錾、簋形豆等（图一二〇）。

1999T3H130

位于 T3 西南部。被 H3、H4 打破，自身又打破生土。该坑未发掘全，另有一部分向南伸出探沟外。从探沟内现有平面可以看出该坑平面应为圆形。坑口东西长径 2.20、南北现宽 1.10、距地表深 0.85 米。坑壁稍外斜，略呈袋状。坑底平整，东西径 2.30、南北径 1.12、距地表深 1.37 米。自深 0.52 米。填土为浅黄土，含较多水锈，质较硬。所出陶器的纹饰主要有篮纹、方格纹和附加堆纹；可辨器形有小口高领罐、深腹罐、折壁器盖、残豆柄等（图一二一）。

2000T1H6

位于 T1 西南部，尚有一半伸出探方南壁。开口于第⑦层下，打破 H10 和 H31。坑口东西径 2.10、南北径 0.90、距地表深 0.80 米。坑壁较规整。坑底平整，东西底径 2.40、距地表深 2.40 米。填土分两层：第①层为黑灰土；第②层为灰绿色致密粉沙土，间有灰烬。出土器物有石刀、陶甑和较少量折肩罐残片（图一二二）。

2000T1 – T2H11

位于 T2 西南角，其西部伸出探方外，未发掘。开口于第⑦层下，打破 H51 和 H9。坑口南北径 2.34、东西径现有 1.70、距地表深 0.70 米。坑壁规整，可见挖筑灰坑的工具痕，似为石铲，宽约 12 厘米，凹痕深约 1 厘米。另有泥皮及棍夯痕迹。棍痕为圆凹条痕，长 30 厘米左右，痕径约 4 厘米，间距略大于棍径。坑底规整，南北径 2.58、距地表深 2.50 米。自深 1.80 米。填土为灰绿色粉沙土，质疏松。在填土中埋有一人头骨。出土遗物有陶片、石器和动物骨骼。其中，陶器可辨器形有折肩罐、细柄豆、厚胎附加堆纹瓮、折壁器盖、小口高领罐、带按窝纹鼎足、唇沿加厚的深腹罐、双耳平底盆、近平底刻槽盆、平底盆等。另混入一期口沿带凹槽的深腹罐残片（图一二三；彩版一〇，2）。

2000T2 – T3H62

位于 T2 北部。开口于第③层下，被 H50 打破，打破 H46、H52 和 H73。坑口南北长径 3.02、东西短径 2.94、距地表深 0.75 米。坑底平整，南北底径 3.15、东西底径 3.00、距地表深 1.65 米。填土为灰黄色粉沙土，质疏松。在填土中出土一顶骨和面颅分离的未成年人头骨。出土遗物丰富。陶器器形有唇沿加厚的圆唇深腹罐、厚胎钵、平底盆、小口高领罐、鼎足等（图一二四；彩版一一，1）。

2000T4H59

位于 T4 西北部。被 H53 打破，自身打破第⑤A 层。坑口直径为 2.26×2.20、距地表深 0.85 米。坑壁规整，留有工具加工痕迹。坑底较平整，直径 2.40、距地表深 2.68 米。自深 1.83 米。坑内填土分为五层。第①层为灰土，含沙，质极松。自南向北倾斜，

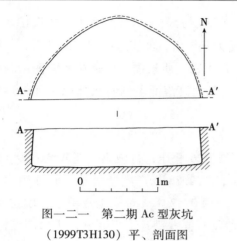

图一二一 第二期 Ac 型灰坑
（1999T3H130）平、剖面图

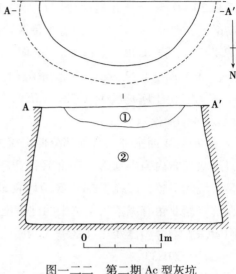

图一二二 第二期 Ac 型灰坑
（2000T1H6）平、剖面图

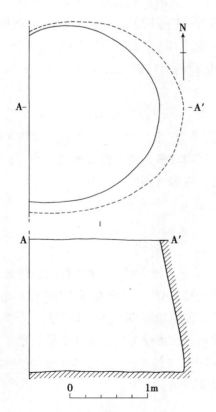

图一二三 第二期 Ac 型灰坑
（2000T1－T2H11）平、剖面图

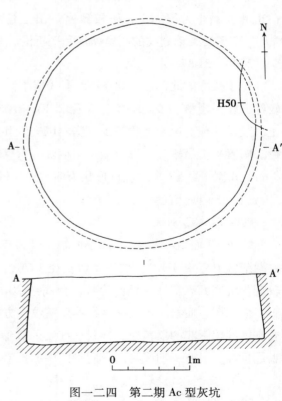

图一二四 第二期 Ac 型灰坑
（2000T2－T3H62）平、剖面图

厚 0.20~0.56 米。出有少量陶片及少量蚌壳。第②层为灰土，含红烧土，质极松。北高南低，厚 0~0.82 米。出有少量陶片。第③层为灰白土，堆积层由北向南倾斜，与第②层平行，厚 0.42~0.78 米。第④层为黄土，含水锈，质较硬。也是从北向南倾斜堆积，厚 0.18~0.42 米。出有少量陶片。第⑤层仍是北高南低呈倾斜状堆积，厚 0.14~0.34 米。出土陶片较少（图一二五）。

2000T4H94

位于 T4 西南部，有一部分伸出探方西壁。被 H26 叠压，打破第一期灰坑 H99。坑口形状探方内为半圆形，南北径 3.30、口距地表深 2.88 米。坑壁规整，向外倾斜明显。坑底平整，底径 3.64、底距地表 3.75 米。自深 0.87 米。填土为灰黑土，质较硬。在坑口西北角有塌落入灰坑中的纯黄土。出土遗物有镂孔鼎足、平底盆、小口高领罐、圆唇深腹罐等陶器残片（图一二六）。

2000T9H33

位于 T9 中部偏北。开口于第④层下，打破第⑤A 层和 H36、H37、H38。坑口完整，只是此处在农田改造时因取土破坏掉灰坑中上部，目前只见到原坑下半部。现存坑口直径 2.40×2.50、距地表深 0.60 米。坑周壁规整。坑底平整，底径 2.56、距地表深 1.20 米。填土为黄灰土，质较致密。出土遗物较少，其中，陶片可辨器形有正面饰"人"字形交叉刻划纹的侧扁鼎足和平折沿、浅方格纹的夹砂罐口沿等（图一二七）。

2000T13H87

位于探方的北部。开口于 G2 第③层下。口径 2.20、距地表深 1.60 米。坑壁保存较好，较为规整。坑底平整，底径 2.40、距地表深 2.50 米。自深 0.90 米。坑内填灰土，土质一般。出土遗物较少，陶器以夹砂和泥质灰陶较多，可辨器形有盆、小口高领罐、圆唇平折沿罐、子母口鼎、粗柄豆、折壁器盖、钵等（图一二八）。

2. B 型　共 19 个。坑口形状为椭圆形，依坑壁分为三个亚型。

（1）Ba 型　直壁。共 7 个。

2000T2 – T3H100

位于 T3 西南部及 T2 北隔梁西端。开口于第⑧层下，被 H45 和 H62 打破，打破第一期灰坑 H57 和 H101。坑口东西长径 1.70、南北短径 1.06、距地表深 0.80 米。坑壁较直，坑底西高东低，呈台阶状，台高约 20 厘米。底距地表深 1.52 米。填土为青灰土，带水锈，质松。出土陶器纹饰以篮纹、方格纹和附加堆纹为主，绳纹少见；器形主要有顶部稍隆起的器盖钮、饰附加堆纹的尊形瓮、子母口鼎、折肩罐、尖圆唇泥质罐、鸡冠錾等。另有一期风格的方唇带凹槽的折沿深腹罐（图一二九）。

（2）Bb 型　坡壁或弧壁。共 7 个。

2000T1H28

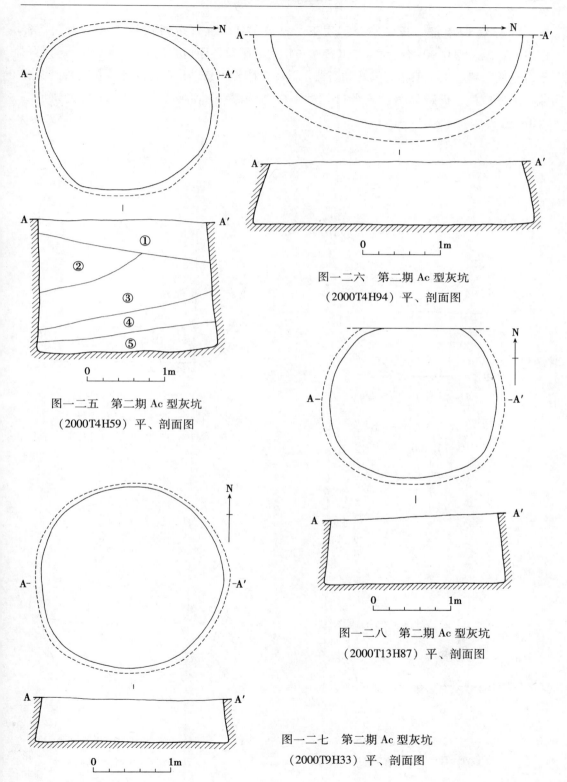

图一二五 第二期 Ac 型灰坑
（2000T4H59）平、剖面图

图一二六 第二期 Ac 型灰坑
（2000T4H94）平、剖面图

图一二八 第二期 Ac 型灰坑
（2000T13H87）平、剖面图

图一二七 第二期 Ac 型灰坑
（2000T9H33）平、剖面图

　　位于 T1 西南部。开口于第⑦层下，打破 H31。坑口东西长径 2.00、南北短径 1.48、距地表深 0.90 米。坑壁不甚规整。坑底较平整，距地表深 1.30 米。填土为黑灰土，土质一般。出土遗物有陶片和石器。其中，陶器可辨器形有深腹罐、折肩罐、深腹盆、子母口鼎、折壁器盖、子母口瓮、小口高领罐、厚胎碗、钵和饰按窝纹鼎足等（图一三〇）。

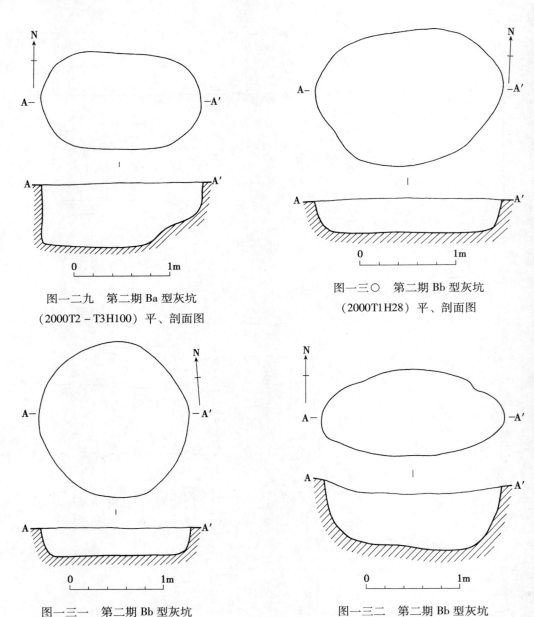

图一二九　第二期 Ba 型灰坑
（2000T2－T3H100）平、剖面图

图一三〇　第二期 Bb 型灰坑
（2000T1H28）平、剖面图

图一三一　第二期 Bb 型灰坑
（2000T12H97）平、剖面图

图一三二　第二期 Bb 型灰坑
（2000T4H24）平、剖面图

2000T12H97

位于 T12 西南部。开口于第⑤A 层下。坑口径 1.56×1.70、距地表深约 0.80 米。坑壁较规整。底部平整，底径 1.30、距地表深 1.10 米。自深 0.30 米。填灰土，质稍松。出土遗物较少，陶片以泥质灰陶为主；陶器纹饰有素面、方格纹、篮纹；器形有尖圆唇深腹罐、子母口缸等第二期常见器形。另外遗留有第一期的凹折沿方唇深腹罐（图一三一）。

2000T4H24

位于 T4 东北部。开口于第④层（原第⑦层）下，打破第⑤A 层。坑口东西长径 1.94、南北短径 0.94、距地表深 0.55 米。坑壁不甚规整。坑底略呈圜底，底距地表 1.19 米。自深 0.64 米。填土为灰黑色，质较松。出土遗物除石器、兽骨和少量蚌壳外，还有些陶器。陶器以夹砂和泥质灰陶为主，纹饰以篮纹和方格纹为主，绳纹次之；器形有深腹罐、侧扁足鼎、乳状鼎足、鬶（足）、刻槽盆、镂孔盘等（图一三二）。

1999T1H25

位于 T1 东部。开口于第③B 层下，被 H24 打破，打破 H28。坑口长径 1.64、短径 0.80、口距地表深 0.60、底距表深 0.90 米。坑内黄土为夹黄土块的黑灰土，局部土色深浅不同。出土陶器可辨器形有尊形瓮、小口高领罐、深腹罐、残圈足、甗、子母口瓮、乳状鼎足等（图一三三）。

1999T2H11

位于 T2 西南角，为把灰坑发掘完整，向探沟西扩方。开口于第②层下，打破 H37 和 M5。坑口南北长径 1.55、东西短径 1.00、距地表深 0.40 米。坑壁、底较规整，底距地表深 0.60 米。填土为黄土，含红烧土粒。出土陶器有平底盆、簋形豆、细柄豆把、直筒杯、深腹罐、直壁钵、折肩罐、器盖等（图一三四）。

2000T1H5

位于 T1 中部偏北。开口于第⑦层下，打破第⑧层。现存坑口南北长径 1.60、东西短径 1.40、口距地表深 0.85 米。坑壁不甚规整。坑底不平，底距地表深 1.15 米。填土分上下两层：上层为黑灰粉沙土，质疏松，含红烧土颗粒；下层为黑灰土。出土遗物有骨器和其他动物骨骼。出土陶器甚少，可辨器形有折肩罐残片（图一三五）。

（3）Bc 型　袋状壁。共 5 个。

1999T1H45

位于 T1 东南角。被 H29 打破，打破 H46、H47。坑口不全，另有部分向南伸出南壁，探方内坑口形状呈椭圆形。坑口东西长径 2.15、南北最宽 0.95、距地表深 1.30 米。坑壁略外斜，为袋状坑壁，其上保存有工具痕迹。底部平整，长径 2.30、短径 1.05、距地表深 3.10 米。自深 1.80 米。坑内填土分为四层：第①层，为深灰色黏土，夹黄土块，呈圜底状薄层；第②层，浅灰色黏土，较松疏，自西向东倾斜堆积；第③层，草拌泥黄土块层，堆积方向与第②层相平行；第④层，浅灰土，土质较紧，堆积倾斜方向与第②、③层相平行。出土陶器有折壁器盖、瓦足、甗裆部和腰部、敛口瓮、细柄豆把、圆厚唇折沿深腹罐、直口球腹刻槽盆、子母口鼎等（图一三六）。

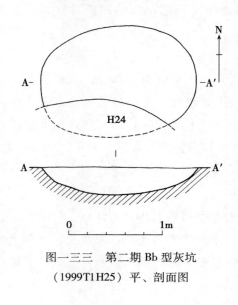

图一三三　第二期 Bb 型灰坑
（1999T1H25）平、剖面图

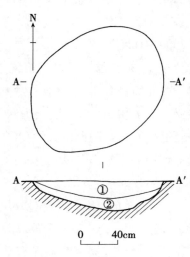

图一三五　第二期 Bb 型灰坑
（2000T1H5）平、剖面图

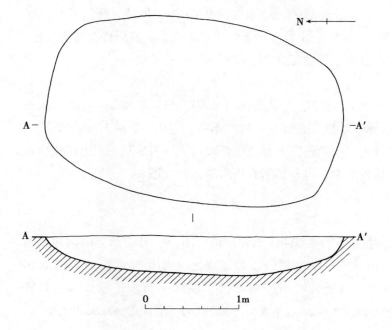

图一三四　第二期 Bb 型灰坑
（1999T2H11）平、剖面图

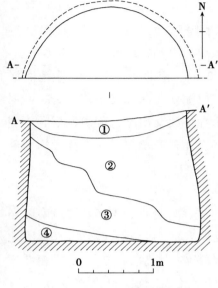

图一三六　第二期 Bc 型灰坑

（1999T1H45）平、剖面图

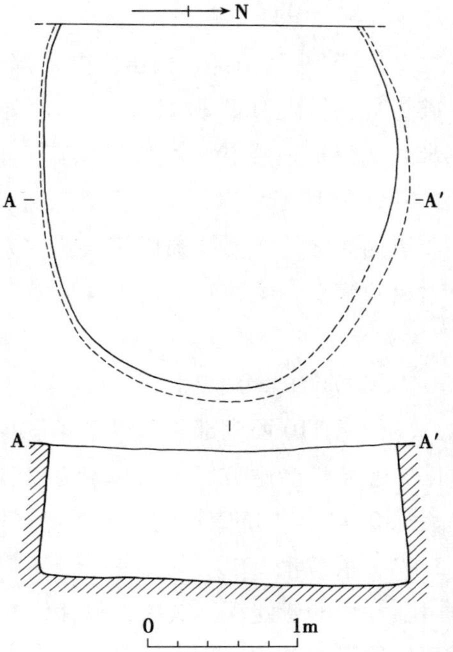

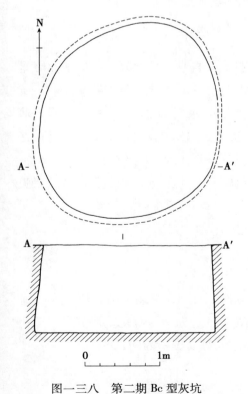

图一三八　第二期 Bc 型灰坑

（2000T10H54）平、剖面图

图一三七　第二期 Bc 型灰坑

（2000T9H37）平、剖面图

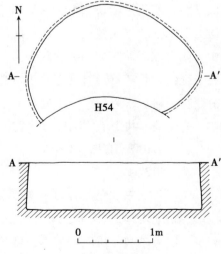

图一三九　第二期 Bc 型灰坑

（2000T10H56）平、剖面图

2000T9H37

位于 T9 西南部，西出探方外部分未予发掘。开口于第⑤A 层下，被 H33、H34 打破，自身打破 H39 和 H40。坑口东西长径现为 2.50、南北短径 2.30、距地表深 0.65 米。坑壁略呈袋状，坑底平整。底径东西长径现为 2.54、南北短径 2.43、距地表深 1.60 米。填土为浅黄土，土质致密。出土陶片较碎，以泥质灰陶和夹砂灰陶为主，泥质黑陶次之；陶器纹饰以篮纹为主，方格纹次之，附加堆纹又次之；可辨器形有平底盆、双腹豆、尖圆唇平折沿深腹罐、正面饰刻划纹的三角形高鼎足、小口高领罐、鬶（盉）流、折壁器盖等（图一三七）。

2000T10H54

位于 T10 西南部。开口于第③层下，被现代墓打破，自身打破 H56。坑口南部塌陷，原坑口已遭破坏，北部较为完整。坑口南北长径现为 2.70、东西短径 2.30、距地表深 0.43 米。坑壁除南壁不太规整外，其余保存较为完整。坑底为平底，底径南北长 2.92、东西宽 2.40、距地表深 1.63 米。填土为浅灰土，土质较硬。出土遗物有陶片、骨器和动物骨骼等。其中，陶片较少。陶器纹饰以方格纹为主，篮纹次之，绳纹很少；可辨器形有碗、双腹豆、平底盆、折壁器盖、圆唇深腹罐、小口高领罐、子母口鼎等。另有属于第一期的碗、小口高领罐等（图一三八）。

2000T10H56

位于 T10 西北部。开口于第③层下，被 H54 打破，自身打破 H61。坑口平面略呈椭圆形。坑口东西长 2.24、南北短径现存 1.25、距地表深 0.50 米。坑壁略呈袋状。坑底平整，底径东西长 2.30、南北短径现为 1.28、距地表深 1.14 米。自深 0.64 米。填土为黄褐土，土质较松。在灰坑底部发现有一人头盖骨。出土有陶片、骨簪、骨镞。其中，陶器以泥质灰陶和夹砂灰陶为主，另有泥质褐陶；陶器纹饰以篮纹为主，另有方格纹、绳纹；可辨器形有鬶把、小口高领罐、折壁器盖、子母口鼎、平折沿深腹罐、双腹豆、折肩罐、子母口鼎、平底盆等（图一三九）。

3. C 型　共 3 个。坑口形状近长方形，分为两亚型。

（1）Ca 型　直壁。1 个。

2000T13H17

位于 T13 东北角。开口于 G2③下。坑口近长方形，直壁，平底。坑口长 1.38、宽 1.10、距地表深 2.05 米，深 0.65 米。坑内填土疏松，土色灰，含红烧土块。出土遗物较少，以夹砂和泥质灰陶为主，可辨器形有深腹罐、鼎等（图一四〇）。

（2）Cb 型　坡壁或弧壁。2 个。

2000T9H34

位于 T9 西部，向西伸出探方西壁外。开口于第④层下，打破 H37。探方内坑口现呈不甚规则的长方形。坑口东西现长 0.76、南北宽 0.34～0.54、距地表深 0.55 米。坑壁不甚规整，其中北壁为斜坡状，东壁和南壁较直。坑底较平整，南北宽 0.30～0.50、距地表深 1.00 米。填土为浅黄土，土质一般。出土遗物极少，陶片标本只有 1 件三角形矮小鼎足（图一四一）。

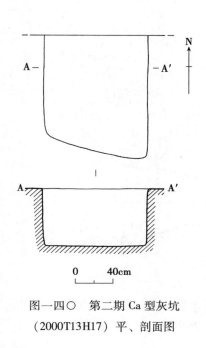

图一四〇　第二期 Ca 型灰坑
（2000T13H17）平、剖面图

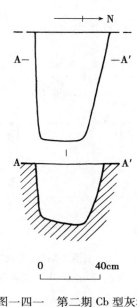

图一四一　第二期 Cb 型灰坑
（2000T9H34）平、剖面图

4. D 型　共 5 个。不规则形。可分两亚型。

（1）Da 型　直壁。2 个。

2000T12H89

位于 T12 西南部。开口于第③层下，打破 Z1、Z2 和⑤A 层下 F1。坑口长 2.10、宽 1.10、距地表深 0.30 米，自深 0.80 米。坑底锅底状。坑内填灰土，质疏松。出土的遗物较多，其中陶器以泥质灰陶和夹砂灰陶为主，纹饰有附加堆纹、方格纹等，器形有深腹罐、折肩罐、子母口鼎、小口高领罐、尊形瓷、平底盆等（图一四二）。

1999T2H23

位于 T2 西部。开口于第②层下，被 M1 打破，叠压 M4，打破 M5。坑口南北长径 2.80、东西短径 1.85、口距地表 0.45 米。直壁，底部不平，四周向中间倾斜，坑底最深距地表 0.93 米。坑底偏南处有两个柱洞，即 D1 和 D2，D1 打破 D2。D1 距地表深 0.55 米，直径 0.24、洞壁厚 0.03、深 0.10 米。D2 距地表深 0.54 米，直径 0.19～0.20、深 0.09 米。柱洞东北不远处有一石臼。填土为花白土，夹杂红烧土块和炭灰，

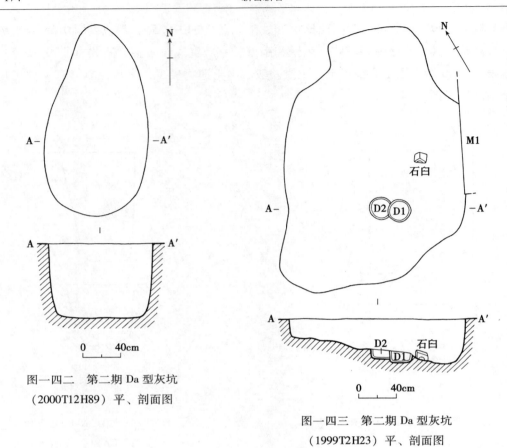

图一四二　第二期 Da 型灰坑
（2000T12H89）平、剖面图

图一四三　第二期 Da 型灰坑
（1999T2H23）平、剖面图

土质较松。出土陶器有尖圆唇深腹罐、折壁器盖、矮领瓮和折肩罐等（图一四三）。

（2）Db 型　坡壁或弧壁。3 个。

2000T4H53

位于 T4 西北部，西部出探方外，经扩方后，只剩下该坑的西北角尚未发掘。开口于第④层（原第⑦层下）下，打破 H59。探方内部分坑口大致呈刀把形，南北长 2.10、东西宽 2.15、距地表深 0.45 米。坑壁大致为斜坡状，底部平整，底现存南北长 1.75、东西宽 1.24～2.12、距地表深 0.85 米。坑底中央略凹，南北向横置一残人骨架，头南脚北，上身仰身曲肢，双臂向右伸出，下肢缺失大腿骨，因坑底为圜底，骨架南北两端高，中间低，尤其脚趾上跷，紧贴坑壁。坑内填土为灰白土，带黄斑，夹大量粗沙，质极松。出土陶器有深腹罐、子母口鼎、小口高领罐、深腹盆等。另出土有石铲和石刀等（图一四四；彩版一一，2）。

5. E 型　共 55 个。坑口形状不明。可分三亚型。

（1）Ea 型　直壁。共 21 个。

1999T1H34

位于 T1 西北部，向北伸出探方外的部分未掘。被 H21 和 H22 打破，打破第④A 层。探方内部分略呈半圆形。坑口东西长径 1.55、南北最宽 0.65、距地表深 0.27 米。坑壁较规整，坑底由西向东稍低凹。坑底东西长 1.40、南北宽 0.55、距地表深 0.80 米。坑内填土分两层：上层为黄土，土质较硬；下层为黄土，质较松。出土陶器有深腹罐、小口高领罐、器盖等。另有一期的高领瓮残片（图一四五）。

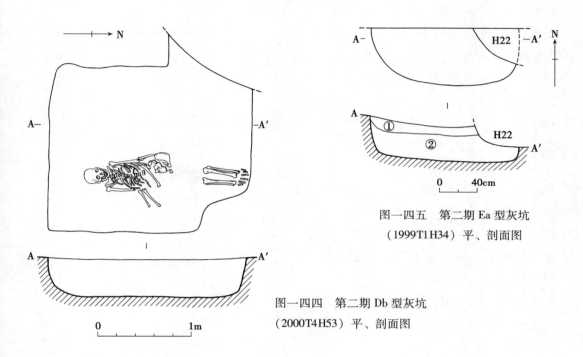

图一四五　第二期 Ea 型灰坑
（1999T1H34）平、剖面图

图一四四　第二期 Db 型灰坑
（2000T4H53）平、剖面图

2000T9H36

位于 T9 东北部，北出探方部分未予发掘。开口于第④层下，被 H33 打破，打破 H38。探方内坑口形状为不规则形，东西最长 2.50、南北最宽 1.05、距地表深 0.60 ~ 0.75 米。坑壁为直壁，坑底较为平整，距地表深 1.70 米。填土为浅黄土，质较硬。出土陶片很少，可辨器形有折壁器盖、钵、碗、刻槽盆等。另有一期的甗腰残片（图一四六）。

2000T10H61

位于 T10 北部偏西。开口于第③层下，被 H56 打破，打破 H68。现只保存有灰坑北半部。残存坑口部分大致呈半月牙形。其东西长径 1.46、南北最宽 0.54、距地表深 0.50 米。坑壁较直，坑底平整，距地表深 0.90 米。自深 0.40 米。填土为黄褐土，质地较硬，含有草木灰等。出土遗物较少，陶器可辨器形有剖面呈三棱形的鼎足、平折沿深腹罐、圆唇平折沿深腹罐、小口高领罐、"V"形鼎足、盉（鬶）足等。另有一期的深腹盆上部残片（图一四七）。

1999T1H40

位于 T1 西南部。开口于第④A层下，被 H26 和 H36 打破，自身打破第⑤A 层。坑口不全，另有一部分伸出探方南壁外。探方内坑口平面大体为半圆形。东西长径 2.17、南北短径 1.50、距地表深 0.83 米。坑壁近直，圜底，距地表深 1.73 米。自深 0.90 米。填土分两层：第①层为黄灰土，质一般；第②层为黄土夹灰斑，两层之间有一黑灰面。出土陶器有平底盆、子母口鼎、圈足器、鼎足、器盖、小酒盅、小口高领罐、圆陶片、深腹罐、折肩罐、杯，另有鸡冠錾、深腹盆、刻槽盆、甑和盖纽的残片（图一四八）。

1999T1H78

位于 T1 西北部。开口于第⑤D层下，被 H40 和 H75 打破，只剩下灰坑下半部分，自身又打破H112。该坑北出探沟北壁，整体形状不明。探沟内部分坑口为不规则形，东西长径 1.40、南北最宽 1.00、距地表深 1.47 米。坑壁较直，底部西侧稍高，坑底最深处距地表 2.15 米。坑内填土可分为三层：第①层被 H40 和 H75 打破得所剩不多，为黄斑土层；第②层为

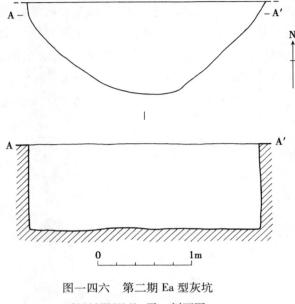

图一四六　第二期 Ea 型灰坑
（2000T9H36）平、剖面图

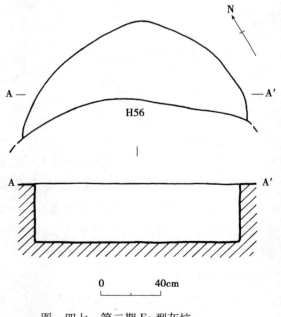

图一四七　第二期 Ea 型灰坑
（2000T10H61）平、剖面图

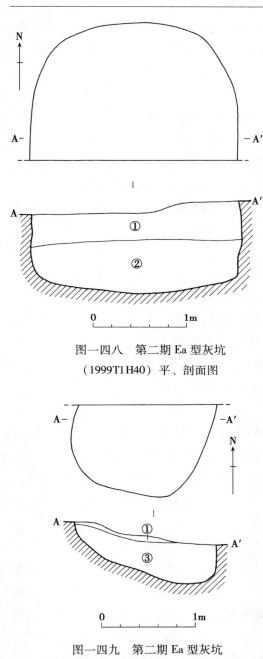

图一四八 第二期 Ea 型灰坑
（1999T1H40）平、剖面图

图一四九 第二期 Ea 型灰坑
（1999T1H78）平、剖面图

草木灰层，仅分布于灰坑南半部，土质疏松，为就地焚烧的灰烬，该层及其以下有较多的陶片；第③层堆积较厚，为红斑土层。陶器可辨器形有折壁器盖、子母口鼎、小口高领罐（瓮）、尖唇折沿深腹罐、厚圆唇折沿深腹罐、斜方唇折沿罐等。另有一期的方唇凹沿深腹罐、瓢腰、残圈足盘等（图一四九）。

1999T4H60

位于 T4 的西南部。被 H179 打破，自身打破了 H74。坑口尚有一部分伸出探方南壁。探方内坑口东西长 1.50、南北残宽 1.15、距地表深 0.92 米。坑壁较规整，唯坑底自东向西倾斜。底距地表深 1.30～1.52 米。填土黄灰土，质一般。出土陶器有折壁器盖、鸡冠錾手、双耳平底盆、折肩罐、唇沿加厚的圆唇深腹罐、尊形瓮、圆肩瓮等新砦遗址第二期晚段的常见器物，还出有一期的深腹罐（图一五○）。

（2）Eb 型 坡壁或弧壁。共 22 个。

1999T1H29

位于 T1 东南部。开口于第②层下，被 H24 和 H28 打破，又打破了 H42 和第⑤A 层。灰坑大部伸出探方南壁外，探方内部分坑口略呈椭圆形，坑口东西长径 3.56、南北最宽 1.80、距地表深 0.55 米。坑东北壁较陡直，西壁为缓坡状。坑底较平，东西长 3.00、南北宽 1.75、距地表深 1.39 米。坑内填土分上下两层：第①层为灰沙土，土质较松疏；第②层为深灰色夹黄土块。出土陶片较丰富。其中，以泥质和夹砂黑灰陶为主，另有泥质黑皮陶、夹砂褐陶和棕黄陶。陶器纹饰除素面之外，以篮纹最多，次为方格纹和绳纹，其他纹饰还有弦纹、附加堆纹、压印纹、指甲纹、鸡冠錾和刻划纹。经复原和拼对，陶器可辨器形有斜折沿鼎、尊形瓮、深腹罐、器盖壁、高足鼎足、小口高领罐、折肩罐、细柄豆、平底盆、刻槽盆等，还有个别乳状鼎足、圆陶片等（图一五一）。

2000T12 – T13H90

位于 T12 西北角。开口于 T12 内 G1 下，打破 G2 和第一期灰坑 H92，叠压 H91。该坑主体部分伸出探方北壁外，探方内部分只有月牙状的一窄条。坑口现有东西径1.95、南北径 0.30、距地表深 0.80 米。坑壁为斜坡状。平底，现东西底径长 1.43、南北宽 0.14、距地表深 1.95～2.00 米。填土为深灰土，质疏松，含红烧土块和颗粒。出土陶器纹饰有篮纹、方格纹和附加堆纹等，器形有尖圆唇深腹罐、钵、碗、近圜底刻槽盆、折肩罐等。

2000T3 – T4H25

位于 T4 西南角和 T3 西北角。开口于第④层下。灰坑西边大半部出探方西壁，未曾发掘。探方内坑口大致呈半月形，南北长径 2.80、东西现存宽 0.93、口距地表深 0.50米。坑壁南侧较直，北侧呈坡壁，底部不平，南部稍高。底距地表深 1.30 米。填土分上下两层：上层在坑内分布范围较小，仅分布于探方西南壁附近，为浅黄土，质一般；下层为夹炭灰土，夹砂。出土陶器以泥质灰陶和夹砂灰陶为主；纹饰除素面外，以篮纹和方格纹为主；器形以罐最多，其次为器盖和小口高领罐（图一五二）。

1999T2H96

位于 T2 西南部。开口层位遭到破坏，整体被 F4 第③层叠压，自身打破 F6。坑口大部伸出探方南壁外，在探沟内的部分为一窄条。口距地表 1.45 米，东西长 1.10、南北最宽 0.20、深 1.35～1.50 米。坑壁不甚规整。底部不平，西壁留一台阶。坑底东西长 0.60、南北宽 0.15、距地表最深为 1.75 米。填土为黄花土，质松。出土遗物甚少（图一五三）。

2000T2 – T3H50

位于 T2 东北角和 T3 东南角。往东出探方外，未掘全。开口于 T3 第③层（原编为第⑦层，相当于 T2 第⑦层）下，打破 H62 和 H73。打掉 T2 北隔梁之后，在探方内的坑口呈半月形。坑口南北长径 2.60、东西最宽 0.82、距地表深 0.55 米。坑壁不甚规整，坑底南高北低，略呈台阶状。台高约 0.10～0.15 米。坑底南北长 2.10、东西宽约0.75、距地表深 1.75 米。填土分上下两层：上层为灰褐土，质极松；下层为灰土，含水锈，质较硬。出土有蚌壳及少量动物骨骼。陶器器形有子母口瓮、直领厚唇高领罐、平折沿深腹罐、小口高领罐。另混有一期常见的圈足盘、单耳杯和方唇凹沿深腹罐残片（图一五四）。

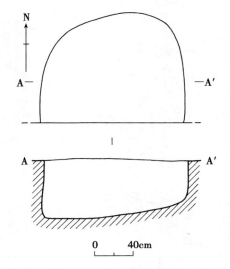

图一五〇　第二期 Ea 型灰坑
（1999T4H60）平、剖面图

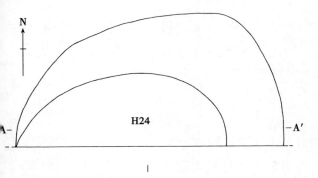

图一五一　第二期 Eb 型灰坑
（1999T1H29）平、剖面图

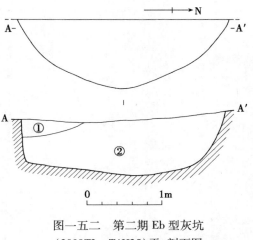

图一五二　第二期 Eb 型灰坑
（2000T3 – T4H25）平、剖面图

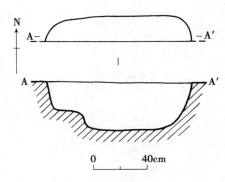

图一五三　第二期 Eb 型灰坑
（1999T2H96）平、剖面图

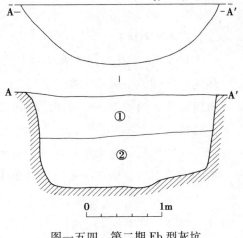

图一五四　第二期 Eb 型灰坑
（2000T2 – T3H50）平、剖面图

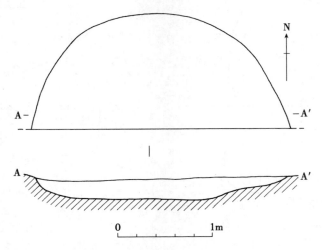

图一五五　第二期 Eb 型灰坑（1999T1H26）平、剖面图

1999T1H26

位于 T1 西南部。开口于第②层下，打破第④A 层和 H40。坑口长 2.70、残宽 1.25、距地表深 0.58 米，坑底长 1.60、宽 1.00、距地表深 0.85 米。填土为黑灰草木灰，土质疏松。出有子母口瓮、子母口鼎、器盖、篮形豆、高足鼎足、折肩罐、尊形瓮、深腹罐等（图一五五）。

2000T3H49

位于 T3 西部，一部分向西伸出探方外，未掘全。开口于第④层（原第⑦层）下，打破第⑤B 层（原第⑧层）。探方内坑口大致为半圆形，南北最大径 1.40、东西宽 0.70、口距地表深 0.60～0.70 米。坑壁不甚规整，圜底，底距地表深 1.04 米。出土遗物甚少，仅有少量碎陶片（图一五六）。

1999T2H147

位于 T2 东北角，绝大部分出探沟北壁和东壁外，未能发掘。探沟内只见介于东壁和北壁之间的一弧状窄条。开口层位被 H83 和 H84 破坏，自身打破第一期灰坑 H148。坑口现存东西长 1.50、南北最宽 0.54、距地表深 1.35 米。残存坑壁比较规整。坑底东高西低，底面不平，东西长 1.26、南北存宽 0.40、距地表深 1.60～1.75 米。填土为黑灰土，较松软，含大量草木灰、烧土块等。出土陶器有鼎、折沿深腹罐、平底盆、小口高领罐、器盖、中口罐等（图一五七）。

（3）Ec 型　袋状壁。共 11 个。

1999T1H36

位于 T1 西北部。被 H34 打破，打破第④A 层。坑口不全，向北伸出探方外的部分未发掘。探方内坑口大体呈圆角长方形，东西长 1.25、南北宽 0.85、口距地表深 0.68

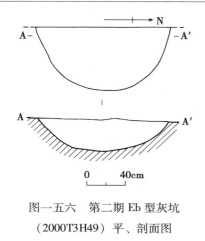

图一五六　第二期 Eb 型灰坑

（2000T3H49）平、剖面图

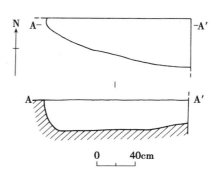

图一五七　第二期 Eb 型灰坑

（1999T2H147）平、剖面图

米。坑壁上半部被 H34 打破，中下部外鼓，最大径在坑中下部。坑底平整，南北最长
1.40、东西宽 0.95、距地表深 1.40 米。填土为灰黑土，上部较松，下部较紧。该坑底
部和周壁规整，可能原为储藏坑，废弃后，堆满垃圾。出土陶器有刻槽盆、豆、器盖、
深腹罐、高足鼎足、折肩罐、小口高领罐、钵等。另有一期风格的方唇凹沿深腹罐
（图一五八）。

2000T9H40

位于 T9 南部，南出探方外部分未予发掘。开口于第⑤B 层下，被 H37 打破，自身
打破第一期灰坑 H43。探方内坑口平面略呈半圆形，东西长径 2.75、南北短径 1.45、

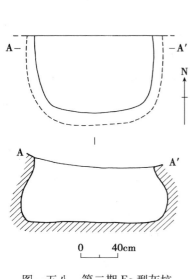

图一五八　第二期 Ec 型灰坑

（1999T1H36）平、剖面图

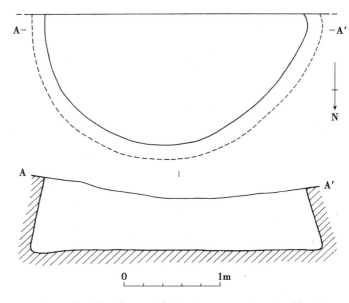

图一五九　第二期 Ec 型灰坑（2000T9H40）平、剖面图

距地表深 0.60 米。坑壁规整，袋状明显。坑底平整，东西长 3.00、南北宽 1.60、距地表深 1.25 米。填土为浅灰土，土质一般。出土陶片少而碎，可辨器形有大厚沿缸、两侧饰按窝纹的鼎足、鸡冠錾、尖圆唇夹砂深腹罐等（图一五九）。

三 灰沟

新砦遗址发现的第二期灰沟共有 6 条，编号为 1999G1、G2 和 2000G1～G3、G5（附表七）。

现以 2000G1、G2、G3 为例介绍如下。

2000T12－T13G1

位于 T12 和 T13 的北半部。开口于 T13 第②A 层下。灰沟为东西走向，东西横穿 T12 和 T13 两探方的北部，整体略向南凸出，向北出探方外，南北宽度不明，探方内南北宽 1.75～2.70 米。向西越出 T13 西壁，向东出 T12 东壁，东西总长在 10 米以上。沟口距地表深 0.35、自深 0.50～0.70 米。沟壁为弧壁，呈斜坡状，南高北低，缓慢延伸至沟底，底部为圜底。沟内填土疏松，分上下两层，上层为灰土，下层为黄土。出土的遗物较多，陶质以夹砂和泥质灰陶为主，陶器纹饰有方格纹、篮纹、绳纹等。

2000T12－T13G2

位于 T12 和 T13 的北半部。开口于 T13 第②A 层下，打破 F1。东西走向，与 G1 大体平行，大部分被 G1 叠压，只是西部有一小段向南偏出，超出 G1 的宽度。G2 西南部直接开口在第②A 层下，上距地表 0.35 米；T12 东壁下 G2 被 G1 第②层叠压，上距地表深 0.75 米。沟口原南北宽度不明，探方内宽 1.25～2.75 米。沟壁为坡状，自南向北倾斜，呈南高北低的斜坡状。沟内填土共分三层。第①层，只分布在 G2 西北部和中部偏北的一小块。填土为灰黑土，土质疏松。第②层分布普遍，中部偏东处地层抬升较高，向东西两侧倾斜。填土为浅灰土，较松。第③层范围较第②层收缩，填灰土，含水锈，质稍硬。出土遗物较多，陶质以夹砂灰陶和泥质灰陶为主，其次有黑陶、褐陶等；纹饰有篮纹、方格纹、附加堆纹等；可辨器形有罐、盆、器盖等。从出土遗物判断，G1 和 G2 相隔时间不长，当是人工有意挖筑的，至于其用途，受发掘面积限制，只能留待以后进一步的工作（图一六〇）。

2000G3

位于 2000 年东部发掘区，即 T5、T6、T7、T11 和 T14 中发掘出的大型壕沟。经地面考察、钻探和发掘初步查明，这条壕沟位于新砦遗址 A 区最东端，大致呈西北—东南走向。壕沟南北两端均抵现遗址东部地带的南北断崖处。站在遗址断崖下面抬头向上望，仍可以看到壕沟挂在断崖上。遗址东部南断崖之下为双洎河古河道，这里的断崖当为双洎河河水冲刷所致；遗址东部北断崖之下是介于梁家台村和苏沟村之间的冲沟，北断崖的形成当与冲沟有关。从断崖剖面仍保留有壕沟剖面可以看出，这条西北—东南向的大壕沟是遭到北边冲沟和南面双洎河的南北夹击之后才被冲断的，至于这条壕沟原来从何处开始，又最终流向何处，现在已无从察寻。

　　钻探得知 G3 沟口总体形状为北窄南宽的不规则形。壕沟两边不甚整齐，西边尤甚，呈曲折状。东边较规整，大体呈弧形分布。壕沟两岸由沟边向沟内深度逐渐加深，最深处达 7 米以上。这条壕沟打破了 T11 中最下层的第一期灰坑 H1，从它自身的包含物看，在 T5 第⑤C 层以下、T6 第⑥层以下和 T11 第⑥层以下出土物皆为二期晚段的器物，说明这条壕沟的时代应为二期晚段，而覆盖在 G3 之上的是二里头文化时期的地层，表明到了二里头文化的早期壕沟已经废弃。可见壕沟历经的时间非常短暂，主要集中在二期晚段。有意思的是这样一条非人工开挖的大壕沟位于遗址东端断崖处，这里地面距现今双洎河古河道有 20 米左右的高差，说明当时的水位相当高，来势也非常猛烈，这可从 G3 堆积层中含有较大的沙波（彩版一二，2）和把一期的灰坑冲垮等现象中得到印证（图一六一）。

　　受发掘面积的限制，2000 年仅发掘出 T14 当中一段 G3 的北岸，从这里可以看出，G3 直接打破了一期文化层（T14 第④层），北岸非常陡峭。壕沟内的堆积很可能与多次发水有关，形成近 20 层冲积层，从 T6 的地层堆积看，上部冲积层东高西低，下部趋缓。T5、T6 和

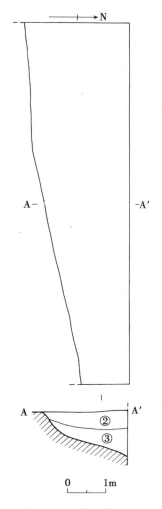

图一六〇　　第二期灰沟
2000T12－T13G2 平、剖面图

T11 均落在壕沟当中，其中，T6 第⑤A 层以上出有二里头文化典型器物——花边口沿罐，自第⑥层以下至第⑱层均为 G3 冲积层。

　　T11 发掘时以自然冲积层为主要依据，详细划分地层，除依据考古层位学划分出文化层外，尝试从自然冲积层的角度，在某些文化层甚至夹层当中，再作进一步的细分。这种划分方案比通常按考古层位学划分的地层更细。

　　现以 T11 东壁和南壁为例，介绍 G3 各层堆积（图一六二）。

　　T11 第④A、④B、④C、⑤层均为晚于新砦遗址第二期的二里头文化时期遗存，兹略而不述，仅叙述第⑥层及其以下各层。

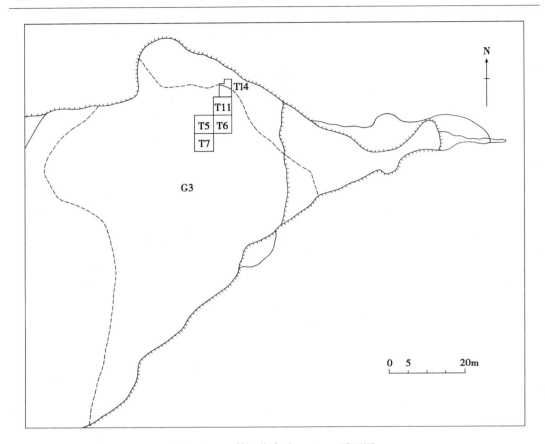

图一六一　第二期灰沟 2000G3 平面图

　　第⑥层　见于探方西南部，分布范围较第⑤层有所扩大，东部直接出露在第②层下。深 0.55~1.30、厚 0.30 米。土质土色与第⑤层类似，不过土色更灰。出土器物众多，有器盖、折肩罐、甑、盖纽、平底盆、深腹罐、鼎足、豆、篡形豆、乳状鼎足、鸡冠錾、子母口鼎、斜折沿鼎、尊形瓮、小口高领罐、子母口瓮、四瓦足瓮、大口罐、卷沿盆等。

　　第⑦A 层　分布于探方南半部，其中位于探方东南角的部分直接开口在第②层下。自东向西倾斜分布，多为水浸土。深 0.50~1.40、厚 0.10~0.45 米。

　　第⑦B 层　仅分布于探方西北角。土质一般，深灰色。深 0.40~1.35、厚 0~0.18 米。可与第⑦A 层合并为一层。

　　第⑦A、⑦B 层共出有子母口鼎、斜折沿鼎、浅盘圈足盘、刻槽盆、平底盆、尊形瓮、折肩罐、鼓腹罐、深腹罐、豆、盉、小杯、镂孔鼎足、三角形鼎足、鸡冠錾、乳状鼎足、双耳筒形杯、器盖纽等。

　　第⑧层　分布普遍。土质致密，土色淡黄，为水浸土，多沙。深 0.70~1.58、厚

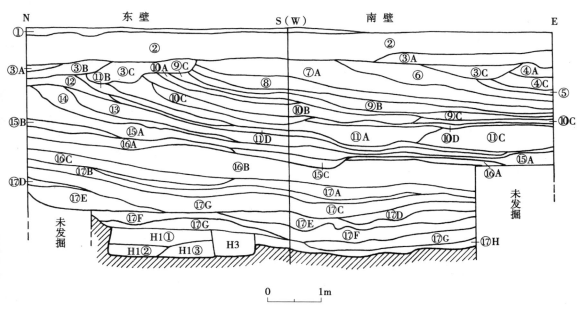

图一六二　第二期灰沟 2000T11 内 G3 地层堆积状况

0.05～0.30 米。该层内曾以明显的水浸线为依据划分出若干小薄层，总体观察，实应合为一层。所出陶片非常丰富，有附加堆纹盆、深腹罐、折肩罐、饰按窝纹的三角形高鼎足、豆、折壁器盖等。

第⑨A 层　分布在 T11 西北角，浅黄色水浸土。深 1.00～1.50、厚 0～0.15 米。自东向西倾斜。

第⑨B 层　分布较普遍，分布在探方西北部的部分被⑨A 层叠压。深 0.85～1.65、厚 0.05～0.25 米。自东南向西北倾斜。

第⑨C 层　分布于探方东南侧，大部叠压在⑨B 层下。土质致密，含陶片较多。深 0.90～1.70、厚 0.05～0.20 米。

第⑨A、⑨B、⑨C 层可并为一层，土质较为致密，土色为浅黄，水浸大，含沙量较大，开始之所以分层，主要考虑各小层之间水浸线较明显之缘故。此三层出土陶器有"V"形鼎足、折肩罐、深腹罐、折壁器盖、尊形瓮、盖纽、平底盆、豆、甑等。

第⑨D 层　主要分布在 T11 西部，为沙性浅黄土，自东向西倾斜堆积。深 0.40～1.80、厚 0.05～0.40 米。可细分为两小层，即⑨D1 和⑨D2 层。前者主要分布在北边，系一薄层；后者被前者叠压，系一隆起的沙层。据北京大学城市与环境学系夏正楷先生研究，后者实为一处沙波，系较大河流冲积而成。此层中没有出土陶片。

第⑩A 层　主要分布于探方东南部，面积较小，较薄，为水浸黄土。自东北向西南倾斜。深 0.95～1.40、厚 0～0.15 米。出土陶器有折肩罐、折壁器盖。

第⑩B层　主要分布在探方东南部,分布面积较大,自东北向西南倾斜。土质土色与⑩A层比较接近,含沙性较大。深0.90~1.20、厚0~0.42米。所含陶片较多。出有豆、折壁和弧壁器盖、平底盆、盖纽、深腹罐、鸡冠錾、尊形瓮、折肩罐、三角形高鼎足、斜折沿鼎、簋形豆、小口高领罐、陶盉残片、乳状鼎足等。

第⑩C层　分布在探方东南部,范围不大,自东向西倾斜。水浸黄土,沙多。深0.90~1.30、厚0~0.20米。含陶片较少,可辨器形有深腹罐。

第⑩D层　分布于探方西南部。水浸土,质密,淡黄褐色。深1.70~2.00、厚0.05~0.12米。所含陶片极少。

第⑩E层　分布较普遍,其西部被⑩D层叠压。土质土色与⑩D层相似,只是黏度更大,属胶质土。深1.10~1.75、厚0.05~0.15米。几乎不出陶片。

第⑨D1、⑨D2、⑩A、⑩B、⑩C、⑩D、⑩E层可并为一大层,该层为致密的沙性浅黄土,除第⑩B层外,几乎不出陶片。

第⑪层　基本遍布整个探方。可分为若干小夹层。

第⑪A层　主要分布在探方东南部。深0.95~1.90、厚0~0.40米。出有折壁器盖、饰按窝纹的侧扁三角形鼎足、折肩罐、尊形瓮、深腹罐、平底盆等。

第⑪B层,仅分布在探方东部,叠压在⑪A层下。土层薄,土质疏松。深0.90~1.85、厚0~0.15米。所含陶片较多。

第⑪C层,分布普遍。土质致密一些。深1.90~2.10、厚0~0.55米。所出陶片不多。

第⑪D层　分布较普遍。东部被⑪A层和⑪B层所压,西部被⑪C层所压。土质较硬,褐黄色,属胶质土。深1.35~2.40、厚0~0.10米。

第⑪A、⑪B、⑪C、⑪D层可并为一层,土质较硬,土色略褐黄。厚约0.35~0.45米。其中第⑪C层也为一沙坡层。

第⑫层　只分布于探方北侧及东侧。土质较疏松,土色浅黄。深0.95~1.50、厚约0~0.35米。所出陶片少,主要遗物有平底盆、折壁器盖、深腹罐、饰压印纹的鼎足、子母口鼎、尊形瓮等。

第⑬层　分布较为普遍,自北向南倾斜分布。沙质,水浸土,土质较疏松,土色浅灰黄。深1.15~2.35、厚约0.05~0.30米。出土陶器主要器形有折壁器盖、平底盆、折肩罐、刻槽盆、深腹罐、敛口缸、四足瓮、豆、器盖纽、饰按窝纹的侧扁三角形鼎足、鬶残腰、钵等。

第⑭层　分布于探方北半部,自东北向西南倾斜。土质有些疏松,土色仍为浅黄,与第⑬层有水浸线相隔。深1.15~1.80、厚约0.05~0.45米。所出陶片可辨器形有器盖纽、折肩罐、穿孔杯、深腹罐、素面三角形鼎足、折壁器盖、豆、鸡冠錾、刻槽盆、敛口缸等。

第⑮层 分布在探方东南部。为较硬的浅黄土和含沙的水浸黄土，局部略呈褐色。分三个小夹层，各小夹层之间有水浸线。

第⑮A层 遍布整个探方，自东北向西南倾斜。深 1. 10～2. 50、厚 0～0. 60 米。

第⑮B层 仅分布在探方东北部，叠压在⑮A层下。深 1. 75～2. 10、厚 0～0. 15 米。

第⑮C层 仅分布在探方东南角，范围狭窄。深 2. 25～2. 40、厚 0～0. 20 米。

第⑮A、⑮B、⑮C 可并为一层。所出陶片可辨器形有深腹罐、三角形鼎足、子母口鼎、折肩罐、器盖纽、折壁器盖等。

第⑯层 分布普遍。为致密的浅黄土。可分为若干小层，各小层之间为水浸线。

第⑯A层 分布普遍。东北较厚，西南较薄。深 1. 90～2. 45、厚 0～0. 20 米。出土有折壁器盖、盖纽、折肩罐、甑残片、深腹罐、素面罐、平底盆、刻槽盆、“V”形鼎足、四瓦足瓮、子母口鼎等。

第⑯B层 遍布整个探方东部。土质致密，水浸黄土，其中，探方内东南部土色略暗，沙性变小。深 2. 10～2. 65、厚 0. 17～0. 55 米。出有平底盆、“V”形鼎足、豆、敛口瓮、深腹罐、折壁和弧壁器盖、附加堆纹瓮、杯形甑、折肩罐、刻槽盆、子母口瓮、残碗、饰按窝纹的侧扁三角形鼎足、盖纽、子母口鼎、四瓦足瓮等。

第⑯C层 分布在探方东部，自北向南倾斜。土质细密较硬，水浸黄土。深 2. 30～2. 90、厚 0～0. 20 米。出土物甚少。

第⑰A层 分布普遍。土质细密，黏度大，黄色。深 2. 85～3. 05、厚 0～0. 25 米。出土器盖壁、碗、豆、盖纽、按饰窝纹的侧扁三角形鼎足、深腹罐、子母口瓮、折肩罐、小口高领罐等。

第⑰B层 分布普遍。为致密的黄土，局部褐色。深 2. 50～3. 15、厚 0～0. 16 米。出土有深腹罐、小口高领罐、圆肩罐、残石斧等。

第⑰C层 遍布整个探方。为质地细密的水浸黄土。以该层内部土质和土色细微区别，可再分为若干亚层。出有鸡冠錾、盖壁、残圈足器、平底盆、甗、高足鼎足、细柄豆、附加堆纹瓮等。

第⑰D层 分布普遍。深 2. 65～3. 25、厚 0. 10～0. 35 米。

第⑰E层 几乎遍及整个探方。深 2. 90～3. 50、厚 0～0. 26 米。

第⑰F层 分布普遍，底部不平。深 3. 05～3. 55、厚 0～0. 42 米。

第⑰G层 分布普遍。深 3. 65～3. 85、厚 0～0. 35 米。

第⑰H层 范围较第⑰F有所缩小，仅限于探方南部靠近南壁附近。堆积层走向趋于平缓。该层直接叠压生土。

第⑰E、⑰F、⑰G、⑰H层似可并为一层，其土质较致密，土色淡黄，与第⑰C层之间有水浸线。所出陶片极少且碎，可辨器形者有深腹罐、钵、豆、瓮等，多属龙山文化陶片。在第⑰G层下有两个单位：H1及被H1打破的H3，根据所出少量陶片判断，应为第一期遗存。

探方东半部最深的文化层即为第⑰层，但在探方的西部尚有第⑱～㉒层。其中，第⑱A～⑲C可并为一层，各小层之间有水浸线。其土质较密，土色较浅。厚约0.90米。所出陶片碎且少。

第⑳层　土质土色接近第⑱A～⑲C。未出陶片。

第㉑、㉒层　分布于探方西北角，可并为一层。土质致密，土色褐黄。厚约0.75米。所出陶片极少且碎。

形成T11西半部文化层较深的原因当与G3堆积走向有关。从发掘情况判断，G3内的堆积大致从东向西、从北向南逐渐加深。因此，探方东北部的地层不如西南部的地层深。总体来看，第⑱A～㉒层的土质土色与探方东南部的第⑰层差不多，包含物当中夹带有不少可能为一期的碎陶片，同时也有个别二期的遗物，说明壕沟内最下面的几层冲垮了新砦遗址第一期的遗迹和地层，造成冲积层内夹带一期陶片的情况。沟内上面的冲积层不曾直接冲击一期遗迹和地层，所以，相应的不见或少见新砦遗址第一期遗物，这说明G3内的冲积层是在一个相当短（前后均不出二期）的时间内形成的。

四　墓葬

发现的第二期墓葬主要集中在梁家台村发掘区。这些墓葬均属于零星墓葬，与居住区交织在一起。据说在20世纪60年代，当地群众在今梁家台自然村以西修水渠时曾经发现过大量古代墓葬，但根据我们在新砦遗址进行的调查，新砦遗址的东、南分别为双洎河故道和今双洎河，北部经查看田头地埂也没有发现墓葬区的线索。目前只能对1999～2000年度发掘区内的零星墓葬作些介绍（见附表六）。

（一）墓葬分类

第二期墓葬大体可分为三类：

第1类为小型长方形竖穴土坑墓，墓壁较规整。长方形土坑一般仅能容身，深为数十厘米。共7座，编号为1999T2M1～M7。

第2类墓葬为灰坑葬，用灰坑作墓坑。一般都埋在灰坑口部或偏上部，有的被去掉头骨，有的被剁掉双足，有的呈挣扎状。应是在灰坑填满废弃物之后，才抛入灰坑当中。共2座，出土于2000T4H53、2000T4H64灰坑中。

第3类"墓葬"，实际上在发掘过程中并没有当作墓葬处理，只是在后期室内整理阶段，才在一些单位的原当作兽骨收集的骨骼当中检查出来，都是些零星的人骨碎片。

（二）墓葬介绍

1. 第 1 类墓葬

1999T2M1

位于探方的西部。开口于第②层下，打破 F1。长方形竖穴土坑墓，方向 202°。墓壁近直，底部近平。口部东西长 1.75、南北宽 0.50、口距地表深 0.43 米；底部南北长 1.70、东西宽 0.45 米；残深 0.34～0.38 米。填黄沙土，土色较周围略深，不易区分墓葬边沿。无葬具和随葬品。人骨保存较好，单人仰身直肢，头朝西南。经鉴定，死者为 30～35 岁的成年女性（图一六三）。

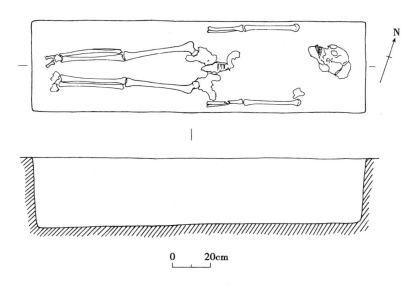

图一六三　第二期墓葬 1999T2M1 平、剖面图

1999T2M2

位于探方西北部。开口于第③A 层下，被 1999T2M1 打破，打破 1999T2M3。平面近长条形，竖穴土坑墓，方向 94°。口部东西长 1.45～1.54、南北宽 0.30～0.40、口距地表深 0.51 米；底部东西长 1.43～1.52、南北宽 0.28～0.38 米；残深 0.05～0.12 米。墓壁不甚规整，底部不平，两端高，中间低。填灰土，土质较松。无葬具和随葬品。单人二次葬，头朝东。经鉴定，死者为 15～18 岁的女性青年（图一六四）。

1999T2M3

位于探方西北部。开口于第③A 层下，被 1999T2M2 打破。大致为长方形墓，墓口东壁大部已遭 M2 破坏，方向 87°。墓壁较规整，底部不平，东高西低，高差约 6 厘米左右。口部东西长 1.36、南北宽 0.32～0.40 米；底部东西长 1.35、南北宽 0.27～0.35

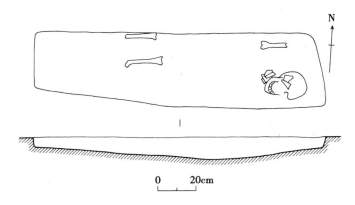

图一六四　第二期墓葬 1999T2M2 平、剖面图

米；残深 0.08～0.14 米。填黑灰土，土质疏松。无葬具和随葬品。单人仰身直肢葬，头向东。经鉴定，死者约 10～12 岁，可能为女性（图一六五）。

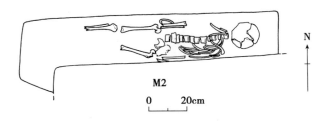

图一六五　第二期墓葬 1999T2M3 平面图

1999T2M4

位于探方西南部。没有明显的墓圹。上距地表 0.65 米。被 H23 叠压，实际上是 H23 的奠基墓。死者为一幼儿（图一六六）。

1999T2M5

位于探方西部。开口于第②层下，被 H23 叠压，西南部被 H11 打破，打破 1999T2M6。长方形竖穴土坑墓，方向 197°。墓坑西壁略向外凸出，其余三壁较规整。墓底西边稍高。口部东西长 1.36～1.39、南北宽 0.23～0.33 米；底部长 1.35～1.37、宽 0.23 米；残深 0.26～0.30 米。填花土，土质一般。随葬一件骨镞，置于死者下肢之间。人骨保存较好，单人仰身直肢，头西面南。经鉴定，死者年龄为 5～7 岁，可能是一小男孩（图一六七）。

1999T2M6

位于探方西北部。开口于第②层下，被 1999T2M5 和 H23 打破。长条形竖穴土坑墓，方向 110°。墓西壁略向东偏斜，其余三壁较规整。墓底西高东低，高差 0.25 米。

口部东西长 1.71 ~ 1.80、南北宽 0.26 ~
0.39 米；底部长 1.71 ~ 1.80、宽 0.26 ~
0.39 米；残深 0.34 ~ 0.59 米。填灰花
土，土质一般。无随葬品。人骨保存较
好，单人仰身直肢，头朝西。经鉴定，死
者为 35 岁左右的男子（图一六八）。

　　1999T2M7

　　位于探方中部偏南，大部分伸出探方
南壁，后经扩方发掘。开口于 T2F1 第②
层下，打破 F1 第③层，可能与 F1 奠基有
关。长条形竖穴土坑墓，方向 187°，墓
坑四壁为直壁，较规整。墓葬底部平整。
口、底部南北长 1.64 ~ 1.66、东西宽
0.25 ~ 0.33、残深 0.40 米。墓内填花土，
土质一般。无随葬品。人骨保存较好，单
人仰身直肢，头朝南。经鉴定，死者年龄

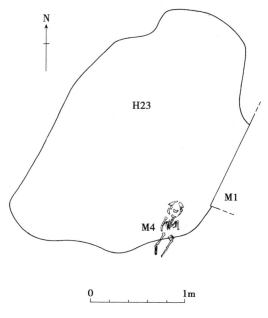

图一六六　第二期墓葬 1999T2M4 平面图

为 16 ~ 18 岁，因头骨、髋骨过于破碎性别未能确定。生前腰椎下关节面边缘患有骨质
增生病症（图一六九）。

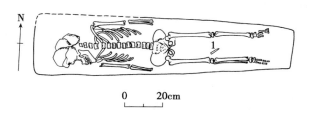

图一六七　第二期墓葬 1999T2M5 平面图

1. 骨镞

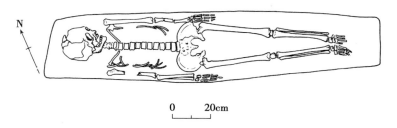

图一六八　第二期墓葬 1999T2M6 平面图

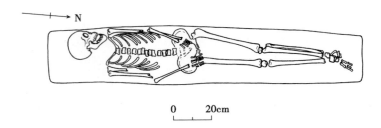

图一六九　第二期墓葬 1999T2M7 平面图

2. 第 2 类墓葬

2000T4H53

位于 T4 西北部，西出探方外，后经扩方，除该灰坑西北角外，全部发掘。整体大致呈刀把形，坡壁、平底。长 2.10、宽 2.15、口距地表深 0.45、底距地表深 0.85 米。坑内填土为灰白土，含大量粗沙，土质极松。在坑的底部，有一人的残骨架，头南脚北，上肢作挣扎状，大腿骨的上半部缺失，似为杀戮所致。没有发现葬具和随葬品。经鉴定，死者为男性，年龄约 50 岁左右。死者生前于第（4）、（5）腰椎下关节面前缘都有轻微骨质增生（见图一四四；彩版一二）。

2000T4H64

位于 T4 东北部。开口于第⑤A 层下。平面大体呈椭圆形，东部外出探方的未曾发掘。口距地表深 0.75、存深 1.10 米。坑内填土为灰褐土，土质疏松，夹沙。靠近灰坑西壁葬有一人，仰身直肢，头南脚北，方向 170°，无葬具和随葬品（图一七〇）。

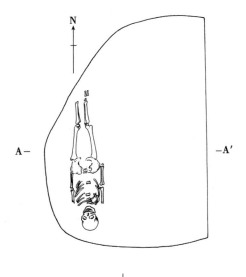

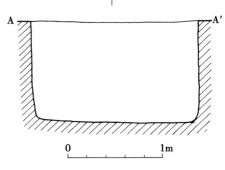

图一七〇　第二期灰坑葬墓葬
2000T4H64 平、剖面图

3. 第 3 类墓葬

2000T10H56

位于探方西北部。开口于第③层下。坑口平面呈椭圆形，坑壁微袋，平底。口径 2.24×1.25、距地表深 0.50 米，底径 2.30×1.28、距地表深 1.14 米，自深 0.64 米。

坑内填土为黄褐色，土质较松。在灰坑底部置一残额骨，似随意丢弃。

室内整理时，从骨骼收集品当中，又鉴定出部分人的碎骨。详见附表一二。

第二节　文化遗物

一　石器

（一）原料

我们将新砦遗址出土的各类石器分为石器和石器碎块两大类。其中，第二期出土的可以看出器形的共有252件，我们称之为石器。过于破碎，已经无法判断器物形制的则列为石器碎块。其中，石器以铲、刀、斧、镞、凿、锛和镰最为常见，另有砺石、矛、钻、砍砸器等。我们对常见石器进行了岩性鉴定。鉴定结果见表二〇。

表二〇　　　　　　第二期遗存出土石器岩性统计表　　　　　　（单位：件）

岩性 ＼ 器类	铲	斧	锛	镰	刀	凿	钺	合计	百分比（%）
燧石	4	1				1		6	2.38
变酸性火山凝灰岩	32				2			34	13.49
砂岩	8			1	1			10	3.97
白云质灰岩	44							44	17.46
泥灰岩或灰岩	48		1		17	4	1	71	28.17
火山凝灰岩	21		2					23	9.13
大理岩	3				1			4	1.59
泥质板岩	3				2	1		6	2.38
石英云母片岩	1	1		1	7			10	3.97
泥岩				2		2		4	1.59
细砂岩	2			1	2			5	1.98
基性岩类（辉长/辉绿岩）	5	8	2					15	5.95
硅质片岩				4	3			7	2.78
钙质千梅岩					5			5	1.98
石英岩	4				2	1		7	2.78
玛瑙						1		1	0.4
合计	175	10	5	9	42	10	1	252	
百分比（%）	69.44	3.97	1.98	3.57	16.67	3.97	0.4		100

从统计表中可以看出，石铲共175件，其取材范围最为广泛，涉及统计表中的12

种岩性。其中以泥灰岩或灰岩为第一位，共48件，占石铲总数的27.73%；白云质灰岩为第二位，共44件，占石铲总数的25.14%；变酸性火山凝灰岩为第三位，共32件，占石铲总数的18.29%；火山凝灰岩为第四位，共21件，占石铲总数的12%。

石刀共42件，取材范围也较为广泛，涉及统计表中的10种岩性。其中以泥灰岩或灰岩为第一位，共17件，占石刀总数的40.48%；石英云母片岩为第二位，共7件，占石刀总数的16.67%；钙质千梅岩为第三位，共5件，占石刀总数的11.90%。

石斧共10件，其原料岩性涉及统计表中的3类，取材硬度较高。其中基性岩类共8件，占石斧总数的80%；另有燧石和石英云母片岩各1件，各占石斧总数的10%。

石凿共10件，取材硬度较高，其中泥灰岩或灰岩共4件，占石凿总数的40%，其余有玛瑙、石英岩、燧石、泥岩和泥质板岩。

石镰共9件，其原料岩性涉及统计表中的4类，取材硬度较低。其中以硅质片岩4件，占石镰总数的44.44%，属于常见原料；其他有砂岩、细砂岩、云母片岩和泥岩。

石锛共5件，取材硬度较高，涉及统计表中的3类，其中火山凝灰岩和基性岩类各2件，泥灰岩或灰岩1件。

（二）制作工艺

我们从收集到的各类石器当中，挑选保存较为完整的作为标本。被选作新砦遗址第二期石器标本的各类石器共102件。从这些标本中可以了解石器的制作方法。第二期石器多为先打制后磨制，大都通体磨光。打制石器基本不见。在磨制石器的刃部和顶部，多残存使用时留下的疤痕。

石铲、石刀等器类常有钻孔。其中，钻孔方法有单面钻，如标本2000T11⑰C：1（图版一八，4）；两面对钻，如标本1999T4H6：26（图版一八，5）；有的则为先凿后钻，如标本2000T1H6：3（图版一八，6）。

石铲的制作方法一般是先打制出一扁平的梯形石坯，再予以通体磨制，然后再钻孔，在孔的上部至顶部往往可以见到绳索之类捆绑、摩擦的浅凹槽。

石刀的制作方法也是用石片先打制出基本形状，然后加以磨制，最后钻孔。

石斧，先琢制成坯，上下部留有琢制痕迹，后加以磨制。

石镰，先打制成弯月形，再加以通体磨制。

石锛，铤部及刃部均磨制而成。

（三）器类及型式

第二期石器器类有铲、斧、刀、镞、锛、凿、砍砸器、砺石、石饰品等。其中以铲、刀和斧数量最多。第二期能够看出器类、划分型式的标本共102件。

铲　共有标本32件。一般通体磨光。以刃部形状分为两型。

A型　双面刃。标本14件。再以整体形状分为两个亚型。

Aa 型　通体呈梯形。标本 7 件。

标本 1999T3H130：1，浅灰色。剖面为扁平方形，单面钻孔，器体较薄。残长 7.6、宽 7、厚 1.5 厘米（图一七一，1）。

标本 2000T12H97：1，青灰色。器体扁平，刃部呈舌状，弧度较大，单面钻孔居中偏上。长 15.4、宽 9.6、厚 1.9 厘米（图一七一，2；彩版一三，1；图版一九，1）。

标本 2000T3⑤B：2，浅灰色。残长 8.6、宽 9.4、厚 1.4 厘米（图一七一，3；图版一九，2）。

标本 2000T12G2：2，灰色。刃部弧度较大，呈舌状，单面钻孔。残长 5.3、宽 4.3、厚 0.7 厘米（图一七一，4）。

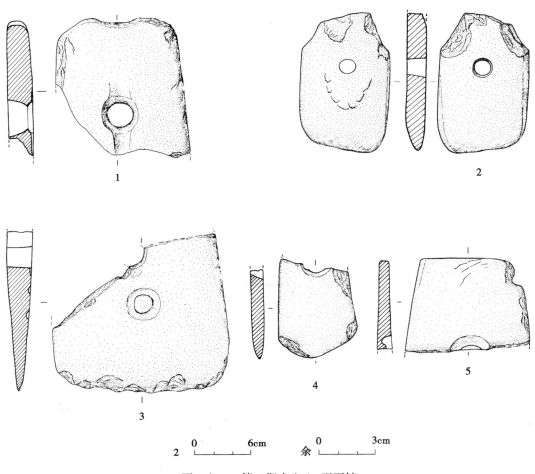

图一七一　第二期出土 Aa 型石铲

1. 1999T3H130：1　2. 2000T12H97：1　3. 2000T3⑤B：2　4. 2000T12G2：2　5. 2000T4⑤B：10

标本 2000T4⑤B：10，灰白色。扁平，单面钻孔，断面为长方形。残长 5、宽 6.5、厚 0.6 厘米（图一七一，5）。

标本 2000T1H28：2，青灰色。单面钻孔，器体较厚。残长 13.1、宽 8.1、厚 1.7 厘米（图一七二，1；图版一九，3）。

标本 2000T1H31：1，青灰色。器体较厚，中部有一单面钻孔。残长 11.8、残宽 10、厚 1.3 厘米（图一七二，2）。

Ab 型　通体呈长方形。标本 3 件。

标本 2000T3H22：2，灰白色。刃部弧度较小。长 8.5、宽 5.4、厚 1.1 厘米。

标本 2000T4H26：7，灰白色。器体扁平，刃部残，顶部有一定弧度，断面呈长方形。残长 9.3、宽 7.8、厚 1.5 厘米（图一七二，3）。

标本 2000T6⑧：4，青灰色。扁平，刃部残，单面钻孔，断面呈长方形。残长 6.5、宽 7.8、厚 0.8 厘米（图一七二，4）。

另有未分亚型的标本 4 件。现举 3 件为例。

标本 2000T5⑩：1，青灰色。大部分已残，刃部有一定弧度。残长 6.2、残宽 5.4、厚 1.2 厘米（图一七二，5）。

标本 2000T4H20：2，浅灰色。单面钻孔。残长 5.5、宽 9.8、厚 1 厘米（图一七二，6）。

标本 2000T2H75：3，青灰色。单面钻孔，断面为长方形。残长 6.1、宽 5.8、厚 1.1 厘米（图一七二，7）。

B 型　单面刃。标本 18 件。形体较大，制作不太精细。以整体形状分两个亚型。

Ba 型　通体呈长方形。标本 4 件。

标本 2000T3H45：2，青灰色。上端有一单面钻孔。残长 14.5、宽 9.2、厚 1.6、孔径 1.7 厘米（图一七三，1；图版一九，4）。

标本 2000T4H25：2，青黑色。单面钻孔，刃部有一定弧度。残长 10.1、宽 8.3、厚 1.5 厘米（图一七三，2；图版一九，5）。

标本 1999T1H40：2，刃部弧度较大。残长 8、残宽 7、厚 1.6 厘米（图一七三，3）。

标本 2000T13G1①：2，青灰色。两面对钻孔。残长 12、宽 9.3、厚 1.9、孔径 1.55 厘米（图一七三，4；图版一九，6）。

Bb 型　整体呈梯形。标本 8 件。

标本 2000T6⑫：5，青灰色。通体扁平，刃部弧度较小，有不太明显的肩部。残长 16.3、宽 9.9、厚 1.4 厘米（图一七四，1；图版二〇，1）。

标本 2000T1H28：6，青黑色。扁平。残长 12.9、宽 10.3、厚 1.3 厘米（图一七

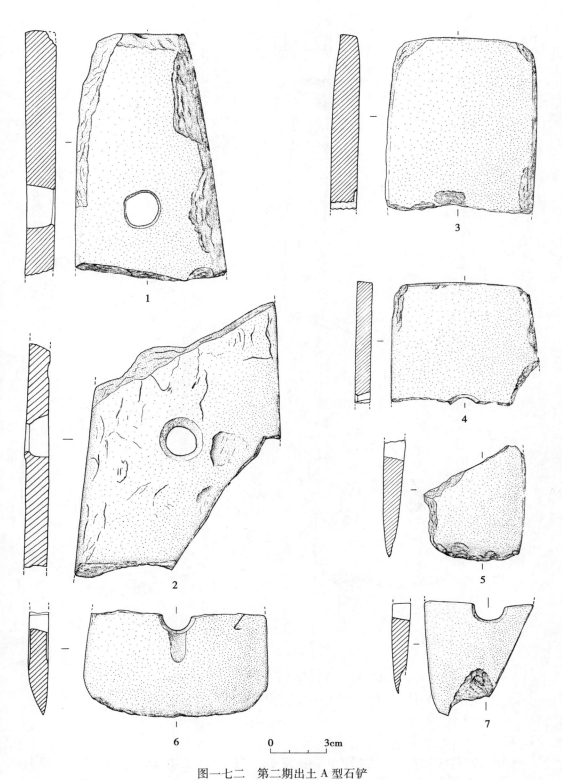

图一七二　第二期出土 A 型石铲

1. Aa 型（2000T1H28：2）　2. Aa 型（2000T1H31：1）　3. Ab 型（2000T4H26：7）　4. Ab 型（2000T6⑧：4）
5. A 型（2000T5⑩：1）　6. A 型（2000T4H20：2）　7. A 型（2000T2H75：3）

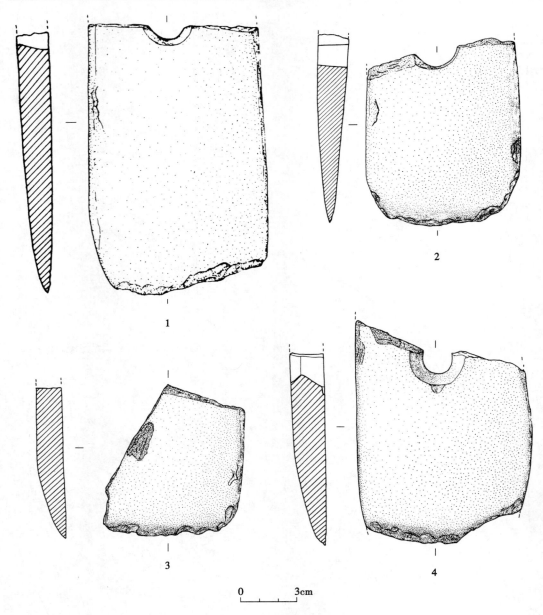

图一七三　第二期出土 Ba 型石铲

1. 2000T3H45：2　2. 2000T4H25：2　3. 1999T1H40：2　4. 2000T13G1①：2

四，2）。

　　标本 1999T4H154：1，青黑色。器体扁平。长 15.7、上宽 8.2、下宽 10.2、厚 1.3 厘米（图一七四，3；彩版一三，2；图版二〇，2）。

　　标本 2000T2H11：1，灰白色。有明显的肩部，刃部有一定弧度。长 22.5、上宽

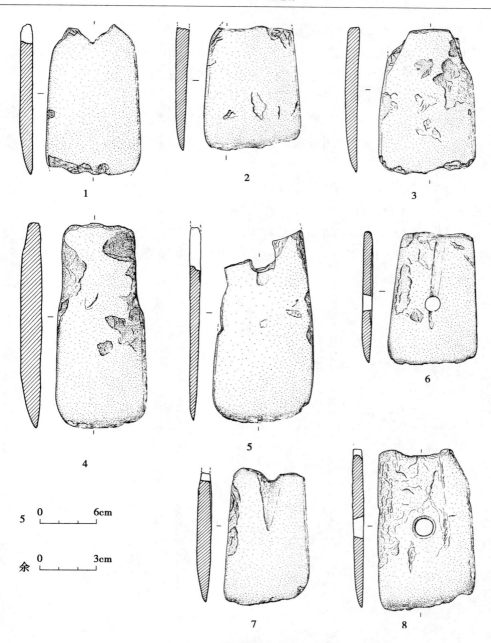

图一七四　第二期出土 Bb 型石铲

1. 2000T6⑫：5　2. 2000T1H28：6　3. 1999T4H154：1　4. 2000T2H11：1　5. 2000T2H93：9

6. 2000T2H74：1　7. 2000T4H26④：2　8. 1999T2F1：1

7.7、下宽9.3、厚2.1厘米（图一七四，4；彩版一三，3；图版二〇，3）。

标本 2000T2H93：9，青黑色。扁平，器体较薄，单面钻孔，刃部弧度较大。残长

21、宽10.5、厚1.05厘米（图一七四，5；彩版一三，4；图版二〇，4）。

标本2000T2H74：1，青黑色。通体扁平，单面钻孔，孔居中，刃部弧度较小。长14.5、上宽7.9、下宽9.4、厚1、孔径1.6厘米（图一七四，6；彩版一四，1；图版二一，1）。

标本2000T4H26④：2，青灰色。残存部分呈梯形，单面钻孔，刃部弧度较大，呈舌状，断面为长方形。长14.6、宽8.9、厚1.5厘米（图一七四，7；图版二一，2、3）。

标本1999T2F1：1，浅灰色。单面钻孔。残长17.5、宽10、厚1.2、孔径1.85～2.45厘米（图一七四，8；彩版一四，2；图版二一，4）。

另有6件无法判定属于哪个亚型的标本。

标本2000T1H8：1，青灰色。单面钻孔，刃部弧度较大。残长12.2、宽10.8、厚1.3厘米（图一七五，1）。

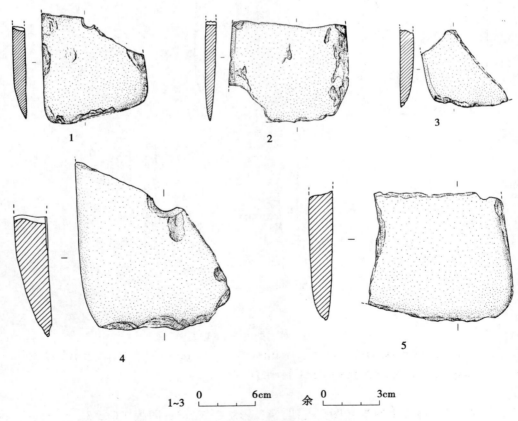

图一七五　第二期出土B型石铲

1. 2000T1H8：1　2. 2000T1H8：6　3. 2000T2H73：1　4. 2000T11⑬：1　5. 2000T13G1①：1

标本2000T1H8：6，灰白色。刃部弧度较小，加工粗糙，器体较薄。残长10.9、宽12.6、厚1.15厘米（图一七五，2）。

标本2000T2H73：1，灰褐色。残存部分为扁平长方形，刃部弧度较大。残长8.6、残宽8.4、厚1.4厘米（图一七五，3）。

标本2000T11⑬：1，青黑色。单面钻孔，刃部圆弧。残长9.3、宽7.6、厚1.8厘米（图一七五，4）。

标本2000T13G1①：1，青灰色。残存部分为扁平长方形，刃部弧度较大。残长6.9、残宽7.6、厚1.2厘米（图一七五，5）。

标本2000T9H37：2，灰白色。断面为长方形。长6.4、宽5.7、厚0.7厘米。

斧　共17件。磨制，部分加工比较粗糙。分两型。

A型　器体呈梯形，比较厚重。共11件。可分为两亚型。

Aa型　器身较短。标本8件。

标本1999T2H101：5，青灰色。圆角舌状，双面弧刃。长9、宽5.2、厚3.2厘米（图一七六，1）。

标本2000T4H59：4，青灰色。圆角舌状，弧刃，断面为椭圆形。长8.9、宽5.2、厚4厘米（图一七六，2；图版二二，1）。

标本1999T4H165：4，青灰色。双面刃，刃部有一定弧度。长7.6、宽5.8、厚2.7厘米（图一七六，3）。

标本2000T4H24：3，青灰色。双面刃，有一定弧度。长10.4、宽5.1、厚3.4厘米（图一七六，4；图版二二，2）。

标本2000T6⑧：11，青灰色。顶部弧形，器体较薄，双面刃。长11.4、宽5.4、厚2.3厘米（图一七六，5；图版二二，3）。

标本2000T3H71：1，青灰色。顶部圆方形，双面刃，舌状。长8.4、宽5、厚3.3厘米（图一七六，6；图版二二，4）。

标本2000T1H28：8，青灰色。器体较厚，双面刃，侧缘较直。长7.2、宽3.3、厚3.4厘米（图一七七，1；图版二三，1）。

标本2000T3H22：23，青色。剖面为矩形，双面刃，刃部弧度较小。残长6.4、宽5.8、厚3.4厘米（图一七七，2）。

Ab型　器身较长。标本3件。

标本2000T2H62：3，青灰色。器体厚而窄，近似长方形，一面完全残缺，剖面为圆角长方形。长11.6、宽5.2、厚3.6厘米（图一七七，3；图版二三，2）。

标本1999T2H101：7，青灰色。长条形，通体较厚，双面刃，刃部弧度较小，断面为椭圆形。长18.1、宽6.5、厚3.3厘米（图一七七，4；图版二三，3）。

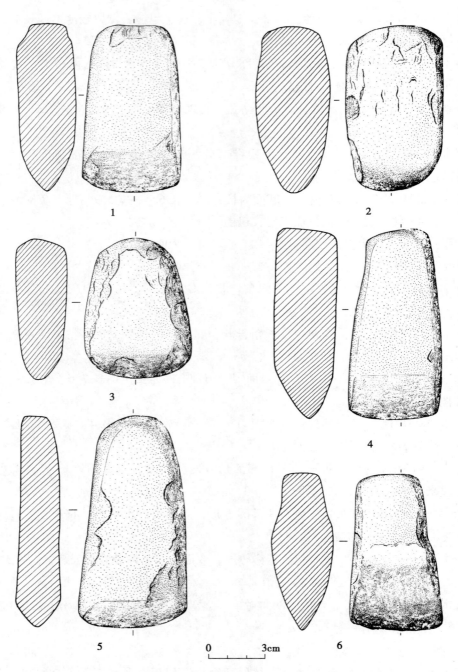

图一七六　第二期出土 Aa 型石斧

1. 1999T2H101：5　　2. 2000T4H59：4　　3. 1999T4H165：4　　4. 2000T4H24：3　　5. 2000T6⑧：11

6. 2000T3H71：1

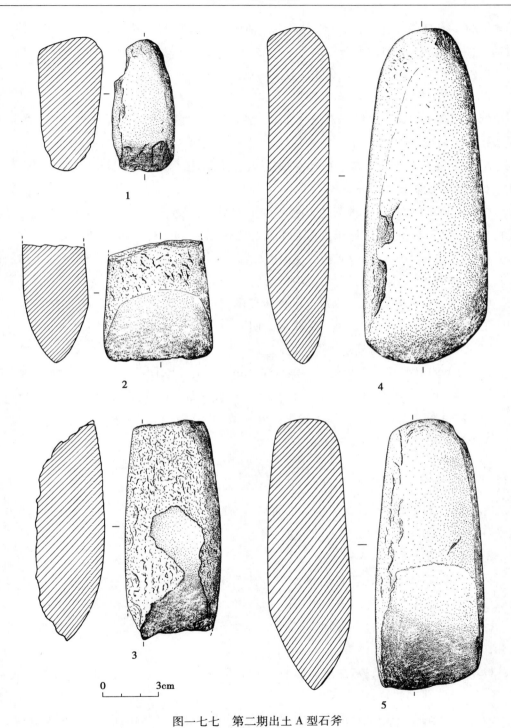

0   3cm

图一七七 第二期出土 A 型石斧

1. Aa 型 (2000T1H28∶8)   2. Aa 型 (2000T3H22∶23)   3. Ab 型 (2000T2H62∶3)   4. Ab 型 (1999T2H101∶7)   5. Ab 型 (2000T4H25∶7)

标本 2000T4H25：7，青灰色。长条形，器体较厚，双面刃。长 14.5、宽 5.8、厚 4.3 厘米（图一七七，5；图版二三，4）。

B 型　器体近长方形。共 6 件。分为两亚型。

Ba 型　两侧边较直。标本 5 件。

标本 2000T4H26④：11，青灰色。刃部弧度较小，断面呈长方形。残长 8、宽 5.1、厚 1.2 厘米（图一七八，1）。

标本 2000T5⑩：6，青灰色。两面对钻孔，未钻透，双面刃，器体较薄。残长 8.7、宽 5.6、厚 2.1 厘米（图一七八，2）。

标本 2000T3H71：4，青灰色。上部两面对钻孔未透，双面刃，刃部有一定弧度。残长 9.8、宽 6.5、厚 1.8 厘米（图一七八，3；彩版一四，3；图版二四，1）。

标本 2000T4H19：5，青灰色。双面刃，顶部有琢痕，断面呈长方形。残长 9.5、宽 5.7、厚 2.5 厘米（图一七八，4；图版二四，2）。

标本 2000T4H26②：5，青灰色。整体呈圆角方形，断面为方形，刃部已残，一面凹凸不平。长 9.4、宽 6.7、厚 3.9 厘米（图一七八，5；图版二四，3）。

Bb 型　两侧边呈亚腰形。标本 1 件。

标本 1999T2F4：2，青灰色。器体较薄，单面钻孔，双面刃，刃部有一定弧度。残长 9.4、宽 8.6、厚 1.5 厘米（图一七八，6；彩版一四，4；图版二四，4）。

凿　共 5 件。器体较小，做工较细。分两型。

A 型　梯形。标本 2 件。

标本 1999T6G5：1，青灰色。扁平，单面刃。长 3.2、宽 2.8、厚 0.6 厘米（图一七九，1；图版二五，1）。

标本 2000T10H56：1，青黑色。单面刃，断面为长方形。长 3.75、宽 1.8、厚 0.8 厘米（图一七九，2；图版二五，2 左）。

B 型　长条形。标本 3 件。

标本 2000T2H52：3，灰色。单面刃。长 5.6、宽 1.5、厚 1 厘米（图一七九，3；图版二五，2 右）。

标本 2000T12⑤A：1，青黑色。扁平，单面刃。长 3.7、宽 2、厚 0.6 厘米（图一七九，4；图版二五，3）

标本 2000T2H74：2，灰白色。扁平，两面刃。长 7.8、宽 3.6、厚 1.1 厘米（图版二五，4）。

刀　共 13 件。一般通体磨光，中部多有一两面对钻孔，多单面刃。分两型。

A 型　器体为直刃，弧背，长方形。标本 8 件。

标本 2000T12H64：2，灰色。单面刃，两面对钻孔。残长 6.55、宽 5.6、厚 1、孔

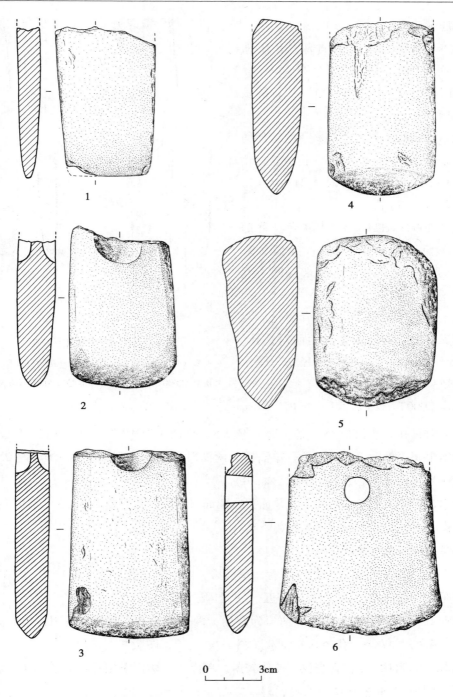

0　　　　　3cm

图一七八　第二期出土 B 型石斧

1. Ba 型（2000T4H26④：11）　　2. Ba 型（2000T5⑩：6）　　3. Ba 型（2000T3H71：4）

4. Ba 型（2000T4H19：5）　　5. Ba 型（2000T4H26②：5）　　6. Bb 型（1999T2F4：2）

径 0.9 厘米（图一八〇，1）。

标本 2000T4H53：5，青灰色。单面刃，两面对钻孔。长 11.2、宽 4.9、厚 0.9、孔径 0.9 厘米（图一八〇，2；图版二六，1）。

标本 2000T4H53：1，深棕色。背稍弧，单面刃，两面对钻孔。长 9.7、宽 4.5、厚 0.8、孔径 1 厘米（图一八〇，3；图版二六，2）。

标本 2000T4H24：2，青灰色。背部稍弧，单面刃，两面对钻孔。残长 9.9、宽 4.9、厚 0.6、孔径 0.4 厘米（图一八〇，4；图版二六，3）。

标本 2000T4H26②：8，青灰色。双面刃，靠近背部有一很小的两面对钻孔。长 13.5、宽 6.3、厚 0.5、孔径 0.3 厘米（图一八〇，5）。

标本 2000T4H26②：1，灰色。单面

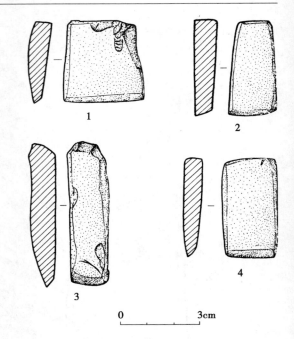

图一七九　第二期出土石凿

1. A 型（1999T6G5：1）　2. A 型（2000T10H56：1）

3. B 型（2000T2H52：3）　4. B 型（2000T12⑤A：1）

刃，两面对钻孔。残长 8.25、宽 5.85、厚 0.8、孔径 0.75 厘米（图一八〇，6）。

标本 1999T4H6：2，青灰色。单面刃，两面对钻孔。长 10.3、宽 3.9、厚 0.7、孔径 0.8 厘米（图一八〇，7；图版二六，4）。

标本 2000T1H6：2，深红色。单面刃，两面对钻孔。长 8.8、宽 3.9、厚 0.5、孔径 0.6 厘米（图一八〇，8；图版二六，5）。

B 型　器体为长条形。标本 5 件。

标本 1999T2H38：1，灰色。弧背，单面刃，两面对钻孔未透。残长 17.8、宽 4.9、厚 0.6 厘米（图一八一，1；彩版一五，1；图版二七，1）。

标本 1999T3H54：1，灰色。两肩为圆角，两面对钻孔，直背，直刃，单面刃。长 10.1、宽 4.6、厚 0.6、孔径 0.8 厘米（图一八一，2；图版二七，2）。

标本 2000T1H6：3，青灰色。器体较薄，单面刃，两面对钻孔。残长 9.4、宽 4.5、厚 0.6、孔径 0.5 厘米（图一八一，3）。

标本 2000T11⑦：6，青灰色。背微弧，单面刃，两面对钻孔。长 13.5、宽 4、厚 1、孔径 0.75 厘米（图一八一，4；彩版一五，2；图版二七，3）。

标本 2000T6⑧：5，灰色。扁平，直背，两面对钻孔。残长 9.3、宽 5.4、厚 0.9 厘

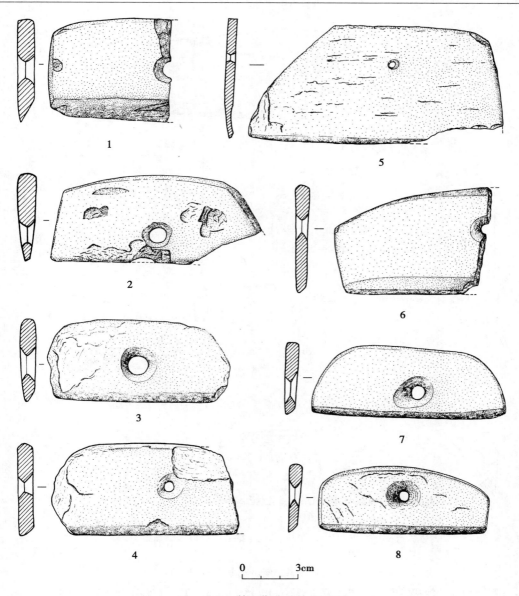

图一八〇　第二期出土 A 型石刀

1. 2000T12H64：2　2. 2000T4H53：5　3. 2000T4H53：1　4. 2000T4H24：2　5. 2000T4H26②：8

6. 2000T4H26②：1　7. 1999T4H6：2　8. 2000T1H6：2

米（图一八一，5）。

　　镰　标本 2 件。均为磨制。

　　标本 2000T1H14：2，深棕色。弧背，直单面刃，整体呈月牙形。残长 8.15、宽
4.5、厚 0.7 厘米（图一八一，6；图版二七，4）。

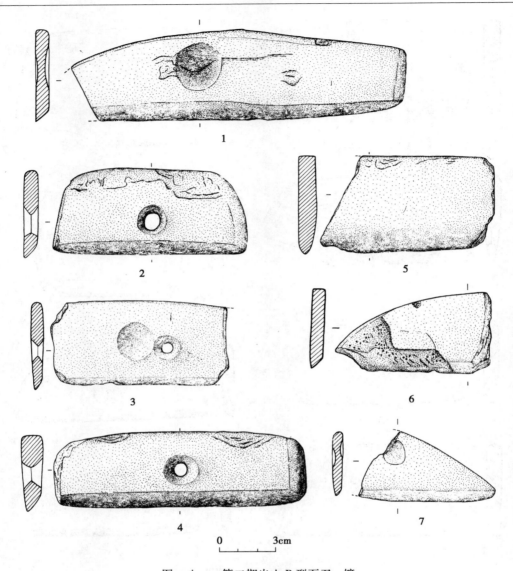

图一八一 第二期出土 B 型石刀、镰

1. B 型刀（1999T2H38：1） 2. B 型刀（1999T3H54：1） 3. B 型刀（2000T1H6：3） 4. B 型刀
（2000T11⑦：6） 5. B 型刀（2000T6⑧：5） 6. 镰（2000T1H14：2） 7. 镰（2000T2H93：7）

标本 2000T2H93：7，青灰色。弧背，单面刃，上部有一未钻透的两面对钻孔。残
长 7.2、残宽 3.8、厚 0.5 厘米（图一八一，7；图版二七，5）。

镰 共 14 件。一般为磨制。以剖面形状分两型。

A 型 三棱形。标本 8 件。以铤部特征又可分为两亚型。

Aa 型 有铤。标本 7 件。

标本 2000T12G5：2，青灰色。三面刃，铤与锋尖残，断面为三角形。残长 5.3 厘米（图一八二，1；图版二八，1右）。

标本2000T12G5：3，灰色。三面刃，铤残，断面为三角形。残长3.9厘米（图一八二，2；图版二八，1左）。

标本1999T2F6：1，青灰色。三面刃，翼下较凸出。残长3.8、厚0.8厘米（图一八二，3）。

标本1999T2F4：1，青灰色。铤短而稍粗，截面呈圆形。长5.6、宽1.1厘米（图一八二，4；图版二八，2左）。

标本2000T6⑧：9，灰色。近似三棱锥，剖面为正三角形，铤部已残。残长6、宽2.3厘米（图一八二，5；图版二八，3右）。

标本1999T4H31：1，青灰色。铤两侧有不明显的凹槽。长6.3、宽1.5厘米（图一八二，6；图版二八，3中）。

标本2000T4H24：1，青灰色。三面刃，锋尖较细。长7.9、宽1.3厘米（图一八

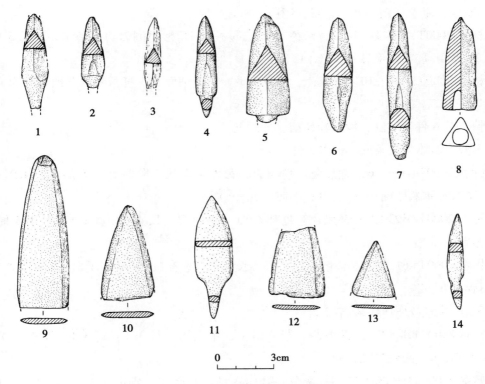

图一八二　第二期出土石镞

1. Aa型（2000T12G5：2）　2. Aa型（2000T12G5：3）　3. Aa型（1999T2F6：1）　4. Aa型（1999T2F4：1）　5. Aa型（2000T6⑧：9）　6. Aa型（1999T4H31：1）　7. Aa型（2000T4H24：1）　8. Ab型（2000T6⑧：1）　9. B型（2000T3H71：3）　10. B型（2000T4H26③:23）　11. B型（2000T3H62：2）　12. B型（2000T4H19⑤：4）　13. B型（2000T4H26④：10）　14. B型（2000T3H22：10）

二，7；图版二八，2右）。

Ab 型 无铤。标本1件。

标本2000T6⑧：1，灰白色。三面刃，无铤，尾部中空，用以插接圆铤。长5.1、厚1.9、孔径0.9厘米（图一八二，8；图版二八，3左）。

B 型 扁平三角形。标本6件。

标本2000T3H71：3，青灰色。扁平，通体呈舌状，镞头圆弧，侧刃双面磨制且起棱。残长8.1、宽2.5、厚0.2厘米（图一八二，9；图版二八，5）。

标本2000T4H26③：23，青灰色。残存部分呈三角形，侧刃两面磨制。残长5.1、宽2.8、厚0.3厘米（图一八二，10；图版二八，4右）。

标本2000T3H62：2，青灰色。有铤。刃部扁平呈桃叶状，铤细短而尖。长6.8、宽2厘米（图一八二，11；图版二八，6）。

标本2000T4H19⑤：4，青灰色。残存部分扁平，侧刃两面磨制。残长3.8、宽2.9、厚0.2厘米（图一八二，12；图版二八，4左）。

标本2000T4H26④：10，青灰色。残存部分呈三角形，侧刃两面磨制。残长3.05、宽2.2、厚0.1厘米（图一八二，13）。

标本2000T3H22：10，青灰色。器身扁平，前锋细而尖，铤两侧有凹槽。长5.1厘米（图一八二，14）。

锛 共6件。磨制，做工较精细。分两型。

A 型 器体为长条形。标本3件。

标本2000T4H59：6，青黑色。单面刃，刃面上有棱，断面为长方形。长4.9、宽2.1、厚1.8厘米（图一八三，1；图版二九，1）。

标本2000T2H93：2，青黑色。器体较厚，双面刃。长4.5、宽1.5、厚1.5厘米（图一八三，2）。

标本2000T5⑥：2，青灰色。双面刃。长8.7、宽3.2、厚1.9厘米。（图一八三，3；图版二九，2）

B 形 器体为梯形。标本3件。

标本2000T1H28：7，青黑色。器体扁平，单面刃。长7.1、宽3.1、厚1.1厘米（图一八三，4；图版二九，3）。

标本2000T4H26③：12，青灰色。器体扁平，双面刃。残长6.4、宽4.3、厚1.6厘米（图一八三，5）。

标本2000T4H19：1，青黑色。单面刃，断面为长方形。长5.7、宽3.4、厚1.5厘米（图一八三，6；图版二九，4）。

砍砸器 标本3件。

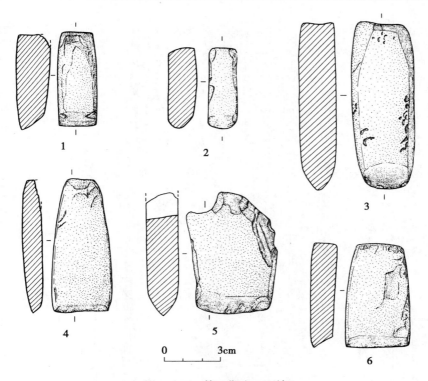

图一八三 第二期出土石锛

1. A 型（2000T4H59：6） 2. A 型（2000T2H93：2） 3. A 型（2000T5⑥：2）

4. B 型（2000T1H28：7） 5. B 型（2000T4H26③：12） 6. B 型（2000T4H19：1）

标本 2000T4H26④：26，灰色。打制。残长 25.5、宽 11、厚 2.8 厘米（图一八四，1；图版二九，5）。

标本 1999T1H40：1，灰白色。形体较厚重，刃部弧度较大，舌状，两面打制而成，断面为椭圆形。长 21.4、宽 12.5、厚 5.8 厘米（图一八四，2）。

标本 1999T1H40：4，灰白色。长条形，宽而厚，刃部为舌状，断面为椭圆形。长 17、宽 12.3、厚 2.1 厘米（图一八四，3）。

杵 标本 1 件。

标本 1999T4H61④：3，灰褐色。长条形，一侧有不明显的类似刃部的棱角，一端有凹面，断面呈长方形。长 13.1、宽 4.8、厚 3.8 厘米（图一八四，4）。

砺石 标本 1 件。

标本 2000T4H26②：2，浅灰青色。残，断面为方形。长 18.4、宽 9、厚 2.8 厘米（图一八四，5；图版二九，6）。

不知名石器 标本 1 件。

标本 1999T1H40：6，灰白色。残留的部分为扁平的长方形，先琢制，后通体磨制，

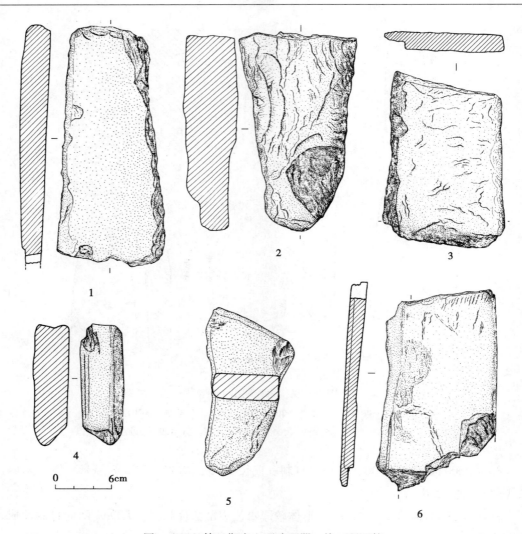

图一八四　第二期出土石砍砸器、杵、砺石等

1. 砍砸器（2000T4H26④：26）　2. 砍砸器（1999T1H40：1）　3. 砍砸器（1999T1H40：4）　4. 杵
（1999T4H61④：3）　5. 砺石（2000T4H26②：2）　6. 不知名石器（1999T1H40：6）

并在一侧边凿出一弧形凹槽。残长 20.2、宽 11.5、厚 1.8 厘米（图一八四，6）。

矛　标本 1 件。

标本 2000T4H24：4，灰色。扁平，前端呈三角形，两侧皆有刃。长 14.8、宽 7.6、厚 1 厘米（图一八五，1；图版三〇，1）。

条形器　标本 1 件。

标本 2000T4H24：36，浅青灰色。不规整长方形，剖面为矩形，扁平，两面内凹。残长 9.8、厚 0.5～1.5 厘米（图一八五，2；图版三〇，2）。

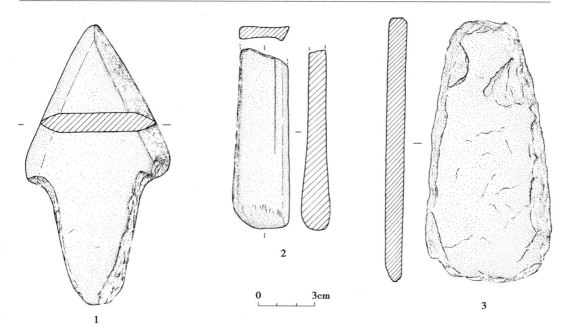

图一八五　第二期出土石矛、条形器、石坯

1. 矛（2000T4H24：4）　　2. 条形器（2000T4H24：36）　　3. 石坯（1999T6④：1）

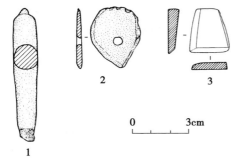

图一八六　第二期出土石钻、石饰品，玉凿

1. 石钻（1999T4H74：1）　　2. 石饰品（2000T4H59：7）　　3. 玉凿（2000T4H59：1）

石坯　标本1件。

标本1999T6④：1，灰白色。打制，器表有大量砸痕。长14.2、宽6.7、厚1厘米（图一八五，3；图版三〇，3）。

钻　标本1件。

标本1999T4H74：1，棒状。顶端有小突起，尖残。长7.4厘米（图一八六，1）。

石饰品　标本1件。

标本2000T4H59：7，青灰色。上半部圆弧，下半部尖突，中部有一单面钻的圆孔。长3.3、宽2.7、厚0.3厘米（图一八六，2）。

二　玉器

凿　标本1件。

标本2000T4H59：1，青白色。扁平，上窄下宽，似梯形，剖面为矩形，单面刃。长2.5、厚0.5厘米（图一八六，3；彩版一五，3；图版三〇，4）。

三 骨、角、蚌器

（一）原料

鹿角是制作工具的主要材料之一，遗址中发现的骨镞多数是用这种角料进一步加工制成的。鹿、羊及黄牛的肩胛骨是制作卜骨的原料。鹿的掌、跖骨是用来制作骨铲和骨锥的原材料。

（二）加工方法

制作骨器的原料以骨骼为主，大多先将鹿、牛、羊等动物的角、肢骨和肋骨切割刮磨成长条或圆片状，再将刃部、柄部进行磨制。骨器的柄部或多或少保留部分骨臼，有的将骨臼磨制加工作柄，有的则不做加工，以粗糙骨臼为柄。关于骨器的加工方法详见本书第六章相关内容。

（三）器类及型式

1. 骨器 共有标本 51 件。器类有锥、镞、簪、刀、针和骨饰等，其中锥数量最多，其次是镞和簪。另外，还发现有卜骨 9 件。

锥 共 14 件。多以动物骨骼切割磨制而成，柄部多保留有部分骨骼的骨臼部分。依形状可分三型。

A 型 圆锥形。7 件。

标本 2000T4H94：1，柄端扁平，锥尖刮磨成圆锥状，锥尖较光滑锋利。长 11.7 厘米（图一八七，1；图版三一，1 左）。

标本 2000T4H26②：6，柄部残缺，通体磨光，锥尖细长锋利。残长 6.8 厘米（图一八七，2；图版三一，1 右）。

标本 1999T2H38：3，锥尖呈圆锥状，柄部残缺。长 6.3 厘米（图一八七，3；图版三一，2 左）。

标本 1999T1H76：6，锥身剖面为圆形，锥尖细长。长 9.8 厘米（图一八七，4）。

标本 2000T1H28：3，细长圆锥状，柄端与锥尖部分均残缺，剖面呈三角形。残长 8 厘米（图一八七，5）。

标本 2000T1H8：1，圆锥尖，柄部保留部分骨臼。长 6.9 厘米（图一八七，6；图版三一，2 中）。

标本 2000T6⑨：1，圆锥形，刃部单面磨制，较钝。长 7.5 厘米（图一八七，7）。

B 型 扁圆锥体，形体较短，锥尖较钝。3 件。

标本 1999T1⑤B：2，先将细长骨骼进行切割加工，形成扁平尖锥状。长 9.7 厘米（图一八七，8）。

标本 1999T1H76：5，扁平条形，锥尖与柄部均为扁平状，锥尖较钝。长 9.3 厘米

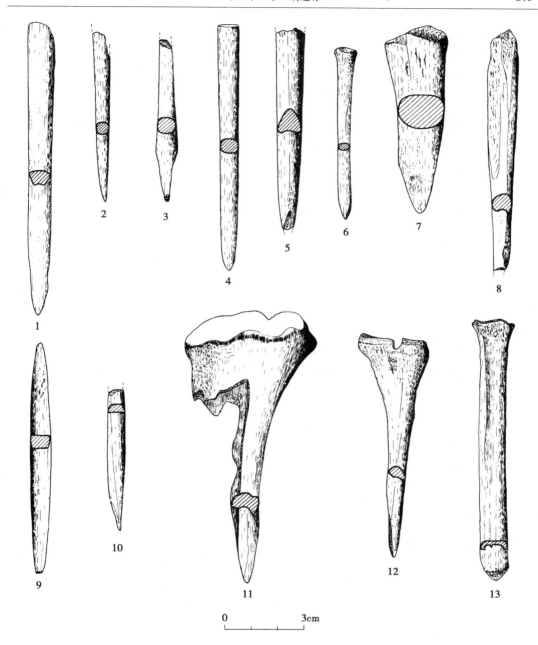

图一八七　第二期出土骨锥

1. A 型（2000T4H94∶1）　　2. A 型（2000T4H26②∶6）　　3. A 型（1999T2H38∶3）　　4. A 型（1999T1H76∶6）

5. A 型（2000T1H28∶3）　　6. A 型（2000T1H8∶1）　　7. A 型（2000T6⑨∶1）　　8. B 型（1999T1⑤B∶2）　　9. B

型（1999T1H76∶5）　　10. B 型（1999T1④A∶1）　　11. C 型 I 式（2000T4H26①∶5）　　12. C 型 II 式（2000T1H8∶

4）　　13. C 型 II 式（2000T1H28∶1）

（图一八七，9；图版三一，2右）。

标本1999T1④A：1，柄端磨平，锥尖扁平状。残长5.6厘米（图一八七，10）。

C型　以动物骨骼原形稍作加工而成，较粗大，制作粗糙。共4件。依形状分为2式。

Ⅰ式　整体粗短。2件。

标本2000T1H8：13，保留动物骨骼原形，一端切割成扁平锥体，另一端则较残，上有刮削痕迹。长19厘米。

标本2000T4H26①：5，以动物骨骼关节白为柄，器体削成片状，末端为扁平锥尖状。长10.6厘米（图一八七，11；图版三一，3）。

Ⅱ式　整体细长。2件。

标本2000T1H8：4，上端柄部保留有骨白，下端刮磨成细长锥体，剖面略呈三角形。长8.9厘米（图一八七，12；图版三一，4）。

标本2000T1H28：1，柄部保留有骨白部分，下端切割刮磨成锥尖，锥尖呈匕首状。长10.4厘米（图一八七，13；图版三一，5）。

针　共5件。

标本1999T6H4：1，以骨白为柄，柄较粗，柄端有较深的凹槽，末端为圆锥状。通长15.8厘米（图版三二，1左）。

标本1999T1H76：5，纤细圆棒状，针尖锋利，柄部有针眼，通体磨光。通长11.2厘米（图一八八，1）。

标本1999T1H76：4，圆棒状，形体纤细，通体磨光。残长4.8厘米（图一八八，2）。

标本2000T12H89：1，长棒状，较细长，形体稍弯曲，锥尖上翘，柄端磨制。通长7.5厘米（图一八八，3）。

标本2000T4H26：15，以骨白为柄，柄较粗，柄端有孔及槽，末端呈锥状。通长14厘米（图一八八，4；图版三二，1右）。

簪　共6件。先将动物骨骼切割为细长圆棒状或细长片状，再刮磨加工，多以动物骨白为柄。

标本2000T6⑧：13，从骨骼关节处切割，残存部分剖面为圆形，刃部单面磨制，较钝。残长7.5厘米（图一八八，5）。

标本1999T1④：1，以动物骨白为柄，柄部有深的凹槽，一端为圆锥状。残长8.8厘米（图一八八，6；图版三二，2左）。

标本2000T1H8：7，以骨白为柄，较粗大，柄部有深凹槽，末端磨成圆锥状。残长11.2厘米（图一八八，7）。

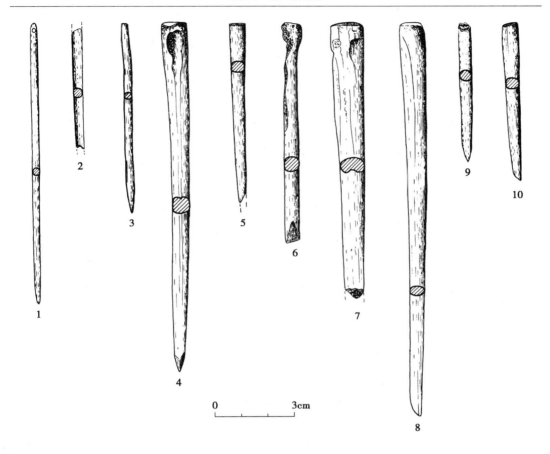

图一八八 第二期出土骨针、簪

1. 针（1999T1H76：5） 2. 针（1999T1H76：4） 3. 针（2000T12H89：1） 4. 针（2000T4H26：15）

5. 簪（2000T6③：13） 6. 簪（1999T1④：1） 7. 簪（2000T1H8：7） 8. 簪（1999T3H4：1）

9. 簪（1999T1H75：1） 10. 簪（1999T2③A：3）

标本1999T3H4：1，柄保留部分骨臼，较粗大，柄端有较深的凹槽，末端为圆锥状。长15.8厘米（图一八八，8）。

标本1999T1H75：1，利用切割好的骨片磨制成圆锥状，柄稍粗。长5.5厘米（图一八八，9；图版三二，2右）。

标本1999T2③A：3，利用切割好的骨片磨制而成，一端呈圆锥状，另一端则较扁。长6.3厘米（图一八八，10）。

镞 共10件。均采用动物骨骼切割刮磨而成。根据形态分两型。

A型 锥尖为圆形。共3件。分2式。

Ⅰ式 镞尖为圆锥状，铤部不明显。2件。

标本2000T4H26①：7，残长5厘米（图一八九，1；图版三二，3右）。

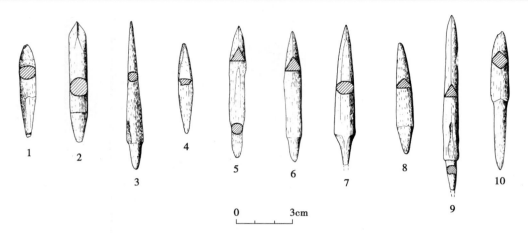

图一八九　第二期出土骨镞

1. A 型 I 式（2000T4H26①：7）　　2. A 型 I 式（2000T4H26：2）　　3. A 型 II 式（2000T3H71①：2）

4. B 型（1999T1 ⑤ B：22）　　5. B 型（1999T2M5：1）　　6. B 型（1999T2H52：1）　　7. B 型

（2000T4⑤A：1）　　8. B 型（2000T12G5：14）　　9. B 型（2000T4H59：8）　　10. B 型（2000T4H59：5）

标本 2000T4H26：2，长 6.5 厘米（图一八九，2；图版三二，4 右）。

II 式　镞尖为圆锥状，铤部较明显。1 件。

标本 2000T3H71①：2，铤为短圆锥状。长 8 厘米（图一八九，3；图版三二，5 左）。

B 型　锥尖为三角形或多棱形。共 7 件。

标本 1999T1⑤B：22，铤部不明显，剖面略呈圆锥形，镞身剖面为不规则的四边形。通长 5 厘米（图一八九，4）。

标本 1999T2M5：1，镞尖剖面呈三角形，较锋利，铤为长圆柱状。长 7.1 厘米（图一八九，5；图版三二，6 左）。

标本 1999T2H52：1，镞尖三棱形，较钝，铤短呈圆柱状。长 7.1 厘米（图一八九，6；图版三二，6 右）。

标本 2000T4⑤A：1，镞尖为锋利三棱形，中部宽而扁平，铤为短圆锥体。通体光滑。长 7.5 厘米（图一八九，7；图版三二，3 左）。

标本 2000T12G5：14，镞身呈三棱形，尖较短，较钝，铤短而呈圆锥状。长 6.1 厘米（图一八九，8；图版三二，4 中）。

标本 2000T4H59：8，镞尖较长，镞头呈三角菱形，镞尖较锋利，铤短呈圆锥状。残长 9.5 厘米（图一八九，9；图版三二，4 左）。

标本 2000T4H59：5，镞尖为四菱形，较钝，铤较粗，剖面为矩形。长 7.4 厘米（图一八九，10；图版三二，5 右）。

卜骨　共9件。多为鹿、羊和牛的肩胛骨，仅有灼痕。

标本1999T2H52：10，残，表面保留有5处灼痕。高18.5、宽10.3、厚0.3厘米（图一九〇，1）。

标本2000T6⑧：12，表面有10多处灼痕，系两面对灼，较残。通高16.6厘米（图一九〇，2；图版三三，1、2）。

标本1999T1H76：2，表面残留有灼的痕迹。残高23.6、宽9、厚0.9厘米（图一九〇，3；彩版一六，1、2；图版三三，3、4）。

标本1999T1H76：3，表面有8处灼痕。长19.8、宽10.7、厚0.13厘米（图版三四，1、2）。

标本1999T2H52：3，表面上端有1处灼痕。长21.3、宽12、厚0.7厘米（图一九一，1）。

标本1999T1H76：1，骨骼表面有灼的痕迹，上端残留有2个灼孔。残长12.4、宽7、厚0.6厘米（图一九一，2）。

标本1999T2H1③：1，前面修平，背面留脊。骨骼正面有灼的痕迹。保存较完整。长13、宽8.2、厚0.4厘米（图一九一，3；图版三四，3）。

凿　共4件。先将动物骨骼切割为较厚的片状，再加工磨制。

标本2000T4H26：19，扁平长条形，刃残缺，以骨臼为柄。残长8.2、厚0.2～0.3厘米（图一九二，1）。

标本1999T4H49：1，残存部分为不规则长方形。刃部两面磨制，窄小，平齐，锋利。残长4.3、厚0.2厘米（图一九二，2；图版三四，4右）。

标本2000T11⑦：3，残存部分呈不规则梯形。刃部较窄，两面磨制，平齐锋利。残长3.9、厚0.4厘米（图一九二，3；图版三四，4左）。

标本2000T2H48：2，不规则形。刃部磨制粗糙，较为窄小。长5.6厘米（图一九二，4）。

刀　1件。

标本1999T1H25：17，先将动物骨骼切割为长条形扁平片状，再磨制加工，刃部光滑锋利。残长7.3厘米（图一九二，5）。

匕　共4件。

标本2000T1H14：1，扁平长条形，一面刃，顶部较宽，保留部分骨臼，刃部光滑锋利。长6.7厘米（图一九二，6）。

标本2000T4H59：1，残存部分呈扁平长方形，刃部呈向一边倾斜的三角形，刃部两面磨制。残长6、厚0.2～0.3厘米（图一九二，7）。

标本2000T4H26④：21，先将动物骨骼切割为片状，再刮削磨制。整体为扁长条

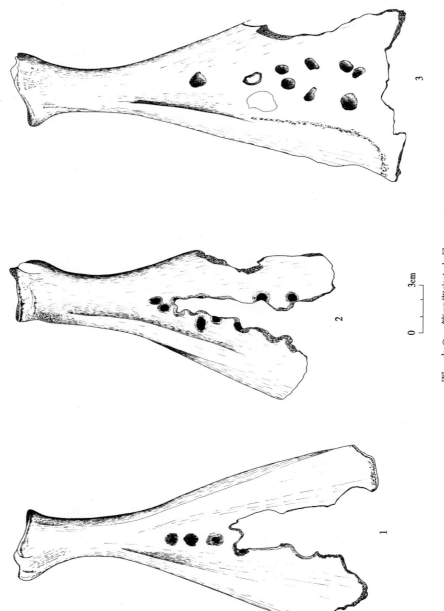

图一九〇　第二期出土卜骨

1.1999T2H52:10　2.2000T6⑧:12　3.1999T1H76:2

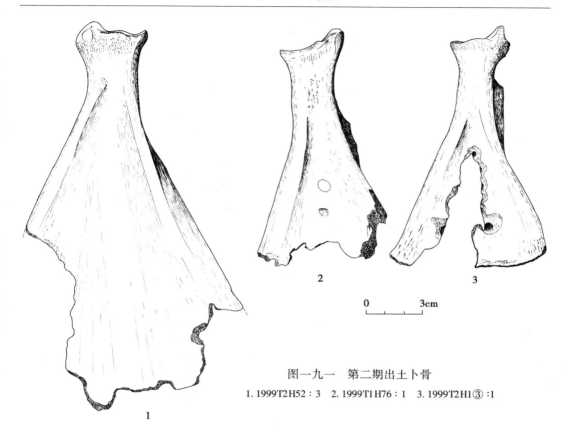

图一九一　第二期出土卜骨

1. 1999T2H52：3　2. 1999T1H76：1　3. 1999T2H1③：1

形，刃部为弧形。残长 11.7、厚 0.1～0.3 厘米（图一九二，8）。

标本 2000T4H26：1，圆筒状，上端已残。残长 12.8 厘米（图一九二，9）。

铲　共 2 件。

标本 2000T1⑧：1，长条形，以骨臼为柄，从柄端到刃部有一条凹槽，刃部呈舌状。长 13.4、宽 2.2、厚 0.6 厘米（图一九二，10；图版三五，1）。

标本 1999T4H61：5，利用动物骨骼切割刮磨而成。呈扁平长条形，柄部保留部分骨臼，较粗大，从柄部到刃部有一深凹槽，柄端有一孔眼，刃部呈舌状。长 15.3 厘米（图一九二，11；图版三五，2）。

鹤嘴锄　共 2 件。

标本 2000T1H8：2，利用鹿角自然形状将一端磨成圆锥状，另一端带有自然的弯钩，锥尖微翘，锥体中上部有切割痕迹。通长 23.6 厘米（图一九三，1；图版三五，3）。

标本 2000T1H8：3，利用鹿角的自然形状，将其一端切割成扁形锥体，另一端则有切割痕迹。通长 19 厘米（图一九三，2；图版三五，4）。

矛　1 件。

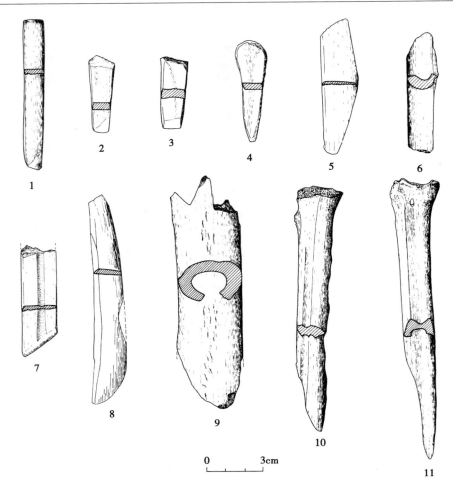

图一九二　第二期出土骨凿、刀、匕等

1. 凿（2000T4H26：19）　2. 凿（1999T4H49：1）　3. 凿（2000T11⑦：3）　4. 凿（2000T2H48：2）　5. 刀（1999T1H25：17）　6. 匕（2000T1H14：1）　7. 匕（2000T4H59：1）　8. 匕（2000T4H26④：21）　9. 匕（2000T4H26：1）　10. 铲（2000T1⑧：1）　11. 铲（1999T4H61：5）

　　标本2000T2H46：3，先切割一段动物骨骼，再对刃部进行磨制加工。通体呈舌状，刃部较钝，柄部残，刃部中上部有一凹槽。长7.9、宽1.8、厚0.2厘米（图一九四，1；图版三六，1、2）。

　　骨饰　共2件。

　　标本2000T1H51：1，切割、磨制小块动物骨骼而成。扁平、短小，近似贝壳，一端圆弧，其上有一小圆孔，另一端残缺，可能为耳坠。长2.9、宽1.3、厚0.2厘米（图一九四，2；彩版一六，3、4；图版三六，3、4）。

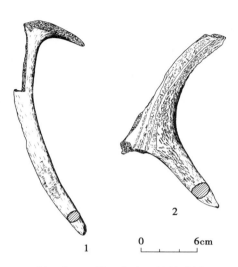

图一九三　第二期出土骨鹤嘴锄
1. 2000T1H8：2　2. 2000T1H8：3

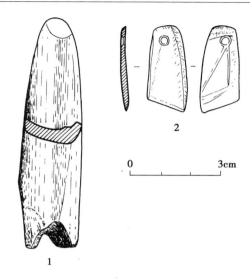

图一九四　第二期出土骨矛、骨饰
1. 骨矛（2000T2H46：3）2. 骨饰（2000T1H51：1）

2. 蚌器　共5件。

镰　3件。多以蚌壳原形进行磨制加工，边缘带有不明显的小锯齿。

标本1999T4H56：4，残存部分为半月形，单面刃，圆弧背，边缘带小齿。长8.6、宽4.5、厚0.6厘米（图一九五，1）。

标本2000T11⑪D：3，以蚌壳切割而成，将贝壳外缘磨制成刃部，靠边缘处有孔，残存部分为半月形。残长6、宽5.3、厚0.5厘米（图一九五，2）。

标本2000T11⑬：2，残存部分为半月形，刃部有不明显的小锯齿。长10.3、宽3.1、厚0.4厘米（图一九五，3）。

蚌贝　1件。

标本1999T1H15：1，以蚌壳切割、磨制而成，似贝壳，背部中间有凹槽。残长3.3、厚0.2～0.3厘米（图一九五，4；图版三六，5）。

蚌饰　1件。

标本2000T1H28：5，贝状，光滑精细，两端各有一圆孔，背面微隆起。长4.5、宽2.6、厚0.3厘米（图一九五，5；彩版一六，5、6；图版三六，6、7）。

四　铜器

容器残片　1件。

标本2000T3⑤B：1，红铜。可能为鬶或盉的流部，流中间部位有一小豁口。残长8.4厘米（图一九六，1；彩版一六，7；图版三六，8）。

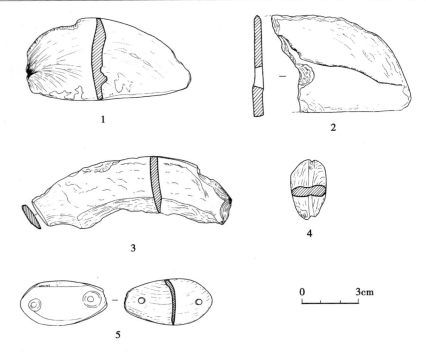

图一九五　第二期出土蚌镰、贝、蚌饰

1. 镰（1999T4H56：4）　　2. 镰（2000T11 ⑪ D：3）　　3. 镰（2000T11 ⑬：2）　　4. 贝
（1999T1H15：1）　　5. 蚌饰（2000T1H28：5）

刀　1件。残为两段。

标本 1999T1H40：1，红铜。尖部残，直背弧刃。残长 4.5 厘米（图一九六，2）。

铜锈粒　标本 2000T4H26①：3，绿色。长 1.3、宽 0.8 厘米。未经鉴定。

五　陶器

（一）概述

新砦遗址出土的第二期遗物非常丰富，绝大多数是陶器。陶器标本采自灰坑、地层和灰沟，不少器物破碎严重，修复工作相当艰巨。发掘期间即留意可能复原的陶器，并立即修整

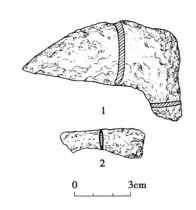

图一九六　第二期出土铜容器残片、刀

1. 容器残片（2000T3⑤B：1）

2. 刀（1999T1H40：1）

复原，进入室内整理阶段之后，又花去数月进行拼对和修复，最终在 400 多平方米的发掘范围内粘对出各类陶器标本 2000 多件，复原各类陶器标本 290 余件，其中，大多数属新砦遗址第二期。

1. 陶系

第二期陶器分泥质与夹砂两大类。泥质陶的陶土多经陶洗，陶质细腻。未经陶洗的泥质陶，含有少量细砂，有的与夹砂陶容易混淆。泥质陶主要用来制作诸如盆、豆、碗（钵）、盉之类的饮食器，部分四足瓮、器盖也用泥质陶制作。泥质陶中还有个别细泥红陶，质地细而坚硬，器表光亮呈红色，主要用来制作杯、圈足盘之类的器物。夹砂陶可以细分为夹粗砂和夹细砂两种，用来制作鼎、罐、甗、瓮等炊器和盛储器。

陶色分深灰、浅灰、褐、黑、红共五种。以灰陶为主，次为黑陶和褐陶。红陶极少。不少器物出现一件器物多种陶色的情况，特别是有些可以拼对或可复原的陶器上，可粘对在一起的陶器外表颜色竟截然不同。这种情况的发生，或许与陶器（陶片）的埋藏条件有关。夹砂黑灰陶中，有的由于烧制时氧化不足，局部呈灰褐色。泥质黑灰陶也有的外表为黑陶或灰陶，胎呈红色或褐红色，称为黑皮陶。陶器特别是似为炊器的夹砂深腹罐器表中下部，常常涂抹一层黄泥，黄泥与器表紧密粘连。有些鼎和深腹罐的下腹部留有烟炱，陶盉内壁常留有水垢。

出土陶片丰富的单位陶片陶系纹饰统计见附表一三～二三。综合附表一三～二三，得表二一。

表二一　　　　　　　　　第二期重要单位出土陶片陶系统计表　　　　　（单位：片）

陶系 / 单位	泥 质					夹 砂					合计
	黑	深灰	浅灰	褐	红	黑	深灰	浅灰	褐	红	
2000T4H59		87	72	47	3	39	139	79	53	7	526
2000T4H53	11	111	70	26	1	58	127	71	42	7	524
2000T12⑤A	198	332	376	46	21	158	271	427	101	31	1961
2000T2H93	26	147	97	86	37	13	289	61	35		791
2000T4H26	188	376	312	74	9	0	374	423	239	90	2085
2000T4H45	15	101	81	68	7	76	110	222	75	1	756
2000T4H19	22	69	38	39	7	25	76	70·	54	13	413
2000T2H11	89	196	226	158		51	222	212	62	32	1248
2000T6⑧	122	939	973	52	1	351	1401	735	387		4961
合计	671	2358	2245	596	86	771	3009	2300	1048	181	13265
百分比（%）	5.06	17.78	16.92	4.49	0.65	5.81	22.68	17.34	7.90	1.36	
	44.90					55.09					

从上表可以看出，第二期陶器以夹砂灰陶为主，占 40.02%；泥质灰陶次之，占 34.7%；占第三位的是夹砂褐陶，占 7.9%；夹砂黑陶和泥质黑陶各约占 5.81% 和 5.06%。另有极少量的红陶。

2. 制法

在制作工艺方面，新砦遗址第二期陶器以轮制为主，因而器形规整、匀称，但第二期陶器的器壁较第一期为厚，往往在器口遗留有手抹痕，罐类的器底遗留有切割时同心轮旋纹。器物底部、口部或附件主要是手制，器物主体部位仍采用轮制，器物分段制成之后，再捏合在一起，最终再以慢轮修整。这里介绍几种常见器物的制法。

鼎　镂孔鼎足和"V"形鼎足是用两片三角形的泥片，对接而成，如标本2000T11⑯B：3、2000T11⑯ B：4、2000T11⑨A：4（图版三七，1～3）。饰按窝纹鼎足是在制作好主体之后，再贴敷泥片，在泥片上捏出按窝，如标本2000T6⑧：662、2000T11⑦A：72、2000T6⑧：671、2000T6⑧：661（图版三七，4～6）。

器盖　分为盖纽、盖顶、盖壁三部分，这几部分都是独立做好之后，再套接在一起。盖纽的顶部直接盖在纽上 。盖纽颈部是用泥条盘筑法制成的，盖顶为手制，有的内壁可见按窝痕。如标本 2000T1H8 ①：12、2000T11 ⑥：60、2000T11 ⑥：61、1999T4H6：51、2000T6⑧：842、2000T11⑥：49（图版三八，1～6）。

豆　豆柄是用泥条盘筑法制成的，如标本2000T6⑧：843（图版三九，1）。有的还在外包一层泥皮。豆盘的底部和豆柄的上端做粗，使之粘接后更为牢固，如标本2000T6⑧：728、2000 T6⑧：719（图版三九，2、3）。豆盘本身手制而成，如标本2000T11⑦A：65、2000T11⑩B：15（图版三九，4、5）。

罐　内壁常经过拍打，留下陶垫衬托的痕迹，如标本2000T11⑦A：66（图版三九，6）。

甗　腰部加贴泥条，饰附加堆纹，如标本2000 采（图版四〇，1）。足部内外留有绳纹，系模制而成，如标本2000T3H45：18、2000T3H45：19（图版四〇，2、3）。

鬶　外壁中腰处贴敷泥条，如标本2000T11⑮C：1（图版四〇，4）。

碗　轮制而成，碗之内、外壁皆可见轮旋纹。碗底外侧可见线切割纹，但切割纹不如一期的规整。

平底盆　盆的器耳是单独做成后再贴敷于外壁的，如标本2000T11⑦A：33（图版四〇，5）。内、外壁常见轮制痕迹，如标本2000T11⑦A：54（图版四〇，6）。有的盆底与盆壁分别做成后，结合处另加一周泥条，使壁与底部连接紧密。

深腹盆　从完整器看，底为手工制成。少数器内壁可见轮制形成的瓦棱，器表常见轮制的修整线（图版四一，1）。

刻槽盆　其内壁是刻划的刻槽，如标本2000T11⑦A：67（图版四一，2）。

盉　手制，口部为泥条盘筑，外壁贴敷附加泥条。袋足向下收缩成上大下小的实足根，如标本2000T6⑧：844（图版四一，3）。流部分片制成再组合在一起，如标本2000T11⑦A：70（图版四一，4）。

瓮　口部经过慢轮修整，如标本2000T11⑦A：63（图版四二，1）。内壁，尤其是折肩处经过拍打，如标本 2000T11⑦A：68（图版四二，2）。瓮内底部加一周泥条，使之坚固，如标本 2000T11⑥：69（图版四二，3）。瓮足于器底相接处做粗，如标本 2000T11⑩C：5（图版四二，4），便于与瓮足相连。瓮耳则是单独做好后粘接到器外壁上的，如标本 2000T11⑯B：6（图版四二，5）。

新砦遗址第二期陶器的附件主要有鋬手、把、耳、足、流五类。鋬手主要饰于深腹盆、甑、刻槽盆和高足鼎上。把主要用于盉和个别壶上。耳，以形状分有竖耳和横耳两种；以数量分，双耳最多，也有四耳的；多用于小口高领罐、尊形瓮、子母口瓮。足有三足与四足之分，多见四足瓮和三足盘。流主要用于盉和刻槽盆。这些附件通常与器物主体分别制成，再粘合在一起。

3. 装饰方法

新砦遗址第二期陶器成形之后，器表除素面（包括素面磨光）以外，大都进行一定装饰。装饰内容大约分为三种：纹饰、图案和刻划符号。

（1）纹饰

常见的纹饰有篮纹、方格纹、刻划纹、附加堆纹、绳纹、指甲纹、弦纹、轮旋纹、镂孔，还有鸡冠鋬等附加装饰。除素面以外，陶器纹饰以篮纹最多，方格纹次之，居第三位的是绳纹，其他较多的纹饰还有附加堆纹、弦纹（表二二）。

表二二　　　　　　　　　　第二期重要单位出土陶片纹饰统计表　　　　　　（单位：片）

纹饰 / 单位	素面	篮纹	方格纹	绳纹	弦纹	指甲纹	附加堆纹+篮纹	弦纹+篮纹	附加堆纹	鸡冠耳	镂孔	压印纹	刻划纹	合计
2000T4H59	175	159	98	70	8	5	7			4				526
2000T4H53	188	158	60	91	15	2	7		2				1	524
2000T4H26	780	651	335	243	15	4	33		17	3	1		1	2083
2000T12⑤A	775	564	149	191	162	25	29	34	27		3			1959
2000T2H93	304	168	186	50	41	19	9	12			2			791
2000T4H45	303	217	128	85	6	8			4	2		2	1	756
2000T4H19	105	139	65	68	16	8	6		2					409
2000T2H11	686		252	28	35	14		22	3					1040
2000T6⑧	1368	977	896	499	256	3	475		194	10		32		4710
合计	4684	3033	2169	1325	554	88	566	68	249	19	6	34	3	12798
百分比（%）	36.6	23.7	16.95	10.35	4.33	0.69	4.42	0.53	1.95	0.15	0.05	0.27	0.02	

篮纹、方格纹和绳纹多饰在深腹罐、鼎、刻槽盆外壁。这三种纹饰都是用陶拍拍印而成。附加堆纹主要饰在尊形瓮和一少部分夹砂罐上，是器物成形之后，叠加在器壁上的。指甲纹多饰在小口高领罐上，是用圆弧形制陶工具压印或制陶人的指甲掐印而成。镂孔以豆柄上部最常见，多为豆柄成形后，剔割而成。弦纹多饰于泥质小口高领罐、平

底盆和器盖之上。其中，凹弦纹最常见，系轮转时用带尖工具压划而成。轮旋纹见于某些碗、罐的底部，系切割而成。鸡冠錾主要饰于盆形瓿和高足鼎上。

方格纹 以方格大小分为三类。

甲类 大方格。标本 2000T6⑧：357，较大、较斜（图一九七，1）。标本 2000T4H26：180，方格较大，菱形，排列规整（图一九七，2）。

乙类 中等方格。以方格排列特征分为两型。

A 型 排列整齐。再以方格形状分为三个亚型。

Aa 型 菱形。标本 2000T6⑧：386，较大、斜，印痕深（图一九七，3）。标本 2000T6⑫：8，较细，较深（图一九七，4）。标本 2000T6⑧：429，方格较大，稍乱（图一九七，5）。标本 2000T11⑨：3，方格稍大，稍乱，印痕较浅（图一九七，6）。标本 1999T4H6：84，菱形，较大，较规整（图一九七，7）。

Ab 型 窄条形。标本 2000T6⑧：367，横长条、斜长条分布（图一九八，1）。标本 2000T12H89：13，横窄条方格纹（图一九八，2）。标本 2000T6⑫：19，窄菱形方格，斜行，印痕清楚（图一九八，3）。

Ac 型 斜方格。标本 2000T6⑧：380，斜菱形方格，较规整（图一九八，4）。2000T6⑧：381，细小菱形方格（图一九八，5）。标本 2000T11⑥：25，菱形，较规整，印痕清晰（图一九八，6）。标本 2000T11⑥：26，较小，印痕清楚，拍印规整（图一九八，7）。标本 1999T2H147：7，格细小，印痕较深（图一九八，8）。

B 型 整体排列散乱。以印痕深浅分两亚型。

Ba 型 印痕较浅。标本 2000T6⑧：832，格较大、较乱（图一九九，1）。标本 2000T11⑪D：13，菱形斜方格纹（图一九九，2）。标本 2000T6⑦：7，方格横长，较窄，右下斜行（图一九九，3）。标本 2000T6⑧：535，斜状，较大、较规整（图一九九，4）。

Bb 型 印痕较深。标本 2000T6⑧：286，细小方格纹，不甚规整（图一九九，5）。标本 1999T2H147：60，方格较小且深（图一九九，6）。标本 2000T3H50：1，格较小（图一九九，7）。

丙类 方格纹极小。

仅 1 件。标本 2000T9H37：14，方格特细小，印痕较为清楚（图一九九，8）。

篮纹 是新砦遗址第二期最常见的纹饰。系用木拍拍印而成。以单层拍印和复合拍印分为两型。

A 型 单层拍印。以施纹方向分为三个亚型。

Aa 型 竖行篮纹。标本 2000T4H19⑤：61，竖行篮纹，较粗，间距较宽（图二〇〇，1）。

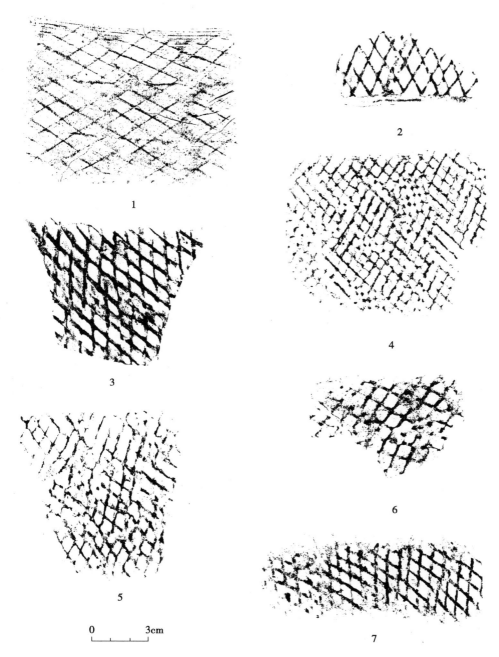

图一九七 第二期陶片纹饰拓片（方格纹）

1. 甲类（2000T6⑧：357） 2. 甲类（2000T4H26：180） 3. 乙类 Aa 型（2000T6⑧：386） 4. 乙类 Aa 型（2000T6⑫：8） 5. 乙类 Aa 型（2000T6⑧：429） 6. 乙类 Aa 型（2000T11⑨：3） 7. 乙类 Aa 型（1999T4H6：84）

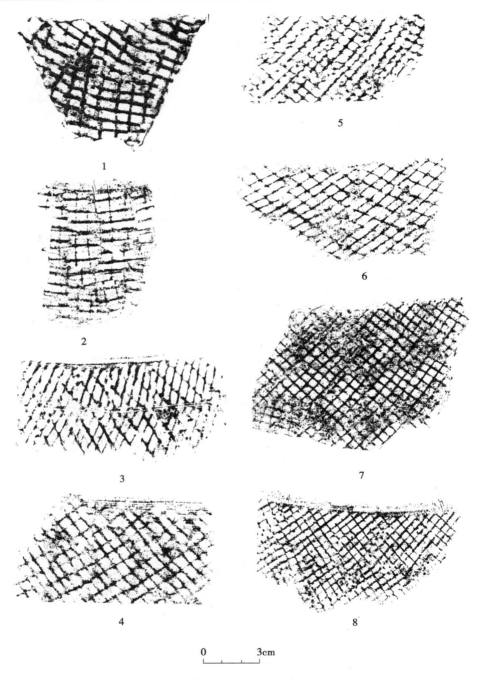

图一九八　第二期陶片纹饰拓片（方格纹）

1. 乙类 Ab 型（2000T6⑧：367）　　2. 乙类 Ab 型（2000T12H89：13）　　3. 乙类 Ab 型（2000T6⑫：19）

4. 乙类 Ac 型（2000T6⑧：380）　　5. 乙类 Ac 型（2000T6⑧：381）　　6. 乙类 Ac 型（2000T11⑥：25）

7. 乙类 Ac 型（2000T11⑥：26）　　8. 乙类 Ac 型（1999T2H147：7）

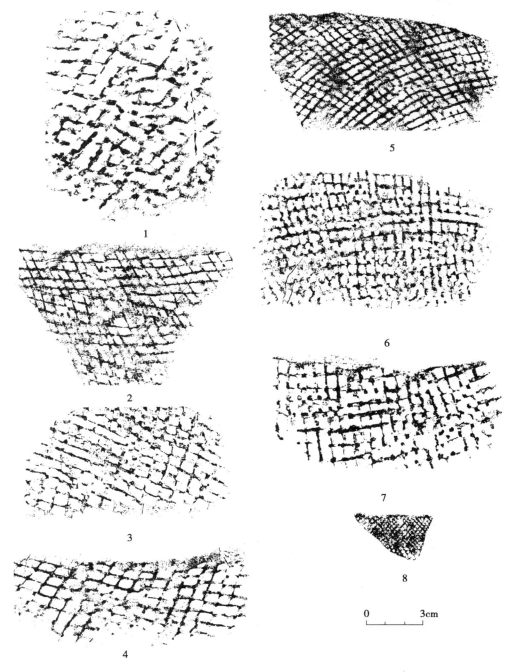

图一九九 第二期陶片纹饰拓片（方格纹）

1. 乙类 Ba 型（2000T6⑧：832） 2. 乙类 Ba 型（2000T11⑪D：13） 3. 乙类 Ba 型（2000T6⑦：7）

4. 乙类 Ba 型（2000T6⑧：535） 5. 乙类 Bb 型（2000T6⑧：286） 6. 乙类 Bb 型（1999T2H147：

60） 7. 乙类 Bb 型（2000T3H50：1） 8. 丙类（2000T9H37：14）

Ab 型　斜行篮纹。标本 2000T6⑧：299，向左斜行，较粗（图二〇〇，2）。标本 2000T11⑥：14，向左斜行，印痕清晰（图二〇〇，3）。标本 2000T11⑥：24，向右斜行，印痕较浅（图二〇〇，4）。标本 2000T11⑩C：4，向左下斜行，较细，带横丝（图二〇〇，5）。

Ac 型　横篮纹。标本 2000T4H19⑤：74，横条篮纹，印痕有深有浅（图二〇〇，6）。

B 型　复合篮纹，即双层或多层拍印，造成交叉篮纹或重叠篮纹。

标本 2000T6⑧：834，较窄，交叉状（图二〇〇，7）。标本 2000T6⑨：8，较宽，交叉明显（图二〇〇，8）。标本 2000T11⑦A：49，较细，交错篮纹（图二〇〇，9）。标本 1999T4H31：2，横向交错叠压，纹道较窄（图二〇一，1）。标本 2000T6⑧：356，纹饰有所交错，印痕清晰（图二〇一，2）。标本 2000T6⑧：354，中等篮纹，有交叉，纹道较细、深（图二〇一，3）。标本 2000T12⑤A：7，交错拍印，较细（图二〇一，4）。标本 1999T2H147：61，交错篮纹，较乱（图二〇一，5）。标本 2000T11⑥：48，交错篮纹，纹道较细（图二〇一，6）。

绳纹　是新砦遗址第二期最常见的纹饰之一。以粗细程度分为三类。

甲类　粗绳纹。以印痕深浅分为两型。

A 型　印痕清晰，纹道较深。标本 2000T11⑥：47，纹粗，竖行（图二〇二，1）。标本 2000T6⑧：311，较粗，竖行（图二〇二，2）。

B 型　印痕较为模糊，纹道较浅。以绳纹形态分为两个亚型。

Ba 型　绳纹印痕呈麦粒状，印窝内带细丝。标本 2000T6⑦：8，纹极粗，内有竖丝（图二〇二，3）。标本 2000T11⑥：44，极粗，带竖丝（图二〇二，4）。

Bb 型　绳纹印痕呈散点状，印窝内不带细丝。标本 2000T4H19③：59，纹粗，较乱而浅（图二〇二，5）。

乙类　中绳纹。标本 2000T4H26④：152，向右斜行，较规整（图二〇三，1）。标本 2000T4H26①：167，较乱（图二〇三，2）。标本 2000T4H26①：179，向右斜行，较规整（图二〇三，3）。标本 2000T4H19：11，纹较粗，竖行，上有两条弦纹（图二〇三，4）。标本 2000T11⑦：43，竖行，较规整（图二〇三，5）。标本 1999T4H61①：89，向下弧行，绳纹中等偏细（图二〇三，6）。

丙类　细绳纹。标本 2000T4H21④：181，竖行，较细密（图二〇四，1）。标本 2000T6⑪：3，竖行，绳纹较细（图二〇四，2）。标本 2000T11⑥：46，竖行，排列规整，细密（图二〇四，3）。

附加堆纹　数量不如前举三种多，一般与其他纹饰相结合，共同饰于某件器物上。常饰附加堆纹的器物以瓮、罐类最常见。有的是附加堆纹＋方格纹，如标本 2000T1H8：

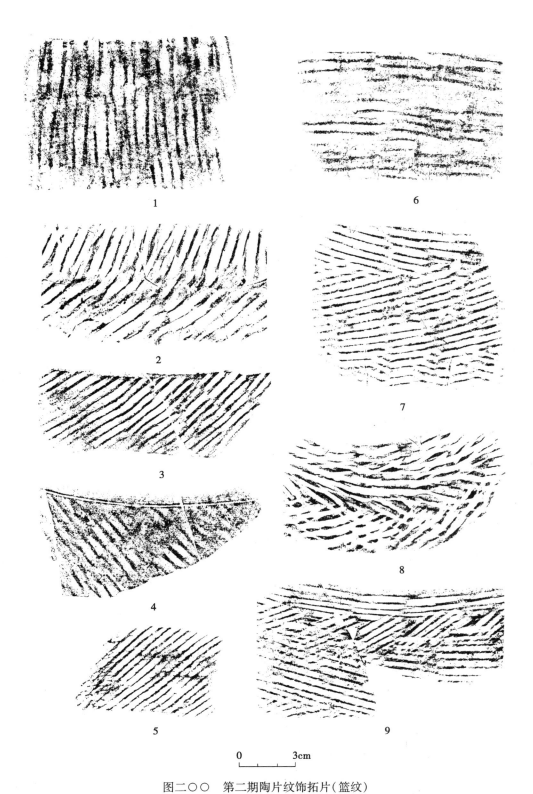

0   3cm

图二〇〇　第二期陶片纹饰拓片（篮纹）

1. Aa 型（2000T4H19⑤: 61）　2. Ab 型（2000T6⑧: 299）　3. Ab 型（2000T11⑥:14）　4. Ab 型（2000T11⑥:24）　5. Ab 型（2000T11⑩C: 4）　6. Ac 型（2000T4H19⑤: 74）　7. B 型（2000T6⑧: 834）　8. B 型（2000T6⑨: 8）　9. B 型（2000T11⑦A: 49）

图二〇一　第二期陶片纹饰拓片（篮纹）

1. B 型（1999T4H31：2）　　2. B 型（2000T6⑧：356）　　3. B 型（2000T6⑧：354）　　4. B 型（2000T12

⑤A：7）　5. B 型（1999T2H147：61）　6. B 型（2000T11⑥ :48）

27，斜方格纹（图二〇四，4）。有的是附加堆纹＋绳纹，如标本 2000T6⑧：841，绳纹
呈麦粒状（图二〇四，5）。有的是附加堆纹＋竖行篮纹，如标本 2000T5⑤D 层所出一
件标本，附加堆纹密集，篮纹短、印痕浅。

　　切割纹　第二期切割纹数量不及一期普遍，但并未消失，只是与一期同纹饰相比，
二期切割纹不见极其规整的同心圆纹，而且纹道似乎较粗。标本 1999T2H147：62，偏
同心圆纹，较规整（图二〇五，1）。标本 1999T4H6：9，偏同心圆纹（图二〇五，2）。

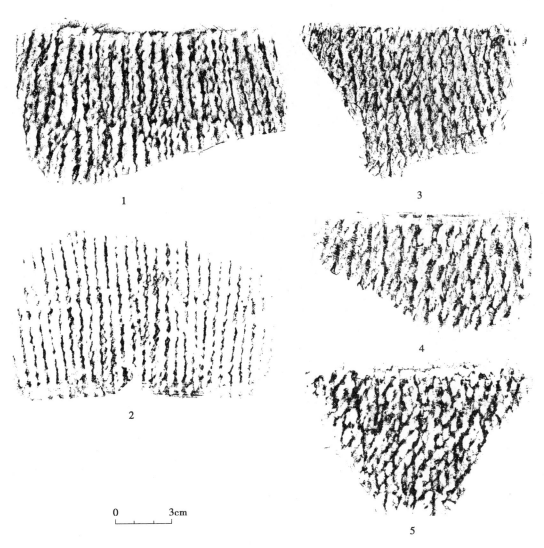

1

3

2

4

5

图二〇二　第二期陶片纹饰拓片（甲类粗绳纹）

1. A 型（2000T11⑥:47）　2. A 型（2000T6⑧:311）　3. Ba 型（2000T6⑦:8）　4. Ba 型（2000T11⑥:
44）　5. Bb 型（2000T4H19③:59）

标本1999T3H10:1，近同心圆纹（图二〇五，3）。

戳印纹　标本1999T1H76:7，在瓮类器肩部戳印不规则点纹（图二〇五，4）。

几何带纹　标本2000T12⑤A:5，压印图形为"×"与双逗点相间的几何形图形
（图二〇五，5）。

云雷纹　数量不多。标本2000T13H17:3，云雷纹上为四周弦纹（图二〇五，6）。

其他纹饰　系用刻有图形的工具压印于器表而成，多排列成一组图案。如三角格

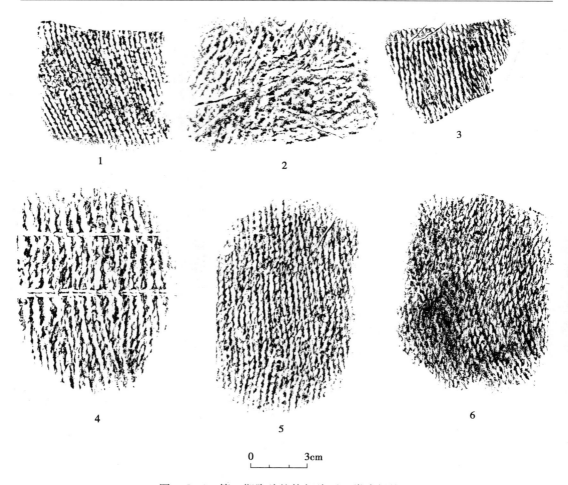

图二〇三　第二期陶片纹饰拓片（乙类中绳纹）

1. 2000T4H26④：152　2. 2000T4H26①：167　3. 2000T4H26①：179　4. 2000T4H19：11　5. 2000T11⑦：43
6. 1999T4H61①：89

纹，即器表纹饰的组成单元为三角形格。标本2000T4H26①：18，横行排列，由小三角形格组成（图二〇五，7）。三角纹，标本1999T4H6：12，在上下弦纹之间压印一周由三角纹组成的图案，三角形内压印6道竖斜纹（图二〇五，8）。细长三角形刻划纹，标本2000T4⑤A：131，纹道呈细长三角形纹，平行布列（图二〇五，9）。

（2）图案与刻划符号　多用尖刃工具在器表上刻划而成，均为单个符号。

兽面纹　标本1999T1H24：1，兽面，刻在器盖顶部，图案与二里头文化铜牌饰上的兽面纹有相似之处（图二〇六，1）。

花叶纹　标本2000T4H53：21、24，深腹罐口沿外侧，刻绘花叶状图案（图二〇六，2、3）。

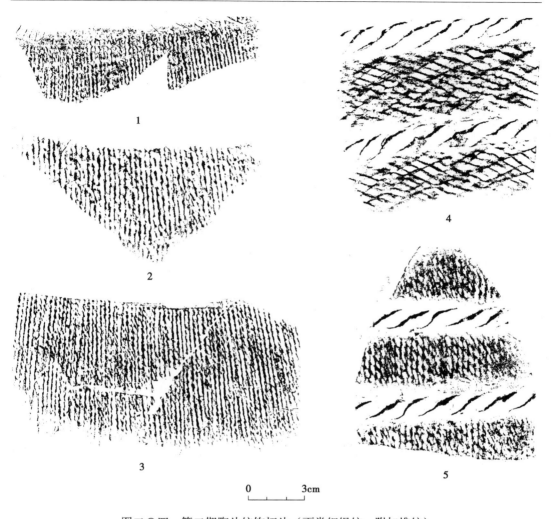

图二〇四　第二期陶片纹饰拓片（丙类细绳纹、附加堆纹）

1. 丙类细绳纹（2000T4H21④：181）　　2. 丙类细绳纹（2000T6⑪：3）　　3. 丙类细绳纹（2000T11⑥：46）

4. 附加堆纹＋方格纹（2000T1H8：27）　　5. 附加堆纹＋绳纹（2000T6⑧：841）

　　单"十"字纹　标本2000T9H37：2，为"十"字形（图二〇六，4）。

　　双"十"字纹　标本1999T2F6②：2，为两横中间穿一竖道（图二〇六，5）。

　　夔龙纹　标本2000T13G2③：1（图二〇六，6），原应为首尾相接的一周图案，饰于圈足上部。圈足器为泥质黑陶，陶胎甚薄，器表乌黑发亮。现存图案，当为其中的一个单元。用双线勾边，内以更细的线条刻图。图案左边为回首顾盼的龙头，中间为弯曲的龙身，右边为稍翘的龙尾，下部为变形龙爪。该图案线条流畅，笔法细腻，刻纹清晰，形象生动。

　　眼睛纹？　标本1999T1H26：1，刻绘一类似眼睛纹的一角，又像花蔓纹的一部分，

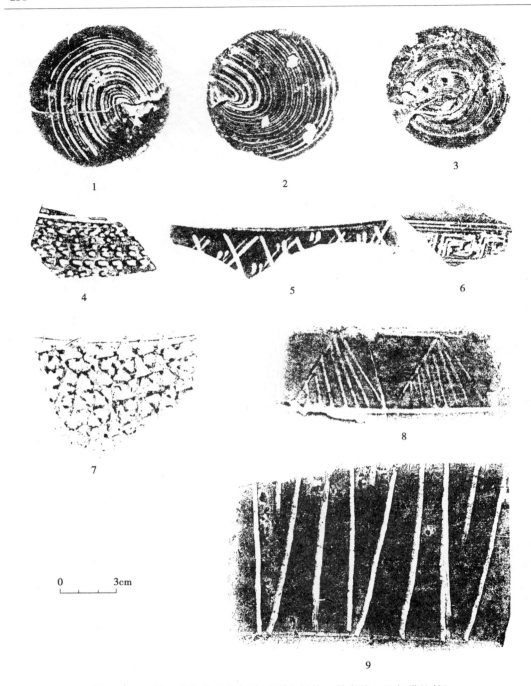

图二〇五　第二期陶片纹饰拓片（同心圆纹、戳印纹、几何带纹等）

1. 偏同心圆纹（1999T2H147：62）　2. 偏同心圆纹（1999T4H6：9）　3. 近同心圆纹（1999T3H10：1）　4. 戳印纹（1999T1H76：7）　5. 几何带纹（2000T12⑤A：5）　6. 云雷纹（2000T13H17：3）　7. 三角格纹（2000T4H26①：18）　8. 三角纹（1999T4H6：12）　9. 细长三角形刻划纹（2000T4⑤A：131）

图二〇六　第二期陶片纹饰拓片（兽面纹、花叶纹、"十"字纹等）

1. 兽面纹（1999T1H24：1）　2. 花叶纹（2000T4H53：21）　3. 花叶纹（2000T4H53：24）　4. 单"十"
字纹（2000T9H37：2）　5. 双"十"字纹（1999T2F6②：2）　6. 夔龙纹（2000T13G2③：1）　7. 眼睛纹
（1999T1H26：1）　8. "日"字形纹（2000T2H93：28）

惜不完整（图二〇六，7）。

　　"日"字形纹　标本 2000T2H93：28，为残"日"字形（图二〇六，8）。

　　（二）器类及型式

　　新砦遗址第二期的陶器种类繁多，主要有深腹罐、器盖、小口高领罐、折肩罐、尊形瓮、折肩瓮、豆、鼎、平底盆、刻槽盆、盉、单把杯、觚、厚胎钵和碗等（附表二四~三四）。以器底归类，第二期陶器群以平底器最多，如深腹罐、折肩罐、折肩瓮、尊形瓮、平底盆等；次为三足器，如鼎、盉等；圈足器较少，仅豆、篦形豆和极少量的觚形杯；不见圜底器，唯个别刻槽盆底部近圜，基本为小平底。按功能分，第二期陶器又分为炊器（鼎、罐），饮食器（豆、碗、钵、小盆、杯、盘），盛储器（罐、瓮、刻槽盆、小口高领罐）和酒器（盉、觚）等。从表二三器类统计表中可以看出，第二期最为常见的陶器是罐、器盖、小口高领罐和鼎，其次有豆、平底盆和钵（碗）等。其中，罐类占 42.96%，是最常见的器类，器盖占 23.58%，小口高领罐和鼎均在 10% 上下，豆近 5%，盆和钵（碗）类占 2%~3%，刻槽盆近 2%，子母口瓮仅 1% 多一点，鬶或盉不足 1%。

表二三　　　　　　　　　　　第二期重要单位陶器器类统计表　　　　　　　　（单位：件）

器类\单位	罐	器盖	小口高领罐	鼎	豆	平底盆	钵或碗	刻槽盆	子母口瓮	鬶或盉	合计
1999T2H101	14	51	29	18	7	10	6	1		1	137
2000T4H59	26		7	1	2		1	1	1		39
2000T4H53	19	2	3	4			4	2			34
1999T4H26	87	10		16	4	3	3	1	4	2	130
2000T3H45	15	1	1	3			4			1	25
2000T12⑤a	19	4		3		3	3				32
2000T2H93	19			1			4	1	1		26
1999T1H29	2	38	45	13	10	12		11			201
2000T4H19	10	3		4							18
2000T2H11	26	2	3					6			37
2000T6⑧	163	147	30	38	27	1		4	4	1	415
合计	470	258	118	101	50	29	31	21	11	5	1094
百分比（%）	42.96	23.58	10.79	9.23	4.57	2.65	2.83	1.92	1.01	0.46	

有些器类可能有多种用途。如各种罐类的用途相当广泛。罐类大小不一，有的又高又大，当是一种盛储器；有些中口罐，外壁留有烟炱，内壁有水垢，当是炊器；还有的特小，当别有用途。最常见的是深腹罐，另有大口罐、直腹罐、曲腹罐等。器盖，也是新砦遗址第二期最常见的器类之一。各种各样的器盖本应是扣在某些器物口部的附件，其规格大小不一，看来分属大小有别的若干级别，使用于多种器物之上。我们曾将大小不同的器盖，分别扣在不同尺寸的器物口部，发现唇沿加厚的深腹罐和子母口的鼎以及四足瓮口部，与器盖相扣，尤为契合。不过，现很难推测各类器盖原扣盖于何种器物之上，为行文的方便，姑且作单独的一类器物，予以介绍。

最能反映新砦遗址第二期陶器群特征的是（1）深腹罐、（2）鼎、（3）小口高领罐、（4）平底盆、（5）豆、（6）刻槽盆、（7）钵、（8）器盖。这8种器物是当时日常生活中最常见的器皿。我们首先对这8种主要器物型式予以介绍。

（1）深腹罐　绝大多数为夹砂陶，轮制或手制成形后再以慢轮修整，腹、底饰篮纹、方格纹或绳纹，少部分饰附加堆纹。绝大多数为灰色，少数为褐色。因火候不匀，在一件器物上陶色深浅不同甚至有不同的颜色。不少用作炊器的夹砂罐中下腹部涂黄泥。深腹罐的形态通常为折沿、深鼓腹、小平底或底微凹。变化最明显的在口沿部分。以口沿唇部特征分为三型。

A型　方唇，数量较少。以口沿变化分为2式：

Ⅰ式　口沿沿面较平，内折棱较明显。如标本2000T4H26④：42（图二〇七，1），标本2000T4H59①：16（图二〇七，2）。

Ⅱ式　唇部内侧上端加厚或圆鼓，使唇部上端凸起。如标本2000T6⑧：434（图二〇七，3）。

B 型　形体与 A 型相同，唯唇部为圆唇，在各型深腹罐中数量最多。以口沿变化分为 2 式：

Ⅰ式　斜折沿，沿面较平。如标本 2000T4H26④：50（图二〇七，4）。

Ⅱ式　唇沿加厚。如标本 2000T6⑧：821（图二〇七，5）。

C 型　尖唇或尖圆唇，数量较少。形体与 B 型相同，只是唇部明显为尖唇或尖圆唇。以口沿变化分为 2 式：

Ⅰ式　斜折沿，沿面较平。如标本 1999T2H147：20（图二〇七，6）。

Ⅱ式　斜折沿，唇部上端内侧加厚。如标本 2000T6⑧：826（图二〇七，7）。

（2）小口高领罐　以形体特征分 2 式：

Ⅰ式　直领，直口，鼓肩，圆鼓腹。如标本 2000T4H26④：76（图二〇七，8）。

Ⅱ式　斜领，侈口，溜肩，斜弧腹。如标本 1999T4H6：7（图二〇七，9）。

（3）鼎　分鼎与鼎足两部分分别叙述。实际鼎足的划分标准不能与鼎划分完全同步。这里只是为叙述的方便，暂分别介绍。

鼎　以足的高矮分为高足鼎与矮足鼎两类。

高足鼎　以口部形状分两型。

A 型　子母口鼎。以子母口形状又分为三个亚型。

Aa 型　直口。如标本 1999T2H101：211（图二〇八，2），标本 2000T6⑧：768（图二〇八，1）。

Ab 型　敛口。如标本 2000T4H53：53（图二〇八，3），标本 2000T6⑧：772（图二〇八，4）。

Ac 型　近平口。如标本 1999T2H101：51（图二〇八，5）。

B 型　斜折沿鼎。以唇部特征分为 2 式：

Ⅰ式　斜折沿，尖圆唇，唇沿较平。如标本 2000T6⑧：779（图二〇八，6）。

Ⅱ式　斜折沿，尖圆唇，唇沿加厚。如标本 2000T6⑧：777（图二〇八，7）。

矮足鼎　鼎足呈短小的三角形或乳头状。如标本 2000T6⑦：833（图二〇八，8）。

高足鼎足　以整体形状分为三型。

A 型　三角形足。再以鼎足纹饰特征分为三个亚型。

Aa 型　饰压印纹。以印纹形状分为 2 式：

Ⅰ式　正面压印横道纹。如标本 2000T4H26①：156（图二〇九，1）。

Ⅱ式　正面和背面斜压“人”字形或“八”字形纹。如标本 2000T6⑧：643（图二〇九，2）。

Ab 型　素面。如标本 2000T4H26④：158（图二〇九，3）。

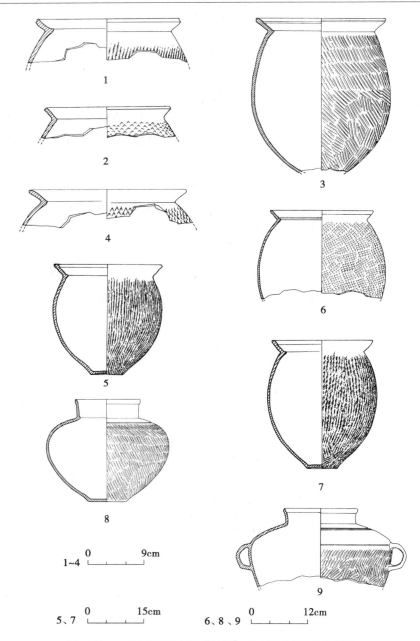

图二〇七　第二期出土陶深腹罐、小口高领罐型式划分

1. A 型Ⅰ式深腹罐（2000T4H26④：42）　2. A 型Ⅰ式深腹罐（2000T4H59①：16）　3. A 型
Ⅱ式深腹罐（2000T6⑧：434）　4. B 型Ⅰ式深腹罐（2000T4H26④：50）　5. B 型Ⅱ式深腹
罐（2000T6⑧：821）　6. C 型Ⅰ式深腹罐（1999T2H147：20）　7. C 型Ⅱ式深腹罐
（2000T6⑧：826）　8. Ⅰ式小口高领罐（2000T4H26④：76）　9. Ⅱ式小口高领罐
（1999T4H6：7）

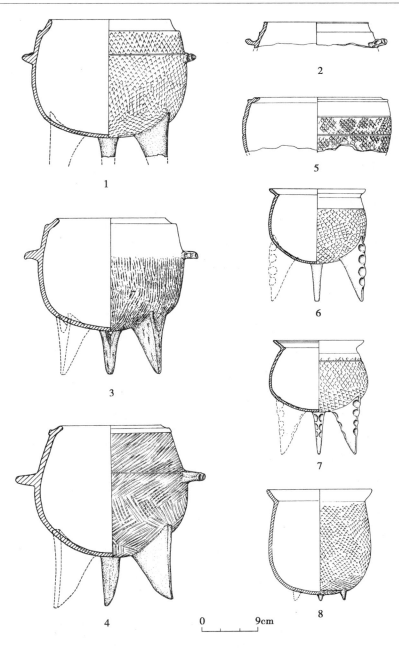

图二〇八　第二期出土陶鼎型式划分

1. Aa 型高足鼎（2000T6⑧：768）　　2. Aa 型高足鼎（1999T2H101：211）

3. Ab 型高足鼎（2000T4H53：53）　4. Ab 型高足鼎（2000T6⑧：772）　5. Ac

型高足鼎（1999T2H101：51）　6. B 型 I 式高足鼎（2000T6⑧：779）　7. B

型 II 式高足鼎（2000T6⑧：777）　8. 矮足鼎（2000T6⑦：833）

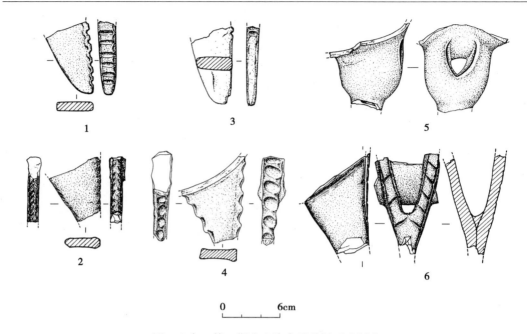

0　　　　　6cm

图二〇九　第二期出土陶高足鼎足型式划分

1. Aa 型 I 式（2000T4H26①：156）　　2. Aa 型 II 式（2000T6⑧：643）　　3. Ab 型（2000T4H26④：158）　　4. Ac 型（2000T4H26：162）　　5. B 型（1999T2H52②：56）　　6. C 型（2000T6⑧：631）

　　Ac 型　正面和背面饰按窝纹。如标本 2000T4H26：162（图二〇九，4）。

　　B 型　镂孔足。是将两片泥条下部黏合在一起，上部鼓起，做成袋足式镂孔状。如标本 1999T2H52②：56（图二〇九，5）。

　　C 型　"V"形镂孔鼎足。系两片泥条下部黏合在一起，上部分开贴附在鼎底部。如标本 2000T6⑧：631（图二〇九，6）。

　　（4）刻槽盆　分 2 式：

　　I 式　平底较大。如标本 2000T4H26④：181（图二一〇，1）。

　　II 式　小平底略圜。如标本 2000T6⑧：230（图二一〇，2）。

　　（5）平底盆　以口沿特征分两型。

　　A 型　口沿窄或无明显口沿。以器形变化分 3 式：

　　I 式　底较大，腹较浅。如标本 1999T6H220：29（图二一〇，3）。

　　II 式　底开始变小，出现窄沿。如标本 2000T6⑧：818（图二一〇，4）。

　　III 式　底部更小，折沿明显，沿面流行饰一周凹弦纹。如标本 2000T6⑧：817（图二一〇，5）。

　　B 型　口沿较宽。以器形变化分 3 式：

　　I 式　底较大，腹较浅，腹下部较直。如标本 2000T4H26：2（图二一〇，6）。

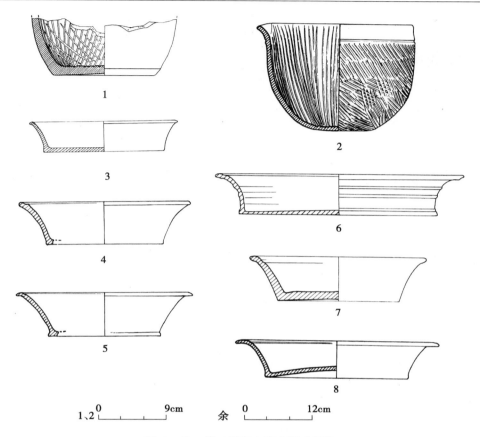

图二一〇　第二期出土陶盆型式划分

1. Ⅰ式刻槽盆（2000T4H26④：181）　2. Ⅱ式刻槽盆（2000T6⑧：230）　3. A型Ⅰ式平底盆
（1999T6H220：29）　4. A型Ⅱ式平底盆（2000T6⑧：818）　5. A型Ⅲ式平底盆（2000T6⑧：817）
6. B型Ⅰ式平底盆（2000T4H26：2）　7. B型Ⅱ式平底盆（2000T6⑧：610）　8. B型Ⅲ式平底盆
（1999T2H11：17）

Ⅱ式　与口径相比，底径开始变小。斜壁，平底微内凹。如标本 2000T6⑧：610
（图二一〇，7）。

Ⅲ式　与口径相比，底径进一步缩小。底部内凹，周边外凸。如标本 1999T2H11：
17（图二一〇，8）。

（6）豆　分2式：

Ⅰ式　近乎无沿或窄沿，浅盘，弧壁，粗柄。如标本 2000T4H26④：148（图二一
一，1）。

Ⅱ式　卷沿，深盘，直壁，柄稍细。如标本 2000T11⑦：28（图二一一，2）。

（7）钵　以口部形状分为三型。

A型　敛口，折壁。如标本 1999T2H101：274（图二一一，3）。

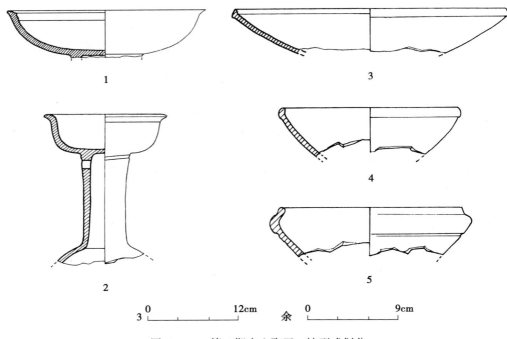

图二一一　第二期出土陶豆、钵型式划分

1. Ⅰ式豆（2000T4H26④：148）　　2. Ⅱ式豆（2000T11⑦：28）　　3. A型钵（1999T2H101：274）　　4. B型钵（1999T2H101：197）　　5. C型钵（1999T2H101：30）

B型　敛口，圆折壁。如标本1999T2H101：197（图二一一，4）。

C型　子母口。如标本1999T2H101：30（图二一一，5）。

（8）器盖

数量较多。均由盖纽、盖顶和盖壁三部分组成。第二期器盖大部分不能复原，有的只剩下盖纽，有的只剩下盖壁。这里将最常见的完整器盖、器盖（壁）分别予以介绍。

器盖　以盖壁特征分为两型。

A型　折壁器盖。数量多，手制成盖纽、盖壁，后粘接在一起，再用慢轮修整盖顶表面。早段盖顶为素面，盖壁较直；晚段盖顶均饰若干圈弦纹，盖壁外撇。以盖纽形状分为三个亚型。

Aa型　密封顶。以顶部不同又分为两种，一种是菌状纽（Aa甲），另一种是平顶纽（Aa乙）。其总的演化趋势均为由双层纽趋向单层纽。

Aa甲型　即菌状纽。分2式：

Ⅰ式　纽较高，双层纽，下层纽明显。如标本1999T2H101：3（图二一二，1）。

Ⅱ式　纽较矮，单层纽或双层纽之下层纽不明显。如标本2000T6⑧：702（图二一二，2）。

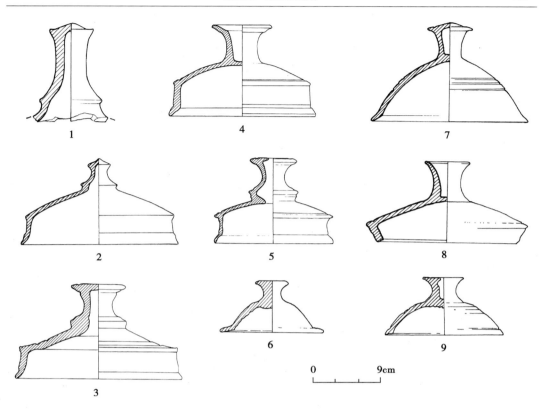

图二一二　第二期出土陶器盖型式划分

1. Aa 甲型Ⅰ式（1999T2H101：3）　2. Aa 甲型Ⅱ式（2000T6⑧：702）　3. Aa 乙型Ⅰ式（2000T6⑧：219）
4. Ab 型（2000T6⑧：224）　5. Ac 型（2000T6⑧：218）　6. Ba 型Ⅰ式（2000T11⑥：211）　7. Ba 型Ⅱ
式（2000T6⑦：5）　8. Bb 型（2000T1H8：21）　9. Bc 型（2000T6⑧：822）

Aa 乙型　即平顶纽。分 2 式：

Ⅰ式　纽细高，双层纽明显。如标本 2000T6⑧：219（图二一二，3）。

Ⅱ式　纽粗矮，下层纽不明显。

Ab 型　倒喇叭形或称为圈足形纽。如标本 2000T6⑧：224（图二一二，4）。

Ac 型　与 Aa 型相似，唯盖纽顶部穿一小圆孔。如标本 2000T6⑧：218（图二一二，5）。

B 型　弧壁器盖。以盖纽形状分为三个亚型。

Ba 型　密封顶。分为 2 式：

Ⅰ式　平顶纽。如标本 2000T6⑧：211（图二一二，6）。

Ⅱ式　菌状纽。如标本 2000T6⑦：5（图二一二，7）。

Bb　倒喇叭形纽。如标本 2000T1H8：21（图二一二，8）。

Bc　顶部中空。如标本 2000T6⑧：822（图二一二，9）。

器盖（壁）　　以盖壁特征分两型。

A 型　折壁。以形制变化可分 4 式：

Ⅰ式　盖壁较直，盖顶平整。如标本 1999T2H147：15（图二一三，1）。

Ⅱ式　盖壁较直，盖顶微隆，顶部饰凹弦纹。如标本 1999T6H220①：66（图二一三，2）。

Ⅲ式　盖壁外侈，盖顶微鼓，底边外凸，顶部饰凹弦纹。如标本 2000T4H53：41（图二一三，3）。

Ⅳ式　盖壁外撇，盖顶上鼓，底边外凸，顶部饰凹弦纹。如标本 2000T6⑧：261（图二一三，4）。

B 型　弧壁。以高低不同分为 2 式：

Ⅰ式　器形较矮。如标本 1999T6H220⑤：6（图二一三，5）。

Ⅱ式　器形较高。如标本 2000T6⑧：171（图二一三，6）。

盖纽的型式划分参照 A 型器盖。

除上述这些器物外，另有数量较少的其他器类，如子母口瓮、觚形杯、鬶、双耳平底盆、双腹豆、矮领瓮以及圆陶片和纺轮等将在相关单位内予以介绍。

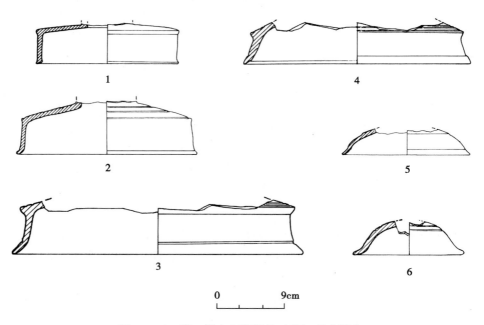

图二一三　第二期出土陶器盖（壁）型式划分

1. A 型Ⅰ式（1999T2H147：15）　　2. A 型Ⅱ式（1999T6H220①：66）　　3. A 型Ⅲ式（2000T4H53：41）　　4. A 型Ⅳ式（2000T6⑧：261）　　5. B 型Ⅰ式（1999T6H220⑤：6）　　6. B 型Ⅱ式（2000T6⑧：171）

（三）典型单位出土陶器

1. 南部发掘区

1999T2H52

高足鼎 Ab 型 标本 H52：79，夹砂深灰色。腹饰大方格纹。子母口微敛，方圆唇。复原口径 19.8、残高 6.3 厘米（图二一四，1）。

标本 H52：55，夹砂深灰色。内壁有陶垫遗留的不规则凹窝，外壁施凹弦纹和竖行绳纹。子母口较直，方唇，唇面有浅凹槽。口径 22.2、残高 6.6、厚 0.4～0.6 厘米（图二一四，2）。

Ac 型 标本 H52：2，夹砂浅灰色。口沿下安麻花状纽，口沿沿面施两周凹弦纹，腹施方格纹。子母口内敛近平，尖圆唇，折沿外侧加厚，深腹。口径 18、残高 7.4、厚 0.6～0.9 厘米（图二一四，3）。

高足鼎足 B 型 标本 H52②：56，夹砂深灰色。手制。将两泥片上部黏合在一起，并鼓起如袋足状，使鼎足上部呈桃形镂孔，泥片下部黏合后做成圆锥体实足。残高 9.6 厘米（图二一四，4）。

C 型 标本 H52②：57，夹砂深灰色。手制。将两片三角形泥条下端黏合在一起，

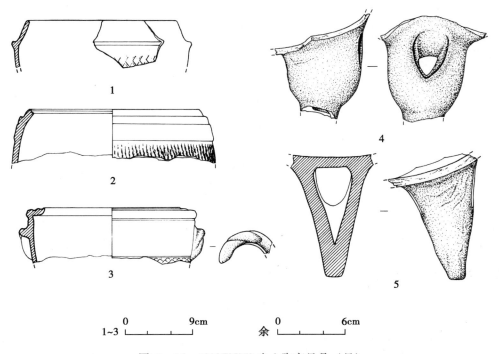

图二一四 1999T2H52 出土陶高足鼎（足）

1. Ab 型高足鼎（H52：79） 2. Ab 型高足鼎（H52：55） 3. Ac 型高足鼎（H52：2） 4. B 型高足鼎足（H52②：56） 5. C 型高足鼎足（H52②：57）

上端分别贴在鼎底部，使鼎足上部呈"V"形镂孔状。残高11厘米（图二一四，5）。

小口高领罐　Ⅰ式　标本 H52①：38，泥质深灰色。器表素面磨光。直领，尖唇，侈口，斜肩。口径15、残高5.7、厚0.6~0.8厘米（图二一五，1）。

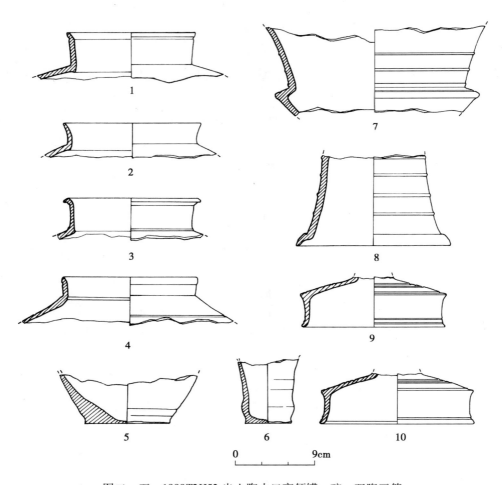

图二一五　1999T2H52 出土陶小口高领罐、碗、双腹豆等

1. Ⅰ式小口高领罐（H52①：38）　2. Ⅱ式小口高领罐（H52①：37）　3. Ⅱ式小口高领罐（H52：47）　4. 折肩罐（H52②：42）　5. 碗（H52：70）　6. 觚形杯（H52：21）　7. 双腹豆（H52①：63）　8. 圈足（H52：65）　9. A 型Ⅱ式器盖（壁）（H52①：22）　10. A 型Ⅱ式器盖（壁）（H52：24）

Ⅱ式　标本 H52①：37，泥质浅灰色。器表素面磨光。直口，尖圆唇外翻，圆肩。口径16、残高4.3、厚0.5~0.7厘米（图二一五，2）。

标本 H52：47，泥质深灰色。轮制。高直领，卷沿，尖唇，溜肩。口径16、残高5.7、厚0.4~0.7厘米（图二一五，3）。

折肩罐　标本 H52②：42，夹砂浅灰色。轮制。直口微侈，尖唇，唇部加厚，溜肩。口径 16、残高 6、厚 0.6~1.2 厘米（图二一五，4）。

碗　标本 H52：70，泥质深灰色。胎壁上薄下厚，底薄。素面。仅存底部。底径 10、残高 6、厚 0.2~0.8 厘米（图二一五，5）。

觚形杯　标本 H52：21，泥质浅灰色。素面。平底，底边外凸，底部微内凹。腹部近底处微鼓出，中部稍粗，上部残。底径 5.6、残高 8、厚 0.3~0.6 厘米（图二一五，6）。

双腹豆　标本 H52①：63，泥质黑皮褐胎陶。外壁磨光，上饰凸弦纹。上腹外侈，折腹凸出，下腹急收。残高 10 厘米（图二一五，7）。

圈足　标本 H52：65，泥质黑皮陶，胎薄。器表素面磨光。喇叭状，外壁饰四周凸弦纹，底边外凸。底径 18、残高 11、厚 0.7~0.8 厘米（图二一五，8）。

器盖（壁）　A 型Ⅱ式　标本 H52①：22，泥质黑色。顶面饰两组凹弦纹，盖壁下端饰两周凹弦纹。平顶微隆，直壁，壁上下两端外侈。底径 17、残高 6、厚 0.6~0.7 厘米（图二一五，9）。

标本 H52：24，泥质黑色。顶面饰四周凹弦纹，盖壁下端饰一周凹弦纹。平顶微隆，直壁，壁上下两端外侈。底径 18、残高 6、厚 0.6~0.7 厘米（图二一五，10）。

1999T2H101

深腹罐　A 型Ⅰ式　标本 H101：38，夹砂深灰色。腹外壁施粗绳纹。尖唇，沿面较平，器腹较直。口径 18、残高 5、厚 0.6~0.9 厘米（图二一六，1）。

标本 H101：37，夹砂深灰色。腹壁外表施较大而浅的方格纹。方唇，唇缘稍加厚，斜折沿，沿面内侧上端有凹弦纹，内折棱凸出，鼓腹。口径 18、残高 5.6、厚 0.4~0.6 厘米（图二一六，2）。

标本 H101：36，夹砂浅灰色。内壁抹光，外壁口沿下施近菱形方格纹。方唇略圆，窄沿沿面内凹，内折棱凸出，腹稍直。口径 18、残高 11.7、厚 0.4~0.6 厘米（图二一六，3）。

标本 H101：43，夹砂浅灰色。内壁抹光，口沿下有刮抹的凹弦纹。沿以下施印痕较清楚、较整齐的方格纹。方唇，斜折沿较平，内折棱明显，器腹稍鼓。口径 25.2、残高 6、厚 0.4~0.6 厘米（图二一六，4）。

B 型Ⅰ式　标本 H101：42，夹砂褐色。腹外壁施粗绳纹。圆唇，沿面较平，沿面上端有浅凹槽，内折棱明显，器腹较直。口径 27.5、残高 4.5、厚 0.8 厘米（图二一六，5）。

B 型Ⅱ式　标本 H101：77，夹砂浅灰色。腹外壁施篮纹。圆唇加厚，斜折沿稍直，沿面上端有浅凹槽，内折棱明显，器腹外鼓。口径 25.8、残高 5.7、厚 0.6~0.8 厘米（图二一六，6）。

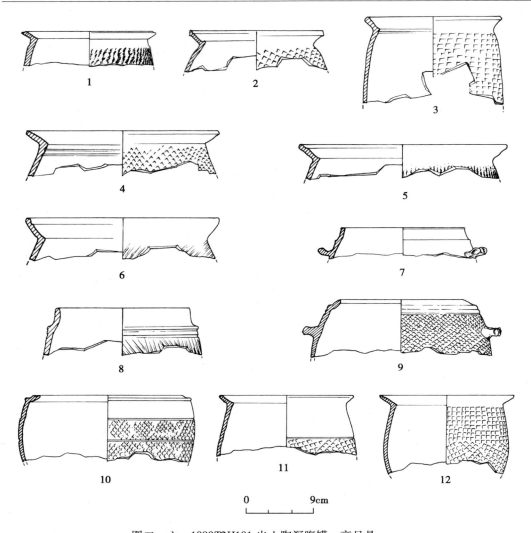

图二一六　1999T2H101 出土陶深腹罐、高足鼎

1. A 型 I 式深腹罐（H101：38）　　2. A 型 I 式深腹罐（H101：37）　　3. A 型 I 式深腹罐（H101：36）

4. A 型 I 式深腹罐（H101：43）　　5. B 型 I 式深腹罐（H101：42）　　6. B 型 II 式深腹罐（H101：77）

7. Aa 型高足鼎（H101：211）　　8. Aa 型高足鼎（H101：52）　　9. Ab 型高足鼎（H101：50）　　10. Ac 型

高足鼎（H101：51）　　11. B 型高足鼎（H101：279）　　12. B 型高足鼎（H101：46）

高足鼎　Aa 型　标本 H101：211，夹砂深灰色。子母口较直，口下安有一对鸡冠
耳。口径 16.5、残高 4.5、厚 0.9 厘米（图二一六，7）。

标本 H101：52，夹砂深灰色。内壁抹光，外壁施向右下斜行的篮纹，纹痕较浅。
腹较直。口径 18、残高 6.5、厚 0.6 ~ 0.8 厘米（图二一六，8）。

Ab 型　标本 H101：50，夹砂深灰色。口下施凹弦纹和方格纹，安有一对鸡冠耳。
子母口内敛明显，弧腹外鼓。口径 16、残高 8、厚 0.6 ~ 0.8 厘米（图二一六，9）。

Ac 型　标本 H101：51，夹砂深灰色。腹施凹弦纹和方格纹。子母口内敛近平，弧腹。口径 18、残高 9、厚 0.4~0.7 厘米（图二一六，10）。

B 型　标本 H101：279，泥质深灰色。内壁抹光，外壁上部磨光，中下部施一周凹弦纹和细小方格纹。底部有烟炱。尖圆唇，斜折沿近平，内折棱不甚明显，垂弧腹外鼓。口径 18、残高 8.5、厚 0.5~0.7 厘米（图二一六，11）。

标本 H101：46，夹砂深灰色。内壁抹光，外壁施较规整的细方格纹。底部有烟炱。尖圆唇，斜折沿，沿面微隆，内折棱不甚明显，垂弧腹。口径 18、残高 10.5、厚 0.4~0.7 厘米（图二一六，12）。

高足鼎足　Aa 型 I 式　标本 H101：11，夹砂褐色。正面压印斜条纹。扁三角形，剖面呈三角形。残高 7.4 厘米（图二一七，1）。

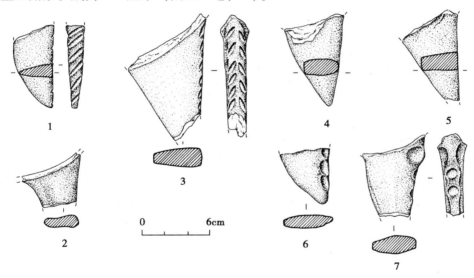

图二一七　1999T2H101 出土陶高足鼎足

1. Aa 型 I 式（H101：11）　　2. Aa 型 I 式（H101：1）　　3. Aa 型 II 式（H101：12）　　4. Ab 型（H101：21）　　5. Ab 型（H101：275）　　6. Ac 型（H101：20）　　7. Ac 型（H101：224）

标本 H101：1，夹砂褐色。三角形足，剖面略呈"8"字形。残高 4.4 厘米（图二一七，2）。

Aa 型 II 式　标本 H101：12，夹砂褐色。正面压印"八"字形纹。扁三角形，足尖已残，剖面为梯形。残高 11 厘米（图二一七，3）。

Ab 型　标本 H101：21，夹砂褐色。素面。扁三角形，剖面为椭圆形。残高 8 厘米（图二一七，4）。

标本 H101：275，夹砂褐色。素面。三角形，剖面为长方形。残高 8 厘米（图二一七，5）。

Ac 型　标本 H101：20，夹砂灰色。正面饰一排按窝纹。扁三角形。残高 5 厘米（图二一七，6）。

标本 H101：224，夹砂褐色。正面饰对捏的按窝纹。扁三角形。残高 7.4 厘米（图二一七，7）。

折肩罐　标本 H101：98，泥质灰色。侈口，尖圆唇。残高 3.9 厘米（图二一八，1）。

小口高领罐　Ⅰ式　标本 H101：18，泥质黑灰色。器表磨光，肩部上端施一周凹弦纹。尖圆唇，直口，唇下口外侧加厚，溜肩。口径 16、残高 5.8、厚 0.5～0.8 厘米（图二一八，3）。

标本 H101：17，泥质黑灰色，胎较厚。器表磨光，内壁有手指按压痕迹。肩部施一周凹弦纹和篮纹。直口，圆唇加厚，溜肩。口径 14、残高 7、厚 0.4～0.6 厘米（图二一八，4）。

平底盆　A 型Ⅱ式　标本 H101：229，泥质黑色。沿面施两周弦纹。敞口，卷沿，尖唇。口径 25.8、残高 3.6、厚 0.6 厘米（图二一八，5）。

深腹盆　标本 H101：226，泥质浅灰色。窄沿，圆唇，沿面微隆，内折棱明显。深腹。口径 28、残高 4、厚 0.8～0.9 厘米（图二一八，6）。

标本 H101：227，泥质浅灰色。器表有轮制痕迹。圆唇，窄沿面，沿面微隆，弧壁。残高 3.3 厘米（图二一八，2）。

豆柄　Ⅰ式　标本 H101：28，泥质浅灰色。内外壁均见轮制痕迹。粗柄，喇叭形座。底径 12.5、残高 9、厚 0.6～0.7 厘米（图二一八，7）。

豆　Ⅱ式　标本 H101：204，泥质黑皮褐胎。内外壁均磨光。豆盘为尖圆唇，卷折沿，沿面较宽，浅弧腹，平圜底，下接粗柄。口径 17.7、残高 4.8、厚 0.5～0.8 厘米（图二一八，8）。

刻槽盆　Ⅰ式　标本 H101：34，夹砂深灰色。口沿有轮制修整痕迹。器表施篮纹，纹内带横丝，内壁刻槽为弧形。敛口，尖圆唇，弧壁。残高 5.7 厘米（图二一八，9）。

器盖（壁）　A 型Ⅱ式　标本 H101：273，泥质黑色。器表磨光。盖顶斜平，施凹弦纹。盖壁外侈。底径 32、残高 6.2、厚 0.8～1.0 厘米（图二一八，10）。

标本 H101：271，泥质黑皮褐红胎。器表磨光。盖顶饰有两组各一、三周凹弦纹。盖顶微鼓，折壁，较直，盖壁两端加厚外侈。底径 24、残高 5.6、厚 0.6～1.0 厘米（图二一八，11）。

标本 H101：9，泥质黑皮褐胎。器表磨光。盖顶较平，盖壁较直，壁底端加厚外侈，折壁处折棱外凸。口径 19.5、残高 5.7、厚 0.4～0.8 厘米（图二一八，12）。

器盖（纽）　Aa 甲型Ⅱ式　标本 H101：3，夹砂浅灰色。双层盖纽，上层纽顶隆

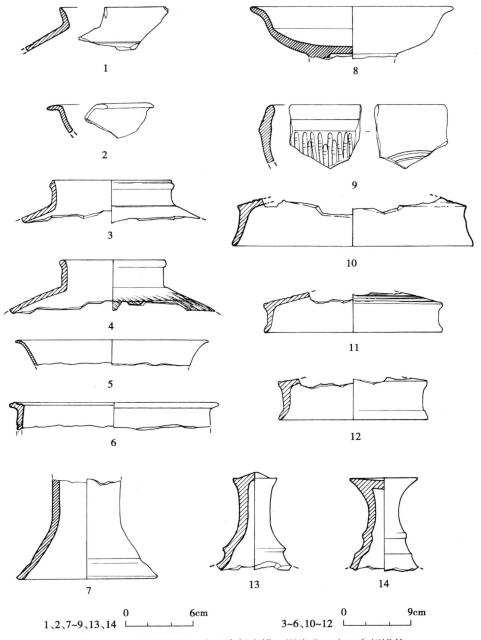

图二一八　1999T2H101 出土陶折肩罐、深腹盆、小口高领罐等

1. 折肩罐（H101：98）　2. 深腹盆（H101：227）　3. Ⅰ式小口高领罐（H101：18）　4. Ⅰ式小口高领罐（H101：17）　5. A型Ⅱ式平底盆（H101：229）　6. 深腹盆（H101：226）　7. Ⅰ式豆柄（H101：28）　8. Ⅱ式豆（H101：204）　9. Ⅰ式刻槽盆（H101：34）　10. A型Ⅱ式器盖（壁）（H101：273）　11. A型Ⅱ式器盖（壁）（H101：271）　12. A型Ⅱ式器盖（壁）（H101：9）　13. Aa甲型Ⅱ式器盖（纽）（H101：3）　14. Aa乙型Ⅰ式器盖（纽）（H101：2）

起如菌状，下层纽较短而大。残高8.6厘米（图二一八，13）。

Aa乙型Ⅰ式　标本H101：2，泥质黑灰色。双层盖纽，上层纽大、平顶略凹，下层纽小。残高8.2厘米（图二一八，14）。

矮领瓮　标本H101：35，泥质黑灰色。器表磨光。侈口，口沿外侧加厚，圆唇，斜肩，肩部饰一对桥形耳。口径18.3、残高7.3、厚0.4～0.8厘米（图二一九，1）。

标本H101：22，泥质黑皮褐胎。器表磨光。矮直领，尖圆唇，侈口，口沿外侧加厚，斜肩。口径14、残高5.5、厚0.4～0.8厘米（图二一九，2）。

钵　A型　标本H101：274，泥质灰色。轮制，内壁可见轮旋纹。素面。尖唇外凸

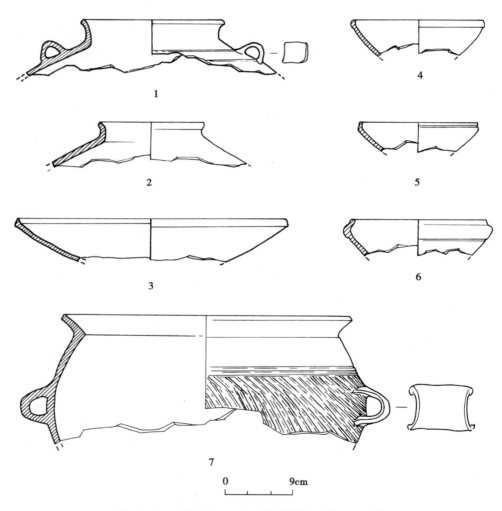

图二一九　1999T2H101出土陶矮领瓮、钵、大口罐

1. 矮领瓮（H101：35）　　2. 矮领瓮（H101：22）　　3. A型钵（H101：274）　　4. B型钵（H101：197）　　5. C型钵（H101：195）　　6. C型钵（H101：30）　　7. 大口罐（H101：92）

加厚，斜壁，浅腹。口径36、残高6、厚0.4~0.6厘米（图二一九，3）。

B 型　标本 H101：197，泥质浅灰色。器表可见轮制旋纹。外壁素面磨光。圆唇外凸加厚，弧壁，浅弧腹。口径17.4、残高5、厚0.4厘米（图二一九，4）。

C 型　标本 H101：195，泥质灰色。轮制，器表可见轮修痕迹。外壁磨光，沿下有一周凹弦纹，形成子母口。直口短矮，弧壁，浅弧腹。口径15.6、残高4.2、厚0.4厘米（图二一九，5）。

标本 H101：30，泥质灰色。轮制。器表磨光。子母口内敛，斜壁。口径18、残高5、厚0.6厘米（图二一九，6）。

大口罐　标本 H101：92，泥质黑皮褐红胎。腹外壁施凹弦纹和篮纹。方唇，斜折沿，沿面平，内折棱明显，器腹圆鼓，上腹部安一对桥形竖耳。口径38、残高17.7、厚0.6~0.8厘米（图二一九，7）。

另有子母口瓮、Ⅰ式小口高领罐等残片。

1999T4H6

深腹罐　B 型Ⅱ式　标本 H6：80，夹砂黑皮褐胎。磨光，腹部饰菱形纹。软折沿，沿面有一周凹弦纹，圆唇。残高6.6厘米（图二二〇，1）。

标本 H6：81，泥质黑皮陶。圆唇，唇部加厚，折沿，内折棱明显，鼓腹。口径24、残高5.8厘米（图二二〇，2）。

标本 H6：300，夹砂深灰色。腹部饰方格纹。圆唇，近唇部有一周浅凹槽，折沿，沿面微凹，内折棱凸出，鼓腹。残高8.5厘米（图二二〇，3）。

C 型Ⅰ式　标本 H6：96，夹砂浅灰色。口沿下饰印痕较深、近正方形的小方格纹。尖圆唇，沿面上端略凹，内折棱明显，圆鼓腹。口径28、残高26、厚0.6厘米（图二二〇，4）。

小口罐　标本 H6：73，泥质黑皮褐胎陶。轮制，口沿有轮制痕迹。器表磨光。方唇，软折沿，沿面近平，沿面中部有一周浅凹痕。残高5.1厘米（图二二〇，5）。

矮足鼎足　标本 H6：76，夹砂褐色。手制。足呈小乳丁状。残高3.3厘米（图二二〇，6）。

盖纽　Aa乙型Ⅰ式　标本 H6：47，泥质黑皮陶。双层，底层不明显。平顶，束颈，中空。残高8.3厘米（图二二〇，7）。

标本 H6：48，泥质灰色。双层，底层不明显。平顶，束颈，中空。残高9厘米（图二二〇，8）。

标本 H6：330，泥质黑皮陶。器表有轮制痕迹，磨光。顶边下有一凸弦纹，器中下部有一周圆滑凸棱。顶部近平略凹，束颈，中空。残高6.6厘米（图二二〇，9）。

小口高领罐　Ⅱ式　标本 H6：7，泥质深灰色，胎厚。口沿经慢轮修整，肩部磨

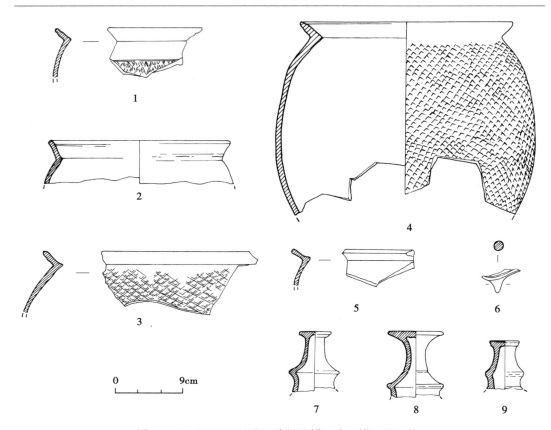

图二二〇　1999T4H6 出土陶深腹罐、小口罐、盖纽等

1. B 型 Ⅱ 式深腹罐（H6：80）　2. B 型 Ⅱ 式深腹罐（H6：81）　3. B 型 Ⅱ 式深腹罐（H6：300）　4. C 型 Ⅰ
式深腹罐（H6：96）　5. 小口罐（H6：73）　6. 矮足鼎足（H6：76）　7. Aa 乙型 Ⅰ 式盖纽（H6：47）
8. Aa 乙型 Ⅰ 式盖纽（H6：48）　9. Aa 乙型 Ⅰ 式盖纽（H6：330）

光，并施两周凹弦纹，腹部饰斜篮纹。侈口，圆唇，矮领，溜肩，深腹。口径 17、残
高 18、厚 0.5~0.7 厘米（图二二一，1）。

　　钵　B 型　标本 H6：15，夹砂浅灰色，胎较厚。轮制，器表可见轮旋纹。外壁饰
多周凹弦纹。尖圆唇，弧壁，应急收为小平底。口径 16.2、残高 10.2、厚 0.4~0.8 厘
米（图二二一，2）。

　　C 型　标本 H6：20，夹砂深灰色，胎较厚。轮制。外壁磨光，内壁可见轮旋纹。
素面。尖圆唇，略呈子母口，斜壁，小平底微内凹。口径 16.2、底径 7、高 8.8、厚
0.4~0.8 厘米（图二二一，3；彩版一七，1；图版四三，1）。

　　豆　Ⅰ 式　标本 H6：25，泥质浅灰色。器腹饰两周凹弦纹和三周指甲纹。方圆唇，
平沿略凹，内折棱明显，深弧腹。口径 19、残高 6、厚 0.6~0.8 厘米（图二二一，4）。

　　子母口瓮　标本 H6：8，泥质黑色。器表磨光。沿下饰数周凹弦纹，器腹偏上部施

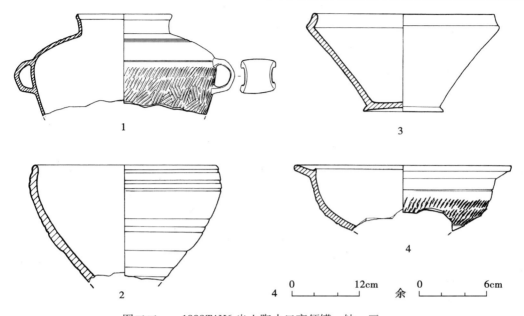

图二二一　1999T4H6 出土陶小口高领罐、钵、豆

1. Ⅱ式小口高领罐（H6：7）　　2. B 型钵（H6：15）　　3. C 型钵（H6：20）　　4. Ⅰ式豆（H6：25）

有上下两周凹弦纹，其间刻划连续三角形纹，每个三角内均刻有五道刻划纹。子母口较直，微敛，方圆唇，直腹微鼓。上腹部安有四个对称分布的桥形横耳。口径 36、残高 23.5、厚 0.6~1.2 厘米（图二二二，1）。

标本 H6：6，泥质黑色。内壁抹平，器表磨光。沿下饰数周凹弦纹，器腹偏上部施有上两周、下一周凹弦纹带，其间刻划连续三角形纹，每个三角内均刻有五道刻划纹。子母口较直，微敛，方圆唇，垂腹较深，下腹急收为小平底，底部微内凹。上腹部安有两个对称分布的桥形横耳。口径 36.5、高 43.8、厚 0.8~1 厘米（图二二二，2；彩版一七，2；图版四三，2）。

2000T4H19

深腹罐　A 型Ⅱ式　标本 H19：133，夹砂浅灰色。腹外壁施绳纹。方唇，斜折沿，沿面近平，上下两端内凹，尤其上端已成为一周凹弦纹，内折棱凸出，深弧腹，下收为小平底。口径 25、底径 8.9、高 31.5、厚 0.6~0.8 厘米（图二二三，1；图版四三，3）。

B 型Ⅰ式　标本 H19：101，夹砂深灰色。外壁施方格纹。尖圆唇，斜折沿，沿面近平，内折棱凸出，深弧腹，下收为小平底。口径 26.5、底径 7.5、高 32.4、厚 0.6~0.8 厘米（图二二三，2；彩版一七，3；图版四三，4）。

标本 H19⑤：170，夹砂深灰色。腹外壁施竖行粗绳纹。圆唇，斜折沿，沿面近平，内折棱凸出，深弧腹略垂，小平底微内凹。口径 24.5、底径 9、高 34.5、厚 0.6~0.8

厘米（图二二三，3；图版四三，5）。

C型I式　标本H19③：99，夹砂浅灰色。腹外壁施竖行和斜行篮纹。尖唇，斜折沿，沿面近平，内折棱凸出，深弧腹。口径24.2、残高28.5、厚0.6～0.8厘米（图二二三，4；图版四三，6）。

C型II式　标本H19：60，夹砂褐色。腹外壁施右下斜行篮纹。斜折沿，沿面近平，尖唇，唇面鼓，形成一周凹弦纹，内折棱凸出，深腹圆鼓。口径18、残高12.5、厚0.5～0.8厘米（图二二三，5）。

矮足鼎　标本H19：102，夹砂深灰色。外壁上腹部施右下斜行篮纹，下腹部饰左下斜行和交叉

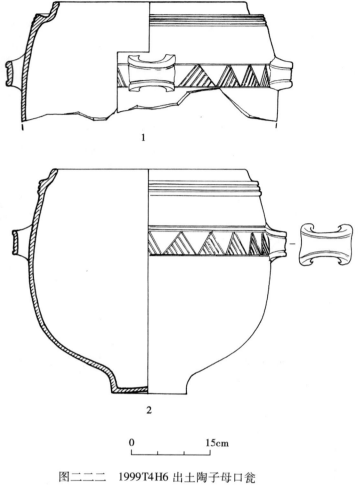

图二二二　1999T4H6出土陶子母口瓮
1. H6：8　2. H6：6

篮纹。方唇，唇面有一周浅凹槽，斜折沿，沿面近平，内折棱明显，深弧腹下垂，圜底，底有三乳状足。口径14.2、高16、厚0.5～0.7厘米（图二二三，6；图版四四，1）。

折肩罐　标本H19③：135，泥质黑皮褐胎。内壁略经打磨。外壁器表肩部、腹部均施方格纹。直口，尖圆唇，溜肩，斜弧腹，小平底。口径13.5、高23.9、厚0.4～0.6厘米（图二二四，2；图版四四，2）。

尊形瓮　标本H19⑤：44，泥质深灰色。器表肩部磨光。外壁于折肩处施一周附加堆纹，折肩上下均饰篮纹。侈口，尖圆唇，唇面微鼓，形成一周浅凹槽，溜肩，斜腹。口径26、残高13、厚0.4～0.6厘米（图二二四，3）。

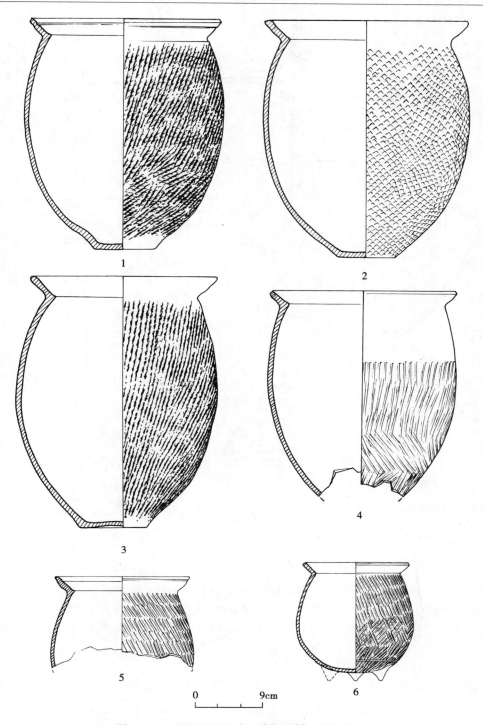

0 　　　　 9cm

图二二三　2000T4H19 出土陶深腹罐、矮足鼎

1. A 型 Ⅱ 式深腹罐（H19：133）　2. B 型 Ⅰ 式深腹罐（H19：101）　3. B 型 Ⅰ 式深腹罐（H19⑤：170）
4. C 型 Ⅰ 式深腹罐（H19③：99）　5. C 型 Ⅱ 式深腹罐（H19：60）　6. 矮足鼎（H19：102）

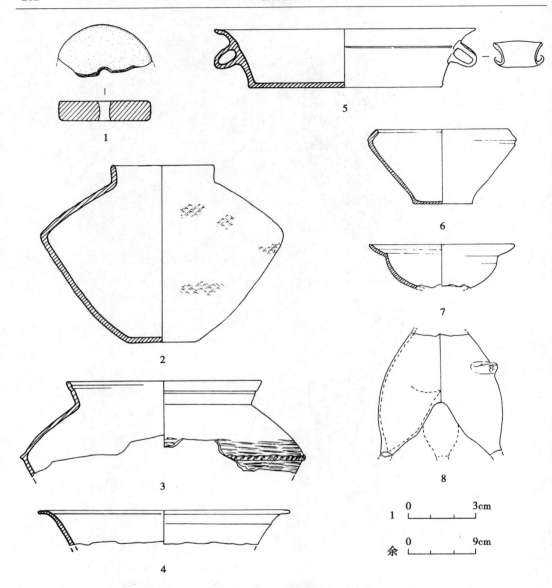

图二二四　2000T4H19 出土陶折肩罐、尊形瓮、平底盆等

1. 纺轮（H19：3）　2. 折肩罐（H19③：135）　3. 尊形瓮（H19⑤：44）　4. B 型 II 式平底盆（H19⑤：104）　5. 双耳平底盆（H19：107）　6. B 型钵（H19：132）　7. 簋形豆（H19⑤：171）　8. 鬶（H19：77）

　　平底盆　B 型 II 式　标本 H19⑤：104，夹砂浅灰色。素面。圆唇，宽卷沿，弧壁。口径 33.6、残高 4.8、厚 0.7 厘米（图二二四，4）。

　　双耳平底盆　标本 H19：107，夹砂浅灰色。素面。敞口，圆唇，弧壁，平底，底边稍外凸。口沿下安一对桥形横耳。口径 34.8、底径 26、高 8、厚 0.7～0.8 厘米（图

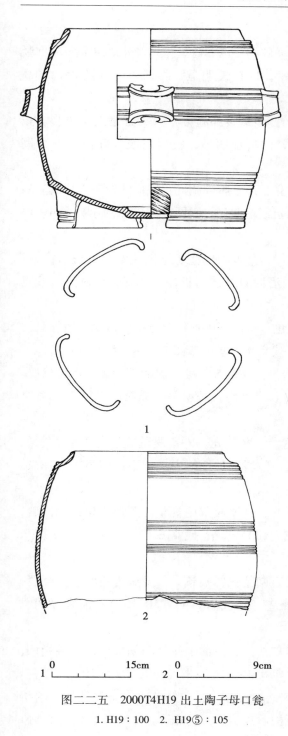

图二二五　2000T4H19 出土陶子母口瓮
1. H19：100　2. H19⑤：105

二二四，5；图版四四，3）。

钵　B 型　标本 H19：132，泥质深灰色。折沿外侧施一周凹弦纹。敛口内折，方唇，唇面有一周浅凹槽，斜腹，下收为小平底。口径 17.4、底径 8、高 10.2、厚 0.2～0.4 厘米（图二二四，6；图版四四，4）。

篮形豆　标本 H19⑤：171，泥质黑皮陶。器表磨光。素面。斜折沿，沿面较宽，圆唇，内折棱凸出，弧腹较深，平圜底。口径 19.6、残高 6、厚 0.3～0.5 厘米（图二二四，7）。

鬶　标本 H19：77，泥质浅灰色。素面。裆部以上残。三袋足较粗，实足根。宽把下端安装在袋足偏上部。残高 17.4 厘米（图二二四，8）。

子母口瓮　标本 H19：100，泥质黑色。外壁腹、足部施多组凹弦纹，底部饰篮纹。子母口较直，直壁略弧，下腹斜收为小平底。腹中部偏上安对称的四桥形横耳。底下安有四瓦状足。口径 32.5、底径 9、高 39.5、厚 0.4～0.7 厘米（图二二五，1；图版四四，5、6）。

标本 H19⑤：105，泥质黑皮褐胎。器表磨光。外壁于腹部上中下部位施四组多道凹弦纹。子母口较直，直壁略外鼓。口径 17、残高 19、厚 0.4～0.6 厘米（图二二五，2）。

纺轮　标本 H19：3，泥质灰色。素面。扁圆饼状，直边，边缘磨制。直径 4.2、厚 1.1 厘米（图二二四，1）。

另有盉（鬶）圆柱形实足根。

2000T4H26

深腹罐　A 型 I 式　标本 H26④：42，夹砂浅灰色。内壁抹光，外壁腹部施左下竖行的麦粒状绳纹。方唇，斜折沿，沿面较平，内折棱明显，腹外鼓。口径 26、残高 8.2、厚 0.6~0.8 厘米（图二二六，1）。

标本 H26：49，夹砂浅灰色。内壁抹光，外壁腹部施方格纹，方格近正方形，较宽、较浅。圆方唇，斜折沿，沿面微凹平，内折棱明显，腹稍外鼓。口径 24、残高 9.6、厚 0.4~0.6 厘米（图二二六，2）。

标本 H26④：44，夹砂深灰色。内壁抹光，外壁腹部施近正方形的较深方格纹。斜方唇，唇面有凹槽，斜折沿，沿面微凹，内折棱不明显，腹圆鼓。口径 14、残高 4、厚 0.4~0.6 厘米（图二二六，3）。

标本 H26④：45，夹砂浅灰色。内壁抹光，外壁腹部施麦粒状绳纹，纹痕较深，排列整齐。方唇，唇面有凹槽，斜折沿较宽，沿面斜平，内折棱不明显，腹圆鼓。残高 6.9 厘米（图二二六，4）。

A 型 II 式　标本 H26③：75，夹砂浅灰色。口沿下饰长条形方格纹，纹痕较深且清楚。方唇，斜折沿，沿面下端略凹，弧腹。残高 9.5 厘米（图二二六，5）。

标本 H26①：28，夹砂浅灰色。内壁抹光，外壁腹部施不太清晰的正方形方格纹。方唇，唇面上端微凸起，似加厚状，斜折沿较平，内折棱明显，弧腹。口径 26、残高 7、厚 0.4~0.6 厘米（图二二六，6）。

B 型 I 式　标本 H26：51，夹砂浅灰色。内壁抹光，外壁腹部施竖行的麦粒状绳纹。斜折沿，沿面内凹，圆唇，唇内侧圆鼓，似唇部加厚，内折棱不甚明显，腹外鼓。口径 26、残高 10、厚 0.4~0.6 厘米（图二二六，7）。

标本 H26④：50，夹砂浅灰色。内壁抹光，外壁腹部施规整的菱形方格纹。圆唇，斜折沿，沿面较平，内折棱明显，腹壁外鼓。口径 28、残高 6.5、厚 0.4~0.6 厘米（图二二六，8）。

标本 H26④：48，夹砂浅灰色。内壁留有陶垫垫衬痕迹，外壁施方格纹。尖圆唇，斜折沿较平，内折棱明显，腹壁外鼓。口径 27.3、残高 6.4、厚 0.4~0.6 厘米（图二二六，9）。

标本 H26③：56，夹砂浅灰色。圆唇，斜折沿，沿面上端外凸如加厚，下端稍凹，内折棱明显，腹稍外鼓。口径 22、残高 4、厚 0.4~0.6 厘米（图二二六，10）。

B 型 II 式　标本 H26④：46，夹砂深灰色。内壁抹光，外壁腹部施粗绳纹。斜折沿，沿面较平，圆唇，唇部内侧加厚，内折棱不甚明显，腹外鼓。口径 18、残高 5、厚 0.6~0.8 厘米（图二二六，11）。

C 型 I 式　标本 H26④：71，夹砂浅灰色。内壁抹光，外壁腹部施印痕清楚的菱形

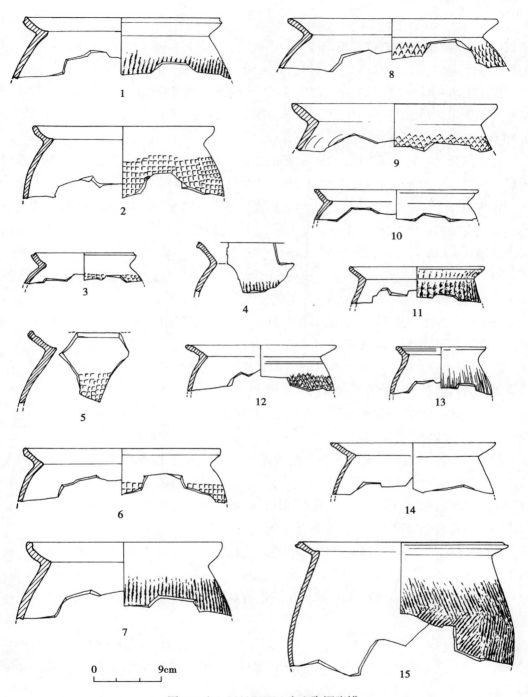

图二二六　2000T4H26 出土陶深腹罐

1. A 型 I 式（H26④：42）　2. A 型 I 式（H26：49）　3. A 型 I 式（H26④：44）　4. A 型 I 式（H26④：45）

5. A 型 II 式（H26③：75）　6. A 型 II 式（H26①：28）　7. B 型 I 式（H26：51）　8. B 型 I 式（H26④：50）

9. B 型 I 式（H26④：48）　10. B 型 I 式（H26③：56）　11. B 型 II 式（H26④：46）　12. C 型 I 式（H26④：

71）　13. C 型 I 式（H26：55）　14. C 型 I 式（H26①：43）　15. C 型 I 式（H26④：72）

方格纹。尖唇外凸，斜折沿，沿面较平，内折棱不明显，弧腹。口径 20、残高 6.3、厚 0.4～0.6 厘米（图二二六，12）。

标本 H26：55，夹砂深灰色。内壁抹光，外壁腹部施竖行篮纹，纹痕较宽，但不够清晰。斜折沿，沿面较平，尖唇，内折棱明显，深腹外鼓。口径 12、残高 6.4、厚 0.4～0.6 厘米（图二二六，13）。

标本 H26①：43，泥质黑皮陶。斜折沿较宽，沿面较平，尖唇，内折棱明显，深腹外鼓。口径 22、残高 7、厚 0.3～0.5 厘米（图二二六，14）。

标本 H26④：72，夹砂浅灰色。内壁抹光，外壁腹部施印痕清楚的细绳纹。尖唇外凸，唇缘有凹槽，斜折沿，沿面下端略凹，内折棱明显，深腹圆鼓。口径 28、残高 16.5、厚 0.4～0.6 厘米（图二二六，15）。

高足鼎　Ab 型　标本 H26①：184，夹砂深灰色。腹外壁施方格纹。子母口稍敛，直腹。口径 22.4、残高 8、厚 0.4～0.8 厘米（图二二七，1）。

矮足鼎　标本 H26④：65，夹砂深灰色。腹外壁施菱形小方格纹。鼓腹，圜底，底安有三个乳状足。残高 15 厘米（图二二七，2）。

高足鼎足　Aa 型Ⅰ式　标本 H26：162，夹砂褐红色。正面施平行按窝纹。扁三角形，剖面为长边略凹的长方形。残高 9.8 厘米（图二二七，3）。

标本 H26：155，夹砂褐红色。正面施平行横条压印纹。扁三角形，剖面为长方形。残高 8.8 厘米（图二二七，4）。

标本 H26①：156，夹砂褐红色。正面施平行横条压印纹。扁三角形，剖面为圆角长方形。残高 8 厘米（图二二七，5）。

Aa 型Ⅱ式　标本 H26：185，夹砂褐红色。正背两面施平行"八"字形压印纹。扁三角形，剖面为不规则形。残高 8 厘米（图二二七，6）。

Ab 型　标本 H26④：158，夹砂浅灰色。素面。扁三角形，剖面为圆角长方形。残高 8.6 厘米（图二二七，7）。

Ac 型　标本 H26：159，夹砂褐红色。正面对捏按窝纹，背面较厚。扁三角形。残高 10 厘米（图二二七，8）。

小口高领罐　Ⅰ式　标本 H26：118，泥质深灰色。器表肩部以上磨光，肩部饰一周凹弦纹，肩以下饰右下斜行篮纹。直领，侈口，圆唇，鼓肩。口径 10、残高 4.5、厚 0.4～0.6 厘米（图二二八，1）。

标本 H26④：76，泥质浅灰色，薄胎。器表肩部以上磨光，肩部饰两周凹弦纹，肩下部及腹部、底部饰右下斜行篮纹。直领，直口，圆唇，唇部外凸，鼓肩，圆鼓腹，下收为小平底。口径 14、高 22、厚 0.5～0.6 厘米（图二二八，2；彩版一七，4；图版四五，1）。

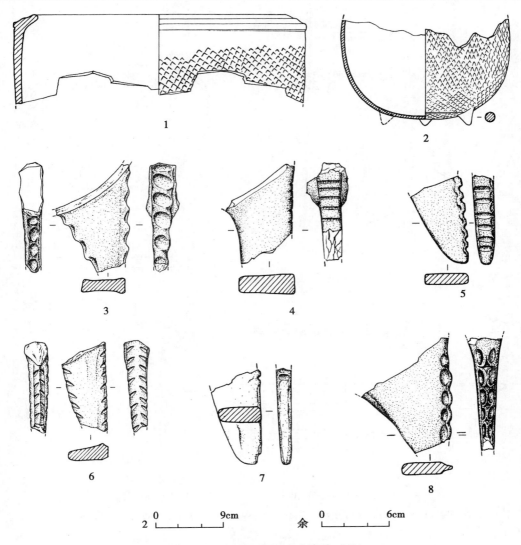

图二二七　2000T4H26 出土陶鼎（足）

1. Ab 型高足鼎（H26①：184）　　2. 矮足鼎（H26④：65）　　3. Aa 型 I 式高足鼎足（H26：162）　　4. Aa

型 I 式高足鼎足（H26：155）　　5. Aa 型 I 式高足鼎足（H26①：156）　　6. Aa 型 II 式高足鼎足（H26：

185）　　7. Ab 型高足鼎足（H26④：158）　　8. Ac 型高足鼎足（H26：159）

　　II式　标本 H26：78，泥质深灰色。器表肩部及内壁可见轮制痕迹。肩部饰两周凹弦纹，肩以下饰右下斜行篮纹。内斜领，敛口，尖圆唇外侈，广肩。口径13.2、残高10.6、厚0.4～0.6 厘米（图二二八，3）。

　　标本 H26：109，泥质深灰色。器表磨光，肩部饰两周凹弦纹。直领，侈口，圆唇外凸，溜肩。口径25、残高6.8、厚0.6～0.7 厘米（图二二八，4）。

　　平底盆　B 型 I 式　标本 H26①：2，泥质黑皮褐胎。器表磨光，外壁施两周凸弦

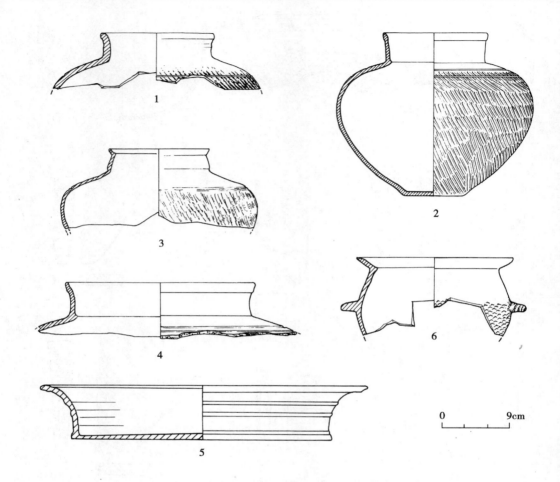

图二二八　2000T4H26 出土陶小口高领罐、平底盆、深腹盆

1. Ⅰ式小口高领罐（H26：118）　　2. Ⅰ式小口高领罐（H26④：76）　　3. Ⅱ式小口高领罐（H26：78）　　4. Ⅱ式
小口高领罐（H26：109）　　5. B 型Ⅰ式平底盆（H26①：2）　　6. 深腹盆（H26：1）

纹。尖圆唇，宽卷沿，外弧壁，大平底。口径 43.2、底径 34、高 7.4、厚 0.4~0.7 厘
米（图二二八，5；图版四五，2）。

深腹盆　标本 H26：1，夹砂深灰色。腹上部磨光，下部施方格纹。腹中部安有一
对鸡冠耳。斜折沿较平，尖唇，内折棱明显。口径 21、高 10.7、厚 0.4~0.6 厘米（图
二二八，6）。

小口罐　标本 H26④：95，泥质黑色。侈口，卷沿，方圆唇，斜肩。口径 10.5、
残高 3.5、厚 0.3~0.5 厘米（图二二九，1）。

矮领瓮　标本 H26：115，泥质深灰色。器表磨光。直口，平唇，溜肩。口径 24.3、
残高 5.2、厚 0.5~0.6 厘米（图二二九，2）。

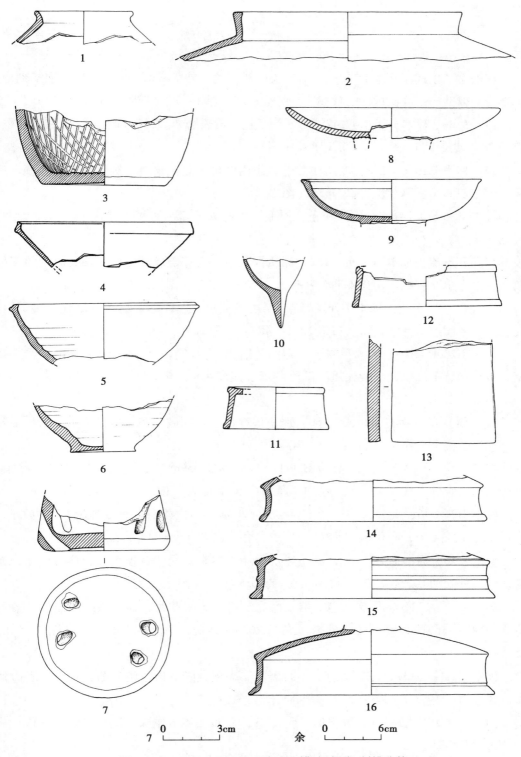

图二二九　2000T4H26 出土陶小口罐、矮领瓮、刻槽盆等

1. 小口罐（H26④：95）　2. 矮领瓮（H26：115）　3. I 式刻槽盆（H26④：181）　4. A 型钵（H26④：147）
5. 碗（H26④：138）　6. 碗（H26③：141）　7. 穿孔杯形器（H26④：182）　8. I 式豆（盘）（H26：151）　9.
I 式豆（盘）（H26④：148）　10. 盉（鬶）足（H26④：180）　11. A 型 I 式器盖（壁）（H26①：128）　12. A 型
I 式器盖（壁）（H26：36）　13. 拍（H26：183）　14. A 型 II 式器盖（壁）（H26：135）　15. A 型 II 式器盖（壁）
（H26：134）　16. A 型 II 式器盖（壁）（H26④：131）

刻槽盆　Ⅰ式　标本 H26④：181，夹砂浅灰色。外壁素面，内壁和底刻交叉刻槽。上部残。弧壁，平底微内凹。残高 8、底径 13.5、厚 1~1.2 厘米（图二二九，3）。

钵　A 型　标本 H26④：147，泥质深灰色。器表磨光。子母口内敛，方唇，斜壁。口径 28、残高 7.5、厚 0.4~0.6 厘米（图二二九，4）。

碗　标本 H26④：138，泥质浅灰色。腹内壁可见轮制痕迹。圆唇外凸，弧壁。口径 20.2、残高 6、厚 0.5~0.8 厘米（图二二九，5）。

标本 H26③：141，泥质深灰色，厚胎。仅存碗底部。弧壁，小平底，底部微凹。残高 5.4、底径 7 厘米（图二二九，6）。

穿孔杯形器　标本 H26④：182，泥质深灰色。仅存碗底部。底有四孔，均斜穿杯壁，在壁上也穿有孔。用途不明。残高 3、底径 7 厘米（图二二九，7）。

豆（盘）　Ⅰ式　标本 H26：151，泥质浅灰色，胎较薄。器内外磨光。尖圆唇，浅弧腹，平圜底，豆柄较粗。口径 23.1、残高 3.2、厚 0.4~0.6 厘米（图二二九，8）。

标本 H26④：148，泥质黑灰色。器内外磨光。尖圆唇，已有不太明显的口沿，弧壁，腹较深，平圜底，豆柄较粗。口径 19.2、残高 4.9、厚 0.6~0.8 厘米（图二二九，9）。

盉（鬶）足　标本 H26④：180，泥质褐红色，含细砂，胎较薄。袋足，实足根较长且尖。残高 7.2 厘米（图二二九，10）。

器盖（壁）　A 型Ⅰ式　标本 H26①：128，泥质磨光黑皮褐胎。器表磨光。平顶，顶边凸出，直壁。底径 17、残高 6.9、厚 0.6~0.8 厘米（图二二九，11）。

标本 H26：36，夹砂深灰色。器表磨光。平顶，顶边外凸，直壁外斜，底边外凸。底径 24、残高 6.6、厚 0.8~1 厘米（图二二九，12）。

A 型Ⅱ式　标本 H26：135，泥质黑皮褐胎。器表磨光。盖顶微隆，顶边外凸，弧壁，底边外撇加厚。底径 24、残高 4.6、厚 0.5 厘米（图二二九，14）。

标本 H26：134，泥质深灰色。器表磨光。盖顶施凹弦纹，盖壁施一周凸棱。盖顶微隆，顶边外凸，直壁，底边外撇。底径 26.4、残高 4.6、厚 0.8 厘米（图二二九，15）。

标本 H26④：131，泥质黑色。器表磨光。盖顶微隆，顶边稍外凸，直壁，底边外撇。底径 26、残高 7、厚 0.6~0.7 厘米（图二二九，16）。

拍　标本 H26：183，长方条形。残长 11、宽 11、厚 1 厘米（图二二九，13）。

2000T4H53

深腹罐　A 型Ⅰ式　标本 H53：18，夹砂褐色。内壁抹光，外壁腹部施方格纹。方唇，斜折沿，沿面较平，腹外鼓。口径 16、残高 6、厚 0.4~0.6 厘米（图二三〇，1）。

B 型Ⅱ式　标本 H53：22，泥质浅灰色。内壁抹光，器表有轮制修整痕迹。圆唇，

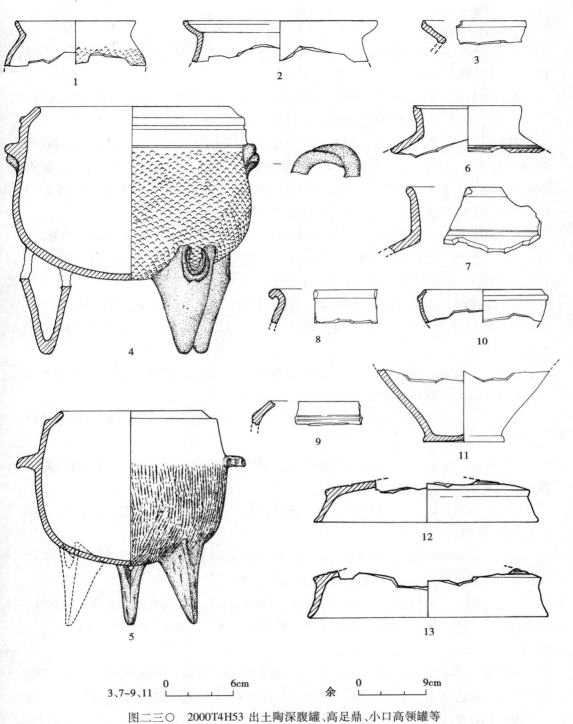

图二三〇　2000T4H53 出土陶深腹罐、高足鼎、小口高领罐等

1. A 型 I 式深腹罐（H53：18）　2. B 型 II 式深腹罐（H53：22）　3. 深腹罐（H53：16）　4. Ab 型高足鼎（H53：53）
5. Ab 型高足鼎（H53：54）　6. I 式小口高领罐（H53：35）　7. I 式小口高领罐（H53：30）　8. 深腹盆（H53：52）
9. A 型钵（H53：44）　10. C 型钵（H53：48）　11. 碗（H53：43）　12. A 型 II 式器盖（壁）（H53：37）　13. A 型 III 式器
盖（壁）（H53：41）

斜折沿，宽折沿略凹，沿面上下两端稍鼓，内折棱明显，腹外鼓。口径26、残高5.5、厚0.4~0.6厘米（图二三〇，2）。

另有类似第一期 Ba 型的深腹罐，暂仍称之为 Ba 型深腹罐。标本 H53：16，夹砂灰色。方唇，斜折沿，沿面上端有凹槽，腹外鼓。残高2.3厘米（图二三〇，3）。

高足鼎　Ab 型　标本 H53：53，夹砂深灰色。器腹外壁上部磨光，中下部施印痕稍深的方格纹，口沿下饰一周凹弦纹。子母口微敛，器腹上部较直，下腹略垂，深腹，圜底。器腹偏上部安一对绳索状纽，底有三个近圆形镂孔高鼎足。口径25.5、高33.3、厚0.6~1厘米（图二三〇，4；彩版一七，5；图版四五，3）。

标本 H53：54，泥质黑皮陶。器腹外壁上部磨光，中下部施较粗绳纹。子母口微敛，深腹，圜底。器腹偏上部安一对鸡冠耳，底有三个"V"形镂孔高鼎足。口径19、高29、厚0.6~0.8厘米（图二三〇，5；彩版一七，6；图版四五，4）。

小口高领罐　Ⅰ式　标本 H53：35，泥质浅灰色。器表磨光，肩部饰两道凹弦纹和斜篮纹。直领外侈，口部有浅凹槽，溜肩。口径14.1、残高6.3、厚0.4~0.6厘米（图二三〇，6）。

标本 H53：30，夹砂褐色。器表磨光，口部与肩部相交处饰有凹弦纹。直领外侈，圆唇外凸，溜肩。残高6厘米（图二三〇，7）。

深腹盆　标本 H53：52，泥质黑皮褐胎。卷沿，圆唇，深腹。残高3.1厘米（图二三〇，8）。

钵　A 型　标本 H53：44，泥质深灰色。器表磨光，口沿下饰数周凹弦纹。方唇，敛口。残高2.1厘米（图二三〇，9）。

C 型　标本 H53：48，泥质浅灰色。器表磨光。子母口内敛，弧腹。口径16、残高4.5、厚0.4厘米（图二三〇，10）。

碗　标本 H53：43，泥质浅灰色。底面有快轮切割纹。仅存碗底。斜壁，小平底，底边外凸。残高6.4、底径7.2厘米（图二三〇，11）。

器盖（壁）　A 型Ⅱ式　标本 H53：37，泥质浅灰色。器表有轮制痕迹，顶部有一道凹弦纹。平顶，斜壁，底边外凸。底径30、残高5.6、厚0.6~0.8厘米（图二三〇，12）。

A 型Ⅲ式　标本 H53：41，泥质黑色。器表磨光，盖顶有两周凹弦纹。盖平顶微鼓，直壁，底边外撇。底径31.8、残高6.6、厚0.8~1厘米（图二三〇，13）。

2000T4H59

深腹罐　A 型Ⅰ式　标本 H59①：16，夹砂深灰色。器口有轮制痕迹，内壁抹光，外壁腹部施方格纹。方唇，唇面有浅凹槽，斜折沿，沿面较平，腹外鼓。口径20、残高5、厚0.4~0.6厘米（图二三一，1）。

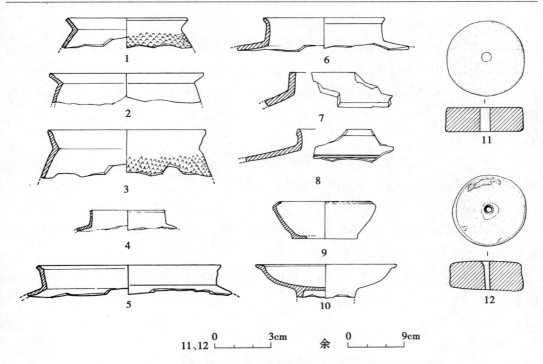

图二三一 2000T4H59 出土陶深腹罐、小口高领罐、矮领瓮等

1. A 型 I 式深腹罐（H59①∶16） 2. B 型 I 式深腹罐（H59∶2） 3. C 型 I 式深腹罐（H59∶31） 4. I 式小口高领罐（H59③∶42） 5. II 式小口高领罐（H59②∶45） 6. II 式小口高领罐（H59③∶46） 7. 矮领瓮（H59∶54） 8. 矮领瓮（H59②∶53） 9. C 型钵（H59∶62） 10. II 式豆盘（H59①∶65） 11. 纺轮（H59∶9） 12. 纺轮（H59∶10）

B 型 I 式 标本 H59∶2，夹砂深灰色。器口有轮制痕迹，内壁抹光。圆唇，斜折沿，沿面较平直，腹外鼓。口径 24.5、残高 5.3、厚 0.4～0.5 厘米（图二三一，2）。

C 型 I 式 标本 H59∶31，夹砂深灰色。器口有轮制痕迹，内壁抹光，外壁腹部施方格纹。尖唇，斜折沿较直，腹外鼓。口径 26、残高 8、厚 0.5～1.0 厘米（图二三一，3）。

小口高领罐 I 式 标本 H59③∶42，泥质浅灰色。器表磨光。圆唇外鼓，直领较高，微敛，内折棱不明显，肩略鼓。口径 12、残高 3.4、厚 0.4～0.6 厘米（图二三一，4）。

II 式 标本 H59②∶45，夹砂深灰色。器表磨光。圆唇外侈，侈口，内折棱较明显，肩略鼓。口径 30、残高 4.8、厚 0.8～1.0 厘米（图二三一，5）。

标本 H59③∶46，泥质浅灰色。器表磨光。尖圆唇外侈，直领较高，内折棱不明显，肩略广。口径 20、残高 5.2、厚 0.4～0.6 厘米（图二三一，6）。

矮领瓮 标本 H59∶54，泥质深灰色。器表磨光。直口，方唇，内折棱不明显，矮领，溜肩。残高 6 厘米（图二三一，7）。

标本 H59②：53，泥质深灰色。器表磨光。肩下饰有凹弦纹。尖圆唇外侈且加厚，形成口沿贴边，内折棱不明显，矮领，广肩。残高 5.7 厘米（图二三一，8）。

钵　C 型　标本 H59：62，泥质浅灰色，胎较厚。折沿外施两周浅凹槽。子母口内敛，尖唇，斜腹，平底。口径 14.7、底径 10.4、高 6.4、厚 0.4～0.6 厘米（图二三一，9）。

豆盘　Ⅱ式　标本 H59①：65，泥质深灰色。器表可见轮制痕迹，素面。平折沿较宽，内折棱明显，浅弧腹，平圜底，粗柄。口径 23、残高 5.8、厚 0.5～0.8 厘米（图二三一，10）。

纺轮　标本 H59：9，泥质灰色。素面。圆饼状，直边，边缘磨制。直径 4.3、厚1.35 厘米（图二三一，11；图版四五，5 左）。

标本 H59：10，泥质灰色。素面。圆饼状，直边，上下皆为弧面。直径 4、厚 1.6厘米（图二三一，12；图版四五，5 中）。

2. 北部发掘区

1999T6H220

深腹罐　A 型Ⅰ式　标本 H220④：21，夹砂浅灰色。腹外壁饰篮纹，纹痕较浅。斜折沿，方唇，沿面较宽，内折棱不明显，深弧腹。口径 23.3、残高 6.3、厚0.4～0.6厘米（图二三二，1）。

B 型Ⅰ式　标本 H220④：23，夹砂深灰色。腹壁饰横长条形方格纹，方格较小。斜折沿，圆唇，沿面微内凹，内折棱不明显，弧腹。口径 16.2、残高 6、厚 0.4～0.6厘米（图二三二，2）。

B 型Ⅱ式　标本 H220⑤：61，泥质浅灰色。腹壁饰菱形方格纹。斜折沿，圆唇，唇面加厚，使沿面上端形成一周凸棱，内折棱不明显，鼓腹。口径 28、残高 6.5、厚0.7～0.9 厘米（图二三二，3）。

另有类似第一期 Ba 型深腹罐者。标本 H220④：39，夹砂深灰色。内壁抹光，外壁饰方格纹，印痕较浅。斜折沿，尖唇，沿面上端有一周浅凹槽，内折棱不明显，鼓腹。口径 26、残高 9、厚 0.4～0.7 厘米（图二三二，4）。

亦有类似第一期 Bb 型深腹罐者。标本 H220④：36，夹砂深灰色，褐胎。内壁抹光，外壁饰方格纹，方格纹较规整，较小，大体呈菱形。斜折沿，尖唇，沿面上端有浅凹槽，下端微凹，内折棱较明显，斜弧腹。口径 22、残高 6、厚 0.5～0.7 厘米（图二三二，5）。

C 型Ⅰ式　标本 H220④：28，夹砂浅灰色。内壁抹光，外壁饰麦粒状细绳纹。斜折沿，尖唇，沿面较宽而平，内折棱不明显，深弧腹。口径 22、残高 6、厚 0.4～0.7

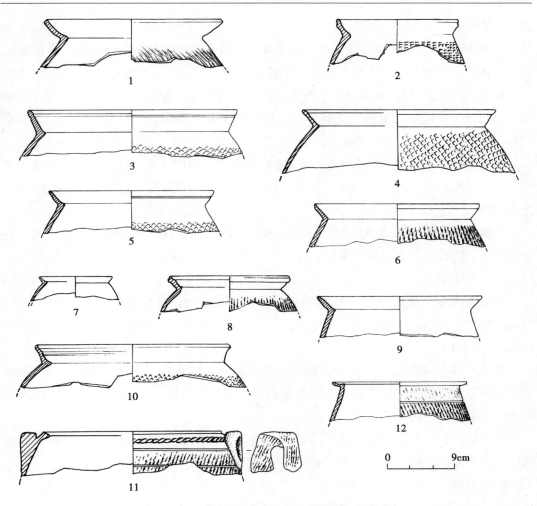

图二三二　　1999T6H220 出土陶深腹罐、高足鼎

1. A 型 I 式深腹罐（H220④：21）　　2. B 型 I 式深腹罐（H220④：23）　　3. B 型 II 式深腹罐（H220⑤：61）　　4. 深腹罐（H220④：39）　　5. 深腹罐（H220④：36）　　6. C 型 I 式深腹罐（H220④：28）　　7. C 型 I 式深腹罐（H220⑤：31）　　8. C 型 I 式深腹罐（H220④：34）　　9. C 型 I 式深腹罐（H220②：29）　　10. C 型 I 式深腹罐（H220④：33）　　11. Ac 型高足鼎（H220③：56）　　12. B 型 I 式高足鼎（H220①：55）

厘米（图二三二，6）。

　　标本 H220⑤：31，夹砂深灰色。内壁抹光，外壁素面磨光。斜折沿，尖唇，沿面下部内凹，内折棱明显，深弧腹。口径 10、残高 3.4、厚 0.2～0.5 厘米（图二三二，7）。

　　标本 H220④：34，夹砂浅灰色。内壁略加打磨，外壁饰绳纹。圆唇，唇外侧有一周浅凹槽，斜折沿，沿面上端有凹槽，下端微内凹，内折棱明显，弧腹。口径 16、残高 5、厚 0.4~0.6 厘米（图二三二，8）。

标本 H220②：29，夹砂浅灰色。内壁抹光，外壁素面。斜折沿，尖唇，沿面较宽而平，内折棱不明显，深弧腹。口径 22、残高 5.8、厚 0.6~0.9 厘米（图二三二，9）。

标本 H220④：33，夹砂褐色。内壁抹光，沿面下端施数周凹弦纹，外壁饰小方格纹。斜折沿，尖圆唇，沿面上端有凹槽，内折棱明显，鼓腹。口径 26、残高 5.7、厚 0.4~0.6 厘米（图二三二，10）。

高足鼎　Ac 型　标本 H220③：56，夹砂深灰色。内壁抹光，外壁饰附加堆纹和细绳纹。子母口内敛，平口，弧腹。口下贴敷绳索状纽。口径 24、残高 6、厚 0.4~0.6 厘米（图二三二，11）。

B 型 I 式　标本 H220①：55，夹砂深灰色。内壁抹光，外壁饰凹弦纹和绳纹。斜折沿近平，沿面下凹，尖唇，弧腹。口径 18、残高 5.5、厚 0.5~0.7 厘米（图二三二，12）。

小口高领罐　I 式　标本 H220④：41，泥质浅灰色。外壁磨光，内壁抹平，领、肩施凹弦纹。高领，直口，尖圆唇外卷，广肩。口径 15.8、残高 10、厚 0.5~1.0 厘米（图二三三，1）。

II 式　标本 H220④：51，夹砂褐色。外壁磨光，内壁抹平，肩施两周弦纹，其间饰三周指甲纹。直领，侈口，尖圆唇外撇凸出，斜肩。口径 16、残高 6、厚 0.4~0.6 厘米（图二三三，2）。

平底盆　A 型 I 式　标本 H220①：29，泥质黑皮褐胎。器表磨光。尖圆唇，弧壁内收，大平底。口径 26、高 5.6、厚 0.5~1.0 厘米（图二三三，3；图版四六，1）。

标本 H220：30，泥质黑皮褐胎。器表磨光。卷沿，尖圆唇，弧壁内收，大平底。口径 28、底径 23.7、高 5.8、厚 0.7~1.2 厘米（图二三三，4；图版四六，2）。

折沿盆　标本 H220⑤：92，泥质浅灰色。内外壁留有轮制痕迹。折沿较宽，沿面微鼓，弧腹。残高 8.4 厘米（图二三三，5）。

标本 H220：91，泥质深灰色。内外壁磨光。折沿外翻，弧腹。残高 3 厘米（图二三三，6）。

刻槽盆　I 式　标本 H220②：82，夹砂浅灰色。外壁素面，内壁刻槽呈辐射状，底部刻槽为交叉状。鼓腹，小平底。底径 10、残高 10、厚 0.5~1.0 厘米（图二三三，7）。

碗　标本 H220：3，夹砂浅灰色。素面。敛口，方唇，斜弧腹。口径 18、残高 5、厚 0.4~0.6 厘米（图二三三，8）。

标本 H220：73，泥质灰色。器表略加磨光。尖圆唇，唇面有浅凹槽，为一期陶碗常见风格。斜弧腹，厚平底，底有窄边外凸。口径 23、高 10.3、底径 9.3、厚 0.5~

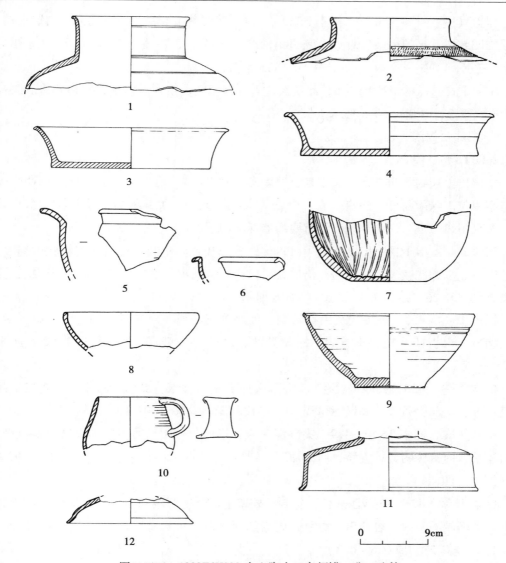

图二三三　1999T6H220 出土陶小口高领罐、盆、碗等

1. Ⅰ式小口高领罐（H220④：41）　2. Ⅱ式小口高领罐（H220④：51）　3. A型Ⅰ式平底盆（H220①：29）　4. A型Ⅰ式平底盆（H220：30）　5. 折沿盆（H220⑤：92）　6. 折沿盆（H220：91）　7. Ⅰ式刻槽盆（H220②：82）　8. 碗（H220：3）　9. 碗（H220：73）　10. 单耳杯（H220④：62）　11. A型Ⅱ式器盖（壁）（H220①：66）　12. B型Ⅰ式器盖（壁）（H220⑤：6）

0.8 厘米（图二三三，9；图版四六，3）。

　　单耳杯　标本 H220④：62，泥质浅灰色。轮制杯身，再贴敷器耳。外壁有清晰的轮制痕迹。尖圆唇，深腹，下部为垂腹，桥形耳上与杯口平齐，下安在器腹上部。口径 9、残高 7、厚 0.4～0.6 厘米（图二三三，10）。

器盖（璧）　A 型 Ⅱ 式　标本 H220①：66，夹砂黑皮褐胎。外壁磨光，内壁粗糙，盖顶饰凹弦纹。平顶微鼓，直壁，底边稍外凸。底径 24、残高 7.2、厚 0.5 ~ 0.8 厘米（图二三三，11）。

B 型 Ⅰ 式　标本 H220⑤：6，泥质黑色。外壁磨光，素面。弧顶，底边外侈。底径 17、残高 3.2、厚 0.4 ~ 0.5 厘米（图二三三，12）。

3. 东部发掘区

2000T6⑧

本层出土遗物相当丰富，其中仅复原陶器就达 70 件，可作为新砦遗址第二期晚段的典型单位。除陶器外，还有石器、骨器等大批遗物。有关其陶器陶系和器类组合状况，参见附表二三、三四。现介绍重要陶器标本如下。

深腹罐　A 型 Ⅰ 式　标本 T6⑧：498，夹砂浅灰色。轮制。外壁饰麦粒状中绳纹，再于绳纹之上饰凹弦纹。斜折沿，沿面较平，内折棱凸出，方唇，唇面有一周凹槽，深腹微鼓。口径 26、残高 8.4、厚 0.4 ~ 0.6 厘米（图二三四，1）。

标本 T6⑧：493，夹砂浅灰色。轮制。外壁饰宽、浅、向左斜行的篮纹。斜折沿，沿面稍鼓，内折棱凸出，小方唇，深腹微鼓。口径 24、残高 5.7、厚 0.4 ~ 0.6 厘米（图二三四，2）。

标本 T6⑧：430，夹砂褐红色。器表饰不规整的细篮纹。斜折沿近平，内折棱不甚明显，方唇，深腹微鼓，底残。口径 20.5、残高 21.9、厚 0.4 ~ 0.6 厘米。

A 型 Ⅱ 式　标本 T6⑧：489，夹砂深灰色，褐胎。轮制。通体饰细绳纹。斜折沿，沿面较平，内折棱明显，方唇，唇缘加厚，圆鼓腹。口径 28、残高 15、厚 0.5 ~ 0.7 厘米（图二三四，3）。

标本 T6⑧：476，夹砂浅灰色。轮制。外壁上部饰竖行细绳纹，下部绳纹较乱。斜折沿，沿面较平，内折棱凸出，方唇，唇缘加厚，口沿下端有一周浅凹槽，深腹圆鼓。口径 29、残高 27、厚 0.6 ~ 0.8 厘米（图二三四，4）。

标本 T6⑧：475，夹砂深灰色，褐胎。轮制。腹饰竖行中绳纹。斜折沿，沿面较平，内折棱凸出，方唇，唇缘加厚，深腹略鼓。口径 26、残高 16.2、厚 0.4 ~ 0.6 厘米（图二三四，5）。

标本 T6⑧：473，夹砂深灰色。轮制。外壁饰竖行中绳纹。斜折沿，沿面较平，内折棱明显，方圆唇，沿面上下端各有一周浅凹槽，深腹微鼓。口径 30、残高 16.5、厚 0.5 ~ 0.8 厘米（图二三四，6）。

标本 T6⑧：425，夹砂浅灰色。内壁抹光，外壁饰麦粒状粗绳纹。局部有烟炱。方唇，斜折沿，内折棱凸出，深腹，小平底。口径 24、底径 8、高 27.9、厚 0.6 ~ 0.8 厘米（图二三四，7；图版四六，4）。

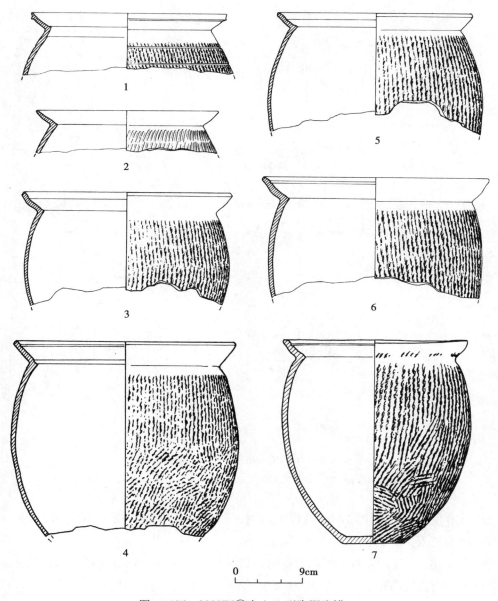

0   9cm

图二三四 2000T6⑧出土 A 型陶深腹罐

1. Ⅰ式（T6⑧：498）   2. Ⅰ式（T6⑧：493）   3. Ⅱ式（T6⑧：489）   4. Ⅱ式（T6⑧：476）

5. Ⅱ式（T6⑧：475）   6. Ⅱ式（T6⑧：473）   7. Ⅱ式（T6⑧：425）

    标本 T6⑧：474，夹砂深灰色。轮制。外壁饰粗绳纹，印痕较深。斜圆折沿，沿面较平，内折棱不明显，方唇，沿面上端有一周浅凹槽，深腹略鼓。口径 24、残高 9、厚 0.6～0.8 厘米（图二三五，1）。

    标本 T6⑧：771，夹砂深灰色。内壁抹光，外壁饰竖行细绳纹。方唇，唇部上端微

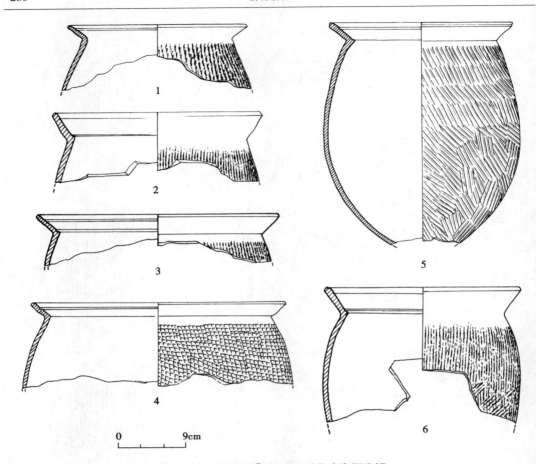

图二三五　2000T6⑧出土 A 型 Ⅱ 式陶深腹罐

1. T6⑧：474　2. T6⑧：771　3. T6⑧：471　4. T6⑧：497　5. T6⑧：434　6. T6⑧：775

隆，斜折沿较立，沿面微内凹，内折棱凸出，弧腹。口径 28、残高 9.5、厚 0.4 ~ 0.6 厘米（图二三五，2）。

标本 T6⑧：471，夹砂深灰色。轮制，口沿有轮制痕迹。腹饰绳纹，印痕较浅。斜折沿较平，内折棱凸出，方唇，唇缘加厚，沿面上下端各有一周浅凹槽，深腹。口径 32、残高 6.6、厚 0.4 ~ 0.6 厘米（图二三五，3）。

标本 T6⑧：497，夹砂浅灰色。轮制。外壁饰斜行的近菱形小方格纹，纹痕清晰。斜折沿，沿面较平，内折棱凸出，方唇，唇缘加厚，弧腹。口径 34、残高 11.7、厚 0.6 ~ 0.8 厘米（图二三五，4）。

标本 T6⑧：434，夹砂浅灰色。轮制，口沿有轮旋纹。内壁有使用陶垫衬托时留下的痕迹。器表饰篮纹，印痕较深，上腹部篮纹为右下斜行，中下腹部为交错篮纹，纹路较宽。斜折沿较宽，内折棱明显，方唇，唇面有一周浅凹槽，深腹略鼓，底残。口径

24、残高 30 厘米（图二三五，5；图版四六，5）。

标本 T6⑧：775，夹砂灰色。内壁抹光，外壁饰竖行绳纹，下腹绳纹稍乱。方唇，唇部上端微隆，斜折沿较立，沿面微内凹，内折棱凸出，弧腹。口径 26、残高 18、厚 0.4～0.6 厘米（图二三五，6）。

B 型 I 式 标本 T6⑧：374，夹砂浅灰色。轮制，口沿有轮制痕迹。器表饰规整的菱形细方格纹，印痕较浅。斜折沿，沿面较平直，内折棱较明显，圆唇，深鼓腹。口径 37、残高 19、厚 0.7～1.0 厘米（图二三六，1）。

标本 T6⑧：426，泥质深灰色。轮制。口沿及上腹部磨光，器表上腹部饰三周凹弦纹，其余饰较规整的方格纹，印痕较深。斜折沿，沿面上下端各有一周浅凹槽，使口沿呈唇缘加厚状，圆鼓腹，最大径在腹中部。口径 23.4、底径 8.4、高 28.2、厚 0.4～0.6 厘米（图二三六，2；图版四七，1）。

标本 T6⑧：433，夹砂深灰色。轮制，口沿有轮制痕迹。器表饰规整的细方格纹，印痕较浅。斜折沿，沿面较平，内折棱圆折，圆唇，深腹圆鼓，最大腹径在器腹中部。口径 19.3、残高 20.7、厚 0.4～0.6 厘米（图二三六，3；图版四七，2）

标本 T6⑧：439，夹砂深灰色。轮制，口沿有轮制痕迹。器表饰规整的菱形大方格纹。斜折沿，沿面较平，近内折棱处有两周浅凹槽，圆唇，深腹圆鼓，最大径在器腹中部。口径 27.3、残高 27.5、厚 0.6～0.8 厘米（图二三六，4）。

标本 T6⑧：815，夹砂灰褐色。轮制，口沿有轮制痕迹。器表上部饰方格纹，下部饰篮纹。斜折沿，沿面较平直，内折棱较明显，圆唇，深弧腹。口径 24、残高 18.6、厚 0.6～0.8 厘米（图二三六，5）。

B 型 II 式 标本 T6⑧：503，泥质黑皮褐红胎。轮制。器表磨光，腹饰凹弦纹和篮纹。斜折沿，沿面较平，内折棱凸出，圆唇加厚，深腹。口径 30、残高 9、厚 0.5～0.7 厘米（图二三七，1）。

标本 T6⑧：504，夹砂浅灰色。轮制，口沿可见轮旋痕迹。唇内侧饰一周浅凹弦纹，器表饰规整的小方格纹。斜折沿，内折棱较明显，圆唇，外侧似唇缘加厚，深腹微鼓。口径 28、残高 10、厚 0.4～0.7 厘米（图二三七，2）。

标本 T6⑧：514，泥质深灰色。轮制，口沿有轮制痕迹。器表饰向左下斜行的篮纹和凹弦纹。斜折沿，沿面较平，内折棱明显，圆唇加厚，深鼓腹。口径 23、残高 7、厚 0.5～0.8 厘米（图二三七，3）。

标本 T6⑧：424，夹砂浅灰色。轮制，口沿可见轮旋痕迹。器表饰规整的小方格纹，印痕较浅。斜折沿，内折棱较明显，圆唇，唇缘加厚，深腹微鼓，下收为小平底。口径 27.5、底径 8.3、高 31、厚 0.6～0.8 厘米（图二三七，4；图版四七，3）。

标本 T6⑧：821，夹砂浅灰色。轮制。内壁抹光，外壁大部饰竖行中绳纹，近底部

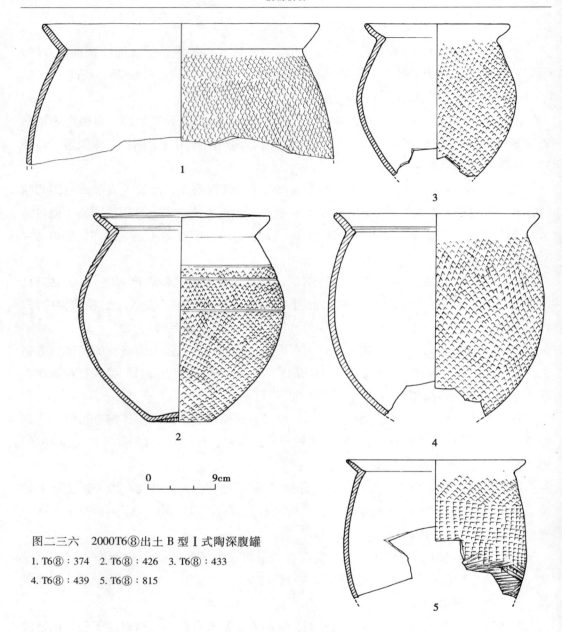

0　　　　　　9cm

图二三六　　2000T6⑧出土 B 型 I 式陶深腹罐

1. T6⑧：374　2. T6⑧：426　3. T6⑧：433
4. T6⑧：439　5. T6⑧：815

为错乱中绳纹。斜折沿，圆唇，唇缘加厚，深鼓腹，最大腹径在腹中部，小平底微内凹。口径 28.2、底径 8.5、高 30.3 厘米（图二三七，5；图版四七，4）。

　　C 型 I 式　标本 T6⑧：370，夹砂深灰色。轮制。器表饰较大的方格纹，印痕较浅，排列较规整。尖唇，斜折沿，口沿下部微内凹，内折棱凸出，鼓腹。口径 24.3、残高 12、厚 0.4~0.6 厘米（图二三八，1）。

　　标本 T6⑧：323，夹砂浅灰色。轮制。沿面上下各有一周凹弦纹，器表饰凹弦纹和

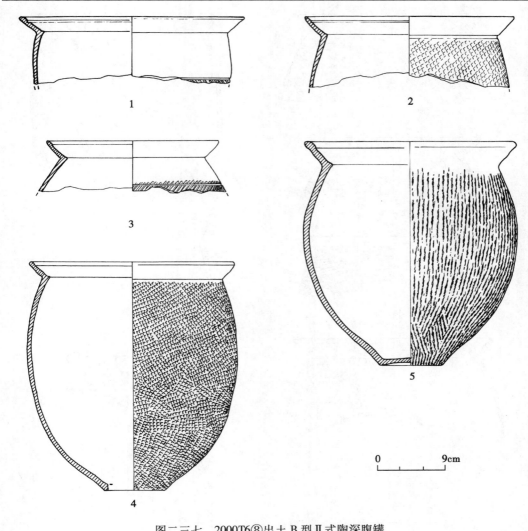

图二三七　2000T6⑧出土 B 型 Ⅱ 式陶深腹罐

1. T6⑧：503　2. T6⑧：504　3. T6⑧：514　4. T6⑧：424　5. T6⑧：821

右下斜行的篮纹。尖唇，斜折沿较宽，深鼓腹。口径23、残高7.8、厚0.4～0.7厘米（图二三八，2）。

标本 T6⑧：353，夹砂深灰色。轮制，口沿有轮制痕迹。器表饰横向的细篮纹，呈交错分布。尖唇，斜折沿，沿面微内凹，内折棱凸出，深腹微鼓。口径24、残高8.8、厚0.4～0.6厘米（图二三八，3）。

标本 T6⑧：364，夹粗砂浅灰色，胎厚。轮制。器表饰方格纹。尖唇，斜折沿较立，内折棱为圆折，深腹微鼓。口径26、残高14.4、厚0.5～0.8厘米（图二三八，4）。

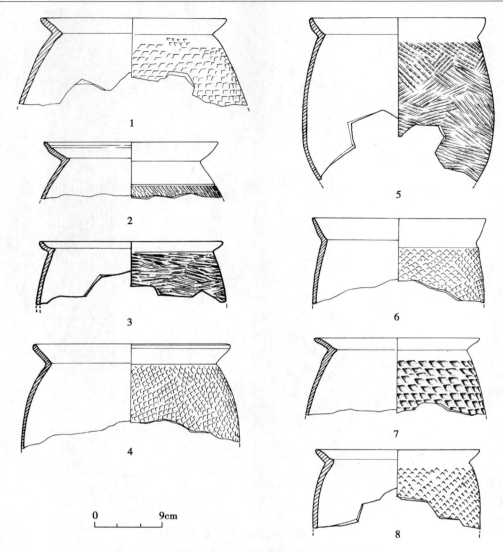

0   9cm

图二三八　2000T6⑧出土 C 型 I 式陶深腹罐

1. T6⑧：370　2. T6⑧：323　3. T6⑧：353　4. T6⑧：364　5. T6⑧：427　6. T6⑧：428　7. T6⑧：
431　8. T6⑧：369

标本 T6⑧：427，夹砂深灰色。轮制。器表饰窄而浅的篮纹，篮纹呈交叉分布，纹内有横丝。尖唇，斜折沿，内折棱凸出，深腹微鼓。口径 23、残高 21.6、厚 0.4～0.6厘米（图二三八，5）。

标本 T6⑧：428，夹砂深灰色。轮制，口沿部有轮制痕迹。器表饰规整的小方格纹，印痕较深。尖唇，斜折沿，沿面下部微内凹，内折棱凸出，深腹微鼓。口径 23.1、残高 22.5、厚 0.4～0.6 厘米（图二三八，6）。

标本 T6⑧：431，夹砂褐色。轮制，口沿有轮制痕迹。器表饰规整的大方格纹。尖唇，斜折沿，沿面下端微内凹，内折棱凸出，深腹微鼓。口径 22、残高 11、厚 0.6 ~ 0.8 厘米（图二三八，7）。

标本 T6⑧：369，夹砂深灰色。轮制。器表饰规整的方格纹。尖唇，斜折沿较立，内折棱凸出，腹微鼓。口径 21.6、残高 10.8、厚 0.5 ~ 0.6 厘米（图二三八，8）。

C 型 Ⅱ 式　标本 T6⑧：437，夹砂浅灰色。轮制。器表通体饰竖行绳纹。斜折沿较宽、较平，尖唇，唇沿加厚，深鼓腹，底残。口径 22、残高 26、厚 0.6 ~ 0.7 厘米（图二三九，1；图版四八，1）。

标本 T6⑧：930，夹砂深灰色，局部呈褐红色。轮制。器表饰近正方形的方格纹，印痕较深，排列较规整。斜折沿，内折圆钝，口沿上部加厚，似一周凸弦纹，深腹微鼓，最大径在腹中部，下收为小平底，底微内凹。口径 24、底径 7.5、高 28 厘米（图二三九，2；图版四八，2）。

标本 T6⑧：332，夹砂浅灰色。器表拍印较规整的竖行篮纹。斜折沿较平，沿面中部微凹，尖唇，唇沿加厚，鼓腹。口径 26、残高 14、厚 0.5 ~ 0.7 厘米（图二三九，3）。

标本 T6⑧：826，夹砂灰色。内壁略经抹光，外壁基本饰竖行粗绳纹，近底部和底部绳纹较乱。斜折沿，内折棱明显，尖唇，唇缘加厚，深腹微鼓，下收为小平底。口径 26.4、底径 7.7、高 35、厚 0.6 ~ 0.8 厘米（图二三九，4；图版四八，3）。

标本 T6⑧：345，泥质浅灰色。器表饰规整的方格纹。斜折沿，沿面微凹，唇沿加厚，内折棱为圆折，尖唇，深鼓腹。口径 24、残高 14、厚 0.4 ~ 0.7 厘米（图二三九，5）。

高足鼎　Aa 型　标本 T6⑧：768，夹砂深灰色。轮制成形，手制附件，然后粘接在一起。口沿以下饰菱形方格纹，印痕较大而浅，腹上部饰一周凹弦纹。子母口较直，深腹圜底。腹上部饰一对鸡冠耳，近底处安侧扁三角形鼎足，足残。口径 19.5、残高 23.2、厚 0.6 ~ 0.8 厘米（图二四〇，1；图版四九，1）。

Ab 型　标本 T6⑧：772，夹砂深灰色。泥条盘筑鼎身，再安鼎耳和鼎足。上腹部饰左下斜行的细篮纹，下腹部饰交叉篮纹，鼎腹偏上部有一周抹痕。子母口内敛，方唇，近垂腹，圜底。器腹中上部安鸡冠耳，底部安侧扁三角形素面鼎足。口径 16.2、通高 29.1、壁厚 0.8 ~ 1 厘米（图二四〇，2；图版四九，2）。

标本 T6⑧：773，夹砂深灰色。轮制主体，手制附件，再粘接在一起。通体饰方格纹，印痕清晰。器壁局部有火烧痕。子母口内敛，方唇，深腹，圜底近平。器腹上部饰一对鸡冠耳，底部安侧扁三角形素面鼎足，足下部已残。口径 20、残高 23.5、厚 0.5 ~ 0.7 厘米（图二四〇，3；图版四九，3）。

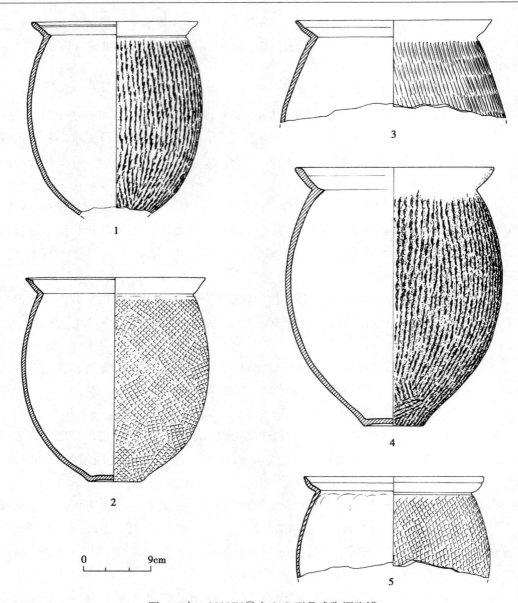

图二三九　2000T6⑧出土 C 型 II 式陶深腹罐

1. T6⑧：437　2. T6⑧：930　3. T6⑧：332　4. T6⑧：826　5. T6⑧：345

　　B 型 I 式　标本 T6⑧：779，鼎足为 Ac 型，夹砂深灰色。轮制成形。手制三足再粘接在一起。口沿以下饰一周凹弦纹，此下饰较整齐的方格纹。斜折沿，内折棱凸出，尖圆唇，垂弧腹较深，三角形素面侧扁足，足正面饰对捏而成的按窝纹。口径 15、通高 19、厚 0.5～0.7 厘米（图二四〇，4；图版四九，4）。

　　B 型 II 式　标本 T6⑧：777，鼎足为 Ac 型，泥质深灰色，局部为灰黄色。轮制鼎

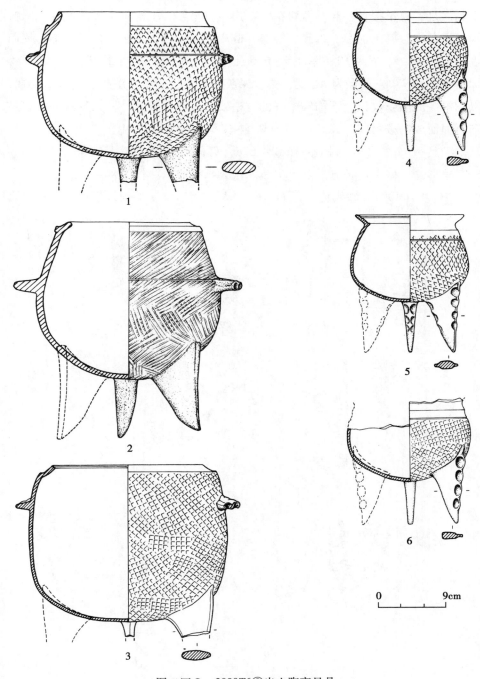

图二四〇　2000T6⑧出土陶高足鼎

1. Aa 型（T6⑧：768）　　2. Ab 型（T6⑧：772）　　3. Ab 型（T6⑧：773）　　4. B 型 I 式（T6
⑧：779）　　5. B 型 II 式（T6⑧：777）　　6. B 型 II 式（T6⑧：778）

身，手制三足，再粘接在一起。器腹拍印菱形浅方格纹，上部饰一周凹弦纹。斜折沿近平，内折棱凸出，唇沿加厚，垂腹，圜底，侧扁三角形足，足正背两面均饰对捏而成的按窝纹。口径14.6、通高19、厚0.5~0.6厘米（图二四〇，5；图版四九，5）。

标本T6⑧：778，鼎足为Ac型，夹砂深灰色。轮制成形，手制三足再粘接在一起。口沿以下饰一周凹弦纹，此下饰较整齐的方格纹。垂弧腹较深，三角形素面侧扁足，足正面饰对捏而成的按窝纹。残高17、厚0.4~0.6厘米（图二四〇，6）。

高足鼎足　Aa型Ⅱ式　标本T6⑧：638，夹砂浅灰色。正面压印"人"字形纹。手制，三角形，横截面近长方形。足尖残。残高7.6厘米（图二四一，1）。

标本T6⑧：640，夹砂褐色。正面压印"人"字形纹。手制，三角形，横截面近长

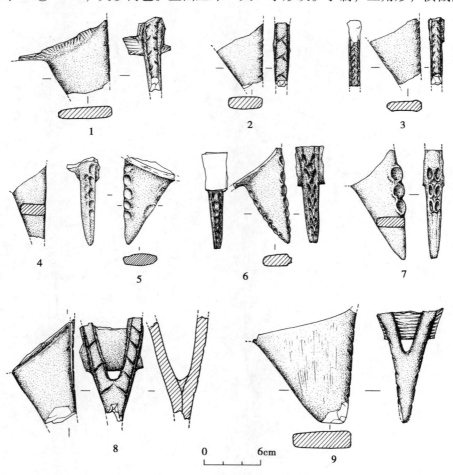

图二四一　2000T6⑧出土陶高足鼎足

1. Aa型Ⅱ式（T6⑧：638）　2. Aa型Ⅱ式（T6⑧：640）　3. Aa型Ⅱ式（T6⑧：643）　4. Ab型（T6⑧：651）　5. Ac型（T6⑧：665）　6. Ac型（T6⑧：667）　7. Ac型（T6⑧：669）　8. C型（T6⑧：631）　9. C型（T6⑧：836）

方形。足尖残。残高 7 厘米（图二四一，2）。

标本 T6⑧：643，夹砂褐色。正背两面均压印"人"字形纹。手制，三角形，横截面为扁平的不规则形。足尖残。残高 7 厘米（图二四一，3）。

Ab 型　标本 T6⑧：651，夹砂浅红色。素面。手制，三角形，横截面为长方形。足尖残。残高 8 厘米（图二四一，4）。

Ac 型　标本 T6⑧：665，夹砂浅灰色。正面饰对捏的按窝纹。手制，三角形，横截面为椭圆形。高 9.6、厚 1.3 厘米（图二四一，5）。

标本 T6⑧：667，夹砂浅褐色。正背两面均饰对捏的按窝纹。手制，三角形，横截面为近长方形。高 10.8、厚 1.8 厘米（图二四一，6）。

标本 T6⑧：669，夹砂浅红色。正面饰对捏的按窝纹。手制，三角形，横截面为长方形。高 12、厚 1～1.6 厘米（图二四一，7）。

C 型　标本 T6⑧：631，夹砂浅褐色。正面压印对称的大致呈"八"字形纹。手制，先制成两片三角形泥片，再将两者的下部粘接在一起，上部组成"V"形镂孔状。足尖残。残高 11.4 厘米（图二四一，8）。

标本 T6⑧：836，夹砂浅褐红色。足正面压印对称的大致呈倒"八"字形纹。手制，先制成两片三角形泥片，再将两者的下部粘接在一起，上部组成"V"形镂孔状。高 12 厘米（图二四一，9）。

矮足鼎　标本 T6⑧：435，夹砂浅灰色。轮制。口沿上端饰一周浅凹槽，腹、底饰方格纹。斜折沿，沿面斜平，内折棱明显，圆唇加厚，深鼓腹，底残。口径 17.5、残高 15.1、厚 0.4～0.6 厘米（图二四二，1）。

标本 T6⑧：776，夹砂深灰色和褐色。轮制。腹、底饰竖行细绳纹。斜折沿，沿面微内凹，内折棱明显，圆唇加厚，深鼓腹，底残。口径 17.2、残高 16.6、厚 0.4～0.6 厘米（图二四二，2）。

标本 T6⑧：780，夹砂浅灰色。轮制。腹、底饰竖行绳纹，纹痕较浅。斜折沿，内折棱明显，唇部残，深鼓腹，圜底，下安三个乳状足。残高 19.8、厚 0.4～0.6 厘米（图二四二，3）。

矮鼎足　标本 T6⑧：647，夹砂浅红色。手制。侧扁三角形，横截面为圆角长方形。高 8.7 厘米（图二四二，4）。

标本 T6⑧：672，夹砂褐色。手制。乳状，横截面近圆形。高 1.2 厘米（图二四二，5）。

标本 T6⑧：673，夹砂褐色。手制。乳状，横截面近圆形。高 4.2 厘米（图二四二，6）。

小口高领罐　Ⅰ式　标本 T6⑧：174，夹砂黑皮褐胎。轮制。器表磨光。口稍侈，

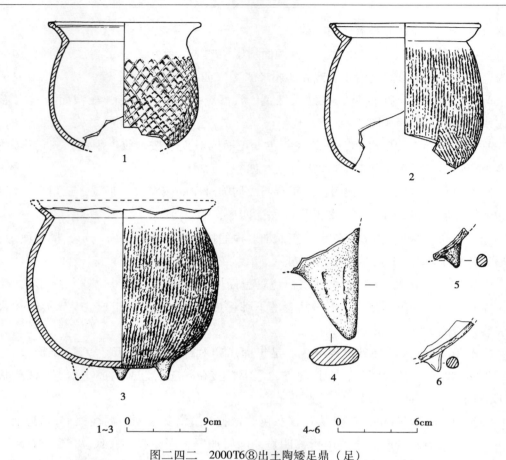

图二四二　　2000T6⑧出土陶矮足鼎（足）

1. T6⑧：435　2. T6⑧：776　3. T6⑧：780　4. T6⑧：647　5. T6⑧：672　6. T6⑧：673

尖唇，唇部加厚，溜肩。口径28、残高6、厚0.6～0.7厘米（图二四三，1）。

标本T6⑧：296，泥质深灰色。轮制。器表磨光，肩部饰两周凹弦纹和错乱篮纹。直口，尖圆唇，溜肩。口径14、残高7、厚0.4～0.6厘米（图二四三，2）。

Ⅱ式　标本T6⑧：175，泥质浅灰色。轮制，器表可见轮制痕迹。直领，侈口，尖圆唇，溜肩。口径24、残高5、厚0.6～0.8厘米（图二四三，3）。

标本T6⑧：277，泥质深灰色。轮制。器表磨光。直领，侈口，尖圆唇，溜肩。口径13、残高5.1、厚0.6厘米（图二四三，4）。

标本T6⑧：279，泥质浅灰色。轮制，口沿有轮制痕迹。卷沿，圆唇，唇面有一周浅凹槽，似为溜肩。口径16、残高4、厚0.8～1厘米（图二四三，5）。

标本T6⑧：280，泥质浅灰色。轮制，口沿可见轮旋痕迹。侈口，圆唇加厚，唇下有一周浅凹槽，溜肩。口径20、残高4、厚0.6～0.8厘米（图二四三，6）。

标本T6⑧：281，夹砂深灰色。轮制，器表有轮制痕迹。侈口，尖圆唇加厚，唇下

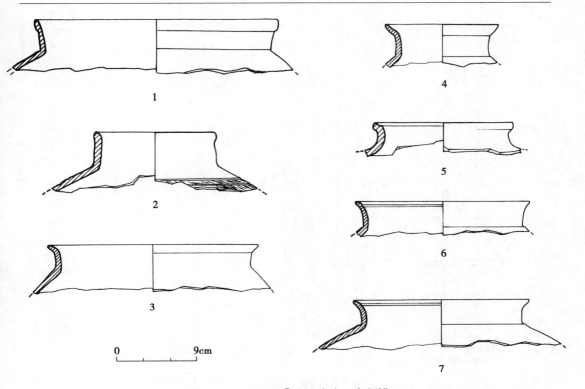

图二四三　2000T6⑧出土陶小口高领罐

1. Ⅰ式（T6⑧：174）　2. Ⅰ式（T6⑧：296）　3. Ⅱ式（T6⑧：175）　4. Ⅱ式（T6⑧：277）　5. Ⅱ式（T6⑧：279）　6. Ⅱ式（T6⑧：280）　7. Ⅱ式（T6⑧：281）

有一周浅凹槽，溜肩。口径20、残高5.1、厚0.4~0.8厘米（图二四三，7）。

平底盆　A型Ⅱ式　标本T6⑧：818，泥质深灰色。轮制。内外壁均磨光。沿面有一周凸弦纹。平窄沿，斜弧壁，腹较深，平底较大。口径30、底径20.5、高7.7、厚0.8厘米（图二四四，1；图版五〇，1）。

A型Ⅲ式　标本T6⑧：812，泥质黑色。轮制。内外壁均打磨得相当光滑。沿面有一周凹弦纹。窄沿，沿外卷成斜坡形，斜壁，深腹，平底微外凸。口径33.5、底径21、高10、厚0.8~1厘米（图二四四，2；图版五〇，2）。

标本T6⑧：817，泥质黑色。手制，系器底与器壁分制而成后，再粘接在一起，最后经慢轮修整。陶胎底部较厚，至宽沿处渐薄。内外壁均打磨光滑。沿面饰一周凹弦纹。卷沿较窄，尖圆唇，斜壁，深腹，平底，底周边外凸。口径31、底径20、高8.1、厚1厘米（图二四四，3；图版五〇，3）。

标本T6⑧：816，泥质浅灰色。轮制。内壁磨光，外壁略经打磨，仍可见轮制印痕。沿面有一周凹弦纹。窄卷沿外翻，斜弧壁，小平底，底边外凸。口径25、底径13、高7.4、厚0.6厘米（图二四四，4；图版五〇，4）。

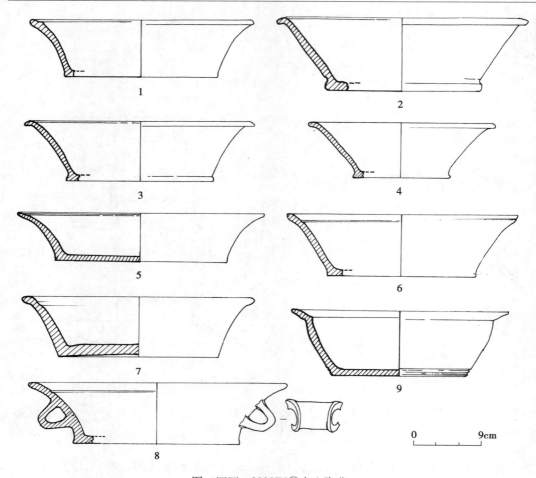

图二四四　2000T6⑧出土陶盆

1. A型Ⅱ式平底盆（T6⑧：818）　　2. A型Ⅲ式平底盆（T6⑧：812）　　3. A型Ⅲ式平底盆（T6⑧：817）

4. A型Ⅲ式平底盆（T6⑧：816）　　5. A型Ⅲ式平底盆（T6⑧：598）　　6. B型Ⅰ式平底盆（T6⑧：813）

7. B型Ⅱ式平底盆（T6⑧：610）　　8. 双耳平底盆（T6⑧：814）　　9. 折沿盆（T6⑧：600）

标本T6⑧：598，泥质浅灰色。轮制。内外壁均经打磨。口沿饰一周凹弦纹。侈沿，沿面较窄，尖圆唇，斜壁，腹较浅，底较大。口径33、底径23、高6.6、厚0.8～1.4厘米（图二四四，5；图版五〇，5）。

B型Ⅰ式　标本T6⑧：813，泥质黑灰色。轮制。内外壁均打磨光滑。口沿与盆壁转折处有一周凹弦纹。圆唇，唇面有一周不甚规整的凹槽，沿面较宽，外侈，斜壁，平底，底边外凸。口径31、底径20、高8.5、厚0.8厘米（图二四四，6；图版五〇，6）。

B型Ⅱ式　标本T6⑧：610，泥质黑色。轮制。内外壁磨光。卷沿，沿面较宽、近平，腹较浅，平底。口径31、底径21.7、高8、厚0.6～0.8厘米（图二四四，7；图版五一，1）。

此外，有双耳平底盆，数量较少。标本 T6⑧: 814，泥质黑色。手制，后经慢轮修整。双耳是分制成形后再安装的。沿面下有一周凹弦纹。宽平沿外卷，腹较深，大平底。外壁中腰处饰一对桥形横耳。口径 34.5、底径 22.2、高 8.5、厚 1～1.2 厘米（图二四四，8；图版五一，2）。

另有折沿盆。标本 T6⑧：600，泥质黑色。轮制。内外壁均磨光，外壁及底部均见轮旋纹。折沿处有一周凸弦纹，外壁近底部有三周凹弦纹。尖唇，斜折沿近平，沿面较宽、略鼓，腹较深，上腹部外鼓，大平底。口径 29、底径 18.5、高 9 厘米（图二四四，9；图版五一，3）。

刻槽盆　Ⅱ式　标本 T6⑧：628，泥质褐红胎。轮制，口部和底部均见轮制痕迹。流部按印而成。口沿下饰一周凹弦纹，器腹拍印右下斜行篮纹，上面的较整齐，近底部篮纹较乱。直口微敛，圆唇，深腹，下收为小平底。内壁及底部均有刻槽纹。口径 19.8、底径 10、高 14.4、厚 0.7～0.8 厘米（图二四五，1；图版五一，4）。

标本 T6⑧：629，泥质深灰色。轮制，口部和底部均见轮制痕迹。流部按印而成。口沿下饰一周凹弦纹，器腹拍印向右下斜行的篮纹。直口，圆唇，深腹，下收为小平底。内壁及底部均有刻槽纹。口径 21、底径 9.7、高 14.8、厚 0.6～0.8 厘米（图二四五，2；图版五一，5）。

标本 T6⑧：627，泥质灰色。轮制。口部磨光，外壁饰浅而细的方格纹。侈口，尖圆唇，口沿外贴边，腹较浅，腹下收为小平底。内壁及底部均有刻槽纹。口径 20、底径 9.1、高 13.2、厚 0.7～0.8 厘米（图二四五，3；图版五一，6）。

标本 T6⑧：230，泥质深灰色。轮制，口部和底部均见轮制痕迹。流部按印而成。口沿下饰一周凹弦纹，腹部拍印右下斜行篮纹，下腹部篮纹较乱。直口，圆唇，圆弧腹，下渐收为圜底近平。内壁及底部均有刻槽纹。口径 20.4、高 15、厚 0.7～1.0 厘米（图二四五，4；彩版一八，1；图版五二，1）。

篮形豆　标本 T6⑧：829，泥质黑皮。轮制。口沿及器表均磨光，唯内壁未经磨光，呈灰色。斜折沿，圆唇加厚，弧腹，圜底，喇叭状圈足。口径 28.4、底径 12、高 17、厚 0.6～0.8 厘米（图二四五，5；彩版一八，2；图版五二，2）。

标本 T6⑧：705，泥质黑皮陶。轮制。口沿及器表均磨光，唯内壁未经磨光，呈灰色。斜折沿，方唇加厚，深弧腹，圜底，喇叭状圈足。口径 19.2、底径 11.4、高 15.6、厚 0.8 厘米（图二四五，6；图版五二，3）。

标本 T6⑧：735，泥质黑皮陶。仅存豆盘。侈口，尖圆唇，斜壁，折腹，圜底近平，下接细柄。口径 14、残高 5.4、厚 0.4～0.6 厘米（图二四五，7）。

豆柄　Ⅱ式　标本 T6⑧：707，泥质浅灰色。柄上部饰一镂孔。细柄，喇叭形矮

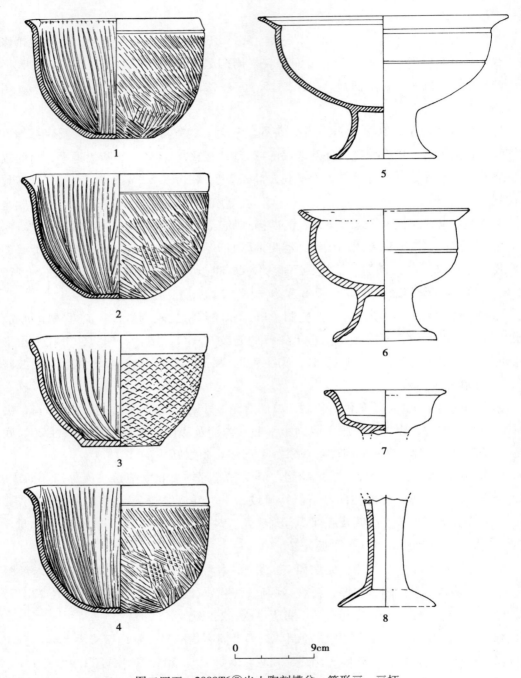

0　　　　　　　9cm

图二四五　　2000T6⑧出土陶刻槽盆、簋形豆、豆柄

1. Ⅱ式刻槽盆（T6⑧：628）　　2. Ⅱ式刻槽盆（T6⑧：629）　　3. Ⅱ式刻槽盆（T6⑧：627）　　4. Ⅱ式
刻槽盆（T6⑧：230）　　5. 簋形豆（T6⑧：829）　　6. 簋形豆（T6⑧：705）　　7. 簋形豆（T6⑧：
735）　　8. Ⅱ式豆柄（T6⑧：707）

足。柄残高13、底径11、厚0.4～0.7厘米（图二四五，8）。

器盖　Aa甲型Ⅱ式　标本 T6⑧：702，泥质深灰色。分制盖纽、盖顶和盖壁，再行粘接，最后慢轮修整。菌状盖纽，盖顶下斜微鼓，盖壁上下均外鼓。盖颈中空，壁、纽相通。口径21、通高11.7、厚0.6～0.8厘米（图二四六，1；图版五二，4）。

标本 T6⑧：211，泥质深灰色。器表经简单处理。盖顶上中下分别饰数周凹弦纹。

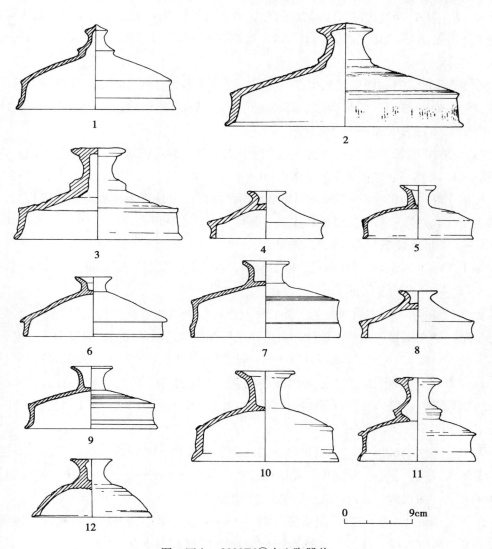

图二四六　2000T6⑧出土陶器盖

1. Aa 甲型Ⅱ式（T6⑧：702）　　2. Aa 甲型Ⅱ式（T6⑧：211）　　3. Aa 乙型Ⅰ式（T6⑧：219）

4. Ab 型（T6⑧：215）　　5. Ab 型（T6⑧：221）　　6. Ab 型（T6⑧：222）　　7. Ab 型（T6⑧：

216）　　8. Ab 型（T6⑧：223）　　9. Ab 型（T6⑧：837）　　10. Ab 型（T6⑧：224）　　11. Ac 型

（T6⑧：218）　　12. Bc 型（T6⑧：822）

盖颈中空，顶与盖壁相通。平顶稍隆起，已近二里头文化的菌状纽。盖壁下端外凸。口径31、通高14.3、厚0.6~1厘米（图二四六，2；图版五二，5）。

Aa 乙型 Ⅰ 式　标本 T6⑧：219，泥质浅灰色。器表见慢轮修整旋纹痕。盖顶饰数周凹弦纹。盖颈中空，盖壁与盖顶相通。盖顶近平，盖壁较直。口径22、通高12.8厘米（图二四六，3；图版五二，6）。

Ab 型　标本 T6⑧：215，泥质深灰色。器表可见轮旋痕迹。圈足盖纽，盖顶略鼓，盖壁上下外凸明显，似经加厚。口径15、通高6.6、厚0.8厘米（图二四六，4；图版五三，1）。

标本 T6⑧：221，泥质黑皮褐红胎。器表经简单磨光处理。盖顶饰两周凹弦纹。圈足状盖纽，纽颈较短，盖顶微隆，盖壁略下收。口径14.8、通高7.5、厚3~5厘米（图二四六，5；图版五三，2）。

标本 T6⑧：222，泥质浅灰色。器表经磨光处理。圈足状盖纽，盖顶外缘凸出，盖壁短直。口径18.5、通高8.2、厚0.6~0.8厘米（图二四六，6；图版五三，3）。

标本 T6⑧：216，泥质黑皮陶。器表经磨光处理。盖顶近盖壁处有凹弦纹数周，盖顶与盖壁接合处饰凹弦纹。圈足状盖纽，盖顶较平，盖壁较直。口径19.7、通高10.4、厚0.6~0.7厘米（图二四六，7；图版五三，4）。

标本 T6⑧：223，泥质深灰色。圈足状纽，无颈，盖顶斜，壁短而直。口径15、高6.4、厚0.4~0.6厘米（图二四六，8）。

标本 T6⑧：837，泥质深灰色。首先分制盖纽、盖顶和盖壁，再粘接在一起，后经慢轮修整。器表见慢轮修整轮旋纹。盖顶饰三周凹弦纹。圈足状纽，盖壁斜平，壁上下端均外凸。口径17.5、通高8.5、厚0.6~0.8厘米（图二四六，9；图版五三，5）。

标本 T6⑧：224，泥质黑皮褐红胎。器表经磨光处理。圈足状纽，有颈，盖顶微鼓，盖壁较直，口沿外凸。口径19.4、通高12.4、厚0.4~0.8厘米（图二四六，10；图版五三，6）。

Ac 型　标本 T6⑧：218，泥质黑皮褐红胎。器表经磨光处理。盖顶下部饰有凹弦纹。盖纽为双层，中空，使盖顶与盖壁相通。壁直，上下端外凸。口径16、通高11.6、厚0.4厘米（图二四六，11；彩版一八，2；图版五四，1）。

Bc 型　标本 T6⑧：822，泥质黑皮陶。先分别制成弧壁和盖纽，后粘接。器表经磨光处理，内壁粗涩。盖顶上部饰数周凹弦纹。顶部有一小孔。口径16、通高8、厚0.4~0.6厘米（图二四六，12；图版五四，2）。

器盖（壁）　A 型 Ⅱ 式　标本 T6⑧：90，泥质深灰色。器表经磨光处理。盖顶微隆，盖壁短而直，口沿稍外凸，似一贴边。口径15、残高5、厚0.5~0.8厘米（图二四七，1）。

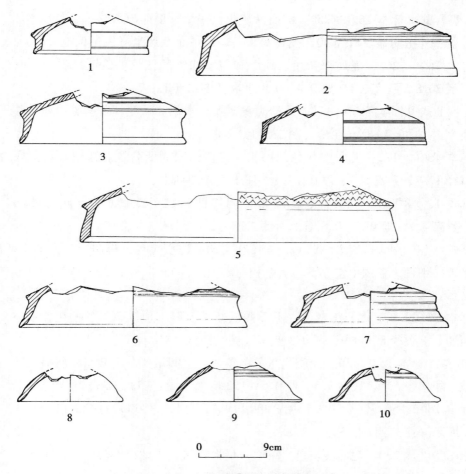

图二四七　2000T6⑧出土陶器盖（壁）

1. A型Ⅱ式（T6⑧：90）　2. A型Ⅱ式（T6⑧：115）　3. A型Ⅱ式（T6⑧：126）　4. A型Ⅱ式（T6⑧：
246）　5. A型Ⅲ式（T6⑧：251）　6. A型Ⅳ式（T6⑧：256）　7. A型Ⅳ式（T6⑧：261）　8. B型Ⅱ式
（T6⑧：173）　9. B型Ⅱ式（T6⑧：172）　10. B型Ⅱ式（T6⑧：171）

标本T6⑧：115，泥质深灰色。器表经磨光处理。盖顶饰四周凹弦纹。盖顶微隆，盖壁较直，口沿稍外凸，似一贴边。口径34.3、残高7.3、厚0.6~1厘米（图二四七，2）。

标本T6⑧：126，夹砂深灰色。器表经磨光处理。盖顶饰三周凹弦纹。斜顶，盖壁较直，口沿稍外凸，似一贴边。口径22、残高7、厚0.6~0.8厘米（图二四七，3）。

标本T6⑧：246，泥质浅灰色。器表经磨光处理。盖顶微隆，盖壁外撇。口径21.8、残高5、厚0.6~0.8厘米（图二四七，4）。

A型Ⅲ式　标本T6⑧：251，夹砂深灰色，褐胎。器表经磨光处理。顶面饰方格纹。斜顶，顶边外凸，盖壁外撇。口径42、残高7.5、厚0.8~1.2厘米（图二四七，5）。

A型Ⅳ式　标本T6⑧：256，泥质深灰色，褐胎。顶面饰凹弦纹。盖顶稍斜，顶边外凸，盖壁外撇明显。口径30、残高5.8、厚0.8～1.0厘米（图二四七，6）。

标本T6⑧：261，泥质深灰色。顶面和盖壁均饰凹弦纹。盖顶稍斜，盖壁外撇明显。口径20.8、残高6.1、厚0.4～0.8厘米（图二四七，7）。

B型Ⅱ式　标本T6⑧：173，泥质黑皮褐胎。素面。弧壁，盖壁底边稍外侈。口径14、残高4、厚0.4～0.6厘米（图二四七，8）。

标本T6⑧：172，泥质浅灰色，褐胎。盖顶饰三周凹弦纹。弧壁，盖壁底边稍外凸。口径17.7、残高5.1、厚0.4～0.6厘米（图二四七，9）。

标本T6⑧：171，泥质黑色。盖顶饰两周凹弦纹。弧壁，盖壁底边外凸。口径14.7、残高4.7、厚0.4～0.6厘米（图二四七，10）。

器盖（纽）　Aa乙型Ⅰ式　标本T6⑧：28，泥质黑色，褐胎。上大下小两层纽，上纽平顶，细颈，盖颈中空，下与盖壁相通。上顶径11.8、高12.6、厚0.6～0.7厘米（图二四八，2）。

标本T6⑧：32，泥质深灰色。上下两层纽，上纽平顶微弧，颈稍粗，中空，下与盖壁相通。上顶径8、高9、厚0.8厘米（图二四八，3）。

Ab型　标本T6⑧：35，泥质浅灰色。单纽，呈圈足状。纽敞口，斜壁，圜底，盖顶微鼓。纽口径5.5、残高3.5、厚0.6～1.2厘米（图二四八，4）。

标本T6⑧：50，泥质黑皮褐胎。单纽，呈圈足状。侈口，直壁。口径6.3、高5、厚0.8厘米（图二四八，5）。

标本T6⑧：220，泥质浅灰色。单纽，呈喇叭状。纽敞口，斜壁，盖顶斜鼓，盖壁较直，底边外凸。口径14.5、残高8、厚0.5～0.8厘米。

Ac型　标本T6⑧：33，泥质深灰色。上小下大两层纽，上纽平顶，颈稍粗，中空，下与盖壁相通。上顶径10.6、高11.6、厚0.8厘米（图二四八，1）。

标本T6⑧：47，泥质黑皮浅灰胎。双层纽，上纽顶周边为一浅凹弦纹，中间掏挖一圆孔，下纽稍大。上纽直径7.3、圆孔2、残高8.5、厚0.8厘米（图二四八，6）。

Ba型Ⅰ式　标本T6⑧：53，泥质黑皮褐胎。双层纽，上纽平顶微隆，下纽大小与之相若。上纽顶周边为一浅凹弦纹。上纽直径3.6、高3.4厘米（图二四八，7）。

Ba型Ⅱ式　标本T6⑧：54，泥质黑皮褐胎。单层纽，纽呈菌状，中空，弧形盖顶。最大径5.5、高6.5、厚0.6厘米（图二四八，8）。

Bc型　标本T6⑧：57，泥质黑皮陶。纽顶面饰一周凹弦纹。纽为平顶，中空。顶径7、高5、厚0.6～0.7厘米（图二四八，9）。

折肩罐　标本T6⑧：823，泥质深灰色。内壁有拍印纹饰时用陶垫垫衬的印痕，凹凸不平。外壁通体拍印篮纹，肩部和下腹部交叉拍印。矮领，直口微外侈，口与肩部之

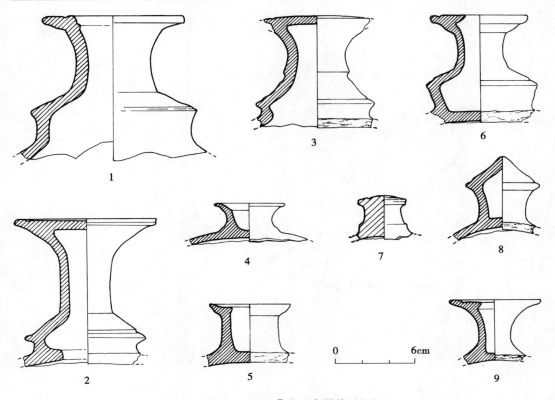

图二四八　2000T6⑧出土陶器盖（纽）

1. Ac 型（T6⑧：33）　2. Aa 乙型 I 式（T6⑧：28）　3. Aa 乙型 I 式（T6⑧：32）　4. Ab 型（T6⑧：35）
5. Ab 型（T6⑧：50）　6. Ac 型（T6⑧：47）　7. Ba 型 I 式（T6⑧：53）　8. Ba 型 II 式（T6⑧：54）　9. Bc
型（T6⑧：57）

间敷有一周细泥条，溜肩，斜弧腹，下收为小平底。口径 14.8、残高 26、厚 0.6~0.8
厘米（图二四九，1；图版五四，4）。

标本 T6⑧：303，泥质浅灰色，胎较薄。肩部偏上部位磨光。肩部及其以下饰近菱
形的方格纹，纹痕清楚，折肩处加饰一周附加堆纹。矮领，直口加厚，肩较平，斜弧
腹，下收为小平底。口径 12.3、底径 9、高 20.3 厘米（图二四九，2；图版五四，5）。

标本 T6⑧：793，泥质浅灰色，胎较薄。轮制。肩部素面，折肩处饰一周附加堆
纹，下腹部饰右下斜行的篮纹。直口，尖圆唇，弧折肩，弧腹，底残。口径 12、残高
14、厚 0.4~0.8 厘米（图二四九，3）。

标本 T6⑧：825，泥质浅灰色。轮制。肩腹部经简单磨光处理。肩部饰纹道较细、
印痕较浅的右斜篮纹，腹部饰左斜篮纹，近底处篮纹较乱。矮领微侈，方唇，唇面有浅
凹槽，折肩明显，斜腹较长，内收为小平底。口径 13、底径 8.2、高 16、厚 0.6~0.8
厘米（图二四九，4）。

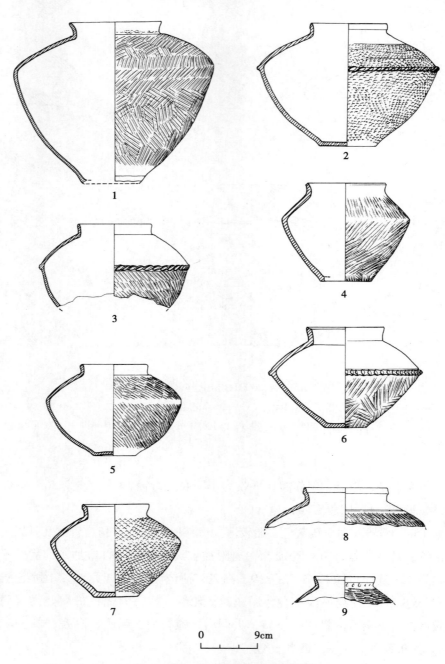

0　　　　　9cm

图二四九　2000T6⑧出土陶折肩罐

1. T6⑧：823　2. T6⑧：303　3. T6⑧：793　4. T6⑧：825　5. T6⑧：791　6. T6⑧：301

7. T6⑧：835　8. T6⑧：297　9. T6⑧：294

标本 T6⑧：791，泥质浅灰色，胎较薄。轮制。通体饰右下斜行的篮纹。直口微侈，折肩，下腹斜收为小平底，底部微内凹。口径11、底径7、高15厘米（图二四九，5；图版五五，1）。

标本 T6⑧：301，泥质浅灰色，胎较薄。轮制。折肩处饰一周附加堆纹，下腹部饰篮纹，纹痕较浅。直领较矮，尖唇，唇面有一周浅凹槽，折肩，斜腹，小平底。口径12.5、底径6.5、高16.5、厚0.6~0.8厘米（图二四九，6）。

标本 T6⑧：835，泥质浅灰色。轮制。器表饰近正方形的方格纹，印痕较浅，不甚清晰。矮领，直口微侈，尖唇，唇面上端有一凹槽，领与肩部转折圆缓，折肩明显，下腹内收为小平底。口径10.8、底径7、高15、厚0.5~0.8厘米（图二四九，7；图版五五，2）。

标本 T6⑧：297，泥质浅灰色，胎较薄。轮制。肩中部饰一周凹弦纹，肩中下部饰篮纹。矮领外侈明显，鼓肩。口径13.5、残高6.8、厚0.4~0.7厘米（图二四九，8）。

标本 T6⑧：294，泥质浅灰色，胎较薄。轮制。外壁饰横篮纹。矮领外侈明显，溜肩。口径9.8、残高4.6、厚0.3~0.7厘米（图二四九，9）。

标本 T6⑧：810，泥质浅灰色。轮制。肩部磨光，上饰凹弦纹，腹部饰篮纹和凹弦纹。矮领，直口，器口加厚，内折棱明显，斜肩较折，腹略鼓，下内收为小平底，底部内凹明显。口径14.5、底径8、高27、厚0.4~0.6厘米（图二五〇，1；图版五五，3）。

标本 T6⑧：819，泥质深灰色。轮制。肩部及下腹部均饰斜行篮纹，折肩部加饰一周附加堆纹。矮领，直口，圆唇加厚，斜肩较折，斜弧腹下收。口径14.7、残高25.5、厚0.5~0.7厘米（图二五〇，2；图版五五，4）。

标本 T6⑧：811，泥质浅灰色。轮制。肩部磨光，上饰一周凹弦纹和右下斜行篮纹，折肩处饰一周附加堆纹，腹部饰右下斜行篮纹。矮领，直口，圆唇加厚，斜肩较折，斜腹。口径11.5、残高11.4、厚0.4~0.6厘米（图二五〇，3）。

标本 T6⑧：797，泥质浅灰色，胎较薄。肩部偏上部位均磨光，肩下半部及腹部饰篮纹，纹痕清楚，折肩处加饰一周附加堆纹。矮领，直口，溜肩，腹内收为小平底。口径12.5、底径8、高20.5厘米（图版五五，5）。

标本 T6⑧：306，泥质浅灰色。轮制。器表饰竖条形长方格纹，印痕模糊。矮领外侈，尖圆唇，唇部加厚，折肩，斜腹，下内收为小平底，平底内凹。口径13.8、底径7.6、高16.5、厚0.4~0.6厘米（图二五〇，4；图版五五，6）。

圆肩罐　标本 T6⑧：307，泥质浅灰色。轮制。上腹部饰较粗的绳纹，下腹部饰错乱绳纹。侈口，圆唇，短颈，圆鼓腹，小平底。口径16、底径8.8、高26.3、厚0.4~0.6厘米（图二五〇，5；图版五四，3）。

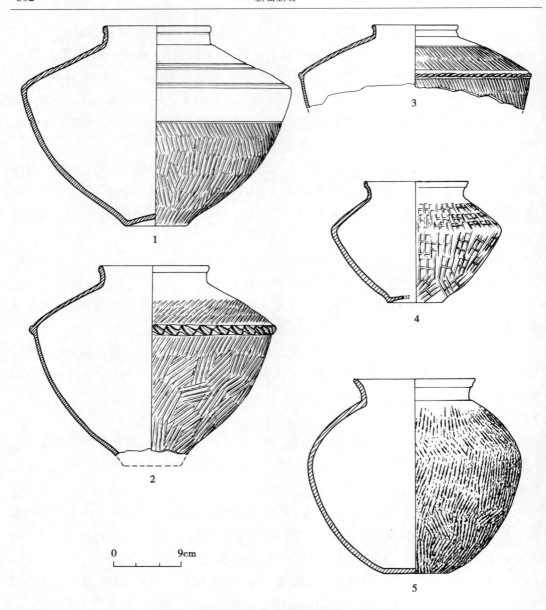

图二五〇　2000T6⑧出土陶折肩罐、圆肩罐

1. 折肩罐（T6⑧：810）　　2. 折肩罐（T6⑧：819）　　3. 折肩罐（T6⑧：811）　　4. 折肩罐（T6⑧：306）
5. 圆肩罐（T6⑧：307）

　　尊形瓮　标本 T6⑧：46，泥质灰色。轮制。口部和肩部磨光，腹部饰篮纹和九周附加堆纹，局部篮纹呈交叉状，底部亦饰有篮纹。直领，侈口，圆折肩，肩部有一对桥形竖耳，斜鼓腹，内急收为小平底。口径24、底径10.8、高35、厚0.5~0.7厘米（图二五一，1；彩版一八，3；图版五六，1）。

　　标本 T6⑧：192，泥质浅灰色。轮制，器表可见轮旋纹。肩部饰两周凹弦纹。直领，侈口，尖唇，溜肩。口径29.3、残高10、厚0.8～1.0厘米（图二五一，2）。

　　标本 T6⑧：208，泥质深灰色。轮制，口部见轮旋纹。肩部饰三周凹弦纹。侈口，尖圆唇加厚，溜肩。口径23.6、残高10、厚0.4～0.6厘米（图二五一，3）。

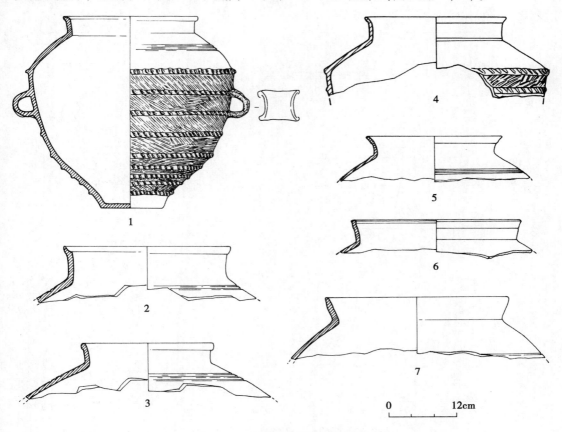

图二五一　2000T6⑧出土陶尊形瓮

1. T6⑧：46　2. T6⑧：192　3. T6⑧：208　4. T6⑧：413　5. T6⑧：411　6. T6⑧：190　7. T6⑧：420

　　标本 T6⑧：413，夹砂浅灰色。轮制，器表有轮旋纹。肩部及其以下饰有附加堆纹和错乱的篮纹。侈口，尖唇加厚，溜肩。口径24.8、残高14.8、厚0.6～0.8厘米（图二五一，4）。

　　标本 T6⑧：411，夹砂深灰色。轮制。器表磨光，肩部饰数周凹弦纹。敞口，短领，尖唇，溜肩。口径24、残高8.4、厚0.6～0.9厘米（图二五一，5）

　　标本 T6⑧：190，泥质磨光黑色。轮制。侈口，尖圆唇加厚，溜肩。口径30、残高7.2、厚0.7～1.8厘米（图二五一，6）。

　　标本 T6⑧：420，夹砂深灰色。轮制，口部见轮旋纹。近折肩处饰凹弦纹。侈口，尖唇，溜肩。口径32.4、残高11.2、厚0.6～0.8厘米（图二五一，7）。

　　标本 T6⑧：185，泥质深灰色。轮制。器表磨光，肩部饰三周凹弦纹。侈口，尖唇，溜肩。口径33.5、残高12.8、厚0.4～0.8厘米（图二五二，1）。

　　标本 T6⑧：186，泥质深灰色，褐红胎。轮制。口部及肩部磨光。侈口，尖圆唇，溜肩。口径40、残高7.7、厚0.5～1.4厘米（图二五二，2）。

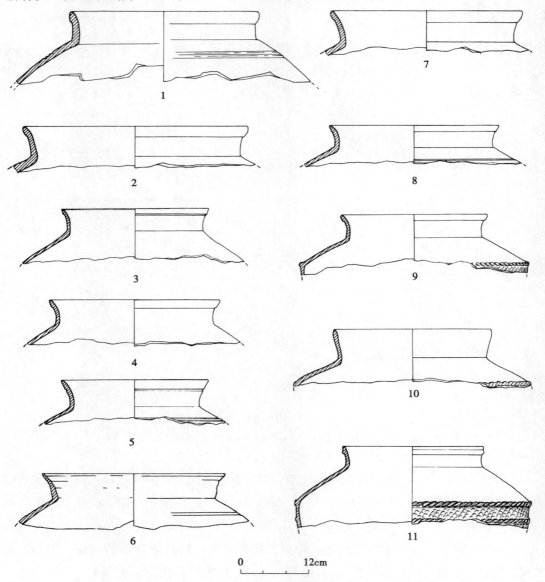

　　　　　　0　　　　　　　12cm

图二五二　2000T6⑧出土陶尊形瓮

1. T6⑧：185　2. T6⑧：186　3. T6⑧：187　4. T6⑧：188　5. T6⑧：193　6. T6⑧：209　7. T6⑧：405　8. T6⑧：407　9. T6⑧：408　10. T6⑧：416　11. T6⑧：417

标本 T6⑧：187，泥质深灰色。轮制。器表磨光。侈口，尖唇，口沿上部有一周浅凹槽，唇外加厚，溜肩。口径 26、残高 9.9、厚 0.6～1.3 厘米（图二五二，3）。

标本 T6⑧：188，泥质深灰色。轮制。口部磨光，内壁有浅窝，系拍印纹饰时陶垫遗留。侈口，尖唇，溜肩。口径 30、残高 8.4、厚 0.5～0.7 厘米（图二五二，4）。

标本 T6⑧：193，泥质深灰色。轮制。肩部磨光，饰两周凹弦纹。敞口，尖唇，溜肩。口径 26、残高 8、厚 0.6～0.8 厘米（图二五二，5）。

标本 T6⑧：209，泥质深灰色。轮制。器表磨光，肩部饰两周凹弦纹。敞口，尖圆唇，溜肩。口径 32、残高 10、厚 0.5～1.1 厘米（图二五二，6）。

标本 T6⑧：405，泥质浅灰色。轮制，口部见轮旋纹。肩部磨光。侈口，尖圆唇，溜肩。口径 34、残高 7.6、厚 0.8～1.2 厘米（图二五二，7）。

标本 T6⑧：407，泥质深灰色。轮制。肩部饰凹弦纹。侈口，尖唇，溜肩。口径 30、残高 7.2、厚 0.7～1.0 厘米（图二五二，8）。

标本 T6⑧：408，泥质浅灰色。轮制，口沿部可见轮旋痕迹。折肩处饰一周附加堆纹，其下饰竖行篮纹。直领，侈口，圆唇。口径 26、残高 11、厚 0.5～0.7 厘米（图二五二，9）。

标本 T6⑧：416，泥质浅灰色。轮制，口部见轮旋纹。肩部饰附加堆纹。侈口，尖唇，溜肩。口径 28、残高 8.8、厚 0.6～0.8 厘米（图二五二，10）

标本 T6⑧：417，泥质浅灰色。轮制，口部可见轮旋纹，内壁有陶垫衬痕。肩部及其以下饰两周附加堆纹和方格纹。侈口，尖圆唇，溜肩，斜腹。口径 25、残高 14.8、厚 0.7～0.8 厘米（图二五二，11）。

标本 T6⑧：781，夹砂浅灰色。轮制。内壁抹光，外壁拍印交叉篮纹，肩部另饰有一周凹弦纹，自折肩以下加饰八周附加堆纹和对称分布的四个桥形竖耳。尖唇，侈口，卷沿，溜肩，斜弧腹，小平底。口径 31、底径 11.5、高 40、厚 0.7～1.0 厘米（图二五三，1；图版五六，2）。

标本 T6⑧：830，夹砂浅灰色。轮制。肩部经磨光处理，外壁饰印痕模糊的方格纹，另加饰八周附加堆纹，上腹部饰对称的两个桥形耳。侈口，卷沿，尖圆唇，广肩微鼓，深腹，下急收为小平底，底部微内凹。口径 27、底径 14.7、高 41.8、厚 0.6～1 厘米（图二五三，2；图版五六，3）。

标本 T6⑧：419，泥质黑皮褐胎。轮制。器表磨光。口径 44、残高 8.5、厚 0.9～1.2 厘米（图二五三，3）。

标本 T6⑧：191，泥质浅灰色。轮制，器表见轮旋纹。敞口，尖唇，溜肩。口径 32.2、厚 0.6～1.0 厘米（图二五三，4）。

标本 T6⑧：421，泥质深灰色。轮制，口部见轮旋纹。肩部饰指甲纹和凹弦纹各两

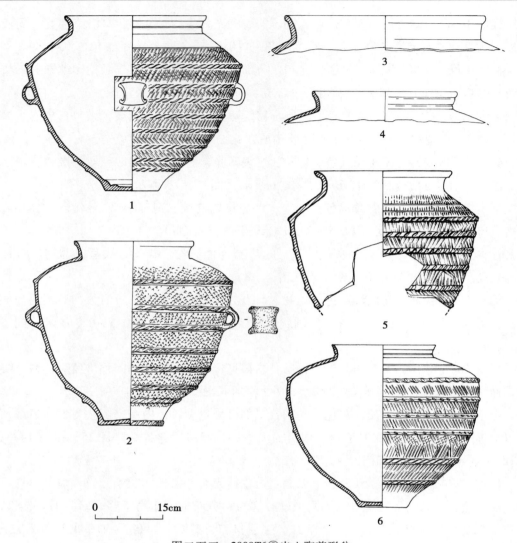

0　　　　　15cm

图二五三　2000T6⑧出土陶尊形瓮

1. T6⑧：781　2. T6⑧：830　3. T6⑧：419　4. T6⑧：191　5. T6⑧：421　6. T6⑧：824

周，肩部以下饰拍印较乱的篮纹和六周附加堆纹。卷沿，尖圆唇，唇部加厚，溜肩。口
径30、残高31.5、厚0.5~0.8厘米（图二五三，5）。

标本T6⑧：824，泥质黑灰色。轮制。肩部磨光，上饰有两周凹弦纹，以下饰篮纹
和六周附加堆纹，局部还拍印有方格纹。矮领，侈口，尖圆唇，广肩，斜弧腹，下收为
小平底，底部微内凹。口径23、底径11、高36.5、厚0.7~0.9厘米（图二五三，6；
图版五六，4）。

附加堆纹深腹罐　标本T6⑧：784，夹砂浅灰色。手制成形，再经慢轮修整，口沿
可见轮旋纹。器内壁略经打磨，外表先饰左下斜行的篮纹，再叠加四周附加堆纹，附加

堆纹较宽。大口，斜折沿较宽，沿面较平，内折棱明显，方唇，深腹，小平底微内凹。口径31、底径9.6、高34、厚0.8~1厘米（图二五四，1；图版五七，1）。

标本T6⑧：783，夹砂浅灰色。手制成形，再经慢轮修整，口沿可见轮旋纹。器内

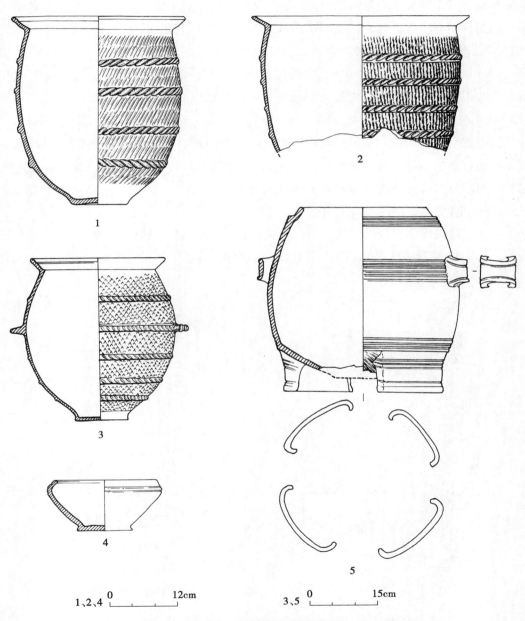

图二五四　2000T6⑧出土陶附加堆纹深腹罐、钵、四足瓮

1. 附加堆纹深腹罐（T6⑧：784）　　2. 附加堆纹深腹罐（T6⑧：783）　　3. 附加堆纹深腹罐（T6⑧：820）

4. B型钵（T6⑧：616）　　5. 四足瓮（T6⑧：840）

壁略经打磨，外表先饰竖行绳纹，再叠加附加堆纹。大口，斜折沿较宽，沿面较平，内折棱明显，尖圆唇，深腹。口径38.4、残高24.8、厚0.5～0.7厘米（图二五四，2）。

标本 T6⑧：820，夹砂深灰色。器形较大。手制成形，再经慢轮修整。器表饰规整的方格纹，其上叠加五周附加堆纹，在第二周附加堆纹处安置两个对称的鸡冠耳。斜折沿，内折棱明显，尖圆唇，唇缘加厚，圆鼓腹，小平底，最大腹径在腹中部。口径30、底径12、高36.5、厚0.4～0.7厘米（图二五四，3；图版五七，2）。

钵 B型 标本 T6⑧：616，泥质浅灰色。轮制。器腹上部磨光，折沿处有凹弦纹。敛口近折，方唇，斜腹内收为小平底，底边外凸。口径18.2、底径10、高9、厚0.3～0.5厘米（图二五四，4；图版五七，3）。

四足瓮 标本 T6⑧：840，泥质浅灰色。轮制成形，再加四瓦足和双耳。器壁磨光，在腹壁上中下部以及足部均饰数周凹弦纹。子母口较直，深腹微鼓，底残。在上腹部饰一对桥形横耳。下腹部安有大致对称分布的四瓦足。口径28.5、高40.8、厚1～1.5厘米（图二五四，5；图版五七，4）。

此外，还发现不少瓮足，其中，有的或许是四足瓮的足。如标本 T6⑧：787（图二五五，1）、标本 T6⑧：788（图二五五，2）、标本 T6⑧：780（图二五五，3）、标本

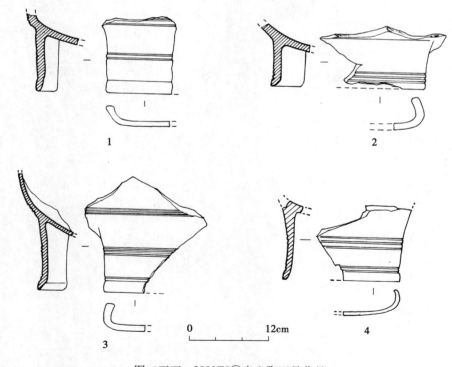

0   12cm

图二五五　2000T6⑧出土陶四足瓮足

1. T6⑧：787　2. T6⑧：788　3. T6⑧：780　4. T6⑧：813

T6⑧：813（图二五五，4），均为泥质灰陶，上饰数周凹弦纹。

甑　标本 T6⑧：747，深腹盆形。泥质浅灰色。轮制。器腹拍印细小方格纹，上腹部另饰一周凹弦纹和一对鸡冠耳。斜折沿近平，内折棱明显，尖圆唇，唇缘加厚，浅弧腹。口径28、残高12.6、厚0.7～0.8厘米（图二五六，1）。

标本 T6⑧：754，罐形。泥质黑皮褐红胎。轮制，口沿可见轮制痕迹，内壁有陶垫衬托的浅凹窝。器腹至器底饰斜篮纹，上腹部另饰两周凹弦纹，其间安有对称分布的一对鸡冠耳。斜折沿较宽，内折棱明显，圆唇，唇缘加厚，深鼓腹，下急收为小平底。近

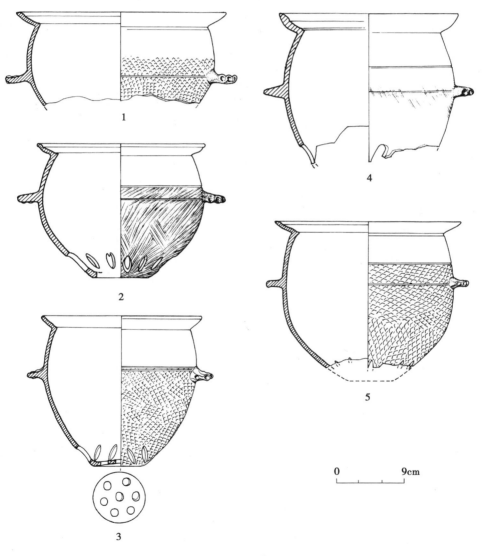

图二五六　2000T6⑧出土陶甑

1. T6⑧：747　2. T6⑧：754　3. T6⑧：827　4. T6⑧：774　5. T6⑧：831

底部周壁刻有近菱形孔。小平底中间为一圆孔，周边五个小圆孔。口径 22.5、底径
7.7、高 18.1、厚 0.8 厘米（图二五六，2；图版五八，1、2）。

　　标本 T6⑧：827，罐形。泥质浅灰色。轮制。外腹壁上部磨光，内壁有陶垫痕迹。
器腹拍印细小方格纹，上腹部另饰两周凹弦纹，其间安有对称分布的一对鸡冠耳。斜折
沿较平，内折棱明显，方圆唇，唇缘加厚，鼓腹较深，向下渐收为内凹的小平底。近底
部周壁刻有一周梭形孔。小平底中间为一圆孔，周边六个小圆孔。口径 21.5、底径 7、
高 20.3、厚 0.5~0.7 厘米（图二五六，3；图版五八，3、4）。

　　标本 T6⑧：774，罐形。泥质深灰色。轮制。外腹壁上部磨光，并饰两周凹弦纹，
安有对称分布的一对鸡冠耳。斜折沿内凹，内折棱明显，尖圆唇，唇外侧加厚，腹较深
微鼓，向下渐缓内收。近底部周壁刻有一周近梭形孔。口径 24、残高 20.5、厚 0.6~
0.8 厘米（图二五六，4；图版五八，5）。

　　标本 T6⑧：831，罐形。泥质浅灰色。轮制。外腹壁上部磨光，饰两周凹弦纹并安
有对称分布的一对鸡冠耳，中下腹外壁饰方格纹。斜折沿，内折棱明显，尖圆唇，唇内

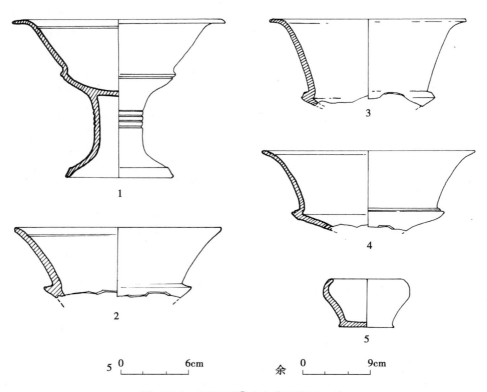

　　　　　　　图二五七　　2000T6⑧出土陶双腹豆、盅
　　1. 双腹豆（T6⑧：784）　2. 双腹豆（T6⑧：814）　3. 双腹豆（T6⑧：786）　4. 双腹豆（T6
⑧：804）　5. 盅（T6⑧：901）

侧加厚，深腹圆鼓，向下渐缓内收。近底部周壁刻有一周镂孔。口径25、残高19.5、厚0.7~0.9厘米（图二五六，5；图版五八，6）。

双腹豆　标本T6⑧：784，泥质褐色。轮制。上部为深腹盆形。柄部饰四周凹弦纹。敞口，尖圆唇，折腹，圜底近平，喇叭形矮圈足。口径28.2、底径14.2、高22、厚0.6~0.8厘米（图二五七，1；彩版一八，4；图版五九，1）。

标本T6⑧：814，泥质深灰色。轮制。上部为深腹盆形。口沿上部饰一周凹弦纹。敞口，尖圆唇，折腹，斜壁。口径27、残高9.5、厚0.8~1.0厘米（图二五七，2）。

标本T6⑧：786，泥质黑色。轮制。器表磨光。上部为深腹盆形。口沿上部饰一周凹弦纹。敞口，卷沿，方唇，折腹，斜壁。口径26、残高12、厚0.4~0.8厘米（图二五七，3）。

标本T6⑧：804，泥质浅灰色。轮制。上部为深腹盆形。口沿上部饰一周凹弦纹。敞口，尖圆唇，折腹，下壁急收。口径28、残高11、厚0.7~0.9厘米（图二五七，4）。

盅　标本T6⑧：901，泥质灰色，厚胎。素面，外表磨光。敛口，圆唇，曲腹，平底。口径6.5、底径4.8、高4.4厘米（图二五七，5；图版五九，2）。

盉　标本T6⑦~⑧：902，泥质灰色，胎薄。模制袋足，手制流、口和把手，再将各部粘接在一起。在流、口和裆处附加细泥条，成浮雕效果。流上翘，短流朝天。整体器形矮胖。三袋足外撇，实足根较长。宽把，把上饰一道浅凹槽。通高27.6厘米（图二五八，1；图版五九，3、4）。

猪首形器盖　标本T6⑧：782，泥质浅灰色。主体手制而成，后经慢轮修整和手工制作细部。口径23、高18、厚0.6~1.0厘米。此件器盖，下部与普通器盖无异，上部运用雕塑和刻划等手法，将盖顶塑造为猪首形状。其中，猪鼻、嘴、眼睛、耳朵乃至舌头、鼻孔、猪鬃等各部均塑造得细致入微、惟妙惟肖，特别是把猪嘴置于盖顶部位，仰首长啸，张扬其恣意雄壮之姿态，把猪鬃当把手（惜已残），融艺术性与实用性于一体，构思奇巧（图二五八，2；彩版一九，1、2；图版五九，5、6）。

（四）非典型单位出土陶器

1. 南部发掘区

1999T1H8

碗　标本H8：1，泥质深灰色。器表磨光。侈口，折沿较宽，尖圆唇，斜壁，平底。口径15.8、底径7.6、高6.6厘米（图二五九，1）。

1999T1H15

深腹罐　C型Ⅱ式　标本H15②：24，泥质黑皮陶。沿面上有两周凹弦纹，腹部饰一周凹弦纹和方格纹。尖圆唇，唇部加厚，折沿，内折棱明显，鼓腹。残高8.3厘米

（图二五九，2）。

标本 H15②：29，夹砂深灰色。腹部饰篮纹。尖唇，唇部加厚，折沿，内折棱明显，鼓腹。残高9厘米（图二五九，3）。

大口罐　标本 H15②：26，泥质浅灰色。轮制，口沿有轮制痕迹。腹部外壁饰篮纹。尖唇，斜折沿，沿面较平，沿面略内凹使唇呈加厚现象，沿面在近唇部和内折棱处各有一周凹槽。残高5厘米（图二五九，4）。

高足鼎足　Aa 型 I 式　标本 H15：5，泥质褐色。正面横压按窝纹。三角形。残高6厘米。

三足瓮　标本 H15：3，泥质深灰色。仅存下腹部。器表磨光，足部及下腹部饰凹弦纹。圜底，三"C"形足。残高11、厚0.6~0.8厘米（图二五九，5）。

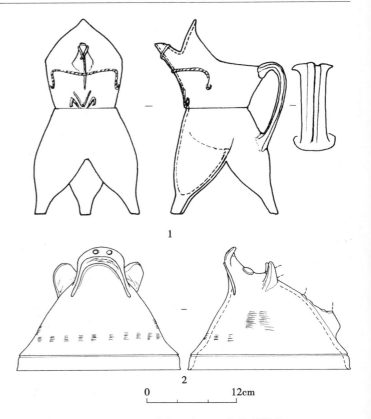

图二五八　2000T6⑧出土陶盉、猪首形器盖
1. 盉（T6⑦~⑧：902）　2. 猪首形器盖（T6⑧：782）

刻槽盆　标本 H15②：27，泥质浅灰色。轮制，口沿有轮制痕迹。腹部外壁饰方格纹，内壁刻槽呈辐射状。方唇，口沿外侈。流部按压而成。残高6.8厘米（图二五九，6）。

器盖（壁）　A 型 II 式　标本 H15②：23，泥质黑皮褐胎陶。轮制。盖顶边沿有两周凹弦纹。顶斜直，顶边外鼓加厚，壁斜直外侈，方唇。残高6厘米（图二五九，7）。

A 型 IV 式　标本 H15②：25，泥质黑皮陶。盖顶饰一周凹弦纹。折壁外撇，厚圆唇。残高5.2厘米（图二五九，8）。

标本 H15②：30，泥质黑皮褐胎陶。磨光。盖顶面饰一周凹弦纹。顶隆起，盖壁较直，盖壁两端外侈，下部加厚。残高4.9厘米（图二五九，9）。

1999T1H24

深腹罐　C 型 I 式　标本 H24①：2，夹砂灰色。轮制。器表饰粗绳纹，口沿内部

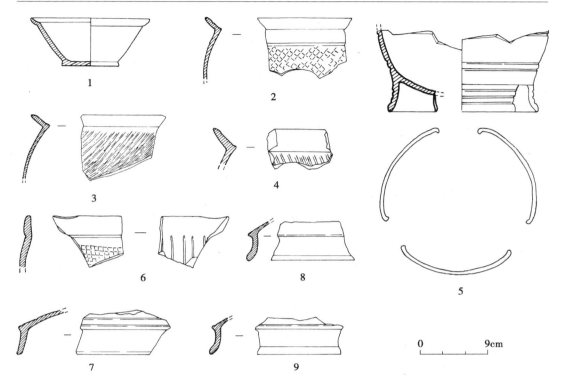

图二五九　1999T1H8、H15 出土陶碗、深腹罐、大口罐等

1. 碗（H8：1）　2. C 型Ⅱ式深腹罐（H15②：24）　3. C 型Ⅱ式深腹罐（H15②：29）　4. 大口罐（H15②：26）　5. 三足瓮（H15：3）　6. 刻槽盆（H15②：27）　7. A 型Ⅱ式器盖（壁）（H15②：23）　8. A 型Ⅳ式器盖（壁）（H15②：25）　9. A 型Ⅳ式器盖（壁）（H15②：30）

有一周凹弦纹。尖唇，折沿，口沿较宽，近唇处变薄略外侈。残高 9.9 厘米（图二六〇，1）。

高足鼎足　Aa 型Ⅱ式　标本 H24：15，夹砂褐色。手制。正面饰"八"字形纹。扁三角形，足尖残缺。残高 5.6 厘米（图二六〇，2）。

矮领罐　标本 H24①：9，夹砂浅灰色。肩饰篮纹。圆唇，直口，矮领。残高 4.1 厘米（图二六〇，3）。

刻槽盆　标本 H24：383，泥质深灰色。外壁饰一周凹弦纹和篮纹，内壁有刻槽。圆唇，口内敛。残高 5 厘米（图二六〇，4）。

器盖　标本 H24：1，泥质深灰色。仅存器盖盖顶和折壁的一小部分。盖面刻有兽面图案。残长 9.3 厘米（图二六一）。

器盖（壁）　A 型Ⅱ式　标本 H24：300，泥质黑皮褐胎陶。磨光，顶面近边处有一周细凹弦纹。盖顶上鼓，盖壁较直，壁上下两端均外侈，底部加厚外侈。残高 6.4 厘米（图二六〇，5）。

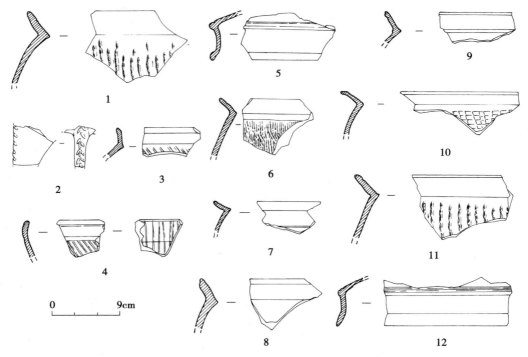

图二六〇　1999T1H24、H26、H28 出土陶深腹罐、高足鼎足、矮领罐等

1. C 型 I 式深腹罐（H24①：2）　2. Aa 型 II 式高足鼎足（H24：15）　3. 矮领罐（H24①：9）　4. 刻槽盆（H24：383）　5. A 型 II 式器盖（壁）（H24：300）　6. A 型 I 式深腹罐（H26：4）　7. 小罐（H28：8）　8. 夹砂罐（H28：6）　9. A 型 I 式深腹罐（H28：4）　10. B 型 II 式深腹罐（H28：2）　11. C 型 II 式深腹罐（H28：3）　12. A 型 II 式器盖（壁）（H28：1）

1999T1H26

深腹罐　A 型 I 式　标本 H26：4，夹砂灰色。轮制。腹部饰细绳纹。方唇，唇部有一周凹槽，折沿，沿面微鼓，有一周凹槽，内折棱明显，外侧有一周凹槽。残高 7.8厘米（图二六〇，6）。

1999T1H28

深腹罐　A 型 I 式　标本 H28：4，泥质灰皮褐胎陶。器表磨光。圆唇，唇面上有一周凹槽，唇部变薄，斜折沿，内折棱明显。残高 4.3 厘米（图二六〇，9）。

B 型 II 式　标本 H28：2，夹砂灰色。外壁腹部饰不明显的方格纹。斜折沿，沿面有一周凹槽，圆唇，唇边有一周凹槽。残高 6 厘米（图二六〇，10）。

C 型 II 式　标本 H28：3，夹砂浅灰色。轮制。外壁腹部饰粗绳纹。尖圆唇，沿面略内凹，唇部加厚，斜折沿，内折棱明显，且在沿面上形成一周凹槽，腹圆鼓。残高 8.6 厘米（图二六〇，11）。

小罐　标本 H28：8，夹砂褐色。折沿，沿面有一周凹槽，尖圆唇。残高 4.4 厘米

（图二六〇，7）。

夹砂罐 标本 H28：6，夹砂深灰色。外壁磨光。尖圆唇，唇部变薄，沿面略凸，斜折沿，内折棱明显。残高6.8厘米（图二六〇，8）。

器盖（壁） A型Ⅱ式 标本 H28：1，泥质黑皮褐胎陶。轮制。外壁磨光，盖顶边缘饰两周凹弦纹。顶斜直且微隆，顶边外凸，盖壁较直，壁下端加厚外撇，且边缘较宽，外折痕明显。残高6.4厘米（图二六〇，12）。

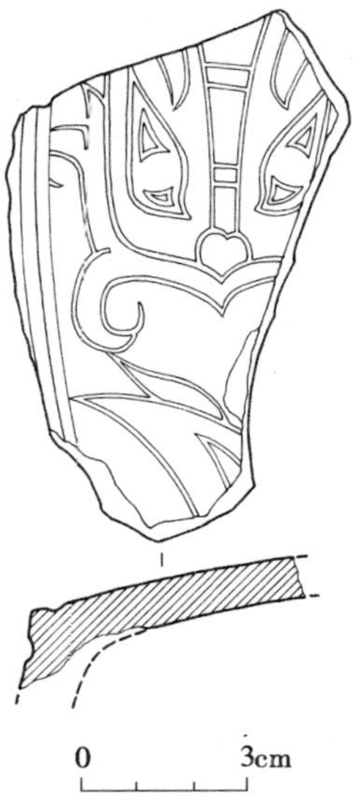

1999T1H29

深腹罐 B型Ⅱ式 标本 H29②：27，夹砂浅灰色。轮制，口沿有轮制痕迹。腹部饰方格纹。圆唇，软折沿。残高6厘米（图二六二，1）。

标本 H29②：15，夹砂深灰色。腹上部饰两周凹弦纹，下饰篮纹。折沿，沿面有一周凹槽，内折棱明显，尖圆唇，略束颈。残高6.8厘米（图二六二，2）。

图二六一 1999T1H24
出土陶器盖（H24：1）

标本 H29②：33，泥质黑皮褐陶。轮制，口沿有轮制痕迹。器腹外壁上部有两道细浅凹弦纹。尖圆唇，斜折沿，沿面微凹，近唇部有一周浅凹痕，腹圆鼓。残高6厘米（图二六二，3）。

C型Ⅱ式 标本 H29①：2，夹砂灰皮褐胎陶。轮制，口沿有轮制痕迹。腹外壁饰篮纹。尖唇，折沿，沿面略内凹，使唇部呈加厚现象，口沿外侧内收呈直立趋势。残高12.4厘米（图二六二，4）。

标本 H29②：4，泥质深灰色。轮制。腹外壁上部有一周凹弦纹，弦纹以下饰不甚明显的篮纹。尖唇，沿面近唇部有一周凹槽，唇部略加厚，斜折沿，沿面不甚平，内折棱凸出使沿面上形成一周凹槽，腹圆鼓。残高8.8厘米（图二六二，5）。

高足鼎 B型Ⅱ式 标本 H29②：5，夹砂灰色。轮制。器外壁口沿以下饰粗绳纹，口沿内近唇处饰一周凹弦纹。斜折沿，圆唇。残高9.3厘米（图二六二，6）。

高足鼎足 标本 H29：4，夹砂褐色。素面。剖面近三棱形。残高13.8厘米（图二六二，7）。

Aa型Ⅱ式 标本 H29②：76，夹砂灰皮褐陶。手制。正面饰倒"八"字形纹。扁三角形，剖面为不甚规整的椭圆形。残高7.4厘米（图二六二，8）。

Ac型 标本 H29②：45，夹砂褐色。手制。正面捏六对按窝纹。扁三角形，剖面为梯形。残高10.3厘米（图二六二，9）。

标本 H29②：48，泥质褐色。手制。足正面饰按窝纹。扁条状，剖面近三角形，足

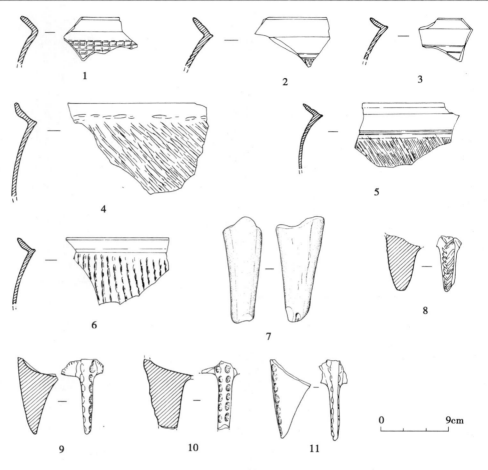

图二六二　1999T1H29 出土陶深腹罐、高足鼎（足）

1. B 型Ⅱ式深腹罐（H29②：27）　2. B 型Ⅱ式深腹罐（H29②：15）　3. B 型Ⅱ式深腹罐（H29②：33）　4. C 型Ⅱ式深腹罐（H29①：2）　5. C 型Ⅱ式深腹罐（H29②：4）　6. B 型Ⅱ式高足鼎（H29②：5）　7. 高足鼎足（H29：4）　8. Aa 型Ⅱ式高足鼎足（H29②：76）　9. Ac 型高足鼎足（H29②：45）　10. Ac 型高足鼎足（H29②：48）　11. Ac 型高足鼎足（H29：78）

尖残。残高 9.6 厘米（图二六二，10）。

　　标本 H29：78，夹砂褐色。手制。外侧饰两竖排按窝。扁三角形。残高 11.1 厘米（图二六二，11）。

　　小口高领罐　Ⅰ式　标本 H29①：9，泥质深灰色。轮制。口沿及肩外壁磨光。尖唇，唇沿外侧有一周凹槽，唇部加厚外鼓，口外侈，领略直，溜肩。残高 7.6 厘米（图二六三，1）。

　　标本 H29②：38，泥质黑皮陶。圆唇，直口。残高 5.5 厘米（图二六三，2）。

　　尊形瓮　标本 H29①：300，夹砂深灰色。尖圆唇，敞口。残高 6 厘米（图二六三，3）。

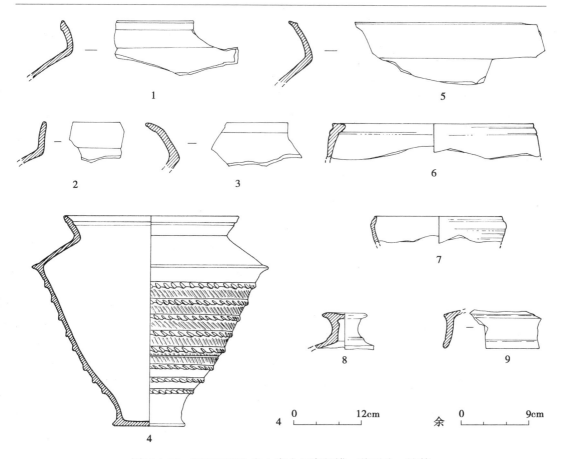

图二六三　1999T1H29 出土陶小口高领罐、尊形瓮、钵等

1. Ⅰ式小口高领罐（H29①：9）　　2. Ⅰ式小口高领罐（H29②：38）　　3. 尊形瓮（H29①：300）　　4. 尊形瓮
（H29：5）　　5. 尊形瓮（H29②：6）　　6. 缸（H29：43）　　7. 钵（H29：2）　　8. Aa 甲型Ⅱ式器盖纽（H29
②：24）　　9. B 型Ⅱ式器盖（壁）（H29②：25）

　　标本 H29：5，泥质浅灰色。轮制。唇内侧有一周凹弦纹，肩部磨光，以下饰右下
斜行的篮纹和八周附加堆纹。侈口，尖圆唇，圆折沿，斜折肩，斜腹下部急收为小平
底，底边外凸。口径31.2、底径12.8、高38.4厘米（图二六三，4）。

　　标本 H29②：6，泥质黑皮陶，浅灰胎。口沿部有轮制痕迹。肩部和口沿磨光。侈
口，尖圆唇，唇面微鼓，有一周浅凹槽，溜肩，深腹。残高8.4厘米（图二六三，5）。

　　缸　标本 H29：43，泥质深灰色。轮制。器表磨光，口沿下饰两周凹弦纹。平口，
尖圆唇，腹残。口径26.8、残高3.9、厚0.9～1.7厘米（图二六三，6）。

　　钵　标本 H29：2，泥质灰色。唇外侧及腹外壁饰凹弦纹。敛口，斜弧腹。口径
17.2、残高3.9、厚0.6厘米（图二六三，7）。

　　盖纽　Aa 甲型Ⅱ式　标本 H29②：24，泥质黑皮陶。平顶微凹，双层纽较矮，下

层不明显。残高 5 厘米（图二六三，8）。

器盖（壁）　　B 型 Ⅱ 式　标本 H29②：25，泥质黑皮陶。壁上与盖顶各有一周凹弦纹。折壁外撇，圆唇。残高 5.2 厘米（图二六三，9）。

1999T1H36

高足鼎足　Ac 型　标本 H36：1，夹砂褐色。手制。正面捏两对按窝纹。侧扁三角形，剖面为长方形。残高 7.4 厘米（图二六四，1）。

1999T1H40

杯形器　标本 H40：8，泥质浅灰色。仅存底部。平底，穿有小圆孔。残高 4.4、底径 9 厘米（图二六四，2）。

器盖（纽）　标本 H40：9，夹砂深灰色。菌状纽。残高 6.6 厘米（图二六四，3）。

1999T1H45

深腹罐　C 型 Ⅱ 式　标本 H45②：3，泥质浅灰色。轮制，口沿有轮制痕迹。器表磨光。尖圆唇，斜折沿，沿面微凹，使唇部加厚现象明显，内折棱明显。残高 6.2 厘米（图二六四，4）。

瓢形杯　标本 H45：342，泥质褐色。口残，壁微弧，近底部有对称的两个小耳，底边沿有凸棱。底径 5.4、残高 7.1 厘米（图二六四，11）。

1999T1H71

深腹罐　B 型 Ⅱ 式　标本 H71：1，夹砂深灰色。外壁腹部饰甚为清晰的方格纹。斜折沿，圆唇，唇部加厚，折沿微凹，内折棱明显，深腹外鼓。口径 23、残高 11.5、厚 0.6~0.8 厘米（图二六四，8）。

1999T1H72

器盖（壁）　　A 型 Ⅳ 式　标本 H72①：3，泥质黑皮磨光陶。盖顶饰三周凹弦纹，壁上饰两周凹弦纹。折直壁，沿外撇，圆唇。残高 6 厘米（图二六四，5）。

1999T1H76

深腹罐　B 型 Ⅱ 式　标本 H76：28，泥质浅灰色。口沿有轮制痕迹，口沿及腹部残存部分磨光。斜折沿，沿面较平，内折棱不明显，沿面近唇部处有一周凹槽，使唇部呈加厚现象。残高 4.5 厘米（图二六四，6）。

刻槽盆　标本 H76③：11，泥质浅灰色。轮制，口沿有轮制痕迹。口沿内外磨光，腹部饰左下斜行的篮纹，内壁刻槽呈辐射状。圆唇，口沿外侈，软折沿。残高 6.4 厘米（图二六四，9）。

1999T1H78

深腹罐　C 型 Ⅰ 式　标本 H78③：1，夹砂深灰色。轮制，口沿及腹上端有轮制痕

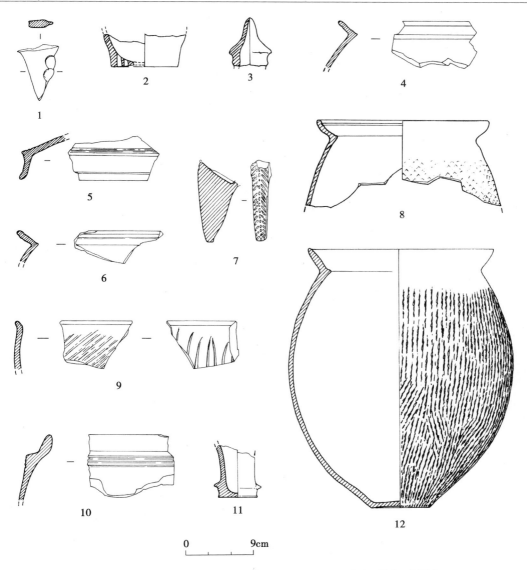

0 ————— 9cm

图二六四　1999T1H36、H40、H45、H71、H72、H76、H78、H115

出土陶高足鼎足、杯形器、深腹罐等

1. Ac 型高足鼎足（H36：1）　2. 杯形器（H40：8）　3. 器盖（纽）（H40：9）　4. C 型 Ⅱ 式深腹罐（H45

②：3）　5. A 型 Ⅳ 式器盖（壁）（H72①：3）　6. B 型 Ⅱ 式深腹罐（H76：28）　7. Aa 型 Ⅱ 式高足鼎足

（H115①：4）　8. B 型 Ⅱ 式深腹罐（H71：1）　9. 刻槽盆（H76③：11）　10. 子母口瓮（H115：300）　11.

瓢形杯（H45：342）　12. C 型 Ⅰ 式深腹罐（H78③：1）

迹。通体饰细绳纹，纹痕规整清晰。斜折沿较立，尖唇，沿面下端略凹，内折棱明显，

深腹圆鼓，略呈橄榄状，下收为小平底，底部微内凹。口径24.7、底径7.6、高35、厚

0.6～0.8 厘米（图二六四，12；图版六〇，1）。

1999T1H115

高足鼎足　Aa 型 II 式　标本 H115①：4，夹砂灰色，红褐胎。手制。足正面饰"八"字形纹。侧扁三角形，剖面近长条形。残高 10.9 厘米（图二六四，7）。

子母口瓮　标本 H115：300，泥质灰皮褐胎陶。轮制。上腹部饰三周凹弦纹。圆唇，口斜直内收。残高 8.4 厘米（图二六四，10）。

1999T1⑥B

盘　标本 T1⑥B：2，夹砂浅灰色。素面磨光。宽折沿，折壁，浅腹，底残。口径 45.3、残高 3.64 厘米（图二六五，1）。

高足鼎足　Aa 型 II 式　标本 T1⑥B：1，夹砂深灰色。正面压印连续"人"字形纹。三角形，剖面呈长方形。残高 9.3 厘米（图二六五，2）。

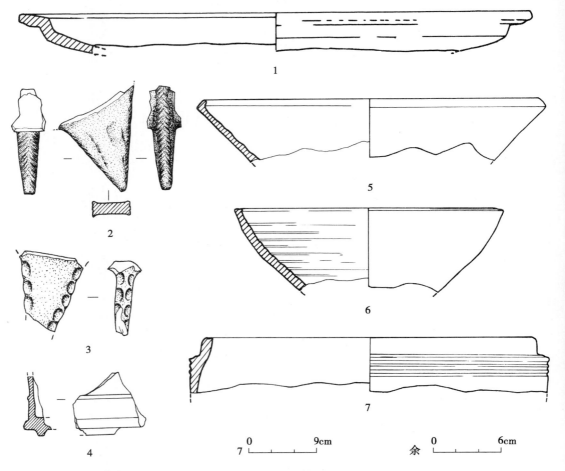

图二六五　1999T1⑥B、T1⑥C、1999T2H1 出土陶盘、高足鼎足、钵等

1. 盘（T1⑥B：2）　2. Aa 型 II 式高足鼎足（T1⑥B：1）　3. Ac 型高足鼎足（T1⑥C：13）　4. 三足器（T1⑥C：20）　5. A 型钵（T1⑥C：6）　6. 碗（T1⑥C：3）　7. 子母口瓮（H1：6）

1999T1⑥C

高足鼎足 Ac型 标本 T1⑥C：13，夹砂褐色。手制。正背两面均捏满按窝纹。扁三角形，剖面不规则，足尖已残。残高7.5厘米（图二六五，3）。

钵 A型 标本 T1⑥C：6，泥质深灰色。素面。窄沿内折，斜直腹，器壁内可见轮制形成的瓦棱，依据该单位所出的同类器底知该型钵底较大。口径29.4、残高5.4、厚0.4~0.6厘米（图二六五，5）。

碗 标本 T1⑥C：3，泥质浅灰色。素面，器壁内可见轮制而成的瓦棱。平唇略凹，斜直腹。口径23.7、残高7.2、厚0.7~0.8厘米（图二六五，6）。

三足器 标本 T1⑥C：20，泥质磨光黑皮陶，灰胎。腹中有一周细凸棱。器口残，器壁较直，底外缘凸出较粗，三足近长方形的略弧泥片。残高5.5、厚0.4~1.2厘米（图二六五，4）。

平底盆 标本 T1⑥C：1，泥质磨光黑皮陶，浅灰胎。腹中部有一周凸棱，并有对称宽带"U"形耳一对，器底缘有一周外侧微弧的凸棱。圆唇，卷沿，较深斜直腹。口径23.8、高12、厚0.4~0.6厘米。

标本 T1⑥C：2，夹砂深灰色。素面，略磨光。敞口，平沿，平唇，器壁微曲内收。口径24、残高7.4、厚0.4~0.6厘米。

1999T2H1

子母口瓮 标本 H1：6，夹砂深灰色。轮制。沿下饰数周凹弦纹。子母口较直，方唇。口径43.2、残高7.8、厚0.9~1.8厘米（图二六五，7）。

1999T2F1

刻槽盆 Ⅱ式 标本 F1：4，泥质灰色，胎较厚。轮制。外壁拍印散乱的浅细篮纹，内壁刻槽呈辐射状。直口微敛，圆弧腹，小平底近圜。口径19、底径7、高15、厚0.6~1厘米（图二六六，1；图版六〇，2）。

1999T2F3

折肩罐 标本 F3：5，泥质深灰色。器表上部磨光，肩部饰有凹弦纹，下腹部饰一周附加堆纹和散乱的篮纹。口径14.7、残高20.2、厚0.6~1厘米（图二六六，2）。

1999T2H11

折沿盆 标本 H11：15，泥质深灰色。器表磨光。卷折沿较宽，内折棱凸出，斜弧腹。口径27.6、残高4、厚0.4~0.6厘米（图二六六，3）。

平底盆 B型Ⅲ式 标本 H11：17，泥质褐色。轮制。器内外磨光。宽沿外卷，反弧腹，凹底，底边凸出。口径35.5、底径25、高6.9、厚0.6~0.8厘米（图二六六，4；彩版二〇，1；图版六〇，3）。

直壁钵 标本 H11：1，器表磨光，口沿下饰三周凹弦纹。直壁，平底。口径15、

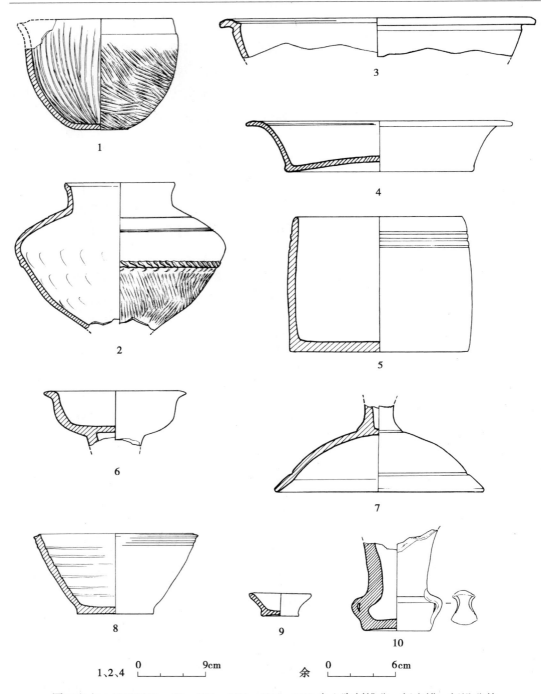

图二六六　1999T2F1、F3、H11、H23、H83、H87 出土陶刻槽盆、折肩罐、折沿盆等

1. Ⅱ式刻槽盆（F1：4）　2. 折肩罐（F3：5）　3. 折沿盆（H11：15）　4. B型Ⅲ式平底盆（H11：17）
5. 直壁钵（H11：1）　6. Ⅱ式豆（H11：16）　7. B型Ⅰ式器盖（壁）（H11：5）　8. 碗（H23：2）　9. 盅
（H87：1）　10. 杵形杯（H83：1）

底径 15.6、高 12、厚 0.6~1.9 厘米（图二六六，5；图版六〇，4）。

豆 Ⅱ式 标本 H11：16，泥质黑色。仅存豆盘。窄卷沿，尖圆唇，斜壁，深腹，平底。口径 12.6、残高 5.1、厚 0.6~0.8 厘米（图二六六，6）。

器盖（壁） B 型Ⅰ式 标本 H11：5，泥质深灰色。轮制。器表磨光，近底处饰一周凹弦纹。弧壁，纽残。底径 18、残高 7.5、厚 0.6 厘米（图二六六，7）。

1999T2H23

碗 标本 H23：2，夹砂浅灰色，厚胎。沿下有数周凹弦纹。敞口，平唇，唇面上有一浅凹槽，斜壁，平底。口径 14.4、底径 6.6、高 7.2、厚 0.6~0.8 厘米（图二六六，8；图版六〇，5）。

1999T2H83

杵形杯 标本 H83：1，泥质灰色。仅存底部，大致呈亚腰形。近底处安装一对桥形竖耳，耳孔狭小。平底微凹。残高 8.7、底径 6、厚 1.6 厘米（图二六六，10）。

1999T2H87

盅 标本 H87：1，泥质深灰色。素面。斜壁，浅腹，平底，底边外凸。口径 5.4、底径 3.4、高 2 厘米（图二六六，9）

1999T2H147

深腹罐 C 型Ⅰ式 标本 H147：20，夹砂浅灰色。沿内侧下端有一周凹弦纹，外壁饰细小方格纹。尖唇，斜折沿，沿面较平，内折棱明显，圆鼓腹。口径 24、残高 21.4、厚 0.4~0.6 厘米（图二六七，1）。

标本 H147：7，夹砂浅灰色。内壁打磨光滑，外壁饰方格纹。尖唇，斜折沿近平，沿面微凹，内折棱凸出。口径 23.7、残高 7、厚 0.4~0.8 厘米（图二六七，2）。

标本 H147：8，近似第一期 Ba 型深腹罐。夹砂浅灰色。腹壁饰竖行粗绳纹。斜折沿，沿面近平，方唇，唇内侧上端有一浅凹槽，内折棱明显，垂腹。口径 17、残高 17.6、厚 0.4~0.6 厘米（图二六七，3）。

高足鼎 B 型Ⅰ式 标本 H147：10，夹砂深灰色。轮制。腹饰方格纹。斜折沿斜平，尖圆唇，内折棱凸出，圆鼓腹，圜底，底侧装三足，足残。口径 18.8、残高 16.2、厚 0.4~0.6 厘米（图二六七，4；图版六一，1）。

小口高领罐 Ⅰ式 标本 H147：4，泥质灰色。直口微侈，尖圆唇，溜肩。口径 13、残高 5.7、厚 0.5~0.8 厘米（图二六七，5）。

标本 H147：2，泥质浅灰色。内壁有手制痕迹，外壁有轮旋纹及篮纹。直领，侈口，尖圆唇，溜肩。口径 15、残高 9.6、厚 0.6~0.8 厘米（图二六七，6）。

Ⅱ式 标本 H147：18，泥质黑皮陶。器表肩部以上磨光，颈部饰一周凸弦纹和两周凹弦纹，肩部饰两周凹弦纹和指甲纹，腹部饰篮纹。高领，侈口，卷沿，尖圆唇，溜

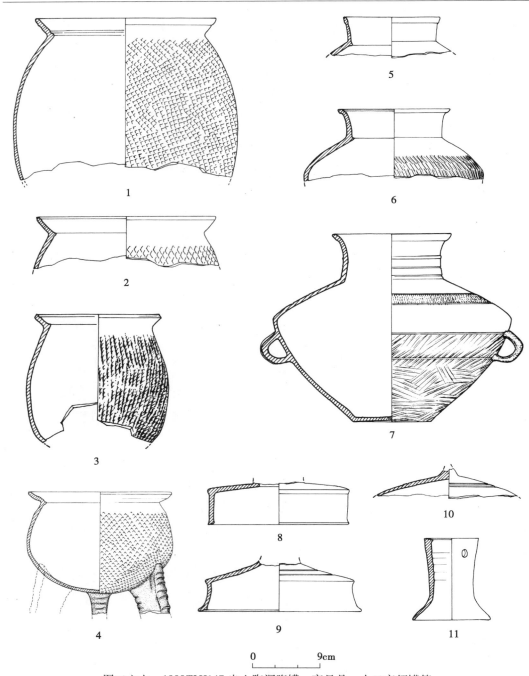

图二六七　1999T2H147 出土陶深腹罐、高足鼎、小口高领罐等

1. C 型 I 式深腹罐（H147：20）　　2. C 型 I 式深腹罐（H147：7）　　3. C 型 I 式深腹罐（H147：8）　　4. B 型 I 式高足鼎（H147：10）　　5. I 式小口高领罐（H147：4）　　6. I 式小口高领罐（H147：2）　　7. II 式小口高领罐（H147：18）　　8. A 型 I 式器盖（壁）（H147：15）　　9. A 型 II 式器盖（壁）（H147：19）　　10. B 型 I 式器盖（壁）（H147：16）　　11. I 式豆（座）（H147：114）

折肩，斜弧腹，下收为小平底，底部微内凹。肩部安装一对桥形竖耳。口径 16、底径 10.5、高 25.6、厚 0.6 ~ 0.8 厘米（图二六七，7；彩版二〇，2；图版六一，2）。

器盖（壁）　A 型 I 式　标本 H147：15，泥质灰色。素面。平顶，直壁。纽残。底径 19、残高 5.5、厚 0.5 ~ 0.8 厘米（图二六七，8）。

A 型 II 式　标本 H147：19，泥质黑色。器表经磨光处理，盖顶饰凹弦纹。盖顶稍斜，盖壁稍外撇，底边外凸。底径 22、残高 6.6、厚 0.6 ~ 0.7 厘米（图二六七，9）。

B 型 I 式　标本 H147：16，泥质黑皮褐胎。近纽处饰两周凹弦纹。弧壁，纽、底均残（图二六七，10）。

豆（座）　I 式　标本 H147：114，泥质深灰色。轮制。豆柄上端有对称的双镂孔。粗柄，矮圈足。底径 10.5、残高 10.8、上顶径 7.2、厚 0.4 ~ 0.6 厘米（图二六七，11）。

1999T3H10

小罐　标本 H10：300，夹砂黑皮灰胎。器表有明显轮制痕迹。凹沿，尖圆唇。残高 5.2 厘米（图二六八，1）。

1999T4H8

甗足　标本 H8：54，夹砂黑皮褐陶。手制。通体饰细绳纹。大致呈圆锥状，足尖已残。残高 6.2 厘米（图二六八，9）。

1999T4H31

深腹罐　A 型 I 式　标本 H31：5，夹砂灰色。腹部饰方格纹。方唇，唇部有一周凹槽，唇下有凸棱，折沿，沿面不平，内折棱明显，鼓腹。残高 6.6 厘米（图二六八，3）。

B 型 I 式　标本 H31：6，夹砂深灰色。腹部饰方格纹。圆唇，折沿，沿面微凹，内折棱明显，鼓腹。残高 8.8 厘米（图二六八，4）。

B 型 II 式　标本 H31：359，泥质黑皮陶。腹部饰两周凹弦纹和篮纹。圆唇，唇部加厚，宽折沿，沿面微凹，内折棱明显，鼓腹。残高 9 厘米（图二六八，5）。

C 型 II 式　标本 H31：9，泥质灰皮褐胎陶。轮制，口沿有轮制痕迹。腹部外壁饰中绳纹。尖圆唇，唇部外侧微凹，斜折沿，沿面中部有一周凹槽，内折棱不明显。残高 6.7 厘米（图二六八，7）。

深腹盆　标本 H31：68，泥质黑皮褐胎陶。轮制，口沿有轮制痕迹。素面。尖唇，斜折沿，沿面较平，内折棱明显，沿面上近唇部和近内折棱处各有一周凹槽，腹圆鼓。残高 7.5 厘米（图二六八，8）。

平底盆　B 型 II 式　标本 H31：318，泥质黑皮陶。磨光，方唇，唇部有一周凹槽，卷沿，内卷沿处有一周凹槽，斜直壁，平底。残高 10.2 厘米（图二六八，6）。

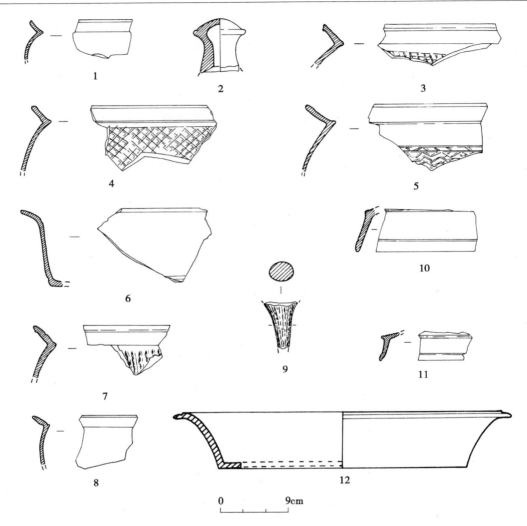

图二六八　　1999T3H10、1999T4H8、H31、H56 出土陶罐、盆、器盖（壁）等

1. 小罐（H10：300）　2. Aa 甲型盖纽（H31：34）　3. A 型 I 式深腹罐（H31：5）　4. B 型 I 式深腹
罐（H31：6）　5. B 型 II 式深腹罐（H31：359）　6. B 型 II 式平底盆（H31：318）　7. C 型 II 式深腹
罐（H31：9）　8. 深腹盆（H31：68）　9. 甗足（H8：54）　10. A 型 II 式器盖（壁）（H31：349）

11. A 型 IV 式器盖（壁）（H31：23）　12. A 型 III 式平底盆（H56①：5）

　　盖纽　Aa 甲型　　标本 H31：34，泥质深灰色，褐胎。单纽，纽顶呈圆弧状，近边
成圆凸棱。束颈，中空，呈菌状。残高 7.2 厘米（图二六八，2）。

　　器盖（壁）　　A 型 II 式　　标本 H31：349，泥质黑皮陶。盖顶和外壁各饰有一周凹
弦纹。尖圆唇，折壁。残高 5.7 厘米（图二六八，10）。

　　A 型 IV 式　　标本 H31：23，泥质黑皮陶。壁上与盖顶饰一周凹弦纹。圆唇，折壁。
残高 3.8 厘米（图二六八，11）。

纺轮　标本 H31：4，泥质灰色。扁圆饼状，边缘磨制。直径 4.8、厚 1 厘米（图版六一，3 右）。

1999T4H56

平底盆　A 型Ⅲ式　标本 H56①：5，夹砂深灰色。轮制，器表可见轮旋纹。素面。尖圆唇，宽沿外卷，弧壁，平底微内凹。口径 44.7、底径 33、高 7.5、厚 0.4～0.6 厘米（图二六八，12）。

1999T4H61

高足鼎　B 型Ⅰ式　标本 H61②：13，夹砂深灰色。腹壁饰凹弦纹和右下斜行的篮纹。斜折沿较平，深弧腹，圜底，底附扁状鼎足，足已残。口径 13.5、残高 10.8、厚 0.6～1.0 厘米（图二六九，1）。

钵　B 型　标本 H61②：2，泥质深灰色。敛口，尖圆唇，曲腹，平底，底厚。口径 16.5、底径 8.7、高 7.8、厚 0.6～1.4 厘米（图二六九，2）。

标本 H61：1，泥质浅灰色。口沿下饰两周凹弦纹。敛口，尖圆唇，斜腹，平底，底边凸出。口径 17.2、底径 9.5、高 7.6、厚 0.3～0.9 厘米（图二六九，3）。

杵形杯　标本 H61⑥：6，泥质深灰色。轮制，器表有轮制修整痕迹。腹下部近底处有桥形竖耳。残高 21.2、厚 0.8～1.0 厘米（图二六九，5）。

器盖　Aa 型Ⅱ式　标本 H61：11，夹砂深灰色。盖顶饰有凹弦纹。双层纽，上层纽残，下层纽较小。纽颈中空与盖顶相通。盖顶微隆，顶边外凸，盖壁较直，底边加厚。底径 18、残高 16、厚 0.4～0.7 厘米（图二六九，6）。

Ab 型Ⅰ式　标本 H61：15，泥质浅灰色。圈足状纽残。盖顶微隆，盖壁较直，底边外侈。底径 14.4、残高 6、厚 0.3～1.0 厘米（图二六九，4）。

1999T4H66

高足鼎足　Ab 型　标本 H66：1，夹砂褐色。手制。扁三角形。中部以下残，上部残存部分鼎腹。残高 10 厘米（图二六九，8）。

豆柄　Ⅰ式　标本 H66：31，泥质深灰色。轮制，器表磨光。圈足较高、较粗。底径 10、残高 7.4、厚 0.3～0.6 厘米（图二六九，7）。

浅腹盘　标本 H66：16，夹砂黑色。器表磨光。平折沿较宽，尖圆唇，内折棱明显，浅腹。口径 37.5、残高 3.2 厘米（图二六九，9）。

1999T4H182

深腹罐　A 型Ⅱ式　标本 H182：5，夹砂浅灰色。沿面上端有一凹弦纹，外腹壁饰方格纹。敞口，斜折沿较立，方唇，内折棱凸出。口径 23.6、残高 11.7、厚 0.4～0.7 厘米（图二六九，10）。

钵　C 型　标本 H182：1，泥质深灰色。子母口内敛，方唇，弧腹。口径 20.8、高

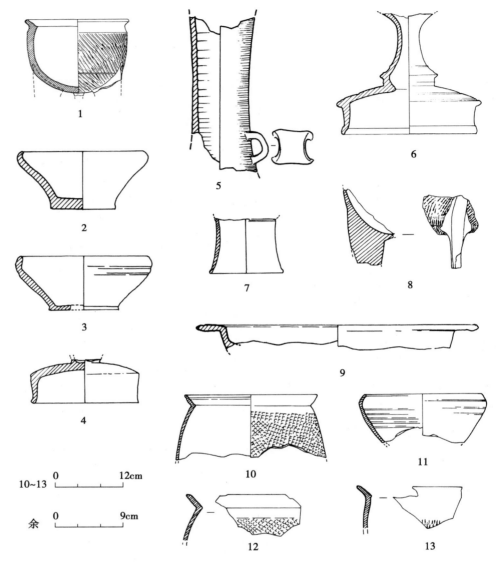

图二六九　　1999T4H61、H66、H182、1999T6H213 出土陶高足鼎、钵、器盖等

1. B型Ⅰ式高足鼎（H61②：13）　2. B型钵（H61②：2）　3. B型钵（H61：1）　4. Ab型Ⅰ式器盖（H61：15）　5. 杵形杯（H61⑥：6）　6. Aa型Ⅱ式器盖（H61：11）　7. Ⅰ式豆柄（H66：31）　8. Ab型高足鼎足（H66：1）　9. 浅腹盘（H66：16）　10. A型Ⅱ式深腹罐（H182：5）　11. C型钵（H182：1）　12. C型Ⅰ式深腹罐（H213：301）　13. 深腹盆（H213：300）

9、厚0.4厘米（图二六九，11）。

1999T5H236

　　曲腹罐　标本 H236：2，夹砂灰色。腹部外壁饰凹弦纹和左下斜行的篮纹，上腹部饰对称的桥形耳。平折沿，方唇，曲腹，下腹急收为小平底。口径30、底径9.3、高

30、厚0.5~0.7厘米（图二七〇，1；彩版二〇，3；图版六一，4）。

大口罐　标本H236：3，夹砂灰色。腹部外壁饰凹弦纹和右下斜行的篮纹，上腹部饰对称的桥形耳。斜折沿，圆唇，唇上部加厚，圆鼓腹，底残。口径32、残高27.2、厚0.6~0.8厘米（图二七〇，2）。

圆肩瓮　标本H236：4，夹砂灰色。腹部外壁饰凹弦纹和方格纹，腹中部饰对称的桥形耳。矮领，尖圆唇，鼓肩，圆腹，下腹急收为微内凹的小平底。口径24、底径12.4、高41.6、厚0.8~1.2厘米（图二七〇，3；彩版二〇，4；图版六一，5）。

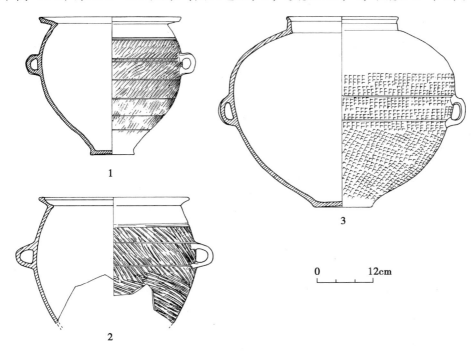

图二七〇　1999T5H236出土陶曲腹罐、大口罐、圆肩瓮
1. 曲腹罐（H236：2）　2. 大口罐（H236：3）　3. 圆肩瓮（H236：4）

1999T6H213

深腹罐　C型Ⅰ式　标本H213：301，夹砂浅灰色。口沿有轮制痕迹。腹部外壁饰斜方格纹。尖唇，唇上部有一周凹槽，斜折沿，沿面微凹。残高7.6厘米（图二六九，12）。

深腹盆　标本H213：300，泥质黑皮褐胎陶。磨光，腹部外壁饰绳纹。尖唇，斜折沿，内折棱明显。残高7.6厘米（图二六九，13）。

2000T1H6

甑　标本H6：14，罐形甑。夹砂浅灰色。外壁饰两周凹弦纹和篮纹。斜折沿较立，尖圆唇，唇面圆鼓，内折棱凸出，圆鼓腹，腹中部有对鸡冠耳，下腹急收，近底周壁刻有梭形甑孔。口径 23.5、残高 20、厚 0.6～0.8 厘米（图二七一，1；图版六二，1）。

2000T1H7

甑　标本 H7：49，罐形甑。夹砂浅灰色。外壁饰两周凹弦纹和篮纹。斜折沿较立，尖圆唇，唇面圆鼓，内折棱凸出，圆鼓腹，带一对鸡冠耳，下腹急收，近底周壁刻有梭形甑孔。口径 26.7、底径 8.7、高 22.5、厚 0.6～0.8 厘米（图二七一，2）。

2000T1H8

碗　标本 H8：15，泥质浅灰色，胎薄。敞口，斜腹，器底较厚，似假圈足。口径 17、底径 8、高 8.5、厚 0.5～0.8 厘米（图版六二，2）。

深腹罐　C 型 Ⅱ 式　标本 H8：23，夹砂灰褐色。内壁有水垢。器表饰粗绳纹，纹痕较深，沿面内侧上端饰一周浅凹槽。斜折沿较立，内折棱不明显，尖圆唇，唇面圆鼓，深腹外鼓。口径 26、残高 21、厚 0.4～0.6 厘米（图二七一，3）。

标本 H8：22，夹砂深灰色。器表饰规整细绳纹，纹痕较深，沿面内侧上下两端各饰一周浅凹槽。斜折沿，内折棱凸出，尖圆唇，唇面圆鼓，深腹外鼓。口径 26、残高 6、厚 0.4～0.6 厘米（图二七一，4）。

鼓腹罐　标本 H8②：17，夹砂深灰色。腹饰凹弦纹和方格纹，上腹部有一对桥形竖耳。斜折沿，尖圆唇，沿面下部内凹，内折棱凸出，圆鼓腹。口径 24、残高 21、厚 0.5～0.7 厘米（图二七一，5）。

圆肩缸　标本 H8：25，夹砂浅灰色。肩部饰两周细凹弦纹，腹部饰篮纹。直领，侈口，圆唇外卷，溜肩，弧腹。口径 14.7、残高 14.1、厚 0.4～0.6 厘米（图二七一，6）。

平底盆　A 型 Ⅱ 式　标本 H8：26，泥质浅灰色。内外壁均磨光，沿饰凹弦纹。宽沿，尖圆唇，深腹，弧壁，平底，底边外凸。口径 31.5、底径 20.4、高 9.1、厚 0.6～0.8 厘米（图二七一，7；图版六二，3）。

B 型 Ⅰ 式　标本 H8③：2，夹砂黑色。沿面饰凹弦纹。敞口，宽沿，圆唇。口径 38、残高 4 厘米（图二七一，8）。

器盖　Bb 型　标本 H8：21，泥质灰色。圈足形纽，弧顶，斜壁内收。高 10.9、底径 18.4 厘米（图二七一，9；图版六二，4）。

2000T1H28

矮领罐　标本 H28：300，夹砂黑皮陶。轮制。口沿下有一周凹弦纹，肩部饰两周凹弦纹。直领较矮，口沿处变薄，微外侈。残高 5.2 厘米（图二七二，1）。

折沿盆　标本 H28：22，泥质浅灰色。内外壁均磨光，器腹饰对称鸡冠耳，中腹部以下饰方格纹。斜折沿，尖圆唇，唇面微鼓，沿内侧下端饰浅凹槽，内折棱凸出，深腹圆鼓，下收为小平底。口径 15.8、底径 5.4、高 10.2、厚 0.4～0.6 厘米（图二七二，

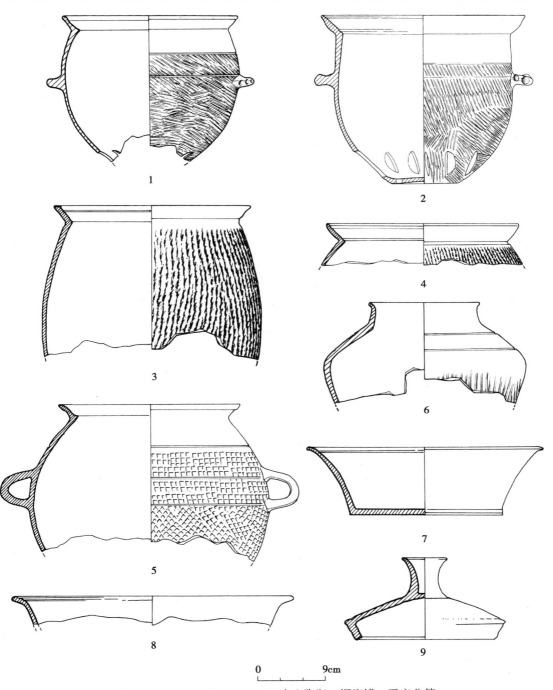

图二七一　2000T1H6、H7、H8 出土陶甑、深腹罐、平底盆等

1. 甑（H6：14）　2. 甑（H7：49）　3. C 型 Ⅱ 式深腹罐（H8：23）　4. C 型 Ⅱ 式深腹罐（H8：22）　5. 鼓腹罐（H8②：17）　6. 圆肩缸（H8：25）　7. A 型 Ⅱ 式平底盆（H8：26）　8. B 型 Ⅰ 式平底盆（H8③：2）　9. Bb 型器盖（H8：21）

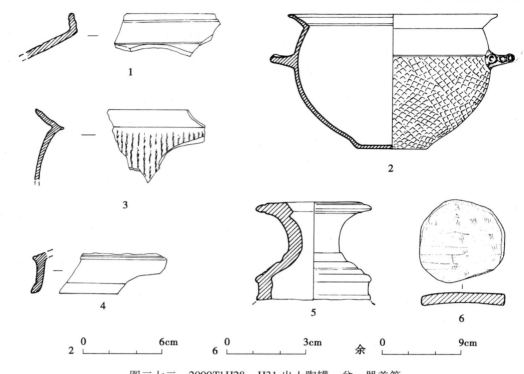

图二七二   2000T1H28、H31 出土陶罐、盆、器盖等

1. 矮领罐（H28：300）   2. 折沿盆（H28：22）   3. C 型Ⅱ式深腹罐（H31：301）   4. A 型Ⅲ式器盖
（壁）（H31：300）   5. Ac 型盖纽（H31：342）   6. 圆陶片（H28：10）

2；图版六二，5）。

圆陶片   标本 H28：10，泥质灰陶。表面饰篮纹。打磨兼制，边缘粗糙。直径 3.2、厚 0.3 厘米（图二七二，6）。

2000T1H31

深腹罐   C 型Ⅱ式   标本 H31：301，夹砂灰色。沿下饰绳纹。尖圆唇，凹沿，内折棱凸出，唇下部有一周凸棱。残高 8.4 厘米（图二七二，3）。

盖纽   Ac 型   标本 H31：342，泥质黑色，褐胎。近边处饰凹弦纹一周。上下两层纽，平顶，颈稍粗，中空。残高 11.4 厘米（图二七二，5）。

器盖（壁）   A 型Ⅲ式   标本 H31：300，泥质黑皮陶。盖顶和盖壁有一周凹弦纹。折壁外撇，圆唇。残高 4.8 厘米（图二七二，4）。

2000T2H11

深腹罐   A 型Ⅰ式   标本 H11：303，夹砂褐色。轮制。腹部饰方格纹。折沿，方唇，近唇部有一周凹槽。残高 7 厘米（图二七三，1）。

标本 H11：304，夹砂深灰色。轮制。腹部饰方格纹。方唇，斜折沿，沿面近平，

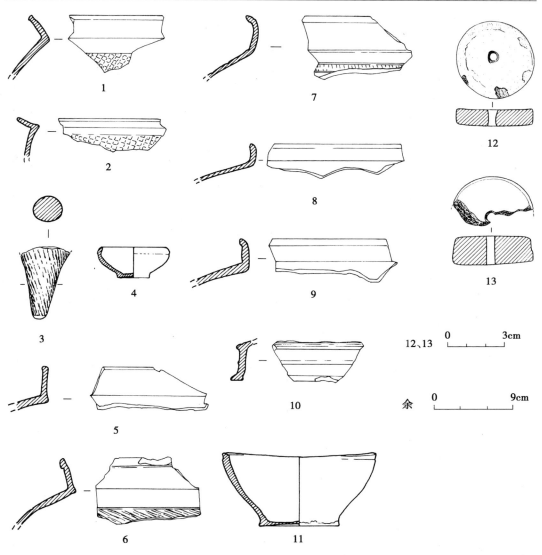

图二七三　2000T2H11、H46、H47、H52 出土陶深腹罐、鬲（足）、盅等

1. A 型 I 式深腹罐（H11：303）　2. A 型 I 式深腹罐（H11：304）　3. 鬲足（H11：308）　4. 盅（H47：12）
5. I 式小口高领罐（H11：306）　6. II 式小口高领罐（H11：305）　7. II 式小口高领罐（H11：302）　8.
矮领瓮（H11：300）　9. 矮领罐（H11：301）　10. A 型器盖（壁）（H11：307）　11. 碗（H52：19）　12.
纺轮（H11：3）　13. 纺轮（H46：2）

内折棱凸出，鼓腹。残高4.4厘米（图二七三，2）。

　　鬲足　标本 H11：308，夹砂深灰色。手制。通体饰中绳纹。圆锥形，足尖平。残高8.6厘米（图二七三，3）。

　　小口高领罐　I 式　标本 H11：306，泥质浅灰色。轮制，口沿有轮制痕迹。口沿及肩部外壁磨光。圆唇外侈,直领微内收,肩较平。残高5厘米(图二七三,5)。

Ⅱ式 标本H11:305,泥质浅灰色,褐胎。轮制,口沿有轮制痕迹。从肩下部开始饰篮纹。尖圆唇,唇部加厚外鼓,领稍内收,肩微溜,腹圆鼓。残高7.7厘米(图二七三,6)。

标本H11:302,泥质黑皮陶。肩上饰三周凹弦纹和指甲纹。尖圆唇,沿部外撇,沿上有一周凹槽,高领,斜肩。残高7.5厘米(图二七三,7)。

矮领瓮 标本H11:300,泥质黑色。器表磨光。圆唇外侈且加厚,内部有一周凸棱,矮领,广肩。残高4.4厘米(图二七三,8)。

矮领罐 标本H11:301,泥质黑皮灰胎陶。轮制。矮直领,口沿外侈略呈凸棱,圆唇。残高5.1厘米(图二七三,9)。

器盖(壁) A型 标本H11:307,泥质黑皮磨光陶。壁上和盖顶上各饰一周凹弦纹。折壁外撇,平唇。残高4.8厘米(图二七三,10)。

纺轮 标本H11:3,泥质褐色。素面。直边,圆饼状,一面微凸,另一面微凹。直径4.3、厚0.9厘米(图二七三,12;图版六一,3左)。

2000T2H46

纺轮 标本H46:2,泥质灰色。素面。直边,圆饼状,边缘磨制加工。直径4.3、厚1.5厘米(图二七三,13;图版五四,6)。

2000T2H47

盅 标本H47:12,泥质黑皮陶。器表磨光,口外侧有一周凹弦纹。敛口,弧腹,下急收为微内凹小平底。口径7.4、底径3.7、高3.8、厚0.4厘米(图二七三,4;图版六三,1)。

2000T2H52

碗 标本H52:19,泥质浅灰色。外壁磨光,内壁稍经打磨,素面。直口,斜弧腹,假圈足,底边外凸。口径17.5、底径9、高8.7厘米(图二七三,11;图版六三,2)。

2000T2H62

平底盆 B型Ⅰ式 标本H62:15,夹细砂浅红色,厚胎。素面。方唇,窄卷沿,双桥形耳,斜直腹。口径37.4、残高6、厚0.5~0.6厘米(图二七四,1)。

钵 B型标本H62:14,泥质深灰色。器内壁可见轮制修整痕。敛口内折,斜腹,内收为平底,底边外凸。口径18、底径8、高9.5、厚0.6厘米(图二七四,2;图版六三,3)。

豆盘 Ⅰ式 标本H62:10,泥质深灰色。素面。尖圆唇,平沿微鼓,浅弧腹,圈底。口径21.8、残高3.3、厚0.4厘米(图二七四,3)。

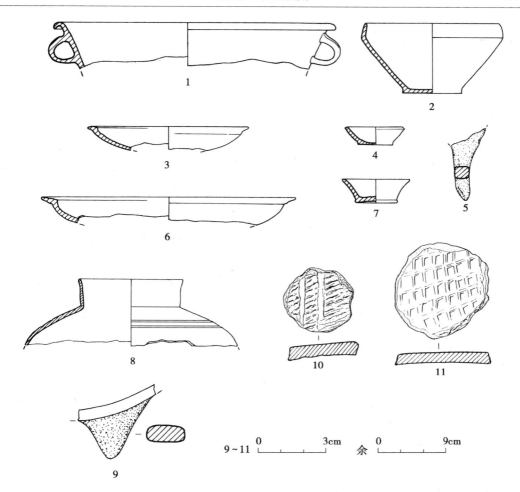

图二七四　2000T2H62、H74、H93、T2⑧出土陶平底盆、钵、豆盘等

1. B 型 I 式平底盆（H62：15）　2. B 型钵（H62：14）　3. I 式豆盘（H62：10）　4. 盅（H74：15）　5. Aa 型 II 式高足鼎足（H93：21）　6. II 式豆盘（H93：20）　7. 碟（H93：1）　8. I 式小口高领罐（T2⑧：14）　9. 矮足鼎足（T2⑧：17）　10. 圆陶片（T2⑧：1）　11. 圆陶片（T2⑧：3）

2000T2H74

盅　标本 H74：15，夹细砂浅灰色。轮制。方唇，斜弧腹，平底。口径 7.5、底径 4.7、高 2.7、厚 0.3～0.5 厘米（图二七四，4）。

2000T2H93

高足鼎足　Aa 型 II 式　标本 H93：21，夹砂深灰色。足外侧上端有两指捏纹。侧扁三角形，剖面近长方形，足下端外撇。残高 10 厘米（图二七四，5）。

豆盘　II 式　标本 H93：20，泥质黑灰色。器表磨光。方唇，窄沿，浅弧腹。口径

34、残高 3.9、厚 0.4~0.6 厘米 (图二七四, 6)。

碟 标本 H93：1，泥质浅灰色。器表磨光。敞口，圆唇，斜壁，平底微内凹，底边外凸。口径 9.2、底径 6、高 3.2、厚 0.5~0.7 厘米 (图二七四, 7；图版六三, 4)。

2000T2⑧

矮足鼎足 标本 T2⑧：17，夹砂褐红色。扁三角形。残高 3.2 厘米 (图二七四, 9)。

小口高领罐 Ⅰ式 标本 T2⑧：14，泥质黑皮褐红胎。器表磨光，肩部饰两周凹弦纹。直领较高，内折棱较明显，肩略鼓。口径 13.8、残高 9、厚 0.4~0.6 厘米 (图二七四, 8)。

圆陶片 标本 T2⑧：1，泥质灰色。表面饰篮纹。打制而成。直径 3、厚 0.5 厘米 (图二七四, 10)。

标本 T2⑧：3，泥质灰色。表面有方格纹。打磨兼制，磨制粗糙。直径 4.2、厚 0.5 厘米 (图二七四, 11；图版六三, 5)。

2000T3H22

从地层关系看，H22 打破了新砦遗址第二期单位 2000T3H71，但出土器物大部分为龙山文化遗物，仅小口高领罐带有新砦晚段风格，可能是龙山文化遗物大量混入该灰坑。

圈足盘 标本 H22：1，泥质灰色。轮制。素面。圆唇，唇面圆鼓，浅弧腹，粗圈足。口径 40.4、残高 5、厚 0.6 厘米 (图二七五, 1)。

2000T3H45

深腹罐 C 型Ⅰ式 标本 H45：305，夹砂深灰色。尖圆唇，折沿，沿面较平，鼓腹。残高 4.4 厘米 (图二七五, 2)。

C 型Ⅱ式 标本 H45：308，夹砂黑皮灰胎。器表有明显轮制痕迹，器表磨光。尖圆唇，外侧唇下有一周凹槽，折沿，沿面有两周凹槽，内折棱明显。残高 6.6 厘米 (图二七五, 3)。

高足鼎足 Ac 型 标本 H45：306，夹砂褐色。手制。正背面饰按窝纹。扁平长条形，剖面近三角形。足尖残。残高 7 厘米 (图二七五, 4)。

标本 H45：17，夹砂褐色。手制。正面顶部压印两个按窝。长条形，剖面近三角形。残高 13.8 厘米 (图二七五, 5)。

小口高领罐 Ⅱ式 标本 H45：307，泥质黑皮褐胎。轮制，口沿有轮制痕迹。口沿及肩部外壁磨光。尖圆唇，加厚外鼓，口略外侈，领略外侈，溜肩。残高 6.8 厘米 (图二七五, 6)。

深腹盆 标本 H45：311，夹砂灰色。腹部饰篮纹和一周凹弦纹。圆唇，折沿，沿

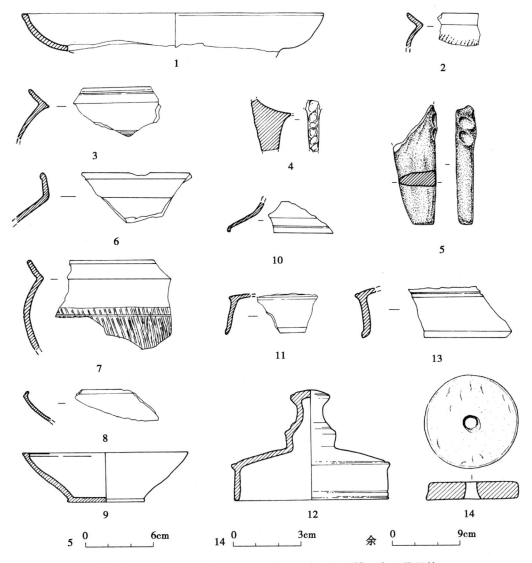

图二七五　2000T3H22、H45 出土陶圈足盘、深腹罐、高足鼎足等

1. 圈足盘（H22：1）　2. C 型 I 式深腹罐（H45：305）　3. C 型 II 式深腹罐（H45：308）　4. Ac 型高足鼎足（H45：306）　5. Ac 型高足鼎足（H45：17）　6. II 式小口高领罐（H45：307）　7. 深腹盆（H45：311）　8. B 型钵（H45：303）　9. 碗（H45：15）　10. 豆座（H45：302）　11. A 型 II 式器盖（壁）（H45：300）　12. A 型 II 式器盖（H45：16）　13. A 型 II 式器盖（壁）（H45：310）　14. 纺轮（H45：3）

较陡，沿面微凹，鼓腹。残高 12.2 厘米（图二七五，7）。

　　钵　B 型　标本 H45：303，泥质深灰色。器表磨光。敛口，尖圆唇，唇沿下有一周凹槽，弧腹。残高 4.2 厘米（图二七五，8）。

　　碗　标本 H45：15，泥质浅灰色。器表磨光。平口，略内敛，斜弧腹，内收为小平底，底边外凸。口径22.2、底径10.4、高6.8、厚0.6厘米（图二七五，9；图版六四，1）。

豆座　标本H45：302，泥质黑皮磨光陶。外壁饰两周凹弦纹。喇叭状，底沿内敛。残高4.2厘米（图二七五，10）。

器盖（壁）　A型Ⅱ式　标本H45：300，泥质黑皮陶。盖顶饰三周凹弦纹。折壁较直，圆唇。残高5.4厘米（图二七五，11）。

标本H45：16，泥质黑皮陶。器表磨光。双层纽，上层纽为弧顶近平。下层纽稍大，中空，下与盖顶相通。盖顶微鼓，顶边外凸，盖壁直。底径20.8、高15、厚0.8厘米（图二七五，12；图版六四，2）。

标本H45：310，夹砂黑皮褐胎。器表磨光，盖顶近壁边饰一周凹弦纹。平顶微鼓，直壁，底边稍外凸。残高6.9厘米（图二七五，13）。

纺轮　标本H45：3，泥质深灰色。素面。直边，扁圆饼状，边缘磨制加工。直径4.1、厚0.8厘米（图二七五，14；图版四五，5右）。

2000T3H50

深腹盆　标本H50：15，泥质浅灰色。器表可见轮制痕迹。腹上部施一周凹弦纹。窄折沿，圆唇，斜弧腹较深。口径21.5、残高6、厚0.4~0.6厘米（图二七六，2）。

标本H50：16，夹砂浅灰色。腹部饰三周凹弦纹和绳纹。圆唇，窄折沿，沿面微鼓，折棱明显，鼓起一周凸棱，斜腹。口径36、残高7.2、厚0.6~0.9厘米（图二七六，1）。

2000T3H71

深腹罐　C型Ⅱ式　标本H71：16，夹砂褐色。器表施粗绳纹。斜折沿较立，唇部圆鼓，口沿下端有一周浅凹槽，内折棱凸出，深腹。口径26.4、残高20、厚0.5~0.7厘米（图二七六，3）。

刻槽盆　Ⅱ式　标本H71②：373，夹砂灰色。外壁饰篮纹，内壁有长条形刻槽。方唇，唇部有一周凹槽，敛口。残高9.4厘米（图二七六，4）。

篮形豆　标本H71：14，泥质褐色。器表磨光，素面。斜折沿，圆唇，内折棱凸出，弧腹较深，圈底近平，圈足较细。口径24.3、残高15.6、厚0.4~1.0厘米（图二七六，5）。

豆盘　Ⅰ式　标本H71：5，泥质浅灰色。器表可见轮制痕迹。素面。浅弧腹，平圈底，粗柄。口径18、残高3、厚0.4~0.6厘米（图二七六，7）。

矮领罐　标本H71②：300，夹砂黑皮陶。轮制。器表磨光，肩领交接处有一周凹弦纹，肩下部有两周凹弦纹。圆唇外侈，矮领，唇下部有包边，斜肩。残高4.5厘米（图二七六，8）。

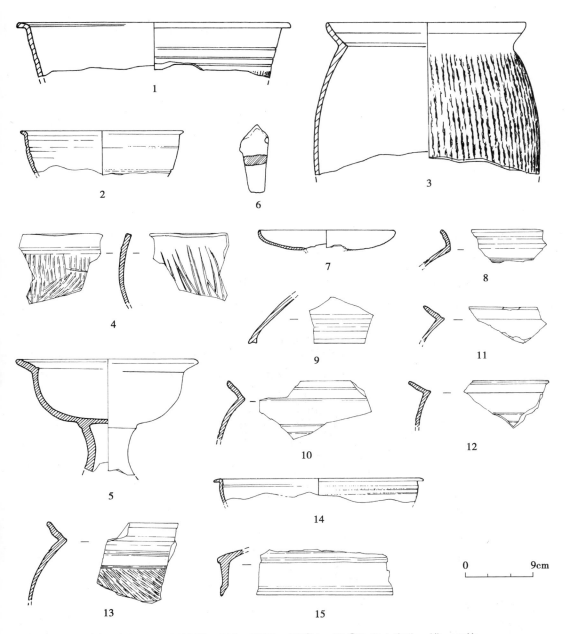

图二七六　2000T3H50、H71、H100、T3⑤A、T3⑤B 出土陶盆、罐、豆等

1. 深腹盆（H50：16）　2. 深腹盆（H50：15）　3. C 型Ⅱ式深腹罐（H71：16）　4. Ⅱ式刻槽盆（H71②：373）　5. 簋形豆（H71：14）　6. 高足鼎足（T3⑤A：1）　7. Ⅰ式豆盘（H71：5）　8. 矮领罐（H71②：300）　9. B 型器盖（H100：103）　10. B 型Ⅰ式深腹罐（T3⑤B：302）　11. B 型Ⅰ式深腹罐（T3⑤B：304）　12. B 型Ⅰ式深腹罐（T3⑤B：300）　13. B 型Ⅰ式深腹罐（T3⑤B：303）　14. 深腹盆（T3⑤B：14）　15. A 型Ⅱ式器盖（壁）（T3⑤B：301）

2000T3H100

器盖　B型　标本 H100：103，泥质深灰色。壁上有六周凹弦纹。子母口，斜壁。残高6.4厘米（图二七六，9）。

另发现有子母口鼎口沿，残甚。

2000T3⑤A

高足鼎足　标本 T3⑤A：1，夹砂红褐色。手制。足根压印按窝。扁平长条形，剖面近长方形。残高9.3厘米（图二七六，6）。

2000T3⑤B

深腹罐　B型Ⅰ式　标本 T3⑤B：302，泥质灰色。轮制。腹部饰篮纹和凹弦纹。折沿，圆唇，鼓腹，平底内凹。残高7.7厘米（图二七六，10）。

标本 T3⑤B：304，夹砂褐胎，外壁为磨光褐衣，内壁为深灰色。外侧唇沿下有一周明显凹弦纹。折沿，内折棱明显，圆唇。残高5.1厘米（图二七六，11）。

标本 T3⑤B：300，夹砂黑皮陶，褐胎。外壁磨光，腹上部有两周凹弦纹。折沿，沿面有两周凹槽，内折棱凸出，斜方唇，唇上有一周凹槽。残高6.4厘米（图二七六，12）。

标本 T3⑤B：303，夹砂黑色，褐胎。腹上部有两周细凹弦纹，下饰右下斜行篮纹。折沿，沿面有一周凹槽，内折棱明显，圆唇，唇部加厚，束颈。残高10.8厘米（图二七六，13）。

深腹盆　标本 T3⑤B：14，夹砂红色。尖圆唇，窄折沿，沿面微鼓，折棱明显，弧腹。口径27.9、残高3.2、厚0.4~0.6厘米（图二七六，14）。

器盖（壁）　A型Ⅱ式　标本 T3⑤B：301，泥质深灰色。顶部饰两周凹弦纹。平顶微隆，顶边凸出，壁较直，底边微侈外鼓。残高6.1厘米（图二七六，15）。

2000T4H20

圈足盘　A型Ⅱ式　标本 H20：7，泥质黑皮陶，胎较薄，浅黄色。器表磨光。敞口，深盘，弧壁，高圈足，底边加厚。口径15.8、通高8.2、足底径11.7厘米（图二七七，1）。

2000T4H24

深腹罐　A型Ⅰ式　标本 H24：9，夹砂深灰色，褐胎。外壁施绳纹。斜折沿，沿面平，方唇，内折棱凸出，深腹。口径24、残高10、厚0.4~0.6厘米（图二七七，2）。

刻槽盆　Ⅱ式　标本 H24：37，夹砂浅灰色。外壁粗略抹光，内壁刻槽呈辐射状。直口，尖圆唇，弧壁，圜底。口径21、高12.5、厚1~1.3厘米（图二七七，3；图版六四，3）。

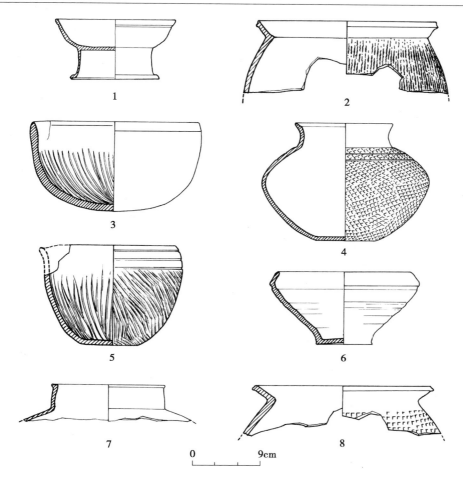

图二七七　2000T4H20、H24、H25、H64 出土陶圈足盘、深腹罐、刻槽盆等

1. A 型 Ⅱ式圈足盘（H20∶7）　2. A 型 Ⅰ式深腹罐（H24∶9）　3. Ⅱ式刻槽盆（H24∶37）　4. 折肩罐（H25∶2）　5. Ⅱ式刻槽盆（H25∶21）　6. B 型钵（H25∶1）　7. Ⅰ式小口高领罐（H64∶10）　8. A 型 Ⅰ式深腹罐（H64∶9）

2000T4H25

折肩罐　标本 H25∶2，泥质深灰色。口沿以下饰方格纹和两周凹弦纹。直领，侈口，尖圆唇，唇面有浅凹槽，圆折肩，弧腹，小平底。口径 13、底径 7.8、高 16.3、厚 0.4~0.6 厘米（图二七七，4；图版六四，4）。

刻槽盆　Ⅱ式　标本 H25∶21，夹砂浅灰色。口部饰三周凹弦纹，外壁施右下斜行的粗篮纹，内壁竖行刻槽呈辐射状。直口微敛，尖圆唇，弧壁，小平底近圜。口径 16.5、底径 7.5、高 14、厚 0.8~1 厘米（图二七七，5；图版六四，5）。

钵　B 型　标本 H25∶1，夹砂褐色。敛口内折，方唇，斜腹，下收为微内凹小平底。口径 17.5、底径 7.5、高 10.2、厚 0.5~0.7 厘米（图二七七，6；图版六四，6）。

2000T4H64

深腹罐　A型Ⅰ式　标本 H64∶9，夹砂深灰色，褐胎。外壁腹部施方格纹。方唇，圆折沿，沿面较平，腹外鼓。口径23.7、残高6.9、厚0.4~0.8厘米（图二七七，8）。

小口高领罐　Ⅰ式　标本 H64∶10，泥质深灰色。器表磨光。圆唇外凸，唇面有一周浅凹槽，直领较高，内折棱不明显，肩略鼓。口径15、残高5.1、厚0.3~0.5厘米（图二七七，9）。

2000T4H94

深腹盆　标本 H94∶2，泥质深灰色。素面，磨光。小方唇，略折沿，斜弧腹。口径37.4、残高4.8、厚0.3~0.5厘米（图二七八，1）。

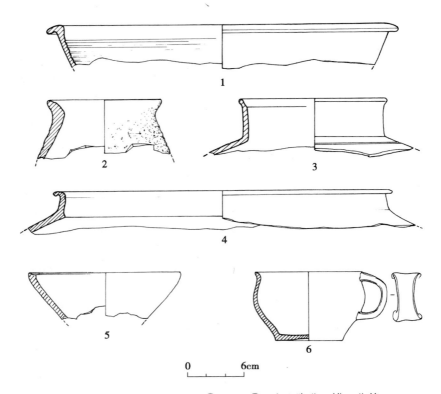

图二七八　2000T4H94、T4⑤A、T4⑤B出土陶盆、罐、瓮等

1. 深腹盆（H94∶2）　　2. 手制罐（T4⑤A∶6）　　3. Ⅱ式小口高领罐（T4⑤A∶3）

4. 矮领瓮（T4⑤A∶4）　　5. 碗（T4⑤A∶7）　　6. 单耳杯（T4⑤B∶1）

2000T4⑤A

手制罐　标本 T4⑤A∶6，夹砂深灰色，厚胎。素面。矮领，卷沿，圆唇，溜肩。口径12.2、残高6.4、厚0.5~1.2厘米（图二七八，2）。

小口高领罐　Ⅱ式　标本 T4⑤A∶3，夹砂黑色。器表有轮制痕迹。肩部饰一周凹弦纹。直领较高，圆唇外侈，溜肩。口径 16、残高 6、厚 0.4~0.6 厘米（图二七八，3）。

矮领瓮　标本 T4⑤A：4，夹砂黑皮褐胎。器表磨光，素面。矮领，直口，卷沿，圆唇，溜肩。口径 35.8、残高 4、厚 0.8~1.2 厘米（图二七八，4）。

碗　标本 T4⑤A：7，夹砂浅灰色。平唇，唇面有浅凹槽，斜壁。口径 16.2、残高 5、厚 0.4~0.5 厘米（图二七八，5）。

2000T4⑤B

该层叠压新砦早段 H26，出土遗物当中，除新砦遗址第二期遗物外，尚有不少龙山文化遗物。

单耳杯　标本 T4⑤B：1，泥质浅灰色。外壁磨光，素面。敛口，鼓肩，平底，自口部至肩下部安单耳。器底有轮制痕迹。口径 11.5、高 7.3、底径 0.4~0.6 厘米（图二七八，6；图版六五，1）。这件单耳杯的形制与龙山文化同类器物无异，虽然可能是龙山文化遗物混入的结果，但也不能完全排除新砦遗址第二期沿用传统作风的可能性。

2000T9H37

深腹罐　B 型 Ⅰ 式　标本 H37：4，夹砂浅灰色。器表饰规整方格纹。圆唇，斜折沿外侈，沿面较直，深腹外鼓。口径 24、残高 8.4、厚 0.4~0.6 厘米（图二七九，7）。

C 型 Ⅰ 式　标本 H37：306，夹砂深灰色。腹部饰绳纹。尖圆唇，折沿，沿面微凹，内折棱明显，鼓腹。残高 7.8 厘米（图二七九，1）。

标本 H37：301，夹砂深灰色。圆唇，唇部有凹槽，折沿，沿面较平，内折棱明显，鼓腹。口径 24.3、残高 3.8 厘米（图二七九，2）。

标本 H37：303，夹砂灰皮褐胎陶。器表有轮制痕迹。斜折沿，沿面较宽，尖唇。残高 3.9 厘米（图二七九，3）。

标本 H37：308，夹砂深灰色。腹饰绳纹。尖唇，折沿，沿面较平，内折棱明显，鼓腹。残高 5.6 厘米（图二七九，4）。

标本 H37：8，有龙山文化深腹罐的遗风。夹砂浅灰色。器表饰规整细绳纹。方唇，唇面有凹槽，斜折沿，沿面微内凹，深腹。口径 16、残高 6、厚 0.4~0.6 厘米（图二七九，5）。

标本 H37：6，泥质浅灰色。器表饰规整篮纹。尖唇，斜折沿，沿面较平，弧腹。口径 18、残高 5.7、厚 0.4~0.6 厘米（图二七九，6）。

高足鼎足　Aa 型 Ⅰ 式　标本 H37：10，夹砂深灰色。正面平行压印横窝纹。扁三角形。残高 7.6 厘米（图二七九，8）。

Aa 型 Ⅱ 式　标本 H37：12，夹砂浅灰色。正面压印平行"人"字形纹。扁三角形。残高 8.7 厘米（图二七九，9）。

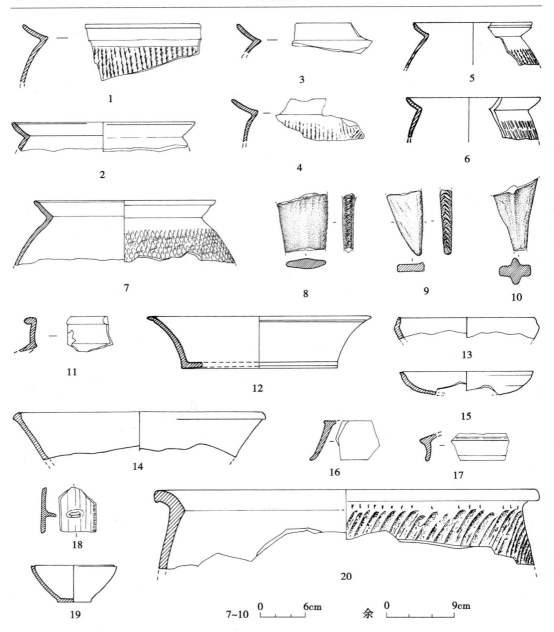

图二七九　2000T9H37、H38、H40 出土陶罐、盆、钵等

1. C 型Ⅰ式深腹罐（H37：306）　2. C 型Ⅰ式深腹罐（H37：301）　3. C 型Ⅰ式深腹罐（H37：303）　4. C 型
Ⅰ式深腹罐（H37：308）　5. C 型Ⅰ式深腹罐（H37：8）　6. C 型Ⅰ式深腹罐（H37：6）　7. B 型Ⅰ式深腹
罐（H37：4）　8. Aa 型Ⅰ式高足鼎足（H37：10）　9. Aa 型Ⅱ式高足鼎足（H37：12）　10. 异型鼎足
（H37：11）　11. Ⅱ式小口高领罐（H37：309）　12. A 型Ⅰ式平底盆（H37：2）　13. A 型钵（H37：9）
14. 碗（H37：7）　15. Ⅰ式豆（盘）（H37：13）　16. A 型Ⅰ式器盖（壁）（H37：305）　17. B 型Ⅰ式器盖
（壁）（H37：310）　18. 拍（H37：12）　19. 碗（H38：1）　20. 卷沿盆（H40：1）

异型　标本 H37：11，夹砂褐色。素面。上粗下细，剖面呈"十"字形。残高 9.2 厘米（图二七九，10）。

小口高领罐　Ⅱ型　标本 H37：309，泥质黑皮陶，浅灰胎。轮制，口沿有轮制痕迹。口沿及肩部外壁磨光。口沿略内凹，圆唇外翻，直领较高，内折棱明显。残高 4.8 厘米（图二七九，11）。

平底盆　A 型Ⅰ式　标本 H37：2，泥质黑色。素面。尖圆唇，弧腹，大平底，微内凹。口径 30、底径 21、高 7.3、厚 0.8～1.0（图二七九，12）。

钵　A 型　标本 H37：9，泥质深灰色。器表磨光。敛口，尖圆唇，折壁。口径 18、高 3.1 厘米（图二七九，13）。

碗　标本 H37：7，泥质深灰色。尖圆唇，斜壁。口径 33、残高 6、厚 0.6 厘米（图二七九，14）。

豆（盘）　Ⅰ式　标本 H37：13，泥质深灰色。器表磨光，素面。圆唇，浅弧腹，粗圈足，柄残。口径 17.8、残高 3.2 厘米（图二七九，15）。

器盖（壁）　A 型Ⅰ式　标本 H37：305，泥质深灰色。平顶，斜折壁，圆唇。残高 5.4 厘米（图二七九，16）。

B 型Ⅰ式　标本 H37：310，泥质黑皮陶。盖顶饰一周凹弦纹。器形较矮，折壁外撇，圆唇。残高 3.6 厘米（图二七九，17）。

拍　标本 H37：12，泥质浅灰色。使用面光滑。从残存情况及其他类似完整器判断，其整体形似长方体，把手残。宽 6.2、厚 0.7～0.9 厘米（图二七九，18）。

2000T9H38

碗　标本 H38：1，泥质灰色，厚胎。外壁磨光，碗底留有切割纹。口稍直，平唇，唇面有一周浅凹槽，弧壁，平底。口径 11.5、底径 4.5、高 5、厚 0.5 厘米（图二七九，19）。

2000T9H40

卷沿盆　标本 H40：1，夹砂深灰色。口沿下施左下斜行的瓦楞纹。器形大而厚重。敞口，折沿，方唇，弧腹。口径 51、残高 10.5、厚 0.8～1.4（图二七九，20）。

2000T10H54

平底盆　B 型Ⅰ式　标本 H54：303，泥质黑皮陶。圆唇，卷沿，沿上有一周凹槽，斜壁，壁上亦有一周凹槽。残高 7.2 厘米（图二八〇，1）。

碗　标本 H54：300，泥质浅灰色。器表外侧有明显轮制痕迹。敞口，尖唇，斜直腹，小平底。残高 4.9 厘米（图二八〇，2）。

器盖（壁）　A 型Ⅳ式　标本 H54：301，泥质黑皮陶。盖顶饰一周凹弦纹。折壁外撇，圆唇。残高 4.9 厘米（图二八〇，3）。

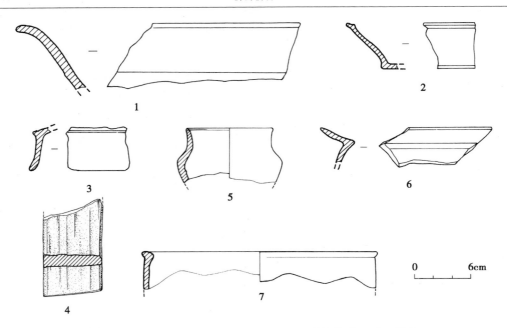

图二八〇　2000T10H54、H61、H68、H79 出土陶盆、碗、罐等

1. B 型 I 式平底盆（H54：303）　2. 碗（H54：300）　3. A 型 IV 式器盖（壁）（H54：301）
4. 陶范（H54：1）　5. 壶（H61：11）　6. C 型 I 式深腹罐（H68：301）　7. 盆（H79：11）

陶范（?）　标本 H54：1，泥质浅灰色。长条形，背面平整，正面有一道浅槽和数道磨痕，疑为陶范。残长 10、宽 6.2 厘米（图二八〇，4）。

2000T10H61

壶　标本 H61：11，泥质深灰色。尖圆唇，侈口，鼓腹。口径 9.3、高 5.9 厘米（图二八〇，5）。

2000T10H68

深腹罐　C 型 I 式　标本 H68：301，夹砂黑皮褐胎陶。轮制，器表有轮制痕迹。器表磨光。宽折沿，尖唇。残高 3.8 厘米（图二八〇，6）。

2000T10H79

盆　标本 H79：11，泥质浅灰色。器表磨光。圆唇外凸，平沿，壁较直。口径 24.4、残高 4、厚 0.6~0.8 厘米（图二八〇，7）。

2000T12H64

深腹罐　C 型 I 式　标本 H64：7，夹砂灰色。外壁腹部施左下斜行的浅篮纹。斜折沿，尖圆唇，鼓腹。口径 24、残高 10.5、厚 0.3~0.5 厘米（图二八一，1）。

标本 H64：4，夹砂褐色。外壁腹部施规整方格纹。斜折沿，沿面微鼓，尖圆唇，弧腹。口径 28、残高 10.2、厚 0.6~0.8 厘米（图二八一，2）。

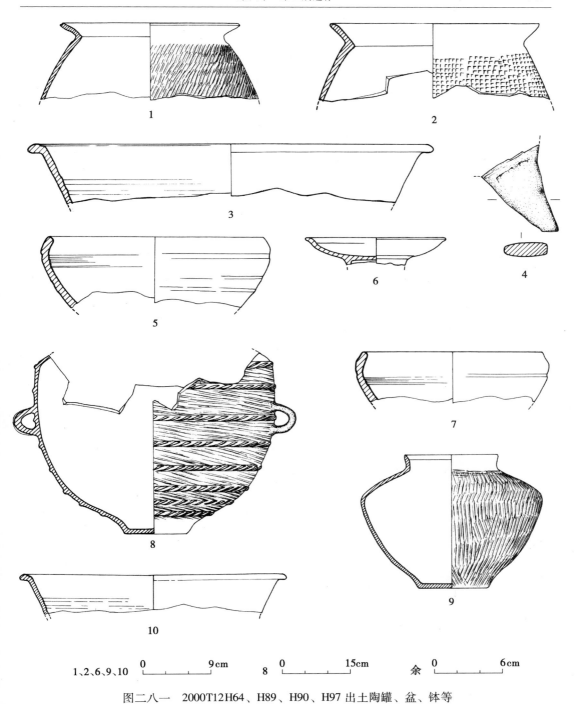

图二八一 2000T12H64、H89、H90、H97 出土陶罐、盆、钵等

1. C 型 I 式深腹罐（H64：7） 2. C 型 I 式深腹罐（H64：4） 3. A 型 II 式平底盆（H64：8） 4. 矮鼎足（H64：6）

5. A 型钵（H90：3） 6. I 式豆（盘）（H64：5） 7. A 型钵（H90：4） 8. 尊形瓮（H89：3） 9. 折肩罐

（H89：2） 10. A 型 II 式平底盆（H97：12）

矮鼎足　标本 H64：6，夹砂褐色。素面。扁三角形。残高 8 厘米（图二八一，4）。

平底盆　A 型 II 式　标本 H64：8，泥质深灰色。器表磨光。卷沿，尖唇外凸，弧腹。口径 37.8、残高 5.7、厚 0.5～0.6 厘米（图二八一，3）。

豆（盘）　I 式　标本 H64：5，泥质黑色。器表磨光，柄上端饰圆形镂孔。圆折沿，尖圆唇，唇面微鼓，浅弧腹，平圜底，下有粗柄。口径 18.6、残高 3.6、厚0.4～0.6 厘米（图二八一，6）。

2000T12H89

尊形瓮　标本 H89：3，上部残。腹部饰横篮纹和八周附加堆纹。深腹，下腹急收为小平底。残高 40.4、底径 13.7、厚 0.4～0.8 厘米（图二八一，8）。

折肩罐　标本 H89：2，泥质深灰色。器表磨光。口沿下通体饰篮纹。直口，尖唇，溜肩，斜弧腹，下收为小平底。口径 12.5、底径 9.5、高 18、厚 0.5～0.8 厘米（图二八一，9；图版六五，2）。

2000T12H90

钵　A 型　标本 H90：3，轮制，内壁可见轮制痕迹。口沿下施一周凹弦纹。方圆唇，敛口，斜弧腹。口径 19、残高 6、厚 0.4～0.6 厘米（图二八一，5）。

标本 H90：4，轮制。口沿下施一周凹弦纹。圆唇，敛口，斜弧腹。口径 16.2、残高 4.8、厚 0.8 厘米（图二八一，7）。

2000T12H97

平底盆　A 型 II 式　标本 H97：12，夹砂浅灰色。器表可见轮制痕迹。圆唇外凸，唇面有一周凹槽，斜壁。口径 35.4、残高 4.8、厚 0.4～0.8 厘米（图二八一，10）。

2000T12 – T13G2

夔龙纹陶片　标本 T12G2③：13，残高 4.3、底径 12、厚 0.3～0.5 厘米（图二八二）。

钵　A 型　标本 T13G2③：3，泥质浅灰色。器表可见轮制痕迹。素面。尖圆唇内钩，斜壁。口径 27.4、高 6.6、厚 0.4～0.6 厘米（图二八三，1）。

标本 T13G2③：5，泥质深灰色。器表可见轮制痕迹。素面。折沿，敛口，斜壁。口径 16、残高 4.8、厚 0.4～0.6 厘米（图二八三，2）。

标本 T12G2：8，泥质浅灰色。器表磨光，素面。尖圆唇内折，斜壁。口径 33.6、残高 3、厚 0.4～0.6 厘米（图二八三，3）。

标本 T12G2：9，泥质深灰色。器表磨光，口沿下施一周凹弦纹。尖圆唇，折沿，斜壁。口径 25.6、残高 3.8、厚 0.4 厘米（图二八三，4）。

标本 T13G2：2，泥质深灰色。器表磨光，素面。折沿，尖圆唇，斜壁。口径 20、高 7.6、厚 0.3～0.6 厘米（图二八三，5）。

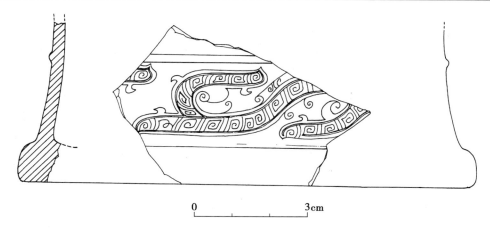

0   3cm

图二八二　2000T12G2 出土夔龙纹陶片（T12G2③：13）

折肩罐　标本 T12G2：4，泥质浅灰色。器表饰较规整的方格纹和绳纹。直领，尖圆唇，溜肩微鼓。口径 14、残高 8、厚 0.4～0.7 厘米（图二八三，6）。

标本 T12G2②：12，泥质黑皮褐红胎。器表口、肩部磨光，肩部饰三周凹弦纹，肩下饰一周附加堆纹和较错乱的浅篮纹。直领，侈沿，尖圆唇，溜肩，斜弧腹，下收为小平底。口径 15.3、底径 9、高 21、厚 0.6～0.8 厘米（图二八三，7；彩版二〇，5；图版六五，3）。

鼓腹罐　标本 T13G2②：5，泥质黑皮褐红胎。外壁磨光，内壁有陶垫衬托的凹痕。上腹部饰两周凹弦纹，下腹部饰右下斜行的篮纹。斜折沿，尖圆唇，圆鼓腹，斜腹急收。口径 16、残深 14、厚 0.3～0.4 厘米（图二八三，8）。

角把　标本 T12G2：7，夹砂浅灰色。圆锥体。残长 8 厘米（图二八三，9）。

瓠形杯　标本 T13G2：6，泥质褐红色，胎较厚。底部留有线切割纹。筒形，小平底，底边微向外凸。底径 8、残高 11.6、厚 0.4～1.4 厘米（图二八三，10）。

高足鼎足　Aa 型 II 式　标本 T13G2③：327，泥质褐色。手制。正面饰"八"字形纹，背面饰两个较大的指甲纹。扁长条形，近底部处残，剖面近梯形。残高 5.2 厘米（图二八四，1）。

小口高领罐　I 式　标本 T13G2③：300，泥质灰皮褐陶。轮制。口肩外壁磨光。圆唇外侈，略加厚外鼓。直领，溜肩。残高 4.8 厘米（图二八四，2）。

平底盆　A 型 II 式　标本 T13G2③：301，夹砂浅灰色。圆唇，卷沿，沿较厚，弧壁，平底。残高 6 厘米（图二八四，3）。

盖纽　Aa 型 II 式　标本 T13G2②：4，器表磨光。单层纽，菌状，纽底部内凹起棱。残高 9 厘米（图二八四，4）。

器盖　B 型 I 式　标本 T13G2①：1，夹砂深灰色。器表磨光。弧顶，底边外凸。

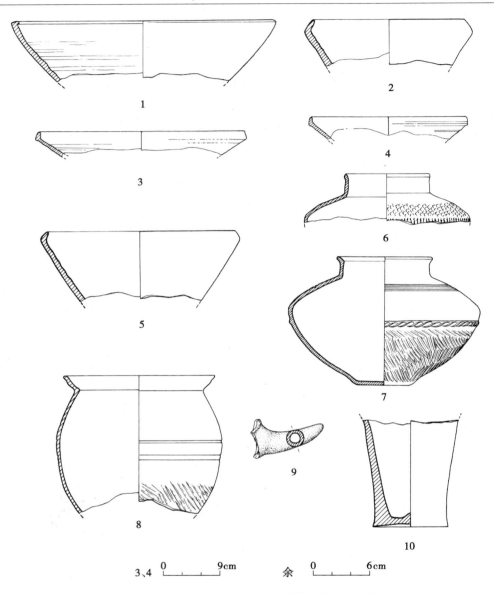

图二八三　2000T12－T13G2 出土陶钵、罐、角把等

1. A 型钵（T13G2③：3）　2. A 型钵（T13G2③：5）　3. A 型钵（T12G2：8）　4. A 型钵（T12G2：

9）　5. A 型钵（T13G2：2）　6. 折肩罐（T12G2：4）　7. 折肩罐（T12G2②：12）　8. 鼓腹罐

（T13G2②：5）　9. 角把（T12G2：7）　10. 觚形杯（T13G2：6）

口径 16、残高 3.4、厚 0.4 厘米（图二八四，5）。

标本 T12G2②：5，素面。平顶，桥形纽，直壁外侈。残高 4.8、厚 0.4～0.5 厘米（图二八四，6）。

镂孔器座　标本 T12G2：11，泥质深灰色。器座上部残缺。轮制，外壁磨光，近乎

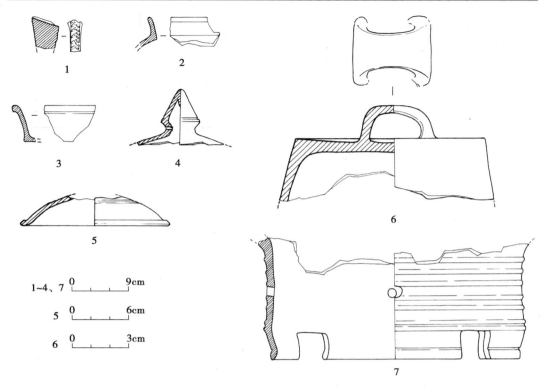

图二八四 2000T12－T13G2 出土陶鼎足、罐、盆等

1. Aa 型Ⅱ式高足鼎足（T13G2③:327） 2. Ⅰ式小口高领罐（T13G2③:300） 3. A 型Ⅱ式平底盆（T13G2③:301） 4. Aa 型Ⅱ式盖纽（T13G2②:4） 5. B 型Ⅰ式器盖（T13G2①:1） 6. 器盖（T12G2②:5） 7. 镂孔器座（T12G2:11）

磨光黑陶。内壁略经抹平。外壁施七道凸弦纹，在器座中间饰镂孔。直壁，直腹，四足。残高 19 厘米（图二八四，7）。

2000T12－T13G5

深腹罐 A 型Ⅰ式 标本 G5②:300，夹砂深灰色。轮制。颈部以下饰斜方格纹。折沿，方唇，口沿厚薄较均匀，近唇处略凹，内折棱明显。残高 6.1 厘米（图二八五，1）。

标本 G5①:303，夹砂深灰色。方唇，唇部有一周凹槽，唇下有凸棱，折沿，沿面微凹，鼓腹。残高 4.1 厘米（图二八五，2）。

B 型Ⅰ式 标本 G5②:301，夹砂深灰色。腹部饰方格纹。圆唇，折沿，内折棱凸出，鼓腹。残高 7.2 厘米（图二八五，3）。

B 型Ⅱ式 标本 G5③:303，夹砂深灰色。轮制，口沿有轮制痕迹。腹部外壁饰斜方格纹。圆唇，唇部边沿沿面上有一周略深凹槽，使唇部呈内收加厚趋势，斜折沿，内折棱不太明显，腹圆鼓。残高 4.6 厘米（图二八五，4）。

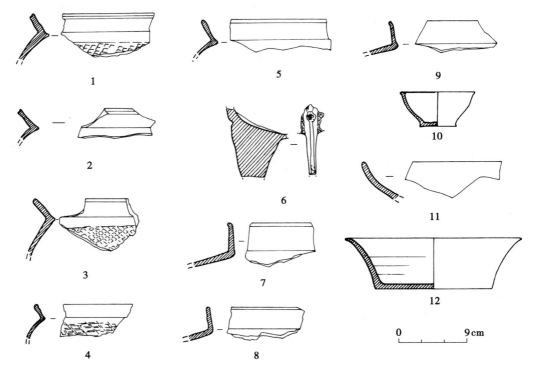

图二八五　2000T12 – T13G5 出土陶罐、盘、盆等

1. A 型 I 式深腹罐（G5②：300）　2. A 型 I 式深腹罐（G5①：303）　3. B 型 I 式深腹罐（G5②：301）
4. B 型 II 式深腹罐（G5③：303）　5. 鼓腹罐（G5③：309）　6. Aa 型 I 式高足鼎足（G5③：307）　7. I 式
小口高领罐（G5③：306）　8. I 式小口高领罐（G5②：312）　9. II 式小口高领罐（G5③：308）　10. 碗
（G5③：20）　11. 盘（G5②：302）　12. B 型 II 式平底盆（G5②：1）

　　鼓腹罐　标本 G5③：309，夹砂磨光黑陶，灰胎。折沿，圆唇。残高 6 厘米（图二
八五，5）。

　　高足鼎足　Aa 型 I 式　标本 G5③：307，夹砂褐色。手制。侧面饰按窝纹。扁三
角形，正面近边处变薄。足尖残。残高 9.5 厘米（图二八五，6）。

　　小口高领罐　I 式　标本 G5③：306，泥质褐色。口沿有轮制痕迹。口沿和肩部磨
光。圆唇外鼓，直领较高。残高 6 厘米（图二八五，7）。

　　标本 G5②：312，泥质浅灰色。口沿有轮制痕迹。肩部和口沿磨光。圆唇，直领较
高，微敛，唇部略加厚，内折棱不明显。残高 4.6 厘米（图二八五，8）。

　　II 式　标本 G5③：308，泥质黑皮陶。圆唇，高领，唇外撇。残高 4.5 厘米（图二
八五，9）。

　　碗　标本 G5③：20，夹砂浅灰色。器表有轮制痕迹。素面。尖圆唇外凸，唇面有
一周浅凹槽，斜弧腹，平底微内凹。口径 10、底径 5.1、高 4.8、厚 0.4～0.6 厘米（图

二八五，10）。

盖纽　Aa 型Ⅱ式　标本 G5①：2，泥质深灰色。轮制。单层纽，纽顶微隆。残高
2.4 厘米。

盘　标本 G5②：302，泥质浅灰色。磨光。圆唇，浅腹。高 4.8 厘米（图二八五，
11）。

平底盆　B 型Ⅱ式　标本 G5②：1，泥质浅灰色。器表内外均磨光。尖圆唇外凸，
深腹，弧壁，平底。口径 23.5、底径 15.6、高 7、厚 0.6～0.8 厘米（图二八五，12；
图版六五，4）。

深腹盆　标本 G5③：2，夹砂深灰色。器表稍经磨光。方唇，斜折沿，沿面平，内
折棱凸出，弧腹。口径 37.5、高 4.1、厚 0.4～0.6 厘米（图二八六，1）。

折沿盆　标本 G5：3，泥质深灰色。方唇，平折沿，斜弧腹。口径 33.6、残高 4.2
厘米（图二八六，2）。

标本 G5③：12，泥质深灰色。器表磨光，素面。卷折沿，浅弧腹。口径 40.5、高

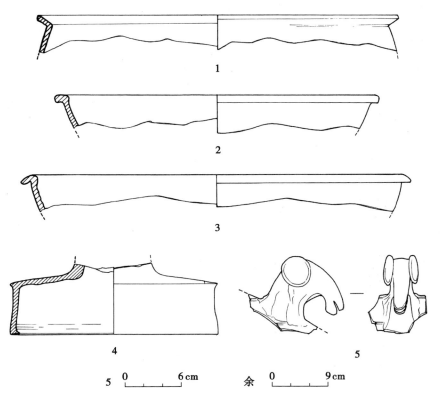

图二八六　2000T12－T13G5、2000T13H87 出土陶盆、器盖（壁）、器纽

1. 深腹盆（G5③:2）　2. 折沿盆（G5:3）　3. 折沿盆（G5③:12）　4. A 型Ⅰ式器
盖（壁）（H87:1）　5. 羊首器纽（H87:11）

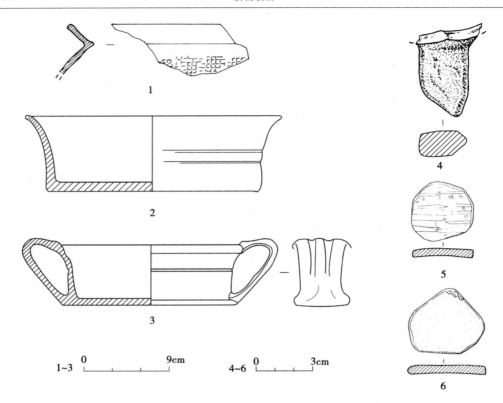

图二八七　　2000T12G6、T12⑤A 出土陶罐、盆、鼎等

1. B 型 Ⅱ 式深腹罐（G6③：310）　　2. A 型 Ⅱ 式平底盆（T12⑤A：2）　　3. 双耳平底盆（T12⑤A：14）　　4. 矮鼎足（T12⑤A：74）　　5. 圆陶片（T12⑤A：3）　　6. 圆陶片（T12⑤A：6）

4、厚 0.4 厘米（图二八六，3）。

2000T13H87

器盖（壁）　A 型 Ⅰ 式　标本 H87：1，夹砂深灰色。盖顶较平，底边凸出，折壁较直。底径 22、残高 7.6、厚 0.4～1.0 厘米（图二八六，4）。

羊首器纽　标本 H87：11，泥质灰色。系在陶器肩部上的器纽。低首，嘴微张，羊角做成圆形泥饼状。残高 6.3 厘米（图二八六，5；彩版二一，1；图版六五，5）。

2000T12G6

深腹罐　B 型 Ⅱ 式　标本 G6③：310，夹砂深灰色。腹部饰方格纹。厚圆唇，折沿，沿面凸凹不平，内折棱凸出，鼓腹。残高 5.7 厘米（图二八七，1）。

2000T12⑤A

矮鼎足　标本 T12⑤A：74，夹砂浅灰色。剖面为不规则形。残高 4.8 厘米（图二八七，4）。

平底盆　A 型 Ⅱ 式　标本 T12⑤A：2，泥质浅灰色。器表内外均磨光。侈口，壁较直，尖圆唇外卷，深腹，平底。口径 26.7、底径 22.1、高 8.3、厚 0.8~1 厘米（图二八七，2；图版六六，1）。

双耳平底盆　标本 T12⑤A：14，泥质黑色。器表磨光，腹施凹弦纹一周。侈口，直壁，浅腹，平底，底边外凸。宽耳，上接盘口，下接器底。口径 19.5、底径 18、高 6.6、厚 0.6~0.8 厘米（图二八七，3；图版六六，2）。

圆陶片　标本 T12⑤A：3，泥质灰色。表面饰篮纹。边缘有崩痕。直径 3.6、厚 0.4 厘米（图二八七，5；图版六六，3）。

标本 T12⑤A：6，泥质灰色。打制，边缘有崩痕。直径 3、厚 4 厘米（图二八七，6）。

2. 北部发掘区

1999T3H3

钵　A 型　标本 H3：1，夹砂深灰色。器表磨光。敛口，尖圆唇，斜弧腹。口径 21.6、残高 8.8、厚 0.4 厘米（图二八八，1）。

1999T3H4

钵　A 型　标本 H4：1，泥质深灰色。器表磨光。敛口，圆唇，斜弧腹。口径 24.4、残高 6、厚 0.4 厘米（图二八八，2）。

1999T6H213

钵　B 型　标本 H213：2，夹砂灰色。敛口，尖唇，曲腹。口径 16、残高 5.2、厚

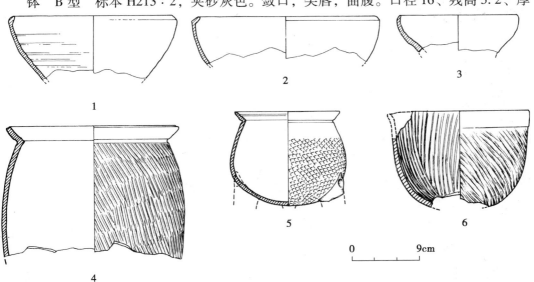

图二八八　1999T3H3、H4、1999T6H213、2000T5⑦出土陶钵、罐、鼎等

1. A 型钵（H3：1）　2. A 型钵（H4：1）　3. B 型钵（H213：2）　4. A 型 I 式深腹罐（T5⑦：2）　5. B 型 II 式高足鼎（T5⑦：5）　6. II 式刻槽盆（T5⑦：4）

0.4～0.6 厘米（图二八八，3）。

3. 东部发掘区

2000T5⑦

深腹罐　A 型 I 式　标本 T5⑦：2，夹砂浅灰色。腹施右下斜行篮纹。斜折沿，沿面较平，方唇，唇外侧有凹槽，内折棱凸出，深腹微弧。口径 23.5、残高 18.6、厚 0.5～0.7 厘米（图二八八，4）。

高足鼎　B 型 II 式　标本 T5⑦：5，夹砂深灰色。唇面饰一周凹弦纹，外壁施近菱形方格纹。斜折沿，尖圆唇，内折棱凸出，垂弧腹，平圜底。底安有三个扁三角形足，足根部对捏按窝纹。口径 14.3、残高 13.3、厚 0.4～0.6 厘米（图二八八，5；图版六六，4）。

刻槽盆　II 式　标本 T5⑦：4，外壁施右下斜行的篮纹，内壁刻槽呈辐射状。直口，深腹较直，平圜底已残。口径 18.6、残高 13.5、厚 0.4～0.7 厘米（图二八八，6）。

2000T5⑧

高足鼎　Ab 型　标本 T5⑧：18，夹砂浅灰色。外壁施方格纹。子母口内敛，方唇，圆鼓腹，上腹部安一对鸡冠耳。口径 15、残高 8.8、厚 0.4～0.6 厘米（图二八九，3）。

B 型 II 式　标本 T5⑧：21，泥质灰褐色。唇面饰一周凹弦纹，外壁施凹弦纹和篮纹，足部正面压印倒"八"字形纹。斜折沿，圆唇，内折棱凸出，垂腹，平圜底，底安有三个扁三角形足。口径 14.6、残高 14.4、厚 0.4～0.6 厘米（图二八九，1；图版六六，5）。

标本 T5⑧：16，泥质浅灰色。外壁下腹部施方格纹，足根部正面对捏按窝纹。斜折沿，圆唇，唇面隆起，内折棱凸出，垂腹，平圜底，底安有三个扁三角形足。口径 15、残高 15、厚 0.4 厘米（图二八九，2）。

双耳罐　标本 T5⑧：15，泥质黑皮陶，中下腹为泥质灰色，褐红胎。上腹饰右下斜行的篮纹，中下腹饰错乱的篮纹。斜折沿，圆唇，上腹圆鼓，下腹急收，上腹部安一对桥形横耳。口径 22、残高 24.2、厚 0.4～0.6 厘米（图二八九，4）。

折沿盆　标本 T5⑧：22，泥质浅灰色。中下腹部施凹弦纹和篮纹，下腹部篮纹较零乱。斜折沿，圆唇，唇面有一周浅凹槽，内折棱凸出，深腹，弧壁，小平底，上腹部安有一对鸡冠耳。口径 26、高 18、底径 6.9、厚 0.5～0.7 厘米（图二八九，5；图版六六，6）。

钵　C 型　标本 T5⑧：24，夹砂深灰色。子母口内敛，方唇，斜弧腹。口径 22、残高 7.4 厘米（图二八九，6）。

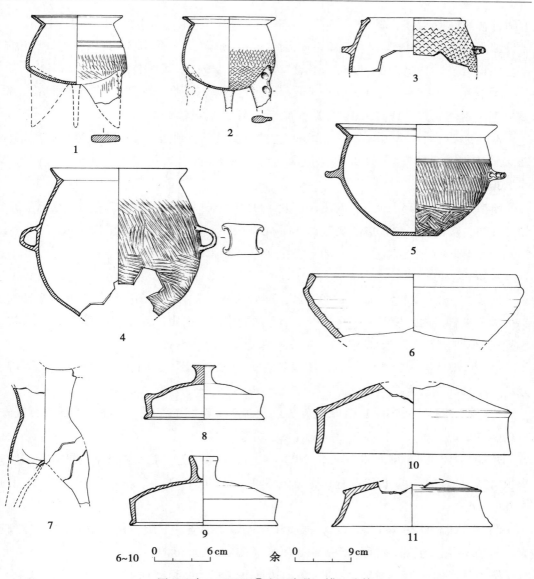

图二八九　2000T5⑧出土陶鼎、罐、盆等

1. B 型 Ⅱ 式高足鼎（T5⑧：21）　2. B 型 Ⅱ 式高足鼎（T5⑧：16）　3. Ab 型高足鼎（T5⑧：18）　4. 双耳
罐（T5⑧：15）　5. 折沿盆（T5⑧：22）　6. C 型钵（T5⑧：24）　7. 鬶（T5⑧：20）　8. Aa 乙型 Ⅰ 式器
盖（T5⑧：14）　9. Ab 型器盖（T5⑧：13）　10. A 型 Ⅱ 式器盖（壁）（T5⑧：1）　11. A 型 Ⅲ 式器盖
（壁）（T5⑧：17）

　　鬶　标本 T5⑧：20，泥质浅灰色。手制。素面。半圆形口，束腰，袋足，实足根
较长。残高 14.4 厘米（图二八九，7）。
　　器盖　Aa 乙型 Ⅰ 式　标本 T5⑧：14，泥质浅灰色。弧顶，顶边凸出，折壁内敛，底边外侈。底径 12.8、高 6、厚 0.2~4 厘米（图二八九，8；图版六七，1）。

Ab 型　标本 T5⑧：13，泥质黑皮褐胎。圈足形纽，平顶微鼓，折壁较直，底边外凸。底径 15.8、残高 7.5、厚 0.4 厘米（图二八九，9；图版六七，2）。

器盖（壁）　A 型 II 式　标本 T5⑧：1，泥质黑皮褐胎。斜顶微隆，顶边凸出，折壁较直。底径 20.4、残高 7.4、厚 0.6 厘米（图二八九，10）。

A 型 III 式　标本 T5⑧：17，泥质黑色。平顶微隆，顶边凸出，折壁外侈，底边外凸。底径 26、残高 7.5、厚 0.8~1 厘米（图二八九，11）。

2000T5⑨

折肩罐　标本 T5⑨：5，泥质深灰色。折肩处饰一周附加堆纹，下腹及底部饰绳纹。侈口，尖圆唇，斜折肩，弧腹，小平底微内凹。口径 13、底径 7.8、高 17.4、厚 0.6~0.8 厘米（图二九〇，1；彩版二一，2；图版六七，3）。

2000T5⑩

深腹罐　C 型 II 式　标本 T5⑩：17，夹砂深灰色。沿面饰凹弦纹，腹外壁饰篮纹。斜折沿，尖唇，内折棱明显，深鼓腹，小平底微内凹。上腹部安一对桥形耳。口径 28、底径 11.6、高 35.6 厘米（图二九〇，3；图版六七，4）。

钵　C 型　标本 T5⑩：16，泥质浅灰色。子母口内敛，方圆唇，斜弧腹。口径 17、残高 5 厘米（图二九〇，5）。

三足盉　标本 T5⑩：13，泥质浅灰色。器残。素面。束颈，圆腹，平圜底，底安三扁足，单把，流残。残高 7.8 厘米（图二九〇，2）。

器盖（壁）　A 型 II 式　标本 T5⑩：4，泥质深灰色。盖顶和盖壁均饰有凹弦纹。平顶微隆，顶边凸出，折壁较直，底边微侈。底径 17、残高 6、厚 0.6~0.7 厘米（图二九〇，4）。

器盖（纽）　标本 T5⑩：10，泥质浅灰色。双层纽，上层纽顶平稍隆，下层纽较大，纽颈中空，与盖顶相通。残高 4.8 厘米（图二九〇，6）。

圆陶片　标本 T5⑩：5，泥质灰色。边缘磨制粗糙，留有崩痕。直径 4、厚 0.4 厘米（图二九〇，7）。

标本 T5⑩：14，边缘有崩痕。直径 3、厚 0.55 厘米（图二九〇，8）。

2000T6⑦

深腹罐　A 型 I 式　标本 T6⑦：433，夹砂褐红色。轮制，口沿部有轮制痕迹。器表饰不规整的细篮纹。斜折沿，沿面微内凹，方唇，内折棱凸出，深腹微鼓。口径 20.5、残高 21.9、厚 0.4~0.6 厘米（图二九一，1）。

折肩罐　标本 T6⑦：794，泥质浅灰色。肩部饰规整篮纹。直领，侈口，口沿外侧加厚，溜肩。口径 12.3、残高 4、厚 0.4~0.6 厘米（图二九一，2）。

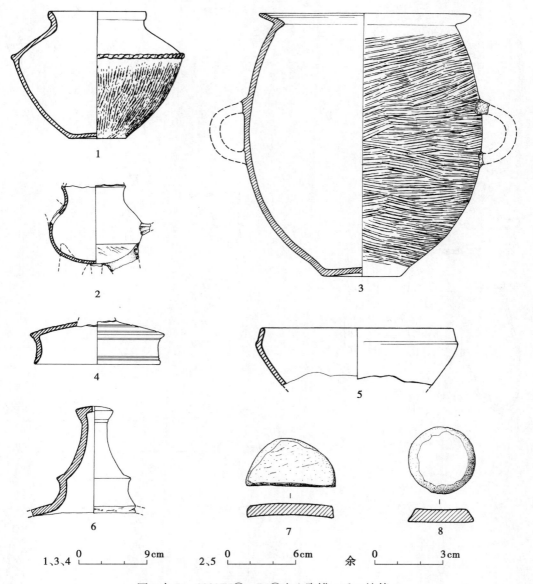

图二九〇　2000T5⑨、T5⑩出土陶罐、盉、钵等

1. 折肩罐（T5⑨：5）　　2. 三足盉（T5⑩：13）　　3. C型Ⅱ式深腹罐（T5⑩：17）　　4. A型Ⅱ式器盖
（壁）（T5⑩：4）　　5. C型钵（T5⑩：16）　　6. 器盖（纽）（T5⑩：10）　　7. 圆陶片（T5⑩：5）　　8. 圆
陶片（T5⑩：14）

标本 T6⑦：2，泥质浅灰色。肩部饰规整篮纹。直领，侈口，口沿外加厚，溜肩。
口径 11.5、残高 7.8、厚 0.4～0.6 厘米（图二九一，3）。

圆折肩罐　标本 T6⑦：305，泥质浅灰色。通体饰宽而散乱的篮纹，印痕模糊。直
口，圆折肩，斜弧腹，平底。口径 10、底径 9、高 14.2、厚 0.4～0.6 厘米（图二九一，

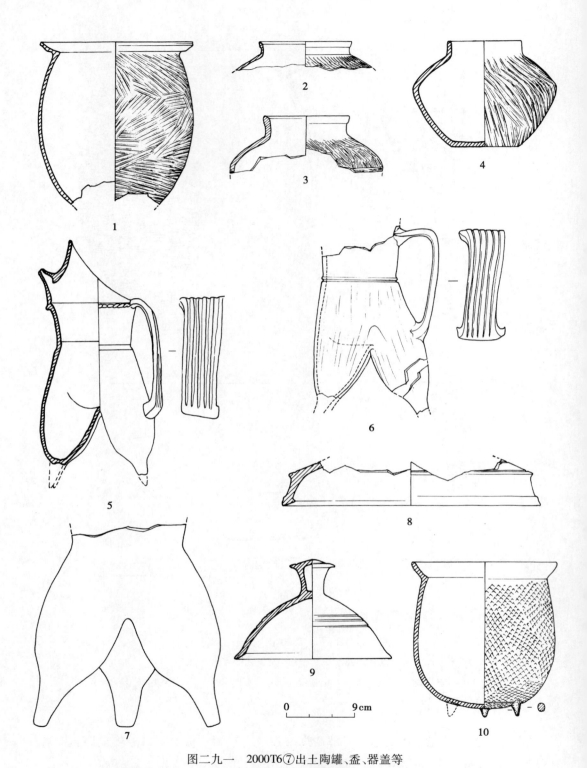

图二九一　2000T6⑦出土陶罐、盉、器盖等

1. A型Ⅰ式深腹罐（T6⑦∶433）　2. 折肩罐（T6⑦∶794）　3. 折肩罐（T6⑦∶2）　4. 圆折肩罐（T6⑦∶305）
5. 盉（T6⑦∶785）　6. 盉（T6⑦∶1）　7. 盉（T6⑦∶10）　8. A型Ⅳ式器盖（T6⑦∶258）　9. Ba型Ⅱ式器盖（T6
⑦∶5）　10. 矮足鼎（T6⑦∶833）

4；图版六八，1）。

矮足鼎　标本T6⑦：833，泥质深灰色。轮制。通体饰小、深且整齐的方格纹。斜折沿较宽，尖圆唇，内折棱凸出，深腹略垂，圜底，底安三乳状足。在鼎足附近刻划一周浅凹槽，似为确定三足位置而作。口径19.5、通高20.9、厚0.4~0.6厘米（图二九一，10；图版六八，2）。

盉　标本T6⑦：785，泥质深灰色，含细砂。器表有浅而细的修整痕迹。口下饰一周附加堆纹，把手饰瓦楞纹。袋足，实足根较长，宽带式把手。残高31.8、厚0.4~0.6厘米（图二九一，5；彩版二一，3、4；图版六八，3、4）。

标本T6⑦：1，泥质浅灰色。器表有浅而细的修整痕迹。袋足，实足根较长，宽带式把手。残高25.3厘米（图二九一，6）。

标本T6⑦：10，泥质浅灰色。袋足，实足根较长。残高27.4厘米（图二九一，7）。

器盖　A型Ⅳ式　标本T6⑦：258，夹砂深灰色。器表经磨光处理。盖顶部饰两周凹弦纹。盖顶较鼓，盖壁外侈凸出。底径34、残高6、厚0.6~0.8厘米（图二九一，8）。

Ba型Ⅱ式　标本T6⑦：5，泥质浅灰色。器表经磨光处理。盖顶部饰三周凹弦纹。菌状纽，弧壁，底边外侈。底径20.7、高13.5、厚0.6~0.8厘米（图二九一，9；图版六八，5）。

2000T6⑨

尊形瓮　标本T6⑨：412，泥质浅灰色。肩饰两周凹弦纹。尖圆唇，唇面内侧有凹槽，直领，侈口，口沿加厚。口径19.6、残高6.8、厚0.4~0.8厘米（图二九二，1）。

子母口瓮　标本T6⑨：7，泥质灰色。轮制。上腹部饰五周凹弦纹。子母口较直，深腹下垂，下急收为小平底，底部微内凹。上腹附加对称的一对横桥形耳。口径30、底径15.6、高45、厚0.8~1.2厘米（图二九二，2；彩版二二，1；图版六九，1）。

豆（盘）　Ⅱ式　标本T6⑨：730，泥质黑皮陶。仅存豆盘。卷沿，深腹，平底，豆柄较粗。口径13、残高5.2、厚0.4~1.2厘米（图二九二，3）。

器盖（壁）　A型Ⅰ式　标本T6⑨：3，夹砂深灰色。器表经磨光处理。盖顶较平，盖壁较直。底径20、残高5、厚0.4~0.6厘米（图二九二，4）。

2000T6⑩

深腹罐　B型Ⅰ式　标本T6⑩：5，夹砂浅灰色。器表饰规整细绳纹。斜折沿，沿面较平，圆唇，微鼓腹。口径18、残高9.2、厚0.6厘米（图二九二，5）。

甑　标本T6⑩：1，泥质浅灰色。外壁饰方格纹，底部残留四个小圆孔。残高4、

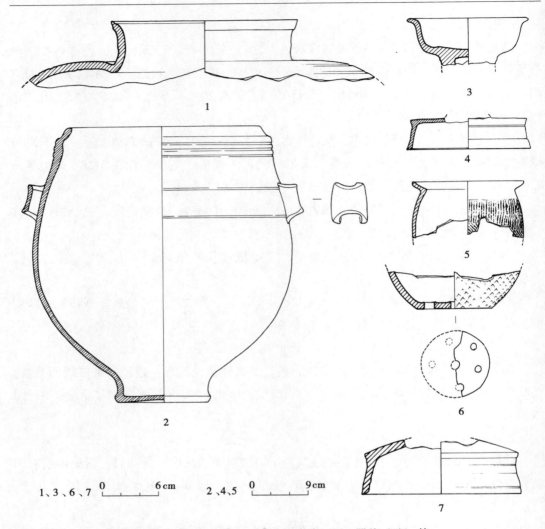

图二九二　2000T6⑨、T6⑩出土陶瓮、豆、器盖（壁）等

1. 尊形瓮（T6⑨：412）　2. 子母口瓮（T6⑨：7）　3. Ⅱ式豆（盘）（T6⑨：730）　4. A型Ⅰ式器盖（壁）（T6⑨：3）　5. B型Ⅰ式深腹罐（T6⑩：5）　6. 甑（T6⑩：1）　7. A型Ⅱ式器盖（壁）（T6⑩：4）

底径8厘米（图二九二，6）。

器盖（壁）　A型Ⅱ式　标本T6⑩：4，夹砂深灰色。顶微鼓，壁稍外侈。底径17、残高6、厚0.4～0.6厘米（图二九二，7）。

纺轮　标本T6⑩：9，泥质灰色。素面。直边，扁圆饼状，边缘磨制加工。直径4.3、厚1.1厘米。

此外，还有四足瓮之足（标本T6⑩：12），足间距较短，呈"C"形。

2000T6⑫

高足鼎　Ab 型　标本 T6⑫：20，夹砂浅灰色。通体饰中绳纹，器腹上部加饰一周凹弦纹。子母口内敛，方唇，深腹微垂，圜底。上腹饰对称的鸡冠耳一对。底部附三个带按窝纹的鼎足。口径 17.8、高 27.1、厚 0.6～0.8 厘米（图二九三，1；图版六九，2）。

B 型 Ⅰ 式　标本 T6⑫：10，夹砂深灰色。通体饰方格纹。斜折沿，圆唇，垂腹。口径 17、残高 13、厚 0.4～0.6 厘米（图二九三，2）。

折肩罐　标本 T6⑫：14，泥质深灰色。肩部有轮制痕迹。下腹饰竖行篮纹。直领，侈口，圆唇加厚，溜肩，斜弧腹。口径 12、残高 10、厚 0.6～0.8 厘米（图二九三，3）。

缸　标本 T6⑫：11，夹砂红色。口沿饰附加堆纹。尖圆唇，厚壁。残高 6.4 厘米（图二九三，4）。

钵　B 型　标本 T6⑫：615，夹砂浅灰色，厚胎。轮制。沿下有凹弦纹，底有较粗的线割纹。敛口，圆唇，斜腹，内收为小平底，底边凸出。口径 14.4、底径 7.8、高 8.8、厚 0.4～0.6 厘米（图二九三，5；图版六九，3）。

单耳杯　标本 T6⑫：16，泥质浅灰色。轮制。外壁磨光。敞口，尖圆唇，曲腹，平底微内凹。口径 13、底径 7.2、高 8.8、厚 0.40～1.0 厘米（图二九三，7；图版六九，4）。

圆陶片　标本 T6⑫：6，泥质灰色。边缘磨制。直径 4.1、厚 0.5 厘米（图二九三，8）。

标本 T6⑫：7，泥质灰色。打磨兼制，边缘磨制粗糙。直径 5.4、厚 0.6 厘米（图二九三，6）。

2000T6⑭

该层出土陶器较少，其中既有新砦遗址第二期常见的厚壁碗、方格纹罐等，也有龙山文化常见的器形如圈足盘、薄壁壶。这些龙山文化形制的陶器，或许是龙山文化混入新砦遗址第二期当中，也或许是新砦遗址第二期仍在沿用。暂介绍其中 2 件。

壶　标本 T6⑭：1，泥质深灰色。器表磨光，素面。圆唇，侈口，长颈，鼓腹。口径 9、残高 7、厚 0.3 厘米（图二九三，9）。

圈足盘　标本 T6⑭：4，泥质深灰色。器表磨光。弧壁，浅盘，圈足较高，底边外凸。底径 17、残高 6.5、厚 0.3～0.5 厘米（图二九三，10）。

2000T6⑯

深腹罐　标本 T6⑯：1，近似第一期 Ba 型 Ⅰ 式深腹罐。泥质深灰色。器表饰横向方格纹。方唇，唇上亦有一浅凹槽，斜折沿，弧腹。口径 25.2、残高 8.7、厚 0.6 厘米（图二九三，11）。

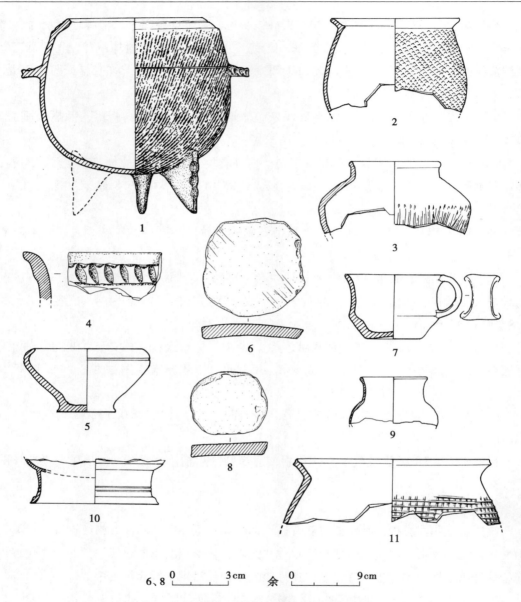

图二九三　2000T6⑫、T6⑭、T6⑯出土陶鼎、罐、钵等

1. Ab 型高足鼎（T6⑫：20）　 2. B 型 I 式高足鼎（T6⑫：10）　 3. 折肩罐（T6⑫：14）　 4. 缸（T6⑫：11）
5. B 型钵（T6⑫：615）　 6. 圆陶片（T6⑫：7）　 7. 单耳杯（T6⑫：16）　 8. 圆陶片（T6⑫：6）　 9. 壶（T6⑭：
1）　 10. 圈足盘（T6⑭：4）　 11. 深腹罐（T6⑯：1）

2000T7⑧A

　　深腹罐　B 型Ⅱ式　标本 T7⑧A：5，夹砂深灰色。器表有轮制痕迹。外壁饰右下斜行篮纹。圆唇，斜折沿，宽沿，内折棱明显，弧腹。口径 22、残高 7、厚 0.4～0.6

厘米（图二九四，1）。

　　高足鼎　B 型 I 式　标本 T7⑧A：4，夹砂浅灰色。外壁饰右下斜行篮纹。斜折沿，圆唇，内折棱凸出，垂弧腹。口径 12、残高 8、厚 0.5～0.7 厘米（图二九四，2）。

　　刻槽盆　II 式　标本 T7⑧A：6，夹砂浅灰色。外壁饰篮纹，内壁刻槽呈辐射状。流稍外凸。口径 18、残高 10、厚 0.6～0.8 厘米（图二九四，3）。

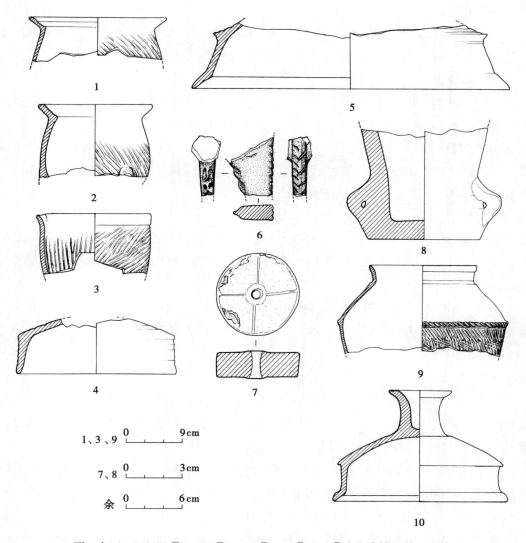

图二九四　2000T7⑧A、T7⑧B、T7⑨、T7⑩、T7⑪出土陶罐、鼎、盆等

1. B 型 II 式深腹罐（T7⑧A：5）　　2. B 型 I 式高足鼎（T7⑧A：4）　　3. II 式刻槽盆（T7⑧A：6）

4. A 型 II 式器盖（壁）（T7⑧A：2）　　5. A 型 III 式器盖（壁）（T7⑧A：15）　　6. Aa 型 II 式高足鼎足

（T7⑧B：7）　　7. 纺轮（T7⑨：1）　　8. 杵形杯（T7⑩：1）　　9. 折肩罐（T7⑪：1）　　10. Ab 型器盖

（T7⑪：2）

　　器盖（壁）　A型Ⅱ式　标本T7⑧A：2，夹砂深灰色。器表磨光，外壁饰数周凹弦纹。平顶微隆，折直壁。底径17、残高5.8、厚0.4～0.8厘米（图二九四，4）。

　　A型Ⅲ式　标本T7⑧A：15，夹砂深灰色。器表磨光，顶面饰两周凹弦纹。斜顶，顶边凸出，斜壁，底边外侈明显。底径33.4、残高7、厚0.6～0.8厘米（图二九四，5）。

2000T7⑧B

　　高足鼎足　Aa型Ⅱ式　标本T7⑧B：7，夹砂红色。正面刻划倒"人"字形纹，背面饰按窝纹。扁三角形。残高6.4厘米（图二九四，6）。

2000T7⑨

　　纺轮　标本T7⑨：1，泥质深灰色。轮面压有"十"字压印纹。边棱凸出，扁圆饼状。直径4.6、厚1.3厘米（图二九四，7；图版六九，5）。

2000T7⑩

　　杵形杯　标本T7⑩：1，泥质浅灰色。素面。上部残缺。近底部安装对称双耳，耳上有一小穿孔。残高6、底径6厘米（图二九四，8）。

2000T7⑪

　　折肩罐　标本T7⑪：1，泥质浅灰色。肩以上磨光，折肩处饰附加堆纹一周，以下饰篮纹。侈口，尖圆唇，溜肩，弧腹。口径17.1、残高14.7、厚0.4～0.7厘米（图二九四，9）。

　　器盖　Ab型　标本T7⑪：2，泥质浅灰色。倒圈足形纽，弧顶，底边外凸，直壁，底边外侈明显。底径18.4、高11.8、厚0.4～0.7厘米（图二九四，10；图版六九，6）。

2000T11⑥

　　深腹罐　B型Ⅰ式　标本T11⑥：42，夹砂浅灰色。外壁通体饰印痕较深而清晰的方格纹，沿面下端有一周凹弦纹。斜折沿较直，尖圆唇，深腹圆鼓，小平底。口径26、底径8、高31.3、厚0.4～0.8厘米（图二九五，1；图版七〇，1）。

　　标本T11⑥：4，泥质深灰色，近底部为褐红色。内壁有手抹痕迹，外壁通体饰交错细篮纹。斜折沿较直，尖圆唇，深腹圆鼓，小平底。口径19.5、底径6、高22.7、厚0.4～0.6厘米（图二九五，2；图版七〇，2）。

　　高足鼎　B型Ⅱ式　标本T11⑥：51，夹砂浅灰色。上腹部饰一周凹弦纹和篮纹，下腹部饰方格纹。斜折沿，圆唇加厚，内折棱凸出，深腹，圜底，足残。口径15、残高13.4、厚0.4～0.6厘米（图二九五，3）。

　　标本T11⑥：20，泥质深灰色。口沿及其以下经磨光处理。内壁抹光，外壁饰细而浅的方格纹，足正、背面均饰按窝纹。斜折沿，圆唇，唇缘加厚，垂弧腹，圜底，侧扁

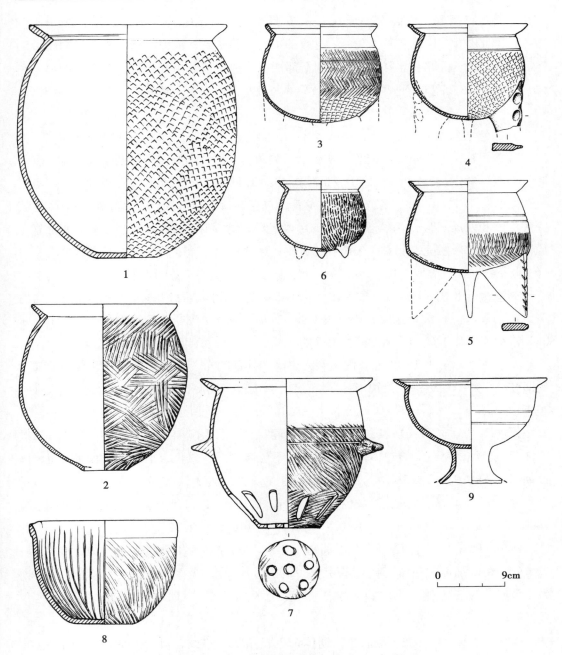

图二九五　2000T11⑥出土陶深腹罐、鼎、甑等

1. B 型 I 式深腹罐（T11⑥:42）　2. B 型 I 式深腹罐（T11⑥:4）　3. B 型 II 式高足鼎（T11⑥:51）　4. B 型 II 式高足鼎（T11⑥:20）　5. B 型 II 式高足鼎（T11⑥:14）　6. 矮足鼎（T11⑥:39）　7. 甑（T11⑥:8）　8. II 式刻槽盆（T11⑥:15）　9. 簋形豆（T11⑥:53）

三角形足。口径 16、残高 15、厚 0.4~0.6 厘米（图二九五，4；图版七〇，3）。

标本 T11⑥：14，夹砂浅灰色。上腹部饰两周凹弦纹，下腹部饰篮纹，足面压印倒"八"字形纹。斜折沿，尖圆唇，唇缘上部加厚，内折棱凸出，垂腹，圜底，侧扁三角形足。口径 16、高 18.8、厚 0.4~0.6 厘米（图二九五，5；彩版二二，2；图版七〇，4）。

矮足鼎　标本 T11⑥：39，夹砂浅灰色，胎薄。内壁略加抹平，外壁饰细绳纹，上腹部纹路规整，下腹及底部较乱。斜折沿，尖圆唇，唇缘加厚，内折棱不甚明显，垂弧腹，圜底，矮足。口径 12、高 10.7、厚 0.4~0.6 厘米（图二九五，6；图版七〇，5）。

甑　标本 T11⑥：8，深腹盆形。泥质浅灰色。口沿及上腹部磨光，以下饰印痕较深的篮纹和两周凹弦纹。器腹上部饰一对鸡冠耳。斜折沿近平，深腹，腹壁近底部有一周半圆形和梭形甑孔，底有六个圆孔，其中，罐底中央一个，另外五个呈环状分布。口径 23、底径 8.3、高 20.4、厚 0.4~0.8 厘米（图二九五，7；图版七一，1）。

刻槽盆　Ⅱ式　标本 T11⑥：15，夹细砂深灰色。器表饰浅篮纹，纹痕较宽，向右下斜行。直口，微敛，弧腹，小平底近圜。口径 19.5、底径 7.5、高 13.9、厚 0.6~0.8 厘米（图二九五，8；图版七一，2）。

篮形豆　标本 T11⑥：53，泥质磨光黑陶。外壁磨光，内壁仅抹光。豆盘偏下饰两周凹弦纹。斜折沿近平，沿面有一周浅凹槽，弧腹，圜底，矮圈足，足部已残。口径 20.6、残高 14.3、厚 0.5~0.7 厘米（图二九五，9；图版七一，3）。

折肩罐　标本 T11⑥：1，泥质黑色。折肩处饰一周不甚明显的附加堆纹，肩部以下饰印痕较浅的篮纹。直口微侈，广斜肩，下弧腹圆鼓，急收为小平底，底部内凹。口径 14.2、底径 9.6、高 24.9、厚 0.6~0.8 厘米（图二九六，1，图版七一，4）。

标本 T11⑥：18，泥质浅灰色。肩、腹部饰篮纹。直口，圆唇，溜肩，弧腹略鼓，底残。口径 11.6、残高 12.6、厚 0.4~0.6 厘米（图二九六，2）。

标本 T11⑥：9，泥质深灰色。通体饰方格纹，方格纹排列较规整，但印痕较浅；折肩处加饰附加堆纹一周，肩上部另饰数周凹弦纹。直口微侈，斜肩，下腹圆鼓，斜收为小平底，底部微微内凹。口径 14.5、底径 10.8、高 26.1、厚 0.4~0.7 厘米（图二九六，3；图版七一，5）。

标本 T11⑥：45，泥质深灰色。通体饰近长条状方格纹，口沿内侧饰一周凹弦纹。直口微侈，斜肩，下弧腹微鼓，斜收为小平底，底部内凹。口径 12、底径 6、高 13.4、厚 0.5~0.7 厘米（图二九六，4）。

标本 T11⑥：5，泥质深灰色。通体饰菱形方格纹。侈口，卷沿，圆唇，溜肩，下弧腹圆鼓，小平底内凹。口径 12.6、底径 6.5、高 16.3、厚 0.4~0.6 厘米（图二九六，5，图版七一，6）。

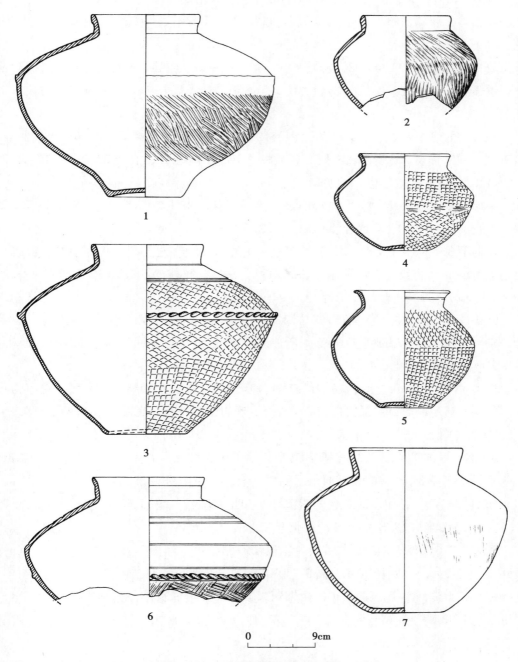

图二九六　2000T11⑥出土陶折肩罐、小口尊

1. 折肩罐（T11⑥:1）　　2. 折肩罐（T11⑥:18）　　3. 折肩罐（T11⑥:9）　　4. 折肩罐（T11⑥:45）

5. 折肩罐（T11⑥:5）　　6. 折肩罐（T11⑥:50）　　7. 小口尊（T11⑥:98）

标本 T11⑥：50，泥质浅灰色。肩部饰凹弦纹，下腹部饰附加堆纹和交错篮纹。侈口，尖圆唇，唇部加厚，溜肩，斜弧腹。口径 15、残高 17、厚 0.5~0.7 厘米（图二九六，6）。

小口尊　标本 T11⑥：98，泥质灰色。素面。侈口，尖唇，唇部有一周浅凹槽，溜肩，深弧腹，小平底。口径 15.3、底径 9.5、高 22、厚 0.4~0.8 厘米（图二九六，7；图版七二，1）。

双耳平底盆　标本 T11⑥：17，泥质浅灰色。内外壁均经磨光，底部可见线割纹，沿下有一周凹弦纹。宽卷沿，圆唇，斜弧腹，平底。口径 39、底径 27.2、高 10.6、厚 0.8~1.0 厘米（图二九七，1；图版七二，2）。

平底盆　A 型 II 式　标本 T11⑥：6，泥质黑色。内外壁均经磨光。窄沿外卷，斜壁，底较大。口径 32.5、底径 19.5、高 9.2、厚 0.5~0.7 厘米（图二九七，2）。

A 型 III 式　标本 T11⑥：2，泥质黑色。内外壁均经磨光，外壁可见清晰的轮旋纹，沿面上有一周凹弦纹。卷沿外翻下垂，斜壁，平底，腹较深。口径 36.7、底径 23.2、高 10.4 厘米（图二九七，3；图版七二，3）。

器盖　Aa 型 II 式　标本 T11⑥：52，泥质灰色。外壁磨光，素面。菌状盖纽，盖颈中空与盖顶相通，盖顶平整微隆，盖壁较直，底边外侈。底径 20.4、高 10.6、厚 0.4~1.0 厘米（图二九七，4）。

标本 T11⑥：16，内壁粗糙，留有手制痕迹，外壁经慢轮修整。素面。盖纽为单层，菌状，盖颈极短，盖顶斜直，盖壁外侈，底边贴边外凸。底径 21、高 11、厚 0.6~0.81 厘米（图二九七，5；彩版二二，3；图版七三，1）。

Ab 型　标本 T11⑥：22，泥质深灰色。器表经过磨光，通体素面。圈足纽，弧顶，斜壁外侈。底径 18.8、高 10.6 厘米（图二九七，6；图版七三，2）。

标本 T11⑥：7，泥质深灰色。素面。小圈足式盖纽，盖面微弧，盖壁斜直。底径 22.5、高 12 厘米（图二九七，7；图版七三，3）。

标本 T11⑥：3，泥质黑皮褐胎。盖顶饰有凹弦纹。纽上部残。斜顶微弧，直壁，微外侈，底边外凸。底径 20.6、高 9、厚 0.4~0.8（图二九七，8）。

标本 T11⑥：6，泥质深灰色。内壁粗糙，外壁经慢轮修整。盖顶饰细绳纹。圈足形纽，斜平顶，直壁。口径 17.2、高 7.8、厚 0.4~0.6 厘米（图二九七，9；图版七三，4）。

标本 T11⑥：300，泥质褐色。外壁经慢轮修整，内壁粗糙。盖顶底端饰一周凹弦纹。圈足形纽，盖顶斜平微鼓，直壁外侈，底边凸出。底径 14、高 4.4、厚 0.6~0.8 厘米（图二九七，10；图版七三，5）。

Ba 型 I 式　标本 T11⑥：21，泥质黑皮黄胎。器表磨光。单层纽，平顶，弧壁，

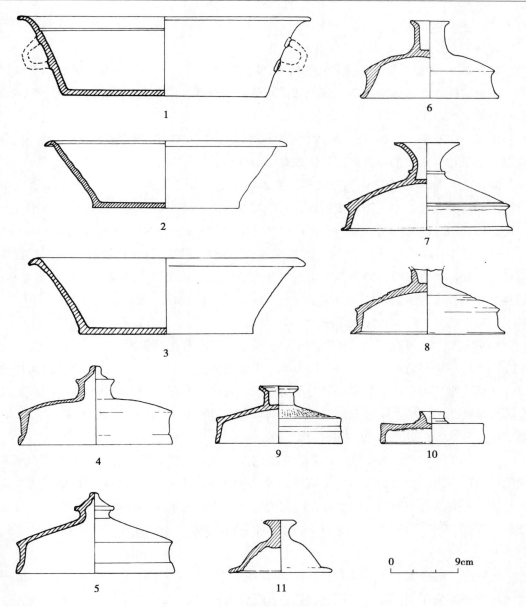

图二九七　2000T11⑥出土陶平底盆、器盖

1. 双耳平底盆（T11⑥:17）　2. A 型 II 式平底盆（T11⑥:6）　3. A 型 III 式平底盆（T11⑥:2）　4. Aa 型 II 式器盖（T11⑥:52）　5. Aa 型 II 式器盖（T11⑥:16）　6. Ab 型器盖（T11⑥:22）　7. Ab 型器盖（T11⑥:7）　8. Ab 型器盖（T11⑥:3）　9. Ab 型器盖（T11⑥:6）　10. Ab 型器盖（T11⑥:300）　11. Ba 型 I 式器盖（T11⑥:21）

宽底边外凸。底径 13.8、高 7 厘米（图二九七，11；彩版二二，4；图版七三，6）。

　　圆陶片　标本 T11⑥:19，泥质灰色。表面饰篮纹。打磨兼制，边缘有少量崩痕。

直径5、厚0.6厘米。

2000T11⑦A

高足鼎　Aa 型　标本 T11⑦A：24，夹砂浅灰色。腹部主要饰绳纹，另有凹弦纹两周。子母口较直，深弧腹下垂，腹上部饰对称桥形竖耳。口径18、残高17.5、厚0.4～0.6厘米（图二九八，1）。

B 型　标本 T11⑦A：26，夹砂黑皮陶。口足均残。腹部饰两周凹弦纹和粗绳纹。腹部偏上部位有对称的横置鸡冠耳。残高12.9厘米（图二九八，2）。

矮足鼎　标本 T11⑦A：4，罐形。夹砂深灰色，局部为褐色。通体饰较细竖行绳纹，底部纹饰较乱。斜折沿，尖圆唇，唇缘加厚，内折棱明显，垂弧腹较深，下附三乳状足。口径18.5、高18、厚0.4～0.6厘米（图二九八，3；图版七四，1）。

甑　标本 T11⑦A：52，罐形。泥质深灰色。上腹部饰四周凹弦纹和向右下斜行的篮纹，下腹部饰方格纹。斜折沿，尖圆唇加厚，鼓腹，小平底。肩部饰一对桥形竖耳。器腹近底处饰一周半圆形甑孔，甑底有五个圆孔。口径23.5、底径9、高22.3、厚0.5～0.7厘米（图二九八，4；图版七四，2、3）。

标本 T11⑦A：49，深腹盆形。泥质深灰色。口沿及上腹部磨光，饰两周凹弦纹，下腹及底部均饰斜篮纹。斜折沿，尖圆唇，沿面内侧上下两端有两周浅凹槽，内折棱明显，深腹下垂，小平底。腹中部饰一对鸡冠耳。近底腹壁刻一周半圆形镂孔，器底刻九个圆形小镂孔，其中，中央三个，另六个呈环状分布。口径27.2、底径8.4、高22.6、厚0.4厘米（图二九八，5；图版七四，4）。

标本 T11⑦A：9，深腹盆形。泥质浅灰色。沿面上端有一周凹弦纹，上腹部饰两周凹弦纹，以下饰篮纹。斜折沿，尖圆唇，内折棱明显，深弧腹，小平底。腹中部饰一对鸡冠耳。近底部饰一周长方形镂孔，底部为六个圆孔，其中，一个在中央，另五个环绕分布。口径24.9、底径7.5、高19.8、厚0.4～0.6厘米（图二九八，6；图版七四，5、6）。

平底盆　B 型Ⅱ式　标本 T11⑦A：34，泥质黑色，胎较厚。内外壁磨光，沿饰一周凹弦纹。宽卷沿外翻，斜弧腹较浅，平底较大。口径33、底径23.5、高8.1、厚0.8～1.0厘米（图二九九，1；图版七五，1）。

刻槽盆　Ⅱ式　标本 T11⑦A：25，泥质浅灰色。口沿下饰一周凹弦纹，腹壁饰方格纹。上部腹壁较直，下腹弧收，底残。口径19、残高14.2、厚0.6～0.8厘米（图二九九，2）。

标本 T11⑦A：3，泥质浅灰色。器表饰较深的窄篮纹。直口，上腹较直，下腹斜收为小平底。口径19.2、底径9、高14.5、厚0.7～1.0厘米（图二九九，3；图版七五，2、3）。

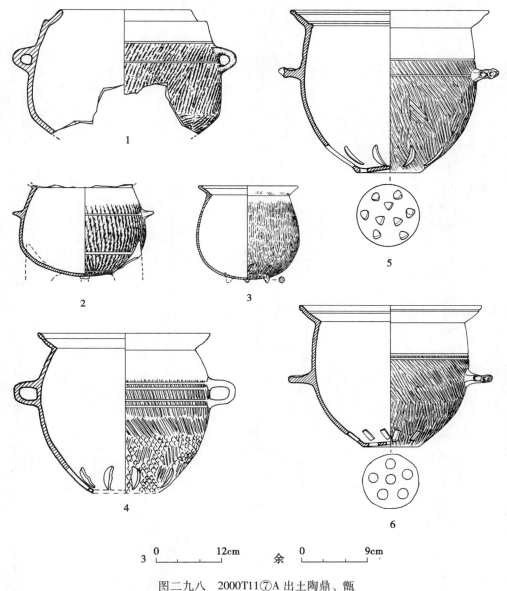

图二九八　2000T11⑦A 出土陶鼎、甑

1. Aa 型高足鼎（T11⑦A：24）　　2. B 型高足鼎（T11⑦A：26）　　3. 矮足鼎（T11⑦A：4）　　4. 甑
（T11⑦A：52）　　5. 甑（T11⑦A：49）　　6. 甑（T11⑦A：9）

豆　Ⅱ式　标本 T11⑦A：28，泥质黑皮，局部为黄褐色。器表磨光，豆柄上端饰弦纹一周，其下有对称分布的一对圆形镂孔。窄沿，尖唇，深盘，平底，豆柄较高，圈足低矮。口径 12、高 15.4 厘米（图二九九，4）。

标本 T11⑦A：51，泥质褐色。通体素面，磨光。窄卷沿，深盘，平底，豆柄较细高，上端有一圆孔，圈足残。口径 11.5、残高 15.6、厚 0.4～0.6 厘米（图二九九，

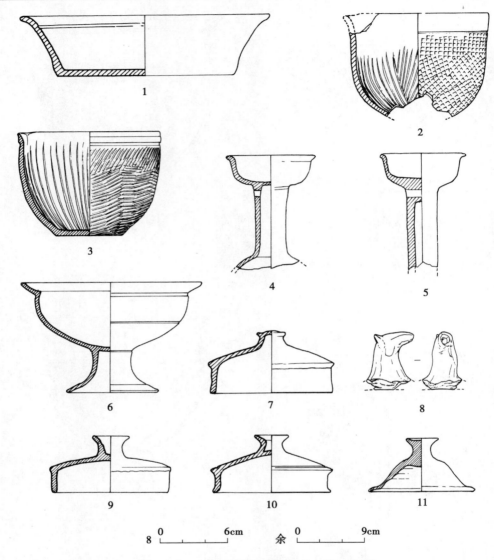

图二九九　2000T11⑦A 出土陶盆、豆、器盖

1. B 型 Ⅱ 式平底盆（T11⑦A：34）　2. Ⅱ 式刻槽盆（T11⑦A：25）　3. Ⅱ 式刻槽盆（T11⑦A：3）
4. Ⅱ 式豆（T11⑦A：28）　5. Ⅱ 式豆（T11⑦A：51）　6. 簋形豆（T11⑦A：13）　7. Aa 型 Ⅱ
式器盖（T11⑦A：11）　8. 器纽（T11⑦A：64）　9. Ab 型器盖（T11⑦A：10）　10. Ab 型器盖
（T11⑦A：8）　11. B 型 Ⅱ 式器盖（T11⑦A：21）

5）。

　　簋形豆　标本 T11⑦A：13，泥质黑皮陶。口沿及外壁经磨光处理，内壁磨光，盘
腹中部饰凹弦纹两周。斜折沿，圆唇，沿面微内凹，内折棱凸出，弧腹，圜底，短粗圈
足。口径24、底径12.3、高15、厚0.6～0.8厘米（图二九九，6；彩版二二，5；图版

七五，4）。

器盖　Aa 型Ⅱ式　标本 T11⑦A：11，泥质浅灰色。内外壁均经打磨，素面。单层纽，中空，纽平顶微隆，盖顶稍斜，顶边外凸，直壁。底径 16.5、高 8.7、厚 0.6~0.8厘米（图二九九，7；图版七五，5）。

Ab 型　标本 T11⑦A：10，泥质灰色。外壁经慢轮修整，内壁粗糙。素面。倒圈足纽，平顶微鼓，顶边外凸，直壁微内收。底径 15.6、高 7.7 厘米（图二九九，9；图版七六，1）。

标本 T11⑦A：8，泥质深灰色。内壁有手抹痕迹，外壁打磨光滑。素面。倒圈足纽，盖壁较直，底边凸出。底径 15.7、高 7.8、厚 0.6~0.8 厘米（图二九九，10；图版七六，2）。

B 型Ⅱ式　标本 T11⑦A：21，泥质橙黄色。内外壁均经磨光处理。素面。平顶纽，弧壁，底边外凸。底径 14.5、高 7.2 厘米（图二九九，11）。

器纽　标本 T11⑦A：64，泥质灰色。动物形首，似狗或狼头。高 5.2 厘米（图二九九，8；彩版二二，6；图版七五，6）。

深腹罐　A 型Ⅰ式　标本 T11⑦A：12，夹砂灰色。轮制。内壁有陶垫衬托的凹痕，外壁及底部均饰篮纹，印痕窄，排列较乱。斜折沿，沿面平，方唇，内折棱凸出，深腹圆鼓，下急收为稍内凹的小平底。口径 23.5、底径 8.4、高 31.2、厚 0.6~0.8 厘米（图三〇〇，1；图版七六，3）。

B 型Ⅰ式　标本 T11⑦A：71，夹砂浅灰黄色。器表饰近正方形的较小方格纹，纹痕较浅，排列较规整。斜折沿，圆唇，沿内侧下端有一周浅凹槽，圆鼓腹。口径 22、残高 26.7、厚 0.4~0.6 厘米（图三〇〇，2）。

标本 T11⑦A：3，夹砂深灰色。轮制。口沿下饰基本向左下斜行的篮纹，印痕清晰。斜折沿，圆唇，内折棱明显，圆鼓腹，小平底微内凹。口径 22.5、底径 8、高 26、厚 0.6~0.8 厘米（图三〇〇，3；图版七六，4）。

标本 T11⑦A：5，泥质浅灰色。口沿下为横篮纹，以下为交错篮纹。斜折沿，圆唇，圆鼓腹。口径 23、残高 26.1、厚 0.4~0.6 厘米（图三〇〇，4）。

B 型Ⅱ式　标本 T11⑦A：39，夹砂浅褐灰色。轮制。腹部饰较整齐、清楚的菱形方格纹，口沿上端有一周浅凹弦纹。斜折沿，沿面较平，方圆唇，深腹微鼓，小平底微内凹。口径 26、底径 9、高 30、厚 0.5~0.7 厘米（图三〇〇，5；图版七七，1）。

标本 T11⑦A：2，夹砂浅灰色。轮制。内壁抹光，外壁口沿以下饰竖行细绳纹，口沿上端有一周浅凹弦纹。斜折沿，沿面较平，圆唇，唇缘加厚，深腹微鼓，小平底。口径 28.2、底径 9、高 30.6、厚 0.6~1.0 厘米（图三〇〇，6；图版七七，2）。

C 型Ⅰ式　标本 T11⑦A：29，夹砂深灰色。口沿以下饰宽篮纹，上腹部篮纹向右

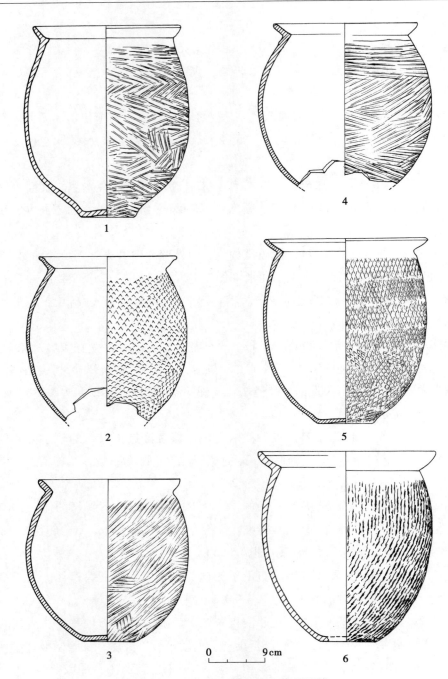

图三〇〇 2000T11⑦A 出土陶深腹罐

1. A 型Ⅰ式（T11⑦A：12）　2. B 型Ⅰ式（T11⑦A：71）　3. B 型Ⅰ式（T11⑦A：3）　4. B 型Ⅰ式（T11⑦
A：5）　5. B 型Ⅱ式（T11⑦A：39）　6. B 型Ⅱ式（T11⑦A：2）

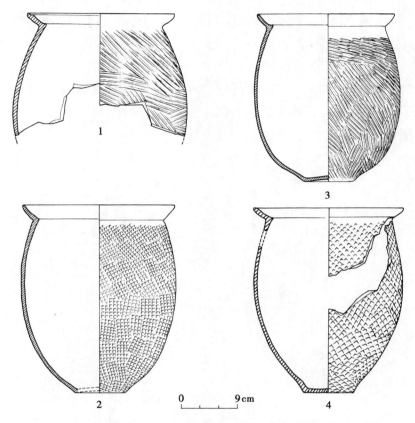

图三〇一　2000T11⑦A 出土 C 型 I 式陶深腹罐

1. T11⑦A：29　2. T11⑦A：11　3. T11⑦A：7　4. T11⑦A：5

下斜行，中下部篮纹交错拍印。斜折沿，尖唇，唇部内侧上端有一周凹槽，内折棱凸出，深腹下垂。口径23.7、残高19.5、厚0.4～0.6厘米（图三〇一，1）。

标本 T11⑦A：11，夹砂灰色。轮制。口沿下饰不太清楚的近正方形小方格纹。斜折沿，沿面平，尖圆唇，内折棱凸出，深腹微鼓，下收为小平底。口径24、底径7.5、高30.5、厚0.5～0.7厘米（图三〇一，2；图版七七，3）。

标本 T11⑦A：7，夹砂深褐灰色。轮制。口沿下饰篮纹，基本向右下斜行，下腹部较乱。斜折沿，沿面下端微凹，尖圆唇，内折棱凸出，深腹微鼓，下腹近底部急收为小平底，底部稍内凹。口径21.5、底径8、高27、厚0.6～0.8厘米（图三〇一，3；图版七七，4）。

标本 T11⑦A：5，夹砂深灰色，褐红胎。内壁略加打磨。通体饰菱形方格纹。斜折沿，尖唇，内折棱凸出，深腹微鼓，下腹急收为小平底。口径24、底径8.2、高30.2、厚0.4～0.6厘米（图三〇一，4）。

C 型 II 式　标本 T11⑦A：31，夹砂褐灰色。轮制。口沿下饰竖行细绳纹，肩腹部涂有黄泥，沿内侧上端有一周浅凹弦纹。斜折沿，尖唇，唇沿加厚，深腹略垂，下收为小平底。口径28.5、底径8.3、高34.8、厚0.5～0.8厘米（图三〇二，1；图版七八，1）。

　　标本T11⑦A∶35，夹砂浅灰色。轮制。内壁拍打抹光，外壁饰浅方格纹。斜折沿，侈口，尖唇，唇沿加厚，深腹圆鼓，下收为小平底。口径27、底径8.2、高34.3、厚0.5～0.8厘米（图三〇二，2；图版七八，2）。

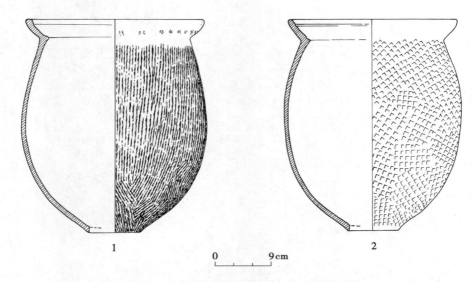

图三〇二　2000T11⑦A出土C型Ⅱ式陶深腹罐
1. T11⑦A∶31　2. T11⑦A∶35

　　大口双耳罐　标本T11⑦A∶18，泥质浅灰色。腹饰三周凹弦纹和篮纹，其中上腹部篮纹向右下斜行，下腹部篮纹较乱。大口，斜折沿，圆唇，内折棱凸出，鼓腹。上腹部饰一对桥形耳。口径34、残高22、厚0.6～0.9厘米（图三〇三，1）。

　　标本T11⑦A∶56，泥质浅灰色。腹部饰向右下斜行的篮纹和两周凹弦纹。大口，斜折沿，尖圆唇，唇缘加厚，内折棱凸出，垂弧腹，向下急收为小平底。上腹部饰一对桥形竖耳。口径39.4、底径11.1、高25.8、厚0.6～0.8厘米（图三〇三，6；彩版二三，1；图版七九，1）。

　　双耳罐　标本T11⑦A∶17，泥质黑色和浅灰色。器腹饰竖行篮纹和三周凹弦纹，口沿内侧似有一周凹弦纹。斜折沿，尖唇，唇部加厚，内折棱凸出，垂弧腹。腹部中上有一对桥形竖耳。口径16、残高13.5、厚0.4～0.6厘米（图三〇三，2）。

　　大口罐　标本T11⑦A∶16，泥质浅灰色。腹饰五周凹弦纹和篮纹。斜折沿，尖唇，内折棱不明显，深弧腹。口径29.4、残高15、厚0.7～0.9厘米（图三〇三，3）。

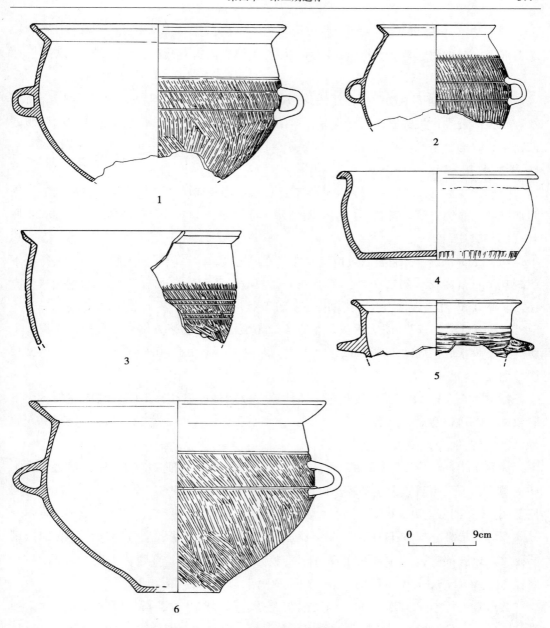

图三〇三 2000T11⑦A 出土陶罐、盆

1. 大口双耳罐（T11⑦A：18） 2. 双耳罐（T11⑦A：17） 3. 大口罐（T11⑦A：16） 4. 卷沿盆（T11⑦A：40） 5. 深腹盆（T11⑦A：55） 6. 大口双耳罐（T11⑦A：56）

卷沿盆 标本 T11⑦A：40，泥质深灰色。内外壁磨光，沿面饰三周红彩，色彩已经严重褪色，难以辨认。卷沿外翻，深腹外鼓，平底。口径 27、底径 21、高 12、厚 0.6~1.0 厘米（图三〇三，4；图版七八，3）。

深腹盆　标本 T11⑦A：55，泥质浅灰色。口沿下饰一周凹弦纹，其下饰横篮纹。腹上部安一对称鸡冠耳。斜折沿，圆唇，唇部加厚，内折棱凸出。口径 23、残高 8、厚 0.6～0.8 厘米（图三〇三，5）。

鼓腹罐　标本 T11⑦A：5，泥质深灰色。器腹中上部饰三周凹弦纹，余饰交叉篮纹。斜折沿近平，尖圆唇，唇缘加厚，口沿上下两端饰浅凹槽，内折棱凸出，垂弧腹圆鼓，下急收为小平底。口径 22.5、底径 7.5、高 24.3、厚 0.4～0.8 厘米（图三〇四，1；图版七九，2）。

折肩罐　标本 T11⑦A：7，泥质浅灰色。肩部饰一周凹弦纹和篮纹，折肩处饰一周附加堆纹，腹饰篮纹。直口，广肩，斜弧腹，小平底。口径 15.3、底径 7.8、高 24 厘米（图三〇四，2）。

标本 T11⑦A：9，泥质深灰色。器外壁饰窄篮纹，纹痕较浅，上腹向左下斜行，下腹较乱。直口微侈，斜肩微鼓，下腹圆鼓，斜收为小平底。口径 12.5、底径 7.5、高 16.5、厚 0.6～0.8 厘米（图三〇四，3；图版七九，3）。

标本 T11⑦A：27，泥质深灰色。通体饰印痕清晰的规整方格纹。直口，斜肩，下腹圆鼓，小平底微内凹。口径 12、底径 7、高 14.6、厚 0.6～0.8 厘米（图三〇四，4；图版七九，4）。

标本 T11⑦A：58，泥质浅灰色。通体饰印痕清晰的篮纹，上腹篮纹向左斜行，下腹较乱。敞口，卷沿，圆唇，斜肩，斜腹，小平底。口径 13、底径 8、高 15、厚 0.6 厘米（图三〇四，5；图版七九，5）。

标本 T11⑦A：57，泥质深灰色。折肩上下饰篮纹，余饰方格纹。侈口贴边，尖圆唇，溜肩，下弧腹斜收为小平底。口径 11.5、底径 7、高 14.8、厚 0.6～1.0 厘米（图三〇四，6；图版七九，6）。

双耳筒形杯　标本 T11⑦A：34，泥质黑皮陶。轮制成形，器耳手制。器表饰四周凹弦纹，近底部安装一对带两个小乳丁的桥形竖耳。圆唇，直腹，平底。口径 26.1、底径 24、高 15.3、厚 0.4～0.6 厘米（图三〇四，7；图版八〇，1）。

尊形瓮　标本 T11⑦A：30，泥质浅灰色。肩部饰凹弦纹，折肩以下饰篮纹和附加堆纹。侈口，尖圆唇，唇缘外凸，斜肩，深弧腹，底残。上腹部饰一对桥形竖耳。口径 34、残高 41.5、厚 0.4～1.2 厘米（图三〇五，1）。

2000T11⑦B

深腹罐　C 型 I 式　标本 T11⑦B：10，夹砂深灰色。轮制。腹饰整齐的菱形方格纹，印痕较深。斜折沿，尖唇，深腹圆鼓，下收为微内凹的小平底。口径 25.5、底径 7.5、高 27.3、厚 0.5～0.8 厘米（图三〇六，1）。

高足鼎　Ab 型　标本 T11⑦B：9，夹砂深灰色。器腹上部有一周凹弦纹及对称鸡

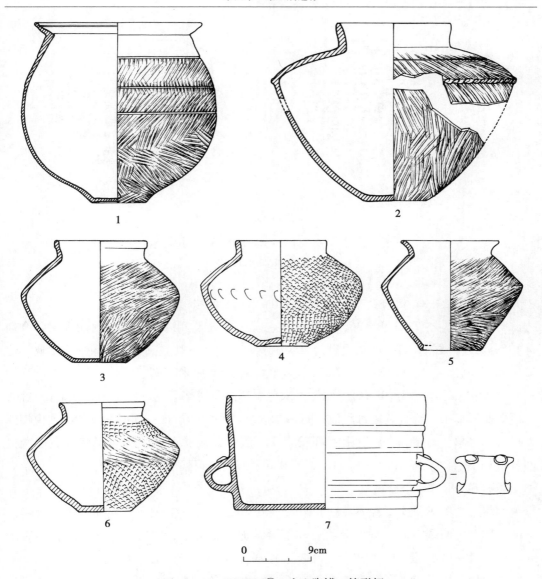

图三〇四 2000T11⑦A 出土陶罐、筒形杯

1. 鼓腹罐（T11⑦A：5） 2. 折肩罐（T11⑦A：7） 3. 折肩罐（T11⑦A：9） 4. 折肩罐（T11⑦A：27） 5. 折肩罐（T11⑦A：58） 6. 折肩罐（T11⑦A：57） 7. 双耳筒形杯（T11⑦A：34）

冠耳，器腹饰向左下斜行的粗绳纹。子母敛口，深弧腹略垂，圜底，足残。口径17.5、残高20.3、厚0.6~0.8厘米（图三〇六，2）。

甑 标本T11⑦B：6，深腹盆形。泥质浅灰色。内壁抹光，外壁口沿下磨光。腹饰浅细篮纹和一周浅凹弦纹。斜折沿，圆唇加厚，内折棱明显，深弧腹，小平底。上腹部饰一对鸡冠耳，近底部饰一周梭形孔，底刻六孔，其中，周边五孔为梭形，中央一孔为

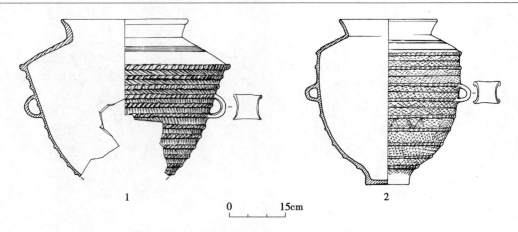

图三〇五　　2000T11⑦A、T11⑦B 出土陶尊形瓮
1. T11⑦A：30　　2. T11⑦B：41

三角形。口径 24.3、底径 9、高 18.3、厚 0.6～0.8 厘米（图三〇六，3）。

折肩罐　标本 T11⑦B：36，泥质浅灰色。折肩处及其以下饰两周附加堆纹，余通体拍印篮纹。矮领，直口，口沿贴边，尖圆唇，溜肩，下弧腹圆鼓，斜收为小平底，底微内凹。口径 14.8、底径 8.2、高 26.3、厚 0.4～0.8 厘米（图三〇六，4）。

尊形瓮　标本 T11⑦B：41，泥质深灰色。口部及肩部磨光，肩上部饰三周凹弦纹，折肩处及其以下共饰九周附加堆纹，每两周附加堆纹中间加饰一周凹弦纹和印痕模糊的方格纹。侈口，折肩，深腹，上腹部较直，下腹部弧腹，下急收为小平底，底部微内凹。口径 26.5、底径 11.4、高 44.5、厚 0.6～1 厘米（图三〇五，2；图版八〇，2）。

2000T11⑧

深腹罐　B 型Ⅱ式　标本 T11⑧：2，夹砂灰色。内壁抹平，外壁饰竖行细绳纹，沿面内侧上下两端各有一周凹弦纹。局部涂黄泥。斜折沿，圆唇，唇部加厚，深腹圆鼓，最大径在腹中部。口径 28、残高 28、厚 0.4～0.6 厘米（图三〇七，1）。

鼓腹罐　标本 T11⑧：5，泥质深灰色。内壁打磨光滑，外壁上腹饰一周凹弦纹和数列横篮纹，余为交错篮纹，印痕较浅。平折沿较宽，内折棱凸出，尖圆唇，唇缘加厚，垂鼓腹。口径 27.3、残高 24.1、厚 0.4 厘米（图三〇七，2）。

平底盆　B 型Ⅱ式　标本 T11⑧：6，泥质黑色，胎较厚。内外壁磨光，沿面饰一周凹弦纹。宽卷沿，沿面近平，斜腹，大平底。口径 38.1、底径 24.9、高 8.1、厚 0.8～1.0 厘米（图三〇七，3；图版八〇，3）。

B 型Ⅲ式　标本 T11⑧：11，泥质黑色，胎较厚。内外壁磨光，沿面饰一周凹弦纹。宽卷沿，沿面近平，弧腹，小平底。口径 24、底径 9.2、高 8、厚 0.4～0.8 厘米（图三〇七，4）。

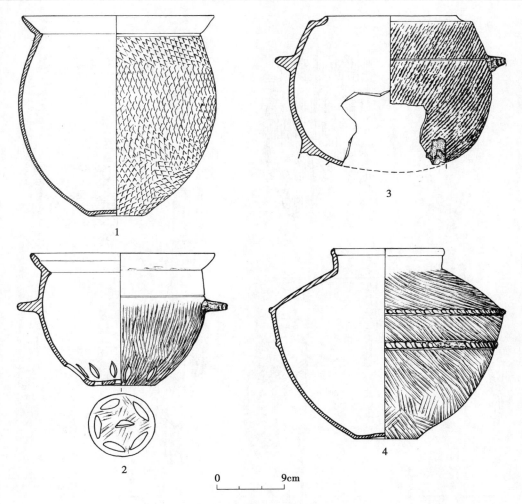

图三○六　2000T11⑦B 出土陶罐、鼎、甑

1. C 型 I 式深腹罐（T11⑦B：10）　2. Ab 型高足鼎（T11⑦B：9）　3. 甑（T11⑦B：6）　4. 折肩罐
（T11⑦B：36）

　　箍形器　标本 T11⑧：7，泥质灰色。内壁粗略抹平，外壁饰密集的附加堆纹。侈
口，尖圆唇，直壁，底残。沿下饰四个桥形竖耳。口径 32、残高 17.6、厚 0.7 ~ 0.9 厘
米（图三○七，5；图版八○，4）。

　　刻槽盆　II 式　标本 T11⑧：4，泥质浅灰色。外壁饰较规整的方格纹，印纹较浅，
内壁刻槽呈辐射状。直口，窄边，上腹部较直，下腹斜收，底残。口径 22、残高 13.5、
厚 0.4 ~ 0.6 厘米（图三○七，6）。

2000T11⑨A

　　深腹罐　A 型 II 式　标本 T11⑨A：2，夹砂深灰色。口沿内侧上下两端各饰一浅凹

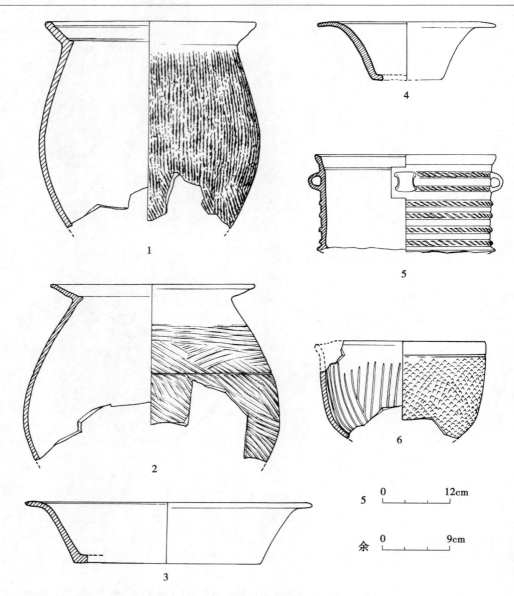

图三〇七　2000T11⑧出土陶罐、盆、箍形器

1. B 型Ⅱ式深腹罐（T11⑧：2）　2. 鼓腹罐（T11⑧：5）　3. B 型Ⅱ式平底盆（T11⑧：6）　4. B
型Ⅲ式平底盆（T11⑧：11）　5. 箍形器（T11⑧：7）　6. Ⅱ式刻槽盆（T11⑧：4）

槽，外壁通体饰菱形方格纹。方唇，斜折沿，内折棱明显，深腹圆鼓，下斜收为小平
底。口径 26、底径 10.1、高 32、厚 0.5 ~ 0.7 厘米（图三〇八，1；图版八〇，5）。

器盖（壁）　标本 T11⑨A：1，泥质黑皮褐胎，胎较薄。外壁磨光，内壁略经打
磨。盖顶上部有三周凹弦纹，下部有一周凹弦纹。纽残，盖顶斜平，盖壁较直，底边外
凸。底径 18.2、残高 8.5、厚 0.4 ~ 0.8 厘米。

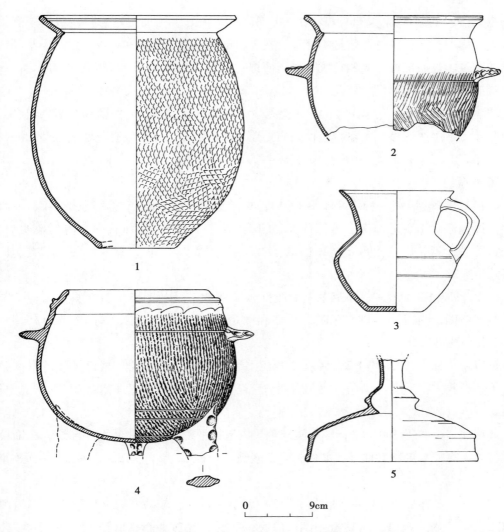

图三〇八　2000T11⑨A、T11⑨B 出土陶罐、甗、壶等

1. A 型 Ⅱ 式深腹罐（T11⑨A：2）　　2. 甗（T11⑨A：23）　　3. 单耳壶（T11⑨A：12）　　4. Aa 型高足鼎（T11⑨B：5）　　5. A 型 Ⅱ 式器盖（T11⑨B：1）

甗　标本 T11⑨A：23，泥质浅灰色。器腹饰对称的鸡冠耳，器耳以上磨光，以下饰一周凹弦纹和篮纹。斜折沿，沿面微鼓，内侧下端略凹，内折棱凸出，深腹圆鼓，底残。口径24、残高16.2、厚0.5～0.7厘米（图三〇八，2）。

单耳壶　标本 T11⑨A：12，泥质灰色。腹部饰两周凹弦纹。敞口，尖圆唇，圆鼓腹，平底，宽带状单耳。口径15、底径7.2、高17、厚0.5～0.7厘米（图三〇八，3；图版八一，1）。

2000T11⑨B

高足鼎　Aa型　标本T11⑨B：5，夹细砂浅灰色。手制加慢轮修整，口沿下有拍打印痕。内壁抹光，外壁饰竖行细绳纹，在上腹部有一对鸡冠耳和一周抹痕，下腹部饰两周凹弦纹，近底部饰一周凹纹纹，足正面饰对捏的按窝纹。子母口较直，方唇，深鼓腹，圜底，侧扁三角形足。口径18.5、残高22.8厘米（图三〇八，4；图版八一，2）。

器盖　A型Ⅱ式　标本T11⑨B：1，夹砂深灰色。盖顶饰两周凹弦纹。双层纽，上层纽已残。下层纽低矮，中空与盖顶相通。盖顶略呈弧顶，盖壁较直，底边外凸。底径22.8、残高14.2、厚0.4～0.6厘米（图三〇八，5）。

2000T11⑩B

高足鼎　B型Ⅱ式　标本T11⑩B：14，夹砂深灰色。上腹部饰两周凹弦纹，下腹及底部饰浅篮纹，鼎足饰倒"八"字形的压印纹。斜折沿，沿面较平，内折棱明显，折腹，圜底，侧装扁三角形足。口径15、高17.8、厚0.4～0.6厘米（图三〇九，1；图版八一，3）。

标本T11⑩B：5，夹砂深灰色。上腹部饰凹弦纹，其余饰方格纹。斜折沿，尖圆唇，沿面略凹，内折棱明显，深腹，圜底和鼎足残。口径16.2、残高10.5、厚0.4～0.6厘米（图三〇九，2）。

折肩罐　标本T11⑩B：2，泥质浅灰色。通体饰窄细横篮纹。直口微侈，肩部微鼓，下腹斜收为小平底。口径11、底径8.2、高14、厚0.4～0.6厘米（图三〇九，3；彩版二三，2；图版八一，4）。

尊形瓮　标本T11⑩B：1，泥质浅灰色。内壁抹平，外壁肩部饰附加堆纹，腹饰较浅的篮纹。直领，尖圆唇加厚，溜肩，腹部残缺。口径32、残高13.8、厚0.6～0.8厘米（图三〇九，4）。

平底盆　A型Ⅲ式　标本T11⑩B：13，泥质黑色，胎较薄。内外壁磨光，口沿内侧饰凹弦纹一周。敞口，窄卷沿外翻，深腹，平底，底边外凸。口径37、底径24.5、高9.4厘米（图三〇九，5；图版八一，5）。

盖纽　标本T11⑩B：12，夹砂黑皮褐胎。仅存残纽，菌状。残高9厘米（图三〇九，6）。

2000T11⑩C

深腹罐　C型Ⅰ式　标本T11⑩C：2，夹砂深灰色。上腹饰横篮纹，中下部篮纹较乱。斜折沿近平，尖唇，内折棱明显，深鼓腹。口径23、残高14.3、厚0.4厘米（图三〇九，7）。

折肩罐　标本T11⑩C：3，泥质灰褐色，胎较厚。腹部饰较乱的篮纹。侈口，尖圆唇，斜肩，圆鼓腹，下急收为小平底。口径14.9、底径8.5、高23.3、厚0.7～1.0厘

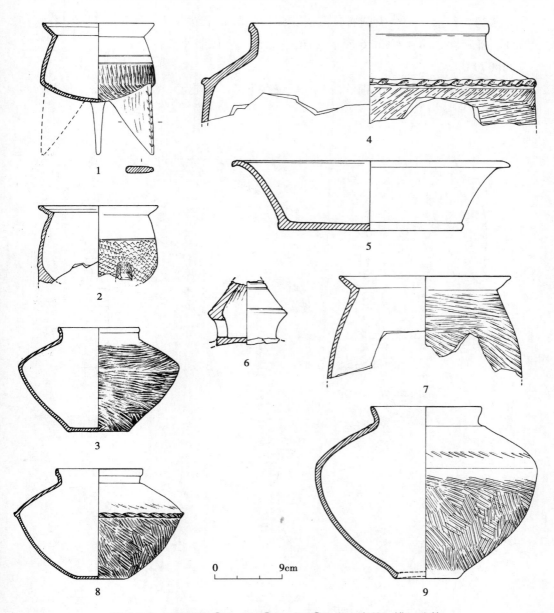

图三〇九　2000T11⑩B、T11⑩C、T11⑩D 出土陶鼎、罐、盆等

1. B 型 Ⅱ 式高足鼎（T11⑩B：14）　2. B 型 Ⅱ 式高足鼎（T11⑩B：5）　3. 折肩罐（T11⑩B：2）　4. 尊形瓮（T11⑩B：1）　5. A 型 Ⅲ 式平底盆（T11⑩B：13）　6. 盖纽（T11⑩B：12）　7. C 型 Ⅰ 式深腹罐（T11⑩C：2）　8. 折肩罐（T11⑩D：11）　9. 折肩罐（T11⑩C：3）

米（图三〇九，9；彩版二三，3；图版八二，1）。

2000T11⑩D

折肩罐　标本 T11⑩D：11，泥质浅灰色。折肩处饰一周附加堆纹，以下为浅篮纹。

矮领，侈口，口沿贴边，尖圆唇，溜肩，弧腹圆鼓，下斜收为小平底。口径11.6、底径6.4、高14.8、厚0.4～0.6厘米（图三〇九，8；图版八二，2）。

2000T11⑪

鬲　标本T11⑪：2，夹细砂浅灰色。仅存下部。三袋足，实足根较长。残高17.4、厚0.8～1.7厘米（图三一〇，1）。

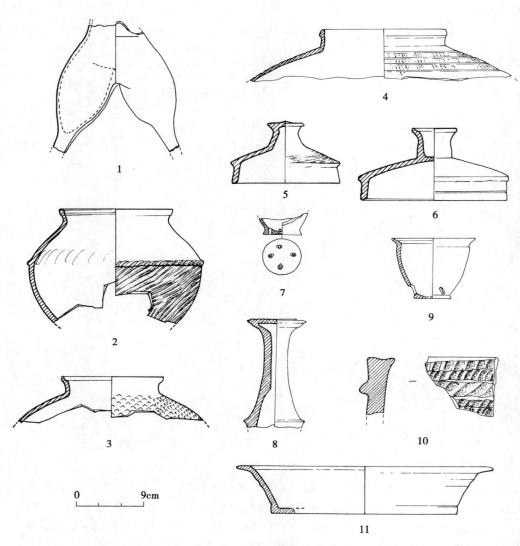

0　　　　　9cm

图三一〇　2000T11⑪、T11⑬、T11⑭A、T11⑯B、T11⑰出土陶鬲、罐、器盖等
1. 鬲（T11⑬：2）　2. 折肩罐（T11⑬：4）　3. 折肩罐（T11⑬：8）　4. 折肩罐（T11⑬：2）　5. Aa型Ⅱ式器盖（T11⑬：1）　6. Ab型器盖（T11⑬：3）　7. 穿孔杯形器（T11⑭A：1）　8. Aa乙型Ⅰ式盖纽（T11⑭A：2）　9. 杯形甑（T11⑯B：2）　10. 平口缸（T11⑰：35）　11. A型Ⅱ式平底盆（T11⑯B：1）

2000T11⑬

折肩罐　标本 T11⑬：4，夹砂黑色。内壁可见陶垫衬托的浅痕，外壁肩部磨光。折肩处饰附加堆纹，以下为向左斜行的篮纹。侈口，尖圆唇，唇内侧有一周浅凹槽，溜肩，斜弧腹，底残。口径15.2、残高15.9、厚0.6~1.0厘米（图三一〇，2）。

标本 T11⑬：8，泥质浅灰色。器腹饰方格纹。矮领，侈口，口沿上端有一周浅凹槽。口径13.6、残高6、厚0.4~0.6厘米（图三一〇，3）。

标本 T11⑬：2，泥质深灰色。肩部饰数周凹弦纹。直口，圆唇加厚外鼓，似为贴边，溜肩。口径17、残高6.8、厚0.6~0.9厘米（图三一〇，4）。

器盖　Aa 型Ⅱ式　标本 T11⑬：1，泥质浅灰色。盖顶上拍印浅篮纹，是少数盖顶饰纹饰者之一。单层盖纽，纽顶微隆，纽颈中空，与盖顶相通，盖顶斜平，顶边凸出，盖壁短直，稍外侈。底径14.5、高8.5、厚0.6~0.8厘米（图三一〇，5）。

Ab 型　标本 T11⑬：3，泥质灰色。盖壁饰一周凹弦纹。杯形纽坐落在弧顶上，盖壁短直。底径19.5、高9.8、厚0.6~1.0厘米（图三一〇，6；图版八二，3）。

2000T11⑭A

穿孔杯形器　标本 T11⑭A：1，泥质深灰色。手制。素面。仅存底部。平底，底边外凸。底穿有四个小圆孔。底径5.3、残高3、厚0.3~0.5厘米（图三一〇，7）。

盖纽　Aa 乙型Ⅰ式　标本 T11⑭A：2，夹砂黑皮褐胎。双层纽。下层纽已残。上层纽为平顶，上饰一周凹弦纹，纽颈较细长。纽顶直径7.8、残高14.8厘米（图三一〇，8）。

2000T11⑯B

杯形甑　标本 T11⑯B：2，泥质灰色。斜折沿，尖圆唇，斜弧腹，小平底。口径11、底径5.1、高8.2厘米（图三一〇，9）。

平底盆　A 型Ⅱ式　标本 T11⑯B：1，泥质黑色。内外壁磨光，口沿上饰一周凹弦纹。敞口，斜壁，平底，底边外凸。口径34.2、底径24.7、高6.3厘米（图三一〇，11；图版八二，4）。

2000T11⑰

平口缸　标本 T11⑰：35，夹砂浅灰色。口部饰一周附加堆纹和方格纹。直口，平沿。残高8、厚2.4~3.6厘米（图三一〇，10）。

第三节　动、植物遗骸

一　动物遗骸

（一）收集与鉴定方法

如前举新砦遗址第一期动物骨骼的收集与鉴定方法。

（二）出土状况

1999T1④B

猪：右侧下颌 1 件，带 M1 – M2，P3 未出；左侧肩胛骨 1 件；左侧肱骨 1 件；掌骨 2 节，下端未愈；中间指骨 1 节，上端未愈；右侧跟骨 1 件。

羊：跖骨 1 件，下端未愈；股骨下端 1 件；左侧股骨下端 1 件。

牛：脊椎 1 节；肩胛骨 1 件；小食肉类动物掌骨 3 节。

鹿：左侧肩胛骨 1 件；左侧跟骨 1 件；左侧距骨 1 件；右侧髋骨 1 件；近端指骨 1 件。

丽蚌 1 件。

杜蚌 1 件。

1999T1⑤A

猪：雌性下颌骨 1 件（前部）；左侧肩胛骨 1 件。

狗：左、右侧上颌骨各 1 件；右侧下颌骨 1 件。

牛：掌骨下端 1 件。

羊：右侧肩胛骨 1 件；近端指骨 1 件。

鹿：左侧跖骨上端 1 件。

熊：掌骨 1 件。

蚌片 3 件。

1999T1⑤B

猪：寰椎 1 节；左侧股骨残块 1 件。

狗：右侧下颌骨 1 件；右侧上颌骨 1 件。

牛：脊椎残块 1 件；左上 M3　1 颗；左下臼齿 1 颗。

羊：左侧肩胛骨 1 件。

鹿：左侧肩胛骨 1 件；颈椎 1 节；右侧尺骨 1 件；右侧胫骨下端 2 件；跖骨下端 1 件。

蚌片 2 件。

1999T1⑤C

猪：左侧上颌骨 1 件，带 P4 - M1；脊椎 1 节；右侧跟骨 1 件，结节未愈。

狗：掌骨 1 件。

羊：右侧下颌枝 1 段；右侧肩胛骨 1 件；左侧胫骨 1 件。

斑鹿：角枝 1 件，为加工废料。

丽蚌 2 件；杜蚌 1 件；Ⅱ型蚌 1 件。

1999T1⑤D

猪：下颌角 1 件；肱骨残块 1 件；雄猪下犬齿 1 颗；右侧上颌前部 1 件；左侧股骨 1 件，上下端未愈；右侧跟骨 1 件。

小猪：腰椎 1 节。

狗：右侧下颌骨 1 件。

羊：炮骨片 1 件。

斑鹿：角片 1 件；近端指骨 1 件。

鸡：股骨下端 1 件。

小鸟：右侧股骨 1 件。

河蚌 1 件；丽蚌 3 件。

1999T1H7

猪：头骨残块 1 件；左侧上颌骨 1 件，带 M2 - M3，M3 磨出梅花状；掌骨 1 件，下端未愈；左侧股骨下端 1 件。

羊：左侧下颌骨 1 件，带 DM3 - M1，未出 M2；掌骨残块 1 件；左侧肱骨下端 1 件。

鹿：右侧尺骨 1 件；跖骨 1 件，上有人工切痕。

鸡：股骨 1 件。

丽蚌 1 件。

1999T1H15

猪：头骨残块 1 件；右侧肩胛骨 1 件；寰椎 1 节；左侧股骨下端 1 件。

羊：左侧掌骨上端 1 件，带右侧上颌 M1 - M2，M2 磨至关底。

斑鹿：左侧上颌骨残块 1 件，带 M1 - M3；左侧下颌骨 1 件，带 M2 - M3。

丽蚌 1 件。

1999T1H24

猪：头骨残块 5；左侧上颌骨 1 件，带 M1 - M3；右侧肩胛骨 1 件；左侧肱骨 2 件；右侧尺骨 1 件；右侧胫骨 2 件。

羊：左侧桡骨上端 1 件；枢椎 1 件。

斑鹿：左侧下颌骨，P4 未出；右侧跟骨。

鸡：肋骨。

1999T1H25

猪：下颌残块 1 件；右侧肱骨下端 1 件；右侧桡骨上端 1 件；左侧股骨下端未愈 1 件；左侧胫骨上端未愈 1 件。

狗：掌骨 1 件。

羊：左上臼齿 1 颗；桡骨 1 件；右侧胫骨下端 1 件；掌骨下端 1 件；右侧胫骨下端 1 件；跖骨下端 1 件。

鹿：胸椎 1 节；骶椎 1 节。

1999T1H28

猪：头骨残块 1 件；左侧下颌残块 1 件，带 M1 – M3；下颌枝 1 件；掌骨下端未愈 1 件。

牛：前颌骨 1 件。

小型鹿：左侧尺骨 1 件。

獾：左侧下颌骨 1 件；肱骨 1 件。

1999T1H35

猪：左侧上颌残块 1 件，带 M1 – M2，M3 未出；左侧下颌骨残块 1 件，带 M1 – M2，M3 未出；左侧尺骨 1 件。

牛：颈椎 1 节。

斑鹿：右侧股骨下端 1 件。

豪猪：牙 1 颗。

1999T1H70

小猪：左侧肩胛骨 1 件。

狗：左侧上颌骨 1 件；左侧股骨 1 件。

牛：肋骨条 1 件。

绵羊：右侧角 1 件。

鹿：右侧髋骨 1 件；跗骨 1 件。

熊：左侧尺骨 1 件；跖骨 1 件。

丽蚌 1 件；Ⅱ型蚌 1 件。

1999T1H72

猪：头骨残块 1 件；左侧下颌残块 1 件，带 M1；门齿 1 颗；掌骨下端未愈 1 件；跟骨 1 件。

狗：右侧下颌骨 1 件；寰椎 1 件；枢椎 1 件；左侧股骨 1 件；颈椎 3 件。

牛：右下臼齿 1 颗。

鹿：右侧上颌骨 1 件，带 P2 - P4；右侧胫骨下端 1 件。

1999T1H78

猪：右侧肱骨下端 1 件。

牛：左侧跟骨 1 件；末端指骨 1 件。

羊：左上臼齿 1 颗；左侧上颌骨 1 件，带 P3 - M1。

鹿：左上臼齿 1 颗；右侧肱骨下端 1 件；左侧尺骨 1 件。

鸡：桡骨下端 1 件。

熊：门齿 1 颗。

蚌片 1 件。

1999T2H11

猪：肋骨 1 件；掌骨 1 件；右侧股骨下端 1 件。

羊：颈椎 1 件；右侧尺骨 1 件。

鹿：右侧肩胛骨 1 件。

蚌片 3 件；杜蚌 1 件。

1999T2H52

猪：左侧上颌骨残块 1 件，带 P4 - M2，M3 未出；近端指骨 1 节；右侧髋骨 1 件；右侧跟骨 1 件，结节未愈。

狗：左侧下颌骨 1 件。

牛：脊椎残块 1 件；肋骨残块 1 件；枢椎 1 件；右侧胫骨 2 件，上下端未愈；右侧距骨 1 件。

小牛：胫骨 1 件，上关节未愈。

羊：左侧肱骨下端 1 件；左侧胫骨下端 1 件。

斑鹿：左侧下颌枝 1 件；脊椎 1 节；掌骨下端 1 件；右侧桡骨下端 1 件；左侧股骨上端 1 件；右侧掌骨残块 1 件；跖骨残块 1 件；右侧跟骨 1 件。

丽蚌 11 件。

1999T2H87

牛：右侧胫骨 1 件，上下端未愈；右侧尺骨 1 件。

1999T2H101

猪：左侧上颌骨残块 1 件，带 P4 - M2；下颌骨残块 1 件，保存 M1 - M3；右侧髋骨 1 件；右侧股骨下关节未愈 1 件。

狗：右侧髋骨 1 件；右侧肱骨 1 件。

牛：左下臼齿 1 颗；股骨头 1 件；左侧股骨 1 件，下端愈合；右侧股骨 1 件，上端未愈；左侧胫骨 1 件；左侧胫骨上端愈合 1 件；右侧胫骨下端愈合 1 件；左侧跟骨 1 件，结节未愈；左侧距骨 1 件。

羊：寰椎、枢椎各 1 节；左侧下颌枝 1 件；左侧股骨下端愈合 1 件。

斑鹿：头骨残块 1 件；颈椎 2 节；角枝残块 2 件；左侧肱骨下端 1 件；右侧股骨上端 1 件；左侧桡骨上端 1 件；掌骨下端 1 件，上有砍痕；左侧跟骨 1 件；左侧尺骨 1 件；右侧距骨 1 件；左侧跖骨上端 1 件；右侧距骨 1 件。

鳖：腹甲 1 件。

龟：背甲 1 件。

鱼：鳃盖骨 1 件。

丽蚌 26 件。

1999T3H10

猪：左侧下颌骨残块 1 件，带 M3。

羊：炮骨片 1 件。

鹿：右侧下颌骨残块 1 件，带 P2 – P3。

1999T3H18

猪：右侧肱骨下端 1 件。

牛：左侧肱骨下端 1 件。

鹿：脊椎 1 节。

1999T3H53

猪：右侧上颌骨残块 1 件，带 M1 – M2。

1999T4H30

猪：左侧下颌骨 1 件，带 P2 – M1。

羊：左侧下颌骨 1 件，带 M1 – M3；骶椎 1 节；左侧胫骨下端 1 件。

蚌片 4 件；Ⅱ型蚌 1 件。

1999T4H35

斑鹿：左侧肩胛骨 1 件；髋骨 1 件。

1999T4H49

牛：肋骨料 1 件。

1999T4H56

猪：左侧肩胛骨 1 件；脊椎 2 节；左侧肱骨 1 件；右侧髋骨 1 件。

牛：中间指骨 1 件。

羊：右侧胫骨下端 1 件；跗骨 1 件。

鹿：角枝 1 件；左侧下颌 1 件，带 DM3 – M1；右侧下颌 1 件，带 P2 – P3；股骨残块 1 件。

蚌片 2 件。

1999T4H61

猪：左侧肱骨上端 1 件；右侧肱骨下端 1 件。

狗：寰椎 1 节。

牛：肢骨片 1 件。

斑鹿：左侧胫骨 1 件。

丽蚌 1 件；河蚌 1 件。

1999HXXH154

牛：左侧肩胛骨 1 件。

1999T4H165

猪：左侧肩胛骨 2 件；右侧下颌 1 件，带 M1 – M2，M3 未出。

狗：左侧桡骨下端 1 件。

鹿：掌骨下端 1 件。

大蚌片 2 件；丽蚌 3 件；Ⅱ型蚌 4 件；杜蚌 1 件。

1999T4H175

猪：左侧上颌 1 件，带 P4 – M3，M3 未磨。

1999T5H234

猪：右侧下颌骨残块 1 件；脊椎 1 节。

牛：左侧跟骨 1 节，结节未愈。

鹿：枢椎 1 节。

熊：掌骨 1 件。

1999T6⑤

黄牛：角心 1 件。

1999T6G2

黄牛：角心、残角各 1 件。

1999T6H212

羊：左侧胫骨下端 1 件。

斑鹿：角残块 1 件。

1999T6H220

黄牛：右角心（带额部）1 件。

鹿：肢骨片 1 件。

2000T1⑧

猪：小猪头骨残块 1 件；左侧上颌骨 2 件，其中一件 M1 未萌出，另一件前部带 I1 - 犬齿；右侧上颌骨 1 件，M1 未萌出；左侧下颌骨 1 件，带 P4 - M2，M3 未出；左侧肩胛骨 1 件；左侧肱骨下端 1 件；右侧胫骨上端未愈 1 件。

狗：右侧下颌骨 1 件，保存犬齿 - P2。

鹿：左侧下颌骨 1 件，带 DM2 - M2，M3 未出；右侧下颌骨 1 件，带 DM1 - M1，M2 未出；右侧髋骨 1 件；右侧胫骨残块 1 件；炮骨下端残块 1 件；左侧跟骨 1 件；股骨残块 2 件。

河蚌 4 件。

2000T1H5②

猪：肋骨 1 件。

牛：脊突 1 节。

2000T1H6

猪：犬齿 1 颗；左侧上颌骨 1 件，带犬齿 - M3，成年雄性；右侧股骨残块上下端（残）1 件。

牛：肋骨残块 1 件；右侧肱骨下端 1 件；左侧桡骨上端残块 1 件，系人工砸断；残骨 11 块。

鹿：左侧下颌骨 1 件，带 P4 - M3；腰椎 1 节，左侧肱骨下端 1 件；股骨残块 1 件；炮骨片 1 件，上有人工砸痕；肢骨片 2 件。

河蚌残块 1。

2000T1H8

猪：整ід的骨架 1 具，约 12 个月左右，可能为雌性。另有若干猪的散骨，计有门齿 1 颗；右侧下颌骨 1 件，M3 正萌出，带 M1 - M3；下颌前部残块 1 件，第二门齿在齿槽里，未萌出；下颌枝残块 1 件；左侧桡骨下端未愈 1 件；右侧股骨下端未愈 1 件；右侧跟骨 1 件，结节未愈 1 件；猪腓骨做的骨器 1 件。

小猪：左侧肱骨上下端未愈 1 件。

牛：肩胛骨残块 2 件；指骨 2 件；肋骨 2 件；肢骨（均烧过）1 件；颈椎 1 节；右侧股骨下端 1 件，关节未愈；左侧膑骨 1 件。

鹿：鹿角残块、右侧下颌骨（带 M3）、右侧下颌骨（带 M2）、左侧肱骨下端、右侧尺骨、左侧胫骨下端、掌骨片、炮骨下端、右侧跟骨残块、近端指骨残块、髋骨各 1 件；炮骨残片做的骨器 1 件。

羊：右下臼齿 M1、M2。

狗：头骨片 2 件；肋骨片 4 件；肢骨片 2 件。

龟板 1 件。

河蚌 8 件。

另有肋骨片 1 件；肢骨片 3 件；残骨 17 块。

2000T1H14

猪：头骨残块 8 件；犬齿（雄性猪）1 颗；左、右侧上颌骨各 1 件，均带 P4 – M2；左侧上颌骨 1 件，带 M3；左侧下颌骨、右侧肱骨下端残块、左侧尺骨、桡骨残块、右侧胫骨残块各 1 件；左、右侧肩胛骨各 1 件；肋骨 1 件。

小猪：头骨残块后部 1 件。

狗：右侧跟骨 1 件。

獐：犬齿 1 颗。

小型鹿：右侧上颌骨残块 1 件。

贝壳 1 件。

河蚌 6 件。

2000T1H15

鹿：角枝 2 件，系废料；肢骨片 2 件。

2000T1H28

猪：头骨残块 4；右侧下颌前部残块 1 件，保存有 I1 – I2；下颌骨（雄性）1 件；下颌犬齿残块 1 件；环椎 1 节；肋骨残块 1 件；左侧桡骨下端 1 件；左侧肱骨下端 1 件。

狗：右侧肱骨下端 1 件；左侧髋骨残块 1 件。

牛：肋骨残块；肱骨下端残块 1 件；残骨 15 件，肢骨 14 件。

鹿：头骨残块 1 件；左侧下颌骨 1 件，带 P2 – M3；右侧下颌骨残块 1 件，保存 P2 – P4；下颌角 1 件；颈椎 4 节；枢椎 1 节；左侧肱骨下端残块 1 件；右侧桡骨上端残块 1 件；掌骨下端 1 件；鹿角废料 1 件，一端有加工痕迹。

河蚌残块 9 件。

2000T1H31

猪：右侧下颌骨 1 件，保存 DM3 – M1；左侧肩胛骨 1 件；腰椎 1 节；胸椎 1 节；肋骨 11 件；右侧肱骨下端 1 件；左侧尺骨 1 件；左侧桡骨 1 件；掌骨 1 件；左右侧髋骨各 1 件；左右侧距骨各 1 件；右侧跟骨 1 件；幼年猪的左侧胫骨 1 件；小猪的左侧胫骨 1 件。

牛：头骨残块 1 件；胸椎和颈椎各 1 节。

羊：右侧下颌骨 1 件，带 M1 – M3，P2 和 P4 在齿槽里，未萌出。

鹿：右侧胫骨上端 1 件；右侧桡骨残块 1 件。

肋骨残块 10 件。

肢骨残片 1 件。

河蚌 1 件。

贝壳 2 件。

2000T2⑧

猪：头骨残块 1 件；左侧下颌骨 1 件，带 M1；右侧下颌骨带 M3，齿尖磨蚀，出齿质点；右侧肱骨下端未愈 1 件；左侧尺骨残块 1 件；左侧股骨下端未愈 1 件；大的野猪牙残块 1 件。

小猪：头骨残块；右侧下颌骨 1 件，带 DM3 – M1，有七八个月龄；左右胫骨和左侧跟骨各 1 件。

牛：枢椎残块 1 节。

羊：左侧下颌骨 1 节，带 M3；左侧桡骨残块 1 件。

鹿：右侧桡骨残块 1 件。

鸡：跗、跖骨各 1 件。

竹鼠：上颌骨 1 件；残骨 15 件。

河蚌 3 件、残贝壳 1 件。

2000T2H11

猪：左侧上颌骨带 P4 – 犬齿者 1 件；左侧上颌骨当中带 P4 – M1、带 P4 – M3 和带 P4 – M2 者各 1 件；右侧上颌骨当中带 P3 – M1 和带 M1 – M2 者各 1 件；右侧上颌骨带 P2 – M2 者 2 件；右侧下颌骨带 P4 – M1 和带 P3 – M2 者各 1 件；右侧肩胛骨残块 1 件；肩胛骨残块 1 件；左侧肱骨下端 1 件；中间指骨 2 件；右侧髋骨 2 件；左侧股骨下端、右侧股骨残片、左侧胫骨上端未愈、右侧肱骨下端残片、右侧距骨各 1 件；肋骨 5 件；肢骨 3 件。

牛：右下臼齿 1 颗；肋骨 6 件；髋骨残块 1 件；股骨片 1 件；肢骨片 2 件。

羊：肋骨残块 10 件；右侧掌骨上端 1 件；肢骨 25 件。

鹿：鹿角残片 1 件；左、右侧桡骨下端各 1 件；左侧桡骨上端 1 件；右侧髋骨 2 件、左侧股骨下端、右侧胫骨、左侧距骨、炮骨片各 1 件；肢骨 1 件。

小型鹿：右侧股骨下端残块 1 件。

河蚌 33 件。

贝壳 5 件。

2000T2H46

狗：左侧上颌骨带 P4（残）– M2 者 1 件。

羊：左侧上颌骨带 M1 或者 M2 者 1 件。

鹿：左侧距骨下端 1 件；肢骨片做的骨匕 1 件。

2000T2H48

猪：完整的成年猪1个；另有左侧上颌骨（带M1-M3）1件；左侧上颌骨带（M1-M2）1件；上颌骨（带M1-M3）1件；右侧下颌骨（带M1-M3）2件；右侧下颌骨（带M1-M2）1件；右侧下颌骨带DM2-M1，M2未出者1件；下颌角残块6件；左、右侧肩胛骨各1件；脊椎骨6节；右侧肱骨1件；左侧尺骨1件；左侧股骨（下端未愈）1件；右侧跟骨（未愈）1件；近端指骨、左侧髋骨、左侧胫骨下端各1件。

小猪：头骨残块1件。

狗：环椎1节；左侧肱骨下端1件；左侧股骨残块1件。

牛：颈椎1节；肢骨做成的骨器1件；右侧距骨残块1件。

羊：指骨片9件；左侧胫骨残块1件；右侧跖骨残块1件；残骨9件。

鹿：鹿角残段2件；下颌骨10件；右侧肱骨1件；左侧桡骨残段和右侧跟骨各1件；跖骨废料1件；残骨12件。

小鸡：肱骨残块1件。

竹鼠：右侧下颌骨带M1-M2者1件。

鱼骨5件。

贝壳8件。

Ⅱ型蚌残块4件。

2000T2H51

猪：右侧肩胛骨、左侧肱骨下端残块各1件。

鹿：左侧胫骨1件。

2000T2H52

猪：右侧下颌骨1件，带P2-P4；左侧下颌骨1件，带DM3-M1，M2未出；左侧髋骨1件；肢骨片1件；小猪的肱骨残块1件。

鹿：角料1件；保存角环1件；肢骨片1件。

河蚌3件。

2000T2H62

猪：头骨残块2件；左侧下颌骨1件，带DM2-DM3，M1萌出；左侧下颌骨前部残块1件；左侧下颌骨1件，带DM3-M2者；犬齿残块1件；左侧肩胛骨和右侧肩胛骨残块各1件；右侧桡骨上端和右侧桡骨下端未愈者各1件。

小猪：肋骨条4件。

牛：头骨残块、肋骨、炮骨下端和碎骨片各1件；碎骨及肢骨片20件。

鹿：右侧尺骨、右侧胫骨下端未愈者和右侧胫骨下端各1件。

小型鹿：右侧桡骨上端1件。

河蚌 5 件。

2000T2H73

猪：右侧上颌骨 1 件，带 P4 – M2，未出 M3。

碎骨 4 件。

贝壳 1 件。

2000T2H74

猪：右侧下颌骨 1 件，带 M1 – M3，M2 出 2/3 部分；下颌前部 1 件，未出 I2；下颌角残块 1 件。

狗：左侧肱骨下端 1 件。

羊：右侧上颌骨带 P2 – M1 者 1 件；左右上颌骨带 M3 者各 1 件、带 M2 者各 1 件。

2000T2H75

猪：头骨残块 1 件；左侧下颌骨前段 1 件，未成年；左侧下颌骨带 DM3 者 1 件；桡骨右侧下端 1 件；右侧下颌骨 1 件，带 M2，M3 未出；胸椎 1 件；左侧髋骨、右侧股骨各 1 件。

牛：头骨残片、左侧下颌骨残块和肋骨各 1 件。

羊：左侧下颌骨 1 件，带 M1 – M3。

河蚌 6 件。

2000T2H93

猪：左侧下颌骨带 M1 – M2，M3 未出者和带 DM2 – M1，估计 M2 未出者各 1 件；右侧下颌骨 1 件，带 DM3 – M1，估计 M2 未出；右侧尺骨和掌骨下端未愈各 1 件。

狗：颈椎 1 节。

牛：肩胛骨残块和右侧距骨各 1 件；肢骨片 5 件。

鹿角片 1 件。

贝壳 5 件。

2000T3H22

猪：下颌骨残块、左侧下颌骨（带 M3）、左侧胫骨残块各 1 件。

牛：肱骨残块 1 件；左侧胫骨下关节 1 件，未愈合；肢骨片 5 件。

鹿：角料 1 件，上下锯断。

丽蚌 1 件。

2000T3H25

猪：左、右下颌骨和左侧尺骨各 1 件。

河蚌 2 件。

蚌片 1 件。

2000T3H45

猪：右侧上下颌骨带 P4 – M2，M3 未出者各 1 件；左、右侧胫骨上端未愈者各 1 件；髋骨残块 1 件。

小猪：头骨 1 件，带 DM1 – M1。

牛：肋骨做成的骨器 1 件。

斑鹿：左侧角 1 件，保存眉枝。

河蚌 1 件。

蚌片 1 件。

2000T3H62

猪：胫骨残块、肋骨条各 1 件。

2000T3H100

猪：右侧股骨上端 1 件。

2000T4⑤A

猪：左侧下颌骨 1 件，带 M1 – M3，M3 磨出齿质点；下颌角残块 2 件；左侧肩胛骨、肢骨、脊椎、肋骨各 1 件；左侧肱骨 1 件，上端未愈；左侧股骨 2 件；右侧胫骨 2 件。

牛：角心残块、右侧尺骨和肢骨各 1 件。

鹿：右侧下颌骨 1 件，带 P2 – M1；枢椎 1 节。

Ⅱ型蚌 3 件；Ⅲ型蚌和丽蚌各 1 件。

2000T4⑤A、⑤B

猪：肋骨 1 件。

斑鹿：角枝 1 件。

鹿：角片和掌骨下端各 1 件。

2000T4H19

猪：头骨残块 2 件；雄猪上犬齿 1 颗；第三门齿 1 颗；门齿 1 颗；左侧上颌骨（带 P2 – P4）1 件；左上前颌；左侧上颌骨（带犬齿 – P2）；左侧上颌骨带 DM3 – M2，M3 未出 1 件；右侧上颌骨带 P3 – M3 者 1 件；右侧上颌骨（带 M3）者 1 件；右侧上颌骨带犬齿 – P2 者 1 件；右侧上颌（M1 刚出）1 件；右侧下颌骨带 P2 – M2 者 1 件；右侧下颌骨带 M1 – M2 者 1 件；右侧下颌骨带 DM1 – M2 者 1 件；右侧下颌骨带 M1 – M3 者 1 件；右侧上颌前部 1 件；下颌骨（全部，第一门齿未出）1 件；左侧肩胛骨 2 件；右侧肩胛骨 1 件；左侧肱骨 1 件；右侧肱骨 3 件；左侧桡骨 1 件；左、右侧尺骨各 1 件；第一指骨 1 节；脊椎 6 节；寰椎 1 节；肋骨条 7 件；左侧髋骨 4 件；右侧髋骨 1 件；髋骨 1 件；左侧股骨上端 1 件；右侧股骨下端 2 件；右侧股骨残块 1 件；股骨片 1 件；右侧胫骨，上端未愈 2 件；右侧胫骨下端 2 件。

小猪：残头骨 2 件；左侧下颌骨 1 件，带 M3；肩胛骨 1 件。

牛：颈椎与脊椎各 1 节。

羊：近端指骨 1 节；左侧肱骨上关节 1 件。

鹿：左、右侧肩胛骨各 1 件；腰椎 1 节；左侧肱骨 1 件；右侧肱骨 2 件；右侧桡骨 1 件；右侧尺骨 1 件；股骨下关节 1 件；左侧胫骨下端 1 件；左侧距骨 1 件；肢骨片 1 件。

鸡：跗骨 2 件；趾骨 1 件；肱骨、胫骨、跖骨各 1 件。

丽蚌 2 件；蚌片 5 件；Ⅲ型蚌 1 件；蚌壳 1 件；杜蚌 3 件。

2000T4H20

猪：左侧下颌骨 1 件，带 P2 – M1，牙残，是成年猪。

小猪：左侧上颌骨带 DM3。

猪：上犬齿 1 颗；左侧下颌骨 1 件，牙全残，出 M2，未出 M3；右侧下颌骨 1 件，带 DM2 – M3，4 个月左右；下颌骨 1 件，未出 M2，10 个月左右；左侧肱骨下端 1 件；下颌角残块 1 件。

狗：头骨残片 3；左右侧下颌骨 1 件，从犬齿至 M1，牙齿残掉；肢骨片 3 件。

牛：肢骨片 1 件；残骨 1 件。

羊：左侧距骨（下端未愈）1 件。

Ⅱ型蚌 3 件。

2000T4H21

猪：肩胛骨 1 件。

丽蚌 1 件。

2000T4H24

猪：右侧上颌骨（带 P4 – M3）1 件；下颌前部残块（未成年）1 件；右侧肩胛骨（结节未愈）1 件；左侧距骨 1 件。

小乳猪：左侧尺骨 1 件；肋骨 2 件。

狗：完整头骨 1 件。

牛：右侧股骨残块、废骨料和肢骨片各 11 件。

鹿：右侧髋骨 1 件；残骨 1 件。

鹿：右侧桡骨 1 件。

小型鹿：右侧股骨 1 件。

丽蚌 3 件；Ⅱ型蚌 11 件；蚌片 4 件。

2000T4H25

猪：残头骨5件；左侧上颌骨（带 P3 – M1）1件；左侧上颌骨（带 P4 – M3）1件；左侧下颌骨带 DM3 四个；右侧上颌骨（带 M1 – M3）1件；右侧肩胛骨1件；环椎1节；脊椎10节；右侧肱骨下端1件；髋骨2件；股骨头1件；左侧胫骨上、下端各1件；肢骨片3件。

牛：胸椎1节。

羊：左侧上颌骨（带 M）1件；右侧上颌骨（带 M1 和 M2）1件；右侧肩胛骨1件；左侧股骨上端1件；左侧跟骨残块1件。

丽蚌2件；河蚌6件；Ⅱ型蚌1件。

2000T4H26①

猪：头骨残块1件；右侧下颌骨（保存 M3）者1件；右侧肩胛骨2件；左侧尺骨1件；右侧尺骨2件；掌骨1件；右侧肱骨下端3件；桡骨残块1件；右侧胫骨（上下未愈）1件；肋骨条1件。

小猪：头骨1件；左侧股骨残块1件；脊椎节1节。

乳猪：左侧股骨上端2件。

狗：腓骨1件。

牛：肢骨片1件；右侧跟骨1件。

羊：左侧下颌枝1件；左侧肩胛骨1件；右侧肩胛骨残块1；左侧桡骨下端未愈者1件；胫骨残块1件。

鹿：角枝残块（第二枝）1件；左侧桡骨（上端）、炮骨残块各1件。

斑鹿：角枝1件；右侧胫骨下端1件；斑鹿左侧肩胛骨制成的卜骨1件。

小型鹿：右侧下颌骨（带 M1 – M3）、左侧肱骨上端、左侧尺骨、股骨、右侧胫骨下端各1件。

龟：残片1件。

鸡：胫骨下端1件；肢骨残片5件。

丽蚌残块6件；Ⅲ型蚌1件；Ⅱ型蚌4件。

豪猪：门齿1颗。

2000T4H26④

猪：头骨1件；头骨颈突1件；下颌角片1；左侧下颌骨1件，带 DM3 – M1，未成年；左侧上颌骨1件，带犬齿 – M3，M3 齿尖磨平；下颌前部1件；右侧上颌骨1件，带 P4 – M2；颈椎2件；脊椎11件；环椎1件；枢椎1件；右侧下颌骨1件，带 M3；左、右侧肩胛骨各1件；肋骨3件；左侧肱骨下端2件；右侧肱骨2件；左侧尺骨2件；右侧尺骨1件；右侧桡骨下端各1件；桡骨1件；髋骨残块若干；左侧股骨1件；右侧股骨上端未愈1件；左侧胫骨上端未愈3件；右侧胫骨2件；右侧股骨上下未愈

1 件。

小猪：头骨残块 1 件；左侧上颌骨带 DM3 – M1 者 1 件；右侧下颌骨带 DM1 – DM3，M1 未出者 1 件；左侧下颌骨带 M1 – M3 者 1 件，牙残；下颌骨 1 件，保存完整。

乳猪：右侧肱骨 1 件。

小型鹿：右侧肩胛骨 1 件；右侧肱骨 1 件。

斑鹿：左侧下颌骨带 P2 – M3 者 1 件。

鹿：肩胛骨残块 1 件；左侧肩胛骨 1 件；脊椎 6 件；掌骨下端 1 件；左侧距骨 1 件；末端指骨 1 件。

斑鹿：右侧角，保存额顶到角环，被砍断；右侧距骨 1 件。

小型鹿：左、右侧距骨各 1 件；左侧、右侧掌骨各 1 件。

大型鹿：右侧尺骨 1 件；左侧距骨上端 1 件；左侧距骨 1 件。

鹿角片 1 件。

胫骨片 1 件。

牛：颈椎下端和掌骨下端各 1 件。

黄牛：角心 1 件；肋骨 1 件。

羊：左侧下颌骨 1 件，带 P3 – M3。

绵羊：头骨 1 件；肢骨片 9 件。

丽蚌 24 件；Ⅱ型蚌 3 件；蚌片 3 件。

2000T4H53

猪：左侧肩胛骨；腰椎 2 件；近端指骨 1 件。

小猪：右侧股骨 1 件。

狗：掌骨 1 件。

羊：左上臼齿 1 颗。

牛：左侧下颌骨 1 件。

鹿：右侧胫骨上端 1 件；近端指骨 1 件；右侧肱骨下端 1 件。

小型鹿：鹿角残块、左侧肩胛骨、右侧胫骨上端、左侧尺骨、肢骨、左侧距骨、残块各 1 件。

龟：背甲残片、腹甲各 1 件。

蚌片、Ⅱ型蚌各 1 件。

2000T4H59

猪：头骨残块、下颌角各 1 件；左侧下颌骨 3 件，其中 1 件带 DM3 – M1，M2 未出，另 1 件带 DM3，第 3 件带 P4 – M2，M3 未出；另有颈椎、肋骨、左侧肱骨、右侧桡骨和右侧股骨残块各 1 件。

小猪：猪头 2 件；下颌 3 件，其中 1 件为右侧上颌骨，带 DM3，另 1 件为左侧下颌骨带 DM2 - DM3，M1 未出，约 3 个月；右侧肩胛骨残块 1 件；肋骨条 3 件；左侧肱骨 1 件，上下未愈；左侧尺骨 1 件；左侧桡骨 1 件，上下未愈；右侧胫骨 1 件，上下未愈。

乳猪：左侧胫骨 1 件。

狗：右侧下颌骨 1 件；肋骨条 2 件；髋骨（左右各 1，为同一个体）2 件。

牛：左侧下颌骨残块、胸椎、脊突残块、中间指骨残块各 1 件；肢骨片 2 件；炮骨残块和左侧跟骨残块各 1 件。

羊：山羊角 1 只；左侧肱骨下端 1 件。

鹿：残头骨 1 件；鹿角残片和角枝各 1 件；左侧上颌骨带 DM1 - M2 者 1 件；左侧肩胛骨 1 件；右下臼齿 1 枚；左侧距骨 1 件。

斑鹿：左侧角 1 件，自然脱落；枢椎 1 件。

兔：右侧股骨 1 件。

熊：左侧下颌骨前部 1 件。

残骨 1 件。

蚌片 13 件；河蚌 4 件；Ⅱ型蚌 3 件。

2000T4H64

猪：门齿 1 枚；右侧肱骨下端和左侧胫骨上端各 1 件。

鹿：掌骨片 1 件。

2000T4H94

猪：右侧下颌骨 2 件，其中带 M1 - M2 者 1 件，I2 未出者 1 件；肋骨条、左侧桡骨下端、髋骨残块各 1 件。

小猪：左侧下颌骨 1 件，M2，M3 未出，1 岁左右；右侧下颌骨 1 件，出 M2，估计 M3 未出；脊椎 1 件；肋骨 3 件；左侧尺骨、右侧髋骨、右侧股骨（下端未愈）各 1 件。

狗：胸椎 2 件。

牛：右侧掌骨残块 1 件；炮骨残片 1 件，有啮齿类的咬痕。

鹿：脊椎 3 节；左侧肱骨上端 1 件。

鱼：咽齿 1 件。

2000T5⑦A

羊：右侧下颌骨带 DM3、枢椎 1 件、左侧肱骨下端、左侧尺骨、右侧桡骨上端、左侧桡骨下端、左侧股骨下端、右侧股骨上端、右侧胫骨下端（未愈）、距骨片各 1 件。

鹿：角残块第三分叉段；右侧下颌骨 P2 – M3、右侧下颌骨 M1 – M3、右侧股骨下端残块（未愈）、跗骨下段各 1 件。

小型鹿：左侧肱骨下端、右侧股骨上端各 1 件。

猪：头骨 3 件；左侧肩胛骨 1 件；右侧肩胛骨 2 件；左侧上颌骨 2 件，其中 1 件为左侧上颌骨 P4 – M3，M3 刚磨，约 2 岁左右；下颌骨 2 件，其中 1 件右侧下颌骨保留 M3（残），未磨蚀；下颌角、肋骨、骶椎、掌骨、髋骨残块各 1 件；左侧肱骨上端（未愈）、右侧尺骨、右侧桡骨下端、右侧股骨下端（结节未愈）、右侧股骨上端（结节愈合）、股骨头残片、右侧胫骨上端各 1 件。

小猪：头骨残块 1 件。

牛：左侧下颌骨 M1；肩胛骨残块 1 件；残骨 8 件。

丽蚌片 3 件；Ⅱ 型蚌 1 件。

2000T5⑧

猪：头骨残块 16 件；残犬齿 1 枚；左侧上颌骨 M2 段 1 件；左侧下颌骨 M2 – M3 段 1 件，M3 齿尖梢磨，2 岁左右；左侧上颌骨 M3 段 1 件，尖梢磨；左侧上颌骨 M1 – M2，M2 稍磨，估计 M3 未出；右侧上颌骨 DM1 – M2，M2 刚出未磨，10～12 个月龄；左侧下颌骨 M3 残段 1 件；右侧上颌骨 M1 – M3，M3 稍磨；右侧上颌骨 M3，正出；左侧下颌骨 M2 – M3，M3 尖磨出齿质点，2 岁半左右；右侧下颌，M3 刚出，估计 2 岁左右；另有下颌骨残块、下颌角各 1 件；雄性猪上犬齿 1 枚；左侧上颌前部残块，犬齿不发育，可能为雌性；右侧上颌 M3 段，M3 刚出，未磨，2 岁左右；左侧肩胛骨 1 件；右侧肩胛骨 2 件；脊椎、胸椎各 1 件；肋骨 2 件；髋骨残块 1 件；左侧肱骨和左侧肱骨下端各 1 件；右侧尺骨上下未愈；左侧尺骨 1 件；右侧尺骨 2 件；左侧桡骨上端 2 件；桡骨下端 1 件；左侧股骨下端未愈 3 件；左侧股骨下关节 1 件。左侧股骨下端，结节未愈 2 件；右侧胫骨 2 件；左侧跟骨 1 件。

小猪：右侧股骨上下未愈 1 件；左侧股骨 1 件。

狗：枢椎 1 件。

牛：左侧下颌骨 P2 – P4；左侧下颌骨 P2 – M3；左侧下颌骨 P3 – M3；左侧下颌枝 2 件；右侧上颌骨；右侧下颌枝残块；下颌角片；左侧肩胛骨 2 件；肩胛骨残块 3 件；脊椎骨残块 3 件；寰椎、髋骨残块、肢骨片、左侧尺骨、左侧膑骨、左侧距骨、炮骨下关节、右侧距骨各 1 件；另有残骨 1 件。

羊：右侧下颌骨带 M1 和 M2；右侧下颌角 1 件；右侧下颌骨带 M3；左侧下白齿 1 枚；右侧下颌枝 1 段；右侧下颌带 P3 – M1；右侧下颌骨 2 件，带 M3；右侧肩胛骨；枢椎 1；右侧髋骨；左侧肱骨下端 2 件；左侧尺骨、桡骨残块、右侧掌骨（下端未愈）各 1 件；左侧股骨上、下端各 1 件；左侧股骨、左侧胫骨、右侧胫骨下端、右侧跟骨各

1件。

　　鹿：头骨残片、左侧肩胛骨、右侧肩胛骨、寰椎、髋骨残块、左侧肱骨上端、右侧股骨下端、右侧桡骨、右侧桡骨下关节各1件；第一节掌骨；右侧股骨上端2件；右侧股骨下端、右侧股骨、左侧胫骨下端、右侧胫骨上端各1件。

　　斑鹿：右侧角1件，保存角柄到第一分枝，角枝砍断；左侧角1件，保存颅顶到角环上方，砍断；右侧下颌骨带DM3－M1；左侧肱骨上端、左侧股骨下端、右侧距骨各1件。

　　鸡：肋骨1件。

　　丽蚌6件；Ⅲ型蚌1件；河蚌1件。

2000T5⑨

　　猪：左侧股骨上端1件，结节未愈。

　　牛：头骨残块1件。

　　羊：右侧股骨下端1件。

　　鹿：左侧肱骨下端1件；脊椎残块1件。

2000T5⑩

　　猪：头骨残块3件；下颌角2件；下颌角残块1件；左侧上颌骨带M1－M2者1件；右侧下颌骨带DM3－M1，M2未出，8～9个月；左侧下颌带M1，M2未出，8～9个月；左侧上颌骨保存P4－M2，残，成年；左侧下颌骨带M1和M2；左侧下颌P1－P2；右侧下颌M1－M3，M3刚磨，约2岁左右；左侧上颌骨带P3－M3；右侧上颌骨带M1者1件；右侧上颌骨带M2－M3者2件；左侧肩胛骨2件；左侧肱骨上端未愈2件；右侧肱骨1件；左侧肱骨下端10件，其中4件未愈；左侧肱骨上端1件；左侧胫骨下端1件；左侧尺骨1件，结节愈合；右侧尺骨1件，右侧尺骨残块1件；右侧尺骨上下未愈者1件；右侧桡骨1件；寰椎1节；掌骨1件；左侧股骨1件，已愈合；左侧股骨上端未愈者1件；左侧股骨下端未愈者1件；股骨头2件；右侧股骨下端未愈；右侧胫骨下端未愈者1件；完整的左侧胫骨1件。

　　小猪：头骨残块1件。

　　鹿：鹿角残块2件，其中1件保存角环到眉枝分叉段，自然脱落；左侧下颌骨1件，保存M1，M3未出；左侧下颌带M3者1件；左侧下颌P2－M1；左侧下颌骨带M1－M3，M3残；右侧下颌骨1件，保存DM3－M1，未成年；肩胛残块；枢椎；左侧肱骨下端；左侧桡骨下端；右侧股骨下端；肢骨片17件；掌骨制作的骨器1件；左侧掌骨；胫骨残块；右侧胫骨上端3件；右侧胫骨下端2件；右侧距骨上端。

　　斑鹿：斑鹿角4件，其中1件保存角环到眉枝，自然脱落。左侧斑鹿角2件，其中1件保存角柄到眉枝，主枝和眉枝被砍断，另1件自然脱落；右侧角1件，保存角环到眉枝段，被砸断，人工砍断取料的废料。

大型鹿：右侧股骨下端。

小型鹿：跖骨残块。

牛：角心残块；左侧下颌骨带 M3，残；右上臼齿；左侧上前颌；左侧下颌 M3；左侧下颌 M1；下颌枝残块；肩胛骨；肩胛骨残片；左侧肱骨上端未愈；左侧尺骨；近端指骨；末端指骨；末端指骨，残；近端指骨；腰椎；髋骨片；左侧胫骨下端未愈；左侧股骨下端；右侧股骨片，存髁上窝；跗骨。

黄牛：角心残块。

马：股骨。

羊：左侧下颌骨带 M3；下颌枝残块；股骨残块；左侧股骨下端；左侧股骨 1 件，上关节未愈；右侧胫骨下端；左侧胫骨下端；炮骨 1 件，下端未愈；跖骨残块 1 件，下端未愈。

蚌片 2 件；河蚌 5 件；杜蚌 1 件；丽蚌残块 15 件；Ⅱ型蚌 1 件；Ⅲ型蚌 2 件；鱼骨 1 件；残骨 22 件。

2000T5⑪A

猪：左侧上颌 P4 – M2，M2 未磨，估计 M3 未出，1.5 岁；左侧上颌 M3，残；下犬齿；左侧肩胛骨残块；右侧股骨下端未愈。

小猪：头骨。

牛：中间指骨；右侧距骨。

鹿：右侧桡骨上端；右侧胫骨下端。

残骨 4 件。

2000T5⑪B

猪：右侧下颌骨前部；左侧尺骨残块。

狗：右侧股骨残块。

牛：头骨残片 2 件；近端指骨；胫骨残块。

鹿：鹿角片；肱骨。

肢骨片。

丽蚌 3 件；Ⅲ型蚌 2 件。

2000T5⑫

猪：指骨残块。

牛：掌骨残块；右侧距骨残块。

Ⅴ型蚌 2 件；蚌残片。

2000T6⑦

猪：下颌角残块；右侧肩胛骨；左侧肱骨下端；中间指骨；髋骨残块；右侧股骨上端，结节未愈。

乳猪：右侧股骨。

牛：下颌枝残块；脊椎骨残块；脊突1件；肢骨片；近端指骨；左侧跖骨上端；右侧距骨。

黄牛：角心2件。

羊：左侧下颌枝；右侧掌骨（完整）；左侧胫骨上端；左侧肩胛骨；右侧肩胛骨；颈椎；肋骨条2件；左侧肱骨下端；左侧股骨下端未愈；右侧股骨下端未愈2件；左侧股骨上端；左侧胫骨下端；左侧跟骨、距骨。

鹿：颈椎；脊椎；寰椎；枢椎；骶椎；右侧股骨下端。

大型鹿：右侧肱骨下端。

小型鹿：左侧胫骨上端。

肢骨片5件；残骨7件。

丽蚌4件；Ⅱ型蚌1件。

2000T6⑧

猪：头骨残块11件；雄猪犬齿、上犬齿、左上犬齿；左侧上颌M2-M3，M3磨出齿质点，2岁左右；左侧上颌带犬齿-P3；左侧上颌P4-M2，估计M3萌出，2岁左右；左侧上颌P4-M2，P4刚磨，1.5岁左右；右侧上颌骨带P4-M2；右侧上颌M1-M3；右侧上颌M2-M3，M3刚磨，2岁左右；右侧上颌M2-M3，M3刚出，2岁左右；右侧上颌M3刚出，5个月左右；左侧下颌骨带M1-M2，M3未出；下颌骨完整者2件；左侧下颌骨带P1-M2，M3残；左侧下颌M1，估计M2萌出；左侧下颌P3-M3，雌性；左侧下颌带P4-M2，M3未出，约1岁左右；左侧下颌骨M1-M3，M3萌出未磨，2岁左右；左侧下颌骨M1-M3，M3齿尖未磨，2岁；左侧下颌M1-M3，M3磨出梅花形，2.5~3岁；左侧下颌P4-M3，M3刚出未磨，2岁左右；左侧下颌M2-M3，M3刚出，2岁左右；左侧下颌M1-M2，M3未出；右侧下颌前部P1-P3段；右侧下颌，M3在齿槽中未出2件；右侧下颌M3，M3刚磨，2岁左右；右侧下颌P3-M3；右侧下颌M1-M2，M3未出，2岁左右；右侧前颌带2个门齿；右侧前颌带犬齿；右侧上颌M3，齿尖未磨；下颌角残块2件；右侧下颌前部；下颌前部2件；左侧肩胛骨6件；右侧肩胛骨10件；脊椎3件；左侧肱骨上端未愈；左侧肱骨3件；左侧肱骨上端未愈；左侧肱骨下端；右侧肱骨上端未愈2件；右侧肱骨下端；右侧肱骨上端愈合；右侧肱骨下端未愈；左侧尺骨；右侧尺骨2件；左侧桡骨上端；左侧桡骨；右桡骨，下端未愈；掌骨下端未愈；掌骨2件；指骨残片；近端指骨；近端指骨上端未愈；左侧髋骨；左侧髋骨；髋骨；股骨头；左侧股骨上端未愈4件；左侧股骨下端未愈2

件；右侧股骨（完整）；右侧股骨上端未愈4件；右侧股骨上端愈合4件；右侧股骨下端2件；右侧股骨下端未愈11件；右侧股骨下端愈合；左侧胫骨2件；左侧胫骨上、下端各1件；左侧胫骨上端未愈；左侧胫骨下端未愈2件；右侧胫骨上端未愈5件；右侧胫骨；左、右侧跟骨各1件；髁突1件。

小猪：小猪头骨残块4件；右侧下颌DM3，M1未出，3个月左右；右侧下颌M1未萌出，估计4个月左右；左下臼齿；左侧肩胛骨；右侧股骨。

牛：角心残块；左侧下颌M1、M2，P4在齿槽未出；左侧下颌M3；左侧肩胛骨残段；右侧肩胛骨残块；腰椎；肱骨；左侧桡骨下端；髋骨残块；股骨头；右侧胫骨上端；肢骨片；炮骨下端。

黄牛：角心2件。

羊：左上臼齿2件；右下臼齿1件；右侧臼齿3件；左侧下颌P4－M3；左侧下颌P3－M2；左侧下颌M3；左侧下颌M3；右侧下颌M1－M3；右侧下颌M3；右侧下颌骨带M3；右侧下颌骨带P2－M2，P2正出；左侧肩胛骨2件；右侧肩胛骨5件；胸椎2件；左侧肱骨上端；左侧肱骨下端6件；右侧肱骨上端；右侧肱骨下端3件；右侧肱骨；左侧尺骨2件；右侧尺骨；右侧尺骨上端；左侧桡骨上端2件；左侧桡骨下端未愈；左侧桡骨下端愈合；右侧桡骨下端；左侧掌骨；左侧掌骨上端；左侧掌骨下端未愈；左侧胫骨上端3件；左侧胫骨下端2件；左侧胫骨；右侧胫骨上端未愈；右侧胫骨下端3件；髋骨残块；左侧股骨下端未愈；右侧股骨上端未愈；右侧股骨下端2件；右侧股骨下端未愈；左侧距骨；右侧距骨；炮骨；跖骨。

鹿：头骨残块；乳臼齿1件；鹿角片1件；角枝残块4件；鹿角料1件；斑鹿角柄，角环上自然脱落；左侧下颌骨M2－M3；左侧下颌P3－M3；右侧下颌骨带M1－M2；右侧下颌，牙残M1－M2；左侧肩胛骨2件；右侧肩胛骨2件；颈椎2件；脊椎3件；胸椎；腰椎4件；骶椎；左侧肱骨下端2件；左侧肱骨上端愈合；右侧肱骨下端2件；左侧尺骨；左侧桡骨2件；左侧桡骨下端未愈；右侧桡骨上端；髋骨；左侧股骨；左侧股骨下关节未愈2件；左侧股骨上端2件；左侧股骨下端；右侧股骨上端；右侧股骨下端2件；左侧胫骨下端2件，其中1件连接跟骨、距骨，系人工砍断；左侧胫骨上端；右侧胫骨上端3件；右侧胫骨下端3件，其中1件连带跗骨、距骨；右侧距骨2件；斑鹿角残段4件，废料1截。

大型鹿：左侧下颌M1。

小型鹿：左侧肩胛骨、左侧桡骨下端、右侧胫骨下端各1件。

鸡：肱骨1件。

丽蚌18件；杜蚌5件；Ⅱ型蚌9件；蚌片13件。

残骨42片。

2000T6⑨A

猪：左侧下颌 P3 – P4；左侧上颌骨带犬齿；左侧下颌骨 DM3 – M1，M1 未出；上犬齿一枚；右侧肱骨下端；右侧股骨下端未愈；左侧肩胛骨；右侧肩胛骨 2 件；左侧肱骨下端；雄性猪的左侧尺骨；左侧股骨上端未愈；左侧股骨下端未愈。

小猪：残头骨。

牛：下颌残块；肩胛骨；脊椎 3 件；腰椎骨；桡骨残块；肢骨片；右侧掌骨，下端未愈。

羊：桡骨，下端未愈。

鹿：左侧下颌枝残块；颈椎；右侧肱骨下端；左侧胫骨下端 2 件；左侧跟骨；左侧跖骨上端。

斑鹿：左侧角 1 件，保存眶上到第一分权主枝和眉枝段；左侧斑鹿角，保存眶上到第一分权处；斑鹿角，保存到分枝，角环自然脱落；角枝 2 件；左侧肱骨下端。

大型鹿：右侧股骨下端；左右肩胛骨；左侧胫骨下端；右侧桡骨上端；股骨；左侧肱骨，病态。

丽蚌 3 件；Ⅱ型蚌 1 件。

残骨 14 件。

2000T6⑩

猪：右侧上颌骨带 M1 – M2；右侧下颌骨带 M2 – M3，M3 尖稍磨，2.5 岁左右；左侧肩胛骨；左侧髋骨；右侧股骨上端未愈。

牛：左下臼齿 1；右侧下颌骨保存 P4 – 齿隙，P2 – P4 未出；右侧下颌骨带 M2 – M3；肩胛骨残块；左侧股骨下端；肢骨片。

羊：右侧下颌骨带 DM3 – M2。

鹿：右侧肩胛骨；掌骨；右侧股骨。

河蚌残块 4 件；丽蚌残块。

2000T6⑪

猪：左侧上颌骨带 P3 – M2；左侧上颌骨带 M3，尖未磨；右侧上颌骨带 P4 – M1；左侧肩胛骨残块；左侧肱骨下端；右侧肱骨下端；左侧股骨下端未愈。

牛：右侧肩胛骨；左侧股骨下端愈合。

羊：左侧下颌骨带 M2 – M3；右侧肱骨下端。

斑鹿：左上颌 M1 段。

鹿：右侧肩胛骨；近端指骨；左侧股骨下端 2 件；股骨残片。

残骨 5 件；肢骨 7 件。

丽蚌 4 件。

2000T6⑫A

牛：右侧下颌骨 M3 残块；下颌枝；左侧肱骨下端；髋骨残块。

鹿：脊椎 1；右侧肱骨下端；掌骨下端；髋骨；炮骨残块 1 件。

猪：右侧下颌骨 P3 – M1，M1 磨蚀严重（成年个体）；脊椎 2 件；右侧肱骨上端未愈；肱骨下端；左侧股骨上端未愈。

丽蚌 7 件；Ⅱ型蚌 6 件；蚌片 2 件。

2000T6⑭A

丽蚌。

2000T6⑭B

羊：左、右肱骨下端各 1 件。

2000T7⑧A

猪：雄性猪的左侧下颌 M1 – M2，M2 刚磨，M3 未出，1 岁左右；右侧上颌骨带犬齿；右侧下颌 M1 – M3，M3 刚出，2 岁；脊椎 3 件；寰椎；右侧桡骨下端未愈；左侧股骨下端未愈；左侧胫骨下端；右侧胫骨上端未愈；左侧距骨 1 件。

乳猪：右侧肱骨。

小猪：头骨残块 1 件；小猪整体 1 个，包括右侧下颌 DM3，3 个月左右；左侧下颌骨；右侧上颌骨；左侧下颌 P2 – M1，P2 未出者 1 件。

羊：右侧股骨下端，刚愈合。

牛：肩胛骨；左侧肱骨；左侧尺骨；右侧桡骨下关节；股骨头；胫骨上关节；左侧胫骨残块，上端未愈；肢骨片 2 件。

鹿：左侧肱骨下端；桡骨片；末端指骨；髋骨残块；左侧股骨上端；右侧股骨残块。

斑鹿：左侧股骨下端。

丽蚌 1 件；河蚌 1 件。

2000T7⑧B

猪：右侧肱骨下关节；左侧尺骨。

斑鹿：左侧股骨下端；左侧胫骨上端。

2000T7⑨A

鹿：右侧下颌 M2 – M3；右下臼齿；跗骨。

羊：右侧上颌臼齿 1 件；近端指骨。

猪：右侧上颌 M3 未磨；门齿 1 件；脊椎 2 件。

牛：右侧下颌枝残块。

狗：左侧肱骨下端。

2000T7⑨B

猪：左侧下颌 DM2 – M2，M2 刚出，10 个月左右；下颌角；右侧股骨下端未愈。

2000T7⑩

牛：左侧下颌骨带臼齿；颈椎 1 件；股骨头；肢骨片 5 件；掌骨残块 1 件。

鹿：右侧肱骨下端 1 件；左侧胫骨 1 件；右侧胫骨下端。

猪：脊椎 1 件。

碎骨 6 件。

丽蚌残片 5 件。

2000T7⑪

猪：右侧下颌骨 DM3 – M2，M2 刚出，10 ~ 12 个月；左侧下颌枝；左、右侧肩胛骨；脊椎骨；肋骨条；左侧肱骨上端未愈；左侧肱骨下端未愈 2 件；右侧肱骨下关节未愈；右侧肱骨；左侧桡骨下端未愈；掌骨；左侧股骨上端愈合；左侧股骨下关节未愈；右侧股骨上端愈合；右侧股骨下端未愈；左侧股骨，上端愈合；右侧股骨上、下端未愈各 1 件；左侧股骨上端；左侧股骨下端未愈；左侧胫骨上端未愈 2 件；左侧胫骨下端。

鹿：左、右侧桡骨上端各 1 件；肩胛骨片；跖骨。

牛：肩胛骨片；桡骨；右侧胫骨上端，愈合；右侧胫骨下关节愈合；肢骨片 2 件；右侧跟骨下端；右侧距骨；跗骨。

羊：骶椎；右侧髋骨；左侧股骨下端未愈；近端指骨。

2000T9⑤A

肢骨片。

2000T9H33

乳猪：下颌前部；右侧肱骨及右侧肱骨下端各 1 件。

狗：左侧上颌，牙全掉。

牛：掌骨下端。

羊：左侧下颌 DM3 – M2；左侧下颌 P4 – M1。

鹿：右侧胫骨。

大型鹿：左侧尺骨 2 件；右侧桡骨下端；近端指骨。

小型鹿：左侧桡骨下端。

残角器。

2000T9H34

猪：右侧肩胛骨。

牛：角心残块；肢骨片。

鹿：左侧桡骨上端。

2000T9H36

鹿：右侧桡骨下端；右侧跟骨；掌骨下端。

龟：腹甲。

肢骨片 6 件。

丽蚌 1 件。

2000T9H37

猪：头骨；肢骨片 1 件；髋骨残块。

小猪：左侧股骨上下未愈。

牛：肢骨片 2 件。

羊：肢骨片 2 件。

斑鹿：右侧桡骨上端。

鹿：炮骨打击的骨料。

丽蚌；Ⅱ型蚌 1 件。

2000T9H39

猪：骶椎；胫骨片。

2000T9H40

猪：上门齿；右侧下颌 P4 – M3，M3 正出；下颌角，第三门齿；左上颌前部；脊椎骨 1 件；左侧肱骨下端。

大型鹿：左侧下颌 P4 – M3，M1 – M3；跖骨。

鹿：肱骨残块；左侧跟骨。

斑鹿：右侧胫骨上端。

狗：右侧上颌 P4 – M1。

丽蚌 1 件。

2000T10④A、④B、④C

猪：右侧上颌骨带 M2 – M3；脊椎；右侧肱骨下端；跖骨下端未愈。

鹿：左侧股骨下关节未愈。

小型鹿：左侧下颌骨带 P4 – M2，M3 残。

残骨 5 件。

丽蚌。

2000T10H68

猪：左侧下颌 DM2 – M1，M2 未出；右侧上颌 P3 – M2。

鹿：右侧跟骨。

2000T11⑥

猪：寰椎；肋骨；左侧桡骨下端未愈；左侧桡骨上端；右侧胫骨下端。

蚌片 1 件。

2000T11⑦A

猪：下颌枝残块；左侧下颌 M3，尖稍磨，2 岁左右；右侧下颌 P2 – M1；下颌前部；右侧肩胛骨 4 件；右侧肱骨下端 5 件；左侧股骨下端；右侧胫骨；右侧胫骨上端 3 件；左侧胫骨上端 3 件，其中 1 件下端未愈。

羊：左上臼齿；脊椎骨 3；右侧尺骨；右侧胫骨上关节未愈；炮骨残块。

牛：头骨残块；寰椎残块；右侧肱骨上端，上关节未愈；髋骨。

鹿：左侧跟骨残块。

狗：右侧肱骨下端；左侧胫骨下端。

绵羊：角心 2 件。

小食肉类：距骨。

鸡：左右肱骨各 1 件。

鱼：脊椎 1 件；鱼骨 2 件。

丽蚌 4 件；杜蚌 3 件；Ⅱ型蚌 1 件；蚌片 5 件。

2000T11⑦B

猪：左侧肱骨；右侧桡骨下端未愈；中间指骨。

牛：肢骨片。

斑鹿：角片；左侧下颌 M1；左上臼齿。

小食肉类：左侧尺骨。

丽蚌 2 件；杜蚌 1 件；蚌片 2 件。

2000T11⑧

猪：左侧上颌 P3 – M1；左上 M2；右侧上颌前段；左侧胫骨上端未愈。

狗：右侧桡骨上端。

羊：左侧桡骨。

蚌片 3 件；Ⅱ型蚌 1 件。

2000T11⑨A

猪：左侧尺骨；右侧股骨下端未愈。

牛：左侧桡骨下端。

鹿：脊椎 2 件。

斑鹿：右侧胫骨上端。

2000T11⑨B

猪：左侧肩胛骨。

鹿：左右指骨各 1 件。

2000T11⑨C

猪：右侧肱骨下端残块；右侧膑骨 1。

牛：左侧肱骨下端，于肱窝上砸断。

2000T11⑩A

猪：头骨残块。

Ⅱ型蚌 2 件。

2000T11⑩B

猪：左侧下颌 M2 – M3，M3 尖磨，2 岁左右；右侧肩胛骨；左侧肱骨。

牛：肱骨上端。

羊：右侧胫骨。

鹿：右侧下颌 M2 – M3，M3 残。

小型鹿：右侧下颌 M1 – M3。

斑鹿：右侧股骨下端。

鱼骨。

丽蚌 3 件；杜蚌 1 件；Ⅱ型蚌 1 件。

2000T11⑩C

斑鹿：脊椎；左侧距骨。

2000T11⑩D

羊：右侧距骨上端。

猪：肋骨条。

蚌片 2 件。

2000T11⑪A

猪：肢骨残片。

丽蚌 1 件。

2000T11⑪B

鹿：近端指骨 2 件。

2000T11⑪C

牛：残肢骨 1 件。

Ⅱ型蚌 3 件。

2000T11⑪D

猪：右侧上颌，P1 – M2，M3 残，成年。

2000T11⑫

牛：右侧尺骨；右侧桡骨上端。

斑鹿：鹿角，保留有第二、三分枝段。

鹿：左侧股骨下端；右侧胫骨下端。

丽蚌 1 件（完整）；Ⅱ型蚌 1 件。

2000T11⑬

猪：寰椎；脊椎 3 件。

鹿：左侧肩胛骨。

丽蚌 1 件；Ⅱ型蚌 1 件。

2000T11⑭

猪：左侧上颌 M1 – M3，M3 稍磨，2 岁左右；左侧肩胛骨残块；左侧股骨下端未愈。

牛：腕骨。

羊：左侧股骨残块。

小型鹿：右侧股骨上端。

小食肉类：左侧胫骨。

丽蚌 1 件；Ⅱ型蚌 1 件。

2000T11⑮A

猪：左侧上颌 M1 – M3，M3 刚磨，2 岁左右。

牛：近端指骨。

鹿：枢椎；左侧桡骨上端；股骨残块；右侧距骨。

丽蚌 2 件；Ⅱ型蚌 2 件；大蚌 1 件。

2000T11⑯B

猪：右侧肩胛骨。

牛：右侧掌骨上端残块。

鹿：左侧股骨下端。

丽蚌 4 件（完整）；Ⅱ型蚌 2 件。

2000T11⑯C

斑鹿：左侧角；右侧股骨上端；跖骨残块。

大蚌片。

2000T11⑰A

猪：右侧尺骨；桡骨。

牛：左侧下颌，残。

丽蚌 4 件；Ⅱ型蚌 1 件。

2000T11⑰B

大型鸟：掌骨；跗骨；指骨。

丽蚌1件。

2000T12H89

猪：桡骨片。

小牛：左侧胫骨上端未愈。

羊：右侧下颌 P3 – M3；左侧桡骨上下未愈。

鹿：肢骨片。

丽蚌4件；Ⅱ型蚌1件；杜蚌4件。

2000T12H97

猪：左侧上颌 P4 – M2；右侧上颌 DM2 – M1；下犬齿；右侧肱骨下端；左侧髋骨。

小猪：下颌前部。

牛：右侧上颌 M3；右侧下颌齿隙段；左侧肱骨下端；左侧胫骨上关节；肢骨片。

鹿：鹿角，角环以上自然脱落；右侧肱骨下端。

2000T12G2

猪：左侧上颌 DM2 – M3，6~7 个月；右侧上颌 M1 – M2，M2 刚出，10 个月左右；脊椎3件；左侧肱骨。

狗：脊椎2件。

羊：左侧尺骨；右侧股骨下端。

斑鹿：右侧下颌 P4 – M2，牙磨蚀重。

2000T14G3①

碎骨2件。

2000T14G3

猪：右侧肩胛骨。

小猪：头骨残块。

羊：下臼齿残块；左侧肩胛骨。

斑鹿：鹿角枝；左侧距骨。

丽蚌2件。

（三）初步分析

新砦第二期家畜所占百分比虽然小于第一期，但家畜在各种哺乳动物中的总量仍占主导地位。以最小个体数计算，家猪占总数的 53.57%，仍占各种哺乳动物总数的一半以上；绵羊/山羊占第二位，占 10.71%；黄牛占第三位，占 7.14%。

野生动物中以斑鹿的数量最多，是人们猎取的主要野生动物，占 13.69%，斑鹿和麋鹿各占 3.57%，比第一期稍有增加。其余均不足 1%。

在软体、爬行动物、鱼和鸟类等动物中，以蚌类的数量最多，各种蚌类合计 583 件，占总数的 91.19%，说明捕捞蚌类是比第一期更为频繁的一项生产活动。

二　植物遗存

（一）植物大遗骸

1. 浮选工具、过程及鉴定方法同第三章第三节有关介绍，兹不赘述。

2. 浮选结果

经鉴定，在浮选的第二期 11 个单位当中，浮选出的植物遗骸有：（1）炭化的栽培农作物，计有粳稻 429 粒、粟 256 粒、黍 98 粒、豆 6 粒。　（2）果实类，仅在 2000T4H59 中发现有果核小碎片。（3）其他常见有木材（质）碎片和秸秆残片。另外，在 2000T4H59 中发现有包含藤本植物的木质碎片。

（二）孢粉组合

1. 田野采集方法同第三章第三节有关介绍，兹不赘述。

2. 孢粉组合状况

新砦遗址第二期孢粉样品采自相当于原始记录 2000T6 的第⑥～⑭层，被编为新砦遗址孢粉带Ⅱ（可以再细分为三个亚带）。该孢粉带代表着该时期落叶阔叶树明显增多，反映当时气候发生明显的变化，雨量增多，区内出现温暖湿润—较湿润的暖温带森林草原环境。其具体内容详见本书第八章第二节。

第四节　小　结

一　分段与年代

（一）典型地层关系与分段

新砦遗址第二期遗存十分丰富。南部、北部和东部发掘区各探方均有第二期众多的地层与遗迹、遗迹与遗迹之间的叠压或打破关系，出土的大量陶器又具有显著的形制变化，这些均为讨论新砦遗址第二期遗存的进一步分段打下了基础。

首先观察几例典型地层关系：

1. 1999T2（位于南部发掘区）：

①→②→H11→M5→M6→③A→③C→H83→H84→H87→H147→H148

H23

（第一期）

　　第一例中的第②层为扰土层，其下的 M5、M6 没有出土陶器，H148 属于第一期，其余均属于第二期。其中，③A、③C 层出土陶器较少，H11、H23、H83、H87 和 H147 出土陶器较多。可以简化典型单位的地层关系为：H11→H83→H147。

　　2. 1999T4（位于南部发掘区）：

　　①→②A→②B→H6→H37→H38→③A→③B→H136（第一期）

　　第二例中的第①层为耕土层，H136 为第一期灰坑，其余为第二期遗存。其中以 H6 出土遗物最丰富，可作为典型单位。

　　3. 2000T4（位于南部发掘区）：

①→②→③→④→H19→H20→H21→⑤B→H26→H94→H99（第一期）

H25

　　第三例中的第④层出土有瓷片，属于晚期堆积；H99 属于第一期，其余各遗迹单位属于第二期。其中，第⑤B 层和 H21 出土陶器不多，其他单位出土陶器较为丰富。可以简化典型单位的地层关系为：H19→H94。

　　4. 1999T6（位于北部发掘区）：

　　①→②→H211→③→H212→④→⑤→H220→⑥（第一期）

　　第四例中的第③层为唐代文化层，H211 为唐代灰坑；第⑥层为第一期文化堆积，其余各单位为第二期遗迹单位，其中以 H212 和 H220 出土遗物最丰富。地层关系可简化为 H212→H220。

　　5. 2000T6（位于东部发掘区）：

　　⑤D→⑥→⑦→⑧→⑨A→⑨C→⑨D→⑩→⑪→⑫A→⑬A→⑬B→⑬C→H127（第一期）

　　第五例中的第⑤D 层为第三期遗存，H127 为第一期遗存，其余均为第二期单位。以第⑥层出土遗物最丰富，可作为典型单位。

　　上述五例关系遍及新砦遗址的南、北、东三个发掘区，具有代表性。下面，将其中出土陶器较多的单位列为表二四，观察主要陶器的组合及其不同型式的共存情况。

　　从表二四中可以看出，各单位出土器物往往具有较一致的共存关系，并且符合地层序列反映的早晚关系，器物型式虽然有所交错，却是较晚单位出现少量早期单位的型式，整体器物群的演变趋势是清楚的。因此，地层的叠压和打破关系，以及器物型式共存关系的变化指示着新砦第二期可以进一步分为更小的时间刻度。其中，直接打破第一期堆积的 2000T4H94、1999T2H147 出土 Aa 型 I 式鼎（足）， I 、 II 式小口高领罐， I 式豆，A 型 I 式平底盆， I 式刻槽盆，A 型 I 式、A 型 II 式、B 型 I 式器盖，因层位靠下，二者器物型式共存关系基本相同，故定为第 1 段。

表二四

第二期主要单位陶器型式组合表

组序	单位	深腹罐 A	深腹罐 B	深腹罐 C	小口高领罐	豆	平底盆 A	平底盆 B	器盖(壁) A	器盖(壁) B	鼎(足) Aa	鼎(足) Ac	刻槽盆	折肩罐	尊形瓮	双腹豆
1	2000T4H94	I	I	I	I		I									
	1999T2H147		I	I3	I3 II3	I5	I9		I1 II1	I1	I2	4				
	1999T6H220	I3	I5 II1	I8 II2	I6 II7		I4	I1	II8	I2			II1			
	1999T2H83		I II	I	II	II	I									
	2000T4H19	I4 II1	I4 II4	I2 II6	I3 II4	II	II2	II3	II8	II1	II1	2	I	2	5	1
	1999T2H11	II	II	II	II				II	II				1		
2	1999T4H6	I3	I2 II4	I8 II2	I II	II2			II10	II1	II2		II5	3	√	
	1999T6H212	I II	II	II	I II								II	√		
	2000T6⑧	I10 II23	I19 II82	I24 II45	I2 II14	II30	II10 III10	I7 II8	II87 III30 IV10	II5	II13	19	II13	23	42	7

注：表中的阿拉伯数字代表器物个体数

表二五

第二期典型陶器型式对照表

单位	深腹罐 A	深腹罐 B	深腹罐 C	小口高领罐	豆	平底盆 A	平底盆 B	器盖(壁) A	器盖(壁) B	鼎(足) Aa	鼎(足) Ab	鼎(足) Ac	刻槽盆	折肩罐	尊形瓮
早段	I	I多 II少	I多 II少	I多 II少	I	I多 II少	I	I多 II少	I多 II少	I多 II少	√	√	I		
晚段	II	II	I少 II多	I少 II多	II	II III	III	II III	II III	II			II	√	√

打破 2000T4H94 的 2000T4H19 出土器类增加了折肩罐、尊形瓮和双腹豆，同类同型的器物也发生了式别变化，如除了出土有与 2000T4H94 相同的 A 型 I 式、B 型 I 式、C 型 I 式深腹罐外，还出土了 A 型 II 式、B 型 II 式和 C 型 II 式深腹罐，II 式豆，A 型 II 式、B 型 II 式平底盆，B 型 II 式器盖，Aa 型 II 式鼎足。打破 1999T2H147 的 1999T2H83 也出土了 B 型 II 式深腹罐和 II 式豆。

打破 1999T2H83 的 1999T2H11 出土有 A 型 II 式、B 型 II 式深腹罐和 A 型 II 式、B 型 II 式器盖，也出土有折肩罐，虽然层位上比 H83 相对要晚一些，但是，其器物共存关系不出 1999T2H83 和 2000T4H19 的范围。据此可以把 2000T4H19、1999T2H83 和 1999T2H11 定为第 2 段。

1999T6H220 出土器物组合及型式与第 1 段基本相同，只是多出了极少量的 B 型 II 式和 C 型 II 式深腹罐，可以把它定为第 1 段中偏晚的单位，它已经开始出现个别第 2 段的新因素。打破 1999T6H220 的 1999T6H212 出土器物的组合与型式不出第 2 组的范围，可归入第 2 组。

2000T6⑧的器物组合和型式，与第 1 组相比，发生明显变化，接近前述第 2 组诸单位，只是出现了 A 型 III 式平底盆和 A 型 III 式、A 型 IV 式器盖（壁），折肩罐和尊形瓮的数量也开始增多，总体呈现出更晚的特点，可以归入第 2 组的偏晚阶段。

在表二四的基础上，通过出土器物型式的对比和相互间的地层关系，在第 1 段和第 2 段中增加一些出有共存关系的灰坑，使每种器类型式的排列都得以贯穿，没有缺环，使每段的器类组合也都齐全，就构成了第二期重要单位陶器型式组合表，即附表三五。

从这些主要单位的器物共存关系中可以概括出新砦遗址第二期遗存中 9 种主要陶器器类的分期标尺，以此标尺去衡量其他第二期遗迹单位，得知层位关系均不悖，各类器物的型式顺序与早晚两组的共存关系也相吻合。这样就可以运用这一标尺衡量第二期所有遗迹单位，把那些出土了这 9 种器类当中任何几种甚至一种的遗迹单位进行分段。至于那些未出土这 9 种器类的任何一种，而是出土有别的器类的遗迹单位，则可以借助出有这 9 种器物的单位内共存的其他器类来间接确定其段别，并用地层关系进行检验。最后得出表二五，亦即第二期 9 类典型器物型式对照表，此表基本涵盖了新砦第二期陶器群。其代表性器物的演变序列可见图三一一。

根据表二五，并结合地层关系，可以对绝大部分遗迹单位进行分段。那些无法利用器物共存关系的单位，也可以利用地层关系，进行划分段别。比如，介于两个早段单位之间或者两个晚段单位之间的遗迹单位，即使它出土器类很少、看不出什么器类或者根本就没有出土陶器，仍然可以借助地层关系，确定它属于早段或晚段。至于那些没有出土陶器或出土陶片过于破碎无法判断型式，又无法借助地层关系的遗迹单位，便未予归段。

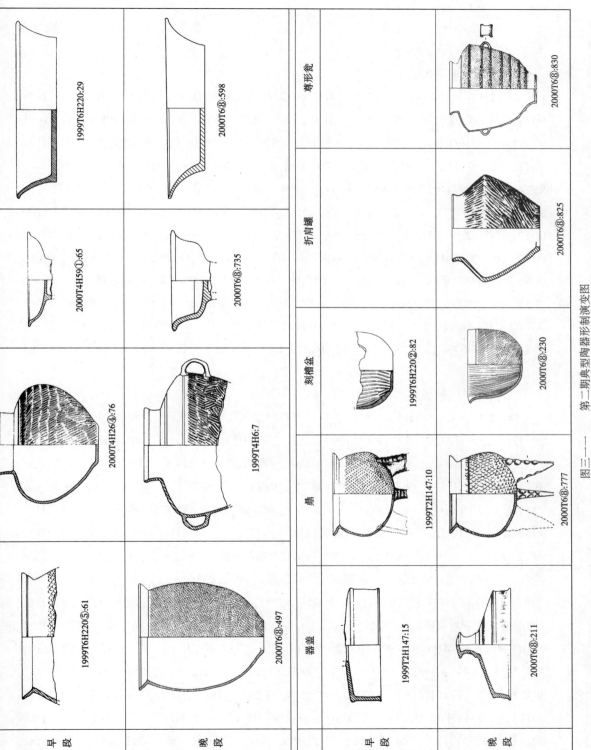

图三一一　第二期典型陶器形制演变图

这样，我们将历时不太长的新砦遗址第二期遗存再分为两个时间段。其分段结果如下。

新砦第二期早段：

99T1H77、99T1H78、99T1H112、99T1H113、99T1H115、99T1H116、99T1H139、99T1 ⑥ A、99T1 ⑥ B、99T1 ⑥ C、99T2H86、99T2H87、99T2H96、99T2H101、99T2H147、99T2 ④、99T2F4、99T2F6、99T3H3、99T3H4、99T3H10、99T3H130、99T4③A、99T4 ③ B、99T4H49、99T4H61、99T4H77、99T4H78、99T5 ④、99T6 ⑤、99T6H217、99T6H219、99T6H220、99T6H221、99T6H222、99T6G2、00T1 ⑧、00T1H10、00T1H51、00T2H73、00T2H74、00T2H75、00T2H93、00T2 - T3H100、00T2⑧、00T2 - T3H45、00T3H109、00T3 ⑤ B、00T4 - T12H64、00T4 - T12H126、00T4H26、00T4H53、00T4H59、00T4H94、00T4⑤A、00T4⑤B、00T6⑬A、00T6⑬B、00T6⑬C、00T6⑭A、00T6⑭B、00T9H36、00T9H37、00T9H38、00T9H39、00T9H40、00T9H44、00T10H54、00T10H56、00T10H61、00T10H68、00T10H79、00T10 ④ A、00T10④B、00T10④C、00T11 ⑰ A、00T11 ⑰ B、00T11 ⑰ C、00T11 ⑰ D、00T11 ⑰ E、00T11⑰F、00T11 ⑰ G、00T11 ⑰ H、00T12H97、00T12 - T13G5、00T12⑤A、00T12F1、00T12F2、00T13⑤A。

新砦第二期晚段：

99T1H7、99T1H8、99T1H15、99T1H21、99T1H22、99T1H24、99T1H25、99T1H26、99T1H28、99T1H29、99T1H33、99T1H34、99T1H35、99T1H36、99T1H39、99T1H40、99T1H42、99T1H43、99T1H44、99T1H45、99T1H46、99T1H47、99T1H48、99T1H70、99T1H71、99T1H74、99T1H75、99T1H76、99T1G1、99T1 ③ A、99T1 ③ B、99T1④A、99T1 ④ B、99T1 ⑤ A、99T1 ⑤ B、99T1 ⑤ C、99T1 ⑤ D、99T2H1、99T2H11、99T2H17、99T2H23、99T2H37、99T2H38、99T2H41、99T2H52、99T2H53、99T2H80、99T2H81、99T2H83、99T2H84、99T2H88、99T2H89、99T2H95、99T2M5、99T2M6、99T2F1、99T2F2、99T2F3、99T2F5、99T2③A、99T2③B、99T2③C、99T3H53、99T3③A、99T4H6（与00T1H6 为同一个灰坑）、99T4H30、99T4H31、99T4H32、99T4H42、99T4H56、99T4H60、99T4H66、99T4H71、99T4H72、99T4H74、99T4H154、99T4H165、99T4H179、99T4H182、99T4 ② A、99T4 ② B、99T5 ③、99T5H230、99T5H231、99T5H232、99T5H233、99T5H234、99T5H235、99T5H236、99T5H237、99T6H212、99T6H213、99T6H214、99T6H215、99T6H216、99T6④、00T1H5、00T1H6、00T1H7、00T1 - T2H8、00T1H9、00T1 - T2H11、00T1H14、00T1H15、00T1H28、00T1H31、00T2H46、00T2H48、00T2 - T3H50、00T2H52、00T2H62、00T3H21、00T3H22、00T3 - T4H25、00T3H71、00T4H19、00T4H20、00T4H24、

00T5⑥A、00T5⑥B、00T5⑦A、00T5⑦B、00T5⑧、00T5⑨、00T5⑩、00T5⑪A、00T5⑪B、00T5⑫、00T6⑥、00T6⑦、00T6⑧、00T6⑨A、00T6⑨B、00T6⑨C、00T6⑨D、00T6⑩、00T6⑪、00T6⑫A、00T6⑫B、00T6⑫C、00T7⑧A、00T7⑧B、00T7⑨A、00T7⑨B、00T7⑩、00T7⑪、00T7⑫、00T9H33、00T11⑥、00T11⑦A、00T11⑦B、00T11⑧、00T11⑨A、00T11⑨B、00T11⑨C、00T11⑨D、00T11⑩A、00T11⑩B、00T11⑩C、00T11⑩D、00T11⑩E、00T11⑪A、00T11⑪B、00T11⑪C、00T11⑪D、00T11⑫、00T11⑬、00T11⑭、00T11⑮A、00T11⑮B、00T11⑮C、00T11⑯A、00T11⑯B、00T11⑯C、00T12H89、00T12 – T13H90、00T12H91、00T12H108、00T13H4、00T13H17、00T13H87、00T12 – T13G1、00T12 – T13G2、00T5 – T7G3。

第二期未能分段的单位：

99T1H72、99T3H18、99T3H54、99T4H35、99T4H37、99T4H38、99T4H175、99T6H218、00T3H49、00T3 – T4H60、00T9H34、00T9④、00T9⑤A、00T9⑤B。

（二）各段文化内涵与特征

依照上文的分析结果，我们可以将第二期遗存早晚两段的文化内涵和特征归纳如下。

1. 早段

第二期早段的遗迹主要有房基和灰坑两类，另有少量灰坑葬和灰沟。房基破坏严重，只留下房基垫土。灰坑以圆形口居多，椭圆形次之；坑底绝大部分为平底；坑壁多为直壁，袋状壁次之，另有一些口大底小的坡壁，偶见弧壁。

石器器类有铲、斧、刀、镞、锛、凿、砍砸器、砺石、石饰品等，其中以铲、刀和斧数量最多。

骨器器类有镞、簪、刀、锥、针、骨饰等，其中锥所占数量最多，其次是镞和簪。

陶器以夹砂陶为主，次为泥质陶。纹饰除素面外，以篮纹最多，次为方格纹，绳纹上升到第三位。器类以罐类为主，占据多半以上，其次是碗（钵），再次为小口高领罐和器盖，侧扁三角形足鼎、盆和杯紧随其后，此外，还有一定数量的豆、子母口缸（瓮）、矮足鼎和镂孔足鼎，而圈足盘和盉不足 1%（表二六 ~ 二八）。早段陶器器物组合的特点，一是折壁器盖大量出现；二是夹砂罐和鼎的唇部多为尖圆唇，与一期同类器流行方唇的作风明显不同，腹壁上的方格纹和篮纹也开始变得印痕较浅，且较散乱；三是在鼎、罐和缸的口部开始流行子母口作风。早段的深腹罐口沿多为尖圆唇，少见方唇，沿面不起棱加厚，这是跟第二期晚段的深腹罐相比普遍性的差别所在。器盖的折壁较直，豆通常为浅盘，侧扁三角形鼎足足跟偏下，钵（碗）壁较晚段为薄，平底盆口沿较窄、腹较深，子母口缸数量少、器壁较薄。

表二六　　　　　　　　　　第二期早段重要单位陶系统计表　　　　　　　　（单位：片）

陶系\单位	泥 质					夹 砂					合计
	黑	深灰	浅灰	褐	红	黑	深灰	浅灰	褐	红	
2000T4H59		87	72	47	3	39	139	79	53	7	526
2000T4H53	11	111	70	26	1	58	127	71	42	7	524
2000T4H26	188	376	312	74	9	0	374	423	239	90	2085
2000T12⑤A	198	332	376	46	21	158	271	427	101	31	1961
2000T2H93	26	147	97	86	37	13	289	61	35		791
2000T4H45	15	101	81	68	7	76	110	222	75	1	756
合计	438	1154	1008	347	78	344	1310	1283	545	136	6643
百分比（%）	6.59	17.37	15.17	5.22	1.17	5.18	19.72	19.31	8.2	2.05	99.98

表二七　　　　　　　　第二期早段重要单位主要陶器纹饰统计表　　　　　　　（单位：片）

纹饰\单位	素面	篮纹	方格纹	绳纹	弦纹	指甲纹	附加堆纹+篮纹	弦纹+篮纹	附加堆纹	鸡冠耳	镂孔	压印纹	刻划纹	合计
2000T4H59	175	159	98	70	8	5	7			4				526
2000T4H53	188	158	60	91	15	2	7		2				1	524
2000T4H26	780	651	335	243	15	4	33		17	3	1		1	2083
2000T12⑤A	775	564	149	191	162	25	29	34	27		3			1959
2000T2H93	304	168	186	50	41	19	9	12			2			791
2000T4H45	303	217	128	85	6	8			4	2		2	1	756
合计	2525	1917	956	730	247	63	85	46	50	9	6	2	3	6639
百分比（%）	38.03	28.87	14.4	11	3.72	0.95	1.28	0.69	0.75	0.14	0.09	0.03	0.05	100

表二八　　　　　　　　第二期早段重要单位主要陶器器类统计表　　　　　　　（单位：件）

器类\单位	罐类	碗（钵）	小口高领罐	器盖	侧扁足鼎	平底盆	杯	刻槽盆	豆	圈足盘	子母口缸（瓮）	矮足鼎	镂孔鼎	盆	鬶（盉）	合计
2000T4H59	26	1	7		1	3	2	1	2		1		3			47
2000T4H53	19	4	3	2	2			2				2	1			35
2000T4H26	87	3		10	8	3		1	4		4	1	7	1		132
2000T12⑤A	19	3		4		3	2		2			2	2	1		38
2000T2H93	19	4			1	1		1	1		1	1				29
2000T4H45	16	5	2	3	3		1		1				1	1		33
合计	186	20	12	19	15	9	5	5	8	3	6	4	11	7	3	314
百分比（%）	59.24	6.37	3.82	6.05	4.78	2.87	1.91	1.59	2.55	0.96	1.91	1.27	3.5	2.23	0.96	100.01

2. 晚段

第二期晚段的遗迹有房基、灰坑、灰沟和墓葬四类。房基破坏严重。灰坑以椭圆形口居多，圆形口次之，另有少量不规则形口，还有两座为近长方形；坑底仍以平底为主；坑壁以直壁和坡壁最为常见，袋状壁次之，偶见弧状壁；与早段相比突出的是袋状坑的数量明显下降，而坡壁坑即口大底小的灰坑的数量明显增多。

墓葬分长方形竖穴土坑墓和灰坑葬两种，其中，长方形竖穴土坑墓几乎没有随葬品，灰坑葬中的死者为随意丢弃的不幸者，这些都是继承一期的特征。

晚段陶器以夹砂陶为主，泥质陶次之。纹饰除素面者外，以方格纹和篮纹最常见，绳纹呈上升趋势，附加堆纹数量大增，常与方格纹、篮纹和绳纹复合施于同一器物上。该段器类仍以罐类为主，约占第二期晚段器物群的 38.07%，其次为器盖，占 28.79%，接下来依次是侧扁足鼎、小口高领罐、盆和豆等，平底盆碗（钵）类和子母口缸数量大减，只有1%多一点，其余的刻槽盆、矮足鼎、三足盘等均不足1%，甑、镂孔足鼎、矮领瓮和盉（鬶）数量更少（表二九~三一）。

表二九　　　　　　　　第二期晚段重要单位陶系统计表　　　　　　（单位：片）

陶系 单位	泥　质					夹　砂					合计
	黑	深灰	浅灰	褐	红	黑	深灰	浅灰	褐	红	
2000T4H19	22	69	38	39	7	25	76	70	54	13	413
2000T2H11	89	196	226	158		51	222	212	62	32	1248
2000T6⑧	122	939	973	52	1	351	1401	735	387		4961
合计	233	1204	1237	249	8	427	1699	1017	503	45	6622
百分比（%）	3.52	18.18	18.68	3.76	0.12	6.45	25.66	15.36	7.6	0.68	100.01
	44.26					55.75					

表三○　　　　　　　　第二期晚段重要单位主要陶器纹饰统计表　　　　　（单位：片）

纹饰 单位	素面	篮纹	方格纹	绳纹	附加堆纹+篮纹	弦纹	附加堆纹	旋纹	压印纹	指甲纹	弦纹+篮纹	鸡冠耳	戳印纹	按窝纹	合计
2000T4H19	105	139	65	68	6	16	2			8				4	413
2000T2H11	686		252	28		35	3			14	22		1		1041
2000T6⑧	1368	977	896	499	475	256	194	245	32	3		10	6		4961
合计	2159	1116	1213	595	481	307	199	245	32	25	22	10	7	4	6415
百分比（%）	33.66	17.4	18.9	9.28	7.5	4.79	3.1	3.82	0.5	0.39	0.34	0.16	0.11	0.06	100.01

注：表中附加堆纹含附加堆纹＋方格纹及附加堆纹＋绳纹者。

表三一　　　　　　　　第二期晚段重要单位主要陶器器类统计表　　　　　（单位：件）

器类 单位	罐类	器盖	侧扁足鼎	小口高领罐	盆	豆	碗（钵）	子母口缸（瓮）	刻槽盆	矮足鼎	三足盘	甑	镂孔足鼎	平底盆	矮领瓮	盉（鬶）	合计
2000T4H19	11	3	4			1		2		1				2		2	26
2000T2H11	27	2		6			6								1		42
2000T6⑧	163	147	33	30	29	26		4	5	7	4	2	1	8		1	460
合计	201	152	37	36	29	27	6	6	5	8	4	2	1	10	1	3	528
百分比（%）	38.07	28.79	7.01	6.82	5.49	5.11	1.14	1.14	0.95	1.52	0.76	0.38	0.19	1.89	0.19	0.57	100.02

（三）年代

新砦二期早段与一期较为接近，一期遗风较浓，这从陶器群中可以看得较为清楚。如新砦二期早段的部分单位常见一期口沿带凹槽的深腹罐、粗柄豆、圈足盘等器类，深腹罐的唇部仍有不少方唇，腹部较鼓；豆盘为浅盘；刻槽盆有的仍为平底等。到了新砦二期晚段，流行折肩罐和尊形瓮，器盖大量出现，深腹罐口沿流行加厚作风，豆变为细柄、折壁、浅盘，刻槽盆也变为小平底或近圜底，盖纽已经出现菌状。新砦第二期这些陶器特点与新密黄寨、郑州二七路、巩义花地嘴等遗址发现的同类遗存相同，年代也应大致相当。

经过对新砦遗址第二期出土木炭标本进行^{14}C年代的测定，得出如下数据（表三二）。这些数据所给出的样品拟合后日历年代，均是用 OxCal 程序和 1998 年树轮校正曲线计算的 68% 置信区间的日历年代范围。由于树轮曲线的扭摆，在有些情况下，该区间会分裂为 2~3 个子区间，子区间后括号中的数字为该子区间所占的百分比。^{14}C 年代则为下距 1950 年的年数。

在上述样品中，新砦遗址第二期早段的绝对年代数据大多落在公元前 1880 ~ 前 1770 年之间，新砦遗址第二期晚段的测年数据，除两个偏晚外，其余大多落在公元前 1770 ~ 前 1730 年之间。众所周知，拟合后的年代虽然比不经拟合的^{14}C 原始数据所标示的年代更加精确，但却不能简单地取其最高值和最低值作为测量对象实际年代的上下限。测年专家认为，即便是拟合后的数据前后摆动二三十年左右，也是十分正常的。据此，参考新砦第一期的测年结果，我们暂时把新砦第二期的绝对年代定在公元前 1850 ~ 前 1750 年。至于拟合后年代在公元前 1740 ~ 前 1690 年之间的两个数据，明显晚于上述推测的新砦第二期的年代范围，其原因有待进一步研究。

综上，我们认为新砦第二期的绝对年代当在公元前 1850 ~ 前 1750 年之间，大体经历了 100 年左右的时间。

表三二　　　　　　　　　　　　　　　第二期木炭标本^{14}C 测年数据表

段别	实验室编号	样本所在单位	^{14}C 年代（原始数据）	拟合后日历年代（BC）	备注
晚段	SA021	1999T4H66	3425±30	1742～1695	偏晚
	SA016	1999T1H29	3410±50	1745～1685	偏晚
	SA020	1999T4H30	3490±30	1770～1735（56.3%） 1710～1695（11.9%）	
	SA017	1999T1H26	3395±40	1750～1730（22.2%） 1725～1690（46.0）	
	SA013	1999T1H45	3430±55	1740～1705（63.1%） 1695～1685（5.1%）	
	SA018	1999T1H40	3500±30	1770～1735（66.1%） 1705～1695（2.1%）	
	SA010	1999T1H48	3425±35	1860～1840（15.1%） 1820～1790（18.0） 1780～1750（35.1）	
	SA009	1999T1H76	3415±35	1860～1840（15.6） 1820～1790（17.6） 1780～1750（35.0）	
早段	SA0028	1999T4H61⑥	3500±35	1830～1765	
	SA005－2	1999T1H112	3465±35	1825～1790（34.1） 1785～1755（29.6） 1850～1840（4.4）	
	SA0019	1999T1H115	3530±35	1830～1770（68.2）	
	SA012	1999T1H116	3480±35	1880～1845（68.2）	
	SA006	1999T1⑥C	3535±35	1884～1838（68.2）	

二　文化因素与文化性质

以文化因素划分，新砦二期的陶器群大致可分为四组文化因素：

A 组，当地传统文化因素，如深腹罐、小口高领罐；

B 组，东方传统因素，如子母口缸（瓮）、子母口鼎、镂孔足鼎、平底盆、侧扁三角形高足鼎等；

C 组，创新因素，如尊形瓮、折肩罐、双腹豆等；

D 组，南方文化因素，如盉、单把壶。

这四类文化因素中的前两类都可以在当地王湾三期文化（河南龙山文化）和东方的龙山文化遗存中找到具有渊源关系的同类器物。值得注意的是，东方因素的大量涌现和一系列崭新器类的出现，大量包含东方因素器物的涌现昭示出二期居民与东方民族发生了十分密切的联系。不过，这并没有从根本上改变二期遗存属于中原古文化系统的本质，在二期陶器群中占居首位的仍是当地传统文化因素——深腹罐。深腹罐大小成系列配置，既做炊器又做盛储器，依旧是二期人最常用的器物。

新砦二期只是一个时间的概念，首倡者将新砦二期的文化性质归于二里头文化，称为二里头文化新砦期，即二里头文化最早的一期遗存。认为"新砦期"介于所谓"河南龙山文化"晚期与二里头文化之间，具有过渡期性质[①]。

我们注意到新砦二期与王湾三期文化即河南龙山文化相比，缺少后者的标型器——双腹盆和斝；与二里头文化相比，缺少二里头文化的标型器——圆腹罐和花边罐；新砦二期拥有自己的典型器——直壁双层纽器盖、子母口瓮和深腹盆形甑。可以说，从文化特征上看，既不宜将之归入王湾三期文化（河南龙山文化），也不便径直归入二里头文化，其性质为从王湾三期文化向二里头文化的过渡，因此，可命名为"新砦二期文化"。

三　环境与经济形态

根据孢粉组合、氧碳同位素、化学组分和有机组分等多项古气候代用指标的分析表明，这时期的气候条件比第一期还要好，属于温暖湿润气候，为暖温带森林草原环境。

动物骨骼鉴定表明，与新砦第一期相比，家畜所占百分比降低，猪的数量减少，狗、黄牛、羊和野生动物数量有所增加，说明狩猎活动比第一期有所增强。

这时期的农业工具中出现了镰刀，表明收割的量比以前大了，种植的农作物也以水稻为主。新砦第二期稻的数量居多，粟和黍的数量较少，属于稻作农业为主兼及旱作的农业生产方式，野大豆的频率还很高。种植的农作物有稻、粟、黍，此外还采集有野大豆及一些野果。

[①]　赵芝荃：《略论新砦期二里头文化》，《中国考古学会第四次年会论文集》，文物出版社，1983 年。

第五章　第三期遗存

在 1999、2000 年度发掘区内没有发掘到第三期的文化遗迹，只是在室内整理阶段，在有些探方的地层中发现属于这一期的文化遗物和动植物遗存。

第一节　文化遗物

一　石器

（一）原料

新砦遗址第三期的石器经过岩性鉴定的共有 27 件（个别石器未经岩性鉴定）。鉴定结果表明，该期石器原料以泥灰岩（灰岩）最多，变酸性火山凝灰岩和火山凝灰岩次之，基性岩类又次之，白云质灰岩、石英云母片岩和硅质片岩较少，钙质千梅岩最少。

从各器类选料看，石铲以泥灰岩或灰岩最多，火山凝灰岩次之，变酸性火山凝灰岩再次之；石斧全为基性岩类；石刀绝大部分为泥灰岩或灰岩，只有一件是石英云母片岩；石镰有两把为硅质片岩，其余的为变酸性火山凝灰岩、石英云母片岩和钙质千梅岩（表三三）。

表三三　　　　　　第三期遗存出土部分石器岩性统计表　　　　　　（单位：件）

岩性＼器类	铲	斧	镰	刀	合计	百分比（%）
变酸性火山凝灰岩	3		1		4	14.81
白云质灰岩	2				2	7.41
泥灰岩（灰岩）	5			4	9	33.33
火山凝灰岩	4				4	14.81
石英云母片岩			1	1	2	7.41
基性岩类（辉长/辉绿岩）		3			3	11.11

续表三三

器类 岩性	铲	斧	镰	刀	合计	百分比（%）
硅质片岩			2		2	7.41
钙质千梅岩			1		1	3.70
合计	14	3	5	5	27	99.99
百分比（%）	51.85	11.11	18.52	18.52	100	

（二）制作工艺

与新砦遗址第二期相近，唯磨制工艺应用得更为广泛。

（三）器类及型式

出土石器的器类和数量不如第二期发现的多，可能与1999、2000年度发掘出的第三期遗存较少有关。器类有铲、斧、镰、刀等。从表三三中可以看出，石器以铲数量最多，刀和镰次之，斧退居刀和镰之后。在上述石器当中，被选为标本的共8件，分别介绍如下。

铲　标本2件。标本2000T7⑥：1，青灰色。残。扁平，双面刃，侧面较直。残长5.6、残宽8.6、厚1.1厘米（图三一二，1）。

标本2000T7⑥：3，青灰色。单面刃，刃部弧度较大，断面呈长方形。残长7.4、残宽8.3、厚1.4厘米（图三一二，2）。

凿　标本1件。标本2000T6④：1，灰白色。扁平，双面刃。长3.5、宽1.8、厚0.4厘米（图三一二，3；图版八三，1）。

刀　标本3件。标本2000T6④：4，青绿色。弧背，单面刃。残长4.1、宽3、厚0.9厘米（图三一二，4）。

标本2000T7⑥：7，青灰色。弧背，直刃，双面刃。残长7.6、宽4.4、厚1厘米（图三一二，5）。

标本2000T6⑤：2，灰白色。长条形，单面刃，较直，器体扁平。残长11.6、宽7.1、厚0.8厘米（图三一二，6）。

镰　标本2件。标本2000T5③：1，青灰色。弧背，单面刃。残长6.3、最宽5.85、厚0.9厘米（图三一二，7；图版八三，2）。

标本2000T5⑤：1，灰白色。长条形，扁平，弧背，单面刃。残长9.6、宽5.4、厚1.05厘米（图三一二，8；图版八三，3）。

二　玉器

琮　标本2000T5④：4，青灰色。已残，系二次利用，残边磨制光滑。高7.5、残

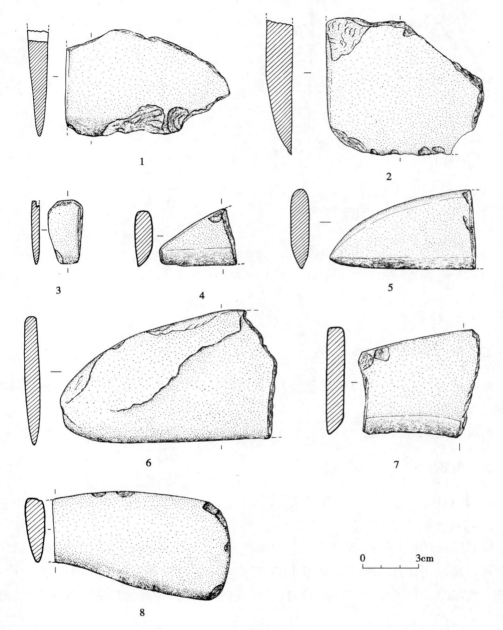

图三一二　第三期出土石铲、凿、刀等

1. 铲（2000T7⑥:1）　2. 铲（2000T7⑥:3）　3. 凿（2000T6④:1）　4. 刀（2000T6④:4）　5. 刀（2000T7⑥:7）　6. 刀（2000T6⑤:2）　7. 镰（2000T5③:1）　8. 镰（2000T5⑤:1）

长 9.7、厚 0.8 厘米（图三一三，1）。

标本 2000T10 采:1，已残，仅存一部分。圆壁，外壁中间附着一方块，从保存较好的部分观察应为二次利用，原破损边缘内外均被打磨，剖面呈三角形。高 4.5 厘米

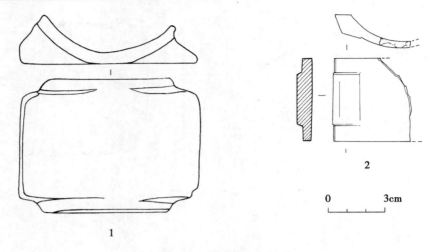

图三一三　第三期出土玉琮

1. 2000T5④：4　　2. 2000T10 采：1

（图三一三，2）。

三　角、蚌器

鹤嘴锄　1 件。标本 2000T7⑦：3，鹿角制成，整体大致呈"V"形。通高约 11 厘米（图版八三，4）。

另有 1 件蚌镰，残甚。

四　陶器

（一）概述

1. 陶系

陶器是新砦遗址第三期发现最多的遗物。其质料可分为夹砂陶和泥质陶两类。其中夹砂陶数量最多，占 62% 多，泥质陶为 37% 多。陶色中灰陶约占 83%，褐陶约占 12%，黑陶约占 3.7%，另有极少量的红陶；白陶仅见一件鬶的口沿，为高岭土烧制而成。

2. 制法

陶器制法以轮制为主，有少量器物的组件为手制轮修，如器盖柄、豆柄是用泥条盘筑而成再加以轮修；鼎足、把手、器耳则完全是用手捏制。器物的一次成型和分制合成并存，但分制合成器物较多。有些器物是口沿和器身分开制作，如罐等圆腹器物；有些器物则为三部分合制而成，如折肩罐，即腹、肩和口沿分制，而后合成。折壁器盖的下部为轮制，盖顶部和盖柄则为手制。器物的接合方法主要是粘接。为了接合牢固，多在接合面划上各种不规则的沟道。下面介绍几种最常见的陶容器制作方法。

罐类 轮制，内壁常见手抹痕迹，如标本2000T7⑦：62（图版八四，1）。

尊形瓮 轮制，肩部器表常见手抹痕迹，如标本2000T5④：12（图版八四，2）。

瓮 折肩处内壁经过拍打。

器盖 盖纽用泥条盘筑法制成，盖壁顶面可见清晰的轮制痕迹，如标本2000T5④：56（图版八四，3）。

鸡冠耳 由若干泥条拧成麻花状，再安装在器物外壁上，如标本2000T5④：66（图版八四，4）。

花边装饰 一种是在器口处，自上到下划出花边，如标本2000T5⑤A：75（图版八四，5）；另一种是单作泥条敷设在口沿下，如标本2000T7⑤：19（图版八四，6）。

3. 纹饰

器物表面多经整修。所见整修的方法有抹光、磨光和装饰等。抹光即在制坯完成后随即用手将器表整修光滑，此方法多见于素面夹砂陶和部分泥质陶。磨光应是在陶坯将干时用表面平滑的陶拍或其他用品在器表进行打磨，经此法修整过的器皿外表多有光亮，多见于泥质器。装饰即器表通过拍打、滚压等方法装饰各种纹样。

陶器器表以素面或素面磨光最为常见，约占全部的35%多。装饰纹样中篮纹最多，约占全部纹饰的21%多，绳纹约占20%，两者比例基本相当。方格纹数量较少，约占6%多，附加堆纹、弦纹和旋纹也占有一定的比例，另有少量的花边、压印纹、指甲纹、鸡冠耳和云雷纹（表三四）。

表三四　　　　　　第三期重要单位出土陶片纹饰统计表　　　　　（单位：片）

纹饰 / 单位	素面	篮纹	方格纹	绳纹	指甲纹	附加堆纹+篮纹	附加堆纹+绳纹	附加堆纹+方格纹	附加堆纹	鸡冠耳	花边口沿	弦纹	旋纹	戳印纹	云雷纹	压印纹	合计
2000T7⑦A	396	232	65	245	7	37	12	1	25	1	4	27	76	1			1129
2000T5⑤A	1486	909	250	721	8	133	53		110		3	138	268	10	1	13	4103
2000T5④A	440	293	105	317	2	61	19	3	9		3	43	81			4	1386
合计	2322	1434	420	1283	17	231	84	4	144	4	12	208	425	12	1	17	6618
百分比（%）	35.09	21.67	6.35	19.39	0.26	3.49	1.27	0.06	2.18	0.06	0.18	3.14	6.42	0.18	0.02	0.26	

篮纹 以粗细分两型。

A型 较粗篮纹。标本2000T5③：21（图三一四，1），标本2000T5④：64（图三一四，2）。

B型 较细篮纹。标本2000T6④：61（图三一四，3），标本2000T6④：66（图三

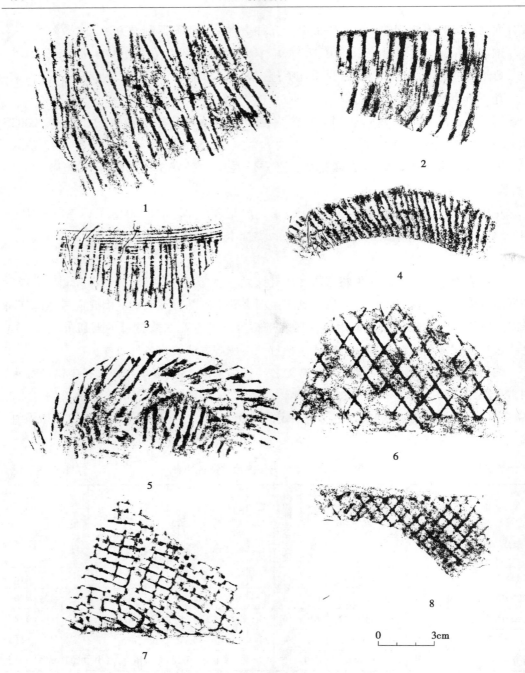

图三一四　第三期陶片纹饰拓片（篮纹、方格纹）

1. A 型篮纹（2000T5③:21）　　2. A 型篮纹（2000T5④:64）　　3. B 型篮纹（2000T6④:61）　　4. B 型篮纹
（2000T6④:66）　　5. 篮纹（2000T5⑤D:61）　　6. A 型方格纹（2000T6⑤:36）　　7. B 型方格纹（2000T6④:
60）　　8. C 型方格纹（2000T6④:12）

一四，4）。

另有标本2000T5⑤D：61，底部所饰篮纹较细、较乱（图三一四，5）。

方格纹　以形状分三型。

A 型　菱形大方格纹。标本2000T6⑤：36（图三一四，6）。

B 型　细长条方格纹。标本2000T6④：60（图三一四，7）。

C 型　小方格纹。标本2000T6④：12（图三一四，8）。

绳纹　以粗细分两型。

A 型　粗绳纹。标本2000T5⑤A：46（图三一五，1）。

B 型　细绳纹。标本2000T5④：38（图三一五，2），标本2000T5③：3（图三一五，3）。

附加堆纹　往往加饰于篮纹或绳纹之上，分两型。

A 型　附加堆纹加篮纹。标本2000T5⑤A：1（图三一五，4）。

B 型　附加堆纹加绳纹。标本2000T5⑤A：163（图三一五，5）。

云雷纹　与二里头遗址所出铜牌饰上的兽面纹有相似之处。标本2000T7⑤：1（图三一五，6）。

长三角纹　标本2000T7③：23（图三一五，7），标本2000T5⑤A：131（图三一五，8）。

（二）器类及型式

第三期陶器的种类较多，但多为残破标本，完整器极少。以平底器为主，三足器次之，圈足器较少。陶器中深腹罐最多，鼎和器盖次之，盆、瓮、花边罐和盘也占有一定的比例。现将主要器类的型式划分介绍如下。

（1）深腹罐　均为斜折沿，束颈，弧腹。依唇部形态分为两型。

A 型　尖圆唇。依沿部形态变化分为2式：

Ⅰ式　侈口，内折棱明显，上腹部微鼓。如标本2000T5⑤A：72（图三一六，1）。

Ⅱ式　口沿近平，近直腹。如标本2000T5④：23（图三一六，2）。

B 型　方唇。如标本2000T7⑦：52（图三一六，3）。

（2）花边罐　依据花边制作方法，分为两型。

A 型　口沿花边为刻划或在唇部按压而成。如标本2000T5⑤A：74（图三一六，5）。

B 型　口沿贴附一周泥条，在泥条上按压成花边。如标本2000T7⑦：32（图三一六，4）。

（3）鼎　发现的口沿极少，在各种器类中所占比例是以鼎足数量来计算的。依足部装饰花纹不同，可将鼎足分为两型。

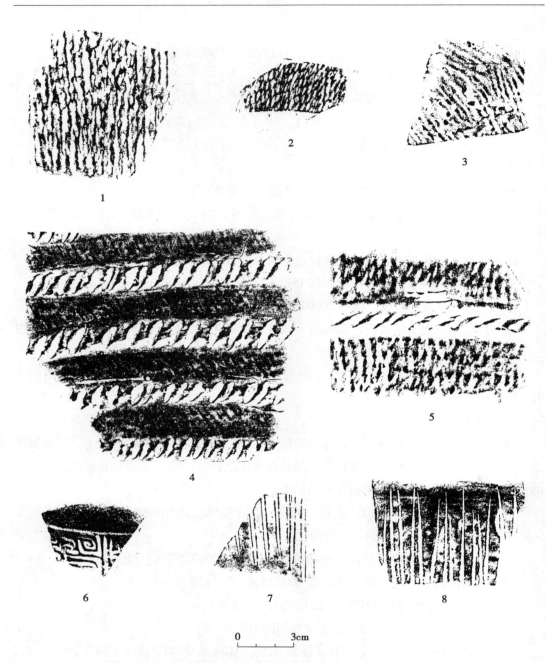

0 ————— 3cm

图三一五　第三期陶片纹饰拓片（绳纹、附加堆纹、云雷纹等）

1. A 型绳纹（2000T5⑤A：46）　2. B 型绳纹（2000T5④：38）　3. B 型绳纹（2000T5③：3）　4. A 型附
加堆纹（2000T5⑤A：1）　5. B 型附加堆纹（2000T5⑤A：163）　6. 云雷纹（2000T7⑤：1）　7. 长三
角纹（2000T7③：23）　8. 长三角纹（2000T5⑤A：131）

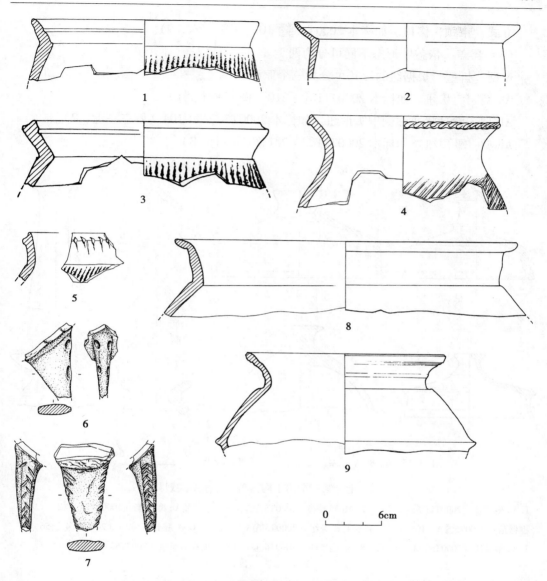

图三一六　第三期出土陶深腹罐、花边罐、鼎、尊形瓮型式划分

1. A 型 I 式深腹罐（2000T5⑤A：72）　2. A 型 II 式深腹罐（2000T5④：23）　3. B 型深腹罐（2000T7⑦：52）　4. B 型花边罐（2000T7⑦：32）　5. A 型花边罐（2000T5⑤A：74）　6. B 型鼎足（2000T5④：43）　7. A 型鼎足（2000T6④：40）　8. I 式尊形瓮（2000T7⑦：61）　9. II 式尊形瓮（2000T5④：10）

　　A 型　足上压印窄槽。如标本 2000T6④：40（图三一六，7）。

　　B 型　足体用手捏制有按窝。如标本 2000T5④：43（图三一六，6）。

　　（4）尊形瓮　均为敞口，折腹。依口部形态变化分 2 式：

　　I 式　近直领，唇部外翻。如标本 2000T7⑦：61（图三一六，8）。

Ⅱ式　束颈，侈口。如标本 2000T5④：10（图三一六，9）。

（5）器盖　依盖壁形态不同可分为两型。

A 型　折壁。根据纽的形状可分为三个亚型。

Aa 型　菌状纽。如标本 2000T11⑤：210（图三一七，1）。

Ab 型　圈足状或称倒喇叭形纽。如标本 2000T5⑤A：104（图三一七，2）。

Ac 型　平顶纽。如标本 2000T11⑤：2（图三一七，3）。

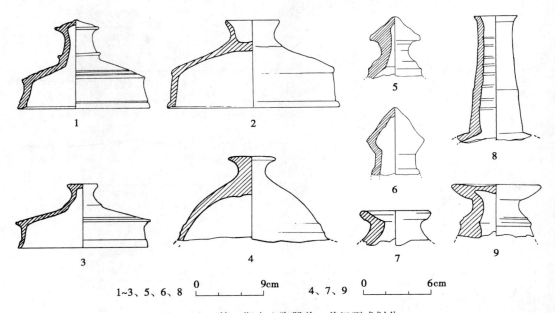

1~3、5、6、8　　0 ⸺⸺⸺⸺ 9cm　　　　4、7、9　　0 ⸺⸺⸺ 6cm

图三一七　第三期出土陶器盖、盖纽型式划分

1. Aa 型器盖（2000T11⑤：210）　2. Ab 型器盖（2000T5⑤A：104）　3. Ac 型器盖（2000T11⑤：2）　4. B 型器盖（2000T5⑤A：106）　5. A 型Ⅰ式盖纽（2000T5⑤A：101）　6. A 型Ⅱ式盖纽（2000T5④：56）　7. Ba 型盖纽（2000T5⑤A：105）　8. Bb 型盖纽（2000T6⑤C：1）　9. C 型盖纽（2000T6③A：7）

B 型　弧壁。如标本 2000T5⑤A：106（图三一七，4）。

（6）盖纽　出土数量较多，形式多样。依纽部形态不同可分为三型。

A 型　菌状纽，纽顶闭合，柄中空。依顶部形态变化分 2 式：

Ⅰ式　纽内部空间狭窄，外表为双层。如标本 2000T5⑤A：101（图三一七，5）。

Ⅱ式　纽内部空间最大，外表为单层。如标本 2000T5④：56（图三一七，6）。

B 型　倒圈足状纽，纽柄中空。依柄部高低可分为两亚型。

Ba 型　矮柄。如标本 2000T5⑤A：105（图三一七，7）。

Bb 型　高柄。如标本 2000T6⑤C：1（图三一七，8）。

C 型　平顶纽。如标本 2000T6③A：7（图三一七，9）。

（三）典型单位出土陶器

新砦遗址第三期文化没有发现遗迹单位，均为地层堆积。其中出土物比较丰富、器物种类比较齐全的有 2000T7⑦、2000T5⑤A 和 2000T5④三个单位。下面将这三个单位出土的陶器标本分别作一介绍。

2000T7⑦

深腹罐　共计 9 件。

A 型Ⅱ式　8 件。标本 T7⑦：42，夹砂浅灰色。圆唇，宽折沿，敞口，深腹。口径 36.4 厘米。

B 型　1 件。标本 T7⑦：52，夹砂浅灰色，胎较厚。火候较高。腹饰竖行粗绳纹。侈口，方唇，沿端内侧有一平台，鼓腹。口径 26、残高 6.8、厚 0.6 ~ 0.8 厘米（图三一八，1）。

花边罐　B 型　共计 5 件。口沿下贴敷一周带按窝纹的花边。标本 T7⑦：35，夹砂浅灰色。腹饰绳纹。侈口，尖圆唇。残高 6 厘米（图三一八，2）。

标本 T7⑦：32，夹砂浅灰色。腹饰篮纹。敞口，尖圆唇。口径 20、残高 10、厚 0.6 ~ 0.9 厘米（图三一八，3）。

标本 T7⑦：37，夹砂浅灰色。腹饰绳纹。侈口，尖唇。残高 6 厘米（图三一八，4）。

尊形瓮　共计 3 件。其中Ⅰ式 2 件，Ⅱ式 1 件。此介绍Ⅰ式标本如下。

标本 T7⑦：61，泥质灰色。器表抹光。方圆唇，口外侈，沿缘外翻，领较直，斜肩。口径 36、残高 8 厘米（图三一八，5）。

双耳平底盆　2 件。标本 T7⑦：5，泥质黑皮陶，浅灰色胎。器内外经过磨光处理，沿缘饰有横耳，耳上饰有两个小泥饼。宽沿外翻，腹较直。残高 4.8 厘米（图三一八，6）。

器盖　A 型　6 件。标本 T7⑦：20，泥质浅黄色。盖顶饰较乱的篮纹，折壁处有凸棱一周。盖顶略鼓，壁略外侈，口部加厚。口径 20、残高 5、厚 0.6 ~ 0.7 厘米（图三一八，7）。

圆腹罐　1 件。标本 T7⑦：6，夹砂浅灰色。领下饰菱形方格纹。圆唇，矮领外侈，器腹略鼓。残高 4.4、厚 0.5 ~ 0.6 厘米（图三一九，1）。

鼎足　B 型　1 件。标本 T7⑦：36，正、背面均饰按窝纹。残高 9.6 厘米（图三一九，2）。

深腹盆　2 件。标本 T7⑦：31，泥质浅灰色，内壁为浅红色。上腹素面，下腹饰中绳纹，腹中部有条状压印纹一周。尖圆唇，敞口，斜折沿，沿面内凹，内折棱较明显，近直腹。口径 20.8、残高 7.8 厘米（图三一九，3）。

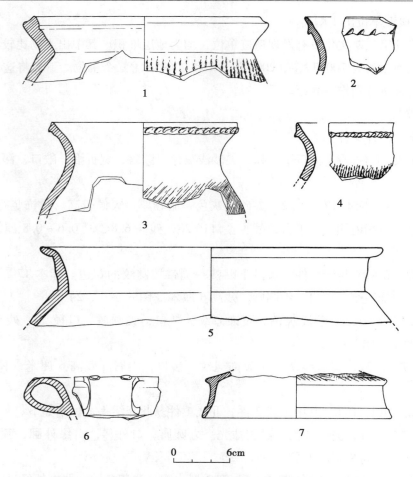

0 ————— 6cm

图三一八　2000T7⑦出土陶深腹罐、花边罐、尊形瓮等

1. B 型深腹罐（T7⑦：52）　2. B 型花边罐（T7⑦：35）　3. B 型花边罐（T7
⑦：32）　4. B 型花边罐（T7⑦：37）　5. I 式尊形瓮（T7⑦：61）　6. 双
耳平底盆（T7⑦：5）　7. A 型器盖（T7⑦：20）

标本 T7⑦：43，泥质灰色。腹部饰两周凹弦纹和绳纹。尖圆唇。残高 7.8 厘米
（图三一九，4）。

钵　共计 2 件。标本 T7⑦：17，泥质深灰陶，胎较厚。器表经过磨光处理，沿下
饰一周凸棱。方唇，敛口，斜腹内收。口径 18、残高 7.4、厚 0.6～0.8 厘米（图三一
九，5）。

标本 T7⑦：11，泥质浅灰色。敞口，短折沿近平，方唇上有一凹槽，斜腹内收。
口径 35.4、厚 0.6～1.2 厘米（图三一九，6）。

豆　1 件。标本 T7⑦：14，泥质黑皮陶，褐红色胎。器内外均经磨光处理。方圆
唇，窄沿近折，豆盘较深较直。残高 5.8、厚 0.6 厘米（图三一九，7）。

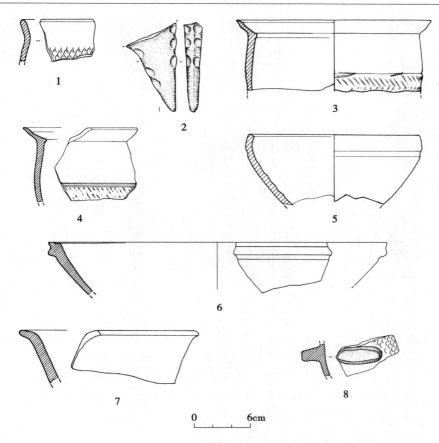

图三一九　2000T7⑦出土陶圆腹罐、鼎足、深腹盆等

1. 圆腹罐（T7⑦：6）　2.B型鼎足（T7⑦：36）　3.深腹盆（T7⑦：31）　4.深腹盆（T7⑦：
43）　5.钵（T7⑦：17）　6.钵（T7⑦：11）　7.豆（T7⑦：14）　8.錾手（T7⑦：12）

錾手　1件。标本T7⑦：12，夹砂深灰色，褐红色胎。平面近长方形，一面较平，另一面中间略鼓。残高3.6、厚0.6厘米（图三一九，8）。

2000T5⑤A

深腹罐　A型　共计31件。其中有25件深腹罐，与新砦第二期晚段的C型Ⅱ式深腹罐口沿特征相近，也是在唇内侧加厚，应该是新砦二期的作风。

Ⅰ式　6件。标本T5⑤A：70，夹砂浅黄色。口沿下饰宽竖条篮纹。尖圆唇，口沿内侧上端略起平台，内折棱明显，腹较鼓。口径16、厚0.6～0.7厘米（图三二〇，1）。

标本T5⑤A：37，夹砂黄灰色。口沿以下饰麦粒状绳纹。尖圆唇，沿端内侧起有平台，内折棱明显，腹较鼓。口径24、残高7、厚0.4～0.6厘米（图三二〇，2）。

标本T5⑤A：47，夹砂浅灰色。口沿以下饰斜向绳纹。方圆唇，内折棱明显，器腹

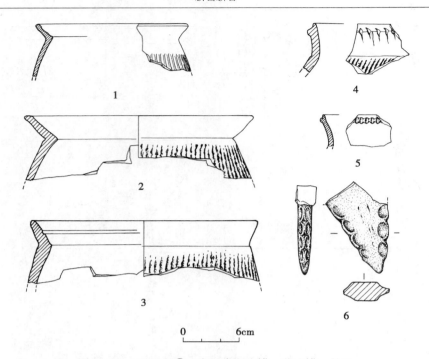

图三二〇　2000T5⑤A 出土陶深腹罐、花边罐、鼎足

1. A 型 I 式深腹罐（T5⑤A：70）　2. A 型 I 式深腹罐（T5⑤A：37）　3. A 型
I 式深腹罐（T5⑤A：72）　4. A 型花边罐（T5⑤A：74）　5. B 型花边罐（T5
⑤A：76）　6. B 型鼎足（T5⑤A：3）

外鼓，沿面较平微鼓。残高 8、厚 0.6 ~ 0.8 厘米。

标本 T5⑤A：72，夹砂深灰色，胎较厚。口沿下饰麦粒状绳纹。尖圆唇，侈口，斜折沿，沿面内侧有一周凹槽，溜肩，斜弧腹。口径 24、残高 6.85、厚 0.8 ~ 1 厘米（图三二〇，3）。

花边罐　共计 4 件。

A 型　2 件。标本 T5⑤A：74，夹砂深灰色。颈以下饰麦粒状绳纹。方唇，矮领较直，卷沿。唇外缘压印花边。残高 5.4、厚 0.6 ~ 0.8 厘米（图三二〇，4）。

B 型　2 件。标本 T5⑤A：76，夹砂浅黄色，褐红色胎。圆唇，敞口，卷沿。唇缘外侧附加泥条再压印花边。残高 3.4、厚 0.6 厘米（图三二〇，5）。

鼎足　B 型　1 件。标本 T5⑤A：3，夹砂浅红色。足体边缘两侧用手捏制按窝。侧扁足略呈三角形。残高 9.8 厘米（图三二〇，6）。

尊形瓮　共计 10 件。

I 式　9 件。标本 T5⑤A：11，泥质浅黄色，胎较厚，为浅红色。器体素面。宽方唇，卷沿，领外有凸棱一周。口径 35.8、残高 7 厘米（图三二一，1）。

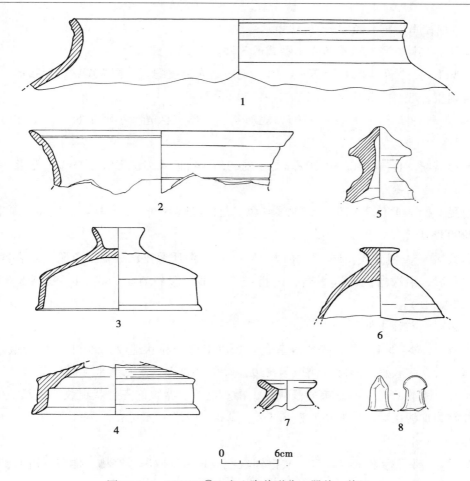

图三二一　2000T5⑤A 出土陶尊形瓮、器盖、盖纽

1. I 式尊形瓮（T5⑤A：11）　2. II 式尊形瓮（T5⑤A：21）　3. Ab 型器盖（T5⑤A：104）　4. A 型
器盖（T5⑤A：9）　5. A 型 I 式盖纽（T5⑤A：101）　6. B 型器盖（T5⑤A：106）　7. Ba 型盖纽
（T5⑤A：105）　8. 异形盖纽（T5⑤A：109）

II 式　1 件。标本 T5⑤A：21，夹砂黑皮陶，深灰色胎。尖圆唇，敞口，卷沿。口径 28、残高 6 厘米（图三二一，2）。

器盖　共计 29 件。

A 型　6 件。标本 T5⑤A：104，Ab 型。泥质浅灰色，胎较厚，为浅红色。器表素面抹光。盖纽为倒喇叭形，盖顶部略鼓，盖壁略外侈，沿部外侧加厚。口径 17.4、高 9、顶径 5.6 厘米（图三二一，3）。

标本 T5⑤A：9，泥质深灰色，红褐色胎。器表素面抹光。盖壁顶端略鼓，盖壁较直，壁端外侈。口径 17.8、残高 5.4 厘米（图三二一，4）。

B 型　23 件。标本 T5⑤A：106，泥质磨光黑皮陶，浅灰色胎。弧壁，壁端外侈。

残高8、顶径4.2厘米（图三二一，6）。

盖纽　共计6件。其中可看出型式的3件。

A型Ⅰ式　2件。标本T5⑤A：101，泥质磨光黑皮陶。盖帽为菌状，亚腰柄，下端变粗再内折。残高8.3厘米（图三二一，5）。

Ba型　1件。标本T5⑤A：105，泥质灰色。器表抹光。小圈足状纽，中空。顶径6.3、残高3厘米（图三二一，7）。

异形盖纽　标本T5⑤A：109，夹砂浅红色。略近弧刃凿形。残高3.8厘米（图三二一，8）。

爵足　标本T5⑤A：154，细泥浅红色。足体经磨光处理。圆柱状。残高3厘米。

2000T5④

深腹罐　A型Ⅱ式　16件。标本T5④：23，泥质黑皮陶，褐红色胎。器表素面磨光。方圆唇，沿端内侧微起平台，内折棱较明显，腹较直。口径24、残高5.8厘米（图三二二，1）。

花边罐　共计4件。

A型　标本T5④：39，夹砂深灰色。颈以下饰麦粒状绳纹。矮领外侈，领腹交接处略起平台，腹较直。唇缘外侧压印花边。口径18、残高5.6厘米（图三二二，2）。

B型　标本T5④：40，夹砂浅灰色，褐灰色胎。器腹饰麦粒状绳纹。短领，侈口。口沿外侧附加泥条后压印花边。残高3.6、厚0.7厘米（图三二二，3）。

鼎足　8件。

A型　7件。标本T5④：50，夹砂浅红色。足体外侧压印窄槽。侧扁三角形，两侧为方形，外侧略厚。残高7.6厘米（图三二二，4）。

B型　1件。标本T5④：43，夹砂浅红色。足体外侧两边用手捏制成按窝。侧扁三角足，外侧较厚，内侧略薄。残高8厘米（图三二二，5）。

乳状鼎足　1件。标本T5④：52，夹砂浅灰色。足体近圆锥形。高3.3厘米（图三二二，6）。

子母口鼎　3件。标本T5④：53，夹砂深灰色。耳下饰方格纹。子母口内敛，器腹较直。器耳为纽索状。残高2.4、厚0.8厘米（图三二二，7）。

尊形瓮　Ⅱ式　1件。标本T5④：10，泥质浅黄色，褐胎。圆唇，领略外侈，束颈，折肩，折肩处外凸明显。口径21、残高11厘米（图三二二，8）。

瓦足　1件。标本T5④：74，泥质深灰色，褐红色胎。截面呈"C"形。残高7.4、厚1厘米（图三二二，9）。

四瓦足瓮　4件。标本T5④：72，泥质浅黄色，胎较厚，呈浅灰色。器表经磨光处理，近瓦足处有弦纹数条。器底较平，"C"形瓦足。残高4.6、厚0.8～1厘米（图三

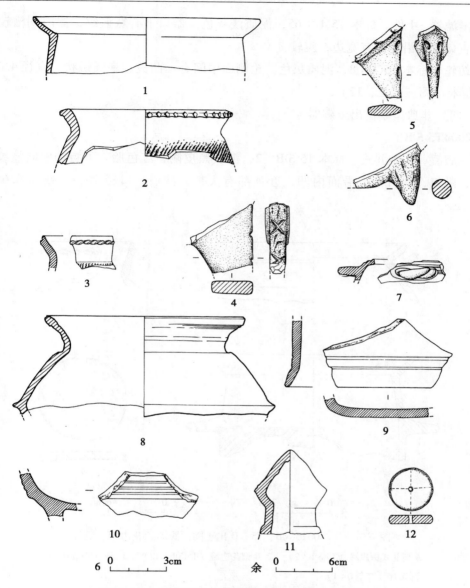

图三二二　2000T5④出土陶深腹罐、花边罐、鼎等

1. A 型Ⅱ式深腹罐（T5④：23）　2. A 型花边罐（T5④：39）　3. B 型花边罐（T5④：40）　4. A 型鼎足（T5④：50）　5. B 型鼎足（T5④：43）　6. 乳状鼎足（T5④：52）　7. 子母口鼎（T5④：53）　8. Ⅱ式尊形瓮（T5④：10）　9. 瓦足（T5④：74）　10. 四瓦足瓮（T5④：72）　11. A 型Ⅱ式盖纽（T5④：56）　12. 纺轮（T5④：8）

二二，10）。

盖纽　A 型Ⅱ式　2 件。标本 T5④：56，泥质磨光黑皮陶，褐红色胎。器表素面磨光。菌状顶，下为盖柄，近盖壁处有一平台。残高 9 厘米（图三二二，11）。

澄滤器　4件。标本 T5④：65，泥质浅灰色。器口下有宽篮纹，器内刻槽较细较稀。直口，口沿外侧有宽边，腹较直。

纺轮　标本 T5④：8，泥质灰色。轮侧面中间有一凸棱。扁圆饼状。直径4.6、厚0.9厘米（图三二二，12）。

（四）非典型单位出土陶器

2000T5⑤B

深腹罐　A型Ⅱ式　标本 T5⑤B：2，泥质黑皮陶，红色胎。下腹饰斜向篮纹。尖圆唇，敞口，斜折沿，沿面内凹，近颈部有尖棱，溜肩。口径20.4、残高6.6厘米（图三二三，1）。

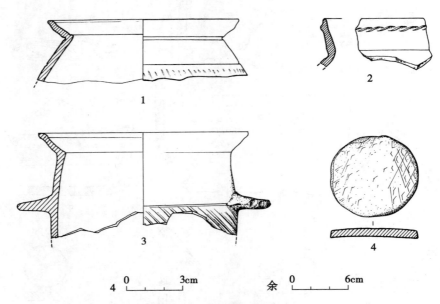

图三二三　2000T5⑤B、T5⑤D出土陶深腹罐、花边罐、甑等
1. A型Ⅱ式深腹罐（T5⑤B：2）　2. B型花边罐（T5⑤B：19）　3. 甑（T5⑤D：6）
4. 圆陶片（T5⑤D：1）

花边罐　B型　标本 T5⑤B：19，夹砂浅灰色。直口，直领，内侧略有折棱。残高5、厚0.6 ~1厘米（图三二三，2）。

2000T5⑤D

甑　标本 T5⑤D：6，泥质黑皮陶，浅灰色胎。腹上部磨光，腹下饰斜向篮纹。尖圆唇，沿端内侧有平台，内折棱明显，腹较直，装对称两鋬手。口径22、残高10厘米（图三二三，3）。

圆陶片　标本 T5⑤D：1，泥质浅红色。表面饰方格纹。边缘有崩痕。直径4.7、厚

0.4厘米（图三二三，4）。

2000T6③A

双腹豆 标本T6③A：23，泥质黑皮陶，浅红色胎。折腹处饰凹弦纹。敞口，折腹。残高5.6、厚0.6~0.8厘米（图三二四，1）。

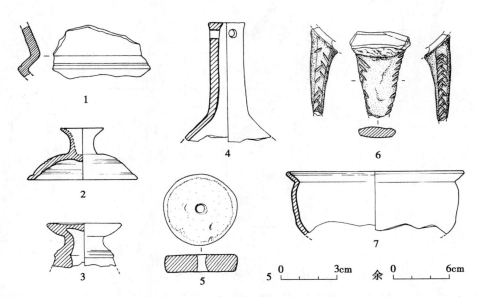

图三二四 2000T6③A、T6④出土陶双腹豆、器盖、豆柄等

1. 双腹豆（T6③A：23） 2. B型器盖（T6④：2） 3. C型盖纽（T6③A：7） 4. 豆柄（T6④：72） 5. 纺轮（T6④：5） 6. A型鼎足（T6④：40） 7. 折沿盆（T6④：3）

盖纽 C型 标本T6③A：7，泥质黑皮陶，褐胎。器表经磨光处理。亚腰中空柄，柄顶平。柄下部出小平台。顶径8、残高4.6厘米（图三二四，3）。

豆柄 标本T6④：72，泥质黑皮陶，浅红色胎。器表经磨光处理。细柄，豆座较平。柄上部有一圆孔。径3.8、高12.4厘米（图三二四，4）。

器盖 B型 标本T6④：2，夹砂黑色。盖面饰凹弦纹。圈足状纽，弧壁，弧顶，底边外凸。底径11.7、高5.6厘米（图三二四，2）。

2000T6④

纺轮 标本T6④：5，泥质灰色。边缘磨制。扁圆饼状，直边。直径4、厚0.8厘米（图三二四，5）。

鼎足 A型 标本T6④：40，夹砂浅红色。足体两侧压印"人"字形窄槽。扁平近凿形。高9.4厘米（图三二四，6）。

折沿盆 标本T6④：3，夹砂黑色。素面。方唇，斜折沿，深腹。口径18.6、残高6.8、厚0.4~0.5厘米（图三二四，7）。

2000T6⑤

花边罐　A型　标本 T6⑤：34，夹砂浅红色。方唇，近直领，卷沿近折。唇缘外侧压印花边。残高5.4、厚0.6厘米（图三二五，1）。

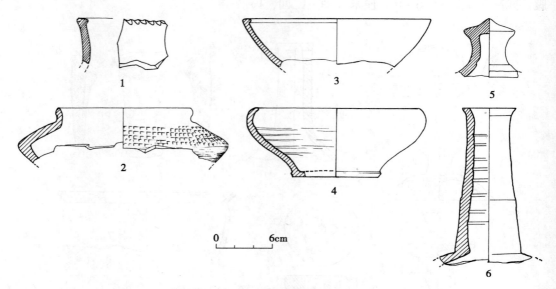

图三二五　2000T6⑤出土陶花边罐、折肩罐、钵等

1. A型花边罐（T6⑤：34）　2. 折肩罐（T6⑤：38）　3. 钵（T6⑤：1）　4. 钵（T6⑤：6）　5. A型Ⅱ式盖纽（T6⑤：29）　6. Bb型盖纽（T6⑤：1）

折肩罐　标本 T6⑤：38，泥质浅灰色。肩腹饰方格纹。矮领，折肩近平，腹斜收。口径14、残高6、厚0.8～1厘米（图三二五，2）。

钵　标本 T6⑤：1，泥质浅灰色。平唇倒钩，斜弧腹。口径20、残高5.3、厚0.4厘米（图三二五，3）。

标本 T6⑤：6，泥质浅灰色。敛口，尖圆唇，曲腹，平底，底边外凸。口径16.6、底径9、高7.4、厚0.4～0.6厘米（图三二五，4）。

盖纽　A型Ⅱ式　标本 T6⑤：29，泥质深灰色。盖帽略呈菌状，中空，亚腰形柄。残高6.5厘米（图三二五，5）。

Bb型　标本 T6⑤：1，泥质黑皮陶。器表经磨光处理。中空高柄，柄顶为圈足状，上端较细，下端变粗。顶径5.6、高16.6厘米（图三二五，6）。

2000T7③

折肩罐　标本 T7③：11，泥质浅灰色，深灰胎。肩和腹部饰有凹弦纹。方唇，矮直领，卷沿，折肩较平。残高5厘米（图三二六，1）。

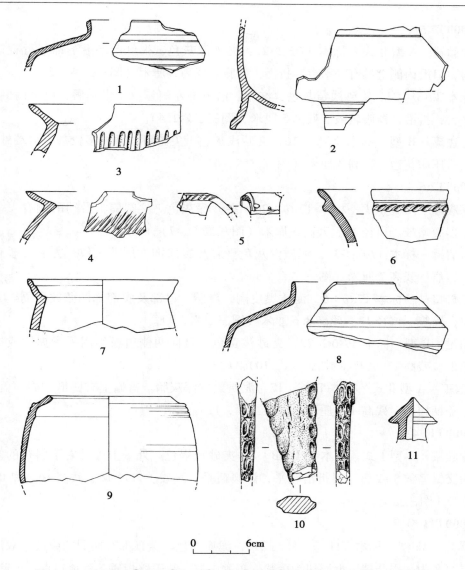

0　　　　6cm

图三二六　2000T7③、T7④、T7⑤、T7⑥出土陶折肩罐、深腹罐、花边罐等

1. 折肩罐（T7③:11）　2. 三瓦足器（T7④:3）　3. A 型Ⅱ式深腹罐（T7⑤:21）　4. A 型Ⅱ式深
腹罐（T7⑤:23）　5. 白陶鬶口沿（T7④:50）　6. B 型花边罐（T7⑤:16）　7. A 型Ⅱ式深腹罐
（T7⑥:26）　8. 折肩罐（T7⑥:34）　9. 子母口鼎（T7⑥:6）　10. B 型鼎足（T7⑥:22）　11. A
型Ⅱ式盖纽（T7⑥:17）

2000T7④

三瓦足器　标本 T7④:3，泥质黑皮陶，褐红胎。腹饰凹弦纹一周，足上饰凹弦纹
三周。鼓腹，圜底，三矮瓦足，足端加厚。残高 11 厘米（图三二六，2）。

白陶鬶口沿　标本 T7④:50，与二里头遗址所出同类器相似（图三二六，5）。

2000T7⑤

深腹罐　A 型 II 式　标本 T7⑤：21，夹砂深灰色，褐红胎。沿下饰竖行宽篮纹。尖圆唇，口沿内侧上端有一平台，折沿，鼓腹。残高 5 厘米（图三二六，3）。

标本 T7⑤：23，夹砂浅黄灰色，红胎。沿下饰左斜篮纹。尖圆唇，口沿内侧上端有一平台，折沿，器腹较鼓。残高 5 厘米（图三二六，4）。

花边罐　B 型　标本 T7⑤：16，夹砂浅灰色。尖圆唇，领外侈较甚。沿端外侧附加泥条后压印花边。残高 3 厘米（图三二六，6）。

2000T7⑥

深腹罐　A 型 II 式　标本 T7⑥：26，夹砂深灰色。尖圆唇，沿端内侧有一平台，折沿，器腹略鼓。口径 16、残高 5 厘米（图三二六，7）。

折肩罐　标本 T7⑥：34，泥质深灰色。肩及腹部饰三周凹弦纹。方唇，矮直领，折沿，折肩。残高 7 厘米（图三二六，8）。

子母口鼎　标本 T7⑥：6，泥质黑皮陶，红胎。口部及腹部饰凹弦纹数周。方唇，子母口，筒腹。口径 13、残高 8.6 厘米（图三二六，9）。

鼎足　B 型　标本 T7⑥：22，夹砂浅黄色。足体两侧边缘均用手指捏制成按窝。扁三角形。残高 11 厘米（图三二六，10）。

盖纽　A 型 II 式　标本 T7⑥：17，泥质黑皮深灰胎。盖帽上有凹槽一周。盖帽呈菌状，盖柄较矮。残高 4.8 厘米（图三二六，11）。

2000T11④B

深腹罐　A 型 I 式　标本 T11④B：2，夹砂灰褐色。外壁上腹饰右下斜行的篮纹，其下为交错篮纹。尖唇，斜折沿较平，深腹略垂，底残。口径 18、残高 16、厚 0.4 ~ 0.6 厘米（图三二七，1）。

2000T11⑤

器盖　Aa 型　标本 T11⑤：外凸 210，泥质黑色。盖顶部有两周凹弦纹。双层纽，但下层纽实为一周凸棱。上层纽为菌状，盖颈中空，与盖壁相通，盖顶斜直，盖壁稍外撇。底径 18、高 12、厚 0.9 ~ 1.0 厘米（图三二七，2；图版八五，1）。

Ab 型　标本 T11⑤：1，泥质灰色。素面。圈足状纽，盖顶斜直，盖壁较直，底边微外凸。口径 17.5、高 11、厚 0.6 ~ 1.0 厘米（图三二七，3；图版八五，2）。

Ac 型　标本 T11⑤：2，泥质灰色。内壁粗糙，外壁略加打磨。盖顶饰两周凹弦纹。盖纽处于从双层纽向单层纽过渡的状态，即下层纽已不明显，几乎已经成为盖顶的一部分，上层纽为平顶。盖顶斜直，顶边外凸，盖壁较直，壁下端贴边加厚。底径 17.5、高 9、厚 0.6 ~ 0.8 厘米（图三二七，4；图版八五，3）。

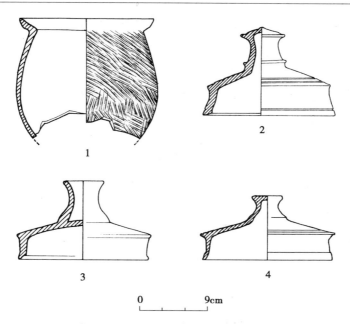

图三二七　2000T11④B、T11⑤出土陶深腹罐、器盖

1. A 型 I 式深腹罐（T11④B∶2）　　2. Aa 型器盖（T11⑤∶210）

3. Ab 型器盖（T11⑤∶1）　　4. Ac 型器盖（T11⑤∶2）

第二节　动、植物遗存

一　动物遗骸

（一）出土状况

2000T5③

猪：下颌枝；左侧肩胛骨；近端指骨；股骨上端未愈。

狗：左侧下颌骨残块；左侧下颌骨带 M2－M3，M3 刚磨；残骨 6 块。

牛：腕骨；右侧距骨；炮骨下关节残块。

鹿：左侧肱骨下端。

小鹿：下颌枝残块；右侧肱骨；掌骨。

2000T5④

猪：左侧下颌骨带 M2，M3 未出；左侧上颌骨 P4－M2，估计 M3 未出，1.5 岁左右；左侧上颌 P2－P3；左侧上颌骨，M3 尖出齿质点；左侧上颌骨，M3 磨出梅花形；左侧下颌 M2－M3，M3 稍磨，估计 2 岁左右；下颌枝残块；下颌前部；脊椎 2 件；枢椎；左侧肱骨下端；左侧桡骨下端；掌骨；中间指骨；左侧股骨上下端未愈；左侧股骨上端；右侧胫骨下端；右侧胫骨3件。

小猪：头骨。

牛：角心残块2件；左侧上臼齿；右侧下颌骨M1－M3；右侧下颌骨残块6件；肋骨块；左侧掌骨上段；中间指骨；髋骨残块。

黄牛：角心。

乳牛：左侧上颌DM3；肢骨10件；残骨8件。

羊：左侧下颌M1－M2；左侧下颌M1－M3，牙残；左侧桡骨上下端未愈；左侧胫骨下端；左侧胫骨上端。

鹿：鹿角残块；左侧下颌骨带P3－M1；左侧下颌骨带M3，残；左侧下颌骨M1－M2；左侧下颌骨带P2－M1；右侧下颌骨P2－P4；左侧股骨残块；右侧胫骨下端；左、右侧距骨；右侧跟骨。

小鹿：右侧肱骨。

斑鹿：右侧角，保存眶上到第一分叉；斑鹿角枝残块。

蚌片；丽蚌3件；Ⅲ型蚌1件。

2000T5⑤A

猪：头骨1件；头骨残块3件；下颌角3件；下颌前部；下颌前部残块；上犬齿2件；门齿；左、右上犬齿各1件；左侧上颌骨带M3；左侧上M3共2件，其中1件未磨；左侧上颌骨带M2－M3；左侧上颌骨M3刚出，未磨，残；左侧上颌骨，M1刚出，7～8个月；左侧上颌骨带P4－M2；左侧上颌骨带DM2－M1；左侧下颌骨带M1，成年；左侧下颌M3，尖未磨；左侧下颌骨M1－M3，M3尖未磨，估计2岁左右；左侧下颌骨带P4－M1；左侧下颌M2－M3，M3刚出；右侧上颌骨带M1－M2，M3残，成年；右侧上颌骨带M1－M2；右侧上颌骨带M2－M3；右侧上颌骨M2－M3，M3稍磨，2岁左右；右侧上颌骨P4；右侧上颌前部；右侧上颌P4－M2；右侧上颌P4－M2；右侧上颌带M3，M3尖稍磨，2岁左右；右侧下颌骨M2－M3，M3出现梅花图形；右侧下颌，M3尖磨出齿质点，2岁左右；右侧下颌骨带DM3－M1，M2出；右侧下颌骨，牙残，成年；右侧下颌骨DM3，M1未出，3个月左右；右侧下颌M1－M2，M3出，2岁左右；右侧下颌M2，M3未出；左侧肩胛骨2件；右侧肩胛骨2件；腰椎；寰椎；左侧肱骨2件；右侧肱骨2件；左侧肱骨上端未愈2件；左侧肱骨下端未愈；右侧肱骨下端2件；右侧肱骨下端未愈；左、右侧尺骨；右侧桡骨；中间指骨；左侧髋骨残块；髋骨；左侧股骨；左侧股骨下端残块；右侧股骨下端；右侧股骨下端未愈3件；右侧股骨，上端愈合；右侧股骨4件；左侧胫骨；右侧胫骨；右侧胫骨残块；左侧胫骨上端未愈；髁突2件；左侧距骨；右侧距骨；右侧跟骨，结节未愈。

小猪：头骨残块 2 件；下颌前部残块；左侧股骨；左侧胫骨。

狗：寰椎；右侧桡骨下端；掌骨 1 件。

牛：角心；左侧上臼齿 1 件；左侧下颌骨 M1 – M2；右侧肩胛骨残块；肋骨片；右侧桡骨上端 2 件；右侧掌骨残块；中间指骨 2 件；近端指骨；末端指骨；髌骨残块 3 件；髋骨 2 件；股骨头 3 件；左侧股骨上端未愈；左侧股骨下端 1 件；股骨上端未愈；左侧胫骨上端未愈；右侧胫骨上端残块；肢骨片 3 件；跗骨；左侧跟骨，结节未愈。

小牛：左侧上颌骨 DM3，残。

羊：左侧下颌骨 M1 – M2；右下臼齿 2 件；右上臼齿 1 件；左侧下颌骨带 P2 – P3；左侧下颌骨 P2 – P4；右侧上颌骨 M3 段；右下颌带 M2；胸椎；枢椎；左侧尺骨；左侧桡骨；桡骨残块 1 件；右侧胫骨下端；跖骨残块下端未愈；炮骨残块；炮骨。

鹿：鹿角枝 3 件；鹿角残块 6 件；左侧下颌骨带 M3；左侧上颌骨 P3 – M3；左侧下颌骨 M1 和 M2；左侧下颌骨带 DM3 – M1；右侧下颌 M1 段；右侧下颌骨带 DM1 – DM3；左侧肱骨残块；左侧肱骨下端；右侧肱骨下端残块；第一节指骨；髋骨；髋骨残块；左侧股骨上端；右侧股骨下端；左侧股骨残块；右侧股骨残块；股骨；股骨残块 2 件；右侧胫骨上端；右侧胫骨下端；左侧胫骨下端；炮骨下段；右侧桡骨上端 2 件；左侧跖骨上端；左侧跖骨；左侧距骨；左侧跟骨；右侧跟骨 2 件。

小鹿：左侧下颌骨带 M1，M2 未出；左侧下颌骨带 M2 – M3；左侧肱骨下端。

斑鹿：斑鹿角，比较完整；左右侧角，保存眶上部到主枝和眉枝分叉，人工砍断；右侧角，眶上部到主枝残块；斑鹿角 2 件。

豪猪：右上臼齿；门齿残块；左侧肩胛骨；寰椎残块；右侧桡骨下端。

碎骨器；残骨 11 件；肢骨 9 件。

丽蚌 9 件；Ⅱ型蚌 4 件；蚌片 2 件。

2000T5⑤B

猪：左侧上颌骨带 M2；掌骨；左侧股骨下端未愈；胫骨片；右侧跟骨残块。

黄牛：角心；右侧掌骨上端。

羊：寰椎；桡骨片；股骨残段 1 件。

鹿：角尖；鹿角块 8 件；眉枝残块；右侧下颌骨残块；右侧肩胛骨；左侧肱骨下端；右侧股骨残段；左侧胫骨下端 2 件；胫骨残块。

斑鹿：角枝残块。

丽蚌 1 件。

2000T5⑤C

猪：左侧上颌骨 M1 – M2，M2 刚出，未磨；左侧下颌骨带 P2 和 P3；右侧下颌骨前部；右侧下颌骨带 DM3 – M1，M2 未出；下颌骨前部；脊椎 3；胸椎；寰椎；右侧肩胛骨；肋骨；左侧股骨下端未愈2件；左侧股骨下端；右侧股骨上端；右侧距骨。

牛：左侧肱骨下端；中间指骨。

鹿：角残块，分枝段；左侧下颌 P3 – P4；右侧下颌骨 DM3 – M1；左侧下颌骨 P4 – M2；下颌角残块；左侧胫骨上端；左侧跟骨。

Ⅱ型蚌1件。

2000T5⑤D

猪：头骨残块；右侧上颌骨犬齿 – P4；右侧上颌骨 P4 – M2，磨蚀重；左侧上颌骨，M2 尖出齿质点；右侧下颌骨带 P4 – M1；右侧肩胛骨；肋骨2件；左侧肱骨下端；左侧肱骨；掌骨下端未愈；左侧髋骨残块；髋骨残块；右侧股骨残块；右侧股骨上端愈合；右侧股骨下端未愈；右侧胫骨下端；左侧跟骨愈合。

小猪：头骨残块；犬齿；右侧肩胛骨；右侧股骨上端未愈；跖骨。

狗：右侧下颌枝残块；左侧肩胛骨残块。

牛：下颌骨下缘；脊椎骨残块；肋骨；肋骨片；股骨下端残块。

羊：左侧下颌骨；左侧肩胛骨；右侧肩胛骨残块；左侧掌骨残块；左侧肱骨下端；右侧尺骨；右侧桡骨下段；右侧股骨上端未愈；左侧胫骨上端；左侧胫骨下端。

鹿：鹿角片8块；角枝；角枝残块1件、残片4件；右侧肩胛骨；左侧掌骨上端；左侧股骨残块；右侧胫骨上关节。

2000T6③A

猪：左侧上颌骨带 M3，尖未磨。

乳猪：右侧桡骨。

牛：角心残块；左侧上颌骨带臼齿；右侧距骨。

羊：左侧胫骨下端未愈。

鹿：右侧桡骨；左侧尺骨。

Ⅱ型蚌1件。

2000T6④

猪：头骨；左侧下颌骨前段；左侧上颌 M1 – M2，M3 未出，1岁左右；右侧上颌骨带 P3 – M1，M3 残，M3 刚出；左侧肩胛骨；掌骨。

羊：炮骨。

鹿：近端指骨。

Ⅱ型蚌。

2000T6⑤A

猪：头骨残块；左侧上颌 P4 – M2，M1 稍磨，估计1.5岁左右；左侧肱骨；左侧髋骨。

牛：左侧下颌齿隙段。

杜蚌 1 件。

2000T6⑤C

猪：头骨残块；右侧肩胛骨。

小猪：左侧肩胛骨。

2000T7④

猪：右侧下颌 M2－M3，M3 刚出未磨；左侧桡骨上端，下端未愈；右侧跟骨，结节愈合。

小猪：头骨；下颌角；掌骨。

狗：左侧肱骨下端。

牛：上臼齿残块；肢骨；脊椎；肋骨；右侧肱骨下端。

羊：左侧上颌 DM3－M1；左上臼齿；左侧距骨。

斑鹿：角片；右侧下颌 P2－P3。

丽蚌残块；杜蚌 1 件。

2000T7⑤

猪：右侧下颌骨 M2－M3，M3 尖出齿质点；左侧桡骨上端；右侧股骨下端未愈；胫骨残块。

小猪：残头骨；左侧上颌骨带 M3；左侧下颌 M2－M3，M3 尖稍磨；右侧下颌骨带 M1－M2；下颌角；胸椎；脊椎；腰椎；骶椎；左侧肱骨下端；右侧桡骨上端；掌骨；右侧距骨。

狗：左侧下颌骨，保存下颌枝。

牛：左侧尺骨残块；近端指骨 2 件；髋骨；髋骨残块；跗骨；左侧胫骨下端；右侧胫骨下关节未脱落；牛的肩胛骨制作的卜骨，残片，有烧灼；另有残骨 35 件。

羊：左下臼齿。

鹿：鹿角第二分枝，废料；右侧上颌骨 M1－M2；右侧下颌骨带 DM2－M1；右侧掌骨上端；左侧距骨上端。

大鹿：左上臼齿；右侧桡骨下端。

河蚌 1 件。

2000T7⑥

猪：下颌枝残块；下颌角；左侧下颌 M2－M3，M3 刚出，2 岁左右；右侧下颌骨带 M2，M3 未出，1 岁左右；左侧下颌 P4－M3，M3 刚出，2 岁左右；右侧下颌 M2－M3，M3 残，成年；左侧肩胛骨 2 件；右侧肩胛骨；左侧肱骨；左侧肱骨下端；右侧肱骨下端 2 件；左侧桡骨上端 2 件；右侧桡骨下端未愈；掌骨；左侧髋骨 2 件；右侧髋骨

2 件；右侧跟骨结节未愈；左侧股骨上端未愈；左侧胫骨上端未愈。

小猪：左侧下颌骨 M1 未出，4 个月左右。

狗：左侧下颌 M1 – M2。

牛：右侧下颌带 DM3；桡骨；近端指骨；中间指骨 2 件；末端指骨；左侧跟骨；左侧跖骨上端；跖骨下端未愈。

羊：下臼齿 2 件；左侧肩胛骨；右侧肱骨下端；左侧尺骨；桡骨残块；左侧桡骨上端；炮骨。

鹿：左侧下颌 M1 段；左侧桡骨下端；右侧桡骨上端；近端指骨；左侧跟骨；右侧距骨。

蚌片 2 件。

2000T7⑦A

猪：下颌角残块；左侧下颌骨带 M1 – M3，M3 尖出齿质点，2 岁半左右；左侧下颌骨带 M2 – M3，牙残，M3 齿尖稍磨，约 2 岁半左右；右侧肩胛骨；肋骨条 1 件；股骨头 1 件；右侧股骨下关节未愈；右侧距骨；右侧跟骨。

小猪：左侧下颌带 DM3；下颌角残片；左侧下颌，M3 尖磨出齿质点，2 岁左右；左侧髋骨；右侧股骨。

牛：尺骨；近端指骨 2 件；股骨；肢骨片 3 件；右侧跟骨。

羊：左侧上颌骨带 M2、M3 各 1 件；右侧下颌 M1 – M2；左上臼齿；左侧肱骨下端；胫骨残段。

鹿：左侧桡骨上端；右侧股骨。

斑鹿：角枝残块。

2000T7⑦B

猪：右侧桡骨上端。

牛：右侧股骨上端未愈。

鹿：右侧距骨；右侧膑骨。

2000T7⑦D

猪：左侧下颌 M1 – M3，M3 残。

鹿：肢骨片。

2000T11④A

猪：掌骨；髋骨。

小型鹿：右侧股骨上端；左侧跟骨。

大型鹿：右侧肱骨下端；髋骨；炮骨残块；右侧跟骨。

蚌片 1 件；丽蚌 1 件。

2000T11④B

牛：右侧跟骨；右侧下颌，齿隙到 P2。

斑鹿：左侧跟骨结节未愈。

小型鹿：左侧胫骨上端；右侧下颌骨。

猪：右侧胫骨上端。

2000T11⑤

猪：头骨残块；右侧尺骨；中间指骨；右侧胫骨上端未愈。

羊：掌骨下端。

小羊：左侧掌骨上下端未愈。

（二）初步分析

新砦第三期哺乳动物家畜类有狗、猪、黄牛和羊，其中，以家猪的数量最多，其次为羊。野生动物依旧是重要的狩猎对象，种类有斑鹿、麋鹿、獐、豪猪和熊，其中，最常见的是斑鹿，次为獐。

软体动物主要是各种蚌类，计有各种丽蚌、圆头楔蚌、圆顶珠蚌，其中以丽蚌最多，次为多瘤丽蚌。此外，雉等鸟类也是人们的美味。

二　植物遗存

第三期植物大遗骸保存状况不佳，这里重点介绍孢粉组合状况。

第三期孢粉样品采自原始记录 2000T6③～⑤D 层，被编为新砦遗址孢粉带Ⅰ，可划分为两个亚带，其中，亚带Ⅰ1 代表温和干燥气候条件下生长有稀疏松柏和栎树的暖温带草原植被，亚带Ⅰ2 代表温和较干燥气候条件下生长有稀疏松属和桑科的暖温带蒿属草原，落叶阔叶树种属增多，指示气候向温暖湿润方向发展。具体内容详见本书第八章第三节。

第三节　小　结

一　分段与年代

新砦遗址第三期的遗存，集中于遗址的东部，仅在个别探方的上部地层内出土部分遗物。

按照地层关系和陶器特征可以把第三期遗存划分为早晚两段，早段以 2000T7⑦A 和 2000T5⑤A 为代表（表三五～三八）。陶器以夹砂陶为大宗，其中夹砂灰陶占陶器总数的 50% 以上，泥质灰陶占 30% 多。纹饰除素面外，以篮纹和绳纹最常见，绳纹已上升到20%左右，与篮纹比例大致相当。器类基本组合为罐、器盖、鼎、花边罐，另有较多的小口高领罐、刻槽盆。其中，深腹罐大量沿用第二期口沿加厚的作风；器盖折壁处往外凸出，盖纽出现大量的菌状纽，早段的菌状纽，虽为中空，但空间狭小，外表还保留着第二期常见的双层塔状，只是不甚明显。早段仍使用一些乳状鼎足，尊形瓮的口部较直，已经出现了不少二里头文化的标型器——花边罐，大多为长颈。

表三五　　　　　　　　　2000T7⑦A 陶系纹饰统计表　　　　　　　（单位：片）

纹饰＼陶系	泥质					夹砂				合计	百分比（%）
	黑	深灰	浅灰	褐	红	黑	深灰	浅灰	褐		
素面		96	143	3		5	99	22	28	396	35.08
绳纹		3	13				84	102	43	245	21.7
篮纹		24	45	9		2	79	42	31	232	20.55
旋纹	1	14	13	5		3	30	6	4	76	6.73
方格纹			7				18	31	9	65	5.76
附加堆纹＋篮纹		1	13		1		8	6	8	37	3.28
弦纹		3	8	1		2	13			27	2.39
附加堆纹		5	3				7	10		25	2.21
附加堆纹＋绳纹							2	5	5	12	1.06
鸡冠耳								1		1	0.09
附加堆纹＋方格纹							1			1	0.09
戳印纹								1		1	0.09
花边口沿							2	2		4	0.35
指甲纹		1							6	7	0.62
合计	1	147	245	18	1	12	343	228	134	1129	100
百分比（%）	0.09	13.02	21.7	1.59	0.09	1.06	30.38	20.19	11.87	99.99	
	36.49					63.5					

表三六　　　　　　　　　2000T7⑦A 陶器器类统计表　　　　　　　（单位：件）

器类＼陶系	泥质			夹砂				合计	百分比（%）
	深灰	浅灰	褐	黑	深灰	浅灰	褐		
罐	1				11	2	2	16	28.07
器盖				1	6		1	8	14.04
侧扁足鼎					1		6	7	12.28
乳足鼎					1	1	2	4	7.02
花边罐					4			4	7.02

续表三六

陶系\器类	泥质			夹砂				合计	百分比(%)
	深灰	浅灰	褐	黑	深灰	浅灰	褐		
小口高领罐	3							3	5.26
刻槽盆	1	1				1		3	5.26
豆					2			2	3.51
敛口钵					2			2	3.51
瓮					1			1	1.75
盆							1	1	1.75
子母口缸		1						1	1.75
钵					1			1	1.75
折肩罐			1					1	1.75
平底盆					1			1	1.75
圈足盘	1							1	1.75
器座					1			1	1.75
合计	6	2	1	1	31	4	12	57	99.97

表三七　　　　　　　　　2000T5⑤A 陶系纹饰统计表　　　　　（单位：片）

陶系\纹饰	泥质					夹砂					合计	百分比(%)
	黑	深灰	浅灰	褐	红	黑	深灰	浅灰	褐	红		
素面	28	244	352	60	6	124	297	276	88	11	1486	36.15
篮纹	2	129	114	31		68	216	256	93		909	22.11
绳纹		15	48	6		29	209	317	93	4	721	17.54
旋纹	7	40	51	7	2	32	77	26	26		268	6.52
方格纹	2	3	12			19	66	95	49	4	250	6.08
弦纹	2	24	15	2		22	34	32	6	1	138	3.36
附加堆纹+篮纹		38	29	5		5	19	30	6	1	133	3.24
附加堆纹		16	32	2	1	3	12	36	8		110	2.68
附加堆纹+绳纹	8	8	22				1	9	5		53	1.29
压印纹							1	11		1	13	0.32
戳印纹							8	1	1		10	0.24
指甲纹			3			1	2	2			8	0.19
附加堆纹+方格纹		2		1				1	1		5	0.12
鸡冠耳			1					2			3	0.07
花边口沿			1						2		3	0.07

续表三七

陶系 纹饰	泥质					夹砂					合计	百分比（%）
	黑	深灰	浅灰	褐	红	黑	深灰	浅灰	褐	红		
云雷纹									1		1	0.02
合计	49	519	680	114	9	303	942	1085	388	22	4111	100
百分比（%）	1.19	12.62	16.54	2.77	0.22	7.37	22.91	26.39	9.44	0.54	99.99	
	33.34					66.65						

表三八　　　　　　　　　　2000T5⑤A 陶器器类统计表　　　　　（单位：件）

陶系 器类	泥质				夹砂				合计	百分比（%）
	黑	深灰	浅灰	褐	黑	深灰	浅灰	褐		
罐		1	4		1	26	4	12	48	34.78
器盖				2	9	11			22	15.94
侧扁足鼎		1	4				1	1	7	5.07
子母口缸（瓮）			1					2	3	2.17
豆	1			1	4	2		1	9	6.52
小口高领罐		1	5			3		2	11	7.97
盆					1				1	0.72
甑								1	1	0.72
鼎	1				5	2		16	25	18.12
刻槽盆		2	3	1		1			7	5.07
碗					1				1	0.72
花边罐								1	1	0.72
圈足盘					1				1	0.72
矮领瓮							1		1	0.72
合计	2	5	17	4	22	46	6	36	138	99.96

　　晚段以 2000T5④ 为代表（表三九、四〇），陶系与纹饰特征与早段相近，值得注意的是绳纹进一步增加，已经攀升到第一位，方格纹已经远远落在篮纹和绳纹之后。

　　陶器的基本组合为罐、器盖、鼎和花边罐，另有子母口缸（瓮）、三足盘、刻槽盆、小口高领罐、豆，与早段相比稍有变化。就常见器物形制而言，深腹罐口沿变得近平，腹部近直；器盖折肩处外凸不很明显，盖纽出现了单层的菌状纽，纽内空间增大。鼎足出现不少正背两面对捏按窝纹者，乳状鼎足数量明显下降，不足器物群总数的2%；花边罐成为基本器类，其凸出的形制特点在于口沿变得短促。

表三九　　　　　　　2000T5④陶系纹饰统计表　　　（单位：片）

陶系／纹饰	泥质				夹砂				合计	百分比(%)
	深灰	浅灰	褐	黑	深灰	浅灰	褐	红		
方格纹	1	1	4	1	36	52	10		105	7.55
篮纹	46	52	6		102	56	30	1	293	21.06
素面	149	159	22		39	53	18		440	31.63
附加堆纹＋绳纹	2	9			3	1	4		19	1.37
绳纹	11	16	2	2	96	156	34		317	22.79
附加堆纹＋篮纹	17	13	6		14	9	2		61	4.39
附加堆纹＋方格纹		2			1				3	0.22
附加堆纹		4		1		2	2		9	0.65
弦纹	8	11	2		18	2	2		43	3.09
旋纹	16	32	5	6	20	2			81	5.82
鸡冠耳						1	2		3	0.22
花边口沿						5			5	0.36
戳印纹						1			1	0.07
按窝纹							3		3	0.22
指甲纹	1	1							2	0.14
压印纹						1	3		4	0.29
圆点纹			2						2	0.14
合计	251	300	49	10	331	341	108	1	1391	100.01
百分比（%）	18.04	21.57	3.52	0.72	23.8	24.51	7.76	0.07	99.99	
	43.13				56.86					

表四〇　　　　　　　2000T5④陶器器类统计表　　　（单位：件）

陶系／器类	泥质			黑	夹砂			合计	百分比(%)
	深灰	浅灰	褐		深灰	浅灰	褐		
罐		3			9		5	17	29.31
器盖				2	4	2		8	13.79
侧扁足鼎			1		1		3	5	8.62
鼎					1		3	4	6.9
花边罐					4			4	6.9
子母口缸（瓮）					2	1		3	5.17
三足盘					3			3	5.17
瓮			1		1		1	3	5.17

续表四〇

陶系 器类	泥　　质			夹　　砂				合计	百分比（%）
	深灰	浅灰	褐	黑	深灰	浅灰	褐		
刻槽盆	1					1		2	3.45
小口高领罐		1					1	2	3.45
豆					2			2	3.45
乳足鼎							1	1	1.72
盆					1			1	1.72
平底盆					1			1	1.72
碗					1			1	1.72
圈足盘		1						1	1.72
合计	1	4	3	2	30	3	15	58	99.98

　　总体看来新砦第三期虽然可以细分为早晚两段，但这两段之间的时间差距不会很长，应该是紧密相连的两个阶段。

　　与二里头遗址一期相比，新砦遗址第三期器物有自己的特点。如新砦遗址第三期以夹砂陶为主，而二里头一期以泥质陶为主。新砦第三期绳纹约占全部陶器的20%左右，而二里头一期为17%左右，前者稍高于后者。新砦第三期所出花边罐虽与二里头一期形制近同，但前者所出花边罐唇部均不见二里头一期常见的对称小纽。前者多见刻划"人"字纹鼎足，而后者少见；后者中常见的刀形鼎足，前者基本不出。二里头一期常见的舌形瓦足，新砦遗址第三期不见。新砦遗址第三期的菌状纽柄多粗矮，而二里头一期纽柄多较高，显得修长。

　　需要说明的是，在上述新砦遗址第三期地层当中见到的子母口鼎、四瓦足瓮、较多的圈足状或平顶状盖纽等，属于新砦遗址第二期典型器物或常见器物，而在其他二里头一期遗址中则基本不见。之所以出现这种状况，或许是新砦遗址第二期的部分器物一直沿用至新砦遗址第三期，也或许是新砦遗址第二期的遗留，混入到新砦遗址第三期单位，应予剔除。这里为保持资料的原貌，暂时没有予以剔除。

　　至于新砦第三期的年代，从地层关系讲，第三期各文化层均位于第二期地层之上，其相对年代当比第二期晚。从陶器特征分析，第三期陶器基本组合为深腹罐、器盖、鼎和花边罐，这一基本组合与二里头遗址二里头文化第一期相同；新砦第三期常见器物另有平底盆、尊形瓮、圆腹罐、豆、瓦足盘、爵、澄滤器、甑等，这些器物也均能在二里头遗址找到类似者。新砦遗址第三期陶器纹饰以篮纹和绳纹为主，方格纹较少，与二里头遗址第一期有相似之处。不过，新砦遗址第三期陶器形制似乎比常见的二里头文化一期的器物形制更早，且同层当中常共存不少带有新砦二期遗风的遗物，表明新砦第三期遗存直接脱胎于新砦第二期遗存，其年代或许比二里头遗址二里头文化一期的年代稍早。

二　文化因素与文化性质

新砦遗址第三期的文化因素大体可以分为两组：

A 组，以花边罐、两侧饰按窝纹的鼎足、菌状纽器盖等为代表，与二里头文化一期相近。

B 组，以折沿尖唇深腹罐、折壁器盖、刻槽盆、子母口鼎、乳足鼎、深腹盆形甑等为代表，属于新砦遗址第二期同类器物的遗留。

从数量看，第三期陶器群当中以 B 组为多，带有浓郁的新砦二期遗风。但是，A 组中的花边罐、菌状盖纽和按窝纹鼎足，显然是二里头一期常见的标型器，如新砦第三期 B 型花边罐 2000T7⑦：32 与二里头一期的 I 式长颈花边圆腹罐Ⅱ·VT104⑤：17 相近；B 型花边罐 2000T5④：40 与二里头一期Ⅱ式长颈圆腹罐Ⅱ·VT116⑤：11 相近。新砦第三期鼎足 2000T7⑦：36 与二里头一期的鼎足Ⅱ·VT104⑥：50 相近。新砦第三期的 A 型器盖 2000T5⑤A：9 与二里头一期的Ⅱ式覆盘式器盖Ⅱ·VT101⑤：11 相近。新砦第三期的 Aa 型 I 式盖纽 2000T5⑤A：101 与二里头一期的盖纽Ⅱ·VT104⑥：14 相近；Aa 型Ⅱ式盖纽 2000T5④：56 与二里头一期的Ⅱ·VT104⑥：15 相近①。

如果仅从出土器物的数量考虑，新砦第三期既有浓郁的新砦二期遗风，似乎可以归入第二期的范畴。不过，既然，判断遗存时代早晚的关键在于看器物组合和器物形制是否出现了新的文化因素，基于此，我们暂时把新砦第三期的文化性质定为二里头文化，亦即新砦第三期属于二里头文化第一期遗存。

三　环境与经济形态

综合有关信息可知：本期开始阶段为温和干燥气候条件下生长有稀疏松柏和栎树的暖温带草原植被，后来落叶阔叶树种属增多，指示气候逐渐向温暖湿润方向发展，演变为温和较干燥气候条件下生长有稀疏松属和桑科的暖温带蒿属草原景观。

关于二里头文化时期的植物大遗骸，新砦遗址浮选效果并不理想。二里头文化遗址，目前作过浮选并公布结果的只有洛阳皂角树一处②。研究表明，河南洛阳皂角树遗址二里头文化各期的植物大遗骸始终以粟和黍为主，属旱作农业，稻作农业只是点缀。目前，虽然判断新砦第三期的农业经济形态尚缺乏直接证据，不过新砦第三期出土的石器有镰、铲、锄，这些农业工具与皂角树二里头文化遗址所出相同，或许新砦第三期像皂角树遗址一样也转变为旱作农业。

---

① 中国社会科学院考古研究所：《偃师二里头》，中国大百科全书出版社，1999 年。

② 洛阳市文物工作队：《洛阳皂角树》，科学出版社，2002 年。

第六章　动物遗骸研究

第一节　动物遗骸种类

动物遗骸散布在各期的地层和灰坑中。动物的种类包括软体动物、鱼类、爬行动物、鸟类和哺乳动物（表四一、四二）。

表四一　　　软体动物、鱼类、爬行动物和鸟类遗骸统计表（NISP）

动物种属 ＼ 时期	第一期	第二期	第三期
三角帆蚌（*Hyriopsis cumingii*）		3	
矛蚌（*Lanceolaria* sp.）		2	
薄壳丽蚌（*Lamprotula leleci*）		1	
中国尖嵴蚌（*Acuticosta chinensis*）		2	
多瘤丽蚌（*Lamprotula polysticta*）	3	267	14
佛耳丽蚌（*Lamprotula mansayi*）		3	
背瘤丽蚌（*Lamprotula leai*）		1	
丽蚌（*Lamprotula* sp.）	29	180	19
圆头楔蚌（*Cuneopsis heudei*）	16	85	6
圆顶珠蚌（*Unio douglasiae*）	3	39	3
田螺（Viviparidae）		7	
鱼（鲤科鱼类）（Cyprinidae）	5	8	
鳖（Trionychidae indet.）		2	
龟（Chinemys reevesii）		12	
雉（*Phasianus linnaeusm*）	3	10	13
鸟（Aves）		14	14
合　计	59	636	69

NISP　　　764

软体动物中可鉴定标本数（ NISP）共有 683 件，种类有矛蚌（*Lanceolaria* sp.）、多瘤丽蚌（*Lamprotula polysticta*）、薄壳丽蚌（*Lamprotula leleci*）、佛耳丽蚌（*Lamprotula* mansayi）、背瘤丽蚌（*Lamprotula leai*）、丽蚌（*lamprotula* sp.）、中国尖嵴蚌（Acuticosta chinensis）、圆头楔蚌（*Cuneopsis heudei*）、圆顶珠蚌（*Unio douglasiae*）、三角帆蚌（*Hyriopsis cumingii*）和田螺（Viviparidae）等。

表四二　　　　　　　　　　　哺乳动物遗骸统计表

动物种属	时期	第一期		第二期		第三期	
		NISP	MNI	NISP	MNI	NISP	MNI
家畜	狗（*Canis familiaris*）	47	4	74	7	9	3
	猪（*Sus domestrica*）	261	44	1465	90	231	12
	黄牛（*Bos taurus*）	65	3	325	12	71	3
	绵羊/山羊（*Ovis* sp.）/（*Capra* sp.）	8	2	311	18	92	8
野生动物	斑鹿（*Cervus nippon*）	49	4	586	23	113	8
	麋鹿（*Elaphurus davidianus*）	1	1	34	6	3	1
	獐（*Hydropotes inermis*）	2	1	69	6	9	3
	豪猪（*Hystris* sp.）	2	1	2	1	1	1
	竹鼠（*RPhizomys* sp.）			1	1		
	野兔（*Lepus* sp.）			1	1		
	獾（*Meles meles*）			1	1	1	1
	黑熊（*Selenarctos thibetanus*）			5	1	1	1
合　计		435	60	2874	167	531	41

NISP　3840

MNI　268

鱼类有 13 件，包括鲤科鱼类（Cyprinidae）的咽齿骨、鳃盖骨和脊椎，其中一件似为白鲢（*Hypophthalmichys molitrix*）的鳃盖骨。

爬行动物有 14 件，种类有龟（Chinemys reevesii）和鳖（Trionychidae indet.）两种。

鸟类有 54 件，种类有鸟（Aves）和雉（*Phasianus linnaeusm*）。

哺乳动物可以鉴定的标本（NISP）共计 3840 件，代表的最小个体数（MNI）为 268 个。其中家畜种类有：狗（*Canis familiaris*）、猪（*Sus domestrica*）、黄牛（*Bos taurus*）、绵羊（*Ovis* sp.）和山羊（*Capra* sp.）；野生动物有斑鹿（*Cervus nippon*）、麋鹿（*Elaphurus davidianus*）、獐（*Hydropotes inermis*）、豪猪（*Hystris* sp.）、竹鼠（*Rhizomys* sp.）、野兔（*Lepus* sp.，）、獾（*Meles meles*）和黑熊（*Selenarctos thibetanus*）等。

哺乳动物遗骸的数量统计：第一期的哺乳动物遗骸共 435 件，最小个体数 60，占可鉴定标本（NISP）总数的 11.3% 和最小个体数（MNI）的 22.4%；第二期最多，计 2874 件，最小个体数 167，分别占总数的 74.8%（NISP）和 62.3%（MNI）；第三期计有 531

件，最小个体数41，占总数的13.8%（NISP）和15.3%（MNI）（图三二八）。其他动物也以第二期最多，共有636件，占其总数（NISP）的83.2%。第一期和第三期数量大致相当，分别为59件和69件，各占总数的7.7%和9%（图三二九；附表三六～三八）。

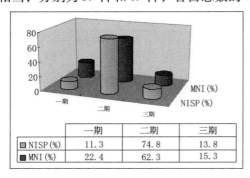

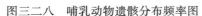

	一期	二期	三期
□ NISP（%）	11.3	74.8	13.8
■ MNI（%）	22.4	62.3	15.3

图三二八　哺乳动物遗骸分布频率图

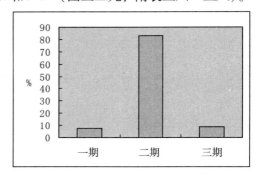

图三二九　其他动物分布频率图（NISP）

一　软体动物

1. 河蚌　共有676件，多是贝壳残块。种类有矛蚌（*Lanceolaria* sp.）、多瘤丽蚌（*Lamprotula polysticta*）、薄壳丽蚌（*Lamprotula leleci*）、佛耳丽蚌（*Lamprotula mansayi*）、背瘤丽蚌（*Lamprotula leai*）、丽蚌（*lamprotula* sp.）、中国尖嵴蚌（*Acuticosta chinensis*）、圆头楔蚌（*Cuneopsis heudei*）、圆顶珠蚌（*Unio douglasiae*）、三角帆蚌（*Hyriopsis cumingii*）等（彩版二四，1～6；彩版二五，1～3）。其中第二期保存较好的河蚌共129件，以圆头楔蚌数量最多，占总数的42.6%，其次为多瘤丽蚌，约占总数的36.4%，圆顶珠蚌约占14%，其余几种数量少，各占总数的0.8%～2.3%（表四三）。

表四三　　　　　　　　　　第二期出土部分河蚌统计表（NISP）

种属	左侧	右侧	合计	百分比（%）
矛蚌	2		2	1.6
多瘤丽蚌	18	29	47	36.4
三角帆蚌	1	2	3	2.3
圆头楔蚌	34	21	55	42.6
中国尖嵴蚌	1	1	2	1.6
薄壳丽蚌		1	1	0.8
背瘤丽蚌	1		1	0.8
圆顶珠蚌	9	9	18	14
合计	66	63	129	100.1

圆顶珠蚌长44～53毫米，高22.5～27毫米（图三三〇）。圆头楔蚌长57～89毫米，高26.5～48毫米（图三三一）。多瘤丽蚌长52～115毫米，高37～86毫米（图三

三二）。每种河蚌的测量数值（长度和高度）相关显著，但离差范围大，应包含了各个年龄段的个体。保存完整的矛蚌1件，长97.5、高29.5毫米；薄壳丽蚌1件，长63、高40毫米；背瘤丽蚌1件，长93.5、高60.5毫米；中国尖嵴蚌2件，边缘均残，未作测量。

2. 田螺　共7件。

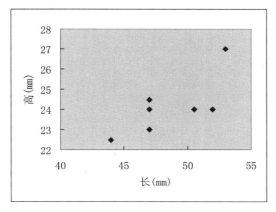

r＝0.791416　n＝8　0.05（0.707）＜r＜0.01（0.834）相关显著

图三三〇　圆顶珠蚌长、高分布图

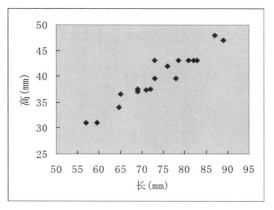

r＝0.955779　n＝18　r＞0.01（0.606）相关显著

图三三一　圆头楔蚌长、高分布图

二　鱼类

共13件，其中可鉴定种类的有鲤科鱼类，材料是1件咽齿骨（2000T4H94）和1件鱼的鳃盖骨残块（1999T2H101）（彩版二五，4、5）。

三　爬行动物

1. 龟（Chinemys reevesii）

均为背甲和腹甲残块，共12件。保存较好的标本有以下几件：

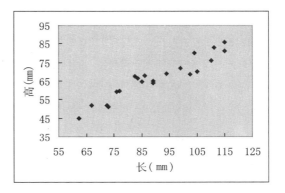

r＝0.946911　n＝21　r＞0.01（0.549）相关显著

图三三二　多瘤丽蚌长、高分布图

标本1999T2H101，是一件左侧前部的背甲残块（彩版二五，6）。保存的部位有第1到第4缘板、第1到第2肋板、颈板和第1到第2椎板。腹甲标本中保存较好的有2件右侧下腹板，其中一件的近中边缘被加工磨平（1999T2H3）（彩版二六，1）；另有一件右侧舌腹板（2000T4H53），有烧痕。腹甲的骨桥粗大。可能是草龟（*Chinemys reevesii*）。

2. 鳖（Trionychidae indet）

仅 2 件残块，其中一件鳖的肋板残块（1999T2H101），保存外缘部分，外缘长 65.5 毫米（彩版二六，2），估计该鳖活体的背盘长度应大于 550 毫米，是一种大型的鳖。我国现生的鳖有鼋（*Pelochelys bibroni*）、斑鼋（*Pelochelys maculatus*）、山瑞鳖（*Palea steindachneri*）、鳖（*Pelodiscus sinensis*）和斯氏鳖（*Rafetus swinhoei*）五种。其中鼋和斑鼋是体型较大的鳖，鼋的背盘最大长 549～800、宽 521～660、体高 125～170 毫米，重 20～70 千克；斑鼋的背盘长 388～570、宽 382～610 毫米。其余几种鳖的背甲长均小于 350 毫米[①]。从其背盘的大小看，遗址发现的这件肋板可能属于鼋或斑鼋的。在浙江罗家角遗址曾发现一件鼋的第 4 肋板，该肋板横宽 171、外缘长 67、内缘长 50 毫米[②]。新砦遗址发现的这件肋板残块外缘的长度与罗家角遗址发现的鼋的肋板外缘长接近，因而它可能属于鼋的肋板。

四 鸟类

雉（*Phasianus linnaeusm*）

材料有肱骨、股骨、胫跗骨和跗趾骨等 26 件（彩版二六，3）。其中保存完整的肱骨（左侧）（2000T6⑧）长 64 毫米，上端宽 16.5、长 9 毫米，下端宽 13、长 7.5 毫米。股骨（左侧）（无编号）长 80.5 毫米，上端宽 16、长 10 毫米，下端宽 14.5、长 12 毫米。胫跗骨（左侧）（无编号）长 107 毫米，上端宽 19、长 13.5 毫米，下端宽 10.5、长 11 毫米。跗趾骨（左侧）（2000T4H19）长 68.5 毫米，上端宽 10、长 10 毫米，下端宽 10、长 7.8 毫米，无距。另一件右侧跗趾骨（2000T4H19），下端残断，有距，属于雄性个体。所有骨骼大小与雉相似。

另有 28 件标本为残破的鸟的肢骨，不能鉴定种属。

五 哺乳动物

1. 狗（*Canis familiaris*）

狗的遗骸较少，共有可鉴定标本 130 件，代表最小个体数 14 个。标本主要是残破的头骨、下颌骨、脊椎骨以及残肢骨。

狗的头骨吻部较宽短，矢状脊不发达；下颌骨上前臼齿排列较稀疏，臼齿排列紧密，M1 与 P4 多前后重叠，下裂齿（M1）的下后尖有的明显，有的弱小。头骨和牙齿的特征均与现代家犬相似（彩版二六，4、5）。保存较好的头骨和下颌骨测量数据见表四四、四五。

---

① 张孟闻等：《中国动物志—爬行纲》第一卷，科学出版社，1998 年，第 54～71 页。

② 张明华：《罗家角遗址的动物群》，《浙江省文物考古所学刊（1）》，1981 年，第 43～51 页。

表四四　　　　　　　　　　**狗头骨测量表**　　　　　　　　（单位：毫米）

测量项目	标本 1999T1H46	标本 2000T10H8	标本 2000T4H3
门齿内侧缘—眶前缘长	82（右）	78.5	—
门齿内侧缘—眶上突长	101（左）	104.6（左）	—
眶间最小宽	36	32.7	—
眶后缩窄宽	31	—	30
门齿前缘—鼻骨后缘长	90	86	—
犬齿外侧间宽	37.4	38.2	—
眶下孔间宽	40	40.2	34
上齿槽最大宽（M^{1}前）	62.5	63	55.5
门齿前缘—腭后缘长	89.5	—	—
腭骨长	31.5	29.2	29.5
腭骨后缘—大孔前缘长	—	—	69
腭骨后缘—枕髁最大长	—	—	76
枕骨最大宽	—	—	60
枕外脊—大孔前缘高	—	—	50.5
I^1—M^2 长	92（左） 94（右）	91.5（左） 92.5（右）	—
P^1—P^4 长	509（左）	47（右）	—
M^1—M^2 长	18.4（左） 17.6（右）	20.2（右）	18（左）
P^4 长/宽	18.2/8.59（左）	17.6/9（左） 18.5/9（右）	—

表四五　　　　　　　　　　**狗下颌骨测量表**　　　　　　　　（单位：毫米）

测量项目	标本 2000T4H5（右）	标本 2000T1H30（左）	标本 2000T14H102（左）
门齿内侧缘—髁突长	123.5	121.2	145.5
门齿内侧缘—角突长	126	122	150
门齿内侧缘—喙突长	125.5	—	144
角突—喙突高	52		63
角突—髁突高	22.5	23	31.5
P1 前下颌体高/厚	16.5/10.7	17.5/12	19/11.5
M1 前下颌体高/厚	22.3/10.2	20.3/10.9	25/12.5
I1—M3 长	87.3	85.2	100.5
P1—P4 长	37	36.2	44
M1—M3 长	31	33.4	34
M1 长/宽	18.5/7.3	20.5/8.5	21.5/8

保存完整的肢骨有左侧股骨和右侧肱骨各 1 件。股骨长 153 毫米，上端宽 35.5、长 16.2 毫米，下端宽 27.5、长 27 毫米。肱骨长 142 毫米，上端宽 24.3、长 32 毫米，下端宽 27、长 21.5 毫米。

在 2000 年发掘区的 T4 第 6 层（第一期）发现 1 个第一臼齿（M1）尚未萌出的幼年狗的残头骨和左侧肱骨、桡骨各 1 件，估计其死亡年龄不足 3 月龄。在 T4 的 H102 出土有狗的颈椎、胸椎、掌骨、跖骨和跟骨等，其中跟骨和掌骨上有骨质增生，似代表一个成年或老年个体；在第 5 跖骨的上端有三处肢解时留下的砍痕。

狗的头骨形态特征与家犬相似，死亡的年龄包括幼年、青壮年和老年个体，说明狗应是当时居民饲养的家畜之一。

2. 獾（*Meles meles*）

可鉴定标本数 2，最小个体数 2。标本 2000T7④：1 是一件右侧下颌骨（彩版二六，6）。

3. 黑熊（*Selenarctos thibetanus*）

材料有下颌及肢骨残块，发现于第二期和第三期。共 6 件标本，最小个体数 2。标本 2000T4H59：1 是一件左侧下颌骨前部残块（彩版二六，7）。

4. 豪猪（*Hystris* sp.）

共发现 3 件门齿和 1 件右侧下颌骨，从第一期到第三期均有发现。标本 2000T4H26 是一件豪猪的右侧上门齿（彩版二七，1）。

5. 竹鼠（*Rhizomys* sp.）

仅发现 1 件上颌骨，属于第二期（彩版二七，2）。

6. 斑鹿（*Cervus nippon*）

各时期均出土有斑鹿遗骸，可鉴定标本数 748，最小个体数 35。其中以鹿角残块数量最多，按可鉴定标本数统计，第一期鹿角残块占鹿骨总数的 20.4%、第二期为 19.4%、第三期是 34.5%，它们绝大多数是制作工具取料后废弃的。有的标本是保存有部分顶骨的残角，在眉枝分叉处将主枝和眉枝砍断；有的标本保存有眉枝，主枝被砍去（彩版二七，3）；还有少数自然脱落的鹿角，如标本 2000T5⑩：1，右侧角，保存角环至眉枝分叉处（彩版二七，4）。

标本 2000T4⑧：1，残斑鹿头骨，保存颅后及两侧角柄，在角环上方将角砍断（彩版二七，5）。

标本 2000T6⑧：1，右侧角柄，角环表面光平，是鹿角自然脱落后的角柄（彩版二七，6）。雄性斑鹿多在每年的春季旧角脱落换新角。该鹿应是在春季换角期间捕获的。

7. 麋鹿（*Elaphurus davidianus*）

可鉴定标本数 38，最小个体数 8，各期均有发现。麋鹿角发现不多，有 2 件自然脱落的残鹿角和 4 件鹿角残块。如标本 2000T4H59：31，是一件自然脱落的左侧角，在分叉上方将角砍断（彩版二八，1）。

标本 2000T10H54：1，麋鹿角的分枝残块，保留有砍痕（彩版二八，2）。

8. 獐（*Hydropotes inermis*）

可鉴定标本数 80，最小个体数 10，材料有残破的上、下颌骨和肢骨。主要是根据犬齿的形态特征、牙齿及肢骨远比斑鹿的小来鉴定的。标本 2000T1H14：1，右上犬齿，齿冠高 30、基部长 12、宽 5．6 毫米，牙齿较宽扁，与麝的犬齿可以区分开（彩版二八，3）。

9. 猪（*Sus domestrica*）

猪的残骨数量最多，可鉴定标本数 1957 件，最小个体数 146 个。材料主要是头骨残块，上、下颌残块和残肢骨，肋骨和脊椎骨的数量相对较少。有少量的乳猪骨架，在第二期的一个灰坑 2000T1H8 中还出土有一个年龄约 1 岁左右的完整的猪的骨架。

（1）猪的死亡年龄鉴定

猪的死亡年龄主要是根据上、下颌骨上牙齿的萌出和磨蚀程度来鉴定的。

上颌骨残块上保存有部分牙齿。下颌骨保存的情况大致分为三种：1）除下颌枝残缺和部分牙齿脱落外，保存较完整的下颌骨；2）保存有部分牙齿的下颌体残块；3）下颌前部残块，保存部分左侧或右侧下颌体。可鉴定的上、下颌骨标本共 321 件，代表最小个体数 131 个。

根据牙齿萌出的状态，可分为以下几个年龄段（彩版二九）：

M1 尚未萌出，小于 5 月龄的小猪（彩版二九，3a）；

M1 萌出，M2 尚未萌出的少年猪，约 5 ~ 10 月龄（彩版二九，3b）；

M2 萌出，M3 尚未萌出的亚成年猪，约 12 ~ 18 月龄（彩版二九，3c、3d）；

M3 萌出的成年猪，按 M3 齿尖磨蚀的程度，推测其死亡年龄（彩版二九，3e、3f）：

a. M3 萌出，齿尖尚未磨蚀—开始磨蚀，出现齿质点，死亡年龄约 2 岁左右；

b. M3 齿尖磨蚀，出现梅花样图形，死亡年龄约 2.5 ~ 3 岁；

c. M3 齿尖磨平，各齿尖釉质环连接，死亡年龄大于 3 岁的中老年猪。

参照以上标准，新砦遗址猪的死亡年龄在第一期以 M3 尚未萌出的亚成年猪为主，占总数的 56.4%；第二期和第三期则以 M3 萌出的成年猪为数较多，分别占其总数的 45.2% 和 63.2%。在成年猪中，各时期均以 2 岁左右为大宗，大于 3 岁以上的中老年猪仅有一例（图三三三；表四六）。

猪股骨的上、下关节骨骺愈合年龄在 3 岁半到 4 岁，发现 1 件骨骺完全愈合的股骨，说明最少有一个个体的死亡年龄应大于 4 岁，与根据下颌骨鉴定的死亡年龄吻合。

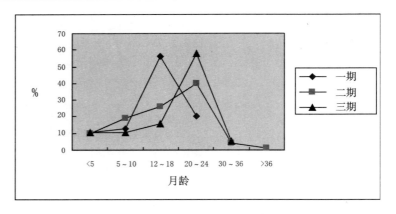

图三三三 猪死亡年龄分布频率图

表四六   猪死亡年龄统计表

估计死亡年龄（月龄）	第一期		第二期		第三期	
	MNI	%	MNI	%	MNI	%
< 5	4	10.3	7	9.6	2	10.5
5~10	5	12.8	14	19.2	2	10.5
12~18	22	56.4	19	26.0	3	15.8
20~24	8	20.5	29	39.7	11	57.9
30~36			3	4.1	1	5.3
> 36			1	1.4		
合计	39	100	73	100	19	100

（2）猪的形态特征

头骨残破，有 3 件保存有泪骨的头骨残块，泪骨较短，泪骨指数为 75.8~81.3 毫米（表四七），其形态与东南亚的野猪相似，这表明中国的家猪是由当地的野猪驯化来的。

表四七   猪泪骨测量表   （单位：毫米）

标本号	泪颧缘	眶缘	泪骨指数（泪颧缘/眶缘×100）
2000T5⑤	26	32	81.3
2000T2H48	21	27.7	75.8
2000T1H6	20.7	26.5	78.1

猪的牙齿较小，M^3 平均长 30.1±1.4、宽 17.7±0.8 毫米，M_3 平均长 34.4±1.1、宽 15.1±0.5 毫米。测量数据与朱开沟遗址发现的猪[①]接近，而小于时代较早的石虎山遗址发现的猪[②]（图三三四）。

---

① 黄蕴平：《内蒙古朱开沟遗址兽骨的鉴定与研究》，《考古学报》1996 年第 4 期。
② 黄蕴平：《石虎山遗址动物骨骼鉴定与研究》，内蒙古文物考古研究所、日本京都中国考古学研究会编著：《岱海考古（二）——中日岱海地区考察研究报告集》，科学出版社，2001 年，第 489~513 页。

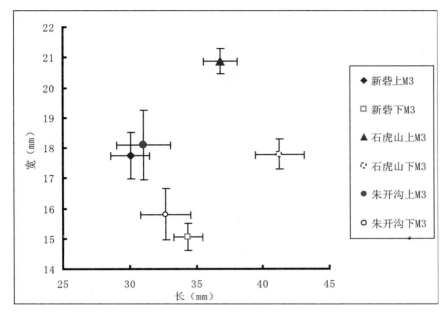

图三三四　猪 M^3 和 M_3 长、宽均值（95% 置信界限）比较图

猪的下颌部宽短，下颌联合部的宽长指数平均 80.7，与朱开沟遗址猪的该指数（79.6）相似（图三三五）。下颌联合部变宽短，是家养猪的特征。

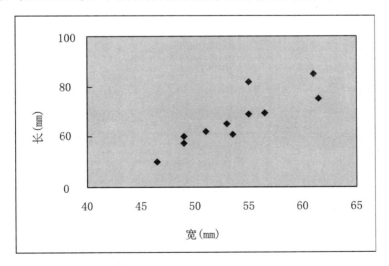

图三三五　猪下颌联合部长、宽分布图

保存较好的猪下颌骨测量数据见表四八。

在 2000 年发掘区的 H8 发现 1 具完整的第二期的猪骨架（2000T1H8：1）。猪的头骨已损坏，下颌骨带有 DM3 – M2，M2 刚萌出，尚未磨蚀，死亡的年龄约为 1 岁左右。

表四八　　　　　　　　　　　　　　猪下颌骨测量表　　　　　　　　　　（单位：毫米）

标本号	牙齿萌出状况	死亡年龄（月龄）	齿列长			下颌联合部宽/长	下颌骨高/厚（M1 前）	
			I1 – M3	P1 – M3	M1 – M3		左	右
2000T11H55	M1 未出	< 5	di1 – dm3 长 68.5（左）				24/17.3（dm3 后）	
2000T3H48	M1、P1 萌出	6 ~ 7	P1 – M1 长 67.3（左）				30.5/17（dm3 后）	
2000T3H48	M1、P1 萌出	6 ~ 7	P1 – M1 长 68.5（右）				29.5/19.9（dm3 后）	
2000T3H10	M1、P1 萌出	6 ~ 7	P1 – M1 长 69.5（右）				32/20.5（dm3 后）	
1999T4H56	M3 萌出	20 ~ 24	159	114.5	57	56.5/69.5	45.5/25.5	46/23
1999T2H101	M3 齿尖磨蚀 I	24 ~ 30	161.5	123	69	48/57	36/21.4	37.5/21.5
1999T4H56	M3 齿尖磨蚀 II	30 ~ 36	174.5	121.7	69.5		39.3/21	38.5/22.5

完整的猪骨架的出土可能与祭祀有关。

该猪的肢骨骨骺愈合的特征是：

肩胛骨：肩胛结节愈合；

肱骨：上端未愈合，下端后面骺线清晰可见，未完全愈合；

桡骨：上端愈合，下端未愈合；

尺骨：尺骨结节与下端均未愈合；

髋骨：坐骨结节未愈合；

股骨：上、下端未愈合；

胫骨：上、下端未愈合；

跟骨：跟骨结节未愈合；

掌（跖）骨：下端未愈合；

近端、中间指（趾）骨的上端未愈合。

该猪肢骨骨骺愈合的状况可为今后鉴定猪的死亡年龄提供对比的参照资料。

其中保存完整的长骨测量数据见表四九。

表四九　　　　　　　　　　　　　　猪长骨测量表　　　　　　　　　　（单位：毫米）

标本号	骨骼名称	左 \ 右	骨骺愈合状况	全长	上端宽/长	下端宽/长
2000T1H8	肱骨	左	上端未愈合	168	42/52	37/36
2000T1H8	桡骨	左	下端未愈合	120	28/20	31/26
2000T1H8	桡骨	右	下端未愈合	120	28/20	31.5/25
2000T1H8	胫骨	左	上 \ 下端未愈合	171	42/ –	28.5/25
2000T5⑩	肱骨	左	上端未愈合	199	50.5/65.5	41/38.5
2000T5⑩	胫骨	左	上端未愈合	198	48/50	27/26
2000T6⑧	股骨	右	愈合	323	62/33	49/58

10. 黄牛（*Bos taurus*）

黄牛的骨骼数量不多，可鉴定标本数为 461 件，最小个体数 18 个。主要是残头骨，上、下颌骨残块，肢骨的上、下关节端和肩胛骨。

标本 1999T6H220：1，残头骨，保存颅顶后部，带有部分右角，角基部周长 158 毫米（彩版二八，4 上）。

标本 1999T6H22：7，是一件保存较好的黄牛的左侧角心，基部断口平齐，是屠宰后将角砍断的。黄牛角心的外侧长 368、内侧长 290 毫米，角心基部的最大径是 95、最小径是 74 毫米，周长 256 毫米（彩版二八，4 下）。

标本 1999T4H154：1，是一件用牛的左侧肩胛骨制作的卜骨。肩胛骨未经修整，直接在肩胛骨板的腹面烧灼，背面出现裂痕。肩胛骨长 323、关节端宽 77.5、高 56.3 毫米（彩版二八，5）。

肢骨多是砍断的上、下关节端，如标本 2000T30H78 和标本 2000T11⑦，前者是牛的右侧胫骨上端，于关节下方砍断（彩版二八，6），后者是牛的右侧股骨下端，于髁上窝处砍断。

黄牛的上、下颌骨主要是带有部分颊齿的残块，有 2 件保存较好的左侧下颌骨，测量数据见表五〇。

表五〇　　　　　　　　黄牛下颌骨测量表　　　　　（单位：毫米）

测量项目		标本 2000T5⑧	标本 2000T5⑧
P_2—M_3 齿列长		151	154
P_2—P_4 齿列长		55	55
M_1—M_3 齿列长		96.6	99
M_3 长/宽		44/15	42.6/15.5
下颌骨高/厚	M_1 前	54/29	52.7/29
	M_3 前	70.5/31	69/31

牛的上颌残块不足 5 件，下颌残块 15 件，多是保留有部分颊齿的残块，未见门齿部分的残块。主要集中在第二期。该期的下颌残块 13 件，代表 9 个个体，其中 6 个的恒颊齿全部出齐，但牙齿磨蚀不重，估计为死亡年龄大于 3 岁的青年个体；1 个 M1 萌出，死亡年龄小于 1 岁；1 个 M2 萌出，P4 仍在齿槽中，死亡年龄应在 1~2 岁之间。牛的肢骨骨骺最后完全愈合是在 3.5~4 岁。观察牛肢骨上下关节骨骺的愈合状况，其中死亡年龄小于 3.5 岁的未成年牛约占 53.8%（表五一）。未成年牛大量被宰杀，说明是家养的。当时饲养牛可能主要是为了提供肉食，因而屠宰年龄较小，不见牙齿磨蚀重的老年个体。

11. 绵羊 / 山羊（*Ovis sp.* /*Capra sp.*）

表五一	牛死亡年龄统计表	（年龄：岁）
	< 3.5	> 3.5 ~ 4
第一期	2	1
第二期	3	4
第三期	2	1
合计	7	6
百分比（%）	53.8	46.2

可鉴定标本数 411，最小个体数 28。根据头骨和角心的形态特征可以鉴定有绵羊和山羊两种。除掌、跖骨外，肢骨的特征不易区分，统归于绵羊/山羊类。共发现 2 件残头骨和 3 件羊的残角心，其中 4 件是绵羊，只有 1 件属于山羊。因而可以推测，该遗址应以绵羊为主，山羊的数量很少。标本 2000T4H26：1 是一件绵羊的残头骨，标本 2000T4H59：2 是一件右侧山羊角心（彩版三〇，1、2）。

保存较完整的绵羊的掌、跖骨各 1 件，均为右侧，掌骨长 129 毫米，上端宽/长是 25/17.5、下端宽/长为 27/18 毫米。跖骨长 146 毫米，上端宽/长是 21/20、下端宽/长为 25/17 毫米。

根据羊的下颌骨和肢骨骨骺愈合的状况鉴定羊的死亡年龄。下颌骨的前部残缺，主要保存颊齿部分，根据牙齿萌出的状况可分为两类：一类是 M1 或 M2 萌出，前臼齿尚为替换乳白齿的个体，死亡年龄小于 2 岁；另一类是前臼齿已替换乳白齿，全为恒齿的个体，死亡年龄大于 2 岁。综合分析肢骨骨骺愈合的状况，可分为三个大的年龄段：一部分是胫骨下端未愈合的幼年个体，死亡年龄小于 1.25 ~ 1.66 岁之间；另有一部分是所有肢骨骨骺愈合的成年个体，死亡年龄大于 3 ~ 3.5 岁；还有一些则是介于二者之间的亚成年个体，死亡年龄在 1.25 ~ 3.5 岁之间。羊的死亡年龄以 1 ~ 3.5 岁为主，大于 3.5 岁的个体较少（表五二）。

表五二	羊死亡年龄统计表				（年龄：岁）
	牙齿萌出状况		肢骨骨骺愈合状况		
	带乳白齿（< 2）	全为恒颊齿（> 2）	< 1.25 ~ 1.66	1.25 ~ 3.5	> 3 ~ 3.5
第一期		2			
第二期	6		1	7	2
第三期	1	6	2	1	1
合计	7	8	3	8	3

综上分析可知，哺乳动物中的狗、猪、羊和牛是当时人类饲养的家畜，其余动物应是狩猎捕获的。狩猎捕获的野生动物以鹿为大宗，最小个体数占野生动物总数的 85.5%，种类有斑鹿、麋鹿和獐三种。其他的野生动物数量很少，仅占总数的 14.5%，

种类有豪猪、竹鼠、野兔、獾和黑熊。

第二节　骨、角器的制作工艺

制作骨角器的废料和肢骨片共 303 件，其中第一期 45 件，占 14.9%；第二期 235 件，占 77.6%；第三期 23 件，占 7.6%。从废料上保存的加工痕迹看，各时期没有明显的变化，根据保留的加工痕迹分析，将制作骨角器的工艺复原如下。

一　鹿角料和鹿角制品

鹿角是制作工具的主要材料之一。从残存的斑鹿角看，截取角料的方法是先从主枝和眉枝分叉处砍下眉枝和主枝（彩版三○，3），再在角冠下方用石刀或石片切割取下主枝段（彩版三○，4），最后再从取下的角料切割长度合适的角片，做成毛坯，磨制成器。标本 1999T1H28：1，是从鹿角切割下的一段角料，在两端保留有切割的痕迹（彩版三○，5）。遗址中发现的骨镞多数是用这种角料进一步加工制成的。

标本 1999T4H134：1 是取料后废弃的斑鹿角冠段残块，在分枝下方断口处保留有切割下料的痕迹。两个分枝的尖端断口处保留有清晰的砍痕，是被有意砍断的。角枝表面有三处反复砍击成的平面，砍痕细而密集，似用很锐利的刃口砍成（彩版三○，6）。这三处砍出的平面究竟是为了将鹿角表面弄平，以便进一步磨制成工具，还是为了便于捆绑做复合工具，尚不清楚。但砍痕的特征却不像是石器砍的，可能当时也使用青铜刀具来加工骨角器。

标本 2000T2H22：1，是用从斑鹿角主枝截下的料制成的角锤，两端的截面磨平，中间打孔，表面有使用的砸击痕（彩版三一，1）。

标本 2000T2H52：1，是利用鹿角与角柄自然脱落的平面作为打磨的工具，将角环的周边磨圆钝，角的主枝和角柄砍断，留有砍痕（彩版三一，2）。

标本 2000T4H19：1，是直接用鹿角枝制成的匕形器，一端被磨成扁平的刃口，另一端则可见从主枝上切割的加工痕迹，并用砍的方法将其修薄，以便手握（彩版三一，3）。

二　骨料和骨器加工技术

牛和鹿的肢骨、牛的下颌骨以及肋骨都是制作骨器的原材料。

牛的肢骨多是取下骨体后废弃的关节端，从保留的断口看，主要用砍砸的方法取料（彩版三一，5）。

取下牛的肢骨体后，再用敲击或切割的方法进一步加工得到所需的骨片。标本

2000T4H24 为牛的肢骨片，在骨片的中间留有一圈切割的痕迹，是为了再将骨料截断而留下的痕迹，骨片的一端还局部被磨光（彩版三一，4）。

鹿的掌、跖骨是用来制作骨铲和骨锥的原材料。

骨铲的制作方法是：先用切割的方法去掉骨骼的下端关节，得到骨料。标本 1999T2H101：1 和标本 2000T2H57：1 是取料后废弃的斑鹿掌、跖骨下端，在断口处保留有切割的痕迹（彩版三一，6、7）。再将骨料平放在石砧上，沿骨体的内侧或外侧敲击，将骨体砸开，得到骨铲的毛坯，最后再将其一端磨成扁平的刃口，制成骨铲。标本 1999T4H61：5 是一件用过的骨铲，加工痕迹清晰可见（彩版三二，1）。标本 2000T1H28：1，是一件用斑鹿的跖骨加工骨铲的半成品，在骨体的前面留有连续敲击的痕迹，远端尚未磨制成刃（彩版三二，2）。

骨锥的加工比较简单，将骨片的一端磨成尖即可。有的是用鹿的跖骨片制成，仅将骨片的远端磨成圆锥状尖，尖部使用蹦损（彩版三二，3 右）。标本 2000T1⑧：1 是鹿的跖骨，远端还未加工，可能是骨锥的半成品。骨片的前面留有连续敲击的加工痕迹，表明是用敲击的方法加工骨锥的毛坯的（彩版三二，3 左）。

牛的下颌骨体宽大而平整，是加工大型骨器的理想原料。标本 2000T5⑤D：1，是取完骨料后废弃的牛的下颌骨下缘残块（彩版三二，4）。

牛的肋骨是加工骨匕类的原材料。标本 1999T4H49：1，应是制作这种器具的半成品，在骨片的一端还留有截断肋骨的切割加工痕迹（彩版三二，5）。从保存的加工痕迹分析，制作过程是：先截取一段肋骨，在肋骨的一侧砸击，使骨体边缘裂开，然后沿裂缝撬动，使两面的密质骨板分开，获得骨料，再用磨制的方法加工成器。

标本 2000T4H121：1，牛的掌骨废料。掌骨的下端关节被截断，在掌骨的内侧面有切割下料开出的沟槽，在骨体的前面和后面骨壁留有清晰的切割骨料的痕迹（彩版三二，6）。这件掌骨是被多次下料后废弃的。用这种方法能得到规范的骨条，可用来加工骨笄和骨针。

标本 1999T4H6：1，是从牛的跖骨切割下的骨条磨制成的骨笄，因残断而废弃（彩版三二，7）。

标本 1999T6H218：1，用鹿的桡骨制成的一件打磨工具。一端尚可见到切割下料的痕迹，另一端则已被磨成斜面，骨体的边棱也被磨圆（彩版三二，8）。

标本 2000T9H2：1 和标本 2000T2H48：1 都是鹿的跖骨片，一侧边缘是连续敲击的痕迹，另一侧则可见顺骨体长轴取料的切割痕（彩版三二，9）。可能是取完骨条后，再用于加工制作骨锥的毛坯。

第三节　小　结

（一）新砦遗址所在的新密市在中国动物地理区划中属华北区，位于世界动物区划中的古北界[1]。新砦遗址发现的动物群中的麋鹿、獐、豪猪和竹鼠属东洋界动物群的种类。遗址中发现的河蚌种类丰富。其中河南省现生的种类有圆顶珠蚌[2]和剑状矛蚌[3]。遗址虽然发现有矛蚌，但由于材料少且残破，未能鉴定到种。河蚌中的多瘤丽蚌、中国尖嵴蚌、薄壳丽蚌现生种主要分布在长江中下游地区；佛耳丽蚌、背瘤丽蚌、圆头楔蚌除河北、山东以外也分布在长江中下游一带[4]。现生鼋分布在江苏、浙江、安徽、广东、广西、海南和云南等地[5]。这些动物在新砦遗址发现，说明当时的气候比现在温暖湿润。

（二）一般来说，动物遗骸的最小个体数和可鉴定标本数的比率，可以反映动物遗骸保存的残破程度。分期统计的结果是：第一期最小个体数占可鉴定标本数的 13.8%，第二期占 5.8%，第三期占 7.7%。用 x^2（卡平方）的指数和 x^2 表测定结果是：第一期与第二期和第三期相差极显著，第二期与第三期相差不显著，因而可以认为第一期骨骼保存状况较好，破裂状况不如第二期和第三期的骨骼严重。

（三）第一期家畜与野生动物所占的百分比为 88.3% 和 11.7%，第二期为 76% 和24%，第三期为 63.4 和 36.6%（图三三六）。用 x^2（卡平方）的指数和 x^2 表测定各时期家畜与野生动物所占百分比的差异，结果为：第一期与第二期相差显著，与第三期相差极显著；第二期和第三期则相差不显著。分析说明，第一期家畜所占百分比大于第二期和第三期；第二期和第三期家畜和野生动物所占百分比相近，野生动物数量有所增加。

（四）饲养家畜的种类有狗、猪、黄牛和羊，按最小个体数分期统计结果见表五三和图三三七。各时期不同种类家畜所占百分比的差异测定分析结果是：第一期与第二期相差不显著，与第三期相差非常显著；第二期与第三期相差不显著。可以认为从第一期到第三期各种家畜所占比例逐渐发生变化，主要表现在猪的数量减少，狗、黄牛和羊的数量逐渐增加。

---

① 河南省地方史志编纂委员会编纂：《河南省志》第八卷，河南人民出版社，1992 年。

② 同注①。

③ 浙江动物志编辑委员会：《浙江动物志—软体动物》，浙江科学技术出版社，1991 年。

④ 同注③。

⑤ 张孟闻等：《中国动物志—爬行纲》第一卷，科学出版社，1998 年，第 54～71 页。

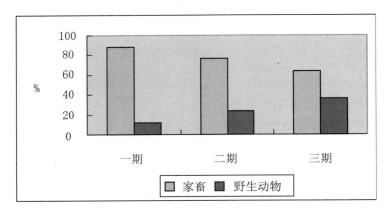

图三三六　家畜与野生动物分布频率比较图

表五三　　　　　　　　各时期家畜数量（MNI）统计表

	第一期		第二期		第三期	
	MNI	%	MNI	%	MNI	%
狗	4	7.5	7	5.5	3	11.5
猪	44	83	90	70.9	12	46.2
黄牛	3	5.7	12	9.4	3	11.5
羊	2	3.7	18	14.2	8	30.8
合计	53	99.9	127	100	26	100

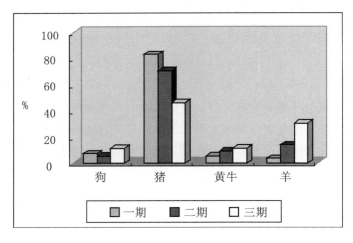

图三三七　各时期家畜数量（MNI）分布频率图

（五）各时期猪的死亡年龄分布百分比差异测定结果是：第一期与第二期相差显著，与第三期相差非常显著，因而，第一期猪的死亡年龄分布频率与第二期和第三期明显不同；第二期与第三期相差不显著，猪的死亡年龄分布频率相似。第一期猪的死亡年龄以 1～1.5 岁的亚成年猪为主，占总数的 56.4%，第二期和第三期则以 2 岁左右的成年猪为数较多，分别占其总数的 45.2% 和 63.2%。

以上几项数据统计分析结果说明，第一期动物骨骼的总体特征与第二期和第三期的有明显的差异，第二期则与第三期相似。

根据统计分析的结果可以做以下推测：在第一期，农业经济比较发达，人们主要靠饲养家畜来提供肉类食物，也进行一些狩猎活动。在饲养的家畜中猪占 83%，是主要的家畜。猪的屠宰年龄多在一岁左右。动物骨骼保存相对较完整，说明当时人类对骨骼的利用率较低。到第二期和第三期，野生动物所占的比例增大，表明狩猎活动明显增多，家畜中猪的比例减少，狗、黄牛和羊的数量则逐渐增加。到第三期猪的数量只占家畜数量的 46.2%，羊的数量已占 30.8%。另外猪的屠宰年龄明显偏大，以 2 岁左右的成年猪为主。产生这种差异的原因可能是由于气候的原因。在第二期，由于气候温暖湿润，频繁发生大的洪水[1]，对当时的农业生产造成极大的破坏。人们从主要依靠土地获取生活资料转向山上寻找更多的食物资源，因而狩猎成为一种更为经常的生产活动。在第二期发现大量的河蚌，说明捕捞也是当时人类的一项重要生产活动。到第三期，由于气候逐渐转向温和干燥，当时除农业经济以外，畜牧业开始发展，除了饲养猪以外，饲养羊和牛也更为普遍。

斑鹿角中有两件是自然脱落的角，斑鹿是在春季换角，说明新砦人一年四季都进行狩猎。

遗址中发现大量的废骨料和骨角器的半成品说明当时人类还从事制作骨角器等手工业活动。

［鸣谢］
河南省社会科学院考古研究所王建华、李龙参加了动物骨骼整理。河蚌是请中国科学院动物研究所的刘月英先生鉴定的。北京市文物研究所的祁庆国、梁刚、谷中秀拍摄标本照片。在此致以谢意。

---

[1]　夏正楷：《人类生存环境研究》，见本书第九章。

第七章　植物大遗骸研究

宏体植物遗骸（plant macroremains）俗称植物大遗骸，一般是指肉眼可见或借助低倍放大镜就可初步鉴定的植物遗存或残骸，不同于孢粉等微小的植物材料，它们通常是炭化木材、植物籽实和果核等[1]，是古人类植物学（paleoethnobotany）基本研究对象的一部分。在考古工作中，最广泛应用的古人类植物学的方法就是分析和鉴别这些植物遗骸。据此我们可以追索人类认识、利用和栽培植物的历史，进而探讨农业的起源和演化，人类文明的起源和发展。

从考古遗址中收集植物大遗骸的方法通常有三个：（1）收集原位（in situ）材料，（2）筛选（screening），（3）浮选（flotation）。在遗址报告中最常见的收集植物遗骸的技术就是浮选，即利用水进行的收集技术[2]。我国考古工作者自从 20 世纪 90 年代初也已开始使用这项新技术[3]。本文中所鉴定的植物大遗骸也是通过浮选法获取的。

第一节　方法、步骤与分类体系

一　田野工作阶段的收集方法

1. 浮选工具

①铁桶　一个。铁桶直径为50、深70厘米，底部做成漏斗状，可用木塞（用布缠裹）塞住漏斗底孔。

②铁架　置于漏斗之下。以三根废旧的钢筋作支撑，顶部承接旧自行车钢圈，以承托铁桶。铁架中间焊接两层隔离架，以承托筛网。

③筛网　可以互相叠加，网眼规格不同，上层较大，网眼为 5×5 厘米；下层较小，网眼为 1×1 厘米，上层隔出体积较大的遗物，下层隔离出体积较小的遗物。

---

[1] Dimbleby, G. W., *Ecology and Archaeology*, Edward Arnold Limited, 1977, pp 19 −25.

[2] Struever, S., Floating techniques for the recovery of small ~ scale archaeological remains, *American Antiquity*, 1968, 33：353 −362. Pearsall, D. M., *Paleoethnobotany −A handbook of Procedures*, Academic Press, 2000, pp1 − 247.

[3] 吴耀利等：《水选法在我国考古发掘中的首次应用》，《文物天地》1993 年第 3 期，第38～39 页。

④其他　托盘、镊子、舀勺（用面箩网制作）、玻璃管、纸张等。

2. 浮选方法与过程

①采集土样

在工地选择浮选土样时，按照随机抽样的原则进行。其中，在 2000 年南部发掘区选择土色发暗灰的灰坑内填土，在东部发掘区选择纯净的土色发黄的沉积土作为浮选土样。选取的土样先装入编织袋内，运到浮选现场。在初步整理工作结束后，集中一天时间对所有土样按单位逐一浮选。

②浮选

在具体操作时，先把木塞塞进铁桶底部的漏斗孔内，以便在铁桶内注入清水。以土样多少决定水量大小。注入清水后，将土样倒进铁桶内，用细棍或直接用手搅拌土样，使之散开。这时，重量轻的浮选物就会飘浮起来，用舀勺把浮选物轻轻舀出即可。重量较重的遗物沉到铁桶底部，拔掉木塞，使之泄入筛网当中，上层筛网隔离出体积较大的遗物，而下层筛网隔离出体积较小的遗物。舀出的浮选物和筛出的遗物分别放置在预先铺好的纸张上晾干。

③挑拣样本

待浮选物、筛选物晾干之后，放入托盘内，用镊子拨拉翻查，将植物遗骸挑拣出来，并按单位分别装入若干玻璃管中，每支玻璃管上均贴上标签，注明出土单位，以待送交鉴定人员做室内鉴定。以既往工作经验而言，除浮选出的样本外，在用筛网隔离出的遗物当中，往往也会拣到不少植物遗骸，因此，挑拣样本时不可忽视筛选物。

二　实验室内的鉴定步骤和方法

① 按照探方的编号顺序，仔细记录采样的标号、采集时间和采集人，列成表格。

② 按照样品顺序，小心把浮选物倾倒在棉布或卫生纸上，用毛刷或毛笔把水选物摊平，展成一层，肉眼观察和分类，了解植物大遗骸的种类和数量。

③ 在显微镜下利用网格板统计分类后的植物遗骸的数量，测量大小，详细记录数据，描述植物大遗骸的形态和主要特征。

④ 在显微镜下进行种属鉴定、归类、分档，选取保存较完整、鉴别特征明显的植物大遗骸标本，按原样品编号分管保存，以备照相和其他实验分析之用。

三　植物大遗骸的分类体系

通过显微镜观察，依据比较形态学的知识，我们可以把这些植物大遗骸分为三大类：（1）植物的籽实，包括稻、粟、黍和豆等及其烧土印痕；（2）植物的果核，包括杏、李、枣和扁核木等；（3）植物的残骸：草本植物的秸秆及其表皮，木本或藤本植物的炭化木材或枝条。

关于植物大遗骸的分类体系采用美国植物学家克朗奎斯特（A. Cronquist）1981 年的被子植物分类系统，对新砦遗址浮选的植物大遗骸鉴定为 8 个属（灰色字体显示），其中 5 个鉴别到种和亚种（黑色粗字体显示）。作了如下的系统归属（不包括存疑植物）：

界（Kingdom）：植物界（Plantae）

门（Division）：被子植物门（Angiospermae）

纲 1（Class 1）：木兰纲（Magnoliopsida），即双子叶植物纲（Dicotyledoneae）

亚纲 1（Subclass 1）：蔷薇亚纲（Rosidae）

目 1（Order 1）：蔷薇目（Rosales）

科 1（Family 1）：蔷薇科（*Rosaceae*）

属 1（Genus 1）：杏属 ·································· 1. *Armeniaca Mill.*

种 1.1（Species1.1）：未定种 ·················· 1.1 *Armeniaca sp.*

属 2（Genus 2）：李属 ····························· 2. *Prunus L.*

种 2.1（Species2.1）：未定种 ··················· 2.1 Prunus *sp.*

属 3（Genus 3）：扁核木属 ····················· 3. *Prinsepia Royle*

种 3.1（Species3.1）：未定种 ·················· 3.1 *Prinsepia sp.*

目 2（Order 2）：豆目（Fabales）

科 2（Family 2）：豆科（*Fabaceae* 或 *Leguminosae*）

属 4（Genus 4）：大豆属 ·························· 4. *Glycine L.*

种 4.1（Species 4.1）：**野大豆** ····· **4.1. *Glycine soja Sieb. et Zucc.***

目 3（Order 3）：鼠李目（Rhamnales）

科 3（Family 3）：鼠李科（*Rhamnaceae*）

属 5（Genus 5）：枣属 ····························· 5. *Ziziphus Mill.*

种 5.1（Species 5.1）：**酸枣** ·················· **5.1. *Ziziphus jujuba Mill.***

纲 2（Class 2）：百合纲（Liliopsida），即单子叶植物纲（Monocotyledoneae）

亚纲 2（Subclass 2）：鸭跖草亚纲（Commelinidae）

目 4（Order 4）：莎草目（Cyperales）

科 4（Family 4）：禾本科（*Poaceae* 或 *Gramineae*）

属 6（Genus 6）：稻属 ····························· 6. *Oryza L.*

种 6.1（Species 6.1）：普通栽培稻 ··········· 6.1. *Oryza sativa L.*

亚种 6.1.1（Subspecies）：**粳稻** ··· **6.1.1. *Oryza sativa L. subsp.***

keng Ting = subsp. japonica

属 7（Genus 7）：狗尾草属 ·························· *7. Setaria Beauv.*

　种 7.1（Species 7.1）：**栽培粟**······ **7.1. *Setaria italica*（*L.*）*Beauv.***

属 8（Genus 8）：黍属 ····························· *8. Panicum L.*

　种 8.1（Species 8.1）：**栽培黍** ············· **8.1. *Panicum miliaceum L.***

我们根据上述分类体系，对新砦遗址出土的植物大残骸进行了鉴定，鉴定结果参见附表三九。

第二节　植物大遗骸种类

一　植物的籽实

1. 粳稻（*Oryza sativa* L. subsp. *keng* Ting，即 subsp. *japonica* 或 *sinica*）

炭化籽实，黑色，质地坚脆，多横向断裂或龟裂，断面孔隙密而细小。稻的籽实，植物学上称为颖果（caryopsis）（即只含一枚种子，果皮与种皮愈合，不易分离），俗称稻谷。

标本完整时呈扁椭圆形，最长约 5.1 毫米，最短约 3.8 毫米，最宽约 2.7 毫米，最窄约 1.9 毫米，长宽比在 1.41～2.23 之间，一般为 1.96～2.08，每一侧面具 2 条浅纵沟（或 3 条脊），边缘下部具小的斜向凹缺，标志着颖果的侧生胚及其周围组织部分脱落的痕迹（图版八六，5、6）。颖果表面剥落后，新鲜面露出蜂窝状孔穴（图版八六，7）。根据粳籼稻粒长宽比的区别，一般籼稻（*Oryza sativa* L. subsp. *hsien* Ting，即 subsp. *indica*）粒长，其长宽比在 2.3～3.2 之间，而粳稻粒较短圆，其长宽比在 2.0～2.3 之间[①]。因此，我们的标本全部被鉴定为粳稻（考虑了籽实因炭化而干缩的因素）（现代种长约 7 毫米，宽在 3.5～3.0 毫米左右）。在 6 个探方中共发现粳稻 400 余粒，其中 2000T2 中最多。

一般认为，栽培稻（*Oryza sativa* L.）可能的祖先为普通野生稻（*Oryza perennis* 或 *Oryza rufipogon* Griff.）[②]。中国农学家丁颖认为籼稻直接起源于普通野生稻，粳稻则是在籼稻向高纬度或高海拔地区传播的过程中，因为气候生态环境的改变而分化出来的[③]。他指出现代命名的印度稻和日本稻实际上相当于中国的籼稻和粳稻，应予以正

---

① 颜启传等：《农作物品种鉴定手册》，中国农业出版社，1996 年，第 168～180 页。

② 林世成：《中国水稻品种及其谱系》，上海科学技术出版社，1991 年，第 3～9 页。汤圣祥等：《中国粳稻起源的探讨》，《农业考古》1994 年第 1 期，第 59～67 页。严文明：《农业发生与文明起源》，科学出版社，2000 年，第 1～338 页。

③ 丁颖：《中国栽培稻种的起源及其演变》，《农业学报》1957 年第 8 卷第 3 期，第 243～260 页。

名。然而，Second（1985）用多个同功酶位点的分析结果得出结论，普通野生稻在驯化为栽培稻之前就已经发生了粳、籼分化①。

2. 栽培粟（*Setaria italica*（L.）Beauv.）

炭化籽实，呈黑色，表面较光滑。栽培粟的籽实，通称为谷子，去皮后俗称小米②。我国有时叫中国粟（*Setaria sinica*）③。有人认为粟古称"稷"，但对稷的解释争议颇多④。

标本完整时近圆形，直径 1.0～1.5 毫米，下部稍扁，中央有明显的凹沟，背部隆起，凹沟自基部向上延伸至中上部，约占粒长的近 5/6，系胚及其周围组织脱落的痕迹，这个区域的正面观呈狭三角形（图版八六，3、4），腹面光滑平坦，基部的种脐不太明显（现代栽培粟的种子的腹面基部具 1 小的圆形凸起的种脐，是种子萌发时胚芽伸长之处）。在 6 个探方中共发现栽培粟 250 余粒，其中 2000T2 中最多。

一般认为，栽培粟是从狗尾草（*Setaria viridis*（L.）Beauv.）直接驯化而来的⑤，而且这两种植物具有相同的染色体数目（2n = 18）⑥。两位研究栽培作物起源的先驱者 Alphonse de Candolle 和 Vavilov 都认为粟属和黍属原产于中国⑦。何炳棣认为粟和黍原产于华北黄土高原地区，并非印度和北非及阿拉伯地区⑧。

3. 栽培黍（*Panicum miliaceum* L.）

炭化籽实，呈黑色，与粟形态极相似，但比粟粒稍大些（现代的黍、粟种子对比较明显）。栽培黍的籽实去皮后俗称（大）黄米，泛称糜子⑨。有人认为黍稷单指黍，黍和稷为同物异名⑩。

———————————

①　王象坤：《中国普通野生稻研究中几个重要问题的初步探讨》，《农业考古》1994 年第 1 期，第 48～51 页。王振山等：《中国普通野生稻遗传分化的 RAPD 研究》，《植物学报》1996 年第 38 卷第 9 期，第 749～752 页。

②　于省吾：《商代的谷类作物》，《东北人民大学人文科学学报》1957 年第 1 期，第 81～107 页。

③　王在德等：《再论中国农业起源与传播》，《农业考古》1995 年第 3 期，第 30～42 页。

④　游修龄：《论黍和稷》，《农业考古》1984 年第 2 期，第 277～288 页。

⑤　黄其煦：《黄河流域新石器时代农耕文化中的作物》，《农业考古》1982 年第 2 期，第 39～55 页。吴梓林：《古粟考》，《史前研究》1983 年，第 150～155 页。游修龄：《论黍和稷》，《农业考古》1984 年第 2 期，第 277～288 页。

⑥　张德慈（T. T. Chang）撰，王庆一译：《谷类及食用豆类之起源与早期栽培》，《农业考古》1987 年第 1 期，第 273～282 页。

⑦　何炳棣（Ping～ti Ho）撰，马中译：《中国农业的本土起源》，《农业考古》1985 年第 1 期，第 90～99 页。

⑧　Ping～ti Ho, The loess and the origin of Chinese agriculture, *The American Historical Review*, 1969, No1: pp1 - 36.

⑨　于省吾：《商代的谷类作物》，《东北人民大学人文科学学报》1957 年第 1 期，第 81～107 页。侯灿：《楼兰出土糜子、大麦及珍贵的小麦花》，《农业考古》1985 年第 2 期，第 225～227 页。李璠等：《甘肃省民乐县东灰山新石器遗址古农业遗存新发现》，《农业考古》1989 年第 1 期，第 56～69 页。

⑩　王星玉：《中国黍稷》，中国农业出版社，1994 年，第 1～21 页。Ping～ti Ho, The loess and the origin of Chinese agriculture, *The American Historical Review*, 1969, No1: pp1 -36.

标本完整时近圆形，直径约 1.3～1.8 毫米，下部稍扁平、中央有明显的凹沟，背部隆起，凹沟自基部向上延伸至中部，约占粒长的近1/2，系胚及其周围组织脱落的痕迹，这个区域的正面观呈正三角形（图版八六，1），腹面光滑平坦，基部的种脐不明显（图版八六，2）。在 6 个探方共发现栽培黍 100 余粒，它们多与粟粒混合保存。

栽培黍一般视为中国北方所产①。杂草族型 *Panicum spontaneum* Lysev. 可能是栽培黍最接近的亲缘种②。然而，丹麦古人类植物学家 Helback 则认为栽培黍的野生祖本是 *Panicum callosum* Hochst，这种植物分布于埃塞俄比亚，因而他把栽培黍的起源地定为北非沿海③，这个观点影响较大。由于中国文字演变和中外文化差异等历史原因，文献中对黍和粟的叫法还很混杂，这方面的讨论较多④。

4. 野大豆（*Glycine soja* Sieb. et Zucc.）

炭化豆粒，呈黑色，有光泽，豆体表面多严重炭化，呈剥落状孔穴，断面似分层（图版八六，8），可能是种皮和内部组织之间的界限。

标本完整时呈椭圆形，长约 4.2～5.0 毫米，宽约 2.8～3.2 毫米，高约 2.0～2.4 毫米，有些豆粒稍凹一侧近中部种脐依稀可见（图版八六，9）。根据这些特征，结合现代野生种的分布情况，可以判断这是一种野大豆。在 2000T2、2000T3、2000T11 和 2000T12 探方中共发现 30 余粒。

豆类古称"菽"，为五谷之一⑤。《诗经·大雅》中有"艺之荏菽，荏菽旆旆"的记载。栽培大豆（*Glycine max*（L.）Merr.）粒形较大，长约 1.0～1.5 厘米。一般认为在野生的大豆中，*Glycine ussuriensis* Regel et Mack 或 *Glycine soja* Sieb. et Zucc. 是栽培种最可能的祖先。*Glycine soja* 生长于中国东北部各省、韩国、西伯利亚和日本等地。本报告中，我们选用了菲律宾遗传学家张德慈的观点⑥，把这种野大豆鉴定为 *Glycine soja* Sieb. et Zucc. 。

5. 狼尾草未定种（？*Pennisetum sp.*）

炭化种子，两头尖，种脐近基部，圆形，长约 5.0 毫米，宽约 2.5 毫米，表面凹瘪，无明显纹饰，据此判断这可能是狼尾草的种子。狼尾草是常见的禾本科（Gramine-

---

① 严文明：《农业发生与文明起源》，科学出版社，2000 年，第 1～338 页。

② 张德慈（T. T. Chang）撰，王庆一译：《谷类及食用豆类之起源与早期栽培》，《农业考古》1987 年第 1 期，第 273～282 页。

③ Helback, H., Domestication of food plants in the old world, *Science*, 1959, 130 （3372）：pp365～372.

④ 于景让：《黍稷粟粱与高粱》，《大陆杂志》1956 年第 13 卷第 3－4 期：第 67～76、115～120 页。于省吾：《商代的谷类作物》，《东北人民大学人文科学学报》1957 年第 1 期，第 81～107 页。游修龄：《论黍和稷》，《农业考古》1984 年第 2 期，第 277～288 页。游修龄：《稻和黍献疑》，《农业考古》1993 年第 1 期，第 124～126 页。

⑤ 李荣堂：《大豆古今考》，《农业考古》1982 年第 2 期，第 84～85 页。

⑥ 张德慈（T. T. Chang）撰，王庆一译：《谷类及食用豆类之起源与早期栽培》，《农业考古》1987 年第 1 期，第 273～282 页。

ae）植物①。在2000T2中仅发现1粒。

6. 豆科（? *Leguminosae*）的植物种子

炭化，呈黑色，卵圆形，长约2.0毫米，具两个瓣，其中一个瓣已经断裂。可能为野生草本植物，如苜蓿（*Medicago*）。它显然是一种双子叶植物的种子。在2000T2中仅发现1粒。

7. 大戟科（? *Euphorbiaceae*）的植物种子

炭化，圆形，直径约2.0毫米，具壳，内分室，似三室。在2000T12中发现2粒。

8. 烧土印痕和种子的外模（external mold）或铸型（cast）

外模及铸型，呈土黄色，有些为三维形态，但表面无明显纹饰。据形状推测为烧土种子印痕、外模或铸型，难以进行分类鉴定。标本发现于2000T2。

二　植物的果核

1. 酸枣（*Ziziphus jujuba* Mill.）

仅保存了核果的一半，宽椭圆形，顶部稍突，基部渐收缩，长约9.4毫米，宽约6.8毫米，表面严重炭化，核内隔表面清晰，为核果的内隔膜，因此隔为两室。据此可以鉴别为酸枣。标本发现于2000T12，仅有1例。

2. 扁核木未定种（*Prinsepia sp.*）

仅保存了核果一半，扁椭圆形，长约6.0毫米，宽约4.8毫米，表面粗糙，有皱纹。据此归入扁核木属（*Prinsepia* Royle），但不能鉴别到种。标本发现于2000T3，仅有1例。

3. 杏未定种（*Armeniaca sp.*）

保存不完整，推测原果核呈扁圆形。碎片外表面炭化，内表面光滑，腹面有沟痕，具龙骨状棱。据此归入杏属（Armeniaca Mill.），但不能鉴定到种。标本发现于2000T12，共有3块碎片。

4. 李未定种（*Prunus sp.*）

呈卵圆形，长约6.0毫米，宽约5.2毫米，表面炭化，孔隙较细，顶部和基部都较钝，属于一种小核果。据此鉴别为李属（Prunus L.），但还不能鉴定到种。标本发现于2000T1，共2枚，其中1粒较完整。

三　炭化木质碎片

1. 草本植物的秸秆及其表皮

---

① 郭琼霞：《杂草种子彩色鉴定图鉴》，中国农业出版社，1998年，第1~176页。

　　这些炭化残骸多呈圆柱状和片状，中空，有些具稍膨大的节，表面具有细的平行的纤维状纵纹。它们可能是禾本科（Gramineae）中稻、黍、粟等植物的秸秆及其表皮。

　　2. 木本植物的木材碎片

　　炭化呈黑色，形状多不规则，表面具有细小的孔隙。有些为圆柱状枝条碎片，表面常横向断裂。

　　3. 藤本植物的茎枝残片

　　黑色炭化，表面具有较粗的纤维状纵纹，表皮常块状龟裂，断面常呈层状，可能中空，它们经常扭曲，表现出藤本植物特有的形态。

第三节　小　结

　　根据鉴定结果，我们可以得出第一期植物大遗骸鉴定结果一览表（表五四），并由该表得出第一期植物大遗骸出土数量登记表（表五五）和第一期18个单位植物大遗骸出土频率统计表（表五六）。

表五四　　　　　　　　　　　　第一期植物大遗骸鉴定结果一览表

序号	样品单位	植物种类	保存状况
1	2000T1H105	粳稻（Oryza sa2000Tiva L. subsp. keng Ting）4 粒；野大豆（Glycine soja Seib. et Zucc.）3 粒；李（Prunus sp.）果核 2 枚；禾本科（Gramineae）植物秸秆及表皮，10 余块	炭化三维
2	2000T1H95	木材及秸秆碎片（禾本科）	炭化
3	2000T2H113	木质碎片 8 块；外模印痕 1 块	炭化
4	2000T3H110	木质碎片 10 余片；粳稻 2 粒；野大豆 1 粒	炭化
5	2000T3H119	粳稻 1 粒；木质碎片 4 块	炭化
6	2000T3H88	粟 1 粒；木质碎片 3 块	炭化
7	2000T3H114	粳稻半粒；木质碎片 10 余块	炭化
8	2000T3H99	野大豆 8 粒；黍和粟共 50 多粒；粳稻 3 粒；木质残片 10 余片	炭化
9	2000T2H83	粳稻 3 粒；野大豆 6 粒；木质残片	炭化
10	2000T3H101	野大豆 2 粒；木质残片和秸秆 10 余块	炭化
11	2000T3H113	粳稻 17 粒；黍和粟 10 余粒；野大豆 2 粒；果核小碎片；木质残片；禾本科植物秸秆碎片	炭化
12	2000T4H117	粳稻 1 粒；木质碎片 20 余块	炭化
13	2000T4H118	木质碎片 10 余块	炭化
14	2000T4H122	粳稻 2 粒；木质碎片 10 余块	炭化
15	2000T12H111	粳稻 1 粒；杏（Armeniaca sp.）果核半块；木质碎片 5 片；野大豆 4 粒；酸枣（Ziziphus jujuba Mill.）果核半块	炭化

续表五四

序号	样品单位	植物种类	保存状况
16	2000T12H104	野大豆半粒；木质残片；粳稻6粒；粟1粒；？大戟科或？芸香科植物种子2半块	炭化
17	2000T12H96	粳稻70余粒；杏核碎片2块；木材碎片	炭化
18	2000T12H92	粳稻18粒；野大豆3粒；木质残片及秸秆碎片（禾本科）	炭化

表五五　　　　　　　　　　第一期植物大遗骸出土数量统计表　　　　　　（单位：粒）

作物种类 数量	稻	粟（黍）	野大豆	其　他			合计
				李	杏	酸枣	
数量	134	62	30	2	2	1	231
百分比（%）	58.01	26.84	12.99	0.87	0.87	0.43	100.01

表五六　　　　　　　　第一期18个单位植物大遗骸出土频率统计表

作物种类 数量	稻	粟	黍	野大豆	其　他		
					李	杏	酸枣
单位数	13	4	2	9	1	2	1
频率（%）	72.22	22.22	11.11	50	5.56	11.11	5.56

从表五五和表五六可以看出，新砦遗址第一期属于稻作农业为主，兼及旱作农业。采集经济仍占一定地位，其中野大豆是十分常见的采集品。

关于第二期的植物遗骸，从附表三九中可得第二期植物大遗骸鉴定结果一览表（表五七）、第二期主要植物遗存出土数量统计表（表五八）及第二期遗存13个单位主要植物遗存出土频率统计表（表五九）。

表五七　　　　　　　　　　　第二期植物大遗骸鉴定结果一览表

序号	样品单位	植物种类	保存状况
1	2000T1H11	粳稻4粒；野大豆2粒；秸秆碎片；木材碎片3块	炭化三维
2	2000T1H8	秸秆残片及木材碎片10余块；粳稻11余粒；粟3粒；野大豆3粒；烧土印痕3片	炭化 烧土印痕
3	2000T2H52	粳稻约200粒；粟（Setaria italica Beauv.）和黍（Panicum miliaceum L.）共约170粒；木质残片2块	炭化
4	2000T2H62	粳稻约180粒；粟和黍共约180粒；豆科（？Leguminosae）种子1枚；野大豆3粒；木材碎片5块	炭化三维
4	2000T2H73	粳稻4粒；禾本科（Gramineae）植物种子1枚，？狼尾草属（？Pennisetum）；木质碎片10余块	炭化
5	2000T4H24	粳稻10粒；粟1粒；秸秆和木质碎片20余块	炭化
6	2000T4H26	粳稻1粒；木质碎片10余块	炭化

续表五七

序号	样品单位	植物种类	保存状况
7	2000T4H59	木质碎片20余块，包含藤本植物木质碎片；果核小碎片	炭化
8	2000T11⑨B	粳稻11余粒；粟2粒；野大豆1粒；木质残片；秸秆残片	炭化
9	2000T11⑩B	粳稻半粒；秸秆碎片	炭化
10	2000T11⑪	粳稻1粒；秸秆及木质残片	炭化
11	2000T3H21	木质碎片7块	炭化
12	2000T3H22	秸秆和木质部碎片30余片	炭化
13	2000T3H60	粳稻3粒；扁核木（Prinsepia sp.）果核半块；木质碎片10余块	炭化

表五八　　　　第二期主要植物遗存出土数量统计表　　　　（单位：粒）

作物种类	稻	粟	（黍）	野大豆	合计
数量	429	256	98	6	789
百分比（％）	54.37	32.45	12.42	0.76	100

表五九　　　　第二期13个单位主要植物遗存出土频率统计表

作物种类	稻	粟	（黍）	野大豆
单位数	11	5	2	3
频率（％）	84.62	38.46	15.39	23.08

从表五八和表五九中看出，第二期的农业以稻作为主，稻作的比重较之于第一期更为加重了，旱作农业只居次要地位。

野大豆在第一期的出土频率高达50％，从数量百分比看占总数的12.99％。到了第二期，野大豆的数量和频率均大大下降，其数量百分比已不足总数的1％，频率也只有23.08％，已经不属于重要的采集对象了。

与野大豆相反，种植的稻、粟、黍出现的频率均比第一期有不同程度的增加，可见农业生产水平更加提高了。

将稻作农业产品——稻与旱作农业产品——粟和黍进行比较，可以看出无论是第一期还是第二期，均以稻居首位，其次为粟和黍。从出土频率看，第二期稻的出土频率高达80％以上，比第一期更加普遍。

由上列各表可以看出：新砦第一期稻的数量居多，粟和黍的数量较少，属稻作为主，兼及旱作的农业生产方式，野大豆的频率还很高。新砦第二期将这一趋势进一步发展，只是野大豆的数量开始减少。

[致谢]

对本文标本的鉴定和文章的内容，北京大学城环系的崔海亭教授和中国科学院北京植物研究所的刘长江研究员曾给予有益的指导和建议，在此深表感谢。同时感谢北京大学地质系周春元老师冲洗照片和中国科学院北京植物研究所杨勇博士给予的帮助。

参考文献

1. 周昆叔等主编：《环境考古研究》，北京大学出版社，2000 年，第 1~210 页。

2. 赵芝荃：《河南密县新砦遗址的试掘》，《考古》1981 年第 5 期，第 398~408 页。

3. 张居中等：《舞阳史前稻作遗存与黄淮地区史前农业》，《农业考古》1994 年第 1 期，第 68~76 页。

4. 陈文华：《中国稻作起源的几个问题》，《农业考古》1989 年第 2 期，第 84~98 页。

5. 程侃声：《亚洲栽培稻起源的活物考古》，《农业考古》1994 年第 1 期，第 52~58 页。

6. 孔昭宸：《渑池班村遗址植物遗存及其环境考古学上的意义》，《第四纪研究》1998 年第 3 期。

7. 赵春青等：《1999 年新密市新砦遗址的考古新收获》，《古代文明研究通讯》总第四期，2000 年，第 22~31 页。

8. 吴耀利：《黄河流域新石器时代的稻作农业》，《农业考古》1994 年第 1 期，第 78~88 页。

9. Cronquist A., *An Integrated System of Classification of Flowering Plants*, Columbia University Press, 1981.

第八章　人类食谱研究

新砦遗址 1999～2000 年度发掘的墓葬以长方形竖穴土坑最为常见，葬式为单人仰身直肢葬，墓穴狭小，仅容一人，无葬具，头向不一，向西、向东、向南者均有。除在一座成人墓中发现一件骨镞之外，均无随葬品。本研究采集新砦遗址 1999～2000 年发掘出土的 8 个个体的人骨样品，进行了碳氮稳定同位素分析。

第一节　方法与原理

自然界中的碳主要有三种形式：^{12}C、^{13}C 和 ^{14}C，其中 ^{14}C 含量很低，在这里不做讨论。一般来讲，^{12}C 和 ^{13}C 在大气中所占的比例为常数。植物通过光合作用将大气中的碳固定在体内，光合作用的途径主要有三种，一种是卡尔文途径（Calvin Pathway）；一种是哈—斯途径（Hatch – Slack Pathway），再有一种是 CAM 途径（Crassalacean Acid Metabolism Pathway）。这三种途径代表了不同的生物化学过程，在这个过程中碳会发生同位素分馏效应，也就是 ^{12}C 和 ^{13}C 的比值会发生变化，不同的反应过程分馏效应的大小不同，也就是说不同类型的植物 ^{12}C 和 ^{13}C 的比值不同，可以用 $\delta^{13}C$ 来表示。卡尔文途径首先形成的产物是磷酰甘油酸（PGA），最后形成葡萄糖和果糖，由于 PGA 含有三个碳原子，所以这类植物称为 C_3 植物。C_3 植物的 $\delta^{13}C$ 值范围大约为 $-23‰～-30‰$，平均值为 $-26‰$，这类植物适于温和或荫凉的环境，包括乔本树木、大多数灌木、大豆、小麦、稻米、土豆、大豆等。哈—斯途径首先形成的产物是苹果酸、天冬氨酸和草酰乙酸，然后转变为 PGA，单磷酸已糖和蔗糖，而苹果酸和天冬氨酸等含有四个碳原子，因此这类植物称为 C_4 植物。C_4 植物的 $\delta^{13}C$ 值范围大致为 $-8‰～-14‰$，平均值为 $-11‰$，C_4 类植物适于高温和太阳辐射较强地区生长，这类植物包括部分灌木、牧草、小米、玉米和高粱等。CAM 途径占少数，其 $\delta^{13}C$ 值范围为 $-12‰～-23‰$，平均值为 $-17‰$，这类植物是少数多汁植物如菠萝、甜菜、仙人掌等[①]。

植物被人和动物食用之后，在其消化代谢过程中还会发生碳的同位素分馏效应，图

---

① 蔡莲珍、仇士华：《碳十三测定和古代食谱研究》，《考古》1984 年第 10 期。

三三八显示了不同的动物组织和所处食物链不同的位置 $\delta^{13}C$ 值的变化关系（Lee - Thorp 1989）。$\delta^{13}C$ 值在生态系统的食物链中产生分馏，但具有一定的规律性，因此可根据 $\delta^{13}C$ 值来判断动物所吃的食物。农、牧业的发展与兴起使人类的食物相对集中，从而人体中的 $\delta^{13}C$ 值可以有效反应出这种变化。对于考古遗存而言，通常利用人骨中的胶原蛋白进行分析。

食物链中 $\delta^{13}C$ 值

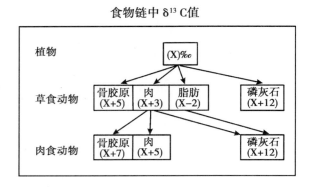

图三三八　$\delta^{13}C$ 值在食物链中的变化图

$\delta^{13}C$ 值是通过物质中碳同位素比值与标准物质的碳同位素比值比较得出来的（Craig 1957），见下面的公式。

$$\delta^{13}C = \{[(^{13}C/^{12}C)\ sample - (^{13}C/^{12}C)\ standard]\ /\ (^{13}C/^{12}C)\ standard\} \times 1000‰$$

国际上通用的 ^{13}C 的标准为 PDB 标准，它的标准物质是美国卡罗来（Caroline）南部白垩纪庇弟层中的箭石（Cretaceous Belemnite, Belemnitella Amercana），也称美国芝加哥石灰石，用 100% H_3PO_4 在 25.2℃时酸化反应生成 CO_2，其 $^{13}C/^{12}C$ 比值为标准值。

与食物结构相关的另一类同位素是氮，氮的主要核素有 ^{14}N 和 ^{15}N，^{14}N 和 ^{15}N 的比值在动植物体的代谢过程中也会发生分馏效应，用 $\delta^{15}N$ 值表示。氮稳定同位素的比值是以空气为标准，空气中的氮 $\delta^{15}N$ 值为 0‰，其他物质与其相比得到的值就是这种物质的 $\delta^{15}N$ 值，所以 $\delta^{15}N$ 值一般都为正值，它的表达式是：

$$\delta^{15}N = \{[(^{15}N/^{14}N)\ sample - (^{15}N/^{14}N)\ standard]\ /\ (^{15}N/^{14}N)\ standard\} \times 1000‰$$

植物对氮的吸收可分为为两种，一种是固氮植物；一种是非固氮植物。固氮植物可以直接吸收空气和土壤中的元素氮来合成蛋白质和其他化合物，如豌豆、蚕豆、黄豆等豆科植物。非固氮植物只能吸收土壤中的硝酸根离子或氨离子来获得氮，所以说固氮植物其 $\delta^{15}N$ 值较低，平均约为 1‰，而非固氮植物的 $\delta^{15}N$ 值比固氮植物的 $\delta^{15}N$ 值要大，约为 3‰左右。海生植物也可以分为两类，海洋豆类和海洋非豆类，由于海洋环境中的含氮化合物大大多于陆地含氮化合物，所以海洋中植物相对应于陆地植物其 $\delta^{15}N$ 值要高。

通常固氮植物、陆生、海生植物根据 $\delta^{15}N$ 值能区分出来。Schorninger 等（1983）表明 $\delta^{15}N$ 值能明确区分人们是靠海为食还是靠陆地生存。另外，海洋和陆地植物中的 $\delta^{15}N$ 值分别随食物链的升高而升高，能够据此来区分动物吃的植物、草食动物和食肉动物，如图三三九基本反映了这种情况。

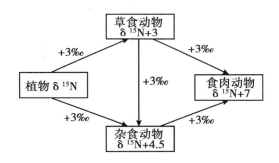

图三三九　$\delta^{15}N$ 值在食物链中的变化关系（Marilyn, L. F. 等, 1997）

所以，碳、氮稳定同位素的值可以获得古代人类饮食结构方面的信息，根据碳稳定同位素可以得知人们是以 C_3 植物为食还是以 C_4 植物为食或者是这两种食物的混食。根据氮稳定同位素可以得知人们是以海洋食物为食还是以陆地食物为食、在饮食中肉类食物的比重等。当然根据碳、氮稳定同位素还可间接地获得其他许多信息，如气候环境状况、社会阶级地位以及生态环境等。

第二节　实验过程

1. 尽量挑选致密的骨头约 2 克左右，剔除表面污染物，放入小烧杯中，用超声波清洗，直至烧杯中的蒸馏水不再混浊为准。

2. 将清洗好的骨头用 0. 5N HCl 浸泡，在浸泡期间应不定期的更换盐酸，浸泡至骨头变软且透明为止。

3. 清洗至中性；用 1% 的 NaOH 浸泡，时间约为半个小时，然后洗成中性；再用

0.5N HCl 浸泡约 20 分钟，洗成中性。

4. 转入锥形瓶中，调 PH = 3 后放入恒温箱中，在 90℃ 的条件下恒温水解 24 个小时。

5. 水解后的溶液用离心机离心，取上清液，冷冻干燥，将干燥好的骨胶原放入干燥器中保存待用。

6. 样品测定工作由斯洛文尼亚卢布尔雅那大学约瑟夫—斯蒂芬中低能物理研究所完成，所用仪器为德国 Finngen Detla – Plus 稳定同位素分析仪。

碳、氮比的测定在北京大学考古文博学院元素分析仪上完成，所用仪器为德国生产的 ELEMENTAR Vario EL。

为了验证本实验的可靠性，我们做了平行实验，结果偏差在仪器测定误差范围之内，实验过程可靠。

第三节　结果与讨论

分析结果列为表六〇。

表六〇　　　　　　　　　　　　新砦遗址人骨稳定同位素分析结果

序号	出土层位	期段	性别	年龄	$\delta^{13}C‰$	$\delta^{15}N‰$	C/N
1	1999T4M8（H132）	龙山晚段	男	30 ~ 40	− 9.9	8.2	2.6
2	2000T4H53	新砦早段	男	约 50	− 7.2	8.3	2.7
3	1999T2②下 M3	新砦晚段	女	30 ~ 35	− 11.2	8.7	2.7
4	1999T2M1	新砦晚段	女	15 ~ 18	− 9.2	7.8	2.8
5	1999T2M5	新砦晚段	女	10 ~ 12	− 10.7	8.9	2.7
6	1999T2M2	新砦晚段	不详	5 ~ 6	− 11.3	10.1	2.7
7	1999T2M4	新砦晚段	男	5 ~ 7	− 8.2	10.5	2.7
8	1999T2M6	新砦晚段	男	约 35	− 9.3	9.6	2.7

C、N 比值的结果表明骨胶原蛋白的质量可靠。

新砦遗址分为龙山文化晚期、"新砦期"和二里头文化早期三个阶段，"新砦期"又可以进一步细分为早段和晚段。而此次测量的新砦遗址人骨的数据只包括龙山时期、新砦早段、新砦晚段三个文化段。根据表六〇中人骨稳定同位素测定结果计算新砦遗址人骨 $\delta^{13}C$、$\delta^{15}N$ 的平均值分别为 − 9.6 ± 1.4（‰）和 9.0 ± 1.0（‰）。根据蔡莲珍等的 C_4 食物的计算公式：X =（20 + B）/13，其中 X 是 C_4 食物的百分含量，B 是所测定的人骨 $\delta^{13}C$ 值的一千倍，那么我们可以得到新砦遗址古代居民食物中所占 C_4 类食物的含量大约为 80%，同时也有相当一部分 C_3 类食物。在这里特别需要说明的是，由于 C_3

植物 $\delta^{13}C$ 值范围大约为 $-23‰ \sim -30‰$，而 C_4 植物 $\delta^{13}C$ 值范围大致为 $-8‰ \sim -14‰$，即它们的 $\delta^{13}C$ 都不是一个固定值，而是一个范围，同时人体在摄入这些食物的过程中也会因代谢的差异而导致某种数值上的波动，另外肉食的摄入也会导致计算上的某些不确定性，所以这里用公式计算出来的 C_4、C_3 类食物所占比例只能是一个参考值，但其大致范围还是可以肯定的，即新砦遗址的居民应该是食用了以 C_4 类植物为主的食物，比如粟和黍等，同时也有约 20% 的 C_3 类食物，比如稻等。根据夏正楷先生的研究结果，新砦遗址环境植被中以 C_3 植物为主，而新砦遗址居民的食物结构以 C_4 类植物为主，可以肯定这些 C_4 类植物应该来源于农业种植，当是粟作农业。

根据表六〇所作的河南新砦遗址人骨 $\delta^{13}C$、$\delta^{15}N$ 值散点图，见图三四〇。

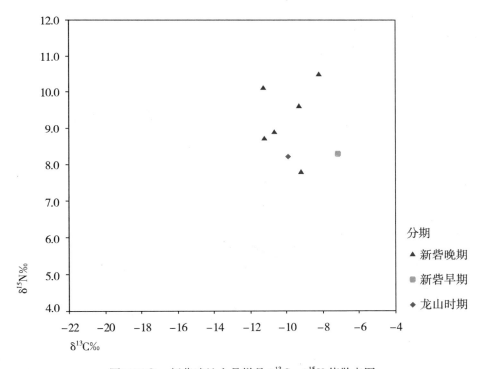

图三四〇 新砦遗址人骨样品 $\delta^{13}C$、$\delta^{15}N$ 值散点图

从散点图可见，新砦遗址的居民的 $\delta^{13}C$、$\delta^{15}N$ 值相对分散，范围比较广，$\delta^{15}N$ 从 $7.8‰ \sim 10.5‰$，$\delta^{13}C$ 从 $-11.3‰ \sim -7.2‰$。因为这些样品都是来自贫民墓，有的来自奠基坑，地位都比较低，从 $\delta^{13}C$ 和 $\delta^{15}N$ 的变化范围看出饮食比较杂乱。也没有证据显示性别和年龄的不同在食物结构上有什么差异。

从 $\delta^{15}N$ 值的平均值（$9.0‰$）可以看出，当时人类的食物中动物性蛋白已经占有了一定的比例。根据图三四〇我们可以看到，尽管龙山文化和"新砦期"早段都只有一个样品，但是有一个现象却是不容忽视的，"新砦期"晚段的样本呈现了 $\delta^{15}N$ 值上升的趋势。$\delta^{15}N$ 值高表明食物中动物性蛋白质多。结合新砦遗址动物遗存研究结果显示，从新砦遗址动物骨骼的整体特征来看，龙山文化期与"新砦期"有相对显著的差异，这种变化表现在从龙山期到"新砦期"动物骨骼中野生动物的比例增加，家畜中除了以猪占最大比例以外，牛和羊的比例逐渐增加。猪的宰杀年龄在龙山时期大多为 1 岁，"新砦期"多为 2 岁。而且从动物骨骼的破碎程度来看，基本上是被食用的，而非用来祭祀。这些都说明"新砦期"人们有比龙山期相对稳定的肉食资源，这与"新砦期"晚段人骨中的 $\delta^{15}N$ 值普遍升高相吻合。

另外，$\delta^{15}N$ 值还可以反映古代居民饮食中动物蛋白质的来源，一般来说陆地动物蛋白质的 $\delta^{15}N$ 值比水生和海生动物蛋白质的 $\delta^{15}N$ 值要低一些。在农业地区，如果 $\delta^{15}N$ 值在 8‰左右，说明饮食中蛋白质来源主要是陆地动物，如果 $\delta^{15}N$ 值超过 10‰而又不靠近海边的话，则说明饮食中增加了淡水动物，然而食物中乳品的增加也会引起 $\delta^{15}N$ 值的升高。人骨稳定同位素分析结果显示，在新砦期的 7 个个体中，除了 2 个个体的 $\delta^{15}N$ 值在 8‰左右，有 3 个个体的 $\delta^{15}N$ 值接近或超过了 10‰，另有 2 个个体的 $\delta^{15}N$ 值在 9‰左右，说明"新砦期"晚段居民的食物中可能是增加了某种水生的动物蛋白或乳品。结合新砦遗址动物遗骸的分析结果来看，大量的河蚌等水生动物资源集中出现在"新砦期"，在龙山文化期少有发现，而且牛羊的比例大大增加，这也证实了我们的研究结果。

总之，从新砦遗址居民的饮食结构上来看，植物性食物主要以 C_4 类植物为主，而且从早到晚 C_4 类植物的比例相对稳定，应该是反映了稳定的粟作农业种植；动物性食物或肉食资源主要以陆生动物为主，"新砦期"与龙山期相比，食物中的肉食比例有所提高，并且在食物中引入了水生动物资源。男女性别的差异在饮食中没有反应。

（此研究结果即将在《科技考古》第二辑中发表）

参考文献

1. 北京大学震旦古代文明研究中心、郑州市文物考古研究院编著：《新密新砦——1999～2000 年田野考古发掘报告》，文物出版社，2008 年。
2. 夏正楷：《人类生存环境研究》，见本书第九章。
3. 王国安：《稳定碳同位素在第四纪古环境研究中的应用》，《第四纪研究》2003 年第 23 卷第 5 期，第 471～483 页。
4. Ekaterina A. Pechenkina, Stanley H. Ambrose, Ma Xiaolin, Robert A. Benfer Jr. (2005) Reconstructing northern Chinese Neolithic subsistence practices by isotopic analysis. Journal of Archaeololgical Science, 32, 1176–1189.
5. 蔡莲珍、仇士华：《碳十三测定和古代食谱研究》，《考古》1984 年第 10 期。

第九章　人类生存环境研究

第一节　新砦遗址的地貌环境

新砦遗址位于淮河上游贾鲁河主要支流双洎河的北岸，西北距河南省新密市区约 22.5 千米（34°26.5′N，113°32.5′E）。此地双洎河发育有四级阶地。其中第四级阶地为典型的黄土堆积阶地，阶地面平坦宽阔，海拔 140 米左右，高于河床 25 米，阶地前缘陡立，形成高达 20 余米的黄土悬崖。第三级阶地海拔 125 米左右，高于河床 10 米，局部分布，面积不大。第二级阶地海拔 120 米左右，高于河床 5 米，沿河两岸有广泛分布，在遗址西南保留有与第二级阶地等高的废弃古河道，当是同一时期河流作用的产物。第一级阶地海拔 115 米左右，高于河床 2 米，沿河分布，比较狭窄（图三四一）。

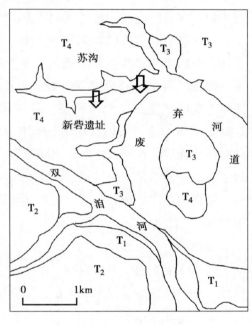

⇩：埋藏古河道位置　T₁：阶地及其级数

图三四一　新砦遗址地貌略图

新砦遗址分布在第四级河流阶地上，包含有第一期、第二期和第三期二里头文化等三个时期的文化遗址。目前缺乏阶地年龄的测年数据，但根据人类在第一期（王湾三期文化时期）就已经定居在第四级阶地面上，我们推测此级阶地的形成要早于新砦第一期。第三级阶地由于没有发现新砦第三期的遗存，推测它在新砦第三期尚未出现，其形成当在新砦第三期之后。

第二节　新砦时期出现的重大环境事件

1999 年在新砦遗址的考古发掘中，在遗址东部的发掘区发现了埋藏的古河道，古河道呈 NNE－SSW 方向穿过遗址，其南北两端均被现代沟谷切断。据初步勘察，古河道在横断面上呈顶平下凹的透镜状，其底面最大埋深 4.69 米，顶面埋深 1.45 米。河道窄处只有 15 米左右，开阔处最大宽度可达 68 米。在阶地前缘的黄土陡崖上，隐约可见暗黑色古河道沉积体呈透镜状高悬在陡崖之中。在 2000T5、2000T6、2000T7、2000T11 和 2000T14 等探方中，均可见到这一古河道的沉积物。在新砦遗址其他地方的一些探方中也可以见到类似的古河道堆积体，但规模较小，可能是一些分支河道的堆积，这一发现为研究远古时期新砦地区重大环境事件提供了重要的线索。

古河道堆积剖面以 2000T6 中所见最为完整。该探方深 6 米多，古河道堆积以棕褐色黏土质粉沙和棕黄色粉沙频繁交互为特征，厚 2.92 米，出露于探方北壁剖面中部，其上覆地层为厚 1.18 米的棕褐色黏土质粉沙层，其中含有较多二里头时期的器物，属于第三期即二里头文化堆积层。其下伏地层为棕褐色黏土质粉沙和棕黄色粉沙，厚 1.84 米，其中含有炭屑、红烧土碎块和少量第一期的陶片，属于第一期即王湾三期文化时期文化层。在此层之下还出露有含有较多钙质小结核的棕红黄色粉沙，质地均一，属于组成阶地的黄土状堆积物，其岩性特征与马兰黄土相似，推测为马兰期堆积。

根据岩性特征和其中所含文化遗物，2000T6 探方剖面堆积层由上而下可以划分如下（图三四二）：

耕作层：

1. 棕黄色粉砂，质地疏松，多植物根系，出土有唐宋时期的器物，其上为现代耕作层（相当于原始记录的第①层、第②层）。厚 27 厘米。

第三期堆积：

2. 棕褐色黏土质粉沙，质地均一，夹有三层黑土层，出土有较多第三期的器物（相当于原始记录的第③A 层、第④层、第⑤A 层、第⑤B 层和第⑤D 层）。厚 118 厘米。

新砦第二期古河道上部堆积：

3. 棕褐色黏土质粉沙与棕黄色粉沙频繁交互，前者多水平状，厚 0.5～2.5 厘米；后者呈水平状或小透镜体状产出，水平层一般厚 1～2 厘米，透镜体厚 2～4 厘米，延伸 10～100 厘米。反映了河流泛滥时期水流紊乱多变的动力特征。本层向西与含较多新砦第二期晚段陶器的粉沙层逐渐过渡，两者呈犬牙交错关系（相当于原始记录的第⑥层和第⑦层）。层内含有少量新砦第二期的陶片。厚 36 厘米。

4. 浅灰—灰褐色黏土质粉沙与棕黄色粉沙互层，呈明显的条带状，条带厚 3～5 厘米，延伸 10～20 厘米，水平状或微波状。本层下部夹有多个细砂透镜体，透镜体顶凸底平，长 1～2 米，高 30～50 厘米，两翼不对称，属于河流底床上的沙波堆积。本层向西与含较多新砦第二期晚期陶器的粉沙层逐渐过渡（相当于原始记录的第⑧层和第⑨层）。厚 76 厘米。

新砦第二期古河道下部堆积：

5. 棕褐色—棕黄色黏土质粉沙，颜色有深浅变化。质地比较均一。可见细微的水平层理。反映洪泛后期比较平静的流态环境。下部含新砦第二期晚段的陶片（相当于原始记录的第⑩层、第⑪层和第⑫层）。厚 62 厘米。

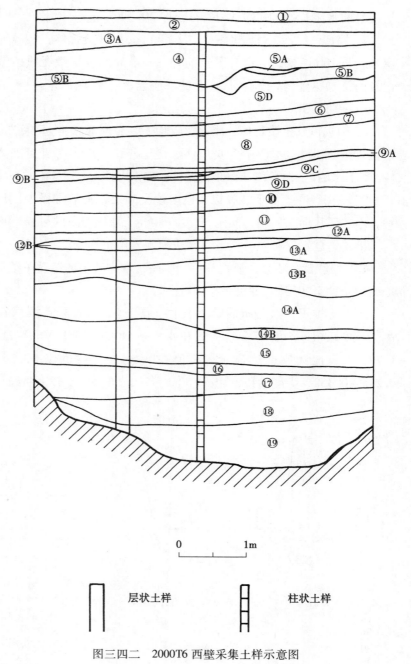

图三四二　2000T6 西壁采集土样示意图

6. 棕褐色—棕黄色黏土质粉沙，夹波状棕黄色泥质条带，厚 0.1～1 厘米，水平状或微波状，含零星分布的大砾石（相当于原始记录的第⑬A 层和第⑬B 层）。反映河流泛滥时期水流紊乱多变的动力特征。厚 102 厘米。

7. 棕黄色粉沙，比较均一。本层下部夹细砂透镜体，透镜体上凸下平，厚 10～20 厘米，长 100 厘米，其中含零星的大砾石。局部有细微泥质条带和炭屑（相当于原始记录的第⑭层），属于河流底床上的沙波堆积。厚 48 厘米。

第一期堆积：

8. 棕褐色黏土质粉沙，质地比较均一，靠顶部有 4～5 条波状泥质条带，靠下部为杂色黏土质粉沙。本层中含炭屑和红烧土碎块，出土有少量王湾三期文化时期的陶片（相当于原始记录的第⑮层和第⑯层）。厚 84 厘米。

9. 棕褐色黏土质粉沙和棕黄色粉沙交互层，夹有细微的泥质条带，受古地形的影响，本层明显向东倾斜，倾角 30 度（相当于原始记录的第⑰、⑱层）。厚 54 厘米。

下伏地层：

10. 棕红黄色粉沙，质地均一，坚硬，含有较多的钙质小结核，属生土层（相当于原始记录的第⑲层）。厚度大于 10 厘米。

古河道堆积粒度分析的结果表明（图三四三），采自沉积旋回下部沙波堆积的样品，粒度较粗，均值（Mz）一般在 4.8～4.87ϕ；分选差，标准偏差（δ_1）在 1.48～1.74；其粒度频率曲线显示，峰值在 4.5ϕ，含量也仅 6%，曲线呈正偏态（Sk_1）0.285～0.352，尖度尖锐，（Kg）在 1.1～1.56；粒度概率曲线显示，样品中悬浮组分

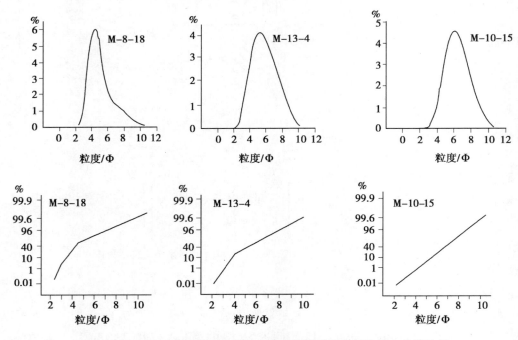

图三四三　古河道堆积代表性样品的粒度频率曲线和累计概率曲线特征

占优势，一般在60%左右，跃移组分30%~40%，滚动组分1%。反映了洪水漫槽初期水动力条件较强、且流态变化急骤的沉积特征。采自沉积旋回中部泛洪堆积的样品，粒度稍细，均值（Mz）一般在5.57~5.83φ；分选差，标准偏差（δ_1）在1.39~1.56；其粒度频率曲线显示，峰值在4.5φ，含量仅6%；曲线呈正偏态（Sk_1）0.143~0.237，尖度中等，（Kg）在0.931~1.070；粒度概率曲线显示，样品中悬浮组分占优势，一般在90%以上，跃移组分10%，与悬浮组分之间在4φ附近有一个混合带。反映了漫洪水流携带的大量细粒悬浮物快速堆积的特征。采自沉积旋回上部漫洪后期的静水沉积的样品，粒度最细，均值（Mz）一般在5.65~6.21φ；分选差，标准偏差（δ_1）在1.23~1.44；其粒度频率曲线显示，峰值在5~6φ，含量仅5%~6%，曲线呈对称或正偏态（Sk_1）0.083~0.171，尖度中等，（Kg）在0.963~0.995；粒度概率曲线显示，样品中悬浮组分占绝对优势，一般在99%以上，几乎囊括了所有的颗粒。跃移组分极少，与悬浮组分的截点在2.5φ附近。反映了洪水后期悬浮物质静水堆积的特征。

　　沉积剖面的组合特征（图三四四）和沉积物的粒度分析结果表明，古河道堆积主要由两个沉积旋回组成。每个旋回下部为河床相堆积，沙体发育；中部以黏土质粉沙与粉沙频繁交互层为特征，多条带状或透镜状沙条，属于水动力状况比较紊乱多变的泛洪沉积；上部为具细微的水平层理的黏土质粉沙，属于漫洪后期的静水沉积。结合古河道呈上平下凹的扁平透镜状嵌入四级阶地的沉积物之中，河道宽度变化颇大，可以从几米到60余米，推测可能属于河流泛滥时期的决口扇堆积，堆积物中含有新砦第二期文化遗物，可能是河流决口，遗址受洪水冲刷破坏，遗址中文化遗物被河水再次搬运的结果。

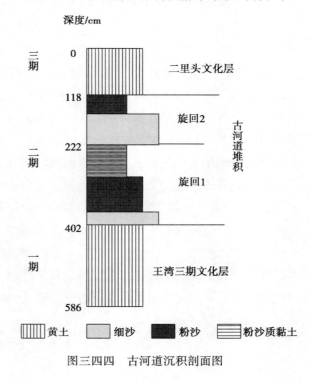

图三四四　古河道沉积剖面图

　　根据决口扇堆积夹在二里头文化层与王湾三期文化层之间，在横向上与新砦第二期的文化层水平过渡，且自身又含有新砦第二期的文化遗物，推断河流决口发生在新砦第二期。进而根据遗址中新砦第二期文化层的测年数据，推断河流决口的时代大致在3550~3400 aBP（拟合后日历年代1830~1680aBC之间）（表六一）。

表六一　　　　　　　　　　**新砦第二期文化层中木炭的测年数据**[*]

测试材料	测年数据/aBP	拟合后日历年代/ aBC	采样单位
木炭	3384 ± 42	1744 ~ 1680	1999T1H45
木炭	3403 ± 31	1719 ~ 1682 (41.35%) 1670 ~ 1675 (17.45%) 1652 ~ 1624 (41.20%)	1999T1H31
木炭	3404 ± 35	1740 ~ 1683 (82.99%) 1668 ~ 1661 (8.06%) 1648 ~ 1640 (8.94%)	1999T1H26
木炭	3405 ± 37	1724 ~ 1682 (80.79%) 1669 ~ 1659 (10.99%) 1648 ~ 1640 (8.21%)	1999T4H30
木炭	3501 ± 27	1786 ~ 1744	1999T1H40
木炭	3530 ± 35	1832 ~ 1809 (41.64%) 1808 ~ 1776 (58.35%)	1999T1H115
木炭	3538 ± 27	1835 ~ 1811 (42.38%) 1800 ~ 1777 (57.62%)	1999T4H61

[*] 经年轮校正，^{14}C 半衰期采用 5730a。

考古学的大量资料证明，出于汲水方便和安全的考虑，史前的先民一般都选择靠近河边的高地（阶地或高河漫滩）作为自己的栖息地。本区第四级阶地有新砦第二期的人类遗址分布，表明早在新砦第二期这里就已经是适宜于人类居住的河边高地（阶地或高河漫滩）。目前阶地上与遗址第二期同时存在的埋藏古河道，具有河道宽度变化大、沉积物韵律变化频繁、夹有众多的波状细沙质条带和泥质条带、沙波堆积发育等特征，说明它属于洪水时期的决口扇堆积。决口扇所以能出现在河边高地上，显然与河水水位上涨，河流决口泛滥有关。决口扇的发现说明新砦第二期时，本区出现了异常洪水事件，它给当时的人类生存环境带来严重的破坏和威胁。

由于工作程度不够，目前我们还不能确切圈定洪水泛滥的范围。在遗址的西北段的其他探方中也发现有规模较小的河道沉积物分布，它们与前述古河道堆积大致分布在相同的高度上，应属同一时期河流决口洪水泛滥的产物。

第三节　洪水出现的气候背景

新砦第二期出现特大洪水的原因，是史前古环境研究的重大问题之一。根据我们对当时气候环境的分析，初步认为大洪水的出现可能与当时古气候的变化有密切的关系。为了再现新砦第二期的古气候环境，我们在 2000T6 的剖面上系统采集了沉积物样品，并进行了孢粉分析、化学组分分析、氧碳同位素分析和有机组分分析。

一　孢粉分析

本次采集包括第一、第二和第三期的样品（耕作土未取样），孢粉样长 2 厘米，采样间距 8 厘米，个别 6 厘米，共采集孢粉样 60 个。根据孢粉分析结果，可以将该沉积剖面由上而下划分为 3 个孢粉带和 3 个亚带（图三四五）：

孢粉带 I（新砦第三期文化堆积）

本带以草本植物占绝对优势为特征。根据孢粉的组合情况，本带孢粉浓度 21.1 ~ 29.7 粒/克。草本植物占 90.9% ~ 100%，以蒿属 Artemisia 为主，禾本科 Gramineae 和藜属 Chenopodium 次之，藜/蒿（L/H）较低，仅 0.38 ~ 0.07，顶部上升到 1.41 ~ 0.64，还有毛茛科 Ranunculaceae、蓼属 Polygonum、蔷薇科 Rosaceae、木犀科 Oleaceae 等温带草原常见的种属；木本植物仅占 0 ~ 8.8%，种属单调，针叶树有松属 Pinus 和柏科 Pressaceae，落叶阔叶树主要为桑科 Moraceae，还有栎属 Quercus、鹅耳枥属 Carpinus、榆属 Urmus、漆属 Rhus 等；蕨类植物可见少数的铁线蕨属 Adiantum。代表温和较干燥气候条件下生长有稀疏松柏和落叶阔叶树的暖温带草原植被。

孢粉带 II（新砦第二期堆积）

本带以草本植物减少、木本植物增多为特征。根据孢粉组合的情况，可以再细分为三个亚带：

亚带 II 1（新砦第二期上部堆积）

本带孢粉浓度 17.5 ~ 38.9 粒/克。草本植物占 84.7% ~ 97.5%，以蒿属为主，禾本科和藜属次之，藜/蒿（L/H）较低，仅 0.65 ~ 0.05，还有毛茛科、蓼属、蔷薇科、木犀科等；湿生水生草本植物有莎草科（Cyperaceae）；木本植物占 2.5% ~ 15.3%，以针叶树松属为主，落叶阔叶树有鹅耳枥属、栎属、桑科等。代表比较温暖湿润气候条件下生长有稀疏松树和落叶阔叶树的暖温带森林草原植被。

亚带 II 2（新砦第二期中部堆积）

本亚带孢粉浓度 16.9 ~ 69.8 粒/克。草本植物占 78.8 ~ 91.1%，以蒿属为主，禾本科和藜属次之，藜/蒿（L/H）较低，仅 0.63 ~ 0.00，还有毛茛科、蓼属、大蓟科、唐松草属 Thalictyum 等，湿生水生草本植物增多，有香蒲属 Tyoha、莎草科、石松科 Lycopodium；木本植物占 8.9% ~ 19.5%，针叶树主要为松属，落叶阔叶树种属比较丰富，有桦属 Butula、栎属、鹅耳枥属、枫杨属 Pterocarya、胡桃属 Juglans、榆属、漆属、柳属 Salix、桑科和槭属 Acer 等；蕨类植物较多，有水龙骨科 Polypodiaceae 和铁线蕨属。代表温暖湿润—较湿润气候条件下生长有较多松树和落叶阔叶树的暖温带森林草原植被。

亚带 II 3（新砦第二期下部堆积）

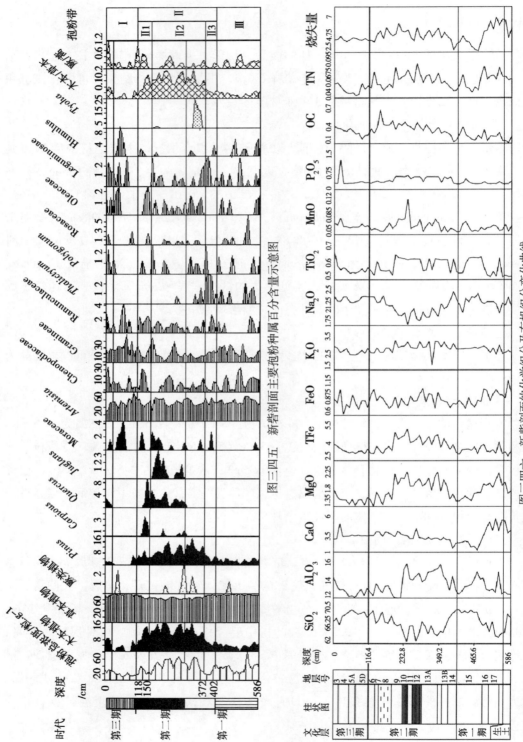

图三四五　新砦剖面主要孢粉种属百分含量示意图

图三四六　新砦剖面的化学组分及有机组分变化曲线

本亚带孢粉浓度 17.8～19.5 粒/克。草本植物占 92.3%～94.6%，以蒿属为主，禾本科和藜属次之，藜/蒿（L/H）较低，仅 0.13～0.04，还有毛茛科、唐松草属、蓼属、茄科 Solanaceae 等；木本植物占 5.4%～7.7%，主要为针叶树松属，落叶阔叶树仅有个别的桑科。代表比较温和干燥气候条件下生长有稀疏松树和落叶阔叶树的暖温带草原植被。

孢粉带Ⅲ（新砦第一期文化堆积）

本带孢粉浓度 18.5～84.0 粒/克。草本植物占 86.8%～100%，以蒿属为主，禾本科和藜属次之，藜/蒿（L/H）较低，仅 0.02～0.57，还有毛茛科、蓼属、唐松草属、蔷薇科等；木本植物占 0～6.7%，以针叶树松属为主，落叶阔叶树仅有少数漆属、柳属和桑科等；蕨类植物仅有零星铁线蕨属。代表温和较干燥气候条件下，生长有稀疏松树和落叶阔叶树的暖温带草原植被。

上述孢粉分析结果表明，第一期和第三期都属于气候温和干燥—较干燥的暖温带草原环境，而处于它们之间的第二期，落叶阔叶树明显增多，反映当时气候发生明显的变化，雨量增多，区内出现温暖湿润—较湿润的暖温带森林草原环境。

表六二　　　　　　　　　　新砦遗址第一期至第三期气候演变表[①]

时代		层序	气候环境	植被类型	植被特征	孢粉带	
第三期		3～5D	温和较干燥	生长有稀疏松柏和落叶阔叶树的暖温带草原植被	以蒿属为主，禾本科和藜属次之；生长有稀疏松属和桑科、栎属；有少数蕨类	Ⅰ	
第二期	晚段	6～7	比较温暖湿润	生长有稀疏松树和落叶阔叶树的暖温带森林草原植被	以蒿属为主，禾本科和藜属次之；有稀疏松属和落叶阔叶树；有湿生水生草本	Ⅱ	Ⅱ1
	中段	8～13B	温暖湿润—较湿润	生长有较多松树和落叶阔叶树的暖温带森林草原植被	以蒿属为主，禾本科和藜属次之；生长有较多松属和阔叶落叶树种属；有较多湿生水生草本和蕨类		Ⅱ2
	早段	14	温和干燥	生长有稀疏松树和落叶阔叶树的暖温带草原植被	以蒿属为主，禾本科和藜属次之；生长有稀疏松属和桑科		Ⅱ3
第一期		15～19	温和较干燥	生长有稀疏松树和落叶阔叶树的暖温带草原植被	以蒿属为主，禾本科和藜属次之；少数松属和阔叶落叶树	Ⅲ	

二　化学组分分析

与孢粉分析同步，我们进行了全岩样品的化学组分分析，主要包括 SiO_2、Al_2O_3、

---

① 该表中将新砦遗址第二期遗存分为早、中、晚三段，与本书总体结论似有违悖，但根据植被特征似能做出如此较为细致的划分，此处尊重本章作者个人的意见。

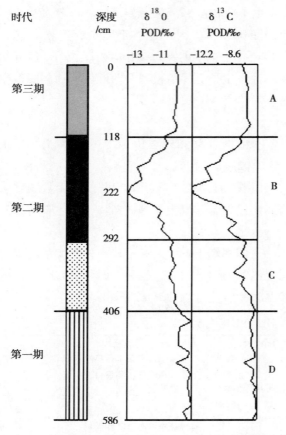

图三四七　新砦剖面的氧碳同位素含量变化曲线

CaO、MgO、TFe、Fe、K$_2$O、Na$_2$O 等，并计算了主要氧化物的比值（图三四六）。

河流沉积物中化学组分主要来源于陆源物质，陆源物质的组分主要与气候环境有关。在气候环境较好的条件下，化学风化、淋溶作用较强，陆源物质中相对比较易溶的元素，如 SiO$_2$、Na$_2$O 减少，而相对比较难溶的元素，如 Al$_2$O$_3$、MgO、K$_2$O、TFe 等增多，难溶氧化物／易溶氧化物的比值，如 Al$_2$O$_3$／SiO$_2$、MgO／CaO、K$_2$O／Na$_2$O 和 TFe／FeO 等也偏高。

从整个剖面来看，第二期 Al$_2$O$_3$、MgO、TFe、K$_2$O 值偏高，而 SiO$_2$、Na$_2$O 等偏低，Al$_2$O$_3$／SiO$_2$、MgO／CaO、K$_2$O／Na$_2$O 和 TFe／FeO 等偏高，反映第二期气候温暖湿润，化学风化和淋溶作用比较强烈。

三　氧碳同位素分析

与孢粉分析同步，我们进行了全岩样品的氧碳同位素分析，结果表明，δ^{18}O 值变动在 −8.901‰ ~ −13.448‰、δ^{13}C 值变动在 −5.086‰ ~ −13.907‰之间。沿剖面两者的变化几乎完全同步，呈现明显的正相关关系（图三四七）。

根据 δ^{18}O 值和 δ^{13}C 值沿剖面的变化，可以将第一期至第三期划分为四个氧碳同位素阶段：

A 阶段：深度 0 ~ 118 厘米，包括第③、④、⑤A、⑤B 和⑤D，与孢粉带Ⅰ相当，属第三期，亦即二里头时期。该阶段以 δ^{18}O 和 δ^{13}C 均具有高值为特征。

B 阶段：深度 118 ~ 292 厘米，包括⑥ ~ ⑫层，大体与孢粉带的Ⅱ1和Ⅱ2相当，属第二期晚段，该阶段以 δ^{18}O 和 δ^{13}C 同步出现急剧的下降为特征。

C 阶段：深度 292～406 厘米，包括⑬A、⑬B、⑭层，大体与孢粉带 II 3 相当，属第二期早段，该阶段以 $\delta^{18}O$ 和 $\delta^{13}C$ 同步出现逐步下降为特征。

D 阶段：深度 406～586 厘米，包括⑮～⑲层，与孢粉带 III 相当，属第一期即王湾三期文化时期和生土层，该阶段以 $\delta^{18}O$ 和 $\delta^{13}C$ 均具有最高值为特征。

前人的研究表明，在中国东部季风区，$\delta^{18}O$ 值的高低主要取决于大气降水的 $\delta^{18}O$ 值，而后者又与季风的活动有关，夏季风强的年份大气降水的 $\delta^{18}O$ 值低，而冬季风强的年份 $\delta^{18}O$ 高。据此，我们推断氧碳同位素 A 和 D 阶段属夏季风比较弱的时期，气候比较温凉干燥，而 B、C 阶段属夏季风比较强的时期，其中 B 阶段为夏季风最强的时期，气候温暖湿润。

$\delta^{13}C$ 则主要与当地植被中 C_3 植物和 C_4 植物的组分有关。通常，C_3 植物具有较高的 $\delta^{13}C$ 值，C_4 植物具有较低的 $\delta^{13}C$ 值，因此，根据沉积物中 $\delta^{13}C$ 值的高低，可以推测 C_3 和 C_4 植物的多少。氧碳同位素 A 和 D 阶段具有较高的 $\delta^{13}C$ 值，反映当时植被中有较多的 C_4 植物，而 B 和 C 阶段具有较低的 $\delta^{13}C$ 值，反映当时植被中有较多的 C_3 植物。由于 C_4 植物比 C_3 植物更能适应恶劣的生态环境，氧碳同位素 A 和 D 阶段 C_4 植物较多，意味着当时气候环境较差，而氧碳同位素 B 和 C 阶段 C_4 植物较少，意味着当时气候环境较好，尤其是氧碳同位素 B 阶段，是气候环境最好的时期。

四 有机组分分析

与孢粉分析同步，我们进行了 60 个全岩样品的有机组分分析，主要包括有机物总量（烧失量）、有机碳（OC）和全氮（TN）含量等（见图三四六）。

沉积物的有机组分被视为古气候的重要代用指标。一般认为，在温暖湿润的条件下，生命活动活跃，沉积物中有机组分，诸如有机物总量（烧失量）、有机碳和全氮含量等相对比较丰富。从整个剖面来看，第二期有机物总量（烧失量）、有机碳和全氮含量值普遍偏高，反映本期气候温暖湿润。而第一期早些时候有机物总量（烧失量）和全氮含量也出现高值，可能与这一时期的沉积物属于人工壕沟堆积有关，由于人类活动的影响，人工壕沟堆积中往往有比较丰富的有机物。

根据孢粉、化学组分、氧碳同位素和有机组分等多项古气候代用指标的分析，我们对新砦第二期及其前后气候的变化有了一个基本的认识：

新砦第一期亦即王湾三期文化晚期气候温和较干燥，为生长有稀疏松属和落叶阔叶树的暖温带蒿属草原环境，考古发掘中至今为止没有发现该时期发生大洪水的迹象，在该时期的人工壕沟（围壕）中，也没有找到洪水沉积物，说明在第一期之时洪水对人类的威胁不大。

新砦第二期气候温暖湿润，为暖温带森林草原环境，此时，温暖湿润的气候环境与大洪水的发生同时出现，推测气候的显著变湿可能是出现大洪水的主要原因。

其中第二期早段气候开始变湿，随着气候的变湿，河流水量增大，河流决口，洪水在遗址附近发现一决口扇，根据决口扇冲刷切割了王湾三期时期的古壕沟，在决口扇堆积下部的沉积物中还发现有大量小型砂体和较大的砾石，推测河道中水流的动力相当强。由于沉积物中只发现有少量的文化遗物，推测当时洪水对人类居住地的破坏不大。

第二期的中晚阶段气候更加湿润，是发生大洪水的主要时期，湿润的气候环境可能是造成当时洪水频发的主要原因。河流决口泛滥的规模有所扩大，在先民居住地附近形成大片的水域。这一时期决口扇沉积物中出现较多的大型沙坡，说明当时决口扇上泛滥河道水深流急。决口扇沉积物中含有较多的第二期晚段的文化遗物，也表明当时洪水给人类居住地带来的破坏要远远超过第二期早段。

第二期之后的第三期亦即二里头文化一期，气候转向温和干燥，出现生长有稀疏落叶阔叶树的暖温带草原和暖温带草原环境，由于气候变干，河水水量减少，先民基本上不再遭受洪水的威胁，阶地上大片水域也逐步消失。

第四节　小　结

5000～3000aBP 是全球异常洪水事件多发的时期，也是全新世大暖期濒临结束、全球进入气候波动加剧的时期。在西欧、西亚、北非、两河流域和印度河流域等地都有气候发生突变的记录。我国祁连山敦德冰心记录中，4900～2900aBP 虽然整体偏暖，但期间出现 5 次冷暖的交替；吉林金川泥炭沉积中，4000aBP 前后出现一次明显的降温变湿事件；我国北方农牧交错带，在 3500aBP 也出现降水突变事件等等。由于气候波动的加剧与异常洪水事件的发生几乎同时出现，使人们不禁联想到气候的异常变化可能是当时引发异常洪水事件的主要原因，对当时人类文明的兴衰带来极大的影响。

对河南新砦遗址古代人类生存环境的研究表明，新砦第二期即公元前 1850～前 1750 年期间，我国中原地区进入一个异常洪水时期，相对于新砦第一期干燥—较干燥的气候环境，新砦第二期气候的急剧变湿是引发这次异常洪水事件的主要原因。发生在我国历史上第一个王朝夏朝早期的异常气候——洪水事件，势必对早期夏文化文明的发展产生重大的影响。一方面，频繁出现的洪水给当时人类的生产和生活带来严重的威胁和破坏；另一方面，通过与洪水的抗争，早期夏文明得以巩固与发展。

第十章 结 语

新砦遗址 1999、2000 年度的发掘，揭示出新砦遗址的主体内涵为王湾三期文化和新砦第二期文化遗存，此外还有一定的二里头文化时期的遗存。从大量的地层关系、器物形制演变和 ^{14}C 测年几个方面，再次确认了"新砦期"的存在。这对于深入研究夏文化、开展中原地区乃至我国古代文明起源与形成的探索等一系列问题都具有重要意义。

第一节 遗址分期及文化特征

一 第一期的分段及文化特征

1. 分段与文化特征

第一期遗存，几乎遍布整个遗址，包括遗迹、遗物和地层堆积，以梁家台村东高台地保存得最为完好。通常被第二期地层叠压或被第二期遗迹所打破，处于遗址文化层的下部。主要依据地层关系、灰坑形制和陶器特征把第一期分为早晚两段。

第一期早段，灰坑坑口平面形状以圆形为主，次为椭圆形和不规则形，另有两座近长方形。坑壁以袋状壁为主，占灰坑总数的三分之一强，次为坡壁或弧壁，再次为直壁。坑底绝大部分为平底。

第一期早段陶器器类以深腹罐、碗、小口高领罐为主，圈足盘、鬶（盉）、豆次之，杯、平底盆、鼎和器盖又次之，偶见子母口缸、刻槽盆、双腹盆、甗、单耳杯、矮领瓮、壶和斝，其中深腹罐最多，约占器类总数的 60%。深腹罐器壁较薄，火候较高；纹饰除素面外，以篮纹最多，次为方格纹、弦纹和绳纹，方格纹和绳纹的印痕十分清晰；口沿较宽，沿下角较小，沿面较平，内折棱凸出；多方唇，有的方唇唇沿施一周凹槽；器身多为瘦长形，最大腹径多位于中腹以上，下腹内收明显，通体施纹。碗（钵）多大口、斜壁较薄、小底微内凹，尖圆唇、唇面有凹槽，内壁多有明显的凹痕，底多印有同心圆纹。小口高领罐多侈口，圆唇外凸，圆肩或鼓肩。圈足盘浅腹，弧壁，高圈足。鬶为平流，束颈，宽把。豆盘较深，豆柄有粗细两类，其中，粗柄豆底部较直，细柄豆底端外侈，豆盘弧腹较浅。单耳杯，宽带耳，折腹。鼎足分高鼎足及矮鼎足两小类，高鼎足多为素面，矮鼎足数量少，为扁小三角形。刻槽盆多为敛口。双腹盆，折腹角度较大，呈钝角。

晚段的灰坑平面形状仍以圆形为主，次为椭圆形，另有近长方形和不规则形各 1 个。坑壁以袋状壁最多，次为直壁，再次为坡壁或弧壁。与第一期早段相比，直壁坑数量稍有增加，而坡壁和弧壁坑的数量有所下降。

第一期晚段陶器的陶系以泥质陶较多，约占 52%，而夹砂陶下降为 48%。陶色仍以灰陶为主，占总数的近 80%，褐陶下降到 12%，还有少量的黑陶（含黑皮陶），约占 7.99%，还有少量红陶，几乎不见白陶。第一期晚段陶器的纹饰，除素面（含磨光）外，仍以篮纹占第一位，次为方格纹，绳纹居第三位，弦纹降至第四位。第一期晚段陶器器类以深腹罐、碗为主，杯、豆、小口高领罐和圈足盘次之，鼎和器盖又次之，偶见子母口缸等。较之于早段，该段陶器器类的凸出特点在于深腹罐的数量比早段更多，占器类总数的 65% 以上。双腹盆的数量大大下降，几乎不见斝。甑为罐形，底部及近底腹壁施梭形孔或圆孔。小口高领罐多直领微内曲，圆唇，广肩。圈足盘深腹，近折壁，高圈足。粗柄豆底部外撇，细柄豆之豆盘弧腹较深，豆柄较高，底端外凸。单耳杯，宽带耳，微鼓腹或弧腹。高鼎足多为正面压印横槽，矮鼎足多为乳状足。刻槽盆多为直口。双耳盆，折腹角度较小，呈锐角。

2. 新砦遗址第一期与周边相临地区其他遗址的比较

分布在新砦遗址周围的王湾三期文化时期的遗址还有郑州马庄、郑州阎庄、新密古城寨、临汝煤山、登封王城岗、禹州（原禹县）瓦店等。新砦遗址第一期出土的陶器与之相似。

如新砦 A 型 I 式碗 2000T12H111：19 与郑州马庄 III 式碗（T2①：63）[1] 相似；新砦 Aa 型 II 式单耳杯（2000T1H30：28）与马庄 II 式杯（H31：10）[2] 相似。

新砦 A 型 I 式圈足盘（2000T3H99：87）与郑州阎庄圈足盘（H27：7）[3] 相似；新砦 A 型 I 式钵（2000T2H84：77）与阎庄钵（H27：5）[4] 相似。

新砦第一期的斝（2000T12H111：9）与郑州旭旮王斝（原文为鬲）（C20T30：24）[5] 相似；新砦的甑（2000T12H92：26）与旭旮王的甑（C20H19）[6] 相似。

① 李昌韬、廖永民：《郑州马庄龙山文化遗址发掘简报》，《中原文物》1982 年第 4 期，第 24 页，图四，8。
② 同注①，第 24 页，图四，14。
③ 郑州市博物馆：《郑州阎庄龙山文化遗址发掘简报》，《中原文物》1983 年第 4 期，第 5 页，图七，9。
④ 同注③，第 5 页，图七，3。
⑤ 河南省文物工作队第一队：《郑州旭旮王村遗址发掘报告》，《考古学报》1958 年第 3 期，第 46 页，图四，3。
⑥ 同注⑤，第 46 页，图四，4。

　　新砦Ⅱ式双腹盆（2000T3H113：55）与新密古城寨 A 型折腹盆（ⅣT9H14：32）①
相似；新砦甗（2000T2H113：23）上半部与古城寨甗（ⅣT21⑦：71）② 相似，而下半
部与古城寨甗（ⅣT81⑤B：48）③ 相似；新砦Ⅱ式细豆柄（2000T4H121：15）与古城
寨 A 型豆（ⅣT97H14：9）④ 相似；新砦 A 型Ⅰ式深腹罐（2000T3H99：95）与古城寨
A 型罐（ⅣT81H5：29）⑤ 相似；与古城寨相比，整个新砦第一期年代较晚，如古城寨
出土了大量的斝，新砦则很少见到斝。

　　新砦 Ab 型鼎足（1999T6⑥：16）与临汝煤山 1987～1988 年发掘报告的第一期鼎
足（H1：6）⑥ 相似。新砦 A 型Ⅰ式深腹罐（2000T2H84：17）与煤山 1975 年发掘的第
二期深腹罐（T10③：5）相似⑦；新砦平流鬶与煤山 1987～1988 年发掘报告的第二期
平流鬶（H15：8）⑧ 相似。

　　禹州瓦店遗址第三期的乳状足鼎（81Ⅱ T6⑤Z2：29）⑨、大口深腹罐（H12：3）⑩、
钵（80ⅠT3③b：14）⑪ 等，均与新砦第一期所出同类器相似。

　　郾城郝家台遗址第三期的深腹罐（T29③：11）⑫、碗（H75：4）⑬、圈足盘（T48
⑦：14）⑭，第四期的碗（H220：1）⑮、钵（M71：2）⑯、豆（T43⑤：21）⑰、壶（T33

①　河南省文物考古研究所、新密市炎黄文化研究会：《河南省新密市古城寨龙山文化城址发掘简报》，《华夏
　　考古》2002 年第 2 期，第 75 页，图二二，2。
②　同注①，第 70 页，图一七，2。
③　同注①，第 70 页，图一七，8。
④　同注①，第 70 页，图一七，5。
⑤　同注①，第 66 页，图一四，2。
⑥　河南省文物研究所：《临汝煤山遗址 1987～1988 年发掘报告》，《华夏考古》1991 年第 3 期，第 9 页，图
　　八，14。
⑦　中国社会科学院考古研究所河南二队：《河南临汝煤山遗址发掘报告》，《考古学报》1982 年第 4 期，第
　　448 页，图一九，7。
⑧　同注⑥，第 14 页，图一六，8。
⑨　河南省文物研究所、郑州大学历史系考古专业：《禹县瓦店遗址发掘简报》，《文物》1983 年第 3 期，第 43
　　页，图八，1。
⑩　同注⑨，第 43 页，图八，2。
⑪　同注⑨，第 43 页，图八，3。
⑫　河南省文物研究所、郾城县许慎纪念馆：《郾城郝家台遗址的发掘》，《华夏考古》1992 年第 3 期，第 72
　　页，图七，5。
⑬　同注⑫，第 75 页，图九，3。
⑭　同注⑫，第 75 页，图九，6。
⑮　同注⑫，第 78 页，图一一，1。
⑯　同注⑫，第 78 页，图一一，2。
⑰　同注⑫，第 77 页，图一〇，6。

②：3)①、小口高领瓮（H207：1)②，第五期的小口高领瓮（T33②：4)③、鼎（T15③：29)④、乳足鼎（T38W010)⑤ 等，均与新砦第一期同类器相似。

上述这些遗址分布在新砦遗址的四周，通常被归入王湾三期文化或煤山类型。王湾三期文化属于中原龙山文化系统，内部可以嵩山为界，大体分为南北两大块：北边的以王湾遗址为代表，可称为王湾三期文化王湾类型；南边的以临汝煤山遗址为代表，可称为煤山类型。

我们认为，新砦第一期遗存属于中原龙山文化系统的王湾三期文化，如果进一步划分，可归入王湾三期文化的煤山类型。从地理位置看，新砦遗址位于煤山类型的东部边缘地带。

3. 年代

王湾三期文化的分期主要有"三期"和"二期"两种意见⑥，新砦第一期属于王湾三期文化的晚段。大体与临汝煤山第二期，瓦店第三期，郝家台第三、四、五期，王城岗第三、四期大致相当。

关于新砦第一期的绝对年代，1999～2000 年新测出的 5 个数据表明，早段绝对年代为公元前 2050～前 2000 年左右，晚段当在公元前 2000～前 1900 年之间。如果严格按照测年结果判定年代下限，则晚段的下限有可能在公元前 1860 年前后。这一数据，比以前通常估计的中原龙山文化的下限在公元前 2000 年左右的说法晚了 100 多年。

尹达先生在没有 ^{14}C 测年技术的条件下，曾经推断龙山文化的绝对年代在公元前 2900～前 1700 年⑦。我国于 20 世纪 50 年代引进 ^{14}C 测年技术以后，夏鼐先生根据常规 ^{14}C 测年结果提出，"整个河南龙山文化，包括早晚两种类型，其年代约为公元前 2800～前 2300 年"⑧。严文明先生于 1981 年发表《龙山文化与龙山时代》一文，指出龙山时代的绝对年代为公元前 2500～前 1900 年⑨。从此，中原龙山文化的下限约在公元前 2000 年前后的观点成为主流意见。不过，近年来的工作表明，龙山文化的下限有可能晚到公元前 1800 年左右。

---

① 河南省文物研究所、郾城县许慎纪念馆：《郾城郝家台遗址的发掘》，《华夏考古》1992 年第 3 期，第 77 页，图一〇，5。
② 同注①，第 77 页，图一〇，4。
③ 同注①，第 80 页，图一二，6。
④ 同注①，第 80 页，图一二，4。
⑤ 同注①，第 80 页，图一二，1。
⑥ 分三期者有高天麟：《试论河南龙山文化"王湾类型"》，《中原文物》1983 年第 2 期；赵春青：《中原龙山文化王湾类型再分析》，《洛阳考古四十年》，科学出版社，1994 年。分二期者有韩建业、杨新改：《王湾三期文化研究》，《考古学报》1997 年第 1 期；董琦：《虞夏时期的中原》，科学出版社，2000 年。
⑦ 尹达：《中国新石器时代》，三联书店，1955 年。
⑧ 夏鼐：《碳—14 测定年代和中国史前考古学》，《考古》1977 年第 4 期。
⑨ 严文明：《龙山文化与龙山时代》，《文物》1981 年第 6 期。

夏商周断代工程公布的禹州瓦店第三期的年代为公元前 1780 ~ 前 1730 年[1]，登封王城岗第五期的年代为公元前 2030 ~ 前 1965 年[2]。其下限均晚于公元前 2000 年。依据最新测年成果，我们认为新砦遗址龙山时代遗存的绝对年代下限大约为公元前 1880 ~ 前 1850 年。

二 第二期的分段及文化特征

1. 分段与文化特征

根据地层关系、灰坑形制特点和陶器变化，可进一步把新砦第二期遗存分为早晚两段。

第二期早段的遗迹有房基和灰坑两类。房基破坏严重，只留下房基垫土。灰坑以圆形口居多，椭圆形口次之。坑壁多为直壁状，袋状壁次之，另有一些口大底小的坡壁，偶见弧壁。坑底绝大部分为平底。

石器器类有铲、刀、斧、镞、锛、凿、砍砸器、砺石和石饰品等，其中以铲、刀和斧数量最多。骨器器类有锥、镞、簪、刀、针和骨饰等，其中锥所占数量最多，其次是镞和簪。

早段陶器以夹砂陶为主，次为泥质陶。纹饰除素面外，以篮纹最多，次为方格纹、绳纹。早段器类以罐类占据多半以上，其次是碗（钵），再次为小口高领罐和器盖，侧装三角形足鼎和杯紧随其后，此外，还有一定数量的豆、圈足盘、子母口缸（瓮）、乳足鼎和镂孔足鼎，而盆和盉不足 1%。早段陶器器物组合的凸出特点表现为以下几点：一是折壁器盖大量出现，如在 H101 中已占该灰坑陶器总数的 17.02%；二是夹砂罐和鼎的唇部多为尖圆唇，与王湾三期文化同类器流行方唇的作风明显不同，腹壁上的篮纹和方格纹也开始变得印痕较浅，且较散乱；三是在鼎、罐和缸的口部开始流行子母口作风。早段的深腹罐口沿多为尖圆唇，少见方唇，沿面不起棱加厚，这是跟第二期晚段的深腹罐相比普遍性的差别所在。器盖的折壁较直，豆通常为浅盘，侧装三角形鼎足足跟偏下，钵（碗）器壁较晚段为薄，平底盆口沿较窄、腹较深，子母口缸数量少、器壁较薄。

第二期晚段的遗迹有房基、灰坑、灰沟和墓葬四类。房基破坏严重。灰坑以椭圆形口居多，圆形口次之，另有少量不规则形口，还有两个为近长方形。坑壁以直壁和坡壁最为常见，袋状壁次之，偶见弧状壁。坑底仍以平底为主。与早段相比凸出的是袋状壁坑的数量明显下降，而坡壁坑即口大底小的灰坑的数量明显增多。

---

[1] 河南省文物考古研究所编著：《禹州瓦店》，世界图书出版公司，2004 年。

[2] 夏商周断代工程专家组：《夏商周断代工程 1996 ~ 2000 年阶段成果报告（简本）》，世界图书出版公司，2000 年。

墓葬分长方形竖穴土坑墓和灰坑葬两种。长方形竖穴土坑墓几乎没有随葬品，灰坑葬中的死者为随意丢弃的不幸者，这些都是继承了龙山时代特征。

晚段陶器以夹砂陶为主，泥质陶次之。纹饰除素面者外，以方格纹和篮纹最常见，绳纹继续呈上升趋势，附加堆纹数量大增，常与方格纹、篮纹和绳纹复合施于同一器物上。该段器类仍以罐类为主，约占第二期晚段器物群的 39.33%，其次为器盖，占30.04%，接下来依次是侧扁足鼎、小口高领罐、盆和豆等，碗（钵）类数量大减，只有 1% 多一点，其余的子母口缸、刻槽盆、乳足鼎、三足盘等均不足 1%，甑、镂孔足鼎、平底盆、矮领瓮和盉的数量都只有 0.2%。晚段陶器形制的明显特点有三：一是纹饰印痕较浅，方格纹的格子变大；二是罐类、甑和鼎的口沿较宽，近唇部加厚的现象十分流行，成为晚段的标志；三是尊形瓮、折肩罐、双腹豆等新器类的大量出现。其他变化如常见尖圆唇、圆折沿、施整齐细绳纹的深腹罐，近折壁的豆，两侧捏花边的鼎足，"C"形足三足盘，侈口、弧壁、尖圆唇刻槽盆，施附加堆纹的大口尊，侈口、尖圆唇、腹壁施散乱篮纹的小口高领罐等，这些构成了新砦第二期晚段的陶器特点。

总的来看，新砦第二期早晚两段的区别还是比较明显的。从器类组合上说，尊形瓮、深腹盆形双周镂孔甑、双腹豆和折肩罐是晚段所流行的，早段不见或数量很少。不少同类器物的形制亦发生了变化。如深腹罐早段的为折沿近平，晚段的沿边加厚成一周凸棱或饰一周凹弦纹。高鼎足，早段的饰横压纹，晚段的多为按窝纹。早段常见乳头状鼎足，晚段减少。器盖，早段的为直壁，晚段盖壁多外撇。豆，早段的为浅盘、宽沿、细柄，晚段的为深腹、窄沿、粗柄。碗早期的为小平底，唇口带凹槽，晚段的底加大，唇沿无凹槽。刻槽盆，早段的底部较大，晚段变小。子母口瓮早段的壁薄且数量不多，晚段的壁加厚且数量大增。器盖盖纽已出现有菌状纽，与二里头文化早期的器盖十分相似。

2. 新砦遗址第二期与周边相临地区其他遗址的比较

与新密新砦遗址出土陶器十分相似的遗址有新密（原密县）黄寨[①]、郑州二七路[②]、巩义（原巩县）稍柴[③]、巩义花地嘴[④]等。其中，新密黄寨遗址第一期的圆腹罐

① 河南省文物研究所：《河南密县黄寨遗址的发掘》，《华夏考古》1993 年第 3 期。
② 河南省文物研究所：《郑州北二七路新发现三座商墓》，《文物》1983 年第 3 期。
③ 河南省文物研究所：《河南巩县稍柴遗址发掘报告》，《华夏考古》1993 年第 2 期。
④ 顾问、张松林：《巩义花地嘴遗址发现"新砦期"遗存》，《古代文明研究通讯》总第 18 期，北京大学震旦古代文明研究中心编，2003 年 9 月。

（H2：3、4、5、6、9）①、平底盆（H2：2）②、器盖（H2：1）③、I式瓮（H2：10）④，被简报定为黄寨第二期早段的子母口瓮（H5：1）⑤ 等，皆与新砦第二期晚段的深腹罐、平底盆、器盖、小口高领罐和子母口瓮极其相似。

郑州二七路龙山文化遗存当中的深腹罐、鼎、盆⑥，巩义花地嘴遗址出土的鼎、深腹罐、双层纽器盖、平底盆、豆⑦等器形也与新砦第二期同类器物相近。

郾城郝家台遗址第六期的粗柄圈足豆（T36②：6）⑧、平底盆（H23：7）⑨、碗（T8①：62）⑩、鼎（H14②：49）⑪、鼓腹罐（H27：3）⑫ 等与新砦第二期同类器相同。

除了郑州左近、嵩山东南部的这些遗址外，在豫东南的鹿邑栾台、乳香台也见到新砦第二期的器物群，如栾台遗址第二期早段的鼎（T2A11：27）⑬、小口高领罐（J1：1）⑭、壶（J1：2）⑮与新砦第二期的同类器物相似。

此外在临汝煤山、禹州瓦店和登封王城岗等遗址也见到一些新砦第二期文化因素，但不属于所谓"新砦期"遗址，详见下文。

3. 年代

从众多探方中提供的地层关系看，新砦第二期遗存往往打破或叠压新砦第一期遗存，说明其相对年代晚于龙山文化晚期。在南部发掘区的 2000T5、2000T6、2000T7、2000T11 等探方中又存在着新砦第三期文化层叠压新砦第二期的地层关系，而新砦第三期相当于二里头文化第一期，因此，新砦第二期的相对年代又早于二里头文化第一期。换言之，新砦第二期的相对年代晚于龙山文化晚期，而早于二里头文化第一期。大约与新密黄寨第一期、郾城郝家台第六期、鹿邑栾台第二期大致相当。

关于新砦第二期的绝对年代，过去曾有不少学者推测为公元前 2000 年左右。这次

---

① 河南省文物研究所：《河南密县黄寨遗址的发掘》，《华夏考古》1993 年第 3 期，第 3 页，图四，5、2、1、4、3。

② 同注①，第 3 页，图四，6。

③ 同注①，第 3 页，图四，7。

④ 同注①，第 3 页，图四，9。

⑤ 同注①，第 5 页，图七，22。

⑥ 河南省文物研究所：《郑州北二七路新发现三座商墓》，《文物》1983 年第 3 期。

⑦ 顾问、张松林：《巩义花地嘴遗址发现"新砦期"遗存》，《古代文明研究通讯》总第 18 期，北京大学震旦古代文明研究中心编，2003 年 9 月。

⑧ 河南省文物研究所、郾城县许慎纪念馆：《郾城郝家台遗址的发掘》，《华夏考古》1992 年第 3 期，第 85 页，图一六，5。

⑨ 同注⑧，第 85 页，图一六，1。

⑩ 同注⑧，第 85 页，图一六，2。

⑪ 同注⑧，第 84 页，图一五，5。

⑫ 同注⑧，第 84 页，图一五，4。

⑬ 河南省文物研究所：《河南鹿邑栾台遗址发掘简报》，《华夏考古》1989 年第 1 期，第 6 页，图七，1。

⑭ 同注⑬，第 6 页，图七，3。

⑮ 同注⑬，第 6 页，图七，4。

测定，第二期的年代为公元前 1850～前 1750 年，比以前推测的年代要晚。由于此次测定的新砦第一期的年代下限在公元前 1900 年前后，那么新砦第二期的上限就有可能为公元前 1850 年左右。

三　第三期的分段及文化特征

1. 分段与文化特征

新砦遗址二里头文化的分布不如新砦第二期和王湾三期文化分布范围广。1999 年和 2000 年发掘区当中，只在东部发掘区有所发现。按照地层关系和陶器特征可以把第三期遗存划分为早晚两段。

早段陶器以夹砂陶占大宗，其中夹砂灰陶占陶器总数的 50% 以上，泥质灰陶只占 30% 多。纹饰除素面外，以篮纹和绳纹最常见，绳纹已上升到 20% 左右，与篮纹比例大致相当。早段陶器基本组合为罐、器盖、鼎、花边罐，另有较多的小口高领罐和刻槽盆。其中，早段已经出现了不少二里头文化的标型器——花边口沿罐；早段的深腹罐也大量沿用新砦第二期口沿加厚的作风；早段的器盖虽然出现了大量的菌状纽，但纽为中空，且空间狭小，外表还保留着第二期常见的双层状，只是不甚明显；早段仍使用一些乳状鼎足；尊形瓮的口部较直，更接近二里头小口尊的特点。

第三期晚段陶系与纹饰特征与早段相近，值得注意的是绳纹进一步增加，已经攀升到第一位，方格纹已经远远落在绳纹和篮纹之后。晚段陶器的基本组合仍为罐、器盖、鼎和花边罐，另有子母口缸（瓮）、三足盘、刻槽盆、小口高领罐、豆等。就常见器物形制而言，深腹罐口沿变得近平，腹部近直。器盖折肩处外凸不很明显。盖纽出现了单层的菌状纽，纽内空间增大。鼎足出现不少正背两面对捏按窝纹者，乳状鼎足数量明显下降，不足器物群总数的 2%。花边罐成为基本器类，其凸出的形制特点在于口沿变得短促，更接近二里头文化一期花边罐的特点。

2. 新砦遗址第三期与周边相临地区其他遗址的比较

新砦遗址第三期陶器的基本组合为深腹罐、器盖、鼎和花边罐；陶器纹饰以篮纹和绳纹为主，方格纹较少，与二里头遗址的第一期有相似之处。新砦第三期常见器物深腹罐、花边罐、鼎（鼎足）、折沿盆、尊形瓮、豆、器盖等均能在二里头遗址找到类似者。如新砦第三期 A 型 Ⅱ 式深腹罐（2000T5⑤B：2）与二里头第一期 Ⅱ 式折沿深腹罐（Ⅱ·VH103：11）[①] 相似；新砦第三期 B 型花边罐（2000T7⑦：32）与二里头一期的花边罐（原报告为 Ⅰ 式长颈圆腹罐）（Ⅱ·VT104⑤：17）[②] 相似；新砦第三期深腹折

---

①　中国社会科学院考古研究所编著：《偃师二里头》，中国大百科全书出版社，1999 年，第 50 页，图 23－3。

②　同注①，第 51 页，图 24－4。

沿盆（2000T7⑦：43）与二里头一期Ⅲ式折沿盆（Ⅱ·VH105：19）① 相似；新砦第三期尊形瓮（2000T5④：10）与二里头一期尊形瓮（原报告定为Ⅰ式高领深腹瓮）（Ⅱ·VT104⑤：25）② 相似；新砦第三期豆柄（2000T6④：72）与二里头一期豆柄（ⅧH53：17）③ 相似；新砦第三期 C 型鼎足（2000T7⑥：22）与二里头一期鼎足（Ⅱ·VT104⑥：50）④ 相似；新砦第三期器盖 A 型Ⅱ式盖纽（2000T5④：56）与二里头一期Ⅰ式覆盘式器盖盖纽（Ⅱ·VH130：11）⑤ 相似；新砦第三期折肩罐（2000T7⑥：34）与二里头一期折肩罐（原报告定为 V 式高领罐）（Ⅱ·VH146：13）⑥ 相似。

巩义稍柴遗址第一期（以 H35 为代表）出土的 C 型Ⅰ式花边罐（H35：7）⑦、A 型Ⅰ式瓮（H35：9）⑧ 与新砦第三期的同类器物相似。此外，渑池郑窑⑨等遗址的二里头文化一期的部分器类也与新砦第三期有相似之处。

3. 年代

无论从地层关系还是陶器特征来看，新砦第三期的相对年代应相当于二里头文化第一期。由于未采集合适的测年标本，新砦第三期没有 ^{14}C 测定的年代数据，其绝对年代据二里头遗址和新砦第二期的测年结果，估计应该在公元前 1750 年之后。

第二节　考古材料所见各期环境状况与社会生活

一　古环境复原

根据孢粉组合、氧碳同位素、化学组分和有机组分等多项古气候代用指标的分析，可以看出：

新砦第一期即王湾三期文化，为温和较干燥气候，植物以蒿属为主，禾本科和藜属次之，少数松属和阔叶落叶树，属于生长有稀疏松树和落叶阔叶树的暖温带草原植被，因气候较干燥，河水量不大，洪水对人类的威胁不大。

新砦第二期，开始为温和干燥气候，植物以蒿属为主，禾本科和藜属次之，属于生长有稀疏松树和落叶阔叶树的暖温带草原植被。后来，发展成为温暖湿润—温暖较湿润

---

① 中国社会科学院考古研究所编著：《偃师二里头》，中国大百科全书出版社，1999 年，第 55 页，图 27 -9。
② 同注①，第 61 页，图 31 -9。
③ 同注①，第 63 页，图 32 -17。
④ 同注①，第 52 页，图 25 -6。
⑤ 同注①，第 66 页，图 34 -6。
⑥ 第 58 页，图 29 -8。
⑦ 河南省文物研究所：《河南巩县稍柴遗址发掘报告》，《华夏考古》1993 年第 2 期，第 6 页，图七，13。
⑧ 同注⑦，第 12 页，图一二，4。
⑨ 河南省文物研究所等：《渑池县郑窑遗址发掘报告》，《华夏考古》1987 年第 2 期。

气候，植物以蒿属为主，禾本科和藜属次之，生长有较多松属和阔叶落叶树种以及有较多湿生水生草本和蕨类，属于暖温带森林草原植被。新砦第二期气候的显著变湿有可能导致大洪水的爆发，给人类生活带来巨大影响。

到了新砦第三期亦即二里头文化一期，气候转向温和干燥，出现生长有稀疏落叶阔叶树的暖温带草原，属于暖温带草原环境，由于气候变干，河水水量减少，先民基本上不再遭受洪水的威胁。

二　环境演变与农业生产

新砦第一期的农业状况可以从生产工具的种类和对植物遗骸的鉴定来推测。第一期农业生产工具出土数量见表六三。

表六三　　　　　　　　　　　第一期农业生产工具出土数量统计表　　　　　　　（单位：件）

器类 数量	铲	锄	斧	刀	镰	砍砸器	合计
件数	40	33	8	20	3	1	105
百分比（%）	38.10	31.43	7.62	19.05	2.86	0.95	100.01

表六三说明，新砦第一期的生产工具以锄耕的铲和锄为主，次为收割工具刀和镰，主要用于砍伐的斧，只占第四位。可见，当时农业生产活动中十分重视中耕，反映出该时期锄耕农业已经比较发达。

表六四　　　　　　　　　　　　第一期植物遗存出土数量统计表　　　　　　　　（单位：粒）

种类 出土数量	稻	粟（黍）	野大豆	其他			合计
				李	杏	酸枣	
数量	134	62	30	2	2	1	231
百分比（%）	58.01	26.84	12.99	0.87	0.87	0.43	100.01

表六五　　　　　　　　　　第一期 18 个单位植物遗存出土频率统计表

种类 出土数量	稻	粟	黍	野大豆	其他		
					李	杏	酸枣
出土植物遗存 的单位数量	13	4	2	9	1	2	1
频率（%）	72.22	22.22	11.11	50.00	5.56	11.11	5.56

从表六四和表六五可以看出，新砦第一期属于以稻作农业为主，兼及旱作农业。采集经济仍占一定地位。

新砦第二期农业生产工具（表六六）与第一期相比，变化不大。

表六六　　　　　　　　第二期农业生产工具出土数量统计表　　　　　（单位：件）

器 类 数 量	铲	锄	斧	刀	镰	合计
件数	70	64	21	34	12	201
百分比（%）	34.83	31.84	10.45	16.92	5.97	100.01
	66.67		10.45	22.89		

新砦第二期的农作物遗存，在浮选的 11 个单位当中，浮选出粳稻 429 粒、粟 256 粒、黍 98 粒、豆 6 粒，粳稻数量超过其他各类农作物数量的总和，说明新砦遗址第二期农作物以大米为主，粟和黍为次，豆类只是点缀（见表六七）。

表六七　　　　　　　　第二期主要植物遗存出土数量统计表　　　　　（单位：粒）

种 类 出土数量	稻	粟	（黍）	野大豆	合计
数量	429	256	98	6	789
百分比（%）	54.37	32.45	12.42	0.76	100

表六八　　　　　　　　第二期主要植物遗存出土频率统计表

种 类 出土数量	稻	粟	（黍）	野大豆
出有植物遗存 的单位数量	11	5	2	3
频率（%）	84.62	38.46	15.39	23.08

由表六三～表六八可以看出：新砦第一期稻的数量居多，粟和黍的数量较少，属稻作为主，兼及旱作农业的生产方式，野大豆的频率还很高。第二期的农业以稻作为主，稻作的比重较之于王湾三期文化时期更为加重了，旱作农业只居次要地位。

1999～2000 年度对新砦遗址第三期采集土样的植物浮选结果不够理想，不过，各项环境指标表明第三期气候已转向温和干燥，由于气候变干，河水水量减少，更适应旱作农业。虽然判断新砦第三期的农业经济形态尚缺乏直接证据，不过新砦第三期出土的农业工具与洛阳皂角树二里头文化遗址所出相同，新密新砦与洛阳皂角树遗址又大体在同一纬度，或许，洛阳皂角树二里头文化遗址的农业状况可以作为复原新砦第三期农业状况的参考。研究表明，皂角树遗址第一期（亦即二里头文化第二期），粟和黍占据绝对优势；到了皂角树遗址第二期（亦即二里头文化第三期），粟和黍继续占据绝对优势而且开始出现小麦，依然是旱作农业为主，稻作成为点缀[1]。果如此，可以看出，气候变化与农业生产关系密切。综合以上分析，我们认为：

[1] 赵春青：《夏代农业管窥》，《农业考古》2006 年第 1 期。

新砦第一期，为温和较干燥气候，属于生长有稀疏松树和落叶阔叶树的暖温带草原植被，实行稻作农业。

新砦第二期，发展成为温暖湿润—温暖较湿润气候，属于暖温带森林草原植被，稻作农业更为发达。

新砦第三期，气候转向温和干燥，属于生长有稀疏落叶阔叶树的暖温带草原环境，由于气候变干，雨量减少，农业生产方式有可能向旱作农业转变。

三　环境变化与聚落变迁

考古钻探和发掘表明，第一期遗存的分布面积较广，约 70 万平方米，各区之间呈连续分布状态，是龙山文化晚期嵩山地区规模较大的聚落遗址。

第二期，遗存分布面积增大到约 100 万平方米，各区文化遗迹丰富，堆积较厚，比第一期有了进一步的发展，成为同时期面积最大的聚落，结合出土遗迹、遗物的规格等情况分析，第二期应为同时期中心聚落。

第三期，聚落遗存分布呈不连续状态，且遗迹较少，遗物数量不多，规格也不高，指示出此时期的新砦聚落总体呈衰退趋势。

总之，新砦遗址由第一期大型聚落向第二期中心聚落的转变，再由第二期中心聚落向第三期普通聚落的衰变，除了其他原因之外，环境的变化也是其中不可忽视的重要原因之一。

第三节　"新砦期"遗存发现的意义

一　"新砦期"的提出及研究过程

从 1921 年安特生发掘仰韶村以来，至 20 世纪 70 年代末，中原地区史前文化谱系已确立为裴李岗文化——仰韶文化——河南龙山文化——二里头文化。不过，不少学者注意到河南龙山文化与二里头文化之间的文化面貌尚有一定差别。为了解决这一问题，早在 20 世纪 70 年代，著名考古学家夏鼐先生已经提出要寻找河南龙山文化与二里头文化之间过渡型遗址的任务。为此，中国社会科学院考古研究所赵芝荃等人，在豫东、豫西开展了广泛的考古调查，并于 1979 年对河南新密新砦遗址进行小面积试掘。试掘后认为，新砦遗址的主体文化遗存即为从河南龙山文化向二里头文化的过渡性遗存，遂提出在河南龙山文化与二里头文化之间的确存在一个过渡阶段，并将新砦遗址发现的这类过渡性遗存命名为"二里头文化新砦期"，或称之为"新砦期二里头文化"。

"新砦期"是赵芝荃先生最先提出的。最初是指 1979 年试掘出来的新砦遗址二里头一期遗存。在《考古》1981 年第 5 期发表的新砦遗址首次试掘简报（以下简称《79年试掘简报》）当中，赵芝荃先生把试掘结果分为龙山文化和二里头文化两部分予以介绍①。属于龙山文化的单位有 H1、H6、H8、H9、H10、T2③等；属于二里头文化的单位有 H2、H3、H5、H7、H11 和 M1。《79 年试掘简报》结语中写到："新砦遗址是属于龙山文化晚期和二里头文化早期的遗存，年代似乎不太长，恰好是从龙山文化发展到二里头文化的整个阶段。"简报当中虽然没有提出"新砦期"的概念，但已经指出，新砦遗址二里头文化早期的陶器"有的与临汝煤山遗址二里头一期的同类器相似，有的与偃师二里头遗址二里头一期的同类器相似，时代较二里头一期略早"。

后来，赵芝荃先生在提交给中国考古学会第四届年会的论文中明确提出了"新砦期"的概念。文章的题目就是《略论新砦期二里头文化》。文中写到："1979 年我们在密县新砦遗址试掘，发现那里的二里头一期文化包含有相当数量的河南龙山文化的因素，与现在确认的二里头一期文化有所不同。这种文化有它独特的风格，具有介于河南龙山文化晚期和二里头一期之间的过渡形态。……因此，我认为应该将这种文化遗存分别出来，另立一期，称之为新砦期二里头文化。"②

可见，"新砦期"最初指的是新砦遗址 1979 年试掘简报中被认为是二里头一期文化的遗存。包括 1979 年发掘出的 H2、H3、H5、H7、H11 共 5 个灰坑和 1 座墓葬（M1）。

"新砦期"的概念提出之后，有人表示赞同③，有人主张把"新砦期"与二里头文化第一期遗存合并成一个独立于王湾三期文化和二里头文化之外的考古学文化，可命名为新砦文化④。但也有学者持否定态度。如认为在豫西新密地区，除了河南龙山文化和二里头文化之外，不存在什么"新砦期文化"，主张"新砦期"应该归于二里头文化第一期中的一个组⑤。或认为新砦期"实际上是将一部分王湾三期文化晚期的单位（如新砦 H7、H8、H11）与二里头类型早期的单位（如新砦 H1、H3、H5）混合在一起了。如果把其中属于王湾三期文化晚期的这些单位划出，剩下的单位与二里头类型早期的特征相同。故所谓的'新砦期'难以成立"⑥。

---

① 中国社会科学院考古研究所河南二队：《河南密县新砦遗址的试掘》，《考古》1981 年第 5 期。
② 赵芝荃：《略论新砦期二里头文化》，《中国考古学会第四次年会论文集》，文物出版社，1983 年。
③ 隋裕仁：《二里头类型早期遗存的性质及来源》，《中原文物》1987 年第 1 期。
④ 杜金鹏：《新砦文化与二里头文化——夏文化再探讨随笔》，《中国社会科学院古代文明研究中心通讯》第 2 期，2001 年 7 月。
⑤ 邹衡：《二里头文化的首和尾》，2005 年 10 月提交给"中国二里头遗址与二里头文化国际学术研讨会"（河南偃师）的论文。
⑥ 董琦：《虞夏时期的中原》第 88 页，科学出版社，2000 年。程平山：《夏代纪年、都邑与文化》，《夏商周历史与考古》，人民出版社，2005 年。

　　用我们于 1999 和 2000 年的发掘结果反过来看《79 年试掘简报》①，可以看出 1979 年发掘的 M1、H5、H7 属新砦第二期早段，H2、H3 和 H11 属新砦第二期晚段。需要说明的是，赵芝荃先生在试掘简报中把采集来的一件三足盘（采：2）归入"新砦期"，是缺乏地层学依据的。1999 年之后的历次发掘也没有在新砦第二期单位中见到此类三足盘，从类型学观察，也不宜归入"新砦期"。因此，应该把它从新砦第二期中排除出去，或许应归入二里头文化第二期。

　　赵芝荃先生在新砦遗址试掘简报中把 H8 作为龙山文化时代较晚的单位，指出其中有的陶器已具有二里头文化的某些色彩②。他在《试论二里头文化源流》③ 一文中，把该灰坑出土的大口罐④和直壁平底盆⑤定为"新砦期"器物。赵芝荃先生的这一改动，并非没有道理。H8 出土的尊形器⑥，饰数周附加堆纹的瓮⑦，镂孔鼎足⑧，敛口厚胎碗⑨，高领罐⑩，斜折沿较宽、施斜篮纹的深腹罐（原文称中口罐）⑪ 和内壁带轮旋纹的钵⑫等更接近"新砦期"的作风。只是在这个"新砦期"的灰坑中保留着王湾三期文化的深腹罐、敛口罐而已。不妨定为"新砦期"早段。但是，赵芝荃先生把二里头遗址出土的本属于二里头文化一期的一件双耳盆（H105：18）⑬，在《试论二里头文化源流》一文中放入"新砦期"当中，却不妥当。从《偃师二里头》公布的材料上看，与这件器物共存的是卷沿长颈大口罐（Ⅱ·VH105：13）⑭、尊（Ⅱ·VH105：18，原定为Ⅱ式矮领瓮）⑮，卷沿矮领罐（Ⅱ·VH105：14）⑯ 等，这些器物均不见于"新砦期"，而且这类双耳盆在"新砦期"中也极为少见，因此，还是从"新砦期"排除，划归二里头文化一期为妥。赵芝荃先生在《79 年试掘简报》中把新砦遗址的 H11 定为

---

① 中国社会科学院考古研究所河南二队：《河南密县新砦遗址的试掘》，《考古》1981 年第 5 期。
② 同注①，第 401 页。
③ 赵芝荃：《试论二里头文化的源流》，《考古学报》1986 年第 1 期。
④ 中国社会科学院考古研究所河南二队：《河南密县新砦遗址的试掘》，《考古》1981 年第 5 期，第 401 页，图四，2。
⑤ 同注④，图四，12。
⑥ 同注④，图四，7。
⑦ 同注④，图四，13。
⑧ 同注④，图四，11。
⑨ 同注④，图四，9。
⑩ 同注④，图四，10。
⑪ 同注④，图四，5。
⑫ 同注④，图四，15。
⑬ 中国社会科学院考古研究所编著：《偃师二里头》，中国大百科全书出版社，1999 年，第 55 页，图 27 -7。
⑭ 同注⑬，第 58 页，图 29 -16。
⑮ 同注⑬，第 60 页，图 30 -7。
⑯ 同注⑬，第 58 页，图 29 -18，图 30 -7。

"新砦期"的单位①，可是在《试论二里头文化的源流》一文中，却把该灰坑出土的一件双层纽直壁器盖（H11：13）提早到河南龙山文化晚期②。我们近几年的发掘证明，这种器盖是"新砦期"的标型器之一，因此还是应该把这件器盖和它所在的 H11 归入"新砦期"为宜。

通过 1999～2000 年度的再次发掘，根据大量的地层关系和器物类型学研究，我们把新砦遗址文化堆积分为三大期。其中，第一期为河南龙山文化晚期（王湾三期类型），第三期为二里头文化一期③，第二期即赵芝荃先生称之的"新砦期"。"新砦期"当是指以《79 年试掘简报》所定"新砦二里头文化"和 1999～2000 年发掘出的"新砦第二期"为代表的文化遗存。

二 "新砦期"总体文化特征及分布范围

关于新砦遗址第二期遗存的文化特征，已见第四章小结和本章第二节的叙述。我们这里再次把"新砦期"的陶器特征归纳如下。其陶器种类有折沿深腹罐、甑、钵、碗、豆、高足罐形鼎、小口高领罐、刻槽盆、平底盆、尊形瓮、折肩罐、圈足盘、器盖等，其他还有少量的鬶（盉）、甗、子母口缸、子母口瓮、子母口鼎、三足盘等。不见王湾三期文化（河南龙山文化）常见的平流鬶、斝、双腹盆、垂腹明显的乳足鼎，也不见二里头文化一期常见的圆腹罐、花边罐。其中，大量的直壁双层纽器盖，近直腹、小平底的深腹罐，深腹罐和盆宽折沿且沿边加厚的作风，厚壁的钵和碗，近底部和底部均饰镂孔的深腹盆形甑，子母口瓮，饰数周附加堆纹的各类尊形瓮，折肩罐等是"新砦期"的典型陶器群。可以说，只要见到这一陶器组合就可以肯定为"新砦期"。

拿这些特征衡量，就会发现"新砦期"遗址主要分布在新密、郑州、巩义一带，而临汝煤山、禹州瓦店、登封王城岗和洛阳一带，只是见到一些"新砦期"的个别因素，并非真正的"新砦期"遗址。

除了新砦遗址外，赵芝荃先生认为在临汝煤山和柏树圪垯、洛阳东干沟、登封王城岗和北庄、禹州瓦店和崔庄、新乡马小营、郑州二七路等遗址都有发现④。我们觉得"新砦期"的分布范围没有这么广。除郑州二七路外⑤，上述其余各遗址均非"新砦期"遗址。下面逐一分析如下：

---

① 中国社会科学院考古研究所河南二队：《河南密县新砦遗址的试掘》，《考古》1981 年第 5 期，第 406 页，图七。
② 赵芝荃：《试论二里头文化的源流》，《考古学报》1986 年第 1 期，第 8 页，图五。
③ 北京大学古代文明研究中心、郑州市文物考古研究所：《河南省新密市新砦遗址 2000 年发掘简报》，《文物》2004 年第 3 期。
④ 赵芝荃：《试论二里头文化的源流》注 36 云："笔者在新乡市博物馆见到一件新砦期乳头足深腹鼎，据介绍为马小营遗址出土。"见《考古学报》1986 年第 1 期。
⑤ 河南省文物研究所：《郑州北二七路新发现三座商墓》，《文物》1983 年第 3 期。

　　1. 临汝煤山

　　煤山遗址的发掘材料已经公布的主要有三批：

　　（1）《河南临汝煤山遗址调查与试掘》①。方孝廉先生在该简报中把煤山遗址分为三期。认为"煤山第一期可能晚于郑州旭岽王龙山文化，而早于偃师二里头遗址的第一期。从而填补了偃师二里头遗址的第一期与'河南龙山文化'之间的缺环"。"煤山第二期相当于偃师二里头遗址的第一期"，"煤山遗址第三期与二里头遗址的第二期为同一时期的地层堆积"。这里，我们重点分析其第一、二期是不是"新砦期"。

　　这里所说的煤山遗址第一期，从发表的器物来看，既有相当于庙底沟二期的高圈足杯②、石家河文化常见的擂钵（简报叫"筒形器"③），也有王湾三期文化晚期常见的圈足盘、斝、垂腹鼎、小口高领罐、平流鬶、双周小圆孔镂孔甗、大平底斜腹刻槽盆④等，只能归入王湾三期文化的范畴，其相对年代晚不到"新砦期"。

　　第二期出现了圜底深腹盆形甑，甑孔为二里头文化一期常见的梭形孔，刻于底部且数量也为五个⑤。乳头状鼎足的鼎为平沿，器腹较直，与"新砦期"的同类器有明显区别。至于深腹罐、鬶和尊更是不见于"新砦期"而常见于二里头一期。因此，简报将煤山遗址第二期的年代判定为"相当于偃师二里头遗址的第一期"的结论是正确的。

　　（2）《河南临汝煤山遗址发掘报告》⑥。赵芝荃先生在该报告中把煤山遗址分为煤山类型一期文化、煤山类型二期文化、二里头一期文化、二里头三期文化共四期遗存。赵先生认为煤山类型一期文化和二期文化，属于河南龙山文化。至于二里头一期文化，他认为即方孝廉执笔的《河南临汝煤山遗址调查与试掘》一文中的第二期文化。不同于方文的地方在于方孝廉把该期认定为相当于二里头遗址的第一期，而赵芝荃则认为该期"与一般二里头一期文化相同或略早"，在后来发表的《试论二里头文化源流》一文中径直把该期归入了"新砦期"。

　　（3）《临汝煤山遗址1987～1988年发掘报告》⑦。袁广阔在该报告中把煤山遗址分为四期，分别称为煤山一期文化、煤山二期文化、二里头一期文化和二里头二期文化。其中，煤山一期文化属于河南龙山文化，煤山二期文化出土有垂腹高足鼎、小口高领瓮、深腹盆、平流鬶、类似石家河文化的陶杯等，说明煤山二期仍属于河南龙山文化。这些器物不会晚到"新砦期"。二里头一期文化出土器物不多，但有二里头文化的标型

---

①　洛阳博物馆：《河南临汝煤山遗址调查与试掘》，《考古》1975年第5期。

②　同注①，图五，13。

③　同注①，图五，10、11。

④　同注①，图四，3、8、9；图五，5、6、15、20。

⑤　同注①，图七，6。

⑥　中国社会科学院考古研究所河南二队：《河南临汝煤山遗址发掘报告》，《考古学报》1982年第4期。

⑦　河南省文物研究所：《临汝煤山遗址1987～1988年发掘报告》，《华夏考古》1991年第3期。

器之一的圆腹罐，而这类圆腹罐决不见于"新砦期"。深腹罐也为近直腹，圆唇，卷沿。因此，袁广阔所分的煤山遗址二里头一期文化的确相当于二里头遗址的二里头文化一期，不会是"新砦期"。

至此，我们知道方孝廉和袁广阔都把煤山遗址的二里头一期文化认定为相当于偃师二里头遗址的二里头文化一期，只有赵芝荃先生认为是"新砦期"，且把方孝廉本认定为二里头文化一期的煤山第二期文化也并入到"新砦期"。观察赵先生认定的如报告图二六和图二七公布的煤山遗址"二里头一期陶器"，当中，不见流行于"新砦期"的折壁器盖、深腹盆形甑、平底盆、双腹豆、尊形瓮和大量的子母口瓮等，而大多可以分别归入王湾三期文化和二里头文化一期。其中，属于前者的如垂腹鼎（H17：2、H61：1）[1]，宽折沿、方唇、唇沿内凹的深腹罐（H19：13）[2]，单耳杯（H61：2）[3]，内壁带明显轮旋纹的碗（H15：：4）[4]、大平底饰圆孔的甑（H1：10）[5]。属于后者的如尊（原报告称为高领罐，H70：1）[6]、深腹罐（H30：5）[7]、窄沿近直腹的深腹罐（H1：12）[8]、刻槽盆（H70：2）[9]。此外，只有极少量的器物相似于"新砦期"，如折肩罐（原报告称之为高领罐，H62：1）[10]、碗（H59：2）[11]。这极少量的类"新砦期"器物，或许是受新砦第二期的影响，或许是时代风格使然，并不能拿这少量的器物就把整个器物群定为"新砦期"。

煤山遗址就前后三次发掘的材料而言，其主体遗存为龙山文化煤山类型和二里头一期文化，几乎不见"新砦期"典型器物，不能说它是一处典型的"新砦期"遗址。

2. 洛阳东干沟

《1958 年洛阳东干沟遗址发掘简报》[12] 公布的 M1、M2 为二里头文化一期，如 M1 出土的镂孔豆、尊、觚和平底盆等。其余几件器物如器盖、深腹折盘豆、圆腹罐等也是二里头文化的常见器类，不见"新砦期"的典型器物。在《洛阳发掘报告》[13] 中，东干沟被分为龙山文化和二里头文化两大期，其中的二里头文化又被分为早中晚三期，分

[1] 中国社会科学院考古研究所河南二队：《河南临汝煤山遗址发掘报告》，《考古学报》1982 年第 4 期，第 460 页，图二六，1、4。
[2] 同注①，第 460 页，图二六，9。
[3] 同注①，第 462 页，图二七，21。
[4] 同注①，第 462 页，图二七，29。
[5] 同注①，第 462 页，图二七，19。
[6] 同注①，第 460 页，图二六，15。
[7] 同注①，第 460 页，图二六，11。
[8] 同注①，第 460 页，图二六，12。
[9] 同注①，第 462 页，图二七，4。
[10] 同注①，第 460 页，图二六，19。
[11] 同注①，第 460 页，图二六，26。
[12] 中国科学院考古研究所洛阳发掘队：《1958 年洛阳东干沟遗址发掘简报》，《考古》1959 年第 10 期。
[13] 中国社会科学院考古研究所：《洛阳发掘报告》，北京燕山出版社，1989 年。

别与二里头遗址的一至三期相当。即使在二里头早期中有一些"新砦期"的因素如赵
芝荃先生列举的乳头足鼎、多孔甑、平底盆、敛口罐、大口罐、碗和觚等，也只是说明
保留着"新砦期"的影子，并非典型的"新砦期"。赵先生在《试论二里头文化的源
流》一文中把东干沟 M1 出土的豆和觚当做"新砦期"的器物，是把本属于二里头文化
一期甚至二期①的器物当做"新砦期"的器物了。

3. 登封王城岗和禹州瓦店

在赵芝荃先生提出"新砦期"概念时，这两处遗址的正式发掘报告尚未出版。现
在根据这两个遗址的发掘报告可以看出，两者均不宜归入"新砦期"，至多是在王城岗
第五期②和瓦店龙山文化最晚的地层当中见到少量与"新砦期"相类似的个别器物③，
整体也不宜归入"新砦期"。这两处遗址从龙山文化晚期发展到二里头一期的线索十分
清楚。

4. 临汝柏树圪垯等遗址

赵芝荃先生提及的临汝柏树圪垯④和登封北庄遗址，没有经过发掘，仅进行过地面
调查，所获器类多为罐（鼎）、盆类，对其器物组合的了解不如经过发掘的遗址更为接
近真实情况。从公布的陶器资料看，大都可以归为龙山文化晚期和二里头一期两大期，
似乎看不出典型的"新砦期"遗存。禹县崔庄后经过试掘得知包含龙山文化晚期和二
里头文化二期，也不见"新砦期"⑤。至于赵芝荃先生仅根据一件鼎足就认定新乡马小
营遗址属于"新砦期"显然是不妥当的。经研究，那里主要是后岗二期文化和先商文
化的分布区域，已经越出二里头文化的范围，当不会是"新砦期"遗址。

至于瓦店出土的个别直壁器盖、王城岗出土的个别深腹罐、洛阳西干沟出土的尊形
瓮等，虽然与"新砦期"同类器物相近，但这几处遗址所出器物群整体上不见"新砦
期"大量流行的器盖和子母口器，不宜归入"新砦期"当中。关于稍柴 H20、H35 等
二里头一期单位，为二里头文化中最早的单位，以至于有人划归"新砦期"⑥。可是，
这些单位不见"新砦期"的子母口器和钵碗，却出有花边罐、盆形甑等二里头一期标
型器，因此，应当归入二里头一期。因 H20 保留浓厚的"新砦期"风格，可视为二里
头一期的最早阶段。

---

① 邹衡先生把这件豆排入夏文化早期第二段（即二里头文化第二期），见《试论夏文化》，《夏商周考古学论
　文集》（第二版）第 122 页，科学出版社，2001 年。

② 河南省文物考古研究所等：《登封王城岗与阳城》，文物出版社，1992 年。

③ 如瓦店 97 Ⅳ T6H34：2 折壁器盖，河南省文物考古研究所：《河南禹州市瓦店龙山文化遗址 1997 年的发
　掘》，《考古》2000 年第 2 期，第 35 页，图二九，7。

④ 中国社会科学院考古研究所洛阳工作队：《1975 年豫西考古调查》，《考古》1978 年第 1 期。

⑤ 河南省文物研究所等：《河南禹县颍河两岸考古调查与试掘》，《考古》1991 年第 2 期。

⑥ 林秀贞：《试论稍柴下层遗存的文化性质》，《考古》1994 年第 12 期。

真正的"新砦期"遗址，除新砦遗址外，目前见诸报道的有郑州二七路[①]、牛砦[②]、马庄[③]，新密黄寨[④]，荥阳竖河[⑤]，巩义花地嘴[⑥]等遗址。据称，近几年河南省文物考古研究所在新密市、新郑市境内复查、调查出 20 余处"新砦期"遗址[⑦]。至于沈丘乳香台第二期[⑧]和郾城郝家台第六期[⑨]虽出有若干"新砦期"陶器，但其分布地域已经越出王湾三期文化煤山类型和二里头文化二里头类型的分布范围，属于原造律台类型的西部范围内，文化内涵亦有别于新密—郑州左近的"新砦期"遗存。这里包含有"新砦期"因素的遗址究竟是"新砦期"的一个地方类型还是造律台类型的晚段遗存，有待进一步研究。

大体而言，"新砦期"遗址主要集中分布在环嵩山地区的东半部，即现今的郑州市、巩义、新密、荥阳、新郑一带。西边到不了登封、禹县[⑩]，北不过黄河，东到郑州左近。由此可见，"新砦期"的分布范围不大，主要分布在原王湾三期文化的东北部，与造律台类型的西界前沿和后岗二期类型的南部前沿地带相比邻。

三 "新砦期"与王湾三期、二里头一期的比较

1. 地层关系

新砦遗址见到大量地层关系。其中，"新砦期"叠压、打破"新砦期"者众多。二里头一期打破"新砦期"的见于 2000T5 ~ T7、2000T11 各探方当中。

2. 遗迹方面

王湾三期以袋状坑为主，二里头一期以锅底坑为主，"新砦期"的灰坑虽然仍以袋

---

① 河南省文物研究所：《郑州北二七路新发现三座商墓》，《文物》1983 年第 3 期。

② 该遗址出土的扁三角形鼎足（C13T1∶33）、饰麻花状耳的子母口鼎（T1∶26）、平底盆（图版贰∶5）、折肩罐（原陶瓮，CT13T2∶7）等属于"新砦期"。见河南省文化局文物工作队：《郑州牛砦龙山文化遗址发掘报告》，《考古学报》1958 年第 4 期。

③ 该遗址 T2①出土的甑（T2①∶73）、碗（T2①∶63、T3①∶53）、单耳罐形杯（T2①∶68）等属于"新砦期"遗存。见李昌韬、廖永民：《郑州马庄龙山文化遗址发掘简报》，《中原文物》1982 年第 4 期。

④ 河南省文物研究所：《河南密县黄寨遗址的发掘》，《华夏考古》1993 年第 3 期。

⑤ 该遗址 H18 原报告定为二里头文化第一期第 1 段，认为其年代早于二里头一期，实为"新砦期"。见河南省文物研究所：《河南荥阳竖河遗址发掘报告》，《考古学集刊》（10），地质出版社，1996 年。

⑥ 顾问、张松林：《巩义花地嘴遗址发现"新砦期"遗存》，《古代文明研究通讯》总第 18 期，北京大学震旦古代文明研究中心编，2003 年 9 月。

⑦ 主要分布在双洎河流域，承河南省文物考古研究所蔡全法先生相告。

⑧ 河南省文物研究所、郾城县许慎纪念馆：《河南乳香台遗址的发掘》，《华夏考古》1990 年第 4 期。

⑨ 河南省文物研究所等：《郾城郝家台遗址的发掘》，《华夏考古》1992 年第 3 期。

⑩ 王城岗遗址第五、六期不见"新砦期"典型器物群，不宜归入"新砦期"，但这里却有二里头一期，见河南省文物研究所等：《登封王城岗与阳城》，文物出版社，1992 年。另外，在登封程窑遗址也见类似的地层关系，见赵会军、曾晓敏：《河南登封程窑遗址试掘简报》，《中原文物》1982 年第 2 期。这说明登封一带不见典型的"新砦期"。该地区是通过王城岗第五、六期龙山文化过渡到二里头文化一期的，其间看不到典型的"新砦期"。

状坑为多，但袋状坑的坑壁已经趋向直壁，且直壁坑和坡壁坑的比重较之王湾三期文化时期已经有所增加。

3. 遗物方面

最能反映王湾三期（新砦第一期）、"新砦期"（新砦第二期）和二里头一期（新砦第三期）承袭关系的是陶器，现将三者的代表性单位出土的陶器纹饰统计如表六九。

表六九　　　　　　　　第一期、第二期与第三期主要纹饰比较表　　　　　　（单位：%）

单位＼纹饰	素面	篮纹	方格纹	绳纹	附加堆纹	弦纹	指甲纹	其他	合计
第一期	34.99	27.19	15.53	16.93	1.24	2.75	1.08	0.3	100.01
第二期	36.6	23.7	16.95	10.35	6.37	4.33	0.69	1.02	100.01
第三期	35.09	21.67	6.35	19.39	7.00	3.14	0.26	7.12	100.02

注：附加堆纹中含施两种纹饰者

由上表得知，除素面（含素面磨光）者外，第一期纹饰当中篮纹第一，绳纹和方格纹不相上下，紧随篮纹之后，附加堆纹很少。第二期纹饰当中篮纹仍占第一，不过，总比例稍有减少，方格纹第二，绳纹明显减少，而附加堆纹明显增多。第三期以篮纹为主，但绳纹蹿升为第二位，附加堆纹上升为第三位，方格纹下降为第四位，还没有附加堆纹多。总的趋势为篮纹和方格纹逐渐减少，附加堆纹逐渐增多。

新砦第一至第三期的陶器器类组合状况如表七〇～七三：

表七〇　　　　　　　　第一期主要单位主要陶器器类统计表　　　　　　（单位：件）

单位＼器类	罐类	钵（碗）	小口高领罐	豆	杯	圈足盘	鬶（盉）	鼎	器盖	平底盆	子母口瓮	刻槽盆	双腹盆	斝	合计
1999T6H227	4	4	4	3			2		2						19
2000T1H84	23	11		1		3	4								42
2000T4H113	21	3	1		2								1		28
2000T1H30	66	16			5	4	1	1	1						94
2000T4H99	32	11	4	5	1			3	1		2				59
2000T12H111	32	8	8				1			2	1	1		1	54
2000T12H96	25	1	2		3					1					32
2000T12H92	13	4	1												18
2000T1H105	24	2		1	1	1									29
合计	240	60	20	10	10	10	6	6	4	3	3	1	1	1	375
百分比（%）	64.00	16.00	5.33	2.67	2.67	2.67	1.60	1.60	1.07	0.80	0.80	0.27	0.27	0.27	100.02

由表七〇得知，第一期陶器群当中超过5%以上的陶器只有罐、碗（钵）和小口高领罐三类。其中，罐类占一半以上，加上碗、钵这三种器类达到整个器物群的80%，属于典型的罐文化区。即炊器为罐，盛储器为小口高领罐，饮食器为钵和碗。鼎的数量还没有豆、杯和圈足盘的数量多，属于不常使用的器类。

表七一　　　　　　　第二期早段主要单位陶器器类统计表　　　　（单位：件）

器类 / 单位	罐	器盖	鼎	小口高领罐	钵（碗）	平底盆	豆	杯	子母口缸（瓮）	刻槽盆	鬶（盉）	圈足盘	合计
1999T2H101	14	51	18	29	6	10	7			1	1		137
2000T4H59	26		1	5	1		2	2	1	1			39
2000T4H53	19	2	2	1	3		2						29
2000T3H45	15	1	3	1	4		1				1		26
2000T4H26	87	10	16	3	3					1			120
2000T12⑤A	19	4	3	3	3		2					2	36
2000T2H93	19		1		4			1	1	1			27
合计	199	68	44	36	24	16	9	8	2	4	2	2	414
百分比（%）	48.07	16.43	10.63	8.70	5.80	3.86	2.17	1.93	0.48	0.97	0.48	0.48	100

由表七一可知，第二期早段的凸出变化是器盖和鼎的突然增加，形成了罐、器盖、鼎、小口高领罐四种常见器物，平底盆也有大幅增加，豆则稍有增加。斝和双腹盆消失，钵（碗）明显下降，而杯则略有下降。

表七二　　　　　　　第二期晚段主要单位陶器器类统计表　　　　（单位：件）

器类 / 单位	罐	器盖	小口高领罐	鼎	豆	刻槽盆	平底盆	钵（碗）	子母口缸（瓮）	鬶（盉）	合计
1999T1H29	72	38	45	13	10	11	12				201
2000T4H19	10	3		4					1		18
2000T2H11	26	2	3					6			37
2000T6⑧	163	147	30	38	27	4	1		4	1	415
合计	271	190	78	55	37	15	13	6	5	1	671
百分比（%）	40.39	28.32	11.62	8.20	5.51	2.24	1.94	0.89	0.75	0.15	100.01

由表七二可知，第二期晚段器物群中超过器物总数80%以上的器类仍是早段形成的格局，即罐、鼎、器盖和小口高领罐。只是小口高领罐的数量重新多了起来，超过了鼎。豆已回归为王湾三期文化时期的第五位，刻槽盆和平底盆的数量均再次增加，钵（碗）继续下滑。

表七三　　　　　　　　　　　第三期主要单位陶器器类统计表　　　　　　　　（单位：件）

器类＼单位	罐	鼎	器盖	小口高领罐	豆	刻槽盆	花边罐	子母口缸（瓮）	钵（碗）	圈足盘	平底盆	合计
2000T7⑦A	17	11	8	3	2	3	4	1	3	1	1	54
2000T5⑤A	48	32	22	11	9	7	1	3	1	1		135
2000T5④	17	10	8	2	2	2	4	3	1	1	1	51
合计	82	53	38	16	13	12	9	7	5	3	2	240
百分比（%）	34.17	22.08	15.83	6.67	5.42	5	3.75	2.92	2.08	1.25	0.83	100

由表七三可知，第三期陶器群中占前五位的仍是罐、鼎、器盖、小口高领罐和豆，刻槽盆紧随其后，花边罐为新生器类，但器类中鬶几乎不见，器盖和平底盆也开始减少。罐、鼎、小口高领罐、豆、刻槽盆和花边罐已经构成了二里头文化的陶器组合。

我们这里主要依据新砦遗址发掘的新资料，结合豫中地区其他遗址的材料，将王湾三期文化、"新砦期"与二里头一期的 11 种典型陶器排比如图三四八。

从图三四八中可以看出，从王湾三期文化到"新砦期"再到二里头一期主要陶器形制的演变规律是：

（1）深腹罐，口沿由宽折沿、内折棱凸出向窄折沿、软折沿和卷沿发展；腹部由微鼓向直腹发展。

（2）鼎，分高足鼎和矮足鼎两类，两类鼎的口沿演化特征与深腹罐相同，腹部由微垂向近直腹发展。矮鼎足由三角形到乳状足，再到矮足消失。高足鼎的鼎足由靠下向上提升，鼎足加宽加大。

（3）甑，由深腹罐形向深腹盆形发展，甑孔由两周向只有底部一周发展。

（4）小口高领罐，肩部由圆鼓到微圆鼓再到折肩。

（5）尊形瓮，王湾三期为小口高领瓮，肩部圆鼓；"新砦期"为尊形瓮，肩部近折肩；二里头一期为尊，折肩。

（6）刻槽盆，王湾三期为敞口，大平底；"新砦期"为敛口或直口，小平底；二里头一期为侈口或敞口，小平底近圜底。

（7）豆，王湾三期豆盘为弧壁，圜底；"新砦期"为弧壁，浅盘，近折壁；二里头期为近折壁，深盘。

（8）碗，王湾三期为小平底，斜壁，唇部饰凹槽；"新砦期"为斜壁，小平底，但器壁加厚，唇部凹槽部甚明显；二里头为弧壁和曲壁，底大。钵的演变规律与碗基本相同。

（9）单耳杯，王湾三期为敛口，曲腹；"新砦期"为曲腹近直；二里头一期为敞口，斜壁。

（10）平底盆，分曲壁与直壁两种，均由腹较深到腹较浅。曲壁者由宽折沿，到卷沿。直壁者由无沿、圆厚唇到窄沿外折。

（11）器盖，王湾三期盖壁内敛，壁内折角为近直角；二里头为壁内折角为钝角。此外，"新砦期"的盖纽为双层，平顶；二里头为单层纽，呈菌状。

上述 11 种陶器是从王湾三期到"新砦期"再到二里头一期最常见的器类，它们显示的逻辑演变序列，指示着三者的相对早晚关系，即王湾三期早于"新砦期"，"新砦期"早于二里头一期。

这一类型学显示的结果也得到了绝对测年数据的支持。

4. 绝对年代

对于"新砦期"^{14}C 测年结果，比预料的要晚①。为了验证测年的可靠性，曾经选择 5 个样品送到奥地利维也纳大学 AMS 实验室（VERA）进行比对测量，其实验室编号为 VERA 系列。其结果与国内的测年结果基本相符合（表七四）。

以前，在新砦遗址的试掘简报中公布了早于"新砦期"的新砦遗址河南龙山文化 H6 的 ^{14}C 测年数据，经树轮校正后为 3875 ± 100 年（公元前 1925 年）。"新砦期"最近测定的年代绝大部分在公元前 1830 ~ 前 1680 年之间，没有高出 H6 的年代范围，即不超过公元前 1900 年。可以看出，"新砦期"的这些测年数据的上限，比相当长时期内认为的二里头文化上限为公元前 1900 年的说法要晚得多。最近，二里头考古工作队长许宏先生已改二里头文化一期的年代上限为公元前 1800 年②。其实，2000 年夏商周断代工程专家组公布的二里头文化 ^{14}C 测年数据，已经透露了二里头文化的年代范围比以往估计的要晚很多的信息。

夏商周断代工程公布的二里头文化测年结果中一期有两个数据。一个是 97VT3H58，拟合后日历年代范围是公元前 1880 ~ 前 1730 年。另一个是 97VT2⑪，拟合后年代为公元前 1740 ~ 前 1640 年。二期一共有九个测年数据，大多落在公元前 1680 ~ 前 1600 年之间。三期有三个数据，为公元前 1610 ~ 前 1555 年。四期有四个数据，为公元前 1560 ~ 前 1521 年③。

根据"新砦期"和二里头文化一至四期的测年数据的比较（附表四〇），我们暂把二里头一期的绝对年代估计为公元前 1750 ~ 前 1700 年，"新砦期"的年代暂估计为公元前 1850 ~ 前 1750 年。

---

① 赵芝荃先生曾经估计新砦期的年代有可能达到公元前 2000 年，见赵芝荃：《关于二里头文化类型与分期的问题》，郑杰祥主编《夏文化论集》第 384 页，文物出版社，2002 年。
② 许宏：《二里头遗址及其周边区域的聚落考古学研究》，《中国－瑞典考古学论坛》（北京），2005 年 9 月 26 ~ 27 日。
③ 夏商周断代工程专家组：《夏商周断代工程 1996 ~ 2000 年阶段成果报告（简本）》第 76 ~ 77 页，世界图书出版公司，2000 年。

分期	样品原编号	实验室编号	¹⁴C 年龄	拟合后日历年代
表七四		新砦遗址系列样品¹⁴C 年代测定及校正结果汇总		
上边界				2170~2040 BC
龙山晚	1999T1H123	SA00002	3700±65	2110~1950 BC
	1999T1H126	SA00014	3675±35	2085~2035 BC
		SA00014－1	3740±30	
		VERA－1430（明胶）	3760±45	
		VERA－1429a	3695±35	
	1999T1H122	SA00008	3570±35	1960~1875 BC
	1999T1H120	SA00007	3590±30	2010~1880 BC
	1999T1H119	SA00001	3485±30	1880~1840 BC
		SA00001－1	3490±35	
1－2 边界				1850~1780 BC
新砦早	1999T1⑥C	SA00006	3535±35	1820~1770 BC
		SA00006－1	3470±35	
	1999T1H116	SA00012	3480±35	1820~1765 BC
		VERA－1432（明胶）	3500±45	
		VERA－1431	3490±35	
	1999T1H112	SA00005	3465±35	1820~1755 BC
	1999T1H115	SA00019	3530±35	1820~1770 BC
		SA00019－1	3500±35	
	1999T4H61⑥	SA00028	3500±35	1815~1770 BC
2－3 边界				1780~1745 BC
新砦晚	1999T1H40	SA00018	3500±30	1770~1740 BC
		SA00018－1	3470±35	
	1999T1H26	SA00017	3395±40	1750~1700 BC
		SA00017－1	3455±30	
	1999T1H76	SA00009	3415±35	1745~1605 BC
	1999T1H48	VERA－1435（明胶）	3460±50	1755~1695 BC
		VERA－1434	3425±35	
	1999T1H45	SA00013	3430±55	1740~1710 BC
		SA00013－1	3390±35	
		VERA－1437（明胶）	3450±50	
		VERA－1436	3380±35	

续表七四

分期	样品原编号	实验室编号	¹⁴C 年龄	拟合后日历年代
上边界				2170 ~ 2040 BC
新砦晚	1999T1H29①	SA00016	3410 ± 50	1745 ~ 1710 BC
		VERA – 1439（明胶）	3430 ± 50	
		VERA – 1438	3390 ± 35	
	1999T4H66	SA00021	3425 ± 30	1745 ~ 1705 BC
	1999T4H30	SA00020	3490 ± 30	1775 ~ 1700 BC
下边界				1730 ~ 1675 BC

5. 文化分布

王湾三期文化内部可以分成嵩山南北两大块。新砦第一期属于煤山类型，其分布范围在嵩山以南，东到郑州以东的段岗遗址，西到煤山、王城岗，南抵郾城郝家台遗址。至于更靠南的驻马店地区杨庄遗址的文化面貌已经发生很大变化，有人称之为杨庄二期类型，不宜归入煤山类型。煤山类型的范围是嵩山以南、郝家台以北、王城岗以东、杞县以西的环嵩山地区的南部。

"新砦期"的分布范围，与煤山类型相比，呈现向北、向东南移动的趋势。北边已经翻越嵩山，抵达花地嘴遗址，向东南渗透到乳香台遗址，西边推进到了北汝河流域。在北汝河流域的煤山遗址只有部分"新砦期"的因素，却不属于"新砦期"遗址。不过即使这样，总体来看，"新砦期"的地盘比起煤山类型还是扩大了许多。

如前所述，"新砦期"仅存在于环嵩山东部地区，以往把"新砦期"理解成大范围的概念需要得到纠正。这里就产生一个问题，出了环嵩山东部地区，那些不曾有"新砦期"的地方，从龙山文化晚期到二里头文化是如何转换的呢？我们也注意到自登封、禹县、洛阳及其以西地带的王湾三期文化的西部，许多遗址不曾见到典型的"新砦期"因素。如登封王城岗①、伊川白元②、临汝煤山③等遗址，其发展序列是由王湾三期文化晚期直接发展到二里头一期，而在这些遗址被划为龙山文化晚期的遗存当中，常常包含个别"新砦期"因素，这应该是受"新砦期"影响的结果。

二里头一期遗址到底都有哪些呢？不少学者已经注意到，二里头文化一期只集中分布在二里头类型的范围内。

邹衡先生和李伯谦先生，把二里头文化分为二里头和东下冯两个类型。东下冯第一

---

① 河南省文物研究所等：《登封王城岗与阳城》，文物出版社，1992 年。
② 洛阳地区文物处：《伊川白元遗址发掘简报》，《中原文物》1982 年第 3 期。
③ 洛阳市博物馆：《临汝煤山试掘简报》，《考古》1975 年第 5 期。中国社会科学院考古研究所河南二队：《河南临汝煤山遗址发掘报告》，《考古学报》1982 年第 4 期。河南省文物研究所：《临汝煤山遗址 1987 ~ 1988 年发掘报告》，《华夏考古》1991 年第 3 期。

期相当于二里头类型的第二期①。

赵芝荃把二里头文化划分成二里头类型、东下冯类型、下七垣类型、下王岗类型和豫东类型。他先是提出"新砦期和二里头一期文化主要分布在登封和洛阳一带"②，并在《偃师二里头》中列出豫西地区的二里头一期遗址共有 5 处，即王城岗、煤山、二里头、东干沟和矬李③。对于豫西以外的豫东地区，他提出下王岗晚二期文化的部分"陶器的形制与豫西地区二里头一、二期的陶器相似，年代亦应相近"。"在商丘县坞墙发掘到二里头遗址一期的文化层。在周口地区调查时，发现含有二里头遗址一期遗存的遗址约 11 处"④。

董琦把二里头文化分成二里头类型、东下冯类型、南沙村类型和下王岗类型。他认为下王岗类型二里头文化的第一期的年代只相当于伊洛地区二里头文化第二期，二里头类型的早期第 I 组（二里头文化一期）的分布地点以嵩山南北的伊、洛、颍、汝地区为中心⑤。

杜金鹏将二里头文化划分为二里头、东下冯、牛角岗、杨庄和下王岗类型。其中，特别指出赵芝荃划分的下七垣类型不属于二里头文化系统而属于先商文化系统的下七垣文化及潞王坟—宋窑类遗存。除了二里头类型之外，其他的几个类型"起始年代均不早于二里头文化第二期"。看来他主张二里头文化一期的范围不会超出二里头类型⑥。

郑光认为"二里头一期文化在河南地区分布地点有临汝煤山、伊川白元、郾城郝家台、沈丘乳香台、密县新砦、黄寨、商丘坞墙、淅川下王岗、渑池郑窑等遗址，此外，在湖北宜昌地区有少量陶器资料，湖北陨县大寺龙山文化中之封口盉、Ⅳ式罐、鼎、长颈壶等与二里头一期相似。陕西华县、洛南等遗址，安徽含山大城墩遗址有二里头一、二期陶器，据我们所知，含山荆王城遗址和董城圩遗址还有龙山文化陶器，大城墩之二里头一、二期陶器当由本地龙山文化发展而来"⑦。这段话提及的湖北、安徽、陕西等地的遗址虽含有二里头文化的部分因素，如陕西洛南的焦村、龙头梁和东龙山遗址等，但其年代已晚到二里头文化二、三期⑧。郧县大寺遗址⑨则属于长江中游龙山时

① 邹衡：《试论夏文化》，《夏商周考古学论文集》，文物出版社，1980 年。李伯谦：《东下冯类型的初步分析》，《中原文物》1981 年第 1 期。

② 赵芝荃：《关于二里头文化类型与分期的问题》，《中国考古学研究》，科学出版社，1986 年。

③ 中国社会科学院考古研究所编著：《偃师二里头》第 391 页，中国大百科全书出版社，1999 年。

④ 同注③，第 390 页。

⑤ 董琦：《虞夏时期的中原》，科学出版社，2000 年。

⑥ 杜金鹏：《二里头文化的分布与类型》，《中国考古学·夏商卷》第 89～97 页，中国社会科学出版社，2003 年。

⑦ 郑光：《二里头陶器文化略论》，《二里头陶器集粹》第 22 页，中国社会科学出版社，1995 年。

⑧ 陕西商洛地区图书馆：《陕西洛河上游两处遗址的试掘》，《考古》1983 年第 1 期。

⑨ 中国社会科学院考古研究所：《青龙泉与大寺》，科学出版社，1991 年。

代末期的石家河文化青龙泉类型晚期①或称之为乱石滩文化②，不属于二里头文化范畴。安徽含山大城墩遗址简报虽也认为该遗址第三期文化的某些陶器与二里头文化的一、二期相似，但从发表的器物线图可以看出，最相似的器物是瓦足皿、豆（柄）和鼎。实际上，瓦足皿为高足，不同于二里头一期常见的矮足；鼎为盆形鼎，与一期的深腹圜底鼎有别；豆与鼎共存于 T1817，因此，这几件器物显然不能归入二里头文化第一期，而属于第二期③。

　　至于商丘坞墙④和淅川下王岗遗址⑤分别属于二里头文化的下王岗类型和豫东类型（牛角岗类型），它们真正显现出二里头文化的面貌是在二里头文化二期以后的事情，因此，严格来讲，不能把它们视为二里头一期文化遗址。

　　邹衡先生曾认为，二里头一期的"分布面仅局限于比较小的范围之内……目前还只在嵩山周围半径约百千米左右的地区内发现"⑥。

　　李维明认为二里头文化一期遗存主要分布在豫西地区，可划分为嵩山丘陵区、伊洛平原区和豫西山地区。其中以前两区分布密集，最具代表意义⑦。

　　近年发掘结果表明，郑州以东至商丘杞县境内的二里头文化自该文化第二期开始，不见一期遗存，这里是二里头文化、先商文化和岳石文化的交汇地带⑧。驻马店杨庄遗址的发掘表明，在"豫西二里头文化的一期时，驻马店一带仍属杨庄二期（作者注：龙山文化晚期遗存）的分布区"，"至二里头文化一、二期之交时，二里头文化代替了本地的杨庄二期类型"⑨。可见，二里头一期的南界到不了驻马店一带。

　　综上所述，我们认为，截至目前的材料，可以看出二里头一期的分布范围为东至郑州左近⑩，西到渑池⑪，南至豫中⑫，北不过黄河⑬。主要分布在嵩山南北的伊洛河和颍河上游地区以及豫西地区。其范围比"新砦期"扩大了许多，主要是向西、南方向大

---

① 张绪球：《石家河文化的分期分布和类型》，《考古学报》1991 年第 4 期。
② 樊力：《豫西南地区新石器文化的发展序列及其与邻近地区的关系》，《考古学报》2000 年第 2 期。
③ 安徽省文物考古所等：《安徽含山大城墩遗址第四次发掘报告》，《考古》1989 年第 2 期。
④ 商丘地区文物管理委员会等：《河南商丘县坞墙遗址试掘简报》，《考古》1983 年第 2 期。
⑤ 河南省文物研究所等：《淅川下王岗》，文物出版社，1989 年。
⑥ 邹衡：《试论夏文化》，《夏商周考古学论文集》（第二版）第 154 页，科学出版社，2001 年。
⑦ 李维明：《二里头文化一期遗存与夏文化初始》，《中原文物》2002 年第 1 期。
⑧ 郑州大学文博学院等：《豫东杞县发掘报告》，科学出版社，2000 年。郑州大学历史系考古专业等：《河南杞县牛角岗遗址试掘报告》，《华夏考古》1994 年第 2 期。
⑨ 北京大学考古学系等：《驻马店杨庄》，科学出版社，1998 年。
⑩ 该遗址 H18 原报告定为二里头文化第一期第 1 段，见河南省文物研究所：《河南荥阳竖河遗址发掘报告》，《考古学集刊》（10），地质出版社，1996 年。
⑪ 河南省文物研究所等：《渑池县郑窑遗址发掘报告》，《华夏考古》1987 年第 2 期。
⑫ 河南省文物研究所等：《郾城郝家台遗址的发掘》，《华夏考古》1992 年第 3 期。
⑬ 黄河以北的二里头文化的年代属于二里头晚期，见刘绪：《论卫怀地区的夏商文化》，《纪念北京大学考古专业三十周年论文集》，文物出版社，1990 年。

大拓展了分布空间。总之，从煤山类型经"新砦期"再到二里头一期，分布地域逐渐扩大，这一势头一直保持到二里头文化的二、三期。

四　"新砦期"的来源

"新砦期"虽然是从当地的王湾三期文化煤山类型发展起来的，但是，煤山类型并非是"新砦期"的全部来源。"新砦期"的文化因素按照传统划分，可分为以下几组。

甲组，主要继承王湾三期文化发展来的因素。主要有侈口折沿深腹罐、敞口斜壁碗、浅盘弧腹豆、小口高领罐、刻槽盆、乳足鼎和甗等。

乙组，主要来自造律台文化影响的因素。主要有侧装三角形足罐形鼎，折壁器盖，子母口器（包括子母口缸、子母口鼎、子母口瓮和子母口钵等），袋足鬶、麻花状器耳和镂空鼎足等。

丙组，与后岗二期文化有溯源关系的因素。可见的有覆钵形器盖、平底盆、三足皿或四足皿等。

丁组，与石家河文化有关系的因素。新砦遗址出土的盉与下王岗[①]和大寺[②]的同类器十分相似。

戊组，"新砦期"自身的新因素。主要有折肩罐、尊形瓮、双腹豆等。

由此可见，"新砦期"主要是在王湾三期文化和造律台类型的基础上发展起来的。在龙山文化时代这里本来是王湾三期文化煤山类型的地盘，只是后来主要接纳了来自造律台类型的部分因素之后才形成了"新砦期"。就"新砦期"各组文化因素所占比例大小来看，顺序依次为：（1）王湾三期文化传统因素；（2）造律台类型传统因素；（3）自身创造的新因素；（4）后岗二期文化传统因素。而来自石家河文化、三里桥类型、陶寺类型、客省庄二期文化和龙虬庄文化的部分传统文化因素，在"新砦期"当中仅占很小的比重。

五　"新砦期"的去向

继"新砦期"之后，在当地兴起的是二里头文化。而在其周围，山东苏北沿海地区典型龙山文化演变为岳石文化；豫南继杨庄类型之后是二里头二期文化；豫北冀南地区，后岗二期变化之后兴起的是先商文化，先商文化的一支曾一度突袭至豫东杞县地区；嵩山以北的伊洛平原王湾三期文化王湾类型直接发展为二里头一期文化；山西汾河流域陶寺文化受二里头文化影响并与之融合形成二里头文化东下冯类型；关中盆地，客省庄二期变化发展演变为先周文化。由此可见，龙山时代诸文化的发展去向并不完全相

---

① 河南省文物研究所等：《淅川下王岗》第260页，文物出版社，1989年。
② 中国社会科学院考古研究所：《青龙泉与大寺》第187页，科学出版社，1991年。

同，即使由中原龙山文化发展为二里头文化，不同地区采取的途径也不完全相同，现在看来，主要有三种演变模式。一是嵩山东部，亦即"新砦期"分布地区，先经过"新砦期"再发展到二里头一期，再演变为二里头文化二期。二是嵩山的西部地区，即王湾三期文化的分布区域，没有经过"新砦期"。那里的龙山文化下限拖到了相当于"新砦期"的时期，然后再演变为二里头一期，继而发展为二里头二期。三是二里头类型以外的其他几个二里头文化地方类型，均由当地的龙山文化晚期遗存（其下限拖到相当于二里头一期之后）直接演变为二里头文化二期。这说明，各地龙山文化结束的时间即龙山文化的下限是不尽一致的。其中只有嵩山东部地区率先结束并经过"新砦期"发展为二里头文化。

六 "新砦期"的族属

二里头文化已经被多数学者认定为夏文化。

根据有关先秦史籍和司马迁《史记·夏本纪》的记载，夏有十七王十四世，其积年有 471 年和 431 年两说。431 年之说没有将史载太康失国至少康中兴之前的所谓"无王"阶段包括在内，摒弃正统史观，仅从时间延续的角度来看，从夏立国至汤灭夏，471 年之说显然更为合理。夏商周断代工程推定夏、商王朝更替之年为公元前 1600 年左右，并采用夏积年 471 年之说，由公元前 1600 年前推 471 年，将公元前 2070 年估定为夏王朝之始年。夏有十七王十四世，如每世以 30 年计，十四世亦当有 420 年，由公元前 1600 年前推 420 年，夏王朝始年也在公元前 2020 年，不会少于公元前 2000 年。根据二里头遗址最新 ^{14}C 测定结果，其一期最早不超过公元前 1800 年，四期不超过公元前 1550 年，一至四期的年代跨度只有二百多年。显然，二里头文化不是整个夏王朝时期的夏文化，而只能是夏代中晚期的遗存。新砦第二期文化是二里头文化的主要来源，二里头文化主要是继承新砦第二期文化发展而来。新砦第二期文化做过系统的 ^{14}C 测年，根据其测定结果，我们推定其存续年代约在公元前 1850～前 1750 年之间，其上限不超出公元前 1900 年，与据文献推定的夏之始年仍有距离，当然也不会是最早的夏文化。正如前面我们分析的那样，新砦第二期文化的构成因素中含有相当数量来自东方的因素。这种现象的出现，如果联系当时的历史背景和文化互动关系来看，应与文献记载的夏代初年"夷羿代夏"的政治事件有关。

　　关于这一重大历史变故在《左传》中有较详细的记载①。其中提及的历史地理名称绝大部分出在今造律台类型和后岗二期文化南部的分布区。如后羿所居的"鉏"，寒浞初居的"寒"，浞子所处的"过"、"戈"，夏后相妻逃奔的"有仍"，夏遗臣靡逃奔的"有鬲"，少康逃奔的"有虞"、居住的"纶"等地均在今豫东、鲁西一带②，即造律台类型的分布区域内。而斟鄩、斟灌则可能位于今巩义境内，近年发现有"新砦期"的花地嘴遗址。可见这里亦不出新砦第二期文化的范围。至于"穷石"，有河北、山东、河南几种不同说法，或许与有穷氏不断迁徙有关③，不过，从有关文献记载中已经可以看出，羿浞代夏事件昭示的豫东—鲁西地区与环嵩山东部地区在夏代早期曾经发生极其密切的关系。从后羿、寒浞到少康逃奔有虞和居住在纶，自然会受到当地传统文化的影响，在羿浞代夏执政和浞子封国时期，出现具有造律台类型、后岗二期文化乃至海岱龙山文化的部分因素掺和在伊洛地区的当地文化当中的现象并非不合情理。到了少康之子杼灭掉浞子豷以后，结束了羿、浞及浞子在夏王朝地盘上的统治，在"新砦期"分布范围内引起了夏文化面貌的重新组合，以往带有浓郁的造律台类型文化特色的子母口缸、子母口瓮、镂孔鼎等在原"新砦期"的分布范围内便消失了，被二里头一期所代替，由"新砦期"进入了以二里头一期为代表的新时代。

　　因此我们认为新砦二期文化应是羿浞代夏、少康之子季杼灭掉浞子豷、浇时期以前的文化遗存，二里头文化则是少康中兴以后的夏文化。至于新砦第一期遗存，据[14]C测定，其年代范围约在公元前1880～前1850年，也在夏纪年范围之内。

七　"新砦期"的命名

　　从20世纪70年代末，"新砦期"遗存发现以来，一直没有一个统一的命名。1981年，赵芝荃在《79年试掘简报》中使用了"新砦二里头文化"、"新砦遗址二里头文化"、"新砦遗址二里头文化早期"的名称。在《略论新砦期二里头文化》一文中使用

---

①　《左传·襄公四年》魏绛云："昔有夏之方衰也，后羿自鉏迁于穷石，因夏民以代夏政，恃其射也。不修民事，而淫于原兽。弃武罗、伯因、熊髡、龙圉，而用寒浞。寒浞，伯明氏之谗子弟也，伯明后寒弃之。夷羿收之，信而使之，以为己相。浞行媚内，而施赂于外，愚弄其民，而虞羿于田。树之诈慝，以取其国家，外内咸服。羿犹不悛，将归自田，家众杀而亨之，以食其子。其子不忍食诸，死于穷门。靡奔有鬲氏。浞因羿室，生浇及豷，恃其谗慝诈伪，而不德于民，使浇用师，灭斟灌及斟鄩氏。处浇于过，处豷于戈。靡自有鬲氏收二国之烬，以灭浞而立少康。少康灭浇于过，后杼灭豷于戈。有穷由是遂亡。"
　　　《左传·哀公元年》伍员云："昔有过浇杀斟灌以伐斟鄩氏，灭夏后相（杜注："夏后相，启孙也。后相失国，依于二斟，复伪浇所灭。"）。后缗方娠，逃出自窦，归于有仍，生少康焉。为仍牧正，惎浇能戒之。浇使椒求之，逃奔有虞，为之庖正，以除其害。虞思于是妻之以二姚，而邑诸纶，有田一成，有众一旅。能布其德，而兆其谋，以收夏众，抚其官职，使女艾谍浇，使季杼诱豷。遂灭过、戈，复禹之绩，祀夏配天，不失旧物。"
②　庄春波：《羿浞代夏少康中兴轶史与年代学和考古学解释》，《中原文物》1990年第2期。
③　同注②。

了"新砦期二里头文化"、"新砦期文化"的名称。

在1999年和2000年新砦遗址发掘简报中，我们将此类遗存称之为"新砦二期"文化遗存。就"新砦期"遗址本身分期而言，"新砦二期"文化遗存的叫法符合地层堆积的实际情况，是一种客观的描述语言。

我们认为，"新砦期"是从王湾三期文化向二里头文化过渡的过渡期文化遗存，既不便往前推，归入到王湾三期文化系统，也不便往后拖，归入二里头文化系统。

新砦二期遗存有自己"一定的存续时间"，正如前面已经指出的，根据^{14}C年代测定，大体是在公元前1850～前1750年左右。同时又有自己分布的"一定的地域"，目前在新密市、新郑市、巩义市、郑州市均有新砦二期遗存发现。在原造律台类型的西部范围内，如乳香台、郝家台也都见到有新砦二期的因素。分析新砦二期遗存的文化内涵，既有一定的与王湾三期文化、二里头文化某些类似的具有先后、承接发展关系的因素，又有占主导地位的不同于前两者的富有创新特色的"一组独特的文化特征因素"，按照考古学文化的命名原则，以新砦二期为代表的一类遗存已经具备了命名为一支考古学文化的基本要素。将之称之为"新砦二期文化"是可行的。由于新砦遗址第一、三期遗存已经分别归属于王湾三期文化和二里头文化，因此，或者将"新砦二期遗存"独立出来，径直称为"新砦文化"亦无不妥。不过需要说明的是，有学者提出将新砦二期和二里头文化一期合并命名为"新砦文化"，这是我们所不同意的。

二里头文化一期已经出现了二里头文化的标型器——花边罐与圆腹罐，只是器表形制和花纹多少与二里头文化第二期有某些区别，其与"新砦期"的差异要远远大于它同二里头文化第二期的差异，因此，似不便把二里头文化第一期从二里头文化中拆开，我们认为，还是把二里头遗址一至四期视为同一个考古学文化的不同发展阶段为好。

八 "新砦期"发现的意义

"新砦期"遗存的发现和确认，填补了河南龙山文化煤山类型和二里头文化之间的缺环，它上承中原龙山文化的余续，下启二里头文化的先河，使中原地区古代文化的发展谱系更加完整和细密。"新砦期"的存在表明，任何考古学文化的发展都不是均衡的、直线的，河南龙山文化在自己的发展过程中，不仅形成了王湾类型、煤山类型、造律台类型、下王岗类型、杨庄类型等大同小异的诸地方类型，而且其中只有位于嵩山以东的煤山类型和造律台类型毗邻的区域是率先发展为"新砦期"文化再发展为二里头文化，其他如王湾类型则是直接发展为二里头一期文化，杨庄类型则是直接发展为二里头二期文化。新砦二期遗存的^{14}C年代测定结果证明，晚于它的二里头文化不是整个夏王朝时期的夏文化，新砦二期也不是最初的夏文化。由于其含有较多来自东方的因素，推测有可能与文献记载的夏初"夷羿代夏"的政治事件有密切关系。包括新砦一期遗

存在内的早于新砦二期的河南龙山文化晚期遗存才是真正的夏代早期的文化。新砦二期
遗存是新砦遗址发现的分布范围最广的遗存，且发现有铜容器碎片、残玉琮等，应为当
时的中心聚落，从而为研究夏时期的社会结构提供了新的资料，也为研究中原地区文明
化进程提供了一个新的起点。

　　新砦二期文化无疑是夏代考古的重大发现。

附表一　　　　　　　　　新砦遗址1999年度发掘探方层位关系图表

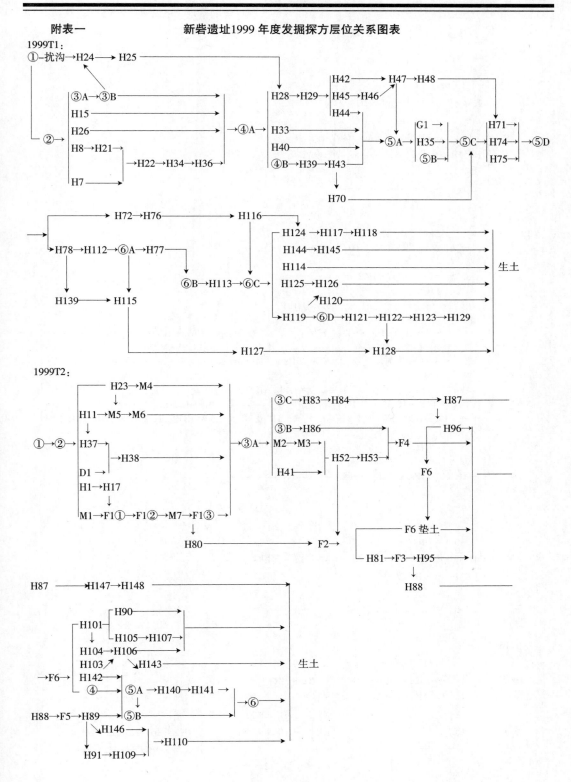

1999T3：

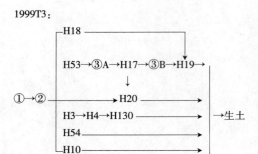

1999T4：

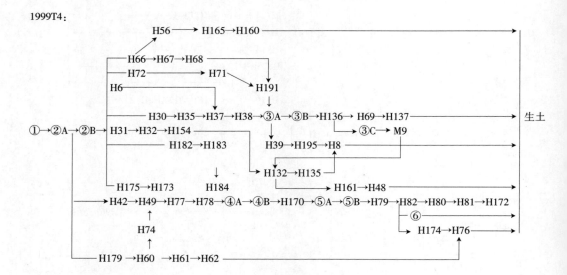

1999T5：

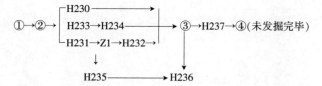

1999T6：

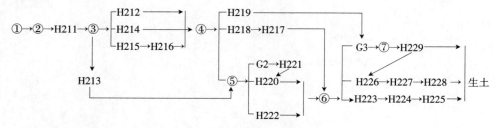

附表二 新砦遗址 2000 年度发掘探方层位关系图表

2000T1：

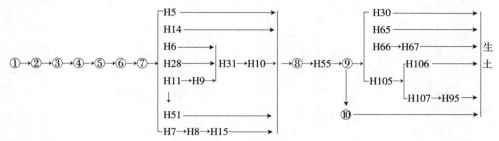

2000T2：

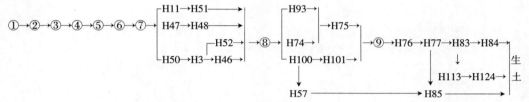

2000T3：

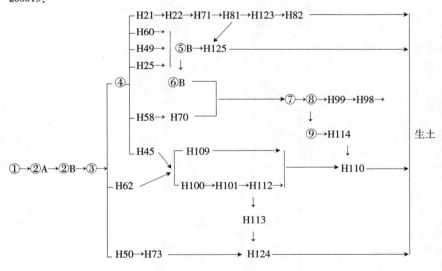

2000T4：

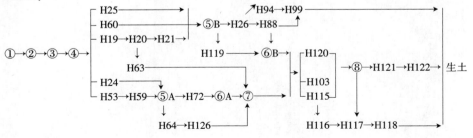

2000T5：

①→②→③→④→⑤A→⑤B→⑤C→⑤D
　　　　　　　↓
　　　　　　⑥A————————→⑥B→⑦A

　　　　　　　　　　　　　　　⑦B→⑧→⑨→⑩→⑪A
　　　　　　　　　　　　　　　　　　　　　　↓
　　　　　　　　　　　　　　　　　　　⑪B→⑫→（未发掘完毕）

2000T6：

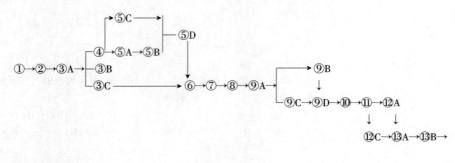

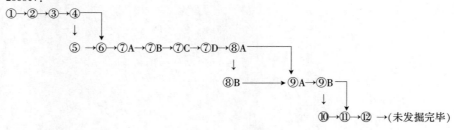

2000T7：

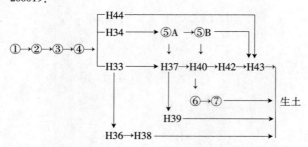

2000T9：

2000T10：

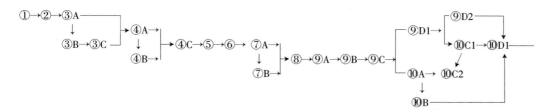

```
                                    ④A
                                     ↓
①→②→现代墓→┌③→H54→H56→H61→H68→H79→H78→⑤A→┐
           └④B→④C→⑤B→→H80─────────────────┤生土
```

2000T11：

```
①→②→③A──┐                                              ┌─⑨D2─┐
         ↓  ┌→④A→┐                              ┌─⑨D1→┤     ↓
③B→③C─→┤  ↓    ├→④C→⑤→⑥→┌7A→┐              │     └→⑩C1→⑩D1→
            └④B→┘        ↓    ├→⑧→⑨A→⑨B→⑨C─┤   ⑩C2
                        7B→┘              │  ⑩A→  ⑩C2
                                          └⑩B──────┘
```

```
→⑩D2→⑪A──┐                        ┌⑮B┐
         ↓  ↓                      │  │→⑯A→⑯B┐
⑪B→⑪C→⑫→⑬→⑭→⑮A─┤  │         ↓    │→17A→17B
    ↓                    └⑮C┘   ⑯C→┘
   ⑪D────────┘
```

```
→17C→17D→17E→17F→17G→17H
                  ↓    ↓
                 H1   ⑱A
                  ↓    ↓
                 H3   ⑱B→⑲A→⑲B→⑲C→⑳→㉑→㉒→┐生
                  └─────────────────────────┤土
```

2000T12：

```
           ┌G1→H90→G2→┌──H108───────────────────────→┐
           │          └H91→H92─────────→┐            │生土
①→②A→③─┤                             ↓            │
           │   ┌Z1┐      ┌F1────────→┐ ┌H104→┐     │
           └H89┤  ├→⑤A→┤H64→H126→├→G5┤H96→H111→├→
               └Z2┘      └H97───────┘ └⑥→⑦──────→┘
```

2000T13：

```
      ┌Z1→Z2─────────────────┐
①→②A┤   ┌H4┐          ┌H17→H92→⑤A→F1→G5───→F3(未发掘完毕)
      └G1┤  ├→G2→┤
          └H90┘          └H87──────────────┘
```

2000T14：

```
          ┌H102──────┐
①→②→③┤          ↓
          └G3①→G3②→④→⑤(未发掘完毕)
```

附表三　　新砦遗址地层分期表

期段		1999						2000												
		T1	T2	T3	T4	T5	T6	T1	T2	T3	T4	T5	T6	T7	T9	T10	T11	T12	T13	T14
第三期	晚段											③、④	③A、③B、③C、④	③、④、⑤			④A、④B、④C			④ ⑤
	早段													⑥、⑦A、⑦B、⑦C、⑦D			⑤			
第二期	晚段	③A ③B ④A ④B ⑤A ⑤B ⑤C ⑤D	③A ③B ③C	③A	②A ②B	⑤A、⑤B、⑤C、⑤D	⑤A、⑤B、⑤C、⑤D					⑥A、⑥B、⑦A、⑦B、⑧、⑨、⑩、⑪A、⑪B、⑫	⑥、⑦、⑧	⑧A、⑧B、⑨A、⑨B、⑩、⑪、⑫			⑥、⑦A、⑦B、⑧、⑨A、⑨B、⑨C、⑨D、⑩A、⑩B、⑩C、⑩D、⑩E、⑪A、⑪B、⑪C、⑪D、⑫、⑬、⑭、⑮A、⑮B、⑮C、⑯A、⑯B、⑯C			
	早段	⑥A ⑥B ⑥C	④	③B	③A ③B						⑤A ⑤B		⑨A、⑨B、⑨C、⑨D、⑩、⑪、⑫A、⑫B、⑫C		④ ⑤A ⑤B	④A ④B ④C		⑤A	⑤A	④ ⑤
第一期	晚段	⑥D	⑤A ⑤B		③C ④A ④B ⑤A ⑤B			⑧	⑧	⑤B ⑥B ⑦ ⑧ ⑨	⑥A ⑥B ⑦ ⑧		⑬A、⑬B、⑭A、⑭B、⑮、⑯、⑰、⑱、⑲		⑥ ⑦	⑤A ⑤B	⑰A、⑰B、⑰C、⑰D、⑰E、⑰F、⑰G、⑰H、⑱A、⑱B、⑱C、⑲A、⑲B、⑲C、⑳	⑥ ⑦		
	早段		⑥		⑥		⑥ ⑦	⑨ ⑩	⑨								㉑、㉒			
备注		①耕土 ②扰土	①②同T1	①②同T1	①耕土	①耕土 ②扰土 未清理至生土层	①耕土 ②扰土	⑦层以上出瓷片	⑦层以上出瓷片	④层以上出瓷片	④层以上出瓷片	①耕土 ②扰土 未清理至生土层	①耕土 ②扰土	①耕土 ②扰土 未清理至生土层	①②同T6 ③唐宋	①②同T6 ③唐宋	①耕土 ②扰土 ③战国文化层	④层以上出瓷片	④层以上出瓷片	③层以上同T1

附表四

1999 年灰坑登记表

（单位：厘米）

灰坑号	探方号	期段	尺度 口部 长	宽	深	底部 长	宽	深	出土遗物 陶器	石、骨、蚌器	备注
1	T2	二期晚段	175	100	50	175	100	110	AⅠ、BⅠ、CⅠ深腹罐，折肩罐，B高足鼎，矮足鼎，Ab高足罐，绳纹瓶，附加堆纹瓮，子母口瓮（缸），Ⅰ、Ⅱ小口高领罐（四足瓮，Ⅱ刻槽盆，觚形杯，Ⅱ豆，鬶，BⅡ器盖（壁）。另有第一期风格的AⅠ深腹罐。		填土分3层。第3层层面上散布4块卜骨。
3	T3	二期早段	220	110	50	165	100	85	AⅠ、CⅠ深腹罐，AⅠ钵，鬶把手。另有第一期风格的碗。		
4	T3	二期早段	160	125	50		100	85	Ab高足鼎，小口高领罐，AⅠ钵，A器盖、盖，圈足残片。	骨管，骨针。	
6	T4	二期晚段	285	235	75	270	220	190	AⅠ、BⅠ、CⅠ深腹罐，子母口瓮，尊形盆，B、C钵，残豆圈足，AⅠ盖、盖，鸡豆座，AⅡ、BⅡ器盖（壁），AaⅠ盖纽、鼎纽，鼎足，鸡冠鋬，圆陶片。另有第一期风格深腹罐。	A石刀。	其主体部分在2000T2中。
7	T1	二期晚段	240	116	15	100	90	95	AⅠ、AⅡ、BⅡ、CⅠ、CⅡ式深腹罐，AⅡ、BⅡ器盖（壁），Ⅱ小口高领罐，AⅠ、AⅡ平底盆，圆陶片。		
8	T1	二期晚段	160	46	20			57	AⅠ、AⅡ、BⅡ、CⅠ深腹罐，Ⅰ、Ⅱ小口高领罐，AⅡ器盖（壁），AⅠ平底盆，Aa高足鼎，A、B钵，碗，AaⅠ鼎足等。另有第一期的双腹盆，BaⅡ深腹罐。		
8	T4	一期晚段	250	220			220	自70	残瓮，AⅠ钵，圈足，AⅠ、AⅡ杯，盖纽，AⅠ、BⅠ、BaⅠ深腹罐，BⅡ、AⅡ高足鼎，瓶足，AⅠ碗。Ⅰ、Ⅱ小口高领罐，AⅡ高足鼎，深腹盆，AⅠ碗。	石饰品。	
10	T3	二期早段	245	170	60			95	AⅠ、BⅡ、CⅠ深腹罐，Ⅰ、Ⅱ小口高领罐，AⅡ器盖（壁），AaⅠ高足鼎，Aa高足鼎，碗，AaⅠ鼎足，Ⅰ豆盘，AⅠ碗。		
11	T2	二期晚段	155	100	40			60	AⅡ、BⅡ深腹罐，折肩罐，Ⅱ豆，篮形豆，BⅢ平底盆，折沿盆，直筒杯，直壁钵，AⅠ、BⅠ、BⅡ器盖（壁），Ab盖纽。		
15	T1	二期晚段	143	150	20	50	30	75	BⅡ、CⅡ深腹罐，折肩罐，大口罐，尊形瓮，B高足鼎，AaⅠ高足鼎，尊形瓮，三足瓮，双耳平底盆，B刻槽盆，AⅢ平底盆，AⅡ、AⅣ器盖（壁）。	蚌贝。	

续附表四

灰坑号	探方号	期段	尺度						出土遗物		备注
			口部			底部			陶器	石、骨、蚌器	
			长	宽	深	长	宽	深			
17	T2	二期晚段	75	32	45			35	AⅡ深腹罐，Ⅰ小口高领罐。		
17	T3	一期晚段	175	85	65	95	70	125	小口高领罐，BaⅠ深腹罐。	A石锄。	
18	T3	二期，未分段	266	175	60	280	190	100	A深腹罐，篮形豆，鸡冠鋬。		
19	T3	一期，未分段	190	90	90	190	90	125			
20	T3	一期晚段	175	174	50	175	170	102	AⅠ、AⅡ、BaⅠ、BaⅡ深腹罐，Ⅰ、Ⅱ小口高领罐，高领瓮，素面鼎足，AⅠ、AⅡ碗，残圈足，鬹，拍，器盖。		
21	T1	二期晚段	170	105	20			38	AⅡ深腹罐，高领瓮，A器盖。		
22	T1	二期晚段	120	40	25			70	中口罐，折肩罐。		
23	T2	二期晚段	280	185	45			93	BⅠ，CⅠ深腹罐，折肩罐，AⅡ器盖（壁），矮领瓮，碗。		
24	T1	二期晚段	274	100	75			100	AⅠ，BⅠ，BⅡ，CⅠ深腹罐，折肩罐，矮足鼎，矮领罐，AaⅠ，Ⅱ刻槽盆，AaⅡ高足鼎足，镂孔豆豆柄，AⅠ，BⅡ器盖（壁），尊形瓮，饕餮纹器盖（残片）。	Aa石镞。	
25	T1	二期晚段	164	80	60			90	AⅠ，CⅠ深腹罐，残甑，Ⅰ小口高领罐，矮足鼎足，尊形瓮，子母口瓮，残圈足。	骨刀。	
26	T1	二期晚段	270	125	58	160	100	85	AⅠ深腹罐，折肩罐，Aa高足鼎，AaⅠ，Ac高足鼎，子母口瓮，AⅢ器盖（壁），尊形瓮，篮形豆。		
28	T1	二期晚段	137	77	50	100	60	98	AⅠ，BⅠ，BⅡ，CⅡ深腹罐，折肩罐，小罐，尊形瓮，Ⅱ刻槽盆，AⅢ器盖（壁）。		
29	T1	二期晚段	356	180	55	300	175	139	BⅠ，BⅡ，CⅠ，CⅡ深腹罐，折肩罐，BⅡ高足鼎，AaⅠ，Ac高足鼎足，矮足鼎，尊形瓮，Ⅰ小口高领罐，ⅡA豆，AⅢ平底盆，深腹盆，钵，缸，AⅠ，BⅡ器盖（壁），AaⅠ盖纽，圆陶片。		
30	T4	二期晚段	90	66	25			125	AⅠ，AⅡ，BⅠ，BⅡ，CⅡ深腹罐，折肩罐，AaⅡ高足鼎足，矮足鼎足，尊形瓮，BⅡ平底盆，深腹盆，鬲，Aa甲高领罐，AⅢ，AⅣ器盖（壁），纺轮。另有第一期 AⅠ，BaⅠ深腹罐。		

续附表四

灰坑号	探方号	期段	尺度 口部 长	口部 宽	口部 深	底部 长	底部 宽	底部 深	出土遗物 陶器	石、骨、蚌器	备注
31	T4	二期晚段	310	310		310	305	自145	AⅡ,BⅠ,BⅡ,CⅠ,CⅡ深腹罐,折肩罐,子母口瓮,尊形瓮,AⅡ,AⅢ器盖,Ⅱ刻槽盆,AⅢ器盖(壁),豆座残片,Aa甲Ⅰ,Aa甲Ⅱ盖组,鸡冠鋬,纺轮。另有第一期风格的AⅠ,BaⅠ深腹罐。	Aa石镞,石铲残片。	
32	T4	二期晚段	60	60		60	60	自55	残深腹罐,残折肩罐,Ⅱ小口高领罐,残盆,AⅡ器盖(壁)。另有第一期文化的瓶,AⅡ深腹罐。		
33	T1	二期晚段	124	70	25	108	40	97	BⅠ,BⅡ深腹罐,AⅡ平底盆,AⅡ器盖,鸡冠鋬,附加堆纹残片。		
34	T1	二期晚段	155	65	27	140	55	80	CⅡ深腹罐,小口高领罐,AⅡ器盖(壁)。另有第一期的高领瓮残片。		
35	T1	二期晚段	200	180	86	195	160	120	CⅡ深腹罐,折肩处附加堆纹的折肩罐,唇面略带带痕的高领罐,C鼎足,三足盆,A器盖,鸡冠鋬。		
35	T4	二期,未分段	185	175	30	200	190	125	Aa高足鼎足,Ⅰ,Ⅱ小口高领罐,AⅡ器盖(壁),BⅡ,CⅠ,CⅡ深腹罐,AⅡ平底盆,圈足甑,A器盖。		
36	T1	二期晚段	125	85	68	140	95	140	BⅡ,CⅠ,CⅡ式深腹罐,Ab高足鼎足,折肩罐,Ⅱ刻槽盆,Ⅰ,Ⅱ豆,残钵,Aa甲Ⅰ,Aa甲Ⅱ器盖(壁),Ⅰ小口高领罐(纽),AbⅠ深腹罐,可能是早期遗留。另有第一期文化风格的BaⅠ深腹罐。		
37	T2	二期晚段	65	50	40	50	50	70	Ⅰ小口高领罐,碗。		
37	T4	二期,未分段	220	160	70	235	130	205	陶片甚少且碎。		
38	T2	二期晚段	270	65	45	266	56	90	陶片甚少且碎。	A骨锥,石镰,B石刀。	
38	T4	二期,未分段	200	60	75	200	60	135	陶片甚少且碎。		
39	T1	二期晚段	194	150	45	120	117	115	矮足鼎足,残钵,AⅡ器盖(壁)。		
39	T4	一期晚段	150	20					AⅠ,AⅡ深腹罐,Ⅰ,Ⅱ小口高领罐,Ⅰ平底盆,鬲,Ⅰ平底刻槽盆,附加堆纹瓮,镂孔粗圈圈足,AⅡ钵,碗,AⅡ器盖(壁),平底刻槽盆,深腹盆。	骨簪。	

续附表四

灰坑号	探方号	期段	口部长	口部宽	口部深	底部长	底部宽	底部深	陶器	石、骨、蚌器	备注
40	T1	二期晚段	217	150	83	210	145	173	AⅡ平底盆、Aa高足鼎、Aa高足鼎足、Ab高足鼎足、圈足器、Ab高足鼎足、Ⅰ、Ⅱ小口高领罐、圆陶片，另有鸡冠罐、折肩罐、杯、Ⅱ深腹罐、深腹盆、刻槽盆、甑和盖纽的残片。	Ba 石铲、石欣器、石范、铜硪器、石范、刀残片。	
41	T2	二期晚段	85	60					Ⅱ小口高领罐、尊形瓮、AⅡ器盖(壁)、残镂孔圈足。		
42	T1	二期晚段	120	45	57	45	20	90	尊形瓮、敛口瓮、平底盆、A型器盖。		
42	T4	二期晚段	115	10	50	115	10	125	CⅠ深腹盆、瓦足残片。		
43	T1	二期晚段	70	50	55	95	37	117	折肩罐、矮足鼎足、平底盆、深腹盆。		
44	T1	二期晚段	170	72	43	190	90	80	陶片少且碎。		
45	T1	二期晚段	215	95	130	230	105	310	CⅠ、CⅡ深腹罐、Aa高足鼎、甑腰和档、Ⅱ小口高领罐、敛口瓮、四足瓮之足、刻槽盆、ⅡⅢ盖、A器盖、Aa甲Ⅱ盖纽。		
46	T1	二期晚段	170	90	140	150	80	185	AⅠ、BⅠ、CⅠ、CⅡ深腹罐、折肩罐、B高足鼎足、Ⅰ深腹罐、Ⅱ小口高领罐、AⅡ器盖(壁)。		
47	T1	二期晚段	185	170	127	80	70	212	折沿罐、敛口罐、豆。	石斧。	
48	T1	二期晚段	80	40	180	85	44	210	深腹罐口沿残片、高领罐、Ac高足鼎足、薄胎杯、Ⅱ豆、A器盖。		
48	T4	一期早段	150	75							
49	T4	二期晚段	115	65	80		65	150	BⅠ深腹罐、Ⅰ小口高领罐、AⅡ平底盆、AⅡ器盖(壁)。	骨凿。	
52	T2	二期晚段	206	155	90		248	360	AⅠ、BⅠ、BⅡ、CⅠ小口高领罐、Ab、Ac高足鼎、B、C高足鼎足、Ⅰ、Ⅱ小口高领罐、饰附加堆纹尊形瓮、折肩罐、碗、觚形杯、平底盆、Ⅱ豆、双腹豆、AⅡ、BⅡ器盖、Aa乙、Ab盖纽组。	B骨镞、卜骨。	
53	T2	二期晚段	215	25	80			130	残片、Ab高足鼎足、Ⅰ小口高领罐、残瓮、残器盖。		
53	T3	二期晚段	130	25	50			65	碗、深深腹盆、Ⅰ小口高领罐、圈足盆残片。		

续附表四

灰坑号	探方号	期段	尺度						出土遗物		备注
			口部			底部			陶器	石、骨、蚌器	
			长	宽	深	长	宽	深			
54	T3	二期，未分段	145	35	45			65	陶片极少。	B石刀。	
56	T4	二期晚段	230	195					B II，B III，C I 深腹罐，尊形瓮，A III，B II，B III 平底盆，A II 器盖（壁）。	蚌镰，B 型石凿。	
60	T4	二期晚段	150	115	92	150	115	130～152	C I 深腹罐，折肩罐，圆肩罐，I、II 小口高领罐，尊形瓮，A II 平底盆，双耳平底罐，鸡冠冠盖，A II，B II 器盖（壁）。另有第一期 A I 深腹罐。		
61	T4	二期早段	300	200	80	275	270	265	A II，B I，B II，C I 深腹罐，圆肩罐，折肩罐，瓶，B I 高足鼎，Ab、Ac、C 高足鼎足，I、II 小口高领罐，I、II 刻槽盆，II 豆，残足豆柄，II、A III 器盖（壁），鸡冠盖，矮足鼎足，子母口瓮，A I，A II，A III 平底盆，B 钵，附加堆纹瓮，Aa II，Ab I 器盖，残鬶，鬲，觚形杯，杵形杯，残圈足盘，碗，另有第一期风格的 A I，Ba I 深腹罐和刻槽盆。	骨梭，B 石铲，石杵，卜骨。	
62	T4	一期晚段	105	70	140			205	A I，A II，Ba I，Ba I 深腹罐，小口高领罐，豆，单耳杯残片，圈足残片。		
66	T4	二期晚段	170	125	80	180	135	160	A I，A II，B II，C I 深腹罐，折肩罐，Ab 高足鼎足，矮足鼎足，残足，A II 平底盆，II 刻槽盆，浅腹圈足盘，II 豆，I 豆柄，带镂孔圈足豆，A II 器盖（壁）。	石镰。	
67	T4	一期晚段	200	50	160			200	A II 深腹罐，I、II 小口高领罐，浅豆盘，A 豆柄，碗，深腹盆。		
68	T4	一期晚段	130	80	195	140	100	250	A I，A II，Ba I 深腹罐，A I 碗，II 小口高领罐，弧壁器盖，II 圈足盘，鼓腹罐，双腹罐，残豆柄，拍。	石刀残片。	
69	T4	一期早段	140	100	225	90	53	280	A I 深腹罐，I、II 小口高领罐，折肩罐，另有一澄滤器残片。	A 骨锥，蚌镰，蚌镞，B 石铲。	
70	T1	二期晚段	120	20	100	170	30	235	B I，C I，C II 深腹罐，尊形瓮，I、II 小口高领罐，A III 平底盆，Aa II 高足鼎足，A II 高足鼎，II 刻槽盆，A II 器盖（壁）。		

续附表四

灰坑号	探方号	期段	尺度 口部 长	口部 宽	口部 深	尺度 底部 长	底部 宽	底部 深	出土遗物 陶器	石、骨、蚌器	备注
71	T1	二期晚段	260	150		80	60	215	BⅡ深腹罐，A钵，小口高领罐，A器盖，带凸弦纹的粗圈足，平底盆。另有第一期的BaⅠ深腹罐。		
71	T4	二期晚段	240	35	145	150	35	200	折肩罐，Ⅰ小口高领罐。		
72	T1	二期，未分段	312	195	120	312	195	214	CⅠ、BⅠ深腹罐，卷沿敛口罐，肩部饰附加堆纹的折肩罐，Ⅰ、Ⅱ小口高领罐，AⅡ平底盆，A器盖，圈足碗。另有第一期风格的Bb深腹罐，圈足盘，瓯腰和高领瓮。		
72	T4	二期晚段	210	25	100	205	25	105	遗物很少，可辨器形有深腹罐腹片。		
74	T1	二期晚段	95	80	125	85	70	145	AⅡ深腹罐，AaⅡ高足鼎足，Ⅰ、Ⅱ小口高领罐，尊形瓮，AⅡ平底盆，鸡冠鋬。		
74	T4	二期晚段	45	15	45	45	15	70	鼎足，深腹罐。	石钻。	
75	T1	二期晚段	110	56	125			185	遗物较少，可辨器形有C深腹罐，粗圈足。	骨簪。	
76	T1	二期晚段	290	175	136	210	157	326	AⅠ、AⅡ，BⅠ、BⅡ，CⅠ、CⅡ深腹罐，折肩罐，A高足鼎，Ⅰ、Ⅱ小口高领罐，AⅡ、AⅢ平底盆，钵，Aa甲Ⅰ式盖组，卷沿高领罐，瓶，瓯足，子母口瓮，Ⅱ刻槽盆，圈足盘，带凸弦纹盖柄，AⅡ器盖（壁），Aa甲Ⅰ器盖，鸡冠器耳，近圆底刻槽盆，鼎足，筒形器，圆陶片等。残留第一期文化典型的AⅠ深腹罐残片。	A、B骨锥，骨针，卜骨。	
76	T4	一期早段	65~85	70	125	65		195	Ⅱ小口高领罐，A鼎足。		
77	T1	二期早段	92	70	170	65	65	185	AⅠ、AⅡ深腹罐，附加堆纹瓮。		
77	T4	二期早段	335	95	50			95			
78	T1	二期早段	140	100	147	120	90	215	AⅠ深腹罐，圈足，Ⅰ、Ⅱ小口高领罐，子母口瓮，残瓮，残钵，残碗，Ab高足鼎足，AⅡ器盖（壁）。另有第一期风格的AⅠ深腹罐，瓯腰。		
78	T4	二期早段	350	45	95	350		145	遗物甚少且碎。	Ba石斧，C石镞。	

续附表四

灰坑号	探方号	期段	口部 长	口部 宽	口部 深	底部 长	底部 宽	底部 深	出土遗物 陶器	出土遗物 石、骨、蚌器	备注
79	T4	一期晚段	240	85	100	250	70	250	AⅠ、AⅡ、BaⅠ、BaⅡ深腹罐，Ⅰ、Ⅱ小口高领罐，AⅠ、AⅡ碗，AⅠ圈足盘，Ⅰ刻槽盆，盅、器盖，A圆陶片。	骨簪。	
80	T2	二期晚段	70	35	90			130	小口高领罐等。		
80	T4	一期早段	85	35	95	85	35	135	AⅠ深腹罐，AⅠ平底盆，AⅠ钵，折沿圈足盘、残碗、残豆。		
81	T2	二期晚段	115	30	125			170	陶片甚少。		
81	T4	一期早段	180	30	130			175	陶片甚少。		
82	T4	一期,未分段	210	60	260		50	300	BⅠ、BⅡ、CⅠ深腹罐，Ⅱ小口高领罐，AⅠ平底盆，圈足豆、Ⅱ豆，杵形杯，圈足盘座。		
83	T2	二期晚段	160	70	65	140	24	135	BⅠ、CⅠ深腹罐，AⅢ器盖(璧)。另有第一期风格深腹罐。	骨匕。	
84	T2	二期晚段	80	40	65	136	40	150	BⅠ、CⅠ深腹罐，AⅢ器盖(璧)。		
86	T2	二期早段	190	30	75	140	25	130	AⅠ平底盆，小口高领罐等。		
87	T2	二期早段	235	75	75	235	75	190	Ⅰ、Ⅱ小口高领罐，BⅠ、CⅠ深腹罐，AⅠ平底盆，Aa甲Ⅰ盖纽，AⅡ器盖(璧)，残圈足，AⅡ平底盆，残孔圈足，鬶、镂圈足，AⅡ深腹罐，BaⅠ深腹罐，Ⅱ豆座。另有第一期风格的钵。		
88	T2	二期晚段	108	104	165	106	102	192	CⅠ深腹罐，折肩罐，瓮，AⅡ平底盆，鸡冠鋬等。		
89	T2	二期晚段	100	85	115	60	45	170	出土物甚少。		
90	T2	一期,未分段	125	40	190	125	35	275	残钵，残小口高领罐，残盆底。		
91	T2	一期晚段	235	90	225	185	93	250	AⅠ、AⅡ深腹罐，Ⅰ、Ⅱ小口高领罐，Ⅰ刻槽盆等。		
95	T2	二期晚段	155	30	175	60	30	205	大口瓮，刻槽盆，小口罐。		
96	T2	二期早段	110	20	135~150	60	15	175	陶片甚少。		

续附表四

灰坑号	探方号	期段	尺度						出土遗物		备注
			口部			底部			陶器	石、骨、蚌器	
			长	宽	深	长	宽	深			
101	T2	二期早段	255		205	330		418	AⅠ、BⅠ、CⅠ深腹罐，Aa、Ab、Ac、BⅠ高足鼎，AaⅠ、AbⅡ、Ac鼎足，ⅡⅠ豆柄，深腹盆，折肩罐，大口罐，A、B、C钵，矮领瓮，ⅠⅠ刻槽盆，Ⅰ小口高领罐，AⅠ、AⅡ器盖，AaⅠ、Aa甲Ⅰ（壁），AⅠ、Aa甲ⅡⅠ盖组，子母口瓮。	Aa、Ab石斧。	
103	T2	一期，未分段	116	30	170	107	12	190	陶片甚少且碎。		
104	T2	一期早段	150	140			130	自75	折沿内凹方唇小口罐，刻槽盆，BⅡ豆柄，双腹盆。	石凿。	
105	T2	一期早段	170	60	170	150	40	230	AⅠ、BaⅠ深腹罐，圈足盆残片，豆残片。	石斧。	
106	T2	一期早段	230	40	215	110		225	深腹唇罐口沿，双腹盆，篮纹陶片。		
107	T2	一期早段	120	95		90	90	自40	碗，豆，罐。		
109	T2	一期早段	180	120	200~215			285	AⅠ深腹罐，Ⅰ小口高领罐，AⅠ钵，AⅠ豆，豆座，三足盘（?），AⅠ深腹盆，双腹盆。		
110	T2	一期早段	120	56	170	154	43	225	AⅠ深腹罐，双腹盆，陶片若干。		
112	T1	二期早段	250	128	140	95	70	200	BⅠ、BⅡ深腹罐，Ab鼎足，ⅡⅠ小口高领罐。另有第一期BaⅡ深腹罐。		
113	T1	二期早段	214	170	130	235	167	165	B、C深腹罐，器盖。		
114	T1	一期早段	64	64	180	50	40	210	AⅠ深腹罐，平底盆。		
115	T1	一期早段	200	210	157	116	245	275	AⅠ、BⅠ、BⅡ深腹罐，Aa鼎足，Ⅰ小口高领罐。另有第一期AⅠ深腹罐。	残刻槽	
116	T1	二期早段	216	70	225	215	95	305	BⅠ、CⅠ深腹罐，Ⅰ小口高领罐，残平底盆，残浅盘豆，鸡冠鋬，折壁器盖。		
117	T1	一期晚段	210	50	260	200	40	310	AⅡ深腹罐，ⅡⅠ小口高领罐，厚胎碗，折壁盖，豆，鼎耳。		
118	T1	一期早段	134	60	210	114	50	240	AⅠ深腹罐，小口高领罐。		
119	T1	一期晚段	230	95	165	100	50	270	AⅠ、AⅡ、BaⅠ深腹罐，AⅠ甑足，AⅠ钵，碗，AⅡ豆，ⅡⅠ圈足盘。		

续附表四

灰坑号	探方号	期段	口部长	口部宽	口部深	底部长	底部宽	底部深	陶器	石、骨、蚌器	备注
120	T1	一期晚段	106	26	250			310	陶片较少,有篮纹深腹罐残片和纺轮。		
121	T1	一期晚段	75	47	225	70	35	245	Ⅰ小口高领罐,B钵,平底盆,Ⅱ圈足。		
122	T1	一期晚段	250	128	225			285	AⅠ,AⅡ深腹罐,瓶,附加堆纹瓮,AⅠ碗,圈足盘,圈足残片,镂孔豆柄,AⅠ深腹盆。		
123	T1	一期早段	180	150	265			305	AⅠ深腹罐,矮鼎足,Ⅰ小口高领罐,圈足,Ⅰ豆,觚形杯,碗,A豆柄。		
124	T1	一期晚段	105	37	295	95	35	327	凹弧沿折沿罐,钵,平底盆,斜壁器盖。		
125	T1	一期早段	150	115	205	130		251	AⅠ深腹罐,残深腹罐,小口高领罐,AⅠ碗,双腹盆,浅盘豆。	B石铲。	
126	T1	一期早段	160	110	251	160	110	305	AⅠ深腹罐,Ⅰ小口高领罐,B钵,豆,鬶足。		
127	T1	一期,未分段	90	80	205	90	75	250	仅见少许陶片,可辨认器形有平底罐。		
128	T1	一期早段	95	85	200	84	75	245	AⅠ深腹罐,小口高领罐,AⅠ碗,AⅡ鬶残片,AⅠ豆,平流鬶残片,豆圈足。		
129	T1	一期早段	34	10	255	24	3	275	双腹盆,小口高领罐。		
130	T3	二期早段	220	110	85	230	112	137	AⅠ,BⅠ,CⅠ深腹罐,Ⅰ小口高领罐,豆柄,BⅡ器盖(壁)。另有第一期风格AⅠ深腹罐。	A石铲。	
132	T4	一期晚段	190	190	120	220	216	155	AⅠ,BⅠ,BaⅠ,BⅡ深腹罐,AⅠ,AⅠ,AⅡ碗,AⅠ式平底盆,AⅠ,AⅢ钵,小口高领罐,圆陶片,AⅠ,AⅡ圈足盘。		
135	T4	一期晚段	125	20		135		自25	浅盘豆,AⅠ,AⅡ碗,AⅠ,AⅡ,BaⅠ,BaⅡ深腹罐,A豆柄,镂孔豆柄,AⅡ,AⅢ钵,BⅡ钵,小口高领罐,粗柄圈足盘,筒形器。		
136	T4	一期,未分段	150	25	175			200			
137	T4	一期早段	160	25	125			155			

续附表四

灰坑号	探方号	期段	尺度						出土遗物		备注
			口部			底部		深	陶器	石、骨、蚌器	
			长	宽	深	长	宽				
139	T1	二期早段	200	175	150			185	B I、C I 深腹罐，素面鼎，I 小口高领罐，平口缸，拍。		
140	T2	一期早段	130	30				自44	A I 深腹罐，残鬲，残碗，小口高领罐，子母口器口沿。		
141	T2	一期早段	80	40	160	30	15	240	A I 深腹罐，I、II 小口高领罐，双腹盆。		
142	T2	一期早段	180	115	195	126		285	A I 深腹罐，I 小口高领罐，残钵。		
143	T2	一期早段	140	14	270	126	3	375	篮纹和方格纹陶片若干。		
144	T1	一期，未分段	170	125	180	175	90	210	小口高领罐，B型豆柄，平底缸，鬲足。		
145	T1	一期早段	135	80	175	135	40	210	A I 深腹罐，残钵，B 豆柄，斜壁器盖。		
146	T2	一期，未分段	74	28	160			195	泥质黑陶豆及篮纹和绳纹陶片。		
147	T2	二期早段	150	54	135	126	40	160~175	B I、C I 深腹罐，中口罐，B I 高足鼎，Aa I、Ac 鼎足，I、II 小口高领罐，I 豆，A I 平底盆，A I、A II、B I 器盖（壁），I 刻槽盆。		
148	T2	一期早段	160	44	150	160	44	175	A I 深腹罐，刻槽盆。		
154	T4	二期晚段	235	70				自90	A II、C I、B II 深腹罐，折肩罐，II 小口高领罐，尊形瓮，附加堆纹瓮，圆肩瓮，子母口瓮，残圈足盆，深腹盆，II 豆，A II 平底盆，A II 器盖（壁），II 刻槽盆，豆座，穿孔器。另有第一期风格的 A I、Ba II 深腹罐。	Bb 石铲。	
160	T4	一期早段	130	125				自40	A I 深腹罐，I 小口高领罐，A I 钵。		
161	T4	一期早段	255	200				自45	高领瓮，豆柄，A I 钵，深腹盆，A I 碗，I、II 小口高领罐，A I、A II、Ba I、Ba II 深腹罐，鬲，I 豆，圈足盘圈足盆。		
165	T4	二期晚段	250	200					C I 深腹罐，折肩罐，I、II 小口高领罐，尊形瓮，矮足鼎，瓶，A II 器盖（壁），鬲。		
170	T4	一期晚段	165	120	110	180		160	A I、A II、Ba I、Ba II、I 深腹罐，I、II 小口高领罐，瓶，I 豆，矮足瓮，A I 碗，A II 钵，杯，残壶，器盖，纺轮。	Aa 石斧。	

续附表四

灰坑号	探方号	期段	口部长	口部宽	口部深	底部长	底部宽	深	陶器	石、骨、蚌器	备注
172	T4	一期早段	245	220	195	255	230	260	AⅠ、AⅡ、BaⅠ深腹罐,小口高领罐,AⅠ碗,Ⅰ豆,Ⅱ平底盆,鬶,深腹盆。		
173	T4	一期早段	130	54	40	130	54	145	BaⅠ深腹罐,C钵。		
174	T4	一期早段	85	45	150	70	30	235	AⅡ、BaⅠ深腹罐,AⅠ钵,澄滤器,残瓮。		
175	T4	二期,未分段	85	15	35	80	15	150	AⅠ、AⅡ、BⅠ深腹罐,AⅠ碗,Ⅰ豆,单耳杯,瓮的残片。		
179	T4	二期晚段	115	30	80			100			
182	T4	二期晚段	165	40	125			145	AⅡ、CⅠ深腹罐,折肩罐,Ⅱ小口高领罐,子母口瓮,尊形瓮,圆肩瓮,附加堆纹瓮,C钵,豆座,ⅡⅢ豆,穿孔杯形器,残圈足盘。另有第一期BaⅡ深腹罐。		
183	T4	一期晚段	85	40	145	85	40	200	BaⅠ、BaⅡ深腹罐,Ⅰ小口高领罐,觚形杯和瓮残片。		
184	T4	一期早段	200	85	125			145	AⅠ深腹罐。		
191	T4	二期晚段	85	55	160	90	60	235			
195	T4	一期晚段	120	30					纺轮		
212	T6	二期晚段	140	70	100			310	AⅠ、AⅡ、BⅠ、CⅠ、CⅡ深腹罐,Ⅱ刻槽盆,折肩罐,Ⅰ、Ⅱ小口高领罐。残留第一期的圈足盘,深腹罐,碗。		
213	T6	二期晚段	150		80			145	AⅠ、CⅠ深腹罐,尊形瓮,平底盆,深腹盆,B杯。残留第一期的AⅠ深腹罐。		
214	T6	二期晚段	80	20	100	60	20	150	AⅠ深腹罐,AaⅠ鼎足,Ⅰ小口高领罐。		
215	T6	二期晚段	60	15	80			95			
216	T6	二期晚段	136	80	80			140	AⅠ深腹罐,AaⅠ鼎足,Ⅰ小口高领罐。		
217	T6	二期早段	300	95	145			290	AⅠ、CⅠ深腹罐,AaⅠ鼎足,Ⅱ小口高领罐,Ⅰ豆座,Ab器盖。残留第Ⅰ小口高领罐,残豆柄,Ⅰ豆座。		

续附表四

灰坑号	探方号	期段	尺度						出土遗物		备注
			底部			口部			陶器	石、骨、蚌器	
			深	宽	长	深	宽	长			
218	T6	二期,未分段	260			145	20	75	A I、B I 深腹罐，矮足鼎足，C 鼎足。残留有第一期的 A II 碗。		
219	T6	二期早段	265			145	65	270			
220	T6	二期早段	315			150	200	230	A I、B I、C I 深腹罐，Aa、Ab、Ac、B I 高足鼎，A I 平底盆，折沿盆，I 刻槽盆，I、II 小口高领罐，A II、B I 器盖(壁)，碗，单耳杯。另有第一期风格的 Ba、Bb 深腹罐。		
221	T6	二期早段	195		130	150	15	150	陶器甚少且碎。		
222	T6	二期早段	180			120	10	150	陶器甚少且碎。		
223	T6	一期晚段	192			160	110	120	A I、Ba I、Ba II 深腹罐，A II 碗，A II、A III、B I 钵，豆柄。		
224	T6	一期晚段	240			140		144	Ba I、Ba II 深腹罐。		
225	T6	一期,未分段	190			160		110	A I 深腹罐，纺轮。		
226	T6	一期晚段	325	110	290	220	20~100	340	A I、A II、Ba I、Ba II 深腹罐，I 小口高领罐，Aa II 单耳杯，A I 碗，A II、B 豆盘，A I 豆盘、孤形器盖。		
227	T6	一期早段	390		345	230		250	A I、Ba I、Ba II、Bb 深腹罐，A II 圈足盆，器盖，A I 豆柄，Aa II 单耳杯，A I 碗。		
228	T6	一期早段	396		225	320	114	232	A I、Ba I 深腹罐，残瓮，筒形器，A I、B I 钵，鼎足。		
229	T6	一期晚段	305			220	25	160	Ba II 深腹罐。		
230	T5	二期晚段	60	15	90	35	35	125	附加堆纹瓮，豆残片，鬶残片。		
231	T5	二期晚段	80	90	90	45	84	120	A II 鼎足，II 小口高领罐，Ab 高足鼎，矮足鼎足，Ac 高足鼎足，II 平底盆，A II 器盖。		
232	T5	二期晚段	130	250	300	40	270	320	A II、II、C I 深腹罐，子母口瓮，A II 高领罐，A II 平底盆，A II 盖（壁），残鼎组。		

续附表四

灰坑号	探方号	期段	尺度							出土遗物		备注
			口部			底部			陶器	石、骨、蚌器	
			长	宽	深	长	宽	深			
233	T5	二期晚段	275	95	50	270	90	90	残罐,残瓮,残留足盘,残留第一期的Ba I深腹罐。		
234	T5	二期晚段	300	150	40				II小口高领罐,尊形瓮,双腹豆,A II器盖(壁)。		未清理至底
235	T5	二期晚段	90	85	70				B II深腹罐,A II平底盆,豆盘。		未清理至底
236	T5	二期晚段	275	100	60	255	80	95	B II深腹罐,曲腹罐,大口罐,圆肩瓮,尊形瓮,A II平底盆。		
237	T5	二期晚段	180	80	90				B I深腹罐,A II器盖(壁)。		未清理至底

说明:本表中"出土器物"一栏中,器物名称前的编号代表器物的型式或式式。如A I深腹罐,表示A型I式深腹罐;II刻槽盆,表示II式刻槽盆;A石刀,表示A型石刀;圈足盘,表示此类器物未分型式。附表五同此。

附表五

2000年灰坑登记表

（单位：厘米）

灰坑号	探方号	期段	尺度 口部 长	口部 宽	口部 深	底部 长	底部 宽	底部 深	出土遗物 陶器	石、骨、蚌器	备注
1	T11	一期晚段	236	180	390	240		444	I小口高领罐，AI、AⅡ深腹罐，AⅡ深腹盆，另有假圈足碗底部(碗底有规整的轮旋纹)，泥质黑陶足柄残片，其余为第一期文化晚段常见的方格纹、篮纹碎陶片。	卜骨。	
3	T11	一期晚段	150	80	390			444	Ⅱ小口高领罐，AI碗，深腹罐底部，灰陶夹砂鼎足。		
4	T13	二期晚段	64	14	100	64	14				
5	T1	二期晚段	160	140	85			115	陶器甚少，可辨器形有折肩残片。		
6	T1	二期晚段	210	90	80	240		240	甑，另有极少折肩罐残片。	A，B石刀。	
7	T1	二期晚段	100	100		100	100		甑，另有极少尊形瓮残片。		
8	T1－T2	二期晚段	295	170	95	295	170	320	BI，BⅡ，CI，CⅡ深腹罐，折肩罐，鼓腹罐，Aa高足鼎，AaⅡ鼎足，I小口高领罐，圆肩缸，尊形瓮，A刻槽盆，AⅡ，BI平底盆，碗，ⅡⅡ豆，Ab，Bb器盖，AⅡ，BⅡ器盖足(壁)，Aa盖组，鸡冠耳，瓦状器足。	A，CI，CⅡ骨锥，骨簪，鹤嘴锄，石铲(未分型)。	
9	T1	二期晚段	250	85	75			155	遗物甚少。		
10	T1	二期早段			85			220			
11	T1－T2	二期晚段	234	170	70	258		250	AI深腹罐，折肩罐，I，Ⅱ豆(盆)，I，Ⅱ小口高领罐，厚胎附加堆纹瓮，矮领罐，Ab，Ac鼎足，Ⅱ刻槽盆，AⅡ平底盆，双耳平底盆，鬲足，Ⅱ豆，A钵，A器盖，纺轮。另混入有第一期BaI深腹罐。	Bb石铲。	
14	T1	二期晚段	105	100	103			202	BI，BⅡ，CⅡ深腹罐，卷沿盆，Ⅱ小口高领罐，AⅡ器盖(壁)。另有第一期风格的BaI深腹罐。	骨匕，石镰。	
15	T1	二期晚段	125	115	95			150	陶片较少。		
17	T13	二期晚段	138	110	205	138	110	270	遗物较少，可辨认的器形有Aa深腹罐，鼎。		

续附表五

灰坑号	探方号	期段	尺度 口部 长	口部 宽	口部 深	底部 长	底部 宽	底部 深	出土遗物 陶器	石、骨、蚌器	备注
19	T4	二期晚段	192	192	65	198	198	330	AⅠ、AⅡ、BⅠ、BⅡ、CⅠ、CⅡ深腹罐，折肩罐，Ac高足鼎足，矮足鼎足，矮足鼎，Ⅰ、Ⅱ小口高领罐，子母口瓮，尊形瓮，鬶，AⅡ、BⅡ平底盆，B钵，双腹豆，盏形豆，AⅡ、BⅡ器盖，倒喇叭状器盖组，纺轮。	B石镞，B石铲，Bb石斧。	
20	T4	二期晚段	320	250	48	300	250	85	AⅡ、BⅠ深腹罐，Ⅱ小口高领罐，AⅠ碗，圈足盘。	Ab石铲。	
21	T3－T4	二期晚段	134	84	45	118	68	154	陶片较少。		
22	T3	二期晚段	50	50	50			104	AⅠ、AⅡ深腹罐，Ⅰ小口高领罐，AⅡ碗，圈足盘。	斧。	
24	T4	二期晚段	194	94	55			119	AⅠ深腹罐，侧扁足鼎，矮足鼎，Ⅱ刻槽盆，鬶（足），镂孔盘。	石矛，Aa石斧，A石刀，B石铲，石条形器。	
25	T3－T4	二期晚段	280	93	50			130	AⅠ、AⅡ、BⅠ、BⅡ、CⅠ深腹罐，Ab、Ac高足鼎足，矮足鼎足，尊形瓮，B钵，AⅡ刻槽盆，AⅡ、AⅢ器盖（壁）。	Ba石铲，Ab石斧。	
26	T4	二期早段	330		65			315	AⅠ、AⅡ、AaⅠ、Ab、Ac高足鼎，CⅠ深腹罐，折肩罐，Ⅰ、Ⅱ小口高领罐，矮足鼎，AaⅡ平底盆，深腹盆，Ac领瓮，BⅠ平底盆，深腹盆，Ⅰ刻槽盆，碗，A、C钵，Ⅰ豆，穿孔杯，盂，AⅠ、AⅢ器盖（壁）。	AⅠ骨镞，AⅠ、CⅠ骨锥，骨针，骨笛，骨匕，砍砸器，砺石，B石镞，B石铲，A石刀，铜颗粒。	
28	T1	二期晚段	200	148	90			130	AⅠ、AⅡ、BaⅠ、Bb深腹罐，Ⅰ、Ⅱ小口高领罐，鼓腹罐，双耳罐，Aa高足鼎足，AⅠ、AⅡ、CⅡ碗，深腹盆，矮足鼎，AⅡ器盖（壁），深腹盆，AⅢ瓿，鬶残片，矮领罐，折沿盆，B型圆陶片。	A骨锥，骨饰，A石铲，Bb石铲，B石铲，Aa石斧，蚌饰。	
30	T1	一期晚段	180		175	260		345	AⅠ、AⅡ、CⅡ碗，AⅢ瓿，AⅢ、CⅠ钵，AⅠ、Ⅱ圈足盘，鬶足，AⅠ器盖，AⅡ、AbⅡ单耳杯。	A骨锥，骨簪，B石刀，B石铲。	
31	T1	二期晚段	125	35	80			140	BⅠ、BⅡ、CⅠ、CⅡ深腹罐，Ab高足鼎足，Aa甲Ⅰ、Ac盖组（残），圈足盘（浅腹），Ⅱ豆，AⅢ器盖（壁），纺轮。另有第一期风格的AⅠ深腹罐。	A石铲。	

续附表五

灰坑号	探方号	期段	尺度 口部			尺度 底部			出土遗物 陶器	出土遗物 石、骨、蚌器	备注
			长	宽	深	长	宽	深			
33	T9	二期晚段	250	240	60	256	256	120	遗物较少,可辨纹饰有平折沿浅方格纹夹砂罐口沿。AaⅡ高足鼎足。		
34	T9	二期，未分段	76	34~54	55	75	30~50	100	遗物极少,陶片标本只有1件三角形矮小鼎足。		
36	T9	二期早段	250	105	60~75	250	100	170	AaⅠ高足鼎足,刻槽盆,钵,碗,AⅡ器盖(壁)。另有第一期文化的瘪腰残腹片。		
37	T9	二期早段	250	230	65	254	243	160	AⅠ,BⅠ,CⅠ深腹罐,AaⅠ,AaⅡ高足鼎足,正面饰刻划纹的三角形高足,异型鼎足,子母口瓮,Ⅰ,Ⅱ小口高领罐,AⅡ深腹盆,A钵,双腹豆,Ⅰ豆,Ⅰ鬶(盉)流,AⅠ,BⅠ器盖(壁),A器盖。	BⅠ石铲。	
38	T9	二期早段	80	50	75			115	AⅠ,BⅠ深腹罐,Ⅰ小口高领罐,梭形底孔甑,平底盆,卷沿盆,钵,碗,拍。		
39	T9	二期早段	190	120	60	180	120	120	极少陶片,不辨器形。		
40	T9	二期早段	275	145	60	300	160	125	BⅡ,CⅠ深腹罐,折肩罐,Ac高足鼎足,大厚沿缸,卷沿盆,鸡冠鋬。		
42	T9	一期晚段	305	305					AaⅡ高鼎足,瓶,刻槽盆,拍。		
43	T9	一期晚段	310	200	75			120	AⅠ,AⅡ深腹罐,B,C高足鼎足,瓶,Ⅰ,Ⅱ小口高领罐,残碗,AⅠ,AⅡ,BⅠ钵,残杯,粗圈足残片。	双刃石刀。	
44	T9	二期早段	120	75	35			125	遗物极少。		
45	T2－T3	二期早段	160	120	80	155		175	AⅠ,BⅠ,CⅠ,CⅡ深腹罐,AaⅠ,Ab,Ac高足鼎足,瓶腰,Ⅰ,Ⅱ小口高领罐,AⅠ平底盆,B钵,圈足盘,深腹盆,碗,AⅡ器盖(壁),纺轮。另有第一期风格的AⅠ深腹罐。	BaⅠ石铲。	
46	T2	二期晚段	210	75	90				折肩罐残片,纺轮。	骨矛。	
48	T2	二期晚段	180	140	90			190		骨笄。	
49	T3	二期，未分段	140	70	60~70			104	仅有少量碎陶片。		

续附表五

灰坑号	探方号	时期	口部长	口部宽	口部深	底部长	底部宽	底部深	陶器	石、骨、蚌器	备注
50	T2-T3	二期晚段	260	82	55	210	75	175	AⅡ深腹罐，Ⅱ小口高领罐，子母口瓮，深腹盆。另混有第一期文化常见的圈足盘、单耳杯和方唇回沿深腹罐残片。		
51	T1-T2	二期早段	180	55	87	200		167	AⅠ深腹罐，Ⅰ、Ⅱ小口高领罐，钵，Ⅰ豆。		
52	T2	二期晚段	175	165	100			160	碗，B鼎足。	B石凿。	
53	T4	二期晚段	210	215	45	175	124~212	85	AⅠ，BⅡ深腹罐，Ab高足鼎，Ⅰ小口高领罐，深腹盆，A、C钵，碗，AⅡ，AⅢ器盖（壁）。另有第一期风格的Ba深腹罐。	A石刀，Bb石铲。	
54	T10	二期早段	270	230	43	292	240	163	BⅠ深腹罐，AⅠ高足鼎，Ⅰ、Ⅱ小口高领罐，BⅠ平底盆，双腹豆，器盖，碗，AⅣ器盖（壁）。另有第一期残留的碗，小口高领罐。		
55	T1	一期晚段	160	90	135	220		295	AⅠ，AⅡ，BaⅠ，BaⅡ深腹罐，Ⅱ小口高领罐，鼎，BⅡ钵，AⅠ平底盆，Aa单耳杯，矮领瓮，平足，圈足盘，圈足和器耳。		
56	T10	二期早段	224	125	50	230	128	114	AⅠ深腹罐，折肩罐，B高足鼎，A高足鼎，Ⅰ、Ⅱ小口高领罐，子母口瓮，AⅢ平底盆，AⅠ式豆，双腹把，AⅡ器盖（壁）。	A石凿。	
57	T2	一期晚段	180	135	160			216	AⅠ，AⅡ，BaⅠ，BaⅡ深腹罐，Ⅰ、Ⅱ圈足盘，AⅡ圈足盘，AⅠ豆。	C骨锥。	
58	T3	一期早段	210	180	63	220	192	173	AⅠ，Ⅱ，BaⅠ，Ⅱ深腹罐，Ⅰ、Ⅱ小口高领罐，AⅠ碗，AⅡ圈足盆，三足底部，敛口器，D圆陶片。	石饰，A石锛，石镞，Aa石斧，B骨锥。	
59	T4	二期早段	226	220	85	240	240	268	AⅠ，BⅠ，CⅠ深腹罐，Ⅰ、Ⅱ小口高领罐，矮领瓮，C钵，Ⅰ、Ⅱ豆盘，纺轮，AⅠ器盖（壁），AC高足鼎足，AⅠ刻槽盆。	B骨镞，骨匕，Aa石斧，A石锛，玉凿，石饰品。	
60	T3-T4	二期，末分段	160	142	55	130	114	160	遗物甚少目睹。		
61	T10	二期早段	146	54	50			90	AⅠ，BⅠ深腹罐，AaⅠ，C高足鼎足，Ⅱ小口高领罐，盂。另有第一期文化时期沉积的深腹盆上部残片。		

续附表五

灰坑号	探方号	期段	尺度 口部 长	口部 宽	口部 深	底部 长	底部 宽	底部 深	出土遗物 陶器	石、骨、蚌器	备注
62	T2－T3	二期晚段	302	294	75	315	300	165	AⅠ、AⅡ、BⅠ、CⅡ深腹罐，鼎足，Ⅰ、Ⅱ小口高领罐，Ⅰ豆，AⅠ，BⅠ平底盆，钵。	骨锥，鹤嘴锄，Ab石斧，B石镞。	
63	T4	一期晚段	145	60	80	35	41	130	矮领瓮，小口高领罐，钵，碗。		
64	T4－T12	二期早段	255	170	75		165	185	AⅠ、BⅠ、CⅠ深腹罐，Ab高足鼎足，矮足鼎，饰按窝纹的附加堆（壁）。留有第一期的AⅠ碗。	A型石刀。	
65	T1	一期早段	150	45	200	140		216	AⅠ深腹罐。		
66	T1	一期早段	135	90	160			235	AⅠ深腹罐残片。		
67	T1	一期早段	100	75	195			235	AⅠ碗。		
68	T10	二期早段	310	310	60	310	310	190	AⅠ、BⅠ、CⅠ深腹罐，AaⅡ、Ac高足鼎足，Ⅱ小口高领罐，钵，AⅡ器盖（壁），Ⅰ刻槽盆，筒形器，盖钮。		
69	T3	一期晚段	200	95	70			130	AⅠ碗，AⅠ深腹罐，矮领罐。	砍砸器。	
70	T3	一期晚段	170	160	68			88	AⅠ碗，BaⅠ、BaⅡ器盖残片，AⅡ圈足豆，Ⅰ小口高领罐，盆残片，A石。	石镞，A石镞。	
71	T3	二期晚段	150	50	55			225	BⅡ、CⅠ、CⅡ深腹罐，折肩罐，Ⅱ小口高领罐，尊形瓮残片，Ⅱ刻槽盆，碗残底，杯，盔形豆，矮领罐，AⅡ器盖（壁）。混入第一期的AⅠ深腹罐。	AⅡ骨镞，Ba石镞，Aa石斧，Ba石斧。	
72	T4	一期晚段	90	55	80			170	AⅠ深腹罐，小口高领罐。		
73	T2－T3	二期早段	206	70	90	196	61	205	遗物甚少且碎。	B石铲。	
74	T2	二期早段	170	140	135	200	128	203	碗，盅。	Bb石铲，B石刀，B石凿，A石铲。	
75	T2	二期早段	100	60	125		50	250	AⅠ、BⅠ、CⅠ深腹罐，Ⅰ小口高领罐，子母口瓮，AaⅠ高足鼎足，AⅡ平底盆。	A石铲。	
76	T2	一期晚段	230	72	180			232	AⅠ、AⅡ、BaⅠ、BaⅡ、Bb深腹罐，Ⅰ、Ⅱ小口高领罐，AⅠ圈足盆，AⅠ碗，AⅡ豆，AaⅠ鼎足，AⅡ鼎，残甑，AⅡ深腹盆。		

续附表五

灰坑号	探方号	期段	尺度 口部 长	宽	深	底部 长	宽	深	出土遗物 陶器	石、骨、蚌器	备注
77	T2	一期早段	130	75	170			220	A I 深腹罐，Ⅱ小口高领罐，A I 钵，A I 碗。		
78	T10	一期晚段	264	220	70	284		264	A I，A Ⅱ，Ba I 深腹罐，Ⅱ小口高领罐，Ⅱ瓶腰，A Ⅱ瓶足，A I 碗，A Ⅱ钵，B Ⅱ豆柄，A Ⅱ深腹盆，A I，A Ⅱ圈足盘，Ⅱ刻槽盆，鬶残片，D 圆陶片。		
79	T10	二期早段	200	134	75	190	125	175	B I 深腹罐，Ac 高足鼎足，Ab 高足鼎，盆，A Ⅱ器盖（壁），Aa甲 I 盖纽。		
80	T10	一期晚段	265	180	85	255	200	145	A I，A Ⅱ，Ba I，Ba Ⅱ深腹罐，I 豆，白陶片。		
81	T3	一期晚段	265	145	102			183	A I，Ba I，Ba Ⅱ深腹罐，I，Ⅱ小口高领罐，A I，A Ⅱ圈足盘，A I 碗，刻槽盆。		
82	T3	一期晚段	138	65	183			213	A I，A Ⅱ，Ba Ⅱ深腹罐，小口高领罐。		
83	T2	一期早段	230	185	153		190	205	A I 深腹罐，I，Ⅱ小口高领罐，A I 钵，A I 圈足盘。	B型石铲。	
84	T2	一期早段	185	200	200	295		350	A I，A Ⅱ深腹罐，I小口高领罐，Aa I 高足鼎足，A I 瓶足，A I 豆，A I 圈足盘，A I，B I 碗，A I，B I 钵，鬶，器盖，A 圆陶片。		
85	T2	一期早段	190	125	180	189	120	250	A I 深腹罐，C 圆陶片。		
87	T13	二期晚段	220	210	160	240	240	250	A I，B I，C I 深腹罐，Ab 高足鼎，Ab 高足鼎足，I、Ⅱ小口高领罐，I 豆，A I 器盖（壁），羊首器组。		
88	T3－T4	一期晚段	190		110	216		220	A I，A Ⅱ，Ba I 深腹罐，I、Ⅱ小口高领罐，A I 豆，A I 圈足盘，A I 钵，A I 圈足盘。		
89	T12	二期晚段	210	110	30		110	110	A I，B I，C I 深腹罐，折肩罐，Ab 高足鼎，Aa 高足鼎足，Ⅱ小口高领罐，尊形盉，A Ⅱ平底盆，Ⅱ刻槽盆，A Ⅱ圈足盘，A 高足鼎足，豆，A Ⅱ器盖。	骨针，骨簪。	
90	T12－T13	二期晚段	195	30	80	143	14	195～200	A I，B I，C I 深腹罐，Ⅱ小口高领罐，折肩罐残片，Ⅱ刻槽盆，A Ⅱ平底盆，A 钵，A 碗。另有第一期风格的碗。		
91	T12	二期晚段	130	25	200		25	290	A I，C I，C Ⅱ深腹罐，Ab 高足鼎足，瓦足瓮残片，尊形盉，折肩罐。混有第一期的 A I 深腹罐。	石镞。	

续附表五

灰坑号	探方号	期段	尺度						出土遗物		备注
			口部			底部			陶器	石、骨、蚌器	
			长	宽	深	长	宽	深			
77	T2	一期早段	130	75	170			220	AI深腹罐，II小口高领罐，AI钵，AI碗。		
78	T10	一期晚段	264	220	70	284		264	AI，AII，BaI深腹罐，II小口高领罐，AII甗，AII甗腰，AII甗足，AI碗，AII钵，BII豆柄，缸，AII深腹盆，AI，AII圈足盘，II刻槽盆，鬶残片，D圆陶片。		
79	T10	二期早段	200	134	75	190	125	175	BI深腹罐，Ac高足鼎足，Ab高足鼎，盆，AII器盖（壁），Aa甲I盖纽。		
80	T10	一期晚段	265	180	85	255	200	145	AI，BaI，BaII深腹罐，I豆，白陶片。		
81	T3	一期晚段	265	145	102			183	AI，BaI，BaII深腹罐，I，II小口高领罐，AI，AII圈足盘，AI碗，刻槽盆。		
82	T3	一期晚段	138	65	183			213	AI，AII，BaII深腹罐，小口高领罐。		
83	T2	一期早段	230	185	153		190	205	AI，II深腹罐，I，II小口高领罐，AI钵，AI圈足盘。	B型石铲。	
84	T2	一期早段	185	200	200	295		350	AI，AII深腹罐，I小口高领罐，Aa高足鼎，AI高足鼎足，AII甗，足，AI豆，AI圈足盘，AI碗，AI，BI钵，鬶，器盖，A圆陶片。		
85	T2	一期早段	190	125	180	189	120	250	AI深腹罐，C圆陶片。		
87	T13	二期晚段	220	210	160	240	240	250	AI，BI，CI深腹罐，Ab足高足鼎，Ab高足鼎足，I，II小口高领罐，AI器盖（壁），羊首器纽。		
88	T3～T4	一期晚段	190		110	216		220	AI，AII，BaI深腹罐，I，II小口高领罐，AI碗，AI钵，AI圈足盘。		
89	T12	二期晚段	210	110	30			110	AI，BII，CI深腹罐，折肩罐，Ab高足鼎足，II小口高领罐，Ab高足鼎足，AII平底盆，AII刻槽盆，II刻槽盆，Aa高足鼎足。	骨针，骨簪。	
90	T12～T13	二期晚段	195	30	80	143	14	195～200	AI，BII，CI深腹罐，II小口高领罐，折肩罐残片，II刻槽盆，AII平底盆，A钵，碗。另有第一期风格的碗。		
91	T12	二期晚段	130	25	200		25	290	AI，CI，CII深腹罐，Ab高足鼎足，钵，瓦足瓮残片，尊形瓮，折肩罐。混有第一期的AI深腹罐。	石镞。	

续附表五

灰坑号	探方号	期段	尺度						出土遗物		备注
			口部			底部		深	陶器	石、骨、蚌器	
			长	宽	深	长	宽				
92	T12-T13	一期晚段	265	180	160			290	AⅡ、AⅡ深腹罐,Ab 高足鼎足,罐形甑,Ⅰ、Ⅱ小口高领罐,BⅡ豆柄,AⅠ钵,残相圈足,圈足盘残片。	石铲,石斧,石镞,石镰,骨刀。	
93	T2	二期早段	170	145	175~190	180		320	AⅠ、BⅠ深腹罐,Ⅰ、Ⅱ小口高领罐,A高足鼎,AaⅡ高足鼎足,AⅡ钵,Ⅱ豆盘,拍。	石镰,A石镞,Aa 石铲。	
94	T4	二期早段	330	130	288	364	150	375	BⅠ深腹罐,Ⅰ小口高领罐,B高足鼎足,AⅡ深腹盆,AⅠ平底盆残底。	A骨锥。	
95	T1	一期,未分段	130	90	125	110	73	285			
96	T12	一期早段	200	175	140	220		260	AⅠ、BⅠ深腹罐,Ⅱ平底盆,小口高领罐,圈足瓮,钵,AⅡ碗,Ⅰ圈足盘。	骨镞。	
97	T12	二期早段	170	156	80	130	130	110	AⅠ、AⅡ深腹罐,碗,AⅡ平底盆,子母口缸。	Bb石铲。	
98	T3	一期晚段	270	120	145	235		240	AⅠ、AⅡ,BaⅠ、BaⅡ,Bb深腹罐,Ⅰ、Ⅱ小口高领罐,AⅠ碗,AⅠ、AⅡ钵,AⅡ圈足盘,AaⅡ单耳杯,Ⅱ瓢腰。		
99	T3-T4	一期早段偏晚	210	192	170	228	206	370	AⅠ、AⅡ,BaⅠ深腹罐,Ⅰ、Ⅱ小口高领罐,Ⅰ矮鼎足,A高足鼎,BⅠ圈足盘,豆座,瓢形杯,AaⅠ单耳杯。	Aa 石铲,蚌刀。	
100	T2-T3	二期早段	170	106	80			152	AⅠ、BⅠ深腹罐,折肩罐,Aa 高足鼎,尊形瓮残片,AⅡ平底盆,AⅡ、BⅡ器盖(壁),鸡冠鋬。		混入第一期AⅠ深腹罐。
101	T2-T3	一期晚段	160	160	175	160	160	215	AⅠ、AⅡ,BaⅠ、BaⅡ深腹罐,Ⅰ小口高领罐,AⅠ、AⅡ、AⅢ碗,AⅡ钵,尖圆唇泥质罐,鸡冠形鋬,瓶。	B、C石刀,Ab、B石铲,石刮削器。	
103	T4	一期晚段	250	160	136	254		275	AⅠ、BaⅠ单耳杯,Ⅰ、Ⅱ小口高领罐,鼎,豆,钵,刻槽盆,单耳杯,折壁器盖,A圆陶片,纺轮,环。	A、B石铲,骨匕。	
104	T12	一期晚段	175	115	215	165	105	265	BaⅠ深腹罐,AⅠ钵,AⅡ圈足盘,A型圆陶片。	B石铲。	
105	T1	一期晚段	140	110	105	152		255	AⅠ、BaⅠ,BaⅡ深腹罐,Ⅰ、Ⅱ小口高领罐,素面罐,AaⅠ,Ab高足鼎足,BⅡ碗,B单耳杯,矮领瓮,壶,圈足器,AⅠ、AⅡ钵。		
106	T1	一期,未分段	80	50	160	70	35	215			

续附表五

灰坑号	探方号	期段	口部长	口部宽	口部深	底部长	底部宽	底部深	陶器	石、骨、蚌器	备注
107	T1	一期，未分段	150	70	125			275			
108	T12	二期晚段	150	90	150～200	153	85	230	BⅠ、CⅠ深腹罐，Ⅰ小口高领罐。		
109	T3	二期早段	65	40	175～190			235	BⅠ深腹罐。		
110	T3	一期早段	276	276	195	280	280	275	AⅠ、AⅡ、BaⅠ、Bb深腹罐，Ⅰ小口高领罐，AⅠ、AⅡ碗，Ⅰ瓶腰，Ⅰ刻槽盆，AⅠ圈足盘。		
111	T12	一期早段	255	175		346		自150	深腹盆，泥质红陶器残块，陶水管道壁残片，Aa高足鼎足，Ⅰ小口高领罐，AⅠ、BaⅠ深腹罐，AⅠ、BⅡ、CⅠ钵，素面罐，AⅠ豆，刻槽盆，AⅡ圈足盘，AⅠ平底盆，异形器，纺轮。	石圭形器，AⅠ石铲，CⅠ骨锥，Ⅰ骨簪，骨。	
112	T3	一期晚段	265	115	165			230	AⅠ、AⅡ、BaⅠ、BaⅡ深腹罐，Ⅰ小口高领罐，BⅠ瓶足，甑箅，AⅠ、AⅡ碗，AⅡ钵，AⅠ圈足盘。	AⅠ石铲。	
113	T2－T3	一期早段	190	190	235	210	210	325	AⅠ、AⅡ深腹罐，Ⅰ、Ⅱ小口高领罐，AⅠ钵，AⅠ碗，AⅠ圈足盘，Ⅰ瓶，曲腹盆，Ⅱ双腹盆，平底器，鬶，器盖。	残石器，蚌器。	
114	T3	一期早段	115	50	225	172	40	300		AⅠ石刀。	
115	T3	一期晚段	160	135	130			210			
116	T4	一期，未分段	200	65	130			275			
117	T4	一期晚段	175	145	210	145	145	235	AⅠ、AⅡ、BaⅠ深腹罐，AⅠ、BⅡ钵，Ⅱ圈足残片，AⅠ碗。		
118	T4	一期晚段	200	195	235	195	190	280	AⅠ、AⅡ深腹罐，AⅠ、BaⅠ圈足盘，AⅠ、AⅡ碗。		
119	T3－T4	一期晚段	90	90	85			140	AⅡ、BaⅠ深腹罐，AⅠ碗，陶瓶残片。		
120	T4	一期晚段			130			160			
121	T4	一期晚段	260	175	160			286	AⅠ、AⅡ、BaⅠ、BaⅡ深腹罐，Ⅰ、Ⅱ小口高领罐，AⅠ、BⅠ碗，AⅡ圈足盘，AⅠ、AⅡ钵，甑，AⅠ、BⅠ、BⅡ豆柄，残豆盘，双腹盆，鬶，甑箅。	残石器。	

续附表五

灰坑号	探方号	期段	尺度						出土遗物		备注
			口部			底部			陶器	石、骨、蚌器	
			长	宽	深	长	宽	深			
122	T4	一期晚期			270			335	瓮残片。		
123	T3	一期晚段	60	50	150	55	55	200	陶片甚碎。		
124	T2－T3	一期早段	195	45	200		45	315	I 小口高领罐，碗，杯。		
125	T3	一期，未分段	90	55	150			210			
126	T4－T12	二期早段	245	160	100			155	遗留有极少量第二期陶片。		
127	T6	一期早段	100	55	415			445	陶片甚碎，可辨器形有 A I 深腹罐残片。		

附表六

1999、2000 年墓葬登记表

分类	年度	编号	所在探方	方向	形制与尺度（厘米）							人骨						随葬器物	期段	备注
					整体形状	口部		底部		残深		数量	性别	年龄（岁）	葬式	病理				
						长	宽	长	宽											
第1类	1999	M1	T2	202°	长方形竖穴土坑墓	175	50	170	45	34～38		1	女	30～35	仰身直肢			二期晚段	
		M2	T2	94°	长条形竖穴土坑墓	145～154	30～40	143～152	28～38	5～12		1	女	15～18	仰身直肢			二期晚段	被 M1 打破，打破 M3
		M3	T2	87°	长方形竖穴土坑墓	136	32～40	135	27～35	8～14		1	女	10～12	仰身直肢			二期晚段	南部被 M2 打破
		M4	T2	20°	墓扩不明显							1	不详	5～6	仰身曲肢			二期晚段	被 H23 叠压
		M5	T2	197°	长方形竖穴土坑墓	136～139	23～33	135～137	23	26～30		1	男	5～7	仰身直肢		骨镞1件	二期晚段	西南部被 H11 打破
		M6	T2	110°	长条形竖穴土坑墓	171～180	26～39	171～180	26～39	34～59		1	男	35 左右	仰身直肢			二期晚段	被 M5 和 H23 打破
		M7	T2	187°	长条形竖穴土坑墓	164～166	25～33	164～166	25～26	40		1	?	16～18	仰身直肢	骨质增生		二期晚段	
	1999	M9	T4	200°	长方形竖穴土坑墓	170	50～58	170	50	20		1	男	30～40	仰身直肢	牙齿患虫牙病		一期晚段	
		M8（H32）	T4	头朝西南	圆形袋状坑	190		216		30～33		1	?	?	仰身直肢			一期晚段	无头骨，残基。
第2类		H64	T4	头朝南	椭圆形直壁平底	366	75～176			110		1	男	50 左右				二期早段	
	2000	H53	T4	头朝南	不规则形弧壁平底	210	215	175	124～212	40		1	男	50 左右		轻微骨质增生		二期早段	
		H96	T12		圆形袋状坑	196	175	206	185	50		1	女	10～13	仰身直肢			一期早段	出土于灰坑上部

续附表六

分类	年度	编号	所在探方	方向	整体形状	形制与尺度(厘米)					数量	人骨				随葬器物	期段	备注
						口部		底部				性别	年龄(岁)	葬式	病理			
						长	宽	长	宽	残深								
		H80	T10		圆形袋状坑	265	180	255	200	60		不详	3~4	额骨上部			一期晚段	人头骨出土于H80底部
		H56	T10		椭圆形袋状坑	224	125	230	128	64		不详	5~6	额骨1块			二期早段	额骨出土于灰坑底部
第3类	2000	⑥	T11									不详	小孩	枕骨1块			二期晚段	
		H11	T1-T2		椭圆形袋状坑	240	170	258		180	1							头骨出于填土中
		H62	T2-T3		椭圆形袋状坑	302	294	315	300	90	2		未成年				二期晚段	头骨出于填土中

附表七　　　　　　　　　　1999、2000 年灰沟登记表

年度	编号	所在探方	形状	尺度（米）						填土状况	期段	备注
				口			底					
				长	宽	深	长	宽	深			
1999	G1	T1	长条形,坡壁,平底	1.62	0.22	0.8	1.62	0.18	1	黄沙土,较疏松	二期晚段	南出探方外
	G2	T6	长条形,坡壁,平底		0.6~1	1.4			0.65~0.85	土色灰花,质疏松	二期早段	东、西均出探方外
	G3	T6	长条形,壁较直,平底	0.9~1	0.8~0.95	1.8			0.6	土色灰花	一期晚段	
2000	G1	T12 T13	长条形,弧壁,圜底		1.75~2.7	0.35			自深0.5~0.7	两层。上层为灰土,下层为黄土	二期晚段	东、西、北三面均出探方外
	G2	T12 T13	长条形,坡壁,平底		1.25~2.75	0.35~0.75		0.9~1.8	1.1~1.5	三层	二期晚段	
	G3	T5 T6 T7 T11 T14	长条形,坡壁,圜底	60~87.5	16~56	0.56~1.2			6.2	色灰黄,近底处有淤积土	二期晚段	
	G5	T12 T13	长条形,坡壁,圜底	10	2.5~3.4	0.6~0.8			0.8~1.5	三层,色灰,质松	二期早段	

附表八　　　　　　　　　　第一期可分型灰坑形制统计表

坑口 \ 坑壁	a(直壁)	b(坡壁或弧壁)	c(袋状壁)	合计	百分比(%)
A 型（近圆形）	99T4H8、00T2－T3H101	00T2H77、00T4H121	99T4H80、99T4H132、99T6H227、00T1H30、00T1H55、00T2H57、00T2H84、00T2H98、00T3－T4H88、00T3H58、00T3H99、00T3H113、00T1H66、00T11H1、00T12H96、00T12H111	20	29.85
B 型（椭圆形）	99T3H20、99T6H223、00T1H67、00T2H85、00T4H119	99T1H118、99T4H161、00T1H95、00T9H43	99T4H170、99T4H172、00T3H81	12	17.91
C 型（近长方形）	99T1H124、99T1H126	99T6H226		3	4.48
D 型（不规则形）	99T1H123、99T2H107、00T3H110、00T6H127	00T2H76		5	7.46
E 型（口部不明）	99T2H90、99T2H140、99T2H148、00T12H104、00T3H112、00T4H115、00T3H123	99T1H122、99T2H103、99T2H104、99T2H105、99T2H106、99T2H109、99T2H141、99T2H146、99T4H82、　00T1H65、00T1H106、00T3H82、00T4H63、00T9H42	99T4H79、99T4H160、99T6H228、00T10H78、00T12H92、00T1H105	27	40.30
合计	20	22	25	67	
百分比(%)	29.85	32.84	37.31		100

注：表内探方号前冠以"99"和"00"，表示探方发掘年份为 1999 年和 2000 年。附表一〇同此。

附表九　　　　　　　　　　第一期未分型灰坑统计表

	探方	T1	T2	T3	T4	T6	合计
1999年	灰坑号	H114、H117、H119、H120、H121、H125、H127、H128、H129、H144、H145	H91、H110、H142、H143	H17、H19	H39、H48、H62、H67、H68、H69、H76、H81、H135、H136、H137、H173、H174、H183、H184、H191、H195	H224、H225、H229	
	小计	11	4	2	17	3	37

	探方	T1	T2	T3	T4	T10	T11	合计
2000年	灰坑号	H107	H83、H124	H69、H70、H114、H125	H72、H103、H116、H117、H118、H120、H122	H80	H3	
	小计	1	2	4	7	1	1	16

附表一〇　　　　　　　　　　　　第二期可分型灰坑形制统计表

坑壁 坑口	a(直壁)	b(坡壁或弧壁)	c(袋状壁)	合计	百分比 (%)
A 型 (近圆形)	99T4H31、99T1H72、 99T1H76、00T1－T2H8、 00T4H19、00T4H26、 00T10H68、00T2H93、	99T3H3、99T1H28、 00T1H7、00T3－T4H60	99T3H18、99T2H52、 99T4H66、99T2H101、 99T3H130、00T1H6、 00T1－T2H11、 00T9H33、00T2H48、 00T4H59、 00T2－T3H62、 00T13H87、00T4H94	25	23.36
B 型 (椭圆形)	99T4H6、99T3H10、 99T4H30、99T4H56、 99T4H154、99T6H213、 00T2－T3H100	99T2H11、99T1H25、 99T1H46、00T1H5、 00T4H24、00T1H28、 00T12H97	99T1H45、99T4H61、 00T9H37、00T10H54、 00T10H56	19	17.76
C 型 (近长方形)	00T13H17	99T5H230、00T9H34		3	2.80
D 型 (不规则形)	99T2H23、00T12H89	99T1H24、99T5H236、 00T4H53		5	4.67
E 型 (口部不明)	99T2H1、99T3H4、 99T1H34、99T2H37、 99T4H38、99T1H40、 99T4H60、99T4H72、 99T2H86、99T2H87、 99T2H89、99T1H78、 99T2H84、99T2H88、 00T1H14、00T1H15、 00T3H21、00T9H36、 00T10H61、 00T12－T4H64、00T3H71、 00T4－T12H126	99T1H7、99T1H8、 99T1H15、99T1H21、 99T1H22、99T1H26、 99T1H29、99T2H96、 99T2H147、99T2H80、 99T4H78、99T5H231、 99T2H83、99T6H214、 99T6H215、99T6H218、 00T3－T4H25、00T9H44、 00T3H49、00T2－T3H50、 00T10H79、00T12－T13H90	99T1H70、99T4H35、 99T1H36、99T4H37、 99T1H115、99T6H212、 99T6H216、00T1H9、 00T9H40、00T2H52、 00T2H74	55	51.40
合计	40	38	29	107	
百分比(%)	37.38	35.51	27.10		99.99

附表一一　　　　　　　　　　　　第二期未分型灰坑统计表

	探方	T1	T2	T3	T4	T5	T6	合计
1999 年	灰坑号	H33、H35、H39、 H42、H43、H44、 H47、H48、H71、 H74、H75、H77、 H112、H113、H116、 H139	H17、H38、 H41、H53、 H81、H95	H53、H54	H32、H42、H49、 H71、H74、H77、 H165、H175、H179、 H182	H232、H233、 H234、H235、 H237	H217、 H219、 H220、 H221、 H222	
	小计	16	6	2	10	5	5	44

	探方	T1	T2	T3	T4	T9	T12	T13	合计
2000 年	灰坑号	H10、H31、 H51	H45、H46 H73、H75	H22、H109	H20	H38、H39	H91、H108	H4	
	小计	3	4	2	1	2	2	1	15

附表一二　　　　　　　　　　第二期第 3 类墓葬登记表

单位	人骨状况	备注
1999T1④B	头骨片	
1999T1⑤A	肋骨	
1999T1⑤B	小孩之左侧跟骨,成人之顶骨	
1999T1⑤D	顶骨片,肋骨,股骨,跖骨	
1999T1H7	小孩之头骨片	
I999T1H15	顶骨残片	
1999T1H28	头骨片	
1999T1H29	右侧胫骨	
1999T1H35	桡骨下端	
1999T1H72	股骨,肱骨,掌骨	
1999T2H101	头骨片,股骨	
2000T1⑧	小孩之右侧股骨,成人之左侧股骨、髋骨、头骨残块	
2000T1H5②	幼儿之下颌骨,M1 刚长出;另有尺骨,肋骨	
2000T1H6	小孩之左侧胫骨,上下未愈合	
2000T1H8	幼儿之左侧胫骨	
2000T1H14	成人之右侧股骨残块	
2000T2⑧	小孩之尺骨;桡骨残块;锁骨;下颌骨,M2 出	估计 12 ~ 13 岁
2000T2H11	成人之股骨残块 1。小孩之胫、髋、楔骨,右侧股骨和胫骨,上下均未愈,6 ~ 7 岁;另有枢椎;锁、桡骨 2;肋骨 3;胸椎 3;右侧肱骨 1;桡骨 1;左侧肩胛骨 1;髋骨 2;骶骨	
2000T2H51	头骨残块,胫骨片	
2000T2H62	小孩之右侧胫骨,上下关节未愈,10 岁左右;另有肱骨,桡骨 2,头骨	
2000T2H74	小孩之桡骨	
2000T4⑤A	小孩之头骨片,另有肱骨残块	
2000T4H19	跖骨	
2000T3 - T4H21	左侧胫骨,肩胛骨残块,腓骨下端,跗骨 10,肋骨 1,残距骨 2,完整的距骨 4,指骨 1,中间指骨 1,近端指骨 1,腓骨,左侧距骨,右侧距骨	
2000T4H24	右侧下颌骨带 M1 - M3	
2000T4H25	小孩之上白齿 1	
2000T4H26①	髋骨残块	
2000T4H26④	尺骨	
2000T5⑩	股骨残块,左侧肱骨下端,胫骨,骶骨,顶骨	
2000T5⑪B	顶骨残块	
2000T5⑫	成人之右侧股骨,左侧跟骨	
2000T6⑫A	成年人之右侧胫骨,股骨 2	

续附表一二

单位	人骨状况	备注
2000T7⑩	顶骨	
2000T9H36	顶骨片	
2000T9H37	股骨残块	
2000T9H40	头骨残块,桡骨	
2000T10④A	顶骨	
2000T12G2	头骨片	

附表一三　　　　**2000T4H26 陶系纹饰统计表**　　　（单位：片）

纹饰	泥质					夹砂				合计	百分比（%）
	浅灰	深灰	黑	褐	红	浅灰	深灰	褐	红		
方格纹	17	21		5		111	113	56	12	335	16.07
篮纹	209	312		54		32	31	13		651	31.22
素面	69	3	79		9	164	164	101	68	657	31.51
素面磨光	2	10	98	13						123	5.9
绳纹	7	15		2		106	41	69	3	243	11.65
附加堆纹+篮纹	1	14				2	15		1	33	1.58
附加堆纹						6	7			13	0.62
弦纹	4	1	8						2	15	0.72
鸡冠耳						2			1	3	0.14
镂孔			1							1	0.05
指甲纹+弦纹							1			1	0.05
云雷纹			1							1	0.05
指甲纹	3		1							4	0.19
附加堆纹+方格纹								2	2	4	0.19
刻划纹									1	1	0.05
合计	312	376	188	74	9	423	374	239	90	2085	99.99
百分比（%）	14.96	18.03	9.02	3.55	0.43	20.29	17.94	11.46	4.32	100	

附表一四　　　　**2000T4H24 陶系纹饰统计表**　　　（单位：片）

纹饰	泥质					夹砂					合计	百分比（%）
	浅灰	深灰	黑	褐	红	浅灰	深灰	黑	褐	红		
方格纹	7					25	42		18		92	21.5
篮纹	32	60		24		3	8				127	29.67
素面						48	41	9	4	3	105	24.53
素面磨光	12		12	3	3						30	7.01
绳纹	9	3		4		5	22			1	44	10.28
附加堆纹+篮纹	2			1		2	4		1		10	2.34
弦纹						5		3	9		17	3.97
指甲纹								3			3	0.7
合计	62	63	12	32	3	88	117	15	32	4	428	
百分比(%)	14.49	14.72	2.8	7.48	0.7	20.56	27.34	3.5	7.48	0.93		100

附表一五　　　　　**2000T4H25 陶系纹饰统计表**　　　　（单位：片）

陶系 纹饰	泥质					夹砂					合计	百分比（%）
	浅灰	深灰	黑	褐	红	浅灰	深灰	黑	褐	红		
方格纹	12					20	32		17	2	83	17.44
篮纹	38	50		1	1	14	12		1	1	118	24.79
素面	67	31				40	15	2	2	5	162	34.03
素面磨光			10								10	2.10
绳纹	17					7	43		12		79	16.6
附加堆纹+篮纹		2				1	3		1		7	1.47
弦纹						2	4		7		13	2.73
指甲纹						1	2	1			4	0.84
合计	134	83	10	1	1	85	111	3	40	8	476	
百分比（%）	28.15	17.44	2.10	0.21	0.21	17.86	23.32	0.63	8.40	1.68	100	
	48.11					51.89						

附表一六　　　　　**2000T4H59 陶系纹饰统计表**　　　　（单位：片）

陶系 纹饰	泥质				夹砂					合计	百分比（%）
	深灰	浅灰	褐	红	黑	深灰	浅灰	褐	红		
方格纹	2	7				52	22	10	5	98	18.63
篮纹	58	48	29	3		13	2	6		159	30.23
素面	10	13	7		30	30	43	26		159	30.23
素面磨光	8	2	6							16	3.04
绳纹	9	2	5			35	10	8	1	70	13.31
附加堆纹+篮纹						7				7	1.33
弦纹					8					8	1.52
鸡冠耳						1	2	1		4	0.76
指甲纹					1	1		2	1	5	0.95
合计	87	72	47	3	39	139	79	53	7	526	
百分比（%）	16.54	13.69	8.94	0.57	7.14	21.40	15.02	10.10	1.33		100

附表一七　　　　　　2000T4H53 陶系纹饰统计表　　　　（单位:片）

陶系\纹饰	泥质					夹砂					合计	百分比(%)
	黑	深灰	浅灰	褐	红	黑	深灰	浅灰	褐	红		
方格纹		11					21	14	10	4	60	11.45
篮纹		78	51	10	1		11	2	5		158	30.15
素面			1	10		54	30	45	17	3	160	30.53
素面磨光		12	11	5							28	5.34
绳纹		7	4				65	7	8		91	17.37
附加堆纹+篮纹		3	2					2			7	1.34
附加堆纹				1.			1				2	0.38
弦纹	9					4			2		15	2.86
指甲纹	2										2	0.38
刻划纹			1								1	0.19
合计	11	111	70	26	1	58	127	71	42	7	524	99.99
百分比(%)	2.1	21.18	13.36	4.96	0.19	11.07	24.24	13.55	8.02	1.34	100.01	

附表一八　　　　　　2000T4H19 陶系纹饰统计表　　　　（单位:片）

陶系\纹饰	泥质					夹砂					合计	百分比(%)
	黑	深灰	浅灰	褐	红	黑	深灰	浅灰	褐	红		
方格纹			6			11	32	11	5		65	15.74
篮纹		60	21	31	7		2	7	11		139	33.66
素面						11	17	24	15	6	73	17.68
素面磨光	19		5	8							32	7.75
绳纹		7	1				13	26	14	7	68	16.46
附加堆纹+篮纹			1				3	1	1		6	1.45
附加堆纹							2				2	0.48
弦纹	3	2	4				3		4		16	3.87
按窝纹									4		4	0.97
指甲纹						3	4	1			8	1.94
合计	22	69	38	39	7	25	76	70	54	13	413	
百分比(%)	5.33	16.71	9.20	9.44	1.69	6.05	18.40	16.95	13.08	3.15		100

附表一九　　　　　　　　**2000T2 – T3H45 陶系纹饰统计表**　　　　　（单位：片）

纹饰＼陶系	泥 质					夹 砂					合计	百分比（%）
	黑	深灰	浅灰	褐	红	黑	深灰	浅灰	褐	红		
方格纹		7	1				18	60	42		128	16.93
篮纹		56	58	62	4		11	17	9		217	28.70
素面		10	12	6	1	69	50	112	6		266	35.19
素面磨光	12	13	10		2						37	4.89
绳纹		14					26	30	15		85	11.24
附加堆纹						1	1		2		4	0.53
弦纹						6					6	0.79
鸡冠耳		1							1		2	0.26
压印纹								2			2	0.26
指甲纹	3							4	1		8	1.06
刻划纹										1	1	0.13
合计	15	101	81	68	7	76	110	222	75	1	756	99.98
百分比（%）	1.98	13.36	10.71	8.99	0.93	10.05	14.55	29.37	9.92	0.13	99.99	

附表二〇　　　　　　　　**2000T12⑤A 陶系纹饰统计表**　　　　　（单位：片）

纹饰＼陶系	泥 质					夹 砂					合计	百分比（%）
	黑	深灰	浅灰	褐	红	黑	深灰	浅灰	褐	红		
方格纹		7	11	3			58	50	13	7	149	7.6
篮纹		197	285	19	21		11	21	10		564	28.76
素面	111	15	42	17		123	80	215	15		618	31.51
素面磨光	60	80	17								157	8.01
绳纹		10					56	101	11	13	191	9.74
附加堆纹＋篮纹		2	1				7	6	13		29	1.48
附加堆纹							8	6	13		27	1.38
弦纹	27	21	13	7		35	21	19	8	11	162	8.26
鸡冠耳							2				2	0.1
弦纹＋篮纹							18	7	9		34	1.73
镂孔								2	1		3	0.15
指甲纹			7				10		8		25	1.27
合计	198	332	376	46	21	158	271	427	101	31	1961	99.99
百分比（%）	10.1	16.93	19.17	2.35	1.07	8.06	13.82	21.77	5.15	1.58	100	

附表二一　　　　2000T2H11 **陶系纹饰统计表**　　　（单位：片）

纹饰 \ 陶系	泥质 黑	深灰	浅灰	褐	夹砂 黑	深灰	浅灰	褐	红	合计	百分比（%）
方格纹		11	8		90	40	27	8		184	14.74
篮纹		107	140	80		17	11	5		360	28.85
素面	16	51	43	78	43	65	121	3	24	444	35.58
素面磨光	57	17	15							89	7.13
绳纹			13		30	16	20			79	6.33
附加堆纹 +篮纹		3	1		8	11	1			24	1.92
附加堆纹					5	4	2			11	0.88
弦纹	12	7			6		9	4		38	3.04
指甲纹	4		6		2	7				19	1.52
合计	89	196	226	158	51	222	212	62	32	1248	99.99
百分比（%）	7.13	15.71	18.11	12.66	4.09	17.79	16.99	4.97	2.56	100.01	

附表二二　　　　2000T2H93 **陶系纹饰统计表**　　　（单位：片）

纹饰 \ 陶系	泥质 黑	深灰	浅灰	褐	夹砂 红	黑	深灰	浅灰	褐	合计	百分比（%）
方格纹			11				148	14	13	186	23.51
篮纹		7	66	60	20		13	2		168	21.24
素面		103	13	16	17		70	25	4	248	31.35
素面磨光	12	35		9						56	7.08
绳纹							30	6	14	50	6.32
附加堆纹 +篮纹			1				6	2		9	1.14
弦纹	7	2	6			4	15	7		41	5.18
弦纹+篮纹							7	1	4	12	1.52
镂孔								2		2	0.25
指甲纹	7			1		9		2		19	2.40
合计	26	147	97	86	37	13	289	61	35	791	
百分比（%）	3.29	18.58	12.26	10.87	4.68	1.64	36.54	7.71	4.42		99.99

附表二三　　　　　　　　　2000T6⑧陶系纹饰统计表　　　　　　（单位:片）

纹饰＼陶系	泥质				夹砂					合计	百分比（%）
	浅灰	深灰	黑	褐	红	浅灰	深灰	黑	褐		
素面	433	364	69	19		104	161	156	62	1368	27.58
篮纹	200	168	11	18	1	147	332	25	75	977	19.69
方格纹	85	50		2		264	418	16	61	896	18.06
附加堆纹	1	18	1	1		2	16	4	7	50	1.01
旋纹	30	58	7	3		6	33	102	6	245	4.94
附加堆纹+篮纹	153	110	16			36	92	12	56	475	9.57
弦纹	13	145	18	2		7	35	32	4	256	5.16
压印纹		1		1		8	1		21	32	0.65
绳纹	24			6		150	233	2	84	499	10.06
附加堆纹+绳纹	6	4				5	10			25	0.5
鸡冠耳	1	6				1	2			10	0.2
附加堆纹+方格纹	26	12				5	67	2	7	119	2.4
指甲纹		3								3	0.06
戳印纹	1						1		4	6	0.12
合计	973	939	122	52	1	735	1401	351	387	4961	100
百分比（%）	19.61	18.93	2.46	1.05	0.02	14.82	28.24	7.08	7.8	100.01	

附表二四　　　　2000T4H26 陶器器类统计表　　（单位:件）

陶系器类	泥 质				夹 砂			合计	百分比（%）
	浅灰	深灰	黑	褐	浅灰	深灰	褐		
罐	3	12	7	1	25	35	4	87	62.59
器盖		1	3			6		10	7.2
侧扁足鼎					2		6	8	5.76
矮足鼎						1		1	0.72
镂孔鼎足					4	1	2	7	5.04
子母口缸（瓮）					1	3		4	2.88
豆	1		1			2		4	2.88
盆						1		1	0.72
甑					3	1		4	2.88
平底盆			1		2			3	2.16
圈足盘					1			1	0.72
鬶				1	1			2	1.44
器座						1		1	0.72
刻槽盆					1			1	0.72
矮领瓮		1						1	0.72
钵	1							1	0.72
碗	1	1						2	1.44
穿孔杯形器		1						1	0.72
合计	6	16	12	2	40	51	12	139	100.03
百分比(%)	4.32	11.51	8.63	1.44	28.78	36.69	8.63	100	

附表二五　　　　　　　　2000T4H24 陶器器类统计表　　　　（单位:件）

陶系＼纹饰	泥质		夹砂				合计	百分比（%）
	深灰	红	浅灰	深灰	黑	褐		
罐			4	2	7	1	14	73.68
侧扁足鼎						1	1	5.26
鬶（足）	2						2	10.53
刻槽盆			1				1	5.26
镂孔盘		1					1	5.26
合计	2	1	5	2	7	2	19	99.99
百分比（%）	10.53	5.26	26.32	10.53	36.84	10.53	100.01	
	15.79		84.22					

附表二六　　　　　　　　2000T4H25 陶器器类统计表　　　　（单位:件）

陶系＼器类	泥质				夹砂					合计	百分比（%）
	浅灰	深灰	黑	红	浅灰	深灰	黑	褐	红		
罐			5	1	7	2		2	1	18	60
刻槽盆					1					1	3.33
钵								1		1	3.33
器盖			2				2			4	13.33
侧扁足鼎								1		1	3.33
矮足鼎								1		1	3.33
豆		1								1	3.33
小口高领罐	1	1								2	6.67
甑					1					1	3.33
合计	1	2	7	1	9	2	2	5	1	30	99.98
百分比（%）	3.33	6.67	23.33	3.33	30	6.67	6.67	16.67	3.33	100	
	36.66				63.34						

附表二七　　　　2000T4H59 陶器器类统计表　　　（单位:件）

陶系\器类	泥质		夹砂					合计	百分比(%)
	浅灰	深灰	黑	深灰	浅灰	褐	红		
罐		2	5	7	9	2	1	26	56.52
侧扁足鼎						1		1	2.17
子母口瓮			1					1	2.17
豆		1	1					2	4.35
小口高领罐	2		2	1	1	1		7	15.22
盆			2		1			3	6.52
矮领瓮		2						2	4.35
钵	1							1	2.17
杯						2		2	4.35
刻槽盆					1			1	2.17
合计	3	5	11	8	12	6	1	46	
百分比(%)	6.52	10.87	23.91	17.39	26.09	13.04	2.17		99.99

附表二八　　　　2000T4H53 陶器器类统计表　　　（单位:件）

陶系\器类	泥质			夹砂					合计	百分比(%)
	黑	浅灰	深灰	黑	深灰	浅灰	褐	红		
罐	3	1	4	1	6	3	1		19	54.29
器盖	1	1							2	5.71
侧扁足鼎								2	2	5.71
镂空足鼎	1				1				2	5.71
小口高领罐		1			1		1		3	8.57
钵		1	1						2	5.71
碗		2							2	5.71
刻槽盆						1	1		2	5.71
深腹盆	1								1	2.86
合计	6	6	5	1	8	4	3	2	35	99.98
百分比(%)	17.14	17.14	14.29	2.86	22.86	11.43	8.57	5.71	100	

附表二九　　　　　　　　**2000T4H19 陶器器类统计表**　　　　　（单位:件）

陶系　　器类	泥质				夹砂				合计	百分比(%)
	黑	深灰	浅灰	褐	黑	深灰	浅灰	褐		
罐	2			2	2	3	1	1	11	39.29
器盖	1				1	1			3	10.71
侧扁足鼎								4	4	14.29
矮足鼎						1			1	3.57
子母口缸(瓮)	2								2	7.14
尊形瓮		1							1	3.57
钵		1							1	3.57
平底盆							1		1	3.57
双耳平底盆							1		1	3.57
篮形豆	1								1	3.57
鬶			1						1	3.57
鬶(盉)足			1						1	3.57
合计	6	2	2	2	3	5	3	5	28	
百分比(%)	21.43	7.14	7.14	7.14	10.71	17.86	10.71	17.86		99.99

附表三〇　　　　　　　　**2000T2－T3H45 陶器器类统计表**　　　　　（单位:件）

陶系　　器类	泥质				夹砂				合计	百分比(%)
	黑	深灰	浅灰	褐	黑	深灰	浅灰	褐		
罐	4	1			1	3	5	2	16	48.48
器盖	2				1				3	9.09
侧扁足鼎								3	3	9.09
小口高领罐	1							1	2	6.06
钵		1			2		1		4	12.12
碗			1						1	3.03
鬶				1					1	3.03
杯			1						1	3.03
深腹盆							1		1	3.03
豆	1								1	3.03
合计	8	2	2	1	4	3	7	6	33	
百分比(%)	24.24	6.06	6.06	3.03	12.12	9.09	21.21	18.18		99.99

附表三一　　　　　　**2000T12⑤A 陶器器类统计表**　　　　　（单位:件）

陶系 / 器类	泥质		夹砂					合计	百分比（%）
	黑	深灰	浅灰	黑	深灰	浅灰	褐		
罐	5	7		2	5			19	47.5
器盖	2			2				4	10
镂孔足鼎				1			1	2	5
矮足鼎				1			1	2	5
盆				1				1	2.5
钵					3			3	7.5
杯					2			2	5
平底盆						3		3	7.5
平底盘			1					1	2.5
双耳平底盆	1							1	2.5
圈足盘	1			1				2	5
合计	9	7	1	8	10	3	2	40	
百分比（%）	22.5	17.5	2.5	20	25	7.5	5		100

附表三二　　　　　　**2000T2H11 陶器器类统计表**　　　　　（单位:件）

陶系 / 器类	泥质				夹砂				合计	百分比（%）
	黑	深灰	浅灰	褐	黑	深灰	浅灰	褐		
罐	1	4	2	1	2	12	4	1	27	62.79
器盖	1			1					2	4.65
小口高领罐	1		2				1	2	6	13.95
钵			1	1		3	1		6	13.95
矮领瓮	1								1	2.33
甑足						1			1	2.33
合计	4	4	5	3	2	16	6	3	43	
百分比（%）	9.3	9.3	11.63	6.98	4.65	37.21	13.95	6.98		100

附表三三　　　　2000T2H93 陶器器类统计表　　　　（单位:件）

陶系\器类	泥质				夹砂			合计	百分比（%）
	褐	深灰	浅灰	黑	深灰	浅灰	褐		
罐					8	7	4	19	63.33
侧扁足鼎					1			1	3.33
矮足鼎						1		1	3.33
子母口缸(瓮)				1				1	3.33
碗(钵)					3	1		4	13.33
杯	1							1	3.33
刻槽盆						1		1	3.33
豆(盘)		1						1	3.33
碟			1					1	3.33
合计	1	1	1	1	12	9	5	30	99.97
百分比(%)	3.33	3.33	3.33	3.33	40	30	16.67	100	

附表三四　　　　2000T6⑧陶器器类统计表　　　　（单位:件）

陶系\器类	泥质				夹砂				合计	百分比（%）
	黑	深灰	浅灰	褐	黑	深灰	浅灰	褐		
罐	2	5	15	1	10	94	21	15	163	35.43
器盖	12	11	6	3	35	65	3	12	147	31.96
镂孔鼎								1	1	0.22
侧扁足鼎					1	10	2	20	33	7.17
矮足鼎		1					2	4	7	1.52
子母口瓮		1				3			4	0.87
豆	13	3	1	4		2		3	26	5.65
小口高领罐	1	6	1	2	13	6	1		30	6.52
盆	4	2			15	6	1	1	29	6.30
甑						1	1		2	0.43
三足盘		2	1			1			4	0.87
盉		1							1	0.22
平底盆	3	2	2		1				8	1.74
刻槽盆		3	1	1					5	1.09
合计	35	37	27	11	75	188	31	56	460	
百分比(%)	7.61	8.04	5.87	2.39	16.30	40.87	6.74	12.17		99.99

附表三五

第二期重要单位陶器型式组合表

分段	单位	深腹罐 A	深腹罐 B	深腹罐 C	小口高领罐	豆	平底盆 A	平底盆 B	器盖(壁) A	器盖(壁) B	鼎(足) Aa	鼎(足) Ab	鼎(足) Ac	刻槽盆	折肩罐	尊形瓮
早	1999T1H116	∨	Ⅰ	Ⅰ	Ⅰ		∨	∨	∨	∨						
早	1999T1H139	Ⅰ	Ⅰ	Ⅰ	Ⅰ											
早	2000T4H59	Ⅰ	Ⅰ	Ⅰ	Ⅰ Ⅱ	Ⅰ Ⅱ			Ⅰ				∨	Ⅰ		
早	2000T13H87	Ⅰ	Ⅰ	Ⅰ	Ⅰ Ⅱ	Ⅰ	Ⅰ		Ⅰ			∨				
早	2000T3H45	Ⅰ	Ⅰ	Ⅰ Ⅱ	Ⅰ Ⅱ	Ⅰ Ⅱ	Ⅱ		Ⅱ		Ⅰ Ⅱ	∨	∨			
早	1999T2H101	Ⅰ	Ⅰ Ⅱ	Ⅰ	Ⅰ Ⅱ		Ⅰ		Ⅰ Ⅱ			∨	∨	Ⅰ	△	
早	1999T1H78	Ⅰ	Ⅰ	Ⅰ	Ⅰ	Ⅰ	Ⅱ		Ⅱ			∨				
早	1999T6H220	Ⅰ	Ⅰ Ⅱ	Ⅰ	Ⅰ Ⅱ		Ⅰ	Ⅰ	Ⅱ	Ⅰ	∨	∨	∨	Ⅰ		
早	1999T2H87	Ⅰ	Ⅰ	Ⅰ	Ⅰ Ⅱ		Ⅰ		Ⅱ			∨				
早	1999T2H147	Ⅰ Ⅱ	Ⅰ	Ⅰ	Ⅰ Ⅱ				Ⅰ Ⅱ	Ⅰ	Ⅰ		∨	Ⅰ		
早	2000T4H26	Ⅰ	Ⅰ Ⅱ	Ⅰ	Ⅰ Ⅱ	Ⅰ	Ⅱ	Ⅰ	Ⅰ Ⅱ		Ⅰ Ⅱ	∨	∨	Ⅰ	△	
早	1999T3H10	Ⅰ	Ⅱ	Ⅰ	Ⅰ		Ⅱ		Ⅱ							
早	1999T4H49	Ⅰ	Ⅰ	Ⅰ	Ⅰ		Ⅱ		Ⅲ			∨				
早	1999T2H84		Ⅰ	Ⅰ	Ⅰ	Ⅰ										
早	2000T9H37	Ⅰ	Ⅰ	Ⅰ	Ⅰ Ⅱ						Ⅰ Ⅱ	∨				
早	2000T10H68	Ⅰ	Ⅰ	Ⅰ	Ⅱ				Ⅱ		Ⅱ		∨	Ⅰ		

续附表三五

分段	单位	深腹罐 A	深腹罐 B	深腹罐 C	小口高领罐	豆	平底盆 A	平底盆 B	器盖(壁) A	器盖(壁) B	鼎(足) Aa	鼎(足) Ab	鼎(足) Ac	刻槽盆	折肩罐	尊形瓮
晚	2000T4H53	I	II		I				II III			∨				
晚	2000T3H62	I II	II	II	I II	I	I	I								
晚	1999T1H7	I II	II	I II	II		I II		A II	B II						
晚	1999T1H15	I	II	II		II	III		II III	II	I			II	△	△
晚	1999T1H24	I	I II	I		I II			II	II	II			II	◄	◄
晚	1999T1H28	I	I II	II	I				II	II				II	◄	◄
晚	1999T1H29	I	I II	I II	I		II III		I	II	II		∨		◄	◄
晚	1999T1H36		II	I II	I	II			II		II	∨		II	△	
晚	1999T1H40		II	I II	I II	I II	III		II	II		∨		∨	◄	◄
晚	1999T1H70	I			I II	II			II	I II	II			II		
晚	1999T2H1	II	II		I	II	III		II	II				II		
晚	1999T2H11	I	I II	I	I II	II			II	II				II		
晚	1999T2H52		I II		I II	II			II	II				II		
晚	1999T2H83	I	I II	I	II	II	I									

续附表三五

分段	单位	深腹罐 A	深腹罐 B	深腹罐 C	小口高领罐	豆	平底盆 A	平底盆 B	器盖（壁）A	器盖（壁）B	鼎（足）Aa	鼎（足）Ab	鼎（足）Ac	刻槽盆	折肩罐	尊形瓷
晚	1999T4H6	I	I II	I II	I II	II	II		II	II				II	◄	△
晚	1999T4H30	I II	I II	II			残片	II	II IV		II				◄	△
晚	1999T4H31	II	I II	I II			II III	II III	II III					II	◄	◄
晚	1999T4H56		I II	I			III	II III	II							◄
晚	1999T4H61	II	I II	I	I II	II	I II III		I II III			√	√	I II	◄	
晚	1999T4H66	I II	II	I	II	II	II	I	II			√		II	◄	
晚	1999T4H154	II	II	I	II	II	II		II				√	II	◄	◄
晚	1999T4H182	II	I II	I	II	II									△	◄
晚	1999T5H232	II	I II	I	II	II	II	I	II	II	II					
晚	2000T1H8		II	I II	I		II		II		II				◄	◄
晚	2000T3H71	I II	I II	I II	II	I II	II		II		II				◄	△
晚	2000T4H19	I II	II	II	I II	II	II	II	II III			√	√	II	◄	◄
晚	2000T4H25	I II	II	II	I II		II		III				√	II	◄	△
晚	2000T12H89	I	II	II	II		II		II		I			II	◄	△

注：△代表数量较少　▲代表数量较多　√表示存在

附表三六　　　　　　　　　　第一期哺乳动物骨骼统计表

		家　畜				野　生　动　物							
		狗	猪	黄牛	羊	斑鹿	麋鹿	獐	豪猪	竹鼠	野兔	獾	黑熊
头骨		2											
头骨残块			13	1（残角）		10（残角）	1（残角）						
上颌骨	左	2	7										
	右	1	7		1								
下颌骨	左	4	37		2								
	右	1	29	3					1				
	完整	1	7										
	前部		22										
	枝		13	2	1								
肩胛骨	左	1	6			3							
	右		6			2		1					
	残块		2	5									
肱骨	完整 左	1	1										
	完整 右	2	3										
	上端 左												
	上端 右					1							
	下端 左	1	6	3		1							
	下端 右		8										
桡骨	完整 左	1	1										
	完整 右	1	1										
	上端 左	1				4							
	上端 右												
	下端 左			1									
	下端 右		2										
尺　骨	左	1	2	1		3							
	右	1	4	1									
掌骨	完整 左	6											
	完整 右			1										
	上端 左				1								
	上端 右												
	下端 左												
	下端 右												
	未分												

续附表三六

			家　畜				野　生　动　物							
			狗	猪	黄牛	羊	斑鹿	麋鹿	獐	豪猪	竹鼠	野兔	貛	黑熊
髋　骨		左	1	3										
		右	2	5	1									
		未分		6	4		1							
股骨	完整	左	2	3										
		右		1										
	上端	左		1										
		右		2										
	下端	左	1											
		右		2										
胫骨	完整	左	1	1										
		右	1	2		1								
	上端	左			2									
		右		3	1		1							
	下端	左		3	1		1							
		右		1	3		1							
跟　骨		左		1	1		2							
		右					2							
距　骨		左					1							
		右		1	2		1							
其他跗骨（腕骨）			5											
距骨	完整	左												
		右												
		未分	1		1									
	上端	左												
		右				1								
	下　端													
指（趾）骨		近端		3	1		1							
		中间			1		1							
		末端		1										
寰　椎				2			1							
枢　椎							1							
其　他　脊　椎			5	12	5		3							
肋　骨				19	16									

续附表三六

		家　畜				野 生 动 物							
		狗	猪	黄牛	羊	斑鹿	麋鹿	獐	豪猪	竹鼠	野兔	獾	黑熊
零　牙		1	9	7	1	1		1	1				
废骨(角)料				1		4							
合计	NISP	47	261	65	8	49	1	2	2				
	MNI	4	44	3	2	4	1	1	1				

NISP　　435

MNI　　60

附表三七 第二期哺乳动物骨骼统计表

		家　畜				野 生 动 物							
		狗	猪	黄牛	绵羊/山羊	斑鹿	麋鹿	獐	豪猪	竹鼠	野兔	獾	黑熊
头骨		2	15										
头骨残块			114	16（残角）	绵羊角4，山羊角2	114（残角）	1（残角）	4					
上颌骨	左	4	78	2	2	3				1			
	右	4	58		3	3		1					
下颌骨	左	5	87	12	10	21	1	6				1	1
	右	7	73	10	16	20		3					
	完整		3										
	前部残块		20										
	枝残块		28	16	7	5							
肩胛骨	左	1	56	7	13	17	1	3					
	右	1	59	6	18	10	1	2					
	残块			16		2							
肱骨	完整 左		25		1								
	完整 右	1	18										
	上端 左		17	3	1	3	1	1					
	上端 右		9	1	1	2							
	下端 左	2	25	2	16	14	2	2					
	下端 右	2	52	4	11	12		3					
桡骨	完整 左		5		4	2		1					
	完整 右		7		1	4							
	上端 左		6	1	5	6		2					
	上端 右	1	7	3	3	9	1	1					
	下端 左		7	2	3	6	1	3					
	下端 右		9	2	2	10							
尺骨	左	1	25	4	11	2	2	5					1
	右		28	6	5	6	1	1					

续附表三七

			家　畜				野　生　动　物							
			狗	猪	黄牛	绵羊/山羊	斑鹿	麋鹿	獐	豪猪	竹鼠	野兔	獾	黑熊
掌骨	完整	左	6	21		1								2(未分)
		右		7										
	上端	左				5	5							
		右			2	1	1							
	下端	左					1							
		右			1	2								
		未分			16	8	12		2					
髋骨		左	2	15		1								
		右	1	19		1	3							
		未分		20	8	3	9		1					
股骨	完整	左	2	16		1			1					
		右	1	21					1			1		
	上端	左	1	17	2	4	6	1						
		右		27	2	6	5		4					
	下端	左		35	5	9	16		1					
		右		38	6	12	11	6	1					
胫骨	完整	左	1	16		4	3							
		右	2	24	2	3								
	上端	左		13	5	6	5		2					
		右		17	4	4	15	1						
	下端	左	1	12	1	10	15							
		右		14	5	14	22	1	5					
跟骨		左		6	5	1	14		3					
		右	1	15	2	2	8		2					
距骨		左		5	3	1	12	1	1					
		右		4	8	2	15		1					
其他跗骨(腕骨)				5		1	7		3					
跖骨	完整	左												
		右							1					
	上端	左				2	5	2						
		右			2	2	2							
	下端			6		5	6							

续附表三七

		家　畜				野　生　动　物							
		狗	猪	黄牛	绵羊/山羊	斑鹿	麋鹿	獐	豪猪	竹鼠	野兔	獾	黑熊
指(趾)骨	近端	1	16	9	9	14	1						
	中间		6	7	1	1							
	末端		1	5		2		1					
寰　椎		3	16	4	2	6	2						
枢　椎		4	3	2	4	11	1						
其 他 脊 椎		12	83	31	8	41	2						
肋　骨		3	72	40	2	14	2						
零　牙		2	69	25	35	15		1	2				1
废骨(角)料				5		13							
合计	NISP	74	1465	325	311	586	34	69	2	1	1	1	5
	MNI	7	90	12	18	23	6	6	1	1	1	1	1

NISP　　2874

MNI　　167

附表三八　　　　　　　　　　第三期哺乳动物骨骼统计表

			家畜				野生动物							
			狗	猪	黄牛	绵羊/山羊	斑鹿	麋鹿	獐	豪猪	竹鼠	野兔	獾	黑熊
头骨				2		1								
头骨残块				12	5（残角）		39（残角）							
上颌骨		左		12	2	1								
		右		10			1						1	
下颌骨		左	3	18	3	8	8		2					
		右		15		2	3							
		完整												
		前部残块		5										
		枝残块		15			2							
肩胛骨		左		8		3								
		右		5		1	1							
		残块												
肱骨	完整	左		7										
		右		3										
	上端	左												
		右												
	下端	左	1	4	1	1	4		2					
		右		6		1	1	1	3					
桡骨	完整	左												
		右		1										
	上端	左		2		1	1							
		右		1	3		4							
	下端	左		1		1								
		右	1	1		2	1							
尺骨		左		2	1	1	1							1
		右					1							
掌骨	完整	左	1	7		4	3							
		右					1							
	上端	左			2			1						
		右			1									
	下端	左			5（未分）	5								
		右				3								

续附表三八

			家　畜				野　生　动　物							
			狗	猪	黄牛	绵羊/山羊	斑鹿	麋鹿	獐	豪猪	竹鼠	野兔	獾	黑熊
髋　骨		左												
		右	1	3										
		未分		7	5		2							
股骨	完整	左		5			1							
		右		3			1							
	上端	左		1	1	3	1							
		右		3	1				1					
	下端	左		3	1	1								
		右		7		2	3							
胫骨	完整	左		4										
		右		6										
	上端	左		1	3	2	1							
		右		2	1	3	3							
	下端	左		1	1	4	2							
		右		1	1	2	2							
跟　骨		左			3		3		1					
		右		3	2	1	5	1						
距　骨		左		2		1	4							
		右		5		2	1							
其他跗骨（腕骨）				1	4	2								
跖骨	完整	左												
		右												
	上端	左			2	3	1							
		右					1							
	下　端				1	4								
指（趾）骨	近端			3	5		4							
	中间			3	3									
	末端				2									
寰　椎			1	2	1	3								
枢　椎				2		1								
其他脊椎				9	3	1								
肋　骨				4										
零　牙			1	17	4	21	6			1				

续附表三八

		家　畜				野 生 动 物							
		狗	猪	黄牛	绵羊/山羊	斑鹿	麋鹿	獐	豪猪	竹鼠	野兔	獾	黑熊
废骨(角)料													
合计	NISP	9	231	71	92	113	3	9	1			1	1
	MNI	3	12	3	8	8	1	3	1			1	1

NISP　　531

MNI　　41

附表三九　　　　　　　　　　　　植物大遗骸鉴定结果一览表

探方	单位	采集时间	记录人	文化期	植物种类	保存状况
2000T1	H105	2000,6,23	邵会珍	一期	粳稻(Oryza sativa L. subsp. keng Ting)4 粒; 野大豆(Glycine soja Seib. et Zucc.)3 粒; 李(Prunus sp.)果核 2 枚; 禾本科(Gramineae)植物秸秆及表皮,10 余块	炭化 三维
	H11	2000,5,22 2000,6,23	邵会珍	二期	粳稻 4 粒;野大豆 2 粒; 秸秆碎片; 木材碎片 3 块	炭化 三维
	H8	2000,5,22 2000,5,12	邵会珍	二期	秸秆残片及木材碎片 10 余块; 粳稻 11 余粒;粟 3 粒;野大豆 3 粒 烧土印痕 3 片	炭化 烧土印痕
	H95	2000,6,25 2000,5,24	邵会珍	一期	木材及秸秆碎片(禾本科)	炭化
2000T2	H52	2000,6,23	邵会珍	二期	粳稻约 200 粒;粟(Setaria italica Beauv.)和黍(Panicum miliaceum L.)共约 170 粒; 木质残片 2 块	炭化
	H62	2000,5,30	李龙	二期	粳稻约 180 粒;粟和黍共约 180 粒;豆科(? Leguminosae)种子 1 枚; 野大豆 3 粒;木材碎片 5 块	炭化 三维
	H73	2000,6,25	李龙	二期	粳稻 4 粒;禾本科(Gramineae)植物种子 1 枚,?狼尾草属(? Pennisetum);木质碎片 10 余块	炭化
	H83	2000,6,23	李龙	一期	粳稻 3 粒;野大豆 6 粒;木质残片	炭化
	H113	2000,6,25	李龙	一期	木质碎片 8 块;外模印痕 1 块	炭化
2000T3	H110	2000,6,26 2000,5,26	李龙	一期	木质碎片 10 余块;粳稻 2 粒;野大豆 1 粒	炭化
	H119	2000,5,31	李龙	一期	粳稻 1 粒;木质碎片 4 块	炭化
	H22	2000,6,24	李龙	二期	秸秆和木质部碎片 30 余片	炭化
	H60	2000,6,24	李龙	二期	粳稻 3 粒;扁核木(Prinsepia sp.)果核半块;木质碎片 10 余块	炭化
	H114	2000,6,24	李龙	一期	粳稻半粒;木质碎片 10 余块	炭化
	H99	2000,6,23 2000,5,31	李龙	一期	野大豆 8 粒;黍和粟共 50 多粒;粳稻 3 粒; 木质残片 10 余片	炭化
	H21	2000,6,24	李龙	二期	木质碎片 7 块	炭化
	H101	2000,5,23	李龙	一期	野大豆 2 粒;木质残片和秸秆 10 余块	炭化
	H88	2000,5,31	李龙	一期	粟 1 粒;木质碎片 3 块	炭化
	H113	2000,5,27 2000,6,23 2000,6,24	李龙	一期	粳稻 17 粒;黍和粟 10 余粒;野大豆 2 粒; 果核小碎片;木质残片;禾本科植物秸秆碎片	炭化

续附表三九

探方	单位	采集时间	记录人	文化期	植物种类	保存状况
2000T4	H24	2000,6,24	李龙	二期	粳稻10粒;粟1粒;秸秆和木质碎片20余块	炭化
	H26	2000,4,24	李龙	二期	粳稻1粒;木质碎片10余块	炭化
	H59	2000,4,24 2000,6,25	李龙	二期	木质碎片20余块,包含藤本植物木质碎片;果核小碎片	炭化
	H117	2000,6,25	李龙	一期	粳稻1粒;木质碎片20余块	炭化
	H118	2000,6,24	李龙	一期	木质碎片10余块	炭化
	H122	2000,6,24	李龙	一期	粳稻2粒;木质碎片10余块	炭化
2000T11	⑪	2000,6,23	顾万发	二期	粳稻1粒;秸秆及木质残片	炭化
	⑨B	2000,6,23	顾万发	二期	粳稻11余粒;粟2粒;野大豆1粒;木质残片;秸秆残片	炭化
	⑩B	2000,6,23	顾万发	二期	粳稻半粒;秸秆碎片	炭化
2000T12	H111	2000,5,26 2000,6,23~26		一期	粳稻1粒;杏(Armeniaca sp.)果核半块;木质碎片5片;野大豆4粒;酸枣(Ziziphus jujuba Mill.)果核半块	炭化
	H104	2000,5,14 2000,6,26	马秋霞	一期	野大豆半粒;木质残片;粳稻6粒;粟1粒;? 大戟科或? 芸香科植物种子2半块	炭化
	H96	2000,6,25	马秋霞	一期	粳稻70余粒;杏核碎片2块;木材碎片	炭化
	H92	2000,4,16 2000,6,2	邵会珍	一期	粳稻18粒;野大豆3粒;木质残片及秸秆碎片(禾本科)	炭化

附表四〇　　　　新砦遗址与二里头遗址¹⁴C 测年数据对照表

文化	期段	实验室编号	样本所在单位	二批拟合后日历年代(BC)	首批拟合后日历年代(BC)	备注
二里头文化	一期	ZK5206	97 V T2⑪	1720~1680(65.0%) 1665~1660(1.3%) 1645~1640(1.9)	1740~1640	
		XSZ104 (兽骨)	97 V T3 H58	1715~1680(66.7%) 1645~1640(1.5%)	1880~1840(0.41) 1810~1800(0.09) 1780~1730(0.49)	
新砦期	晚段	SA020	1999T4H30	1770~1735(56.3%) 1710~1695(11.9%)	1742~1682(80.79%) 1669~1659(10.99%) 1648~1640(8.21%)	
		SA021	1999T4H66	1742~1695		偏晚
		SA017	1999T1H26	1750~1730(22.2%) 1725~1690(46.0)	1740~1683(82.99%) 1668~1661(8.06%) 1648~1640(8.94%)	
		SA016	1999T1H29	1745~1685	1719~1682(41.35%) 1670~1657(17.45%) 1652~1624(41.2%)	偏晚
		SA013	1999T1H45	1740~1705(63.1%) 1695~1685(5.1%)	1744~1680	
		SA018	1999T1H40	1770~1735(66.1%) 1705~1695(2.1%)	1786~1744	
		SA010	1999T1H48	1860~1840(15.1%) 1820~1790(18.0) 1780~1750(35.1)		
		SA009	1999T1H76	1860~1840(15.6) 1820~1790(17.6) 1780~1750(35.0)		
	早段	SA0028	1999T4H61⑥	1830~1765	1835~1811(42.38%) 1800~1777(57.62%)	
		SA005-2	1999T1H112	1825~1790(34.1) 1785~1755(29.6) 1850~1840(4.4)		
		SA0019	1999T1H115	1830~1770(68.2)	1832~1809(41.64%) 1800~1776(58.35%)	
		SA012	1999T1H116	1880~1845(68.2)		
		SA006	1999T1⑥C	1884~1838(68.2)	1885~1880(3.52) 1846~1809(86.22) 1800~1789(10.26)	
王湾三期文化	晚段	SA001	1999T1H119	1880~1846(68.2)	1884~1831	偏晚
		SA007	1999T1H120	1960~1885(62.6) 1980~1965(5.6)	1920~1896(37.00) 1890~1859(62.90)	1900BC以上
		SA008	1999T1H122	1960~1880(66.4) 2010~2000(1.8)		
	早段	SA0014	1999T1H126	2070~2035(63.6) 1990~1980(4.6)	2015~1995(16.57) 1979~1885(83.43)	2000BC以上
		SA002	1999T1H123	2070~1950	2270~2263(2.35) 2202~2032(94.72) 1992~1984(2.93)	

附录一

新砦遗址出土的铜器残片检测报告

张晓梅　原思训

（北京大学考古文博学院文物保护实验室）

1999、2000 年，北京大学古代文明研究中心和郑州市文物考古研究所对河南新砦遗址进行发掘时出土了两件铜器残片，编号为：2000T3⑤B：1 和 1999T1H40：1。2000T3⑤B：1 是一容器的口沿，保存状况较好，基体有较好的韧性；1999T1H40：1 为一小刀，锈蚀严重，很脆，易断裂。2000T3⑤B：1 和 1999T1H40：1 的外表面上均黏附有黑色炭化物。为了解这两件残片的成分组成及制作技术，我们利用 X 射线衍射（XRD）、金相显微镜和扫描电子显微镜进行了分析检验，并对其保存状况进行了探讨。此外，利用红外光谱分析技术对两件器物上黏附的黑色炭化物进行了鉴定。

一　分析检验结果

（一）X 射线衍射（XRD）分析

XRD 结构分析是鉴定金属及矿物的有力手段。我们对 T3⑤B：1 和 T1H40：1 基体及锈蚀物做了 XRD 定性分析，以确定金属基体及锈蚀产物的组成。仪器为北京大学仪器厂生产的 BD86 自动 X 射线衍射仪。

图 1 为 T3⑤B：1 基体的分析结果，主要组分为 Cu（纯铜）。说明该器物似由红铜制成，基体保存状况较好，没有严重的氧化。表面绿色锈蚀产物为孔雀石。

对 T1H40：1 基体的分析结果表明其主要组分为 Cu_2O（赤铜矿）和 Cu（纯铜），如图 2。该器物也似由红铜制成，且基体锈蚀严重，大部分铜已经氧化成赤铜矿，仅残留少量的纯铜基体。表面绿色锈蚀产物为孔雀石。

（二）显微分析

通过金相及扫描电镜显微分析，可以了解金属基体的显微组织结构、腐蚀层分布状况及腐蚀程度，并可进行微区成分分析。仪器：OLYMPUS 生产 PEM 3 金相显微镜，OPTON 公司生产 CSM950 型扫描电镜能谱分析仪。

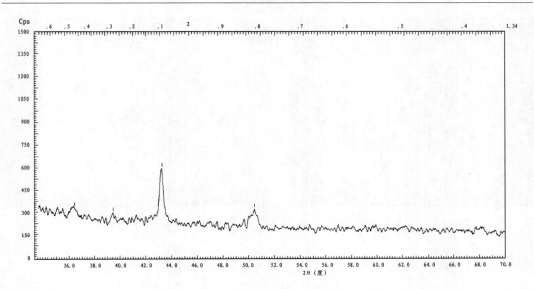

样品名：2000T35B，文件名：B：\ 2000T35B. RAW，实验日期：04/26/01，操作者：YING

扫描速度：4 度／分，步宽＝0. 02 度，靶：Cu，管压＝30kV，管流＝30mA，狭缝：1，. 40，2

图 1　　T3⑤B∶1 基体的 X － 射线衍射图

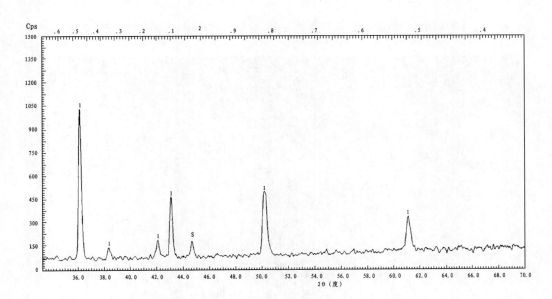

样品名：TiH4 － 1，文件名：B：\ 426T1H4B. RAW，实验日期：04/26/01，操作者：YING

扫描速度：4 度／分，步宽＝0. 02 度，靶：Cu，管压＝30kV，管流＝30mA，狭缝：1，. 40，2

图 2　　T1H40∶1 基体的 X － 射线衍射图

图3　T3⑤B：1基体的二次电子像

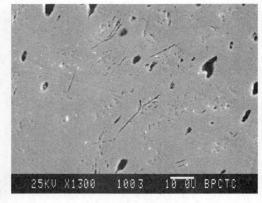

图5　T3⑤B：1夹杂相的二次电子像

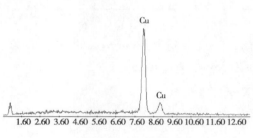

图4　T3⑤B：1基体的能谱曲线

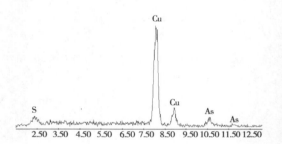

图6　T3⑤B：1蓝灰色小颗粒的能谱曲线

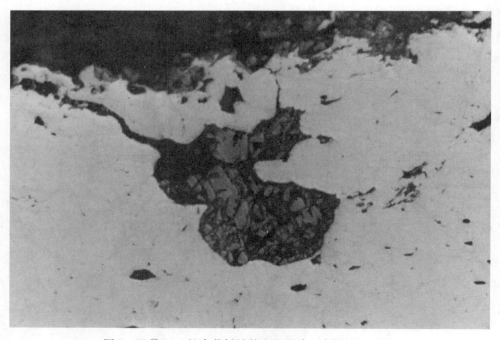

图7　T3⑤B：1坑窝状锈蚀的金相照片，未浸蚀（X66）

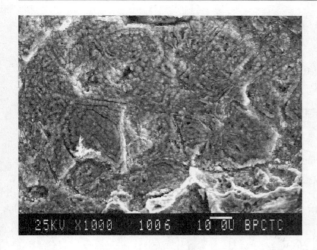

图 8　T3⑤B：1 坑窝状锈蚀的二次电子像

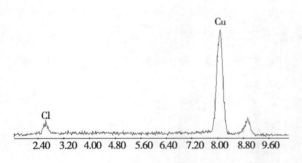

图 9　T3⑤B：1 坑窝状腐蚀的能谱曲线

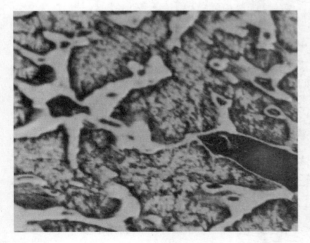

图 10　T3⑤B：1 的金相组织，FeCl$_3$ 浸蚀（X165）

样品的显微分析结果如下：

1. T3⑤B：1

金相显微镜及扫描电子显微镜下观察，在未侵蚀的样品基体上布满大小不一的黑色孔洞，如图 3。图 4 的扫描电子显微镜 X－射线能谱分析曲线显示基体的成分为纯铜。此外，在金相下观察，基体上还有少量细小的蓝灰色小颗粒，图 5 为样品的二次电子像，其中的夹杂即金相观察到的蓝灰色颗粒。用扫描电子显微镜 X－射线能谱仪对其进行微区成分分析，得到的能谱分析曲线见图 6，其元素成分相对含量为 Cu%：81.07，As%：16.59，S%：2.34，说明系铜及砷的硫化物夹杂。可见该器物为含有少量 As 杂质的纯铜器物。基体保存状况较好，表面锈蚀层较薄，最外层为绿色的孔雀石，内为氧化亚铜层，氧化亚铜层中夹杂未被腐蚀的金属基体。此外基体中还有 Cu$_2$O 夹杂，偏光下呈透明的鲜红色。图 7 为基体上一处块状锈蚀，靠近边缘，有一个通道与外边相连接，偏光下呈透明的鲜红色说明主要是 Cu$_2$O，图 8 为放大 1000 倍的二次电子像，呈现细小的树枝状结构，扫描电镜能谱分析表明其组成中含有 Cl，如图 9。说明由于 Cl 的存在造成了坑窝状腐蚀，腐蚀不断地向基体内延伸，对基体造成了很大的危害。

样品经三氯化铁浸蚀后的金相

图如图 10，金相组织为铸造组织，由 α 树枝状晶及（α + Cu$_2$O）共析体组成，夹杂少量蓝灰色的硫化物。

上述分析结果都说明该器物为红铜铸造而成。

2. T1H40：1

图 11 为未浸蚀样品的金相照片，基体矿化严重，仅残留少量的金属基体以不规则形状不连续的分布于氧化亚铜中，基体中分布少量细小的蓝灰色小颗粒，有较多大小不一的黑色孔洞，氧化了的基体由于假晶置换保持枝晶结构。基体的能谱分析曲线表明基体的成分为纯铜，见图 12。蓝灰色小颗粒的能谱曲线见图 13，其元素成分相对含量为Cu%：90.86，Sb%：4.43，As%：4.52，S%：0.19，应系铜、锑、砷的析出相，并含有少量的硫化物夹杂。基体中矿化的部分（图 14）的能谱分析曲线见图 15，含有少量的Cl，再次表明 Cl 的存在可能是基体严重矿化的重要原因。偏光下观察，样品最外层为绿色的孔雀石。在孔雀石与内部的氧化亚铜之间，有一条浅灰色的细带状层，图 16 为相应的二次电子像，在图中呈突起的白色带状层，其能谱分析曲线（图 17）表明主要是铜的硫化物，此外还含有微量的 Sb。扫描电镜下观察还发现有少量银颗粒，图 18、图 19 分别为银颗粒的二次电子像及相对应背散射电子像，背散射电子像中两个白色的银颗粒非常明显，能谱分析显示其成分是银。

样品经三氯化铁浸蚀后的金相图见图 20，金相组织为铸造组织，系由 α 树枝状晶及（α + Cu$_2$O）共析体组成，夹杂少量浅灰色的硫化物。

上述分析结果表明该器物也是红铜铸造而成。

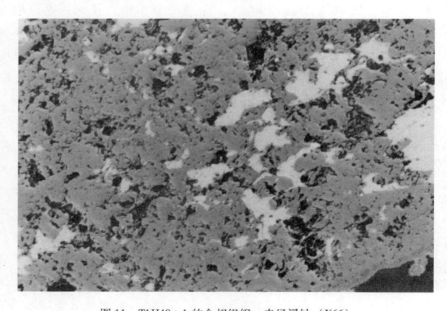

图 11　T1H40：1 的金相组织，未经浸蚀（X66）

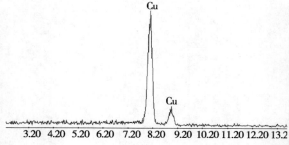

图 12 T1H40：1 基体的能谱曲线

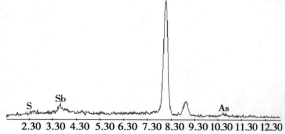

图 13 T1H40：1 蓝灰色小颗粒的能谱曲线

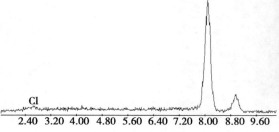

图 15 T1H40：1 基体中矿化部分的能谱曲线

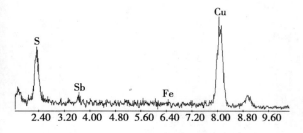

图 17 T1H40：1 浅灰色带状层的能谱曲线

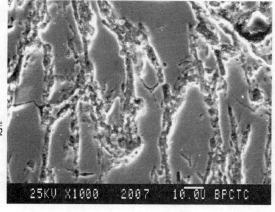

图 14 T1H40：1 基体矿化部分的二次电子像

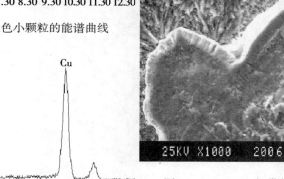

图 16 T1H40：1 细带状层的二次电子像

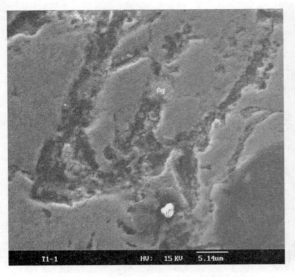

图 18　T1H40：1 Ag 颗粒的二次电子像

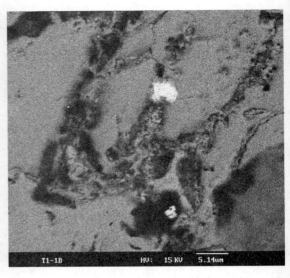

图 19　T1H40：1 Ag 颗粒的背散射电子像(亮白色)

图 20　T1H40：1 的金相组织，FeCl₃ 浸蚀(X66)

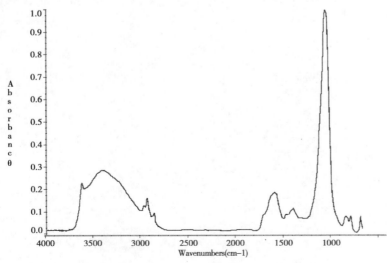

图 21　黑色炭化物的红外光谱图

（三）红外光谱分析

组成分子的各种基团都有自己特定的红外吸收区域，因此，红外吸收光谱可给出分子结构信息。两件器物上的黑色炭化物在体视显微镜下呈现木质结构的特征，为了进一步确定是否为木质，对其进行了红外光谱分析，所用仪器为德国 Bruker 公司生产的 VECTOR22 傅立叶变换红外光谱仪。

木质的主要成分是纤维素，纤维素分子结构中含有羟基和醚键，其红外吸收3450 – 3300cm^{-1}（OH）和 1100 – 1000cm^{-1}（R – OR）是很强的吸收带[1]。图 21 为黑色物的红外光谱，在 1044cm^{-1}处有强的醚键吸收峰，3397cm^{-1}处有羟基的吸收峰，2959cm^{-1}、2925cm^{-1}、2855cm^{-1}是 CH$_2$ 伸缩振动的特征吸收峰，1381 – 1683cm^{-1}则是 CH$_2$ 剪式振动及吸附水产生的吸收峰。对该谱图的分析表明所分析的样品具有纤维素的特征，可见该黑色附着物确是木质的残迹。

二 讨论

（一）关于早期红铜

人类最先识别和利用的金属铜是天然生成的自然铜。目前所知世界上最早的天然铜出自伊拉克北部的 Zawi Chemi，属中石器时代末期或新石器时代初期，其^{14}C 年代为公元前 9217 ±300 年和 8935 ±300 年[2]。

早期的铜制品多数应是用自然铜制作的，小件铜器可仅凭锻打成形，大件铜器则要将自然铜熔化后进行浇铸。R. F. Tylecote 通过对早期铜制品的检测和研究，得到如下程式：

自然铜→锻制自然铜→熔铸自然铜？……→人工炼铜[3]。

这一程式基本上是冶铸技术发展进程的概括，即冶铜术是在加工自然铜的基础上发展起来的。冶铜术的发生与发展，标志着人类开始进入铜石并用时期。根据苏荣誉等的研究[4]，可以认为中国冶铜术萌生于仰韶文化早期，时断时续出现于仰韶文化中、晚期。其间有许多缺环或旋生旋灭，到新石器时代晚期的龙山文化时期，才渐具延续性，得到持续发展，逐渐趋于成形。

中国红铜制品起于何时，目前尚无定论。辽宁建平牛河梁红山文化遗址出土的铜环，年代约为公元前 3200 年，据说经检验为红铜。同一遗址出有大量坩埚片，表明这件铜环有可能是人工冶炼的铜制品[5]。

---

① 吴瑾光：《近代傅立叶变换红外光谱技术及应用》，科学技术文献出版社，1994 年，第 143 页。

② 严文明：《论中国的铜石并用时代》，《史前研究》1984 年第 1 期，第 37 页。

③ R. F. Tylecote, A history of metallurgy, The Metals Society, London, 1976, P5.

④ 苏荣誉：《中国上古金属技术》，山东科学技术出版社，1995 年，第 47 页。

⑤ 同注④，第 45 页。

根据前面的分析可知 T3⑤B：1 和 T1H40：1 均是由含有少量杂质的红铜铸造而成。红铜质软易加工，可通过冷加工（如锤打）而增加硬度。红铜在铸造时，因铸体收缩率大，易形成集中缩孔，易氧化形成夹杂，铜液吸气在铸件中造成气孔缺陷，由于当时尚未采取脱氧和除气措施，导致 T3⑤B：1 和 T1H40：1 基体上存在较多的气孔或针孔等铸造缺陷。说明铸造技术尚较原始。

由于新砦遗址属二里头文化新砦期，此时的冶铜术已趋于成形[1]，因此所分析的两件器物很可能是用人工冶炼而成的铜制作的。自然铜中很少含有 As[2]，所分析的两件器物中发现含 Cu、As 和 Sb 的析出相，并伴随有 S，说明器物可能是用 Cu、As、Sb 共生硫化矿冶炼而成的红铜铸造而成的。

（二）两件器物的保存状况

两件器物中均发现有 Cl，说明有活性腐蚀存在。在 T3⑤B：1 基体中 Cl 造成局部坑窝状腐蚀，如果继续发展下去，会毁掉整个器物。而对于 T1H40：1 来讲，矿化的部分也含有 Cl，基体矿化严重。由于有害锈的存在，应采取合理的保护措施以防器物进一步腐蚀。

---

① 苏荣誉：《中国上古金属技术》，山东科学技术出版社，1995 年，第 47 页。

② R. Maddin, T. S. Wheeler and J. D. Muhly, Distinguishing artifacts made of native copper, Journal of archaeological science, 1980 (7), P213.

附录二

新砦遗址人骨鉴定报告

吕遵谔

（北京大学考古文博学院）

1999T2M1

（一）人骨保存情况

1. 头骨：碎片 15 块。上颌骨左侧 1 块，保存有外侧门齿到第二臼齿共 6 颗牙齿。下颌骨左右各 1 块，均残；左侧保存了第二前臼齿到第三臼齿共 4 颗牙齿，右侧保存了第一前臼齿到第三臼齿共 5 颗牙齿。

2. 肱骨：左右各 1 块，右侧肱骨残缺。

3. 尺骨：右侧 1 块，下端稍残。左侧下端 1 块。桡骨残片 1 块。

4. 掌指骨：掌骨 6 根，指骨 5 根。

5. 髋骨：左右碎片各 1 块。

6. 股骨：左右各 1 块，左侧股骨断裂，可复原。

7. 胫骨：左右各 1 块，较完整。

8. 腓骨：左右两根均残。

9. 跗骨：跟骨、距骨左右各 1 块，共 4 块。

10. 跖骨：6 块。

11. 趾骨：5 块。

（二）年龄

从牙齿磨耗情况看，第二臼齿出现了齿质点，其年龄大约在 30~35 岁。

（三）性别

股骨前屈厉害，股骨干与股骨颈所呈角度大于 120 度，因此认为是女性个体。

1999T2M2

（一）人骨保存情况

1. 头骨：碎片 12 块。上颌骨残片 2 块，左侧从犬齿到第二臼齿，第三臼齿在牙槽中，右侧从第一前臼齿到第二臼齿，第三臼齿未萌出。下颌骨残破为 3 块，但能复原，左侧从第二前臼齿到第二臼齿，第三臼齿在牙槽中，右侧保留有犬齿、第一前臼齿和第一、二臼齿，第三臼齿未萌生。

2. 脊椎：颈椎 1 块，残破。

3. 肱骨：左右各 1 块，左侧肱骨上端残块，下端骨骺未愈合。

4. 指骨：碎片若干。

5. 髋骨：左右各 1 块，都残破无法复原，髂嵴缺失，未愈合。

6. 股骨：左右各 1 块，下端骨骺处脱离，上端骨骺处缺失。

（二）年龄

从保存牙齿萌生与磨耗情况来看，第一臼齿刚露出齿质点，第二臼齿牙尖尚未磨耗，第三臼齿仍在牙槽中，可判断为 15 岁左右。从长骨的骨骺尚未愈合，以及髋骨的髂嵴亦未愈合来看，其年龄应该在 18 岁以下。

（三）性别

女性。依据：（1）头骨表面比较光滑；（2）嵴线不发育以及额顶结节较发育；（3）眼眶上缘较锐利；（4）髂骨窝较平及髂骨体较厚。

1999T2M3

（一）人骨保存情况

1. 头骨：碎片 10 块。

2. 尺骨：1 块，残破。

3. 桡骨：1 块，两端均残。

4. 髋骨：2 块，左右髂骨各 1 块。

5. 股骨：左右 2 块。

6. 胫骨：左侧胫骨 1 块。

（二）年龄

根据骨缝愈合情况及左侧头骨人字缝来看，其年龄在 10～12 岁。该头骨特殊的是：人字缝左侧中段出现两块缝间骨。

（三）性别

头骨薄，右侧眼眶上缘较锐利，顶结节较发育，枕外隆起处部分光滑，可能是女性。

1999T2M4

（一）人骨保存情况

1. 头骨：碎片若干，骨壁极薄。残下颌骨 1 块，保留有 2 颗内侧乳门齿，乳臼齿尚在牙槽中。

2. 股骨：2 块。

3. 肋骨：2 块。

4. 腓骨：2 块。

（二）年龄

从乳门齿刚出生来看，该个体大约为 5 ~ 6 岁儿童。

（三）性别

不详。

1999T2M5

（一）人骨保存情况

1. 头骨：碎片 24 块。右侧上颌骨 1 块，保留有 4 颗牙齿（乳门齿），第一臼齿尚在牙槽中未萌出。左侧上颌骨 1 块，左侧带有 4 颗牙齿：外侧门齿、犬齿及第一臼齿尚在牙槽中。左侧下颌骨 1 块，保存有乳门齿 2 个，乳臼齿 1 个，犬齿在牙槽中，第一臼齿从齿槽孔来看，已生出来，但未见到磨耗，另有乳犬齿 1 颗。

2. 髋骨：残髂骨 2 块，坐骨残片 2 块。耻骨 1 块，未愈合。

3. 股骨：左、右侧各 1 根，右侧较完整，左侧上端残缺。

4. 胫骨：右侧胫骨 1 块。

5. 腓骨：2 块，均残。

（二）年龄

从犬齿、上颌门齿未出，第一臼齿在齿槽中以及下颌骨第二恒犬齿在齿槽内来看，其年龄在 5 ~ 7 岁。

（三）性别

不详，但从左侧下颌角外翻来看，可能为小男孩。

1999T2M6

（一）人骨保存情况

1. 头骨：碎片 15 块，无法复原。左侧上颌骨 1 块，带牙齿 3 颗。残下颌骨 1 个，带牙 11 颗，另有脱落的上犬齿 1 颗。

2. 脊椎：4 块，均残破。

3. 髋骨：2 块，残破。

4. 股骨：2 根。

5. 胫骨：左右各 1 块，完整。

6. 腓骨：左右各 1 块，有缺失。

（二）年龄

左上颌牙齿（门、犬、臼齿）磨到牙根，下颌骨牙齿的第一、二臼齿磨耗到牙根，第三臼齿刚露出齿质点。头骨冠状缝、矢状缝呈微波状，该人骨年龄应在 35 岁左右。

（三）性别

男性。依据：（1）眶上缘较钝；（2）左右有突起，突起大而完整；（3）股骨崤发育粗壮，眉间凸出；（4）下颌角外翻。

但是：（1）该人骨头骨表面较光滑；（2）股骨纤细；（3）髋骨坐骨大切迹较大。此三点特征使该人体现出男女二重性。髂骨窝的特征也在男女二者之间。

1999T2M7

（一）人骨保存情况

1. 头骨：碎片，无法复原。

2. 脊椎：胸椎；腰椎残片、骶骨残片各 1 块。

3. 肋骨：2 块，均残。

4. 肱骨：1 块。

5. 尺骨：1 块。

6. 髋骨：残破，只保存了髂骨的一部分。

7. 股骨：左右各 1 块。

8. 胫骨：胫骨干及下端左右各 2 块，残破。

9. 腓骨：1 块，残破。

10. 跗骨：跟骨 2 块，残破。

11. 趾骨：较完整。

12. 指骨：大部分完整。

（二）年龄

由于标本较为残缺，鉴定的关键部分缺失，给鉴定年龄带来困难，但从肱骨下端骨骺尚未愈合，而胫骨下端已愈合来看，该人骨年龄为 16 岁左右，18 岁以下。

（三）性别

因为头骨、髋骨过于破碎，能鉴定性别的部分未保存，故性别不能确定。

（四）病理

腰椎下关节面边缘有骨质增生。

1999T4M8

（一）人骨保存情况

1. 头骨：碎片 20 多片，无法复原。下颌骨左右各 1 块，保存有左侧乳门齿到第二乳臼齿共 5 颗牙；右侧保存有乳犬齿，牙无磨耗。

2. 颈椎：5 块。

3. 股骨：1 块。

4. 胫骨：1 块。

（二）年龄

根据第二乳臼齿出生不久来看，其年龄为 2~3 岁。

（三）性别

因其年龄太小，标本太残破，不好确定。

1999T4M9

（一）人骨保存情况

1. 头骨：碎片 4 块。上颌骨 1 块，残。下颌骨 3 块，残，但基本能复原。

2. 脊椎骨：颈椎（内有寰椎残片 1 块，枢椎较完整），胸椎、腰椎都破碎。

3. 肋骨：均残。

4. 肩胛骨：左右 2 块，都残缺。

5. 锁骨：1 块，残破。

6. 肱骨：2 根，右侧一根较完整，左侧肱骨下端缺失。

7. 尺骨：右侧 1 根较完整，左侧尺骨下端缺失。

8. 桡骨：2 块均残。

9. 腕骨：舟骨 1 块完整。

10. 指骨：部分残缺。

11. 股骨：左右共 2 块，左侧上下端均残，不能复原。

12. 趾骨：部分残缺。

（二）年龄

长骨（肱骨、桡骨、尺骨）骨骺都愈合了，说明该个体已成年。上下颌骨都保存有牙齿，上颌骨保存了犬齿到第三臼齿共 6 颗，下颌骨只是下颌体残缺，其余部分可复原，保留的牙齿只缺失左侧的内、外侧门齿和右侧的外侧门齿，其余牙齿完整，右侧的第三臼齿没有萌生。左侧下颌第三臼齿及右侧上颌骨第三臼齿已露出牙腔，下颌骨右侧第一、二臼齿牙冠几乎磨完。前臼齿，尤其是右侧前臼齿齿质点连为一片。右侧上颌骨除第三臼齿外，磨耗严重。该个体年龄约 50 岁左右，但其牙右侧磨得比左侧厉害，其实际年龄可能为30～40 岁。

（三）性别

男性。依据是：（1）长骨表面很粗糙；（2）股骨嵴与尺骨嵴都发育粗壮；（3）由于左侧髂骨保存完整，可以看到耳状关节面较大，髂骨窝较深，髂嵴较完整，坐骨大切迹较狭窄。

（四）病理

上颌第三臼齿患有龋齿病。

2000T4H53

（一）人骨保存情况

1. 头骨：较完整，颅底部分残缺。上颌骨带有右侧犬齿到第二臼齿 5 颗，另有内侧门齿 1 颗；左侧第一前臼齿到第二臼齿 4 颗。下颌骨较完整，右侧两门齿缺失，左侧第一门齿残缺，左侧第三臼齿刚萌生，右侧第三臼齿还在牙槽中。

2. 脊椎：颈椎 7 块，完整；胸椎 10 块，都较完整；腰椎 5 块，亦较完整；骶骨 1 块，较完整。

3. 肩胛骨：左右各 1 块，较完整。

4. 肱骨：2 根，左侧肱骨断裂。

5. 尺骨：2 根，右侧尺骨缺上端。

6. 桡骨：左右 2 根，较完整。

7. 胸骨：1 块，柄角体稍残。

8. 胫骨：左右各 1 块，右侧胫骨下端内侧残缺。

9. 腓骨：2 块，右侧上端残，左侧腓骨上、下端均残。

10. 髋骨：左侧较完整，耻骨枝上端稍残，髂骨、坐骨、耻骨各 1 块。

本单位另有第三颈椎 1 块，牙齿 1 颗，还有龟腹甲 1 块。

（二）年龄

从下颌骨左侧第三臼齿刚萌出来看，该人骨年龄为 18～20 岁，但从（1）、（2）臼齿磨耗程度来看，则在 30 岁左右，冠状缝前段与颞窝段已愈合，成直型，矢状缝几乎全部愈合，只是顶段隐约看出未愈合，人字缝也完全愈合，只有复杂形段未愈合。头骨骨缝愈合情况十分凸出，头骨骨壁较薄，其年龄在 50 岁以上，头骨骨缝愈合程度与牙磨耗程度属三级偏于四级。

由于头骨骨缝愈合程度与牙磨耗程度矛盾太大，准确年龄不好断定，趋向于 50 岁左右。

（三）性别

男性。依据：（1）骶骨面向前弯曲很大，耳状关节面大而直；（2）髋骨的髂骨窝深，髂嵴弯曲成 S 形，坐骨大切迹窄而长，坐骨枝明显外翻，髋臼大而深，特别是耻骨联合下行处呈倒三角形。

（四）病理

第 4、5 腰椎的下关节面前缘都有轻微骨质增生。

2000T4H64

（一）人骨保存情况：有两个人的骨架。

第一个人：

1. 头骨：碎片 6 块，无法复原。下颌骨左右各 1 块，残碎无法复原。左侧下颌骨有 6 颗牙齿，外侧门齿到第二臼齿；右侧两前臼齿断裂，只剩牙根在牙槽中，另有三个臼齿。

2. 脊椎：全残，只剩脊突和横突部分，残片 12 块，残骶骨 1 块。

3. 肋骨：全残，余有若干碎片。

4. 肱骨：左右均残，只剩上端。

5. 尺骨：右侧尺骨完整，左侧尺骨下端缺失。

6. 桡骨：左侧桡骨完整，右侧桡骨上下端缺失。

7. 掌指骨：掌骨 4 块完整，指骨 2 块，其中一块近端残缺。

8. 髋骨：左右 4 块，破碎无法复原。

9. 股骨：2 块，左侧下端破碎。

10. 胫骨：骨干残片 1 块。

第二个人：

1. 髋骨：1 块。

2. 股骨：1 段。

该单位另有蚌壳 1 块及碎牛骨 4 块。

（二）年龄

从保存的下颌骨牙齿来看，第 1、3 臼齿磨耗严重，犬齿齿质全部暴露，该个体年龄大约 50 岁左右。

（三）性别

不好确定。从保存的髂骨来看，髂骨窝较深，髂骨体很薄，可能为男性。

第二个人骨架，只因太残破，性别不详。

2000T10H80

（一）人骨保存情况

1. 头骨：只保存一部分额骨，鼻额缝与额颧缝以上部分保存较好。

（二）年龄

因头骨太小，不好判断，大约为 3 ~ 4 岁。

（三）性别

不好确定。

2000T10H56

（一）人骨保存情况

头骨：额骨 1 块，右侧部分残缺。

（二）年龄

不好确定，大约为 5 ~ 6 岁。

（三）性别

不详。

2000T12H96

（一）人骨保存情况

1. 头骨：碎片较多，不能复原，左右颞骨各 1 块，较完整。上颌骨残块，保存有 8 颗牙齿。下颌骨残块，但能复原。

2. 脊椎骨：颈椎 7 块，完整；腰椎与胸椎共 12 块，不完整；骶骨 1 块，残破。

3. 肋骨：若干，残碎。

4. 胸骨：胸骨柄 1 块。

5. 肩胛骨：左右各 1 块，都残，只保留了肩峰和关节盂部分。

6. 肱骨：1 件，较完整。

7. 尺骨：1 件，较完整。

8. 桡骨：1 件，较完整。

9. 股骨：左、右各 1 件，骨干折裂，可复原。

10. 膑骨：1 块。

11. 胫骨：左右各 1 件，都残破。

12. 腓骨：1 件，残破，不能复原。

13. 髋骨：左右各 1 块，都残破，左侧髂骨较完整。

14. 指骨：6块。

跟骨、距骨、楔骨都有。

（二）年龄

从保存的上、下颌的牙齿来看：（1）上颌右侧第二恒臼齿刚萌出；（2）下颌骨左侧犬齿和第一前臼齿刚萌出；（3）长骨骨骺没有愈合，髂骨、坐骨、耻骨都没有愈合，由此可看出，该人年龄为 10~13 岁。

（三）性别

由于未成年，不好确定，但从头骨和肱骨表面较光滑及下颌角不很外翻，髂骨体较厚来看，很可能为女性。

2000T11⑥

（一）人骨保存情况

1. 头骨：枕骨1块，缺枕骨下鳞部。

（二）年龄

不好确定（小孩）。

（三）性别

不详。

附录三

1999 年度新砦遗址出土
石器种类、岩性鉴定报告

马军

（北京大学城市与环境学系）

探方号	器物小号	器类	岩性
T1	H28	铲	燧石
	H29：1		变酸性火山凝灰岩
	H29①：1	斧	燧石
	H29②	砺石	砂岩
	H34：1	石坯	白云质灰岩
	H36	铲	砂岩
	H36	铲	白云质灰岩
	H40②：4	砍砸器	泥灰岩或灰岩
	H45：2	铲	泥灰岩或灰岩
	H76	铲	火山凝灰岩
	H76：2	铲	大理岩
	H115：2	铲	白云质灰岩
	H115②：1	铲	变酸性火山凝灰岩
	H116：1	铲	火山凝灰岩
	H117	不明石器	泥质板岩
	H125：1	铲	火山凝灰岩
	H128①	残石器	泥质板岩
	拢沟	铲	基性岩类（辉长/辉绿岩）
	④B 两件	铲	白云质灰岩
	④B：1	铲	泥质板岩
	⑤D：4	刀	石英云母片岩
	⑥A：1	铲	白云质灰岩
	⑥D：1	铲	燧石
T2	H1：5	铲	变酸性火山凝灰岩
	H1：6	铲	白云质灰岩
	①	铲	基性岩类

续表

探方号	器物小号	器类	岩性
T2	H1③	铲	泥灰岩或灰岩
	H3：1	刀	泥灰岩或灰岩
	H11	铲	砂岩
	H11：2	铲	泥灰岩或灰岩
	H23	铲	火山凝灰岩
	H37	铲	泥灰岩或灰岩
	H38：2	残石器	石英云母片岩
	H38 下另一灰坑：1	镰	细砂岩
	H101	铲	砂岩
	H101	铲	燧石
	H101：8	铲	泥灰岩或灰岩
	H101：9：11	铲	白云质灰岩
	H101：5	斧	火山凝灰岩
	H104：2	凿	泥岩
	H105	残石器	泥质板岩
	H105：1	斧	基性岩类
	H106	砺石	砂岩
	H111	铲	泥灰岩或灰岩
	H140：1	斧	基性岩类（辉长/辉绿岩）
	H170：2	铲	白云质灰岩
	F1：1	铲	白云质灰岩
	F1①	铲	白云质灰岩
	F4：1	镞	泥岩
	F4：2	斧	泥灰岩或灰岩
	③：1	铲	白云质灰岩
T3	H17：1	铲	白云质灰岩
	H20	铲	火山凝灰岩
	H20 两件	铲	砂岩
	H20	残石器	砂岩
	H20：3	铲	泥质板岩
	H56	铲	火山凝灰岩
	H99	铲	白云质灰岩
	H130：1	铲	泥灰岩或灰岩
	H142	残石器	变酸性火山凝灰岩
	H232	石头	泥质片岩

续表

探方号	器物小号	器类	岩性
T4	H6	铲	变酸性火山凝灰岩
	H6：2	刀	硅质片岩
	H6：5	铲	变酸性火山凝灰岩
	H8：2	石饰品	石英岩
	H30 之 31：1	刀	大理岩
	H31	铲	变酸性火山凝灰岩
	H31：1	镞	泥岩
	H31：2	鹅卵石	砂岩
	H31：3	铲	变酸性火山凝灰岩
	H32：1	铲	泥灰岩或灰岩
	H39	铲	砂岩
	H40：1	凿	泥灰岩或灰岩
	H41：1	铲	白云质灰岩
	H56①：4	刀	钙质千梅岩
	H56	铲	细砂岩
	H56：2	凿	变酸性火山凝灰岩
	H56：3	铲	泥灰岩或灰岩
	H60	铲	变酸性火山凝灰岩
	H60	石坯	基性岩类（辉长/辉绿岩）
	H60：1	铲	火山凝灰岩
	H61（两件）	铲	泥灰岩或灰岩
	H61：7	凿	泥质板岩
	H61：9	铲	白云质灰岩
	H61：10	铲	泥灰岩或灰岩
	H62：1	铲	白云质灰岩
	H66	铲	变酸性火山凝灰岩
	H66：1	铲	泥灰岩或灰岩
	H69	铲	泥岩
	H69：2	铲	白云质灰岩
	H76：1	铲	泥灰岩或灰岩
	H78：2	铲	基性岩类
	H79	铲	泥灰岩或灰岩
	H79	铲	变酸性火山凝灰岩
	H79	铲	白云质灰岩

续表

探方号	器物小号	器类	岩性
T4	H79：2	镰	砂岩
	H80：81	铲	泥灰岩或灰岩
	H103：4	铲	变酸性火山凝灰岩
	H119	铲	泥岩
	H132	残石器	泥质板岩
	H132：10	刀	泥灰岩或灰岩
	H132：24	凿	泥灰岩或灰岩
	H154	大石器	砂岩
	H154：1	铲	白云质灰岩
	H154：2	铲	泥灰岩或灰岩
	H163	铲	变酸性火山凝灰岩
	H165：2	石器	泥灰岩或灰岩
	H166	铲	泥灰岩或灰岩
	H168	砺石	砂岩
	H170	石核	泥灰岩或灰岩
	H171：2	刀	硅质片岩
	H171：3	铲	变酸性火山凝灰岩
	H171：4	铲	变酸性火山凝灰岩
	H174：1	镞	泥岩
	采：2	铲	燧石
T5	H54：1	刀	石英岩
	⑥：2	锛	基性岩类
T6	H213	铲	泥灰岩或灰岩
	H220：2	残石器	变酸性火山凝灰岩
	H220③	铲	变酸性火山凝灰岩
	H220③：1	条形器	泥灰岩或灰岩
	H220④	铲	变酸性火山凝灰岩
	H220④	刀	钙质千梅岩
	H227：2	铲	变酸性火山凝灰岩
	H227：4	铲	泥灰岩或灰岩
	H228	石坯	砂岩
	H228	铲	泥岩
	G2：2	刀	石英云母片岩
	G2：3	铲	白云质灰岩

续表

探方号	器物小号	器类	岩性
T6	G5 : 1	凿	燧石
	③ : 1	铲	泥灰岩或灰岩
	⑤	铲	砂岩
	⑥ : 1	锛	基性岩类
	⑥ : 3	刀	石英云母片岩
	⑥ : 4	铲	白云质灰岩

附录四

2000 年度新砦遗址出土
石器种类、岩性鉴定报告

马军

（北京大学城市与环境学系）

探方号	器物小号	器类	岩性
T1	H6：2	刀	硅质片岩
	H8③：1	残石器	泥灰岩或灰岩
	H8：1	铲	石英片岩
	H8：6	残石器（铲）	石英岩
	H8：7	铲	泥灰岩或灰岩
	H8：9	铲（残）	泥灰岩或灰岩
	H12：1	刀	石英云母片岩
	H14：2	镰	硅质片岩
	H28	残石器	砂岩
	H28：6	铲	变酸性火山凝灰岩
	H28：7	锛	基性岩类
	H28：9	铲	泥灰岩或灰岩
	H30：2	铲	白云质灰岩
	H30：5	铲	泥灰岩或灰岩
	H30：6	铲	白云质灰岩
	H30：7	刀	钙质千梅岩
	H30：8	刀	泥灰岩或灰岩
	H30：9	铲	石英云母片岩
	H30：10	铲	泥灰岩或灰岩
	H30：11	铲	泥灰岩或灰岩
	H30：13	刀	泥质板岩
	H31：2	铲	白云质灰岩
	H54：2	镰	硅质片岩
	H55：1	铲	泥灰岩或灰岩
	H72②	铲	砂岩
	H125：1		变酸性火山凝灰岩
	③	单孔石刀	泥质板岩

续表

探方号	器物小号	器类	岩性
T1	⑧：10	刀	石英云母片岩
T2	H3：1	刀	变酸性火山凝灰岩
	H3：2	铲	白云质灰岩
	H3：3	斧	基性岩类
	H11：1	铲	泥灰岩或灰岩
	H22：1	石器	泥岩
	H31	铲	火山凝灰岩
	H34：3	铲	白云质灰岩
	H38：2	刀	石英片岩
	H42：7	石器	泥岩
	H46：1	铲	白云质灰岩
	H47：1	铲	泥灰岩或灰岩
	H48	铲	泥灰岩或灰岩
	H48：1	铲	泥灰岩或灰岩
	H48：3	铲	泥灰岩或灰岩
	H52：2	铲	火山凝灰岩
	H52：4	铲	白云质灰岩
	H74：1	铲	白云质灰岩
	H74：2	凿	泥岩
	H74：4	铲	白云质灰岩
	H75：1	刀	石英岩
	H75：3	铲	泥灰岩或灰岩
	H75：4	凿	泥灰岩或灰岩
	H76：2	铲	泥灰岩或灰岩
	H77：1	铲	白云质灰岩
	H83：1	铲	白云质灰岩
	H84：3	残石器	砂岩
	H84：4	铲	泥灰岩或灰岩
	H85：1	刀	泥质板岩
	H93：1	磨盘	砂岩
	H93：2	锛	泥灰岩或灰岩
	H93：3	铲	火山凝灰岩
	H93：4	铲	白云质灰岩
	H93：7	镰	白云质灰岩

续表

探方号	器物小号	器类	岩性
T2	H93：8	铲	变酸性火山凝灰岩
	H104：1	刀	泥灰岩或灰岩
	H111：1	铲	泥灰岩或灰岩
	③	石刀	石英云母片岩
	⑦：1	铲	白云质灰岩
	⑧：2	刀	钙质千梅岩
T3	H20：1	刀	石英云母片岩
	H22：2	铲	泥灰岩或灰岩
	H24：1	斧	基性岩类
	H24：2	石器	泥灰岩或灰岩
	H45：1	铲	泥灰岩或灰岩
	H45：2	铲	白云质灰岩
	H45：4	刀	泥质板岩
	H53：3	凿	泥灰岩或灰岩
	H58：5	镞	泥岩
	H62：1	铲	泥灰岩或灰岩
	H62：2	镞	泥岩
	H64	铲	火山凝灰岩
	H69：2	铲	火山凝灰岩
	H70：1	锛	基性岩类
	H71	铲	白云质灰岩
	H71：1	斧	基性岩类
	H71：3	镞	泥岩
	H71：4	斧	基性岩类
	H71：5	铲	白云质灰岩
	H98：1	铲	火山凝灰岩
	H99：2	铲	白云质灰岩
	H99：4	残石器	泥质板岩
	H99	刀	石英岩
	H99：6：7	铲	燧石
	H100：1	铲	白云质灰岩
	H101：2	刀	泥灰岩或灰岩
	H101：3	铲	变酸性火山凝灰岩
	H110：1	铲	白云质灰岩

续表

探方号	器物小号	器类	岩性
T3	H112：1	铲	砂岩
	H112：2	铲	变酸性火山凝灰岩
	H112：3	铲	泥灰岩或灰岩
	H112：4	刀	变酸性火山凝灰岩
	⑤B：1	铲	白云质灰岩
	⑤B：2	铲	泥灰岩或灰岩
	⑥B：1	镰	钙质千梅岩
	⑥B：4	铲	石英云母片岩
	⑦	铲	泥灰岩或灰岩
T4	H6：66	残石器	泥灰岩或灰岩
	H19	铲	变酸性火山凝灰岩
	H19：1	锛	基性岩类
	H19：5	斧	基性岩类
	H19③：2	铲	白云质灰岩
	H19⑤：4	镞	泥岩
	H20	铲	白云质灰岩
	H20：1	铲	泥灰岩或灰岩
	H20：2	铲	变酸性火山凝灰岩
	H22：1	铲	泥灰岩或灰岩
	H24：1	镞	泥岩
	H24：2	刀	硅质片岩
	H24：6	刀	泥灰岩或灰岩
	H24：7	铲	泥灰岩或灰岩
	H25	铲	石英岩
	H25：1	铲	燧石
	H25：2	铲	灰岩
	H25：7	斧	基性岩类
	H26：7	铲	砂岩
	H26	锛	火山凝灰岩
	H26①：1	铲	基性岩类（辉长/辉绿岩）
	H26②：1	刀	泥灰岩或灰岩
	H26②：3	铲	泥灰岩或灰岩
	H26②：8	刀	泥灰岩或灰岩
	H26③：4	铲	变酸性火山凝灰岩

续表

探方号	器物小号	器类	岩性
T4	H26③：5	石器	基性岩类（辉长/辉绿岩）
	H26③：12	锛	泥灰岩或灰岩
	H26③：23	镞	泥岩
	H26④：2	铲	泥灰岩或灰岩
	H26④：9	铲	泥灰岩或灰岩
	H26④：11	斧	泥灰岩或灰岩
	H26④：25	铲	白云质灰岩
	H26④：26	砍砸器	泥灰岩或灰岩
	H37：6		基性岩类
	H53：1	刀	硅质片岩
	H53：3	铲	变酸性火山凝灰岩
	H53：4	刀	泥灰岩或灰岩
	H53：5	刀	钙质千梅岩
	H53：6	铲	石英岩
	H59：7	石饰品	泥岩
	H59④	刀	泥质板岩
	H59④两件	铲	白云质灰岩
	H59④：12		变酸性火山凝灰岩
	⑥：3	铲	白云质灰岩
	H59④：13	铲	火山凝灰岩
	H59：6	锛	基性岩类
	H59：7	石镰之坯	泥岩
	H64	刮削器	砂岩
	H64：1	铲	变酸性火山凝灰岩
	H64：2	铲	白云质灰岩
	H64：3	铲	变酸性火山凝灰岩
	H72：1	残石器	泥灰岩或灰岩
	H88	铲	泥灰岩或灰岩
	H103：4	铲	泥灰岩或灰岩
	H103：3	铲	白云质灰岩
	H103：6	铲	泥灰岩或灰岩
	H114：1	刀	细砂岩
	H119	铲或斧	石英岩
	H121	石范	白云质灰岩

续表

探方号	器物小号	器类	岩性
T4	H121：1	刀	泥灰岩或灰岩
	②：1	铲	白云质灰岩
	③：31	锛	变酸性火山凝灰岩
	④两件	铲	火山凝灰岩
	⑤A：2	铲	泥灰岩或灰岩
	⑤B：1	铲	白云质灰岩
	⑤B：2	锛	火山凝灰岩
	⑥A	刀	泥灰岩或灰岩
	⑥B：3	鹅卵石	白云质灰岩
	⑥B：4	铲	变酸性火山凝灰岩
	⑥B：5	铲	泥灰岩或灰岩
	⑦：2	铲	泥灰岩或灰岩
	⑧：1	铲	泥灰岩或灰岩
	⑧：2	铲	白云质灰岩
	⑧：66		石英岩
	采集	铲	泥灰岩或灰岩
T5	H112：3	残石器	泥灰岩或灰岩
	③：1	镰	硅质片岩
	④	铲	泥灰岩或灰岩
	④	石片	砂岩
	④：1	斧	基性岩类
	④：2	铲	变酸性火山凝灰岩
	⑤：1	镰	硅质片岩
	⑤：2	刀	石英云母片岩
	⑤A	铲	白云质灰岩
	⑤A：3	镰	钙质片岩
	⑤A：6	铲	白云质灰岩
	⑤A：7：8	铲	火山凝灰岩
	⑤B：1	砺石	砂岩
	⑤C：1	铲	火山凝灰岩
	⑤C：2	铲	火山凝灰岩
	⑥	打制石片	泥灰岩或灰岩
	⑥：1	条形器	石英云母片岩
	⑥：2	锛	白云质灰岩

续表

探方号	器物小号	器类	岩性
T5	⑦∶1	刀	变酸性火山凝灰岩
	⑧∶4	铲	砂岩
	⑧∶5	刀	细砂岩
	⑧∶1∶2∶3∶9	铲	火山凝灰岩
	⑧∶6	刀	云英岩
	⑧∶7	镰	石英云母片岩
	⑩	铲	白云质灰岩
	⑩∶1	铲	绿泥石片岩
	⑩∶6	斧	基性岩类
	⑩∶10	铲	燧石
	⑧∶15	刀	泥灰岩或灰岩
	⑩∶1	铲	变酸性火山凝灰岩
	⑩∶2	铲	泥灰岩或灰岩
	⑩	铲	泥灰岩或灰岩
T6	H6∶3	刀	泥灰岩或灰岩
	④∶1	凿	泥质板岩
	④∶6	铲	泥灰岩或灰岩
	⑤∶1	斧	基性岩类（辉长/辉绿岩）
	⑤∶2	刀	泥灰岩或灰岩
	⑧	铲	泥灰岩或灰岩
	⑧	铲	砂岩
	⑧	刀	泥灰岩或灰岩
	⑧∶1	镰	泥灰岩或灰岩
	⑧∶2	刀	砂岩
	⑧∶3	铲	大理岩
	⑧∶4	铲	泥灰岩或灰岩
	⑧∶5	刀	泥灰岩或灰岩
	⑧∶9	镰	泥岩
	⑧∶10	斧	基性岩类（辉长/辉绿岩）
	⑧∶11	斧	基性岩类（辉长/辉绿岩）
	⑧∶13	镰	硅质片岩
	⑨	凿	云英岩
	⑪∶1	铲	石英岩
	⑪∶2	镰	泥岩

续表

探方号	器物小号	器类	岩性
T6	⑫	铲	泥灰岩或灰岩
	⑫两件	铲	火山凝灰岩
	⑫：2	铲	变酸性火山凝灰岩
	⑫：3	铲	白云质灰岩
	⑫：4	铲	火山凝灰岩
	⑫：5	铲	白云质灰岩
	⑫：8	铲	泥灰岩或灰岩
	⑫：9	铲	火山凝灰岩
	⑫下	铲	泥灰岩或灰岩
	⑭A	铲	火山凝灰岩
	⑮：1	凿	泥灰岩或灰岩
T7	④：1	铲	泥灰岩或灰岩
	⑥：1	铲	变酸性火山凝灰岩
	⑥：2	铲	泥灰岩或灰岩
	⑥：3	铲	变酸性火山凝灰岩
	⑥：4	镰	石英云母片岩
	⑥：7	刀	泥灰岩或灰岩
	⑥	刀	泥灰岩或灰岩
	⑥：6	铲	变酸性火山凝灰岩
	⑦A：2	铲	泥灰岩或灰岩
	⑩：1	刀	泥灰岩或灰岩
	⑩：2	铲	砂岩
	H36：1	刀	泥灰岩或灰岩
	H37	铲	泥灰岩或灰岩
	H37：2	铲	变酸性火山凝灰岩
T10	H56：1	凿	玛瑙
	H56：2	铲	火山凝灰岩
	H78	铲	泥灰岩或灰岩
	H80	斧	基性岩类
	③	铲	砂岩
	采集	刀	细砂岩
T11	③：2	铲	泥灰岩或灰岩
	⑥：1	铲	细砂岩
	⑥：6	残石器	砂页岩

续表

探方号	器物小号	器类	岩性
T11	西⑦：3	铲	泥灰岩或灰岩
	西⑦：6	刀	细砂岩
	⑦：2	石器	泥岩
	⑦A：1	锤	基性岩类
	⑦A：4	刀	泥灰岩或灰岩
	⑦—⑩：1	铲	白云质灰岩
	⑪A	铲	白云质灰岩
	⑫	石铲之坯	石英云母片岩
	⑬：1	铲	变酸性火山凝灰岩
	⑮：1	铲	泥灰岩或灰岩
	⑰B	铲	白云质灰岩
	⑰C：1	刀	灰岩
	⑰C：2	斧	石英片岩
	⑰D：2	残石器	石英云母片岩
	⑰D：3	铲	变酸性火山凝灰岩
T12	H96：1	残石器	大理岩
	H104：1	铲	白云质灰岩
	H104：2	铲	泥质板岩
	H104：5	铲	泥灰岩或灰岩
	H104：6	铲	泥灰岩或灰岩
	H111：5	铲	泥灰岩或灰岩
	H111：6	铲	变酸性火山凝灰岩
	H64	铲	泥灰岩或灰岩
	H64：2	刀	石英岩
	H90	铲	大理岩
	H91：1	石坯	泥灰岩或灰岩
	H92：2	铲	白云质灰岩
	H93：3	石器	泥岩
	H97：1	铲	泥灰岩或灰岩
	G2②：1	铲	白云质灰岩
	G2②：2	铲	泥灰岩或灰岩
	G2②：3	铲	变酸性火山凝灰岩
	G5：2	镞	泥岩
	G5②：4	铲	白云质灰岩

续表

探方号	器物小号	器类	岩性
T12	G5②：4	铲	泥灰岩或灰岩
	G5③：1	铲	变酸性火山凝灰岩
	G5③：4	铲	变酸性火山凝灰岩
	G5③：5	铲	变酸性火山凝灰岩
T13	G1①：1	铲	变酸性火山凝灰岩
	G1①：2	铲	泥灰岩或灰岩
	G1①：3	刀	泥灰岩或灰岩
	G1①：4	铲	变酸性火山凝灰岩
	G1①：5	铲	变酸性火山凝灰岩
	⑤A	铲	变酸性火山凝灰岩
	⑤A	刀	石英云母片岩
	⑥B：1	刀	钙质千梅岩

后　记

时光荏苒，岁月如歌。

新砦遗址从最初被发现至今，已整整经历了半个世纪的历程。从首次试掘算起也二十多年过去了。新砦遗址所在的村庄只不过是普普通通的中国千万个村庄之一，它之所以被越来越多的人关注，我们不能不想起以下人们的功劳。

首先是新砦遗址的发现者魏殿臣先生，他像关爱自己的家园一样，数十年如一日为新砦遗址的保护费尽心血。

中国社会科学院考古研究所的赵芝荃先生，不仅首次试掘了新砦遗址，而且以他深厚的学术素养，在试掘很小面积之后，敢于提出"新砦期"的概念，从那时起新砦遗址和"新砦期"才为世人所熟知。

北京大学考古学系（现更名为北京大学考古文博学院）刘绪、徐天进先生和郑州市文物考古研究所（现更名为郑州市文物考古研究院）王文华先生积极筹备1999年新砦遗址的发掘工作，对新砦遗址的第二次发掘具有开创之功。

1999年，是张松林同志走马上任郑州市文物考古研究所所长的第一年，恰好也是新砦遗址重新发掘的第一年。张松林所长在此后的数年当中为新砦遗址的发掘、研究工作提供了全方位的支持和帮助。

发掘工作的顺利进展还得到了当地县、乡、村各级政府特别是新砦村委的大力支持。村支书张宝财同志在新砦村群众当中享有很高威望，他的工作魄力和对考古工作的理解、帮助令每一位来新砦工作的考古人均为之感动。

北京大学考古学系、郑州大学历史与考古系、河南省社会科学院考古研究所、新密市博物馆等单位也派出精兵强将参加了新砦遗址的发掘工作。他们在新砦遗址洒下的每一滴汗水，构成了新砦考古研究的坚强基石。

考古工作就像一条环环相扣的链条，无论哪个环节都极为重要。投入到新砦遗址后期整理的学者的敬业精神丝毫不逊色于田野发掘工作者。年逾古稀之年的北京大学考古学系吕遵谔先生鉴定人骨，黄蕴平先生认真仔细地鉴定动物标本，首都博物馆的祁庆国、梁刚、谷中秀先生携带摄影工具风尘仆仆地赶往郑州市现场拍摄各类遗物照片，北京大学考古学系的原思训、吴小红先生和北京大学物理系的郭之虞、刘克新先生加班加点地处理测年样本和测定新砦样品年代，各路英豪都付出了艰辛的劳动。

在新砦遗址的发掘和研究过程当中，新密市黄帝文化研究会的老干部们，经常到现场帮助解决实际困难，他们对文博事业挚爱至深的忘我工作精神不能不令人由衷地敬佩。

老一辈著名考古学家张忠培先生、李仰松先生、严文明先生以及北京大学考古学系的张江凯先生，河南省文物考古研究所的杨育彬先生、杨肇清先生、孙新民先生、袁广阔先生、蔡全法先生、曹桂岑先生等先后到新砦遗址参观指导，他们中肯的意见对于新砦遗址的考古研究起到极其重要的作用。

新砦遗址的谱系研究尚未画上圆满的句号，新砦遗址聚落布局的探索工作已经启动，正所谓万里长征才迈出了第一步，新砦遗址聚落布局的探索任务更艰巨、道路更曲折，但是，有来自各路英豪的大力支持，前途无限光明，目的一定能够达到！

本报告的资料整理与出版经费由国家文物局和北京大学震旦古代文明研究中心、郑州市文物考古研究所共同承担。发掘品分别存放于北京大学赛克勒考古与艺术博物馆和郑州市文物考古研究所。

以往涉及新砦遗址 1999 和 2000 年度发掘的相关报道，如与此有出入，皆以本报告为准。

编者
2006 年 11 月 12 日于北京

Xinzhai Site in Xinmi

——Report on Archaeological Excavations in 1999 and 2000

(Abstract)

This monograph is report on the excavation at the Xinzhai 新砦 site in the Central Plains area of China. The site (E 113°32.5' , N 34°26.5') , which is 125 to 140 m above the sea – level, is located at the Xinzhai Village of the Liuzhai 刘寨 Township, and 22.5 km southeast to the downtown of Xinmi 新密 City of Henan 河南 Province.

The about 100 ha site covers four natural villages of the Xinzhai Village – the Sugou 苏沟, Liangjiatai 梁家台, Meitugou 煤土沟 and Dongwan 东湾. It was discovered in 1964 and had been firstly excavated in 1979. The Aurora Center for the study of Ancient Civilizations ,Peking University and the Zhengzhou Municipal Institute of Archaeology and Cultural Relics had conducted a joint excavation at the site from 1999 to 2000 which exposed an area of 486.31 sq m and unearthed a large amount of features and artifacts from the Longshan 龙山 to the Erlitou 二里头 periods. The remains can be divided into three phases.

Remain of the first phase, including pits, burials, a part of a ditch and artifacts, belongs to the Meishan 煤山 Type of the Zhongyuan 中原 Longshan Culture dating from 2050 BC to 1900 BC. It can be further divided into two sub – phases: the early sub – phase dating from 2050 BC to 2000 BC and the late sub – phase dating to 2000 BC to 1900 BC. Tools of this phase consist of stone hoe, stone spade, stone axe, bone chisel and bone awl. Shell was mainly used to make arrowhead. Deep – belly pot, bowl and small – mouth high – neck jar were the typical ceramic vessels.

The second phase the so – called Xinzhai phase can be dated between 1850 BC to 1750 BC. It can be further divided into two sub – phases: the early sub – phase dating to 1850 BC to 1800 BC and the late sub – phase dating to 1800 BC to 1750 BC. Features of this phase include house foundations, pits, the ditch and burials. Spade, axe, knife, arrowhead, adze, chisel and chopping tool were the main stone tools. Arrowhead, hairpin, knife, awl and needle were the main bone tools. Typical ceramic vessels include pot, lid, *ding* tripod, small – mouth high – neck jar, basin, *dou* stemmed plate and bowl (*bo* bowl).

Typical ceramic vessels of the third phase include deep – belly pot, lid, *ding* tripod and floral – mouth pot. They are similar to those of the first phase of the Erlitou culture (Erlitou I). Hence the third phase might be contemporary with the Erlitou I.

The 1999 to 2000 excavation at Xinzhai demonstrates the existence of the Xinzhai period between the Longshan culture and Erlitou I. Sites of this newly recognized phase dating from 1850 BC to 1750 BC mainly distributed in an area to the east of the Songshan 嵩山 mountains – the center of the early Xia 夏 Dynasty recorded in ancient text. The new data is significant for the research on the Xia culture and the formation of the state – level Xia Dynasty.

In addition, the excavation also yielded abundant data pertaining to ancient environment, ancient plants and animals, and the diet of ancient people, which is import for a comprehensive understanding of site and its era.

1．2000 年主要考古发掘人员
（自左至右：曹大志、王鹏、李伯谦、赵春青、王建华、顾万发）

2．2000 年新砦遗址南部发掘区远景（西南—东北）

新砦遗址 2000 年主要考古发掘人员与南部发掘区

1．发掘现场（南—北）

2．发掘现场（北—南）

新砦遗址 2000 年南部发掘区

1. 西壁剖面

2. 南壁剖面

2000T6 西壁、南壁剖面

1．2000T1H30（北—南）

2．2000T3H58（西—东）

第一期 Ac 型灰坑

1. 平面（北—南）

2. 坑壁加工痕迹（北—南）

第一期 Ac 型灰坑（2000T12H111）

1．Ac 型灰坑（2000T12H96）（东—西）

2．Da 型灰坑（2000T3H110）（北—南）

第一期灰坑

1．B型铲（1999T3H17：1）

2．B型铲（1999T4H69：2）

3．B型铲（2000T12H104：1）

4．石饰品（1999T4H8：2）

第一期石铲、石饰品

1．Aa型Ⅱ式单耳杯（2000T1H30：28）

2．Ⅰ式小口高领罐（2000T1H105：1）

3．素面手制罐（2000T1H105：15）

4．壶（2000T1H105：46）

5．A型Ⅰ式深腹罐（2000T2H84：23）

6．鬶（2000T2H84：2）

第一期 2000T1H30、H105、2000T2H84 出土陶器

1．A型Ⅰ式圈足盘（2000T2H84：81）

2．B型Ⅰ式碗（2000T2H84：95）

3．第二期烧灶（2000T12Z1）

（西—东）

第一期2000T2H84出土陶器，第二期烧灶（2000T12Z1）

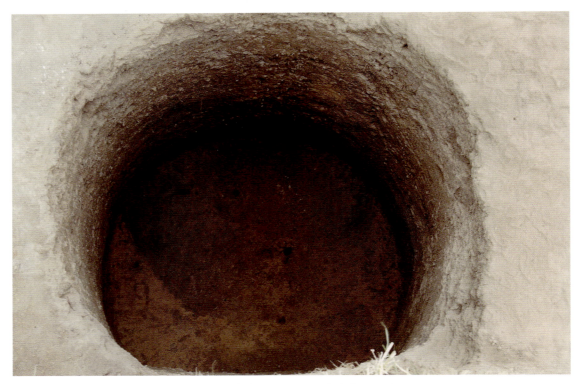

1. Aa 型（2000T4H19）（东—西）

2. Ac 型（2000T1-T2H11）（西—东）

第二期灰坑

1．Ac 型灰坑（2000T2–T3H62）（西—东）

2．灰沟（2000G3）中的沙波（南—北）

第二期灰坑、灰沟

第二期灰坑葬（2000T4H53）（北—南）

1．Aa 型（2000T12H97：1）

2．Bb 型（1999T4H154：1）

3．Bb 型（2000T2H11：1）

4．Bb 型（2000T2H93：9）

第二期石铲

1. Bb 型铲（2000T2H74：1）

2. Bb 型铲（1999T2F1：1）

3. Ba 型斧（2000T3H71：4）

4. Bb 型斧（1999T2F4：2）

第二期石铲、斧

1．B 型石刀（1999T2H38：1）

2．B 型石刀（2000T11⑦：6）

3．玉凿（2000T4H59：1）

第二期石刀，玉凿

3．骨饰（2000T1H51：1）

5．蚌饰（2000T1H28：5）

4．骨饰（2000T1H51：1）

6．蚌饰（2000T1H28：5）

1．卜骨（1999T1H76：2正面）

7．铜容器残片（2000T3⑤B：1）

2．卜骨（1999T1H76：2反面）

第二期骨器、蚌器与铜器

1．C 型钵（1999T4H6：20）

2．子母口瓮（1999T4H6：6）

3．B 型 I 式深腹罐（2000T4H19：101）

4．I 式小口高领罐（2000T4H26④：76）

5．Ab 型高足鼎（2000T4H53：53）

6．Ab 型高足鼎（2000T4H53：54）

第二期 1999T4H6、2000T4H19、H26 等出土陶器

1．Ⅱ式刻槽盆（2000T6⑧：230）

2．Ac型器盖（2000T6⑧：218）

3．尊形瓮（2000T6⑧：46）

4．双腹豆（2000T6⑧：784）

第二期2000T6⑧出土陶刻槽盆、器盖、尊形瓮等

1．正视

2．上视

第二期 2000T6⑧出土陶猪首形器盖（2000T6⑧：782）

1．B型Ⅲ式平底盆（1999T2H11：17）

2．Ⅱ式小口高领罐（1999T2H147：18）

3．曲腹罐（1999T5H236：2）

4．圆肩瓮（1999T5H236：4）

5．折肩罐（2000T12G2②：12）

第二期 1999T2H11、H147、1999T5H236 等出土陶器

1. 羊首器纽（2000T13H87：11）

2. 折肩罐（2000T5 ⑨：5）

3. 盉（2000T6 ⑦：785）

4. 盉（2000T6 ⑦：785）

第二期 2000T13H87、2000T5 ⑨、2000T6 ⑦出土陶器

1. 子母口瓮（2000T6⑨：7）

2. B型Ⅱ式高足鼎（2000T11⑥：14）

3. Aa型Ⅱ式器盖（2000T11⑥：16）

4. Ba型Ⅰ式器盖（2000T11⑥：21）

5. 簋形豆（2000T11⑦A：13）

6. 器纽（2000T11⑦A：64）

第二期 2000T6⑨、T11⑥、T11⑦A 出土陶器

1. 大口双耳罐（2000T11⑦A∶56）

2. 折肩罐（2000T11⑩B∶2）

3. 折肩罐（2000T11⑩C∶3）

第二期 2000T11⑦A、T11⑩B、T11⑩C 出土陶器

1．多瘤丽蚌（2000T11⑦A）

2．佛耳丽蚌（2000T6⑧）

3．薄壳丽蚌（2000T11⑦A）

4．背瘤丽蚌（2000T6⑧）

5．圆头楔蚌（2000T4H24）

6．矛蚌（2000T1H8②）

遗址出土各种蚌类遗骸

1．中国尖嵴蚌（2000T2H25）

2．圆顶珠蚌（2000T4H3）

3．三角帆蚌（2000T5⑩）

4．鱼咽齿骨（2000T4H94）

5．鱼鳃盖骨（1999T2H101）

6．龟背甲（2000T2H101）

遗址出土蚌、鱼与龟遗骸

1．龟腹板（1999T2H3）

4．狗头骨（1999T1H46）

2．鳖肋板（1999T2H101）

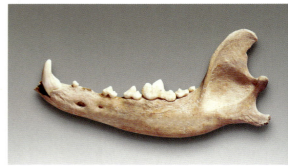

5．狗下颌骨（2000T14H102）

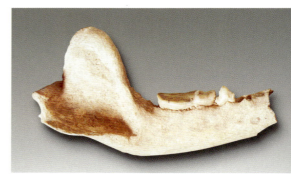

6．獾右侧下颌骨（2000T7④：1）

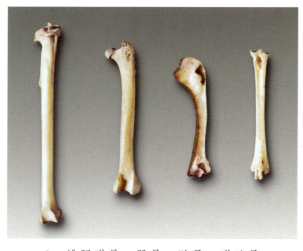

3．雉胫跗骨、股骨、肱骨、跗趾骨

7．黑熊下颌骨（2000T4H59：1）

遗址出土龟、鳖、雉、狗、獾与黑熊遗骸

1．豪猪门齿（2000T4H26）

2．竹鼠上颌骨（2000T2⑧）

3．斑鹿角（2000T4H6）

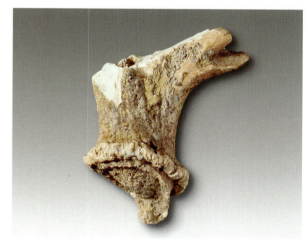

4．斑鹿角（2000T5⑩：1）

5．斑鹿头骨（2000T4⑧：1）

6．斑鹿角柄（2000T6⑧：1）

遗址出土豪猪、竹鼠与斑鹿遗骸

1．麋鹿角（2000T4H59）

2．麋鹿角（2000T10H54：1）

3．獐犬齿（2000T1H14：1）

4．黄牛头骨残块（1999T6H220：1）、
黄牛角（1999T6H22：7）

5．黄牛左肩胛骨卜骨（1999T4H154：1）

6．牛胫骨（2000T30H78）

遗址出土麋鹿、獐与黄牛遗骸

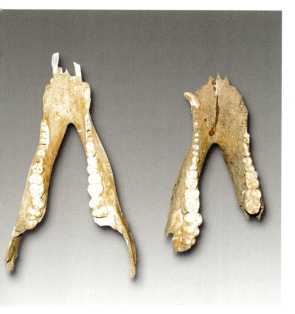

1

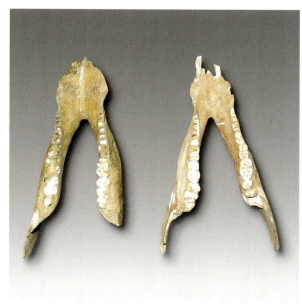

2

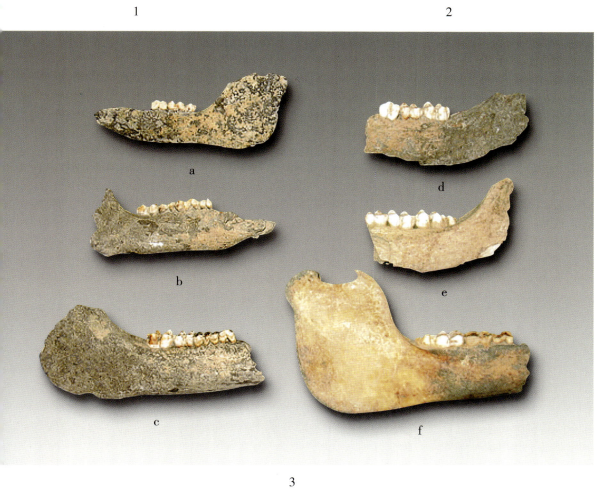

3

遗址出土猪下颌骨

1．绵羊头骨（2000T4H26：1）

2．山羊角心（2000T4H59：2）

3．鹿角废料（2000T10H54）

4．鹿角废料（2000T6⑧：2）

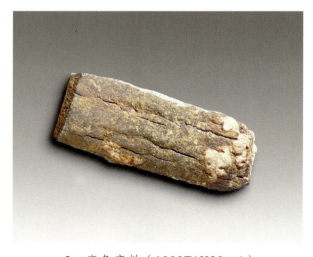

5．鹿角废料（1999T1H28：1）

6．鹿角废料（1999T4H134：1）

遗址出土绵羊、山羊遗骸与鹿角废料

1．鹿角锤（2000T2H22：1）

2．打磨器（2000T2H52：1）

匕形器（2000T4H19：1）　4．骨料（2000T4H24：1）

5．牛桡骨废料（2000T1H6：1）

6．鹿掌骨废料（1999T2H101：1）

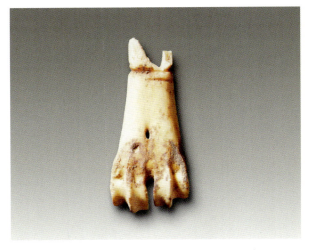

7．鹿跖骨废料（2000T2H57：1）

遗址出土鹿角锤、打磨器、匕形器与废料

1．骨铲（1999T4H61：5）　　2．骨铲半成品（2000T1H28：1）　　3．骨锥（2000T1 ⑧ ：1、未编号

4．牛下颌骨片（2000T5 ⑤ D：1）

5．骨匕半成品（1999T4H49：1）　　6．骨料（2000T4H121：1）

7．骨笄（1999T4H6：1）　　8．打磨器（1999T6H218：1）　　9．骨料（2000T9H2：1、2000T2H48：1

遗址出土骨质工具与骨料

1．Aa 型（2000T3H99：2）

2．Aa 型（2000T1H30：6）

3．Ab 型（2000T1H30：5）

4．B 型（2000T4H103：3）

5．B 型（1999T3H17：1）

6．B 型（1999T4H69：2）

第一期石铲

1．B型铲（2000T12H104：1）

2．B型铲（2000T2H83：1）

3．斧（1999T2H105：1）

4．凿（1999T2H104：2）

5．A型刀（2000T3H114：1）

6．C型刀（2000T3H101：4）

第一期石铲、斧、凿、刀

1．镞（2000T3H58：1）

2．镞（2000T3H58：5）

3．镞（2000T12H92：3）

4．A 型锛（1999T6⑥：1）

5．A 型锛（2000T3H70：1）

6．石饰品（1999T4H8：2）

第一期石镞、锛、石饰品

1．A 型锥（1999T4H69：4）

2．B 型锥（2000T3H58：2）

3．C 型锥（2000T12H111：1

4．C 型锥（2000T2H57：1）

5．镞（2000T12H96：5）

6．镞（2000T12H111：4）

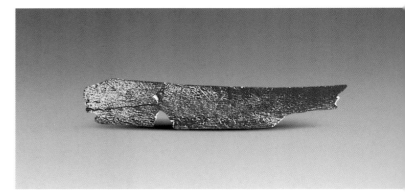

7．刀（2000T2H92：1）

第一期骨锥、镞、刀

1．手抹痕（2000T12H111：23）

2．碗外壁瓦棱（2000T3H112：25）

3．碗内壁瓦棱（2000T3H112：26）

4．碗底线切割纹（2000T1H30：26）

1．甑（2000T1H30：24 正视）

2．甑（2000T1H30：24 底视）

3．双耳罐（2000T1H30：25）

4．鼓腹罐（2000T1H30：31）

5．A 型Ⅰ式碗（2000T1H30：2）

6．A 型Ⅰ式碗（2000T1H30：26）

第一期 2000T1H30 出土陶甑、罐、碗

1．A 型 Ⅱ 式碗（2000T1H30：27）

4．Aa 型 Ⅱ 式单耳杯（2000T1H30：28）

2．A 型 Ⅱ 式碗（2000T1H30：30）

5．Aa 型 Ⅱ 式单耳杯（2000T1H30：29）

3．C 型碗（2000T1H30：3）

6．Ab 型单耳杯（2000T1H30：79）

第一期 2000T1H30 出土陶碗、单耳杯

1．Ⅰ式小口高领罐（2000T1H105：26）

2．Ⅰ式小口高领罐（2000T1H105：1）

3．素面手制罐（2000T1H105：15）

4．矮领瓮（2000T1H105：47）

5．壶（2000T1H105：46）

6．B型Ⅱ式碗（2000T1H105：109）

第一期 2000T1H105 出土陶罐、瓮、壶等

1. 2000T2H84：15

2. 2000T2H84：24

3. 2000T2H84：16

4. 2000T2H84：17

第一期 2000T2H84 出土 A 型 I 式陶深腹罐

1．2000T2H84：20

2．2000T2H84：23

3．2000T2H84：22

4．2000T2H84：18

第一期2000T2H84出土A型I式陶深腹罐

1．A型Ⅰ式深腹罐（2000T2H84：19）

2．A型Ⅰ式深腹罐（2000T2H84：104）

4．A型Ⅰ式圈足盘（2000T2H84：81）

3．鬶（2000T2H84：2）

5．B型Ⅰ式钵（2000T2H84：76）

第一期2000T2H84出土陶深腹罐、鬶、圈足盘等

1．B 型 I 式碗（2000T2H84：95）

2．圆陶片（A 型 2000T2H84：1、
B 型 2000T4⑥B：2）

4．甑（2000T2H113：23）

3．II 式双腹盆（2000T2H113：55）

第一期 2000T2H84、H113 等出土陶器

1．A型Ⅰ式深腹罐（2000T3H99：95）

2．A型Ⅰ式碗（2000T3H99：81）

3．A型Ⅱ式碗（2000T3H99：86）

4．A型Ⅱ式碗（2000T3H99：102）

5．A型Ⅰ式圈足盘（2000T3H99：87正视）

6．A型Ⅰ式圈足盘（2000T3H99：87俯视）

第一期2000T3H99出土陶深腹罐、碗、圈足盘

1．A型Ⅰ式钵（1999T2H109：3）

2．A型Ⅰ式豆（1999T4H67：4）

3．A型Ⅰ式碗（1999T4H68：7）

4．盅（1999T4H79：7）

5．纺纶（1999T4H170：1）

第一期1999T2H109、1999T4H67等出土陶器

1．A型Ⅰ式深腹罐（1999T6H223∶1）

4．A型Ⅰ式碗（2000T1H67∶44）

2．A型Ⅱ式碗（1999T6H223∶14）

5．A型Ⅰ式碗（2000T1⑨∶16）

3．A型Ⅰ式平底盆（2000T1H55∶2）

6．A型Ⅰ式碗（2000T1⑩∶1）

第一期 1999T6H223、2000T1H55 等出土陶器

1．A型Ⅰ式碗（2000T3H69：40）

4．B型Ⅰ式碗（2000T4H121：40）

2．甑箅（2000T3H112：24俯视）

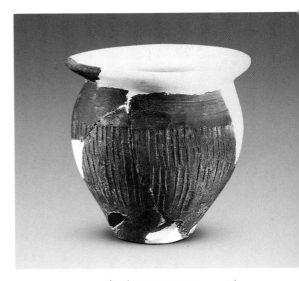

5．甑（2000T9H43：14）

3．甑箅（2000T3H112：24正视）

6．A型Ⅰ式碗（2000T10H78：13）

第一期 2000T3H69、H112 等出土陶器

1．甑（2000T12H92：26 正视）

3．Ⅱ式小口高领罐（2000T12H92：18）

2．甑（2000T12H92：26 底视）

4．Ⅱ式小口高领罐（2000T12H92：25）

5．Ⅱ式小口高领罐（2000T12H92：27）

第一期 2000T12H92 出土陶甑、小口高领罐

1. A 型 I 式深腹罐（2000T12H111：22）

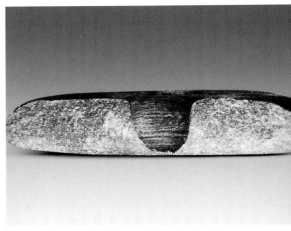

4. 单面钻孔（2000T11 ⑰ C：1）

2. A 型 I 式碗（2000T12H111：19）

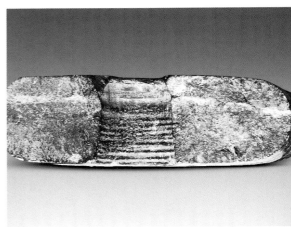

5. 两面对钻孔（1999T4H6：26）

5. 纺纶（2000T12H111：3）

6. 凿钻孔（2000T1H6：3）

第一期 2000T12H111 出土陶器，第二期石器钻孔

1．Aa 型（2000T12H97：1）

4．Ba 型（2000T3H45：2）

2．Aa 型（2000T3⑤B：2）

5．Ba 型（2000T4H25：2）

3．Aa 型（2000T1H28：2）

6．Ba 型（2000T13G1①：2）

第二期石铲

1. 2000T6 ⑫：5

2. 1999T4H154：1

3. 2000T2H11：1

4. 2000T2H93：9

第二期 Bb 型石铲

1．2000T2H74：1

2．2000T4H26④：2 正面

3．2000T4H26④：2 背面

4．1999T2F1：1

第二期 Bb 型石铲

1. 2000T4H53：5

2. 2000T4H53：1

3. 2000T4H24：2

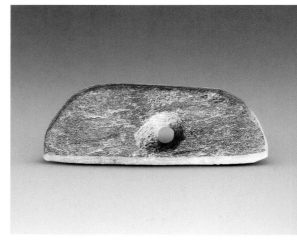

4. 1999T4H6：2

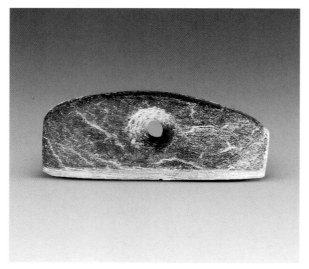

5. 2000T1H6：2

第二期 A 型石刀

1．B 型刀（1999T2H38：1）

2．B 型刀（1999T3H54：1）

3．B 型刀（2000T11⑦：6）

4．镰（2000T1H14：2）

5．镰（2000T2H93：7）

第二期 B 型石刀、镰

1. Ba 型（2000T3H71：4）

2. Ba 型（2000T4H19：5）

3. Ba 型（2000T4H26②：5）

4. Bb 型（1999T2F4：2）

第二期 B 型石斧

1．A 型（1999T6G5：1）

2．A 型（2000T10H56：1）、B 型（2000T2H52：3）

3．B 型（2000T12⑤A：1）

4．B 型（2000T2H74：2）

第二期石凿

1．2000T4H59：4

2．2000T4H24：3

3．2000T6⑧：11

4．2000T3H71：1

第二期 Aa 型石斧

1．Aa 型（2000T1H28：8）

2．Ab 型（2000T2H62：3）

3．Ab 型（1999T2H101：7）

4．Ab 型（2000T4H25：7）

第二期 A 型石斧

1．Aa 型（2000T12G5：3、2000T12G5：2）

2．Aa 型（1999T2F4：1、2000T4H24：1）

3．Ab 型（2000T6⑧：1）、Aa 型（1999T4H31：1、2000T6⑧：9）

4．B 型（2000T4H19⑤：4、2000T4H26③：23）

5．B 型（2000T3H71：3）

6．B 型（2000T3H62：2）

1．A型锛（2000T4H59：6）

2．A型锛（2000T5⑥：2）

3．B型锛（2000T1H28：7）

4．B型锛（2000T4H19：1）

5．砍砸器（2000T4H26④：26）

6．砺石（2000T4H26②：2）

第二期石锛、砍砸器、砺石

1．石矛（2000T4H24：4）

2．石条形器（2000T4H24：36）

4．玉凿（2000T4H59：1）

3．石坯（1999T6④：1）

第二期石矛、条形器、坯，玉凿

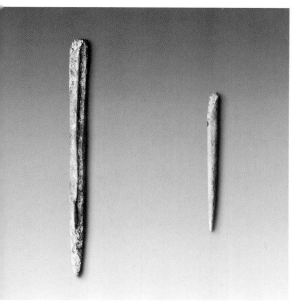 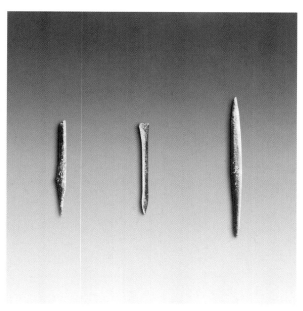

. A 型（2000T4H94：1、2000T4H26②：6）　　　2．A 型（1999T2H38：3、2000T1H8：1）、
　　　　　　　　　　　　　　　　　　　　　　　　B 型（1999T1H76：5）

. C 型 I 式（2000T4H26①：5）　　4．C 型 II 式（2000T1H8：4）　　5．C 型 II 式（2000T1H28：1）

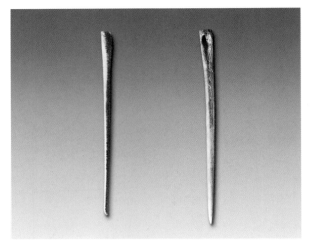

1. 针（1999T6H4：1、2000T4H26：15）

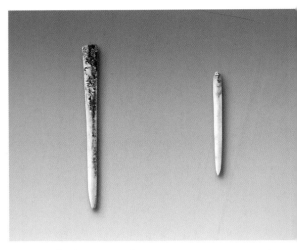

2. 簪（1999T1④：1、1999T1H75：1）

3. B型镞（2000T4⑤A：1）、
A型Ⅰ式镞（2000T4H26①：7）

4. B型镞（2000T4H59：8、2000T12G5：14）
A型Ⅰ式镞（2000T4H26：2）

5. A型Ⅱ式镞（2000T3H71①：2）、
B型镞（2000T4H59：5）

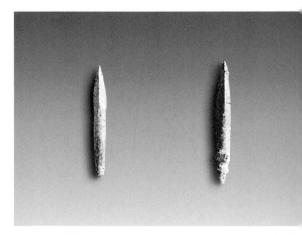

6. B型镞（1999T2M5：1、1999T2H52：1）

1．2000T6 ⑧：12 正面

2．2000T6 ⑧：12 反面

3．1999T1H76：2 正面

4．1999T1H76：2 反面

第二期卜骨

1．卜骨（1999T1H76：3 正面）

2．卜骨（1999T1H76：3 反面）

4．骨凿（2000T11⑦：3、1999T4H49：1）

3．卜骨（1999T2H1③：1）

第二期卜骨、骨凿

1. 骨铲（2000T1⑧：1）

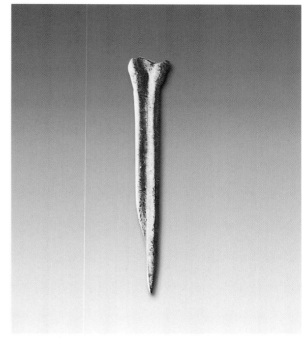

2. 骨铲（1999T4H61：5）

3. 鹤嘴锄（2000T1H8：2）

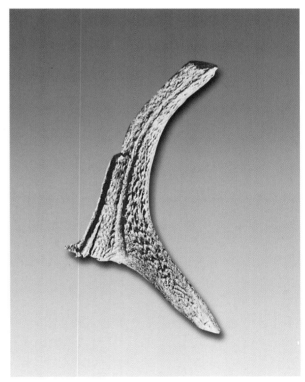

4. 鹤嘴锄（2000T1H8：3）

第二期骨铲、鹤嘴锄

1．骨矛（2000T2H46：3正面）

2．骨矛（2000T2H46：3反面）

3．骨饰（2000T1H51：1）

4．骨饰（2000T1H51：1）

5．蚌贝（1999T1H15：1）

6．蚌饰（2000T1H28：5）

7．蚌饰（2000T1H28：5）

8．铜容器残片（2000T3⑤B：1）

第二期骨器、蚌器与铜器

1．镂孔鼎足（2000T11⑯B：3）

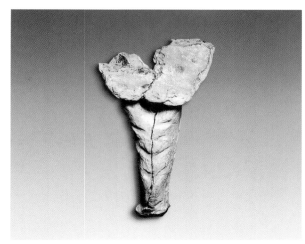

2．镂孔鼎足（2000T11⑯B：4）

3．"V"形鼎足（2000T11⑨A：4）

4．鼎足外包泥皮（2000T6⑧：662）

5．鼎足按窝（2000T11⑦A：72）

6．鼎足按窝（2000T6⑧：661、2000T6⑧：671）

第二期陶鼎足制痕

1．盖顶（2000T1H8①：12）

2．盖纽底部（2000T11⑥：60）

3．盖纽（2000T11⑥：61）

4．盖内壁（1999T4H6：51）

5．盖顶（2000T6⑧：842）

6．盖顶（2000T11⑥：49）

第二期陶器盖制痕

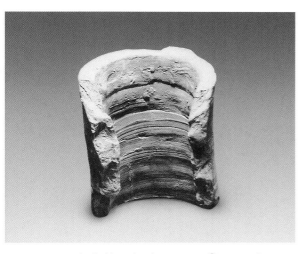

1．泥条盘筑豆柄（2000T6⑧：843）

2．豆盘底部做粗（2000T6⑧：728）

3．豆柄上端做粗（2000T6⑧：719）

4．柄盘相接（2000T11⑦A：65）

5．豆盘（2000T11⑩B：15）

6．罐内壁拍印（2000T11⑦A：66）

第二期陶豆、罐制痕

1．甗腰（2000 采）

4．鬶（2000T11⑮C：1）

2．甗足外壁（2000T3H45：18）

5．平底盆耳部（2000T11⑦A：33）

3．甗足内壁（2000T3H45：19）

6．平底盆外壁（2000T11⑦A：54）

第二期陶甗、鬶等制痕

1．深腹盆底轮制线（2000T12H90：2）

2．刻槽盆内壁刻槽（2000T11⑦A：67）

3．盉足（2000T6⑧：884）

4．盉流（2000T11⑦A：70）

1．口部慢轮修整（2000T11⑦A：63）

2．内壁拍打痕迹（2000T11⑦A：68）

3．底部加固痕迹（2000T11⑥：69）

4．足底相接处做粗（2000T11⑩C：5）

5．瓮耳（2000T11⑯B：6）

1. C 型钵（1999T4H6∶20）

2. 子母口瓮（1999T4H6∶6）

3. A 型 II 式深腹罐（2000T4H19∶133）

4. B 型 I 式深腹罐（2000T4H19∶101）

5. B 型 I 式深腹罐（2000T4H19⑤∶170）

6. C 型 I 式深腹罐（2000T4H19③∶99）

第二期 1999T4H6、2000T4H19 出土陶器

1．矮足鼎（2000T4H19：102）

2．折肩罐（2000T4H19③：135）

3．双耳平底盆（2000T4H19：107）

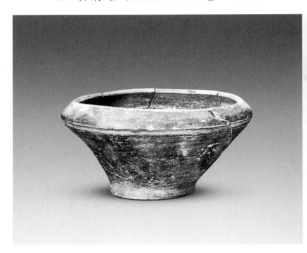

4．B型钵（2000T4H19：132）

5．子母口瓮（2000T4H19：100正视）

6．子母口瓮（2000T4H19：100底视）

第二期 2000T4H19 出土陶鼎、折肩罐等

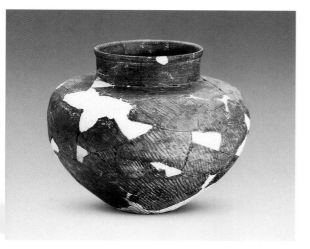

1．Ⅰ式小口高领罐（2000T4H26④：76）

2．B型Ⅰ式平底盆（2000T4H26①：2）

3．Ab型高足鼎（2000T4H53：53）

4．Ab型高足鼎（2000T4H53：54）

5．纺纶（2000T4H59：9、2000T4H59：10、
　　2000T3H45：3）

第二期2000T4H26、H53等出土陶器

1．A型Ⅰ式平底盆（1999T6H220①：29）

2．A型Ⅰ式平底盆（1999T6H220：30）

3．碗（1999T6H220：73）

4．A型Ⅱ式深腹罐（2000T6⑧：425）

5．A型Ⅱ式深腹罐（2000T6⑧：434）

第二期 1999T6H220、2000T6⑧出土陶器

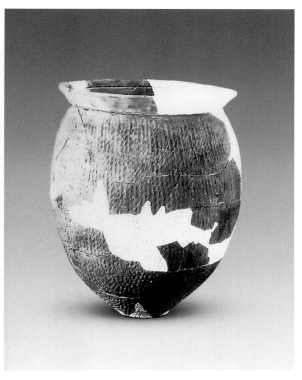

1．Ⅰ式（2000T6⑧：426）

2．Ⅰ式（2000T6⑧：433）

3．Ⅱ式（2000T6⑧：424）

4．Ⅱ式（2000T6⑧：821）

第二期 2000T6⑧出土 B 型陶深腹罐

1．2000T6⑧：437

2．2000T6⑧：930

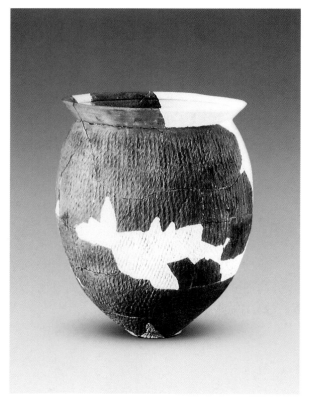

3．2000T6⑧：826

第二期2000T6⑧出土 C 型 Ⅱ 式陶深腹罐

1．Aa 型（2000T6⑧：768）

2．Ab 型（2000T6⑧：772）

3．Ab 型（2000T6⑧：773）

4．B 型 I 式（2000T6⑧：779）

5．B 型 II 式（2000T6⑧：777）

第二期 2000T6⑧出土陶高足鼎

1．A 型 Ⅱ 式（2000T6⑧：818）

4．A 型 Ⅲ 式（2000T6⑧：816）

2．A 型 Ⅲ 式（2000T6⑧：812）

5．A 型 Ⅲ 式（2000T6⑧：598）

3．A 型 Ⅲ 式（2000T6⑧：817）

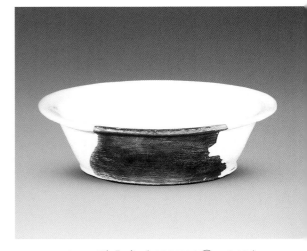

6．B 型 Ⅰ 式（2000T6⑧：813）

第二期 2000T6⑧出土陶平底盆

1．B型Ⅱ式平底盆（2000T6⑧：610）

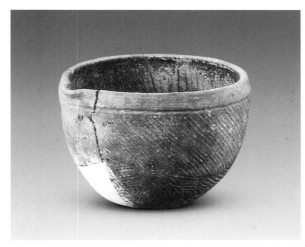

4．Ⅱ式刻槽盆（2000T6⑧：628）

2．双耳平底盆（2000T6⑧：814）

5．Ⅱ式刻槽盆（2000T6⑧：629）

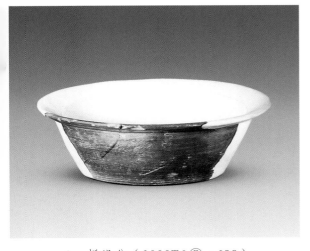

3．折沿盆（2000T6⑧：600）

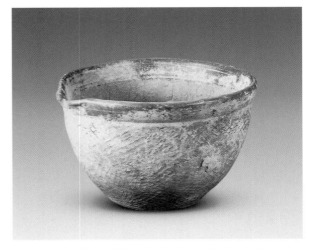

6．Ⅱ式刻槽盆（2000T6⑧：627）

第二期2000T6⑧出土陶平底盆、折沿盆、刻槽盆

1．Ⅱ式刻槽盆（2000T6⑧：230）

4．Aa甲型Ⅱ式器盖（2000T6⑧：702）

2．簋形豆（2000T6⑧：829）

5．Aa甲型Ⅱ式器盖（2000T6⑧：211）

3．簋形豆（2000T6⑧：705）

6．Aa乙型Ⅰ式器盖（2000T6⑧：219）

第二期2000T6⑧出土陶刻槽盆、簋形豆、器盖

1．2000T6⑧：215

4．2000T6⑧：216

2．2000T6⑧：221

5．2000T6⑧：837

3．2000T6⑧：222

6．2000T6⑧：224

第二期2000T6⑧出土Ab型陶器盖

1．Ac 型器盖（2000T6⑧：218）

4．折肩罐（2000T6⑧：823）

2．Bc 型器盖（2000T6⑧：822）

5．折肩罐（2000T6⑧：303）

3．圆肩罐（2000T6⑧：307）

第二期 2000T6⑧出土陶器盖、圆肩罐、折肩罐

1．2000T6⑧：791

4．2000T6⑧：819

2．2000T6⑧：835

5．2000T6⑧：797

3．2000T6⑧：810

6．2000T6⑧：306

第二期 2000T6⑧出土陶折肩罐

1．2000T6⑧：46

2．2000T6⑧：781

3．2000T6⑧：830

4．2000T6⑧：824

第二期2000T6⑧出土陶尊形瓮

1．附加堆纹深腹罐（2000T6⑧：784）

2．附加堆纹深腹罐（2000T6⑧：820）

3．B型钵（2000T6⑧：616）

4．四足瓮（2000T6⑧：840）

第二期2000T6⑧出土陶附加堆纹深腹罐、钵、四足瓮

1．2000T6⑧：754 正视

2．2000T6⑧：754 底视

3．2000T6⑧：827 正视

4．2000T6⑧：827 底视

5．2000T6⑧：774

6．2000T6⑧：831

第二期 2000T6⑧出土陶甑

1．双腹豆（2000T6⑧：784）

2．盅（2000T6⑧：901）

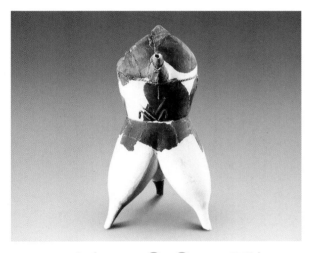

3．盉（2000T6⑦～⑧：902 正面）

4．盉（2000T6⑦～⑧：902 侧面）

5．猪首形器盖（2000T6⑧：782 上视）

6．猪首形器盖（2000T6⑧：782 正视）

第二期 2000T6⑧出土陶双腹豆、盅、盉等

1．C型Ⅰ式深腹罐（1999T1H78③：1）

3．B型Ⅲ式平底盆（1999T2H11：17）

4．直壁钵（1999T2H11：1）

2．Ⅱ式刻槽盆（1999T2F1：4）

5．碗（1999T2H23：2）

第二期1999T1H78、1999T2H11等出土陶器

1．B型Ⅰ式高足鼎（1999T2H147：10）

4．曲腹罐（1999T5H236：2）

2．Ⅱ式小口高领罐（1999T2H147：18）

5．圆肩瓮（1999T5H236：4）

3．纺纶（2000T2H11：3、1999T4H31：4）

第二期1999T2H147、1999T5H236等出土陶器

1．甑（2000T1H6：14）

2．碗（2000T1H8：15）

3．A型Ⅱ式平底盆（2000T1H8：26）

4．Bb型器盖（2000T1H8：21）

5．折沿盆（2000T1H28：22）

第二期2000T1H6、H8等出土陶器

1．盅（2000T2H47：12）

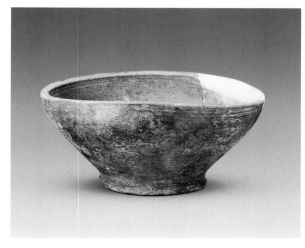

2．碗（2000T2H52：19）

3．B型钵（2000T2H62：14）

4．碟（2000T2H93：1）

5．圆陶片（2000T2⑧：3）

第二期2000T2H47、H52等出土陶器

1．碗（2000T3H45：15）

4．折肩罐（2000T4H25：2）

2．A型Ⅱ式器盖（2000T3H45：16）

5．Ⅱ式刻槽盆（2000T4H25：21）

3．Ⅱ式刻槽盆（2000T4H24：37）

6．B型钵（2000T4H25：1）

第二期 2000T3H45、2000T4H24 等出土陶器

1．单耳杯（2000T4⑤B：1）

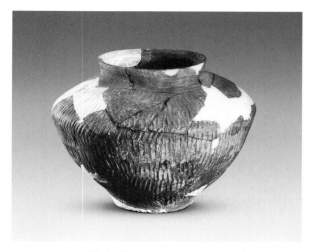

2．折肩罐（2000T12H89：2）

3．折肩罐（2000T12G2②：12）

4．B型Ⅱ式平底盆（2000T12-T13G5②：1）

5．羊首器纽（2000T13H87：11）

第二期 2000T4⑤B、2000T12H89 等出土陶器

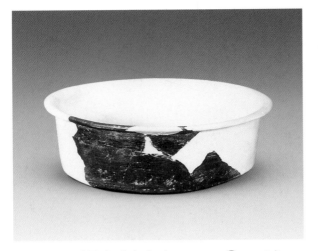

1．A型Ⅱ式平底盆（2000T12⑤A：2）

2．双耳平底盆（2000T12⑤A：14）

3．圆陶片（2000T12⑤A：3）

4．B型Ⅱ式高足鼎（2000T5⑦：5）

5．B型Ⅱ式高足鼎（2000T5⑧：21）

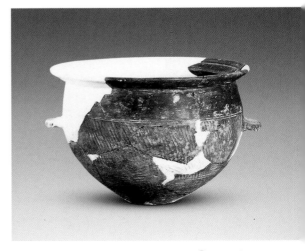

6．折沿盆（2000T5⑧：22）

第二期 2000T12⑤A、2000T5⑦等出土陶器

1．Aa 乙型 I 式器盖（2000T5 ⑧：14）

2．Ab 型器盖（2000T5 ⑧：13）

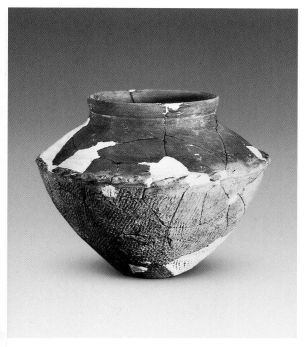

3．折肩罐（2000T5 ⑨：5）

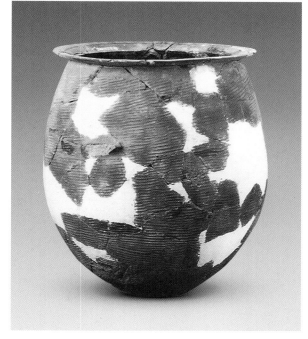

4．C 型 II 式深腹罐（2000T5 ⑩：17）

1．圆折肩罐（2000T6⑦：305）

2．矮足鼎（2000T6⑦：833）

3．盉（2000T6⑦：785 正视）

4．盉（2000T6⑦：785 侧视）

5．Ba 型Ⅱ式器盖（2000T6⑦：5）

第二期 2000T6⑦出土陶器

1．子母口瓮（2000T6⑨：7）

2．Ab型高足鼎（2000T6⑫：20）

3．B型钵（2000T6⑫：615）

4．单耳杯（2000T6⑫：16）

5．纺纶（2000T7⑨：1）

6．Ab型器盖（2000T7⑪：2）

第二期 2000T6⑨、T6⑫等出土陶器

1．B型Ⅰ式深腹罐（2000T11⑥：42）

3．B型Ⅱ式高足鼎（2000T11⑥：20）

2．B型Ⅰ式深腹罐（2000T11⑥：4）

4．B型Ⅱ式高足鼎（2000T11⑥：14）

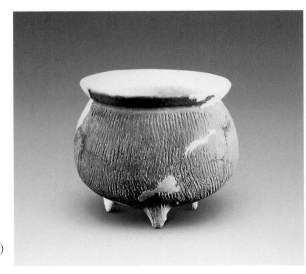

5．矮足鼎（2000T11⑥：39）

第二期2000T11⑥出土陶深腹罐、鼎

1．甑（2000T11⑥：8）

4．折肩罐（2000T11⑥：1）

2．Ⅱ式刻槽盆（2000T11⑥：15）

5．折肩罐（2000T11⑥：9）

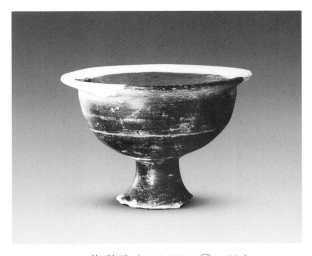

3．篮形豆（2000T11⑥：53）

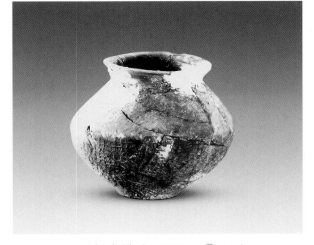

6．折肩罐（2000T11⑥：5）

第二期 2000T11⑥出土陶甑、刻槽盆、篮形豆等

1．小口尊（2000T11⑥：98）

2．双耳平底盆（2000T11⑥：17）

3．A型Ⅲ式平底盆（2000T11⑥：2

第二期 2000T11 ⑥出土陶小口尊、平底盆

1．Aa 型 Ⅱ 式（2000T11⑥：16）

4．Ab 型（2000T11⑥：6）

2．Ab 型（2000T11⑥：22）

5．Ab 型（2000T11⑥：300）

3．Ab 型（2000T11⑥：7）

6．Ba 型 Ⅰ 式（2000T11⑥：21）

第二期 2000T11⑥出土陶器盖

1．矮足鼎（2000T11⑦A：4）

4．甑（2000T11⑦A：49）

2．甑（2000T11⑦A：52正视）

5．甑（2000T11⑦A：9正视）

3．甑（2000T11⑦A：52底视）

6．甑（2000T11⑦A：9底视）

第二期2000T11⑦A出土陶矮足鼎、甑

1. B型Ⅱ式平底盆（2000T11⑦A：34）

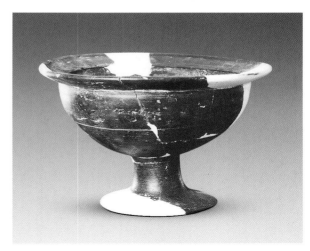

4. 簋形豆（2000T11⑦A：13）

2. Ⅱ式刻槽盆（2000T11⑦A：3正视）

5. Aa型Ⅱ式器盖（2000T11⑦A：11）

3. Ⅱ式刻槽盆（2000T11⑦A：3俯视）

6. 器纽（2000T11⑦A：64）

第二期2000T11⑦A出土陶平底盆、刻槽盆、簋形豆等

1. Ab 型器盖（2000T11⑦A：10）

2. Ab 型器盖（2000T11⑦A：8）

3. A 型 I 式深腹罐（2000T11⑦A：12）

4. B 型 I 式深腹罐（2000T11⑦A：3）

第二期 2000T11⑦A 出土陶器盖、深腹罐

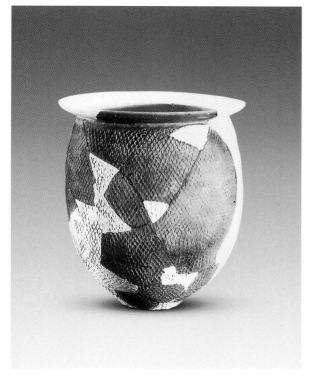

1．B 型 Ⅱ 式深腹罐（2000T11 ⑦ A：39）

2．B 型 Ⅱ 式深腹罐（2000T11 ⑦ A：2）

3．C 型 Ⅰ 式深腹罐（2000T11 ⑦ A：11）

4．C 型 Ⅰ 式深腹罐（2000T11 ⑦ A：7）

第二期 2000T11 ⑦ A 出土陶深腹罐

1．C 型 II 式深腹罐（2000T11 ⑦ A：31）

2．C 型 II 式深腹罐（2000T11 ⑦ A：35）

3．卷沿盆（2000T11 ⑦ A：40）

第二期 2000T11 ⑦ A 出土陶深腹罐、卷沿盆

1．大口双耳罐（2000T11⑦A：56）

2．鼓腹罐（2000T11⑦A：5）

3．折肩罐（2000T11⑦A：9）

4．折肩罐（2000T11⑦A：27）

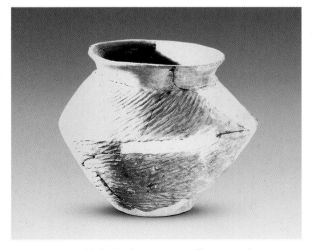

5．折肩罐（2000T11⑦A：58）

6．折肩罐（2000T11⑦A：57）

第二期 2000T11⑦A 出土陶大口双耳罐、鼓腹罐、折肩罐

1．双耳筒形杯（2000T11⑦A：34）

2．尊形瓮（2000T11⑦B：41）

3．B型Ⅱ式平底盆（2000T11⑧：6）

4．箍形器（2000T11⑧：7）

5．A型Ⅱ式深腹罐（2000T11⑨A：2）

第二期 2000T11⑦A、T11⑦B等出土陶器

1．单耳壶（2000T11⑨A：12）

2．Aa型高足鼎（2000T11⑨B：5）

3．B型Ⅱ式高足鼎（2000T11⑩B：14）

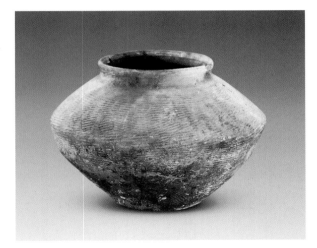

4．折肩罐（2000T11⑩B：2）

5．A型Ⅲ式平底盆（2000T11⑩B：13）

第二期 2000T11⑨A、T11⑨B 等出土陶器

1. 折肩罐（2000T11⑩C：3）

2. 折肩罐（2000T11⑩D：11）

3. Ab 型器盖（2000T11⑬：3）

4. A 型 II 式平底盆（2000T11⑯B：1）

第二期 2000T11 ⑩ C、T11 ⑩ D 等出土陶器

1．石凿（2000T6④：1）

2．石镰（2000T5③：1）

3．石镰（2000T5⑤：1）

4．骨鹤嘴锄（2000T7⑦：3）

第三期石凿、镰，骨鹤嘴锄

1．手抹痕（2000T7 ⑦：62）

2．手抹痕（2000T5 ④：12）

3．器盖（2000T5 ④：56）

4．鸡冠耳（2000T5 ④：66）

5．花边装饰（2000T5 ⑤A：75）

6．花边装饰（2000T7 ⑤：19）

第三期陶器制痕

1．Aa 型（2000T11⑤：210）

2．Ab 型（2000T11⑤：1）

3．Ac 型（2000T11⑤：2）

第三期 2000T11⑤出土陶器盖

1 mm

1 mm

1．炭化栽培黍籽实的背面观，基部稍向下倾，箭头示下部的凹沟，标志胚及其周围组织部分脱落的痕迹（×21.2）。标本采自2000T2H52，存于北京大学考古系。摄于北京大学物理系SEM室，冲洗于地质系（照片编号0045）。

2．炭化栽培黍籽实的腹面观，基部朝上，稍凸，种脐不明显（×22.0）。标本采自2000T2H52，存于北京大学考古系。摄于北京大学物理系SEM室，冲洗于地质系（照片编号0044）。

3、4．炭化栽培粟籽实的背面观，稍向右倾，基部较平，箭头示下部的凹沟，标志胚及其周围组织部分脱落的痕迹（×20.6和×20.2）。标本采自2000T2H3，存于北京大学考古系。摄于北京大学物理系SEM室，冲洗于地质系（照片编号0046和0048）。

5、6．炭化粳稻籽实的侧面观，每侧具两条浅纵沟（或3条脊），箭头示边缘下部具小的斜向凹缺，标志着颖果的侧生胚及其周围组织部分脱落的痕迹（×23.8和×24.4）。标本采自2000T2H52，存于北京大学考古系。摄于北京大学物理系SEM室，冲洗于地质系（照片编号0043和0041）。

7．炭化粳稻籽实的表面剥落后，新鲜面露出的蜂窝状孔穴，可能也是一种有用的鉴别特征（×565）。标本采自2000T2H52，存于北京大学考古系。摄于北京大学物理系SEM室，冲洗于地质系（照片编号0036）。

8．炭化豆粒的侧面观，表面剥落，箭头示边缘分层，可能是种皮的位置（×23.4）。标本采自2000T3H99，存于北京大学考古系。摄于北京大学物理系SEM室，冲洗于地质系（照片编号0040）。

9．炭化豆粒的正面观，箭头示近中部的种脐（×24.2）。标本采自2000T3H99，存于北京大学考古系。摄于北京大学物理系SEM室，冲洗于地质系（照片编号0042）。

遗址出土炭化栽培黍、粟、粳稻、豆粒籽实的显微观察